EXCEL 2010

AF860522

LE GUIDE COMPLET

Micro Application

1ère Édition - Avril 2010

Auteurs

PREMIUM CONSULTANTS, SARL Unipersonnelle

ISBN : 978-2-300-029196

ISSN : 1950-0289

Couverture réalisée par OLO

MICRO APPLICATION
20-22, rue des Petits-Hôtels
75010 PARIS
Tél. : 01 53 34 20 20
Fax : 01 53 34 20 00
http://www.microapp.com

Support technique :
Également disponible sur
www.microapp.com

Retrouvez des informations sur cet ouvrage !

Rendez-vous sur le site Internet de Micro Application **www.microapp.com**. Dans le module de recherche, sur la page d'accueil du site, entrez la référence à 4 chiffres indiquée sur le présent livre.
Vous accédez directement à sa fiche produit.

Avant-propos

Destinée aussi bien aux débutants qu'aux utilisateurs initiés, la collection *Guide Complet* repose sur une méthode essentiellement pratique. Les explications, données dans un langage clair et précis, s'appuient sur de courts exemples. En fin de chaque chapitre, découvrez, en fonction du sujet, des exercices, une check-list ou une série de FAQ pour répondre à vos questions.

Vous trouverez dans cette collection les principaux thèmes de l'univers informatique : matériel, bureautique, programmation, nouvelles technologies...

Conventions typographiques

Afin de faciliter la compréhension des techniques décrites, nous avons adopté les conventions typographiques suivantes :

- **gras** : menu, commande, boîte de dialogue, bouton, onglet.
- *italique* : zone de texte, liste déroulante, case à cocher, bouton radio.
- `Police bâton` : Instruction, listing, adresse internet, texte à saisir.
- ✂ : indique un retour à la ligne volontaire dû aux contraintes de la mise en page.

REMARQUE — Il s'agit d'informations supplémentaires relatives au sujet traité.

ATTENTION — Met l'accent sur un point important, souvent d'ordre technique qu'il ne faut négliger à aucun prix.

ASTUCE — Propose conseils et trucs pratiques.

DEFINITION — Donne en quelques lignes la définition d'un terme technique ou d'une abréviation.

Chapitre 1 Découvrir Excel 15

Chapitre 2 Saisir des données dans une feuille de calcul 45

Chapitre 5 Mettre en page et imprimer 145

Chapitre 6 Gérer les feuilles de calcul et les classeurs 161

Chapitre 12 Créer et mettre en forme des graphiques 471

Chapitre 13 Insérer des dessins et des objets graphiques 505

Chapitre 14 Gérer et exploiter des données 539

CHAPITRE 1

Découvrir Excel

Ce premier chapitre vous permettra de prendre contact avec le tableur Excel. Tout d'abord, nous ferons un bref retour dans le passé pour découvrir les grandes étapes qui ont jalonné l'histoire du tableur et abouti à la version actuelle d'Excel. Ensuite, vous découvrirez l'environnement de travail d'Excel. Il est nécessaire de bien le maîtriser pour être parfaitement à l'aise pour une utilisation optimale des fonctionnalités que nous aborderons au fil des chapitres suivants.

Nous étudierons enfin l'aide en ligne, qu'il ne faut pas hésiter à utiliser. En effet, elle recèle quantité d'informations utiles.

Excel 2010 en quelques mots

Excel 2010, nom commercial d'Excel 14, s'inscrit dans la lignée de la précédente version, notamment en matière d'ergonomie et de formats de fichiers. En effet, cette nouvelle mouture arbore toujours le Ruban, introduit dans Excel 2007.

Le Ruban est modifié : il intègre désormais un menu **Fichier**, qui permet d'accéder au nouveau mode Backstage. Ce mode donne accès aux fonctionnalités principales de gestion des fichiers, d'impression, de partage des documents et de définition des options.

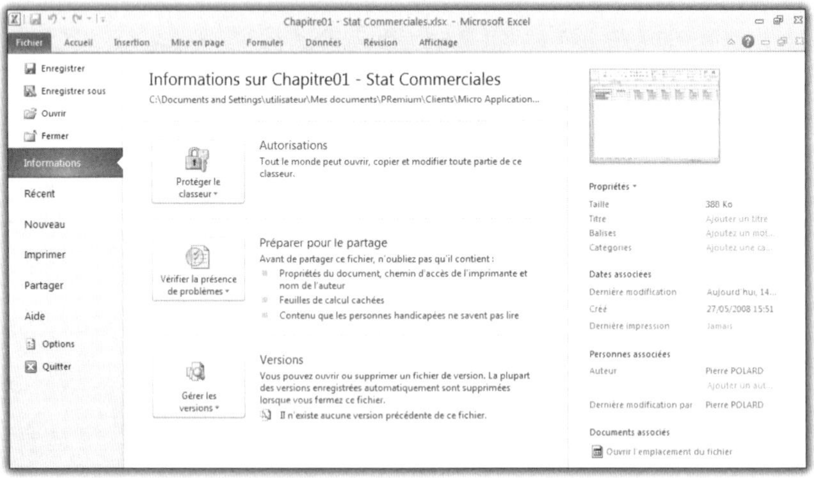

Figure 1.1 : *Le mode Backstage*

La personnalisation du Ruban est facilitée. Désormais, il est possible de créer des onglets personnalisés et d'y ajouter des commandes alors qu'auparavant cette opération nécessitait de programmer les modifications désirées en langage XML.

La fonction copier-coller s'enrichit d'un aperçu des données, qui permet de visualiser le résultat des différentes options de collage avant de procéder à l'opération de collage proprement dite.

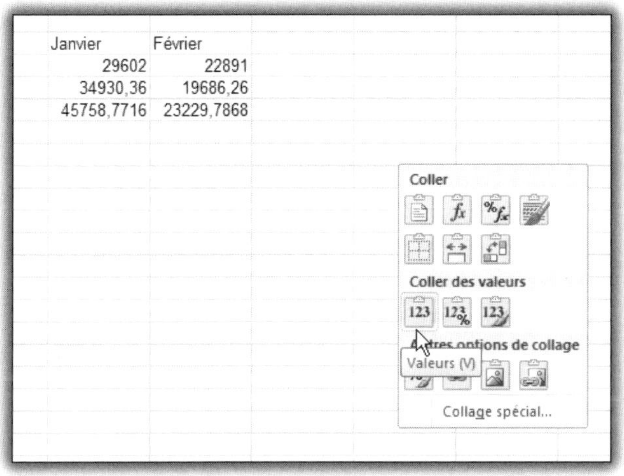

Figure 1.2 : *L'aperçu des données de la fonction copier-coller*

Excel 2010 présente bien d'autres améliorations et fonctions nouvelles :

- L'exploitation des tableaux Excel (qui remplacent les listes Excel depuis Excel 2007) est facilitée. En cas de défilement vers le bas, les en-têtes du tableau remplacent les en-têtes de colonnes de la feuille de calcul. Les boutons de filtre automatique restent donc toujours visibles, ce qui permet de trier et de filtrer les données sans avoir à revenir au début du tableau.

F10 | fx 2

	Région	Ville	Famille	Produit	Exercice	Trimestre	Mois	CA	Unité
217	EST	STRASBOURG	RANGEMENT	TIROIR	2009	2	6	4 261,05	637,21
218	EST	STRASBOURG	ACCESSOIRES	FAUTEUIL	2009	3	7	4 267,73	349,80
219	EST	NANCY	ACCESSOIRES	CHAISE	2008	1	1	4 288,90	440,03
220	EST	NANCY	MOBILIER	ARMOIRE	2009	3	7	4 300,04	738,58
221	EST	STRASBOURG	RANGEMENT	CAISSON	2009	2	6	4 307,84	568,14
222	EST	STRASBOURG	ACCESSOIRES	CHAISE	2008	4	12	4 310,07	671,74
223	EST	STRASBOURG	RANGEMENT	CAISSON	2008	1	2	4 337,92	577,05
224	EST	NANCY	ACCESSOIRES	LUMINAIRE	2009	2	6	4 339,03	778,69
225	EST	STRASBOURG	ACCESSOIRES	DECORATION	2009	1	3	4 342,37	252,88
226	EST	NANCY	RANGEMENT	CAISSON	2009	1	1	4 342,37	378,76
227	EST	NANCY	MOBILIER	TABLE SALON	2008	2	5	4 343,49	387,67
228	EST	NANCY	RANGEMENT	ETAGERES	2008	1	2	4 352,40	412,18
229	EST	STRASBOURG	MOBILIER	ARMOIRE	2008	1	1	4 353,51	346,45

Figure 1.3 : *Les en-têtes du tableau toujours visibles*

- Les possibilités de mise en forme conditionnelle sont enrichies avec de nouveaux jeux d'icônes, plus complets. Les barres de données sont également améliorées pour être plus représentatives des données sous-jacentes. Lorsque vous spécifiez des critères pour les règles conditionnelles, vous pouvez désormais faire référence à des valeurs d'autres feuilles de calcul du classeur.
- Des slicers facilitent désormais l'exploitation des tableaux croisés dynamiques. Ils permettent de filtrer les données de façon intuitive et visuelle. Une fois que vous avez inséré un slicer, vous utilisez des boutons pour segmenter et filtrer rapidement les données pour afficher uniquement les informations requises.

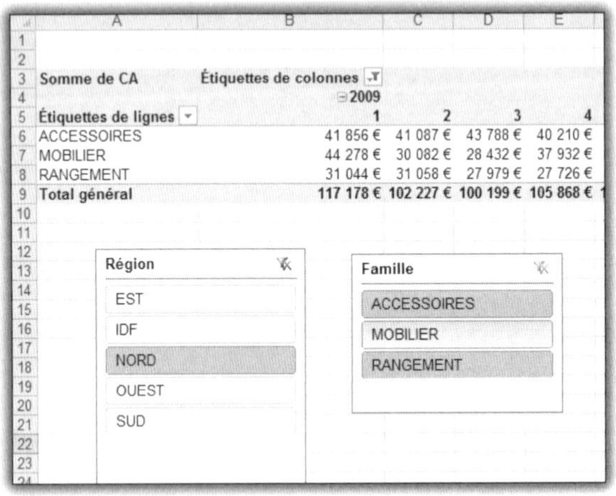

Figure 1.4 : *Les slicers permettent de mieux exploiter les données*

- Autre nouveauté : les graphiques sparkline. Il s'agit de petits graphiques insérés dans une cellule, qui permettent de visualiser des tendances en un coup d'œil.

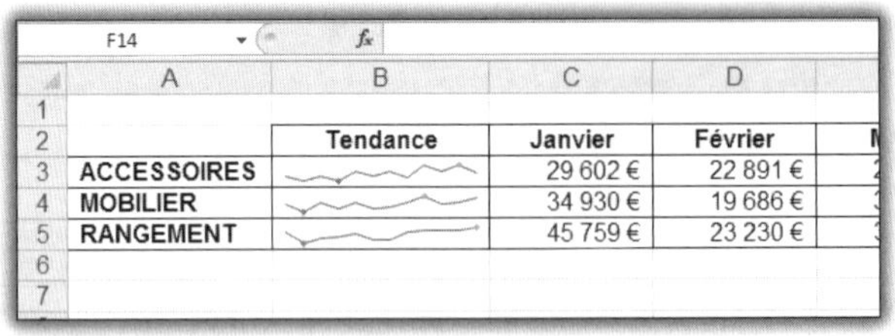

Figure 1.5 : *Les graphiques sparkline donnent une vision des tendances*

- Excel 2010 comprend une version améliorée du Solveur, que ce soit au niveau de l'ergonomie ou de la précision des résultats.
- Le complément Power Pivot (qui nécessite un téléchargement gratuit) permet d'accéder à des bases de données, de faire des

requêtes sur ces données d'origines différentes et d'exploiter le résultat dans Excel. Ce complément représente un pas de plus d'Excel en direction du monde de l'informatique décisionnelle d'entreprise.

- L'application Web Excel, qui est le compagnon en ligne d'Excel, permet d'accéder aux classeurs depuis un navigateur Internet. Dans le navigateur, il est par exemple possible de trier ou de filtrer les données des feuilles de calcul Excel.

1.1. Démarrer Excel

Avant tout, il faut bien sûr démarrer Excel. Il existe plusieurs façons de procéder. Nous présentons ci-après les deux plus courantes.

Lancer Excel par le menu Démarrer

La première solution consiste à utiliser le menu **Démarrer** de Windows.

1 Dans la barre des tâches, cliquez sur **Démarrer**.

2 Sélectionnez **Tous les Programmes** puis **Microsoft Excel 2010**.

Ouvrir un classeur existant

Pour ouvrir un classeur existant, vous pouvez utiliser la commande **Ouvrir un document Office** du menu **Démarrer/Tous les programmes**. Une fois la boîte de dialogue ouverte, recherchez le classeur désiré.

Vous pouvez également utiliser l'Explorateur Windows pour rechercher votre classeur.

Une fois le classeur localisé, double-cliquez dessus pour l'ouvrir dans Excel.

Le concept de classeur

Il est important de dire quelques mots sur le concept de classeur dans Excel. En effet, tout ce que vous réalisez dans Excel se fait à l'intérieur d'un classeur enregistré dans un fichier portant l'extension *.xlsx* (*.xls* dans les versions précédentes). Un classeur peut contenir autant de feuilles que vous le souhaitez, dans la limite de la capacité mémoire de votre ordinateur, bien sûr.

Un classeur est susceptible de contenir quatre types de feuilles :

- les feuilles de calcul (le plus courant) ;
- les feuilles de graphique ;
- les feuilles de boîte de dialogue (pour la compatibilité avec les versions précédentes) ;
- les feuilles de macro XLM (pour la compatibilité avec les versions précédentes).

En résumé, les classeurs Excel permettent principalement d'organiser et de consulter des feuilles de calcul. Ainsi, au lieu d'enregistrer séparément les feuilles de calcul relatives au même thème (détail des dépenses mensuelles, détail des ventes par produit, suivi des abonnements…), vous pouvez les regrouper dans un classeur.

1.2. Découvrir l'espace de travail

Si vous avez choisi de démarrer Excel à partir du menu **Programmes**, la fenêtre du programme s'affiche, ainsi qu'une autre fenêtre contenant un nouveau classeur.

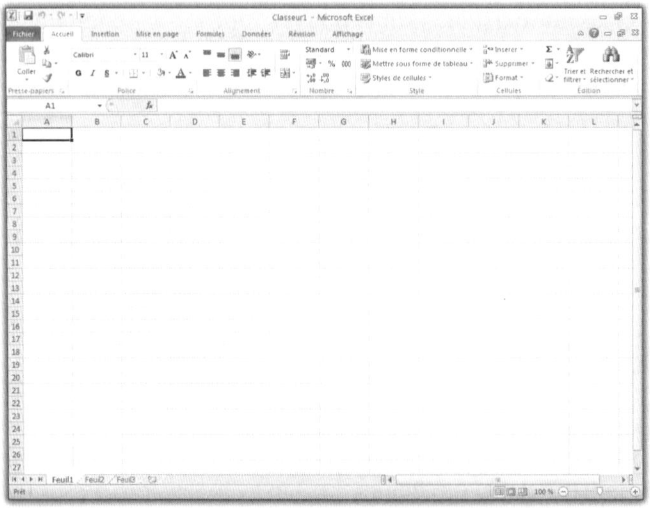

Figure 1.6 : *L'espace de travail*

L'espace de travail est composé de la fenêtre de programme d'Excel (dont la barre de titre affiche *Microsoft Excel – Classeur1*, où *Classeur1* est le nom par défaut du classeur ouvert au lancement d'Excel) et d'une fenêtre de classeur affichant une feuille de calcul vierge.

La fenêtre de programme contient également :

- un Ruban d'onglets de commandes, qui permettent d'accéder aux fonctions d'Excel ;
- la barre d'outils *Accès rapide*, qui permet d'accéder rapidement aux fonctions courantes (enregistrement, impression…) ;

Figure 1.7 :
La barre d'outils Accès rapide

- le menu **Fichier**, donnant accès au mode Backstage, qui s'apparente à l'ancien menu **Fichier** et qui permet notamment d'accéder aux commandes d'enregistrement et d'impression.

Figure 1.8 :
Le mode Backstage

Contrôler la taille de la fenêtre du classeur

Lors du lancement d'Excel, *Classeur1* est créé dans une fenêtre indépendante. Toutefois, cette fenêtre occupe l'intégralité de la fenêtre de programme d'Excel. Pourtant, il s'agit bien d'une fenêtre indépendante qui, comme toute fenêtre Windows, présente une barre de titre. Pour s'en convaincre, il suffit de cliquer sur le bouton **Restaurer la fenêtre**, situé dans le coin supérieur droit de la fenêtre.

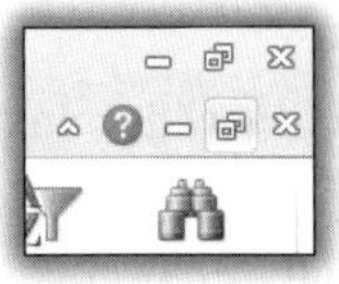

Figure 1.9 :
Les boutons de contrôle de la taille de la fenêtre de classeur

La barre de titre de la fenêtre du nouveau classeur indique le nom de ce dernier. Elle comprend également les trois boutons de contrôle de la taille de la fenêtre.

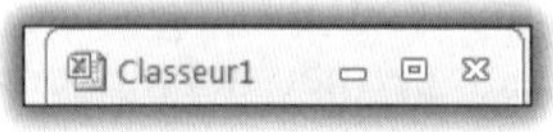

Figure 1.10 :
La barre de titre du classeur

Les trois boutons sont les suivants :

- **Réduire** affiche le classeur sous la forme d'une petite barre de titre.
- **Agrandir** permet d'agrandir la fenêtre de façon à lui faire occuper l'intégralité de l'espace de travail.
- **Fermer** ferme le classeur (équivaut à la commande **Fermer** du menu **Fichier**).

Une bonne maîtrise de l'utilisation de ces boutons est fondamentale, surtout si vous êtes amené à travailler simultanément avec plusieurs classeurs.

Après un clic sur **Réduire**, ce bouton est remplacé par **Restaurer**, qui redonne à la fenêtre du classeur sa taille initiale.

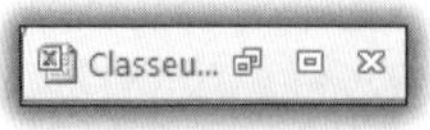

Figure 1.11 :
La fenêtre du classeur réduite

Si vous cliquez sur **Agrandir**, la fenêtre occupe à nouveau tout l'espace de travail et sa barre de titre disparaît. Pour lui redonner sa taille initiale, cliquez à nouveau sur le bouton **Restaurer**.

Il est également possible, pour ajuster plus finement la taille de la fenêtre, d'utiliser la souris. Lorsque vous approchez le pointeur de la bordure de la fenêtre, celui-ci se transforme en une double flèche horizontale ou verticale. Cliquez, puis, tout en maintenant le bouton de la souris enfoncé, déplacez la double flèche.

Si vous vous positionnez sur les angles de la fenêtre, le pointeur se transforme en une double flèche oblique. En suivant la procédure décrite précédemment, vous pouvez modifier la taille de la fenêtre dans les deux dimensions.

Accéder aux feuilles de calcul

Comme nous l'avons vu, un classeur permet de stocker et d'organiser plusieurs feuilles de calcul. Pour accéder à leur contenu, il suffit de cliquer sur l'onglet correspondant à la feuille souhaitée. La feuille active se repère par un onglet sur fond blanc.

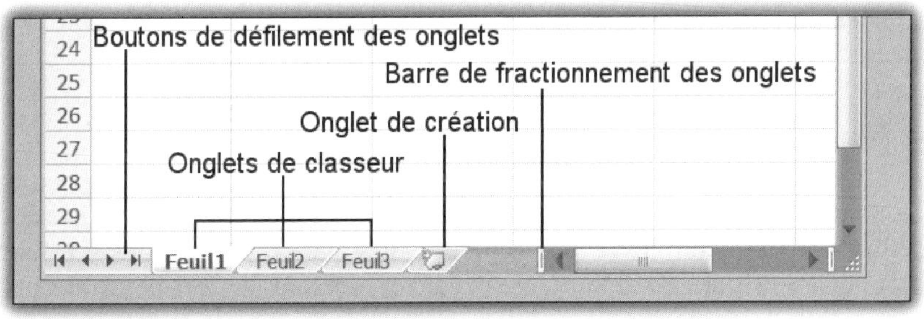

Figure 1.12 : Les onglets de classeur

Si tous les onglets ne peuvent être affichés simultanément, des boutons de défilement permettent d'accéder aux onglets cachés. En déplaçant vers la droite ou la gauche la barre de fractionnement des onglets, vous en afficherez davantage ou en masquerez certains. Pour ce faire, positionnez le pointeur sur la barre (il change d'apparence), cliquez et déplacez-la selon votre convenance.

Pour afficher la liste de toutes les feuilles d'un classeur, cliquez du bouton droit sur l'un des boutons de défilement. Vous pouvez alors choisir la feuille à afficher.

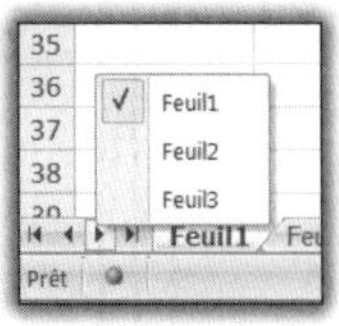

Figure 1.13 :
La liste des feuilles du classeur

Pour naviguer entre les feuilles de calcul, il est également possible d'utiliser les combinaisons de touches Ctrl+⇞ ou Ctrl+⇟.

Un nouvel onglet situé à droite des onglets des feuilles existantes, permet d'ajouter une feuille vierge au classeur.

ASTUCE

Modifier le nombre de feuilles de calcul par défaut

Par défaut, les nouveaux classeurs contiennent 3 feuilles. Pour modifier ce nombre, sélectionnez le menu **Fichier/Options**. Dans la boîte de dialogue **Options Excel**, cliquez sur **Général**. Dans la rubrique *Lors de la création de classeurs*, saisissez le nombre de feuilles désiré (ou utilisez les boutons fléchés) dans la zone *Inclure ces feuilles*, puis validez par OK. Le nombre maximal de feuilles est 255. Les nouveaux classeurs créés contiendront désormais le nombre de feuilles spécifié.

Les feuilles de calcul

Une feuille de calcul est constituée d'un ensemble de cases appelées "cellules". Les cellules sont repérées par deux coordonnées : leur colonne (identifiée par une ou deux lettres) et leur ligne (identifiée par un numéro). L'ensemble de ces deux coordonnées forme la référence de la cellule.

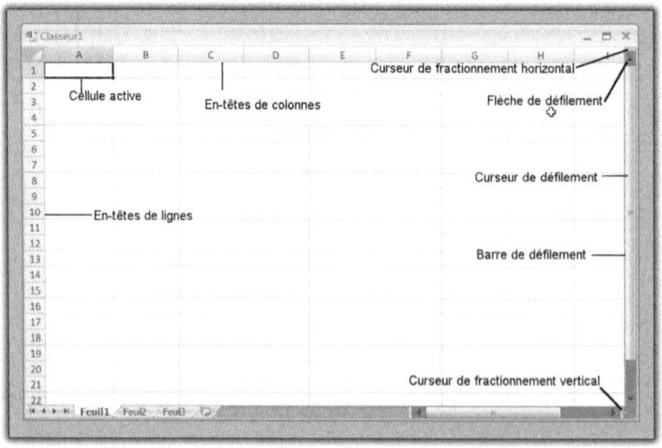

Figure 1.14 :
Les éléments de contrôle et de navigation

Dans une feuille de calcul, il y a désormais 16 384 colonnes, étiquetées de *A* à *XFD*. Après la colonne *Z* viennent les colonnes *AA*, puis *AB*, etc. jusqu'à *AZ*, puis *BA* et ainsi de suite, jusqu'à *XFD*. En ce qui concerne les lignes, le mode de numérotation est plus conventionnel : de *1* à *1 048 576*.

REMARQUE

Durée de remplissage d'une feuille de calcul

Supposons que vous souhaitiez remplir toutes les cellules d'une feuille de calcul. À raison de 2 secondes par cellule, en supposant que vous y consacriez 12 heures par jour et 350 jours par an, il vous faudrait 2 272 ans de travail. En effet, il y a plus de 17 milliards de cellules (17 179 869 184 exactement).

Parmi toutes ces cellules, il en existe une, particulière, que l'on dit "active". C'est la cellule sélectionnée actuellement (à l'ouverture du classeur, il s'agit de *A1*). Les en-têtes de la ligne et de la colonne de la cellule active sont mis en surbrillance. Lorsque plusieurs cellules sont sélectionnées, les en-têtes des lignes et des colonnes sont également mis en surbrillance. Mais la cellule active demeure unique : elle se situe en haut à gauche de cet ensemble de cellules (appelé en jargon Excel "plage de cellules").

La référence de la cellule active apparaît dans la zone *Nom*.

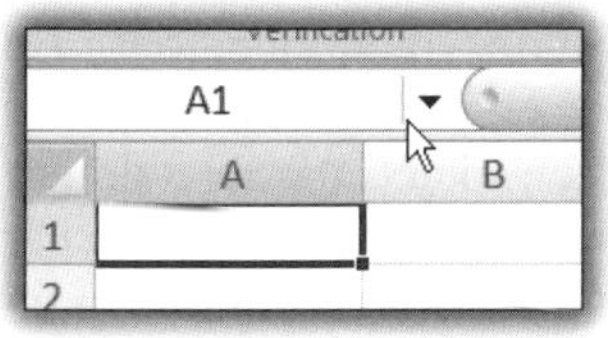

Figure 1.15 :
La référence de la cellule active dans la zone Nom

La fenêtre du classeur ne permet de voir qu'une infime partie de la feuille de calcul. Pour afficher d'autres cellules que celles présentes à l'écran, vous avez plusieurs possibilités :

- Utilisez les curseurs de défilement. En cliquant sur l'un d'eux et en le déplaçant, vous pouvez afficher des lignes (curseur vertical) ou des colonnes (curseur horizontal) supplémentaires.

REMARQUE

Taille des curseurs de défilement

La taille des curseurs de défilement varie selon la taille de la feuille de calcul. Plus le curseur de défilement est petit, plus la feuille de calcul

REMARQUE

est importante. La taille d'une feuille de calcul dépend de la taille de la zone active. La zone active est la zone rectangulaire dans laquelle sont inscrites les données. Par exemple, si votre feuille de calcul contient des données jusqu'à la colonne *AA* et la ligne *100*, la zone active est la plage *A1:AA100*.

ASTUCE

Autre utilisation des curseurs de défilement

En appuyant sur la touche [Maj] avant de déplacer le curseur et en maintenant cette touche enfoncée pendant le déplacement, vous pouvez atteindre l'extrémité de la feuille de calcul (ligne *1 048 576* ou colonne *XFD*, selon le curseur choisi).

- Utilisez les barres de défilement. En cliquant sur l'une d'entre elles (sans toucher au curseur), vous vous déplacez dans la direction correspondante.
- Utilisez les flèches de défilement. En cliquant sur celle de droite ou de gauche, vous vous déplacez d'une colonne vers la droite ou vers la gauche ; en cliquant sur celle du haut ou du bas, vous vous déplacez d'une ligne vers le haut ou vers le bas.

Fractionner l'affichage

Vous pouvez également utiliser les curseurs de fractionnement. En positionnant le pointeur sur l'un d'entre eux et en cliquant dessus puis en vous déplaçant, vous divisez la fenêtre en deux parties, dotées chacune de leurs barres de défilement. Vous pouvez ainsi afficher plusieurs zones de la feuille de calcul. Il est possible de combiner un fractionnement horizontal avec un fractionnement vertical. Toutefois, un seul fractionnement par direction est autorisé (voir Figure 1.16).

- Pour supprimer un fractionnement horizontal, déplacez la séparation en haut ou en bas de la fenêtre.
- Pour supprimer un fractionnement vertical, déplacez la séparation à droite ou à gauche de la fenêtre.
- Pour supprimer simultanément tous les fractionnements, cliquez sur le bouton **Fractionner** du groupe *Fenêtre* de l'onglet **Affichage**.

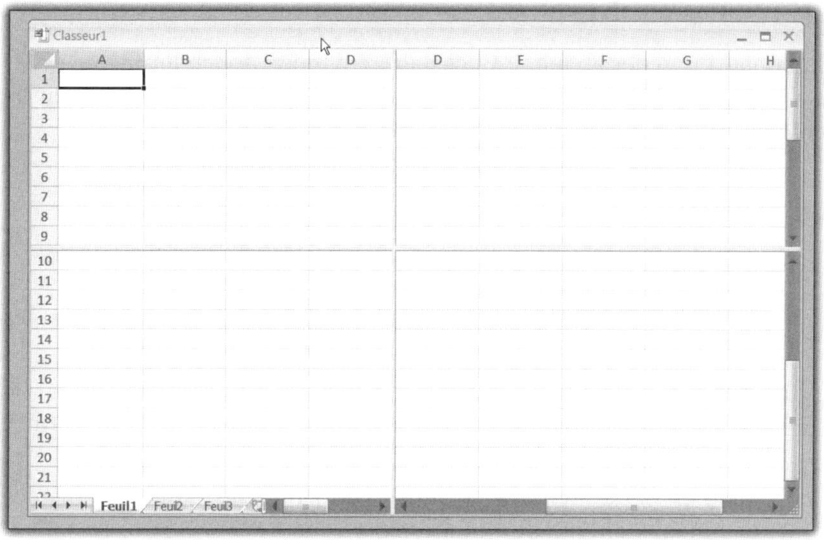

Figure 1.16 : *Double fractionnement*

Les onglets

Dans cette version, les menus et les barres d'outils ont cédé la place à un Ruban d'onglets, organisés par tâches : insertion d'objets et de graphiques, mise en page, formules, etc. Toutefois, le Ruban est complété par le menu **Fichier**.

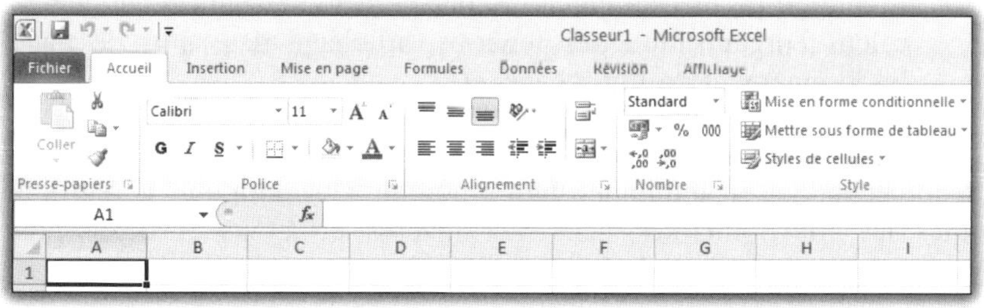

Figure 1.17 : *Le menu Fichier et les onglets de commandes*

Le menu Fichier

Il permet d'accéder au mode Backstage. Ce mode donne lui-même accès aux fonctionnalités principales de gestion des fichiers, d'impression, de partage des documents et de définition des options.

Le Ruban

Le Ruban est composé de sept onglets principaux :

- **Accueil** regroupe les commandes permettant de manipuler les données saisies, de les mettre en forme, etc.
- **Insertion** permet d'accéder notamment aux fonctionnalités de création de graphiques, d'insertion d'objets et de formes graphiques.
- **Mise en page** regroupe les outils permettant de mettre en page les documents en vue de l'impression.
- **Formules** permet d'accéder aux fonctions de calcul, à la gestion des plages de cellules nommées, ainsi qu'aux outils d'audit de formules.
- **Données** réunit les fonctions permettant d'accéder à des données externes, de trier et de filtrer les données, d'effectuer des analyses, de structurer les données, etc.
- **Révision** est dédié à la gestion des commentaires, à la protection des informations saisies, au travail collaboratif autour d'un classeur Excel.
- **Affichage** permet de gérer l'affichage des classeurs et feuilles de calcul : organisation des fenêtres, affichage des sauts de page, fractionnement de l'affichage, etc.

Ces onglets sont affichés par défaut dès l'installation d'Excel 2010. Il existe cependant un huitième onglet, nommé **Développeur**. Il regroupe toutes les fonctionnalités liées aux macros et à Visual Basic pour Applications. Pour l'afficher :

1. Cliquez sur le menu **Fichier**.
2. Dans la boîte de dialogue **Options**, cliquez sur **Personnaliser le Ruban**.
3. Dans la zone *Personnaliser le Ruban*, cochez la case *Développeur* parmi la liste des onglets principaux.
4. Validez par OK.

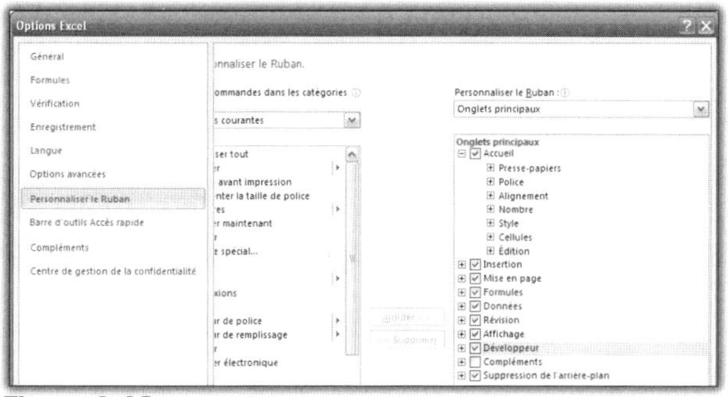

Figure 1.18 :
Affichage de l'onglet Développeur

La structure des onglets

Sous chaque onglet, les commandes sont organisées en groupes, composés de boutons de commande. Ainsi, l'onglet **Accueil** comprend sept groupes :

- *Presse-papiers* regroupe les fonctionnalités de copier-coller.
- *Police* regroupe les outils de mise en forme du texte et des cellules.
- *Alignement* permet de spécifier l'alignement du texte dans les cellules.
- *Nombre* permet d'appliquer des formats aux valeurs numériques.
- *Style* regroupe les outils de mise en forme des tableaux.
- *Cellules* permet d'insérer et de supprimer des lignes et des colonnes.
- *Édition* regroupe les outils permettant de gérer les données saisies (tri, filtre, recherche, remplacement…).

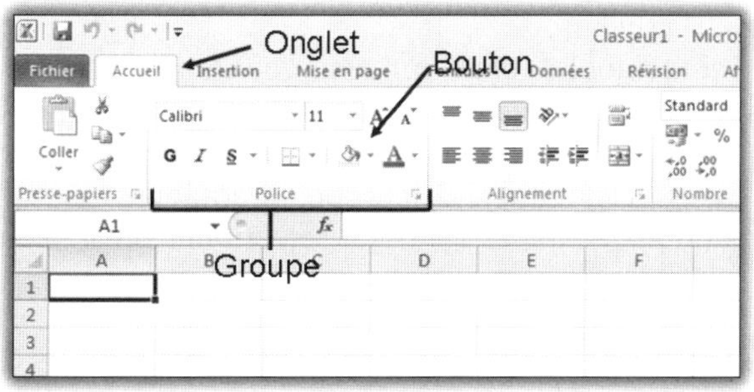

Figure 1.19 :
La structure d'un onglet

Lorsque vous cliquez sur un bouton de commande, ce dernier exécute une commande ou affiche un menu qui vous permet d'affiner votre choix. Un bouton qui présente un petit triangle pointant vers le bas provoque l'affichage d'un menu. Certains de ces boutons sont "dédoublés" dans la mesure où un clic sur le texte du bouton active une fonction standard tandis qu'un clic sur le petit triangle affiche un menu. Le bouton **Somme automatique** du groupe *Édition* de l'onglet **Accueil** en est un exemple.

Figure 1.20 :
Le bouton Somme automatique

À côté de l'intitulé de certains groupes (groupe *Police* de l'onglet **Accueil**, par exemple), vous pouvez apercevoir une petite icône : il s'agit d'un lanceur de boîte de dialogue. Lorsque vous cliquez dessus, une boîte de dialogue apparaît, vous permettant de spécifier des paramètres plus détaillés.

Figure 1.21 :
Un lanceur de boîte de dialogue

Les onglets contextuels

Au-delà des onglets affichés par défaut, il existe des onglets que l'on peut qualifier de "contextuels", dans la mesure où ils n'apparaissent que lorsque le besoin s'en fait sentir. Par exemple, si vous sélectionnez un graphique, vous verrez apparaître à droite des onglets standard, un groupe de trois onglets intitulé **Outils de graphique**. Ces onglets regroupent des fonctions adaptées à l'objet sélectionné, en l'occurrence un graphique.

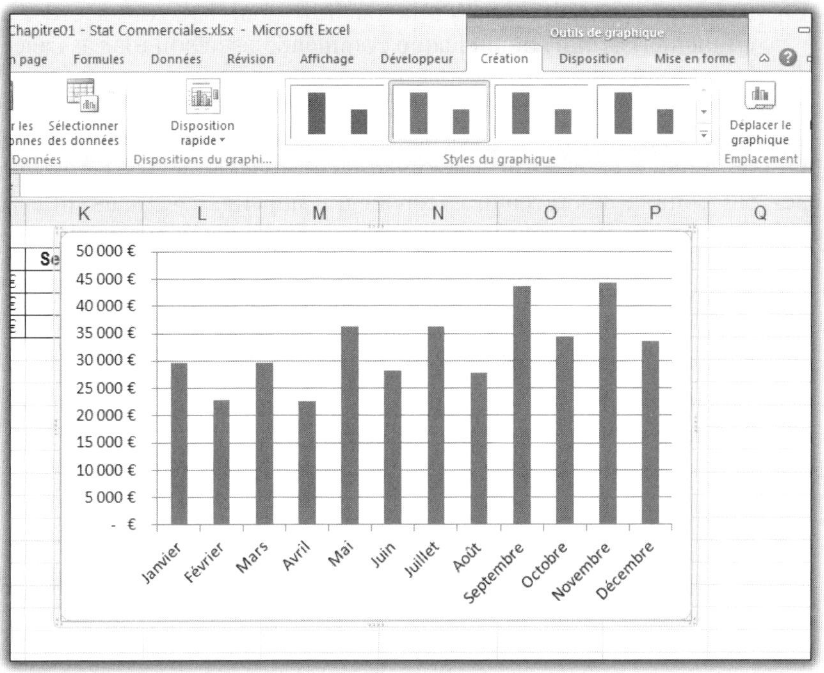

***Figure 1.22 :** Les onglets contextuels Outils de graphique*

Utilisation du clavier

La nouvelle mouture de l'interface utilisateur prévoit toujours la possibilité d'utiliser des raccourcis clavier. Ces derniers ont toutefois, à l'instar des autres éléments de l'interface, évolué vers plus de convivialité. Pour les mettre en œuvre :

1 Appuyez sur la touche [Alt] (ou [F10]) puis relâchez-la.

2 En regard de chacun des éléments de l'interface, des info-bulles apparaissent, mentionnant un ou plusieurs caractères. En appuyant sur les touches correspondantes, vous activez l'élément concerné. Par exemple, pour accéder à l'onglet **Accueil**, appuyez sur [L].

3 Au fur et à mesure, les info-bulles sont réactualisées. Ainsi, sous l'onglet **Accueil**, chaque bouton de commande est à présent associé à une combinaison de touches.

4 Appuyez successivement sur la touche [F], puis [O], vous accédez à un menu (**Format**) dont chaque commande est à son tour associée à une info-bulle.

Vous pouvez également naviguer dans le Ruban à l'aide des touches de direction. Pour cela, il suffit d'appuyer sur la touche [Alt] (ou [F10]). Ne tenez pas compte des raccourcis clavier qui apparaissent, mais utilisez les flèches de direction pour naviguer dans le Ruban et dans les onglets :

- Les touches [←] et [→] permettent de passer d'un onglet à l'autre.
- Les touches [↑] et [↓] permettent d'accéder aux boutons de commande des onglets.
- Une fois le bouton de commande sélectionné, appuyez sur [↵] pour exécuter la commande associée.

Le menu Fichier

Le menu **Fichier** se trouve à gauche des onglets du Ruban de la fenêtre d'Excel.

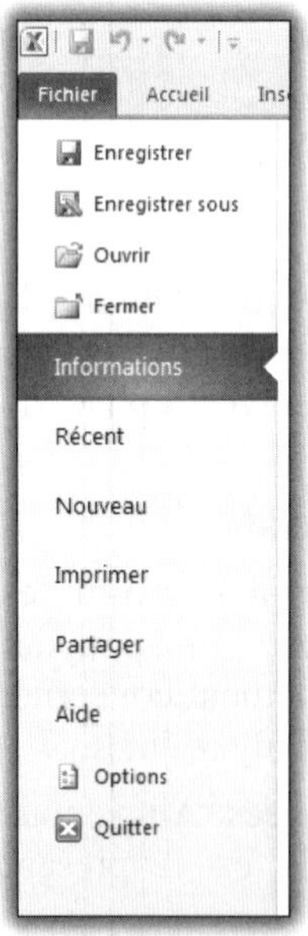

Figure 1.23 :
Le menu Fichier

Il permet d'afficher un menu qui s'apparente au menu **Fichier** des versions précédentes :

- **Enregistrer** enregistre le classeur actif.
- **Enregistrer sous** enregistre le classeur actif sous un autre nom et/ou format que vous choisirez.
- **Ouvrir** ouvre un classeur précédemment créé.
- **Fermer** ferme le classeur actif.
- **Informations** permet de préparer le classeur en vue de sa distribution (gestion des droits d'accès, informations complémentaires...).

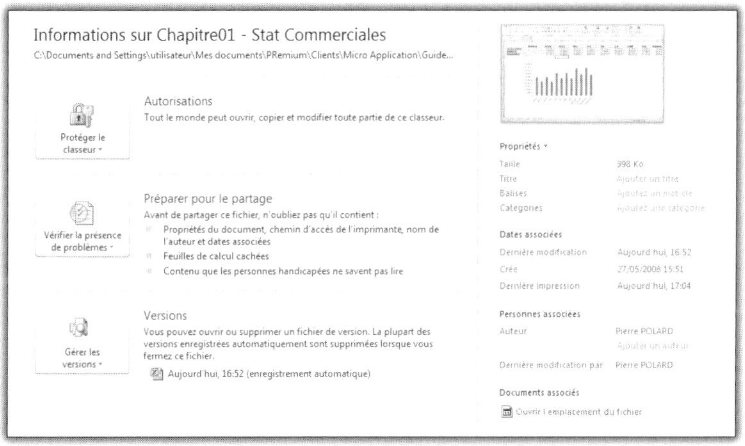

Figure 1.24 : *Les informations du classeur*

- **Récent** présente la liste des documents récemment utilisés. En cochant la case *Accéder rapidement à ce nombre de classeurs récents*, il est possible de faire apparaître une liste des derniers classeurs utilisés dans le menu **Fichier** (juste après la commande **Fermer**).
- **Nouveau** crée un nouveau classeur ou un classeur fondé sur un modèle.
- **Imprimer** permet d'accéder aux fonctions de mise en page et d'impression ainsi que de visualiser un aperçu avant impression (voir Figure 1.25).
- **Partager** permet d'envoyer le classeur par messagerie, de l'enregistrer sur un site SharePoint ou encore de le publier sur Internet grâce à Excel Services. Il est également possible d'enregistrer une version PDF du classeur.
- **Options** permet d'accéder à des paramètres pour adapter finement Excel à vos besoins.

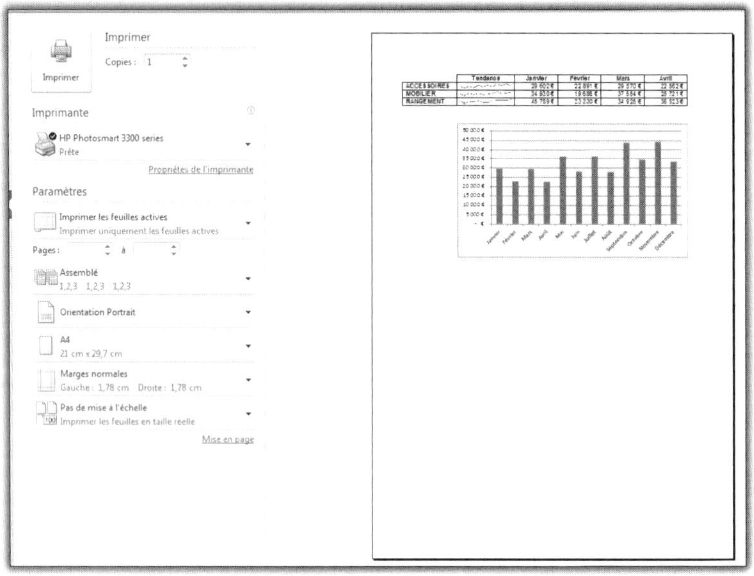

Figure 1.25 : *L'accès simplifié aux fonctions d'impression*

- **Quitter** permet de quitter l'application.

La barre d'outils Accès rapide

La barre d'outils *Accès rapide* est la dernière rescapée de la trentaine de barres d'outils des précédentes versions. Elle se trouve en haut de la fenêtre Excel, à proximité du bouton **Microsoft Office**.

Figure 1.26 :
La barre d'outils Accès rapide

Cette barre d'outils, comme son nom l'indique, permet d'accéder rapidement à des fonctions fréquemment utilisées. Elle est composée par défaut de trois boutons :

- **Enregistrer**.
- **Annuler**.
- **Rétablir** ou **Répéter**. Si la dernière action est une annulation, le bouton **Rétablir** est affiché. Sinon, le bouton **Répéter** permet de répéter la dernière action effectuée.

Pour ajouter des boutons à cette barre d'outils :

1 Cliquez sur la petite flèche qui se trouve à son extrémité droite.

2 Dans le menu qui apparaît, cochez les commandes désirées ou sélectionnez la commande **Autres commandes** pour choisir parmi l'ensemble des commandes.

3 Dans la boîte de dialogue **Options Excel**, sélectionnez la catégorie de commandes dans laquelle se trouve la commande à ajouter, puis sélectionnez-la dans la zone de gauche.

4 Cliquez sur le bouton **Ajouter** pour l'ajouter à la barre d'outils *Accès rapide*.

5 Pour supprimer une commande de la barre d'outils, sélectionnez-la dans la zone de droite puis cliquez sur le bouton **Supprimer**.

6 Spécifiez si ces modifications doivent être effectuées pour tous les classeurs ou uniquement pour le classeur actif.

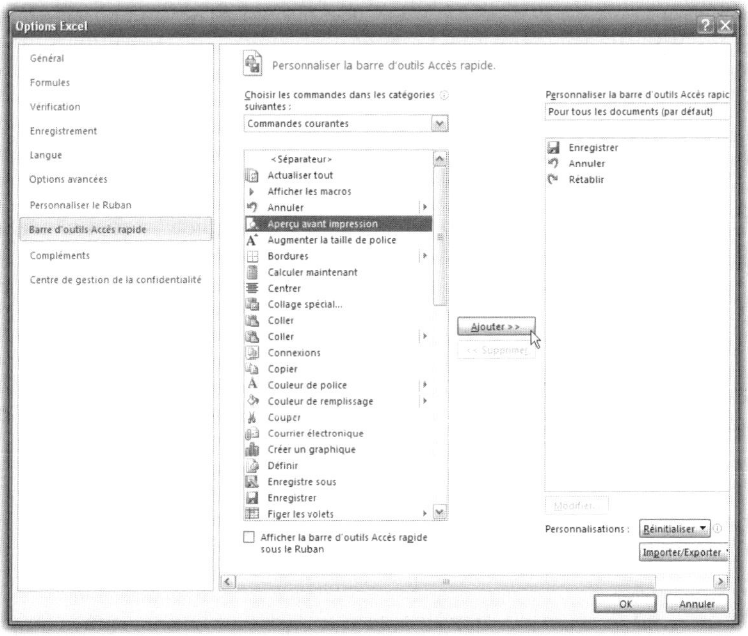

Figure 1.27 : *Personnalisation de la barre d'outils Accès rapide*

7 Validez par OK.

Vous pouvez personnaliser encore plus vite la barre d'outils en cliquant du bouton droit sur l'un des boutons de commande des onglets. Sélectionnez ensuite la commande **Ajouter à la barre d'outils Accès rapide**.

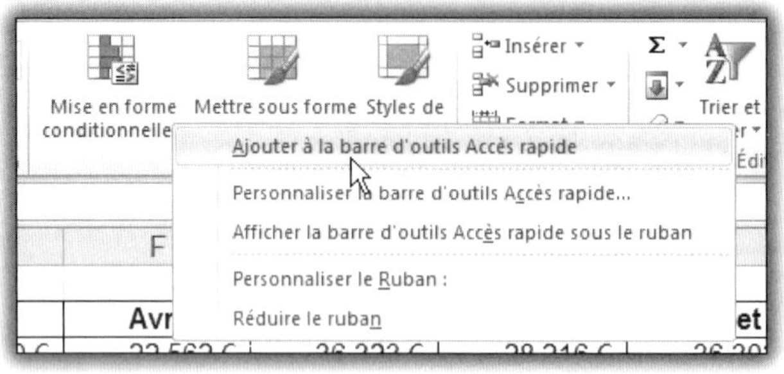

Figure 1.28 : *Personnalisation accélérée de la barre d'outils Accès rapide*

Si vous souhaitez déplacer la barre d'outils *Accès rapide*, cliquez sur la petite flèche qui se trouve à son extrémité droite. Dans le menu qui apparaît, sélectionnez la commande **Afficher en dessous du Ruban**. La barre d'outils est alors placée sous le Ruban ; elle est donc plus proche de la zone de travail.

Les menus contextuels

Un menu contextuel varie en fonction de l'objet auquel il s'applique. Pour afficher un menu contextuel, cliquez du bouton droit sur l'élément souhaité, par exemple une cellule de feuille de calcul.

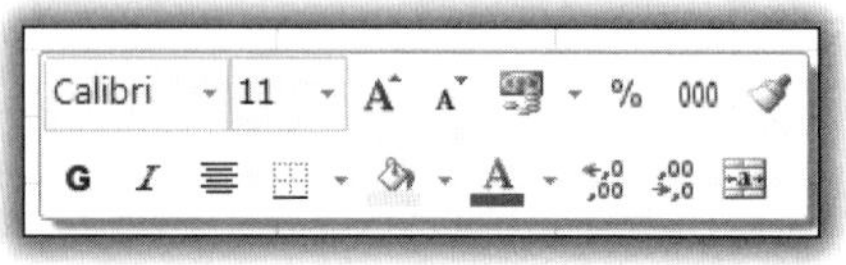

Figure 1.29 : *Un menu contextuel*

L'avantage des menus contextuels réside dans leur capacité à regrouper les fonctions applicables à un élément donné (ici une cellule).

Dans cette version, le menu contextuel associé aux cellules est complété par une mini-barre d'outils, qui regroupe les fonctionnalités les plus utiles pour la mise en forme.

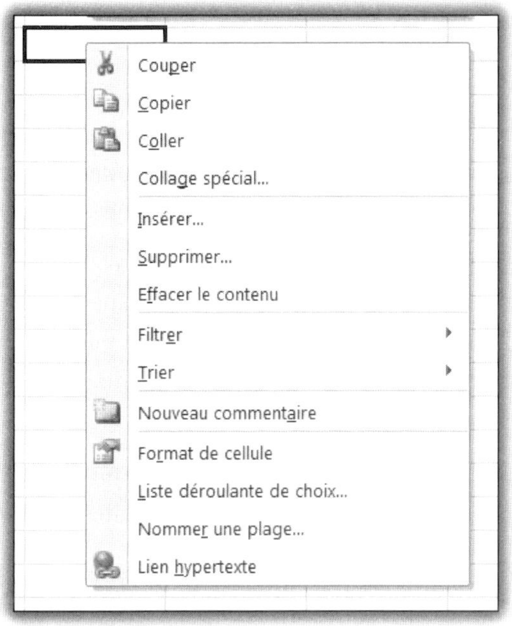

Figure 1.30 :
La mini-barre d'outils

La barre de formule

La barre de formule est située en haut de la feuille de calcul et permet de saisir ou de modifier des valeurs ou des formules dans les cellules. Elle affiche la valeur constante ou la formule enregistrée dans la cellule active.

Dès que vous débutez la saisie, la barre de formule affiche, en plus des données en cours de saisie, trois boutons :

- **Annuler** annule la saisie en cours et conserve le contenu initial de la saisie (vous pouvez obtenir le même résultat en appuyant sur la touche Echap).
- **Entrer** valide la saisie (vous pouvez obtenir le même résultat en appuyant sur la touche ↵).
- **Assistant Fonction** affiche la boîte de dialogue **Insérer une fonction**.

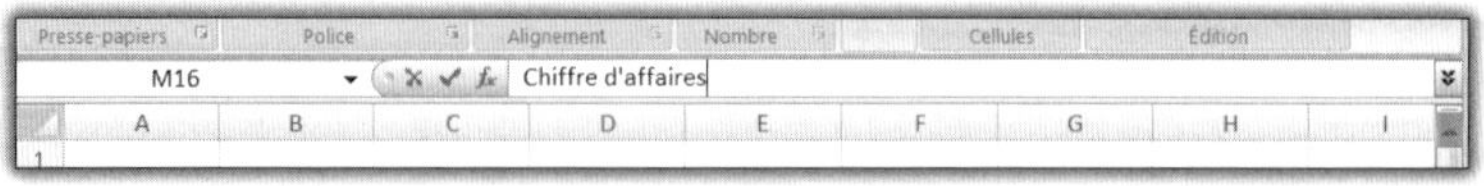

Figure 1.31 : *Un détail de la barre de formule*

Il est possible de redimensionner la barre de formule en hauteur et en largeur. Il peut en effet être utile de restreindre sa largeur pour augmenter celle de la zone *Nom*, qui se trouve à sa gauche, de façon à afficher dans leur intégralité des noms relativement longs. Modifier la hauteur de la barre de formule est très utile si vous faites appel à des formules complexes (donc longues). Cela évite que la barre empiète sur la feuille de calcul.

Pour modifier la largeur de la barre de formule :

1. Placez le pointeur entre la zone *Nom* et la zone de formule.
2. Lorsque le pointeur change d'apparence, cliquez et faites glisser la "frontière" entre les deux zones.
3. Lorsque la dimension est correcte, relâchez le bouton de la souris.

Pour modifier la hauteur de la barre de formule :

1. Cliquez sur le bouton représentant une double flèche, à droite de la barre de formule.
2. Pour modifier la hauteur, placez le pointeur sur la bordure inférieure de la barre de formule. Lorsque le pointeur change d'apparence, cliquez et faites glisser ladite bordure. Lorsque la dimension est correcte, relâchez le bouton de la souris.
3. Pour ajuster la taille de la barre de formule au contenu de la cellule, placez le pointeur sur la bordure inférieure de la barre de formule. Lorsque le pointeur change d'apparence, double-cliquez.

Pour afficher à nouveau la barre de formule sur une ligne, cliquez sur le bouton représentant une double flèche, à droite de la barre en question.

Pour masquer la barre de formule, cochez la case *Barre de formule* du groupe *Afficher* de l'onglet **Affichage**.

La barre d'état

La barre d'état affiche un certain nombre d'informations sur l'activité d'Excel, ainsi que sur l'état du clavier.

Figure 1.32 : *La barre d'état*

La partie la plus à gauche de la barre d'état indique l'activité courante d'Excel :

- *Prêt* signifie qu'Excel est prêt à recevoir des données.
- *Entrer* indique qu'une première saisie est en cours dans une cellule.
- *Modifier* indique que le contenu d'une cellule est en cours de modification.
- *Calculer* indique qu'il est nécessaire de procéder au calcul du document (en cas de recalcul manuel).
- *Enregistrement* indique l'état d'avancement de l'enregistrement (visible seulement pour les documents volumineux).

Ensuite, une zone montre l'état du clavier, par exemple :

- *Verr. num* indique que le pavé numérique est activé.
- *Verr. maj* indique que la saisie en majuscules est activée.
- *Arrêt défil* indique que le défilement est activé (touche Arrêt défil enfoncée).

Un bouton situé à droite de ces indicateurs permet de déclencher l'enregistrement d'une macro.

Sur la partie gauche de la barre d'état, un curseur permet de modifier le pourcentage de réduction/agrandissement en le déplaçant à l'aide de la souris. Vous pouvez également utiliser les boutons + et -. En cliquant sur le pourcentage de réduction/agrandissement, vous affichez une boîte de dialogue permettant de sélectionner des valeurs prédéterminées.

Figure 1.33 : *Réglage du zoom*

Vous pouvez également accéder à différents modes d'affichage :

- Normal ;
- Mise en page ;

Figure 1.34 : *Les différents modes d'affichage*

- Aperçu des sauts de page.

Enfin, lorsque vous sélectionnez une plage de cellules contenant des valeurs numériques et/ou du texte, la barre d'outils affiche :

- la moyenne des valeurs numériques ;
- le nombre de cellules contenant des valeurs ;
- la somme des valeurs numériques.

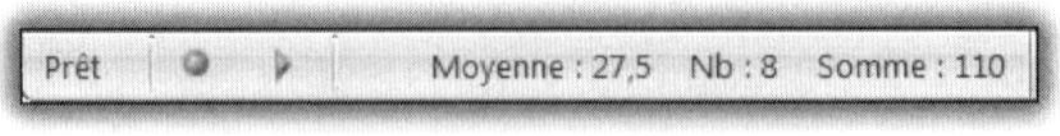

Figure 1.35 : *Des calculs rapides sur la barre d'état*

Vous pouvez paramétrer les différents éléments à afficher sur la barre d'état. Pour cela, cliquez du bouton droit sur celle-ci et choisissez les éléments à afficher dans le menu qui apparaît.

1.3. Utiliser l'aide en ligne

L'aide en ligne est largement remaniée dans cette nouvelle version. Mauvaise nouvelle pour les adeptes de "l'animal de compagnie virtuel", à savoir le Compagnon Office. En effet, celui-ci a disparu depuis la version d'Excel 2007, au profit d'une interface unique d'accès à l'aide en ligne. Pour y accéder, cliquez sur le bouton **Aide sur Microsoft Office Excel** situé à droite du Ruban (ou appuyez sur la touche F1).

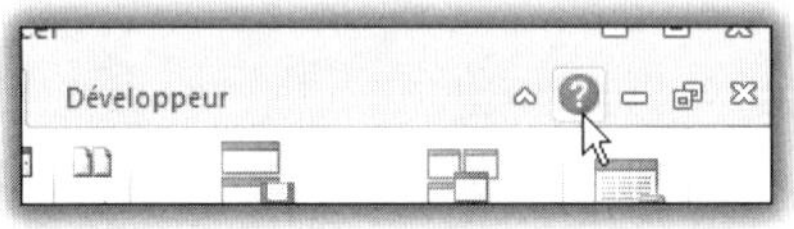

Figure 1.36 : *Le bouton d'accès à l'aide*

L'aide en ligne apparaît dans une fenêtre indépendante (voir Figure 1.37).

Son interface est très simple :

- une barre d'outils ;
- une zone de recherche ;
- une zone pour la table des matières ;
- une zone d'affichage des résultats de la recherche.

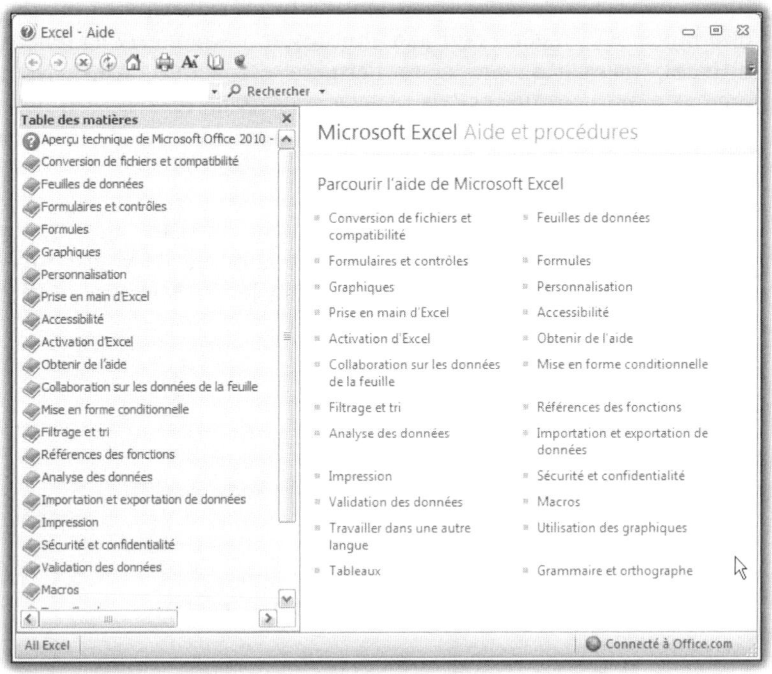

Figure 1.37 : *La fenêtre de l'aide en ligne*

La barre d'outils comprend neuf boutons :

Figure 1.38 : *La barre d'outils de l'aide*

- **Précédent** affiche l'article précédent lors d'une navigation entre plusieurs articles.
- **Suivant** affiche l'article suivant
- **Arrêter** arrête la recherche.
- **Actualiser** actualise le résultat de la recherche en tenant compte d'éventuelles mises à jour sur le site Internet de Microsoft.
- **Accueil** affiche la page d'accueil de l'aide, qui réunit l'ensemble des rubriques de l'aide.
- **Imprimer** imprime l'article en cours.
- **Modifier la taille de la police** permet de choisir parmi cinq tailles de police de caractères.
- **Table des matières** permet d'afficher ou non la table des matières.

- **Placer sur le dessus** (bouton en forme d'épingle) permet d'indiquer si la fenêtre de l'aide doit rester au-dessus de la fenêtre d'Excel, même lorsque cette dernière est active. Ainsi, vous pouvez continuer à travailler tout en conservant un œil sur l'aide. La fenêtre d'aide est placée au-dessus lorsque le bouton représente une épingle plantée.

Pour lancer une recherche, saisissez les mots-clés dans la zone de recherche et cliquez sur **Rechercher**. Le petit bouton fléché vous permet de spécifier les sources de données de l'aide : sur le site Microsoft Office Online ou sur votre ordinateur.

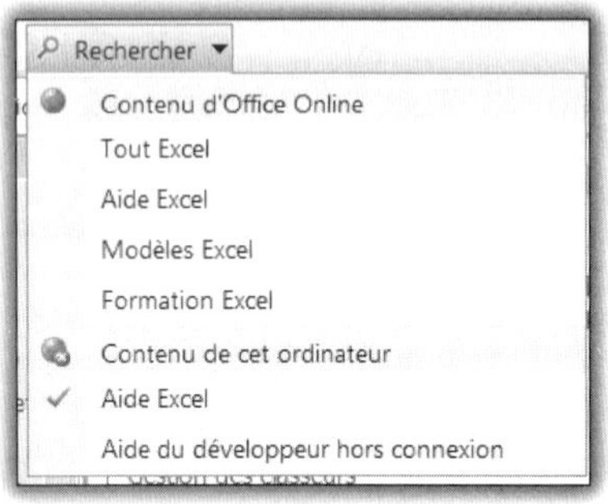

Figure 1.39 : *Choix de la source de données*

Les résultats de votre recherche sont affichés par page. Une page contient vingt-cinq éléments au maximum. Cliquez sur le numéro de la page ou sur les flèches gauche ou droite pour naviguer entre les pages.

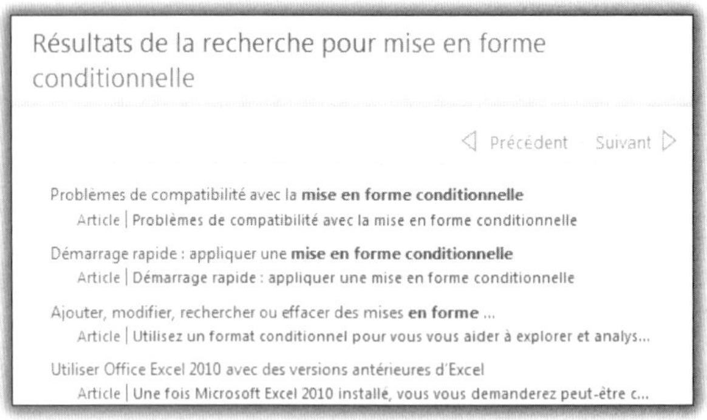

Figure 1.40 : *Le résultat d'une recherche*

Pour afficher le détail d'un des éléments, cliquez dessus.

Si les réponses ne sont pas satisfaisantes, vous pouvez reformuler votre recherche ou utiliser les liens situés en bas de page pour étendre le domaine de la recherche à d'autres sources de données.

Figure 1.41 : *Étendre le domaine de la recherche*

1.4. Récupérer des données après un incident

Une autre forme d'assistance particulièrement performante dans cette nouvelle version d'Excel est la récupération des fichiers après un arrêt intempestif de l'application.

Au redémarrage, les fichiers en cours d'utilisation au moment de l'arrêt sont affichés dans le volet **Récupération de document**.

Si le titre d'un fichier contient *[Récupéré]*, ce document a conservé normalement plus de modifications récentes qu'un fichier dont le titre contient *[Original]*.

Pour consulter les réparations effectuées dans un fichier, pointez sur le fichier dans le volet Office **Récupération de document**, cliquez sur la flèche en regard de son nom puis cliquez sur **Afficher les réparations**.

REMARQUE

Désactivation de la fonction

Vous pouvez désactiver la fonction de récupération automatique en cliquant sur le menu **Fichier** puis sur **Options**. Dans la boîte de dialogue **Options Excel**, cliquez sur **Enregistrement**. Dans la rubrique *Exceptions de récupération automatique pour*, sélectionnez le classeur concerné puis cochez la case *Désactiver la récupération automatique pour ce classeur uniquement*.

CHAPITRE 2

Saisir des données dans une feuille de calcul

La création d'une feuille de calcul passe par la saisie de données (sauf lorsque vous récupérez des données depuis une autre application). Cette étape ne présente pas de difficultés majeures. Toutefois, il est important de bien connaître les techniques de base, ainsi que les moyens permettant de gagner du temps.

Dans ce chapitre, nous passerons d'abord en revue les méthodes de sélection des cellules. En effet, avant toute opération, il est souvent nécessaire de sélectionner les cellules sur lesquelles agir ou dans lesquelles saisir des données. Nous aborderons ensuite la saisie à proprement parler et les moyens d'être plus efficace. Puis, nous verrons comment aménager l'espace de la feuille de calcul en insérant (ou en supprimant) des lignes, des colonnes et des plages de cellules. Enfin, nous décrirons les possibilités d'annuler certaines opérations en cas d'erreur ou de mauvaise manipulation.

2.1. Sélectionner des cellules

Sélectionner des cellules est une opération courante lors d'une séance de travail avec Excel. En effet, avant d'appliquer une fonction (mise en forme, par exemple), il est nécessaire de sélectionner au préalable les cellules sur lesquelles cette fonction doit agir. Il est donc primordial d'être à l'aise avec les techniques de sélection pour gagner du temps lors de la conception des feuilles de calcul.

	A	B	C	D	E	F	G	H	I	J	K	L	M
1	Evolution des ventes												
2													
3													
4	Société :	SA DUPOND											
5	Année	2010											
6													
7	Gamme "Luxe"	Janvier	Février	Mars	Avril	Mai	Juin	Juillet	Août	Septembre	Octobre	Novembre	Décembre
8	Produit A	1 000,00 €	400,00 €	559,00 €	886,00 €	1 468,00 €	733,00 €	689,00	22,00	1 050,00	1 244,00	983,00	1 433,00
9	Produit B	900,00 €	750,00 €	437,00 €	113,00 €	707,00 €	491,00 €	54,00	902,00	1 444,00	975,00	38,00	1 362,00
10	Produit C	298,00 €	738,00 €	616,00 €	599,00 €	536,00 €	1 143,00 €	881,00	480,00	1 194,00	963,00	176,00	784,00
11	Produit D	1 392,00 €	370,00 €	495,00 €	1 202,00 €	1 084,00 €	493,00 €	89,00	679,00	860,00	63,00	350,00	538,00
12	TOTAL	3 590,00 €	2 258,00 €	2 107,00 €	2 800,00 €	3 795,00 €	2 860,00 €	1 713,00	2 083,00	4 548,00	3 245,00	1 547,00	4 117,00
13													
14	Gamme "Standard"	Janvier	Février	Mars	Avril	Mai	Juin	Juillet	Août	Septembre	Octobre	Novembre	Décembre
15	Produit A	1 476,00	199,00	836,00	193,00	1 406,00	1 484,00	1 453,00	238,00	102,00	1 112,00	842,00	642,00
16	Produit B	1 206,00	1 122,00	322,00	1 110,00	451,00	591,00	264,00	957,00	434,00	286,00	42,00	991,00
17	Produit C	51,00	332,00	746,00	167,00	195,00	1 426,00	618,00	407,00	10,00	17,00	1 302,00	570,00
18	Produit D	1 494,00	1 330,00	54,00	679,00	1 267,00	1 160,00	1 346,00	702,00	639,00	266,00	831,00	1 443,00
19	TOTAL	4 227,00	2 983,00	1 958,00	2 149,00	3 319,00	4 661,00	3 681,00	2 304,00	1 185,00	1 681,00	3 017,00	3 646,00
20													

Figure 2.1 : *Un tableau de suivi de l'évolution des ventes*

La feuille de calcul affichée est composée de quatre zones. Une zone est un ensemble de cellules non vides encadrées par des cellules vides ou par les en-têtes de lignes et de colonnes. Ainsi, dans la feuille affichée, les zones sont les suivantes :

- *A1:M1* ;
- *A4:D5* ;
- *A7:M12* ;
- *A14:M19*.

La zone active est la zone comprise entre la cellule *A1* et la dernière cellule non vide. Elle englobe donc toutes les zones de la feuille. Dans notre exemple, il s'agit de la zone *A1:M19*.

Sélectionner des cellules avec le clavier ou la souris

Nous allons à présent décrire différentes méthodes pour sélectionner des cellules dans une feuille de calcul.

Sélectionner une seule cellule

Avec la souris, cliquez sur la cellule voulue une fois le curseur de sélection (large croix blanche) positionné sur celle-ci.

Avec le clavier, appuyez sur les touches de direction pour vous déplacer jusqu'à la cellule choisie.

La cellule ainsi sélectionnée devient la cellule active, dans laquelle s'afficheront les données que vous saisirez au clavier. Elle est entourée d'une bordure plus épaisse, pour que vous puissiez la distinguer des autres.

Sélectionner une plage de cellules

Avec la souris, cliquez sur la première cellule de la plage à l'aide du curseur de sélection, maintenez le bouton de la souris enfoncé, puis faites glisser le curseur jusqu'à la dernière cellule.

ASTUCE

Utilisation du zoom pour faciliter la sélection

Lorsque la plage à sélectionner ne peut être affichée dans son intégralité, il faut faire défiler la feuille de calcul dans la fenêtre. Pour cela, déplacez le pointeur hors de la feuille de calcul : la feuille défile automatiquement dans la direction voulue. Mais bien souvent, le défilement est trop rapide et l'opération devient vite exaspérante. Pour

ASTUCE

éviter cela, utilisez le bouton de commande **Zoom** du groupe *Zoom* de l'onglet **Affichage**. Si vous sélectionnez *25 %* par exemple, vous voyez une plus grande partie de votre feuille de calcul, et sans doute l'intégralité de la zone à sélectionner. Vous n'avez donc pas à "jouer" avec la sensibilité du défilement automatique.

Avec le clavier, sélectionnez la première cellule de la plage, puis maintenez la touche Maj enfoncée et cliquez sur la dernière cellule de la plage. Vous pouvez faire défiler la feuille avec les barres de défilement pour visualiser la dernière cellule.

Sélectionner toutes les cellules

Avec la souris, cliquez sur le bouton **Sélectionner tout**, qui se trouve à l'intersection des en-têtes de lignes et de colonnes.

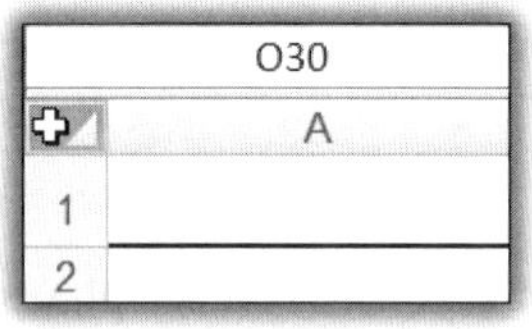

Figure 2.2 :
Le bouton Sélectionner Tout

Avec le clavier, appuyez sur Ctrl+A.

Sélectionner des cellules ou des plages de cellules non adjacentes

Avec la souris, sélectionnez la première cellule ou plage de cellules, maintenez la touche Ctrl enfoncée et sélectionnez les autres cellules ou plages. Par exemple, pour sélectionner les plages *A7:F11* et *A14:F18* :

1 Sélectionnez *A7:F11*.
2 Appuyez sur Ctrl.
3 Maintenez la touche Ctrl enfoncée et sélectionnez *A14:F18*.

Avec le clavier, déplacez-vous d'abord sur la première cellule à sélectionner avec les touches de direction. Puis appuyez sur F8 et étendez votre sélection avec les touches de direction. La barre d'état indique *Étendre la sélection* (mode Sélection étendue). Appuyez sur Maj+F8 pour aller sur une autre cellule ou plage de cellules sans les sélectionner. Ce faisant, vous préservez la précédente sélection. Déplacez-vous avec les touches de direction. La barre d'état indique *Ajouter à la sélection* (mode Ajout). Appuyez sur [F8] pour ajouter ces cellules à la sélection, et ainsi de suite. Par exemple, pour sélectionner les plages *A7:F11* et *A14:F18* :

1 Sélectionnez *A7*.
2 Appuyez sur [F8].
3 Appuyez plusieurs fois sur [→] pour sélectionner *A7:F7*, puis sur [↓] pour sélectionner *A7:F11*.
4 Appuyez sur [Maj]+[F8].
5 Appuyez plusieurs fois sur [↓] pour sélectionner *A14*.
6 Appuyez sur [F8].
7 Appuyez plusieurs fois sur [→] pour sélectionner *A14:F14*, puis sur [↓] pour sélectionner *A14:F18*.
8 Appuyez une dernière fois sur [F8] pour quitter le mode Sélection étendue.

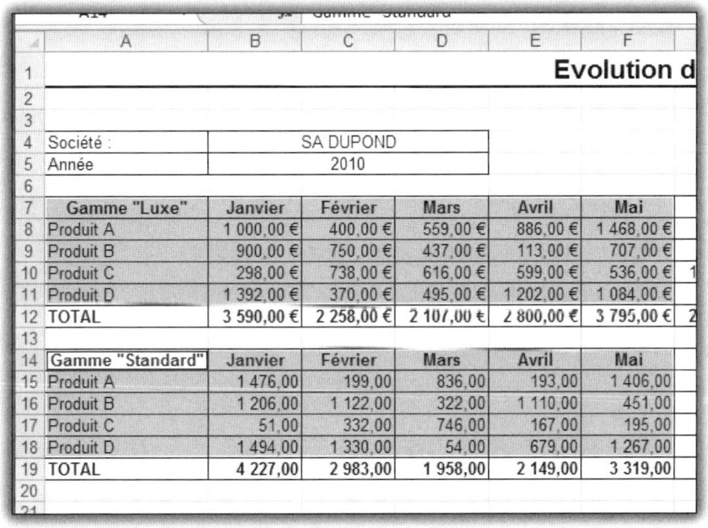

Figure 2.3 : *Sélection de plages non adjacentes*

Sélectionner une ligne ou une colonne entière

Avec la souris, cliquez sur l'en-tête de la ligne ou de la colonne. Le pointeur se transforme en une flèche noire dirigée vers la droite ou vers le bas.

Avec le clavier :

- Pour sélectionner une colonne, placez-vous sur une cellule de la colonne et appuyez sur [Ctrl]+[Barre d'espace].
- Pour sélectionner une ligne, placez-vous sur une cellule de la ligne et appuyez sur [Maj]+[Barre d'espace].

REMARQUE

Impact des cellules fusionnées

Si la ligne ou la colonne contiennent des cellules fusionnées, les combinaisons de touches précédentes sélectionnent un ensemble de lignes ou de colonnes incluant les cellules fusionnées.

Sélectionner des lignes ou des colonnes adjacentes

Avec la souris, cliquez et faites glisser la souris sur les en-têtes de colonnes ou de lignes.

Avec le clavier :

1. Sélectionnez la première ligne ou colonne.
2. Appuyez sur [Maj] et maintenez la touche enfoncée.
3. Sélectionnez les autres lignes ou colonnes avec les touches de direction.

Sélectionner des lignes ou des colonnes non adjacentes

Avec la souris :

1. Sélectionnez la première ligne ou colonne.
2. Maintenez la touche [Ctrl] enfoncée.
3. Sélectionnez les autres lignes ou colonnes.

Avec le clavier :

1 Sélectionnez la première ligne ou la première colonne.

2 Appuyez sur Maj+F8 pour ajouter à la sélection une autre ligne ou colonne.

3 Appuyez sur F8 pour l'ajouter effectivement, puis à nouveau sur Maj+F8 pour compléter la sélection avec une autre ligne ou colonne, et ainsi de suite.

Annuler une sélection de cellules

Avec la souris, cliquez sur une cellule quelconque de la feuille de calcul.

Avec le clavier, appuyez sur une touche de direction.

Sélectionner des cellules particulières

Une feuille de calcul contient un certain nombre de cellules "particulières" en raison de leur position.

Sélectionner la cellule origine

La cellule origine est *A1*. Pour la sélectionner, utilisez la combinaison de touches Ctrl+↖. (La touche ↖ peut, sur certains claviers, être représentée par une flèche dirigée vers le haut et à gauche.)

Sélectionner la dernière cellule

La dernière cellule est située à l'autre extrémité de la zone active de la feuille en cours. Pour la sélectionner, utilisez la combinaison de touches Ctrl+Fin.

Sélectionner la première cellule de la ligne en cours

Pour sélectionner la première cellule de la ligne en cours (située à l'intersection de la colonne *A* et de la ligne en cours), appuyez sur la touche ↖.

Sélectionner les cellules situées sur les bords des zones

Pour sélectionner la cellule située dans la même colonne que la cellule active mais sur le bord inférieur ou supérieur de la zone, ou encore la cellule située sur la même ligne que la cellule active mais sur le bord gauche ou droit de la zone, vous disposez de plusieurs solutions.

Avec la souris, double-cliquez sur la bordure correspondante de la cellule active.

Avec le clavier, appuyez sur [Ctrl] et sur la flèche de direction correspondante. Vous pouvez également appuyer sur la touche [Fin] puis sur la flèche de direction correspondante.

Supposons, par exemple, que la cellule *A7* soit sélectionnée.

1 Lorsque vous approchez le pointeur du bord inférieur de la cellule *A7*, il se transforme en une flèche blanche accompagnée d'une croix noire.

2 Double-cliquez sur le bord inférieur de la cellule *A7*.

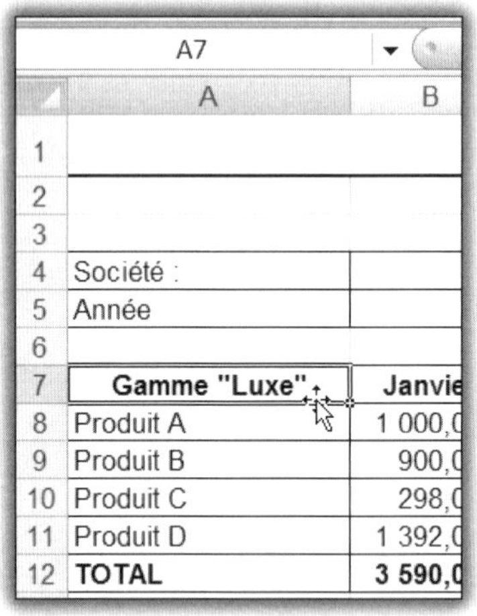

Figure 2.4 : *Le pointeur change d'apparence*

La cellule *A12* est immédiatement sélectionnée.

Le résultat est identique avec la combinaison [Ctrl]+[↓] ou [Fin]+[↓].

ASTUCE

Sélection des cellules situées entre la cellule active et un bord de la zone

Si vous appuyez sur la touche [Maj] lors des manipulations précédentes, vous sélectionnez la cellule située sur le bord de la zone mais également toutes les cellules comprises entre elle et la cellule active.

Sélectionner des cellules avec la commande Atteindre

Outre recourir au clavier ou à la souris, il existe une autre possibilité pour sélectionner des plages de cellules.

1 Dans le groupe *Édition* de l'onglet **Accueil**, cliquez sur le bouton **Rechercher et sélectionner** puis sélectionnez la commande **Atteindre** (ou appuyez sur la touche [F5]).

2 Dans la zone *Référence*, saisissez les références de la plage à sélectionner, par exemple `B7:D12`.

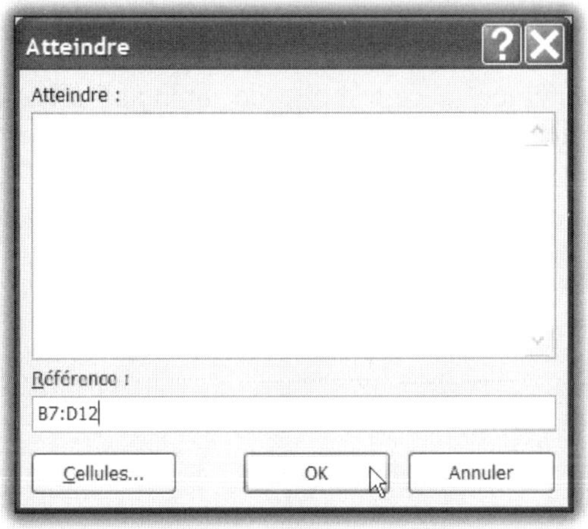

Figure 2.5 :
La boîte de dialogue Atteindre

3 Cliquez sur OK.

La commande **Atteindre** permet de mémoriser les quatre dernières sélections. Vous pourrez ainsi basculer rapidement entre ces quatre plages.

Vous pouvez également, à l'aide de cette commande, sélectionner des plages de cellules non adjacentes, en séparant les références des différentes plages par des points-virgules (par exemple `B7:D12;B14:D19`).

Vous pouvez aussi sélectionner des plages sur d'autres feuilles, en faisant précéder la référence par le nom de la feuille suivi d'un point d'exclamation (par exemple, `Feuil2!A7:D14`).

ASTUCE

Utilisation de la commande Atteindre pour étendre une sélection

Il est possible d'utiliser la commande **Atteindre** différemment. Pour sélectionner la plage *B7:D12*, sélectionnez *B7*, affichez la boîte de dialogue **Atteindre**, saisissez `D12` dans la zone *Référence* puis appuyez sur [Maj] en cliquant sur OK.

Sélectionner des cellules particulières

Si vous cliquez sur le bouton **Cellules** de la boîte de dialogue **Atteindre**, vous accédez à une nouvelle boîte de dialogue dans laquelle vous pouvez sélectionner des cellules ou des plages de cellules "particulières".

Pour accéder plus directement à cette boîte de dialogue, allez dans le groupe *Édition* de l'onglet **Accueil**, cliquez sur le bouton **Rechercher et sélectionner** puis choisissez **Sélectionner les cellules**.

Figure 2.6 :
La boîte de dialogue Sélectionner les cellules

Décrivons maintenant quelques-unes des options :

- *Constantes* sélectionne toutes les cellules contenant des constantes. Vous pouvez choisir le type de constante à sélectionner à l'aide de quatre cases à cocher (*Nombres*, *Texte*, *Valeurs logiques*, *Erreurs*).
- *Formules* sélectionne toutes les cellules contenant des formules. Vous pouvez choisir le type de résultat des formules à sélectionner à l'aide des quatre cases à cocher (*Nombres*, *Texte*, *Valeurs logiques*, *Erreurs*). Dans le cas de notre feuille de calcul, les plages *B12:M12* et *B19:M19* seraient sélectionnées (cellules contenant le calcul des totaux mensuels).
- *Cellules vides* sélectionne les cellules vides de la zone active (et non de la feuille entière).
- *Zone en cours* sélectionne la totalité de la zone dans laquelle se trouve la cellule active. Si vous sélectionnez *E10* avant d'activer cette option, la plage *A7:M12* sera sélectionnée.
- *Dernière cellule* sélectionne la dernière cellule de la zone active, ici *M19*.

2.2. Saisir, modifier et supprimer des données

Nous allons à présent décrire les opérations de saisie, de modification et de suppression de données dans des cellules ou des plages de cellules.

Saisir des données

Pour saisir du texte dans une cellule :

1. Dans une feuille vierge, sélectionnez la cellule *B2*.
2. Saisissez `Date de naissance :`. Si vous appuyez sur [←], la cellule *B3* est, par défaut, automatiquement sélectionnée. Or la saisie suivante doit se faire dans la cellule *C2*. Vous devez donc vous déplacer une fois à droite et une fois en haut, avec les touches de direction, pour atteindre la cellule voulue. Pour éviter ces manipulations, appuyez par [Tab] au lieu d'utiliser la touche [←]. La cellule *C2* est automatiquement sélectionnée.

3 Saisissez `24/04/71` et appuyez sur ↹. La cellule *D2* est automatiquement sélectionnée.

REMARQUE

Validation de cellule

Pour saisir une information dans la cellule située au-dessus de la cellule active, appuyez sur la touche de direction Flèche ↑ (ou Maj+↵). Pour sélectionner une cellule à gauche de la cellule active, appuyez sur la touche Flèche ← (ou Maj+↹).

ASTUCE

Modifier le sens de déplacement par défaut

Il est possible de modifier le sens de déplacement après validation. Pour cela, cliquez sur le menu **Fichier** puis sur **Options**. Dans la boîte de dialogue **Options Excel**, cliquez sur **Options avancées**. Dans la rubrique *Options d'édition*, vous pouvez piloter le sens du déplacement après validation. Si vous désélectionnez la case *Déplacer la sélection après validation*, la sélection ne sera plus déplacée lorsque vous appuierez sur ↵. Si vous cochez cette case, vous pourrez choisir le sens de déplacement parmi quatre directions (*Haut*, *Bas*, *Gauche* et *Droite*), à l'aide de la liste *Sens*.

Notre saisie n'a pas donné un résultat convaincant. En effet, la date a masqué une très large partie du texte.

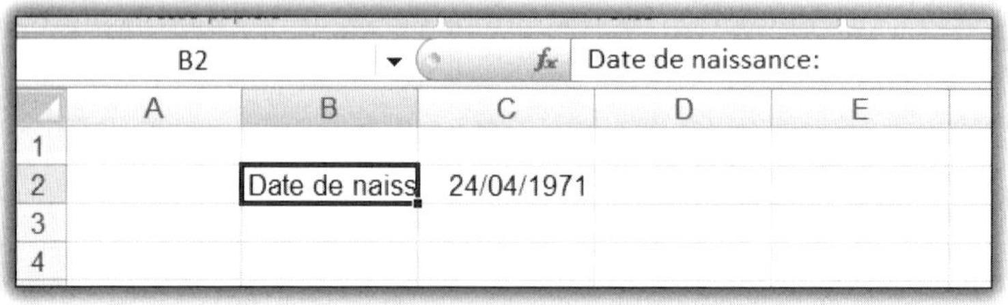

Figure 2.7 : *Une saisie imparfaite*

Saisir différents types de données

Lorsqu'un texte trop long est saisi dans une cellule, il déborde dans la ou les cellules voisines, jusqu'à ce qu'une saisie dans ces cellules vienne le masquer. Bien sûr, il est toujours stocké dans son intégralité dans la cellule initiale. Seul l'affichage est tronqué.

Pour les entrées numériques, c'est un peu différent dans la mesure où seuls quinze chiffres sont significatifs. Si vous entrez plus de quinze chiffres, les chiffres à partir du seizième (avant ou après la virgule) seront convertis en zéros. De plus, lorsqu'une entrée numérique est trop longue pour être affichée dans une cellule, elle est représentée en notation scientifique (du type *5,45E+12*, où *E* représente les puissances de 10, ici il s'agit de 10^{12}).

Si vous réduisez la largeur d'une colonne contenant une date ou une entrée numérique, l'affichage de la valeur est modifié : elle est remplacée par une série de dièses (#). En fait, le contenu des cellules n'est pas perdu, mais l'affichage ne peut être réalisé dans de bonnes conditions.

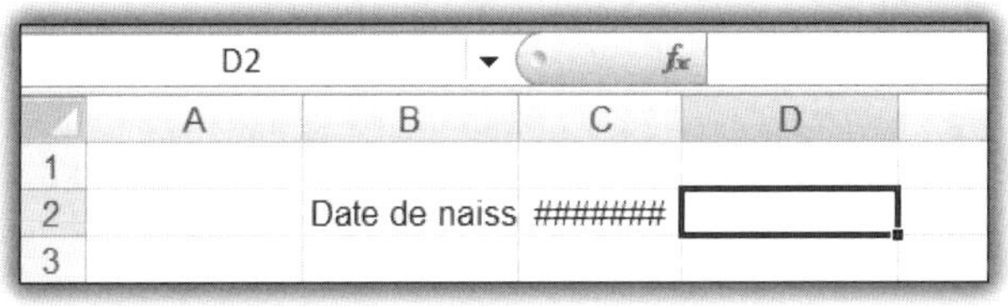

Figure 2.8 : *Affichage tronqué de la date*

Pour faire disparaître ces symboles, élargissez la colonne (ou diminuez le nombre de décimales, par exemple).

Vous allez maintenant donner au contenu précédemment saisi une apparence plus convenable. Pour cela, sélectionnez la cellule *C2* et alignez le texte à droite à l'aide du bouton correspondant dans le groupe *Alignement* de l'onglet **Accueil**.

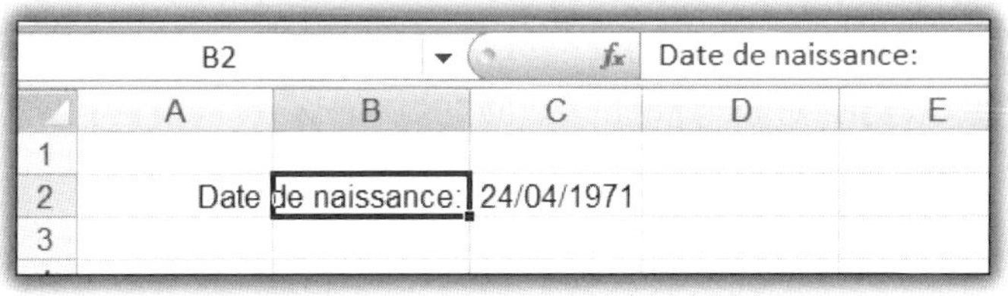

Figure 2.9 : *Voilà qui est mieux*

Par défaut, les entrées numériques et les dates sont alignées à droite, et les textes à gauche.

Continuez la saisie d'informations complémentaires.

1 En *B3*, saisissez `Taux de réduction :`.

2 Alignez le texte à droite.

3 En *C3*, saisissez `20%`.

La dernière entrée, même si elle contient un symbole non numérique (%), est considérée comme une entrée numérique (vous constatez d'ailleurs qu'elle est alignée à droite). Excel a compris qu'il s'agissait d'un pourcentage ; la valeur numérique sous-jacente est 0,2. Si vous faites intervenir cette cellule dans une formule, 0,2 sera utilisé et non 20 (ne divisez donc pas par 100). Excel a appliqué automatiquement le format *Pourcentage*.

ASTUCE

Saisie des pourcentages

Si vous saisissez la valeur `0,5` alors que le format *Pourcentage* est attribué à une cellule, Excel comprend par défaut 0,5 %, soit 0,05, et non 50 %. Pour saisir les pourcentages sous forme décimale, cliquez sur le menu **Fichier** puis sur **Options**. Dans la boîte de dialogue **Options Excel**, cliquez sur **Options avancées** puis désélectionnez la case *Activer la saisie automatique de pourcentage* dans la rubrique *Options d'édition*.

Enfin, il est possible de saisir un nombre sous forme de texte. Pour cela, faites-le précéder d'une apostrophe (`'`) ou saisissez-le entre guillemets (`="0001921"`).

1 En *B4*, saisissez `N° abonnement :`.

2 Alignez le texte à droite.

3 En *C4*, saisissez `0001921`.

Excel n'a pas conservé les trois zéros. C'est normal car le logiciel a converti `0001921` en `1921`. Les trois premiers zéros ne sont pas significatifs. Si toutefois, vous souhaitez que les trois zéros apparaissent, saisissez sous forme de texte.

4 En *C4*, saisissez `'0001921`.

Après la saisie du nombre sous forme de texte, un triangle vert apparaît dans l'angle supérieur gauche de la cellule. Si vous sélectionnez la cellule, une balise active apparaît.

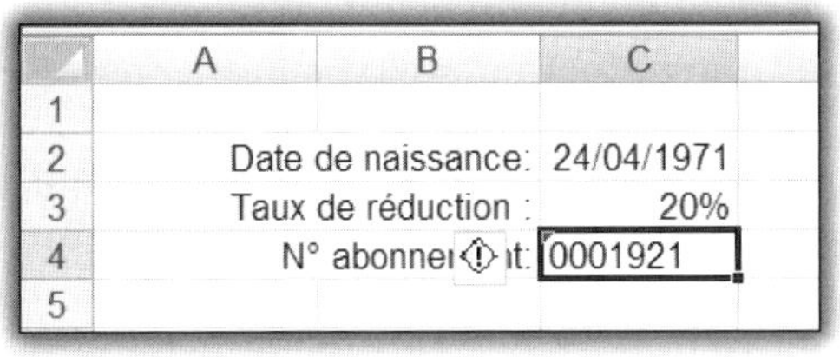

Figure 2.10 : *Saisie d'un nombre sous forme de texte*

Si vous cliquez sur la balise active, un menu apparaît, indiquant qu'Excel a détecté ce qui lui semble être une erreur ("Nombre stocké sous forme de texte"). Puisque la saisie est correcte, sélectionnez **Ignorer l'erreur**.

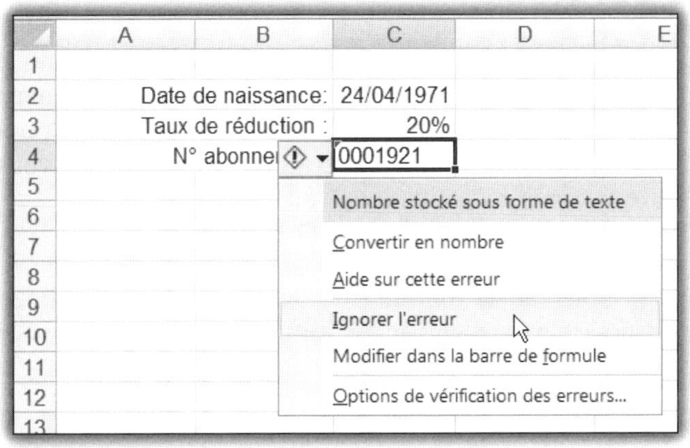

Figure 2.11 : *Le menu de la balise active*

Saisir des données dans une plage de cellules

Pour saisir des données dans une plage de cellules déterminée, sélectionnez cette dernière, puis saisissez la valeur dans la première cellule, appuyez sur [↵], et ainsi de suite. La cellule active se déplacera successivement dans toutes les cellules de la plage sélectionnée et uniquement dans celles-ci.

1 Sélectionnez *B8:C9*.

2 Saisissez `1000` et appuyez sur [↵].

3 Saisissez `900` et appuyez sur [↵].

4 Saisissez `400` et appuyez sur [↵].
5 Saisissez `750` et appuyez sur [↵].

La cellule active s'est successivement déplacée en *B9*, *C8*, *C9* pour revenir en *B8* après la dernière saisie.

ASTUCE

Saisie d'une même valeur dans une plage de cellules
Pour remplir une plage de cellules avec une même valeur, sélectionnez la plage désirée, saisissez la valeur souhaitée et validez avec [Ctrl]+[↵].

Modifier des données

Lorsque vous saisissez des données dans une cellule, vous êtes en mode Frappe, c'est-à-dire que vous pouvez corriger la saisie uniquement avec la touche [⇤]. Vous ne pouvez employer les touches de direction pour revenir sur un caractère, leur utilisation validerait la frappe. Si vous vous apercevez d'une erreur après la validation, vous disposez de plusieurs techniques pour modifier le contenu d'une cellule.

Vous pouvez saisir à nouveau la totalité du contenu correct et valider. Pour corriger, vous devez passer en mode Édition. Pour ce faire, vous avez trois possibilités :

- sélectionner la cellule à corriger puis appuyer sur [F2] ;
- cliquer directement sur la barre de formule ;
- double-cliquer sur la cellule.

REMARQUE

Désactivation de la modification directe
La modification directe constitue la dernière solution. Il est possible de la désactiver. Pour cela, cliquez sur le menu **Fichier** puis sur **Options**. Dans la boîte de dialogue **Options Excel**, cliquez sur **Options avancées** puis désélectionnez la case *Modification directe* dans la rubrique *Options d'édition*. Une fois cette modification réalisée, le double clic sur une cellule n'a plus d'effet.

Si vous commencez votre saisie dans une mauvaise cellule ou si vous faites une erreur dans vos modifications, ne vous inquiétez pas. En effet, tant que vous n'avez pas validé, appuyez sur la touche [Echap] pour annuler la saisie et récupérer les données précédentes.

Essayez ces quelques manipulations :

1 Sélectionnez la cellule *B5*, saisissez `Pays :` et appuyez sur ↵.
2 Sélectionnez la cellule *B5*, saisissez `Ville :` et appuyez sur ↵. *Ville :* a remplacé *Pays :*.
3 Sélectionnez la cellule *B5*, saisissez `Département :` et appuyez sur Echap. *Ville :* est toujours inscrit dans *B5*.
4 Double-cliquez sur la cellule *B5*. Le curseur clignote dans la cellule : vous êtes en mode Édition. Vous pouvez vous déplacer à l'aide des touches de direction. Ajoutez `de résidence` après *Ville*. Appuyez sur ↵.
5 Sélectionnez la cellule *B5*, puis appuyez sur F2. Vous êtes à nouveau en mode Édition. Vous pouvez vous déplacer à l'aide des touches de direction. Remplacez *Ville* par `Pays`. Appuyez sur ↵.
6 Sélectionnez la cellule *B5*, puis cliquez dans la barre de formule. Vous êtes à nouveau en mode Édition. Vous pouvez vous déplacer à l'aide des touches de direction. Après la modification, appuyez sur ↵.

Supprimer des données

Sélectionnez la cellule ou la plage de cellules dont vous voulez supprimer le contenu. Vous avez ensuite deux possibilités :

- Soit vous cliquez sur le bouton **Effacer** du groupe *Édition* de l'onglet **Accueil**. Un sous-menu s'affiche dans lequel vous pouvez choisir ce que vous désirez supprimer.

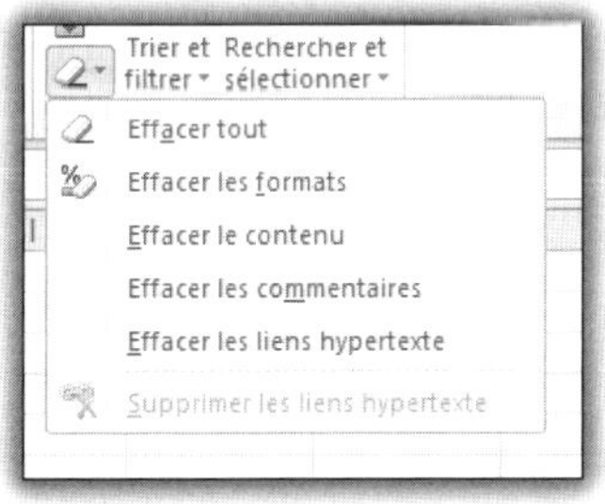

Figure 2.12 :
Les options de la commande Effacer

- Soit vous appuyez sur la touche Suppr. Excel supprime le contenu de la cellule ou de la plage de cellules sélectionnée.

ATTENTION

Risque d'erreur

Lorsque vous sélectionnez une cellule dont vous désirez supprimer le contenu, n'utilisez surtout pas la Barre d'espace qui, apparemment, donne le même résultat. Elle laisse en réalité un caractère d'espacement qui peut provoquer une erreur. Pour Excel, une cellule avec un caractère, même un espace, n'est pas vide : elle contient du texte.

2.3. Gagner du temps pour la saisie des données

Nous venons d'aborder les possibilités de saisie "simple" de plusieurs types de données. Vous allez à présent découvrir la saisie semi-automatique. En effet, lorsque vous saisissez des données, certaines d'entre elles peuvent apparaître plusieurs fois. Pourquoi les ressaisir à chaque fois dans leur intégralité ? La saisie semi-automatique peut prendre deux formes :

- la reconnaissance, au fil de la frappe, des chaînes de caractères déjà saisies dans la colonne ;
- la création d'une liste de choix avec les valeurs déjà saisies dans la colonne.

Mettre à profit la saisie semi-automatique

Pour illustrer cette fonctionnalité, nous utiliserons un tableau de suivi des ventes par client. Un même client peut revenir plusieurs fois. Dans notre exemple, les clients sont au nombre de quatre : DURAND, DUPOND, MARTIN et PAUL.

Supposons que vous souhaitiez ajouter une vente pour le client MARTIN. En *A21*, lorsque vous commencez à saisir le nom, Excel vous a devancé et propose le nom complet (voir Figure 2.13).

Excel mémorise les entrées précédentes réalisées dans la colonne et complète la saisie par l'entrée qui correspond aux premières lettres inscrites. Soit vous acceptez la proposition en validant, soit vous continuez la saisie si la proposition ne convient pas. Dans ce cas, la proposition est correcte, vous pouvez donc la valider.

	A	B	C
1	Suivi des ventes par client		
2			
3	Nom du client	Date	Montant
4	DUPOND	02/01/2009	1 364 €
5	DURAND	02/01/2009	1 364 €
6	PAUL	02/01/2009	1 364 €
7	DUPOND	07/01/2009	999 €
8	DURAND	07/01/2009	999 €
9	PAUL	07/01/2009	999 €
10	DUPOND	02/02/2009	458 €
11	MARTIN	02/02/2009	458 €
12	PAUL	02/02/2009	458 €
13	DUPOND	08/02/2009	1 381 €
14	DURAND	08/02/2009	1 381 €
15	PAUL	08/02/2009	1 381 €
16	DUPOND	28/02/2009	320 €
17	DURAND	28/02/2009	320 €
18	PAUL	28/02/2009	320 €
19	DUPOND	27/03/2009	1 285 €
20	DURAND	27/03/2009	1 285 €
21	MARTIN		
22			

Figure 2.13 :
La saisie semi-automatique

REMARQUE

Application de la saisie semi-automatique

La saisie semi-automatique fonctionne uniquement pour les entrées de type texte.

Continuez la saisie en *A22* en ajoutant une vente pour le client DURAND. Lorsque vous saisissez la première lettre (D), Excel ne propose rien. C'est normal, car le logiciel ne sait pas s'il doit proposer *DURAND* ou *DUPOND*. Dans le doute, il s'abstient. Continuez la saisie. Une fois entrées les lettres U et R, Excel propose *DURAND* car il a fait la différence entre les deux entrées de la colonne commençant par *DU*.

Utiliser les listes de choix

Il existe une autre façon de mettre à profit la saisie semi-automatique. Pour cela, cliquez du bouton droit sur une cellule. Dans le menu contextuel, sélectionnez la commande **Liste déroulante de choix**.

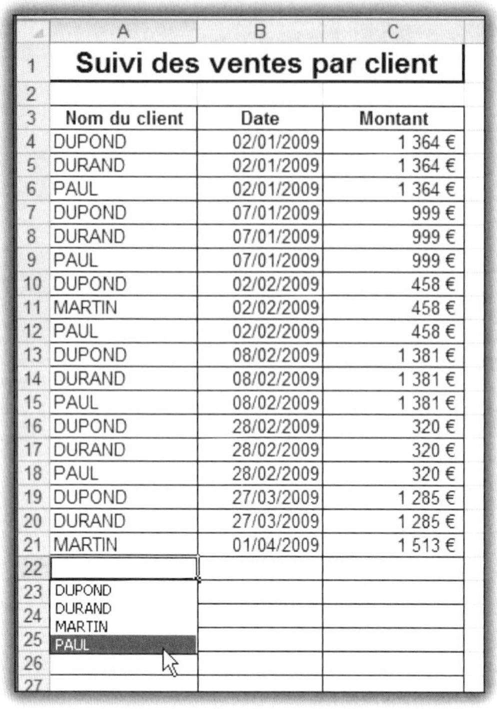

	A	B	C
1	Suivi des ventes par client		
2			
3	Nom du client	Date	Montant
4	DUPOND	02/01/2009	1 364 €
5	DURAND	02/01/2009	1 364 €
6	PAUL	02/01/2009	1 364 €
7	DUPOND	07/01/2009	999 €
8	DURAND	07/01/2009	999 €
9	PAUL	07/01/2009	999 €
10	DUPOND	02/02/2009	458 €
11	MARTIN	02/02/2009	458 €
12	PAUL	02/02/2009	458 €
13	DUPOND	08/02/2009	1 381 €
14	DURAND	08/02/2009	1 381 €
15	PAUL	08/02/2009	1 381 €
16	DUPOND	28/02/2009	320 €
17	DURAND	28/02/2009	320 €
18	PAUL	28/02/2009	320 €
19	DUPOND	27/03/2009	1 285 €
20	DURAND	27/03/2009	1 285 €
21	MARTIN	01/04/2009	1 513 €
22			
23	DUPOND		
24	DURAND		
25	MARTIN PAUL		
26			
27			

Figure 2.14 :
L'autre forme de saisie semi-automatique

Vous pouvez choisir l'entrée qui vous convient. Dans notre exemple, *Nom du client* n'apparaît pas dans la liste. En effet, Excel considère que la première ligne contient les intitulés des colonnes de la liste.

ASTUCE

Désactivation de la saisie semi-automatique

Vous pouvez désactiver la saisie semi-automatique (mais pas la fonction **Liste déroulante de choix**). Pour cela, cliquez sur le menu **Fichier** puis sur **Options**. Dans la boîte de dialogue **Options Excel**, cliquez sur **Options avancées** puis désélectionnez la case *Saisie semi-automatique des valeurs de cellule* dans la rubrique *Options d'édition*.

2.4. Insérer et supprimer des cellules

Si, une fois conçue votre feuille de calcul, vous avez oublié d'intégrer telle ou telle donnée, ne vous inquiétez pas : une feuille de calcul n'est pas un espace figé, il est possible d'y insérer des lignes, des colonnes ou des plages de cellules, ou d'en supprimer si elles sont finalement inutiles.

Insérer des lignes et des colonnes

Insérer des lignes

Pour insérer une ligne dans une feuille de calcul :

1 Sélectionnez la ligne au-dessus de laquelle doit être insérée la nouvelle ligne. Pour cela, cliquez du bouton droit sur son en-tête.

2 Dans le menu contextuel qui apparaît, sélectionnez **Insertion**.

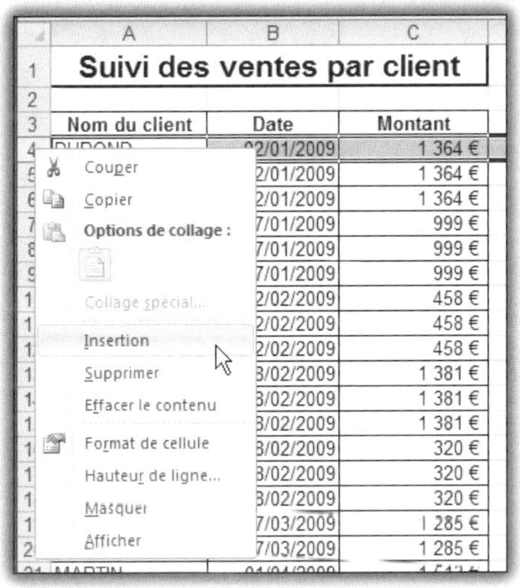

Figure 2.15 : *Insertion d'une ligne*

La ligne est insérée au-dessus de la ligne sélectionnée et l'ensemble du tableau est décalé vers le bas. Il reste un point à régler : la mise en forme de la ligne insérée. Par défaut, elle a hérité de la mise en forme de la ligne qui se trouve au-dessus. Dans notre exemple, il s'agit de la ligne de titre. Or, cela ne convient pas car les nouvelles cellules sont destinées à recevoir des données. Cliquez sur le bouton d'options qui a fait son apparition et sélectionnez **Format identique à celui du dessous**. Il est également possible de sélectionner **Effacer la mise en forme**, c'est-à-dire d'insérer une ligne sans mise en forme.

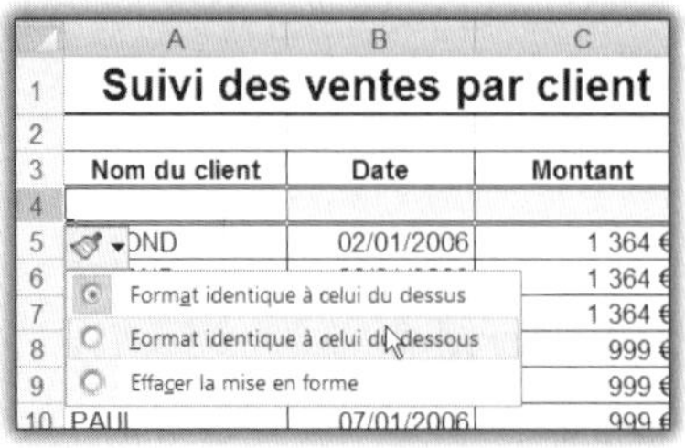

Figure 2.16 :
Choix du format de la ligne insérée

La ligne insérée est maintenant identique aux autres lignes de données.

Pour insérer plusieurs lignes, sélectionnez-en au préalable un certain nombre (à votre convenance) avant d'appliquer la fonction d'insertion. La sélection peut concerner des lignes adjacentes ou non. Dans tous les cas, les lignes insérées se placeront avant celles que vous avez sélectionnées.

Pour insérer des lignes, il est également possible d'utiliser le bouton **Insérer** du groupe *Cellules* de l'onglet **Accueil**.

Insérer des colonnes

Qu'il s'agisse d'insérer des lignes ou des colonnes, le principe est le même.

1 Sélectionnez la colonne à gauche de laquelle la nouvelle colonne doit être insérée.

2 Cliquez du bouton droit. Dans le menu contextuel, sélectionnez **Insertion**.

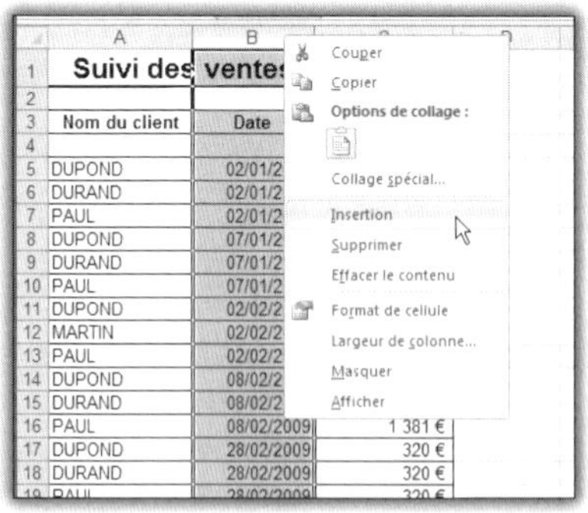

Figure 2.17 :
Insertion d'une colonne

La colonne est insérée à gauche de la colonne sélectionnée et l'ensemble du tableau est décalé vers la droite. Par défaut, la colonne insérée a hérité de la mise en forme de la colonne qui se trouve à sa gauche. Si vous souhaitez modifier cela, cliquez sur le bouton d'options qui a fait son apparition et sélectionnez **Format identique à celui de droite**. Il est également possible de sélectionner **Effacer la mise en forme**, c'est-à-dire d'insérer une colonne sans mise en forme.

Pour insérer un groupe de colonnes (adjacentes ou non adjacentes), reportez-vous à la procédure d'insertion de plusieurs lignes. Le principe est le même.

Pour insérer des colonnes, il est également possible d'utiliser le bouton **Insérer** du groupe *Cellules* de l'onglet **Accueil**.

Insérer des cellules

Il n'est pas toujours nécessaire d'insérer des lignes ou des colonnes entières. Il peut être suffisant d'insérer des cellules.

1 Sélectionnez une plage de cellules.

2 Cliquez du bouton droit et sélectionnez **Insérer** dans le menu contextuel.

Figure 2.18 : *La boîte de dialogue Insertion de cellule*

3 Vous pouvez choisir entre :

- *Décaler les cellules vers la droite* : les cellules sélectionnées seront décalées vers la droite et des cellules vierges insérées à leur place.
- *Décaler les cellules vers le bas* : les cellules sélectionnées seront décalées vers le bas et des cellules vierges insérées à leur place.
- *Ligne entière* : des lignes entières seront insérées. Il s'agit d'une solution d'insertion, qui s'ajoute aux méthodes proposées précédemment.
- *Colonne entière* : des colonnes entières seront insérées. Il s'agit d'une solution d'insertion, qui s'ajoute aux méthodes proposées précédemment.

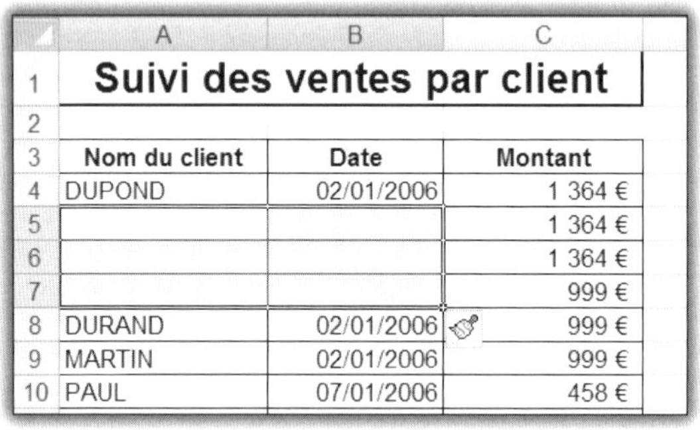

Figure 2.19 : *Les cellules sélectionnées ont été décalées vers le bas*

4 Une fois l'insertion réalisée, le bouton d'options permet de choisir la mise en forme des cellules insérées.

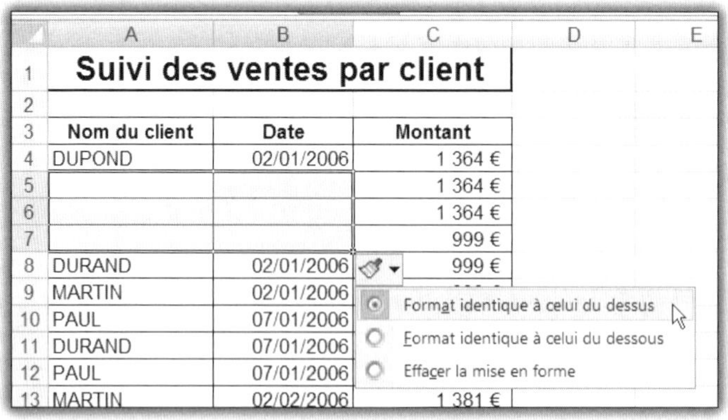

Figure 2.20 : *Choix de la mise en forme*

Il faut être relativement prudent lors de l'utilisation de cette fonction car le tableau peut se trouver "déstabilisé" par l'insertion d'un groupe de cellules. Les cellules des autres colonnes n'ont pas été décalées vers le bas. Dans le cas d'une liste de données, cela peut s'avérer dramatique car les lignes sont des ensembles de données cohérentes.

Pour insérer des cellules, il est également possible d'utiliser le bouton **Insérer** du groupe *Cellules* de l'onglet **Accueil**. Dans ce cas, les cellules existantes seront systématiquement décalées vers la droite. Pour spécifier le sens du décalage, cliquez sur le petit bouton fléché situé juste au-dessous du bouton **Insérer** et choisissez **Insérer des cellules** dans le menu déroulant.

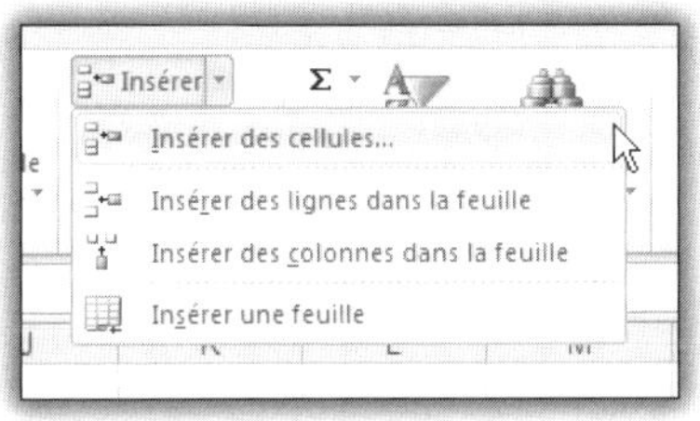

Figure 2.21 : *Utilisation du menu associé au bouton Insérer*

Supprimer des lignes et des colonnes

Supprimer des lignes

Pour supprimer une ou plusieurs lignes, sélectionnez-les puis cliquez du bouton droit et sélectionnez la commande **Supprimer** dans le menu contextuel.

Il est également possible d'utiliser le bouton **Supprimer** du groupe *Cellules* de l'onglet **Accueil**.

Supprimer des colonnes

Pour supprimer une ou plusieurs colonnes, sélectionnez-les puis cliquez du bouton droit et sélectionnez la commande **Supprimer** dans le menu contextuel.

Il est également possible d'utiliser le bouton **Supprimer** du groupe *Cellules* de l'onglet **Accueil**.

Supprimer des cellules

Qu'il s'agisse d'insérer ou de supprimer une plage de cellules, le principe est le même.

1 Sélectionnez la plage cellules à supprimer.

2 Cliquez du bouton droit et sélectionnez **Supprimer** dans le menu contextuel.

Figure 2.22 : *La boîte de dialogue Supprimer*

3 Vous pouvez choisir entre :

- *Décaler les cellules vers la gauche* : les cellules situées à droite des cellules supprimées seront décalées vers la gauche.
- *Décaler les cellules vers le haut* : les cellules situées en dessous des cellules supprimées seront décalées vers le bas.
- *Ligne entière* : des lignes entières seront supprimées. Il s'agit d'une solution de suppression, qui s'ajoute aux méthodes proposées précédemment.
- *Colonne entière* : des colonnes entières seront supprimées. Il s'agit d'une solution de suppression, qui s'ajoute aux méthodes proposées précédemment.

Comme lors de l'insertion de plages de cellules, la prudence s'impose.

Pour supprimer des cellules, il est également possible d'utiliser le bouton **Supprimer** du groupe *Cellules* de l'onglet **Accueil**. Dans ce cas, les cellules restantes seront systématiquement décalées vers le haut. Pour spécifier le sens du décalage, cliquez sur le petit bouton fléché situé juste au-dessous du bouton **Supprimer** et choisissez **Supprimer des cellules** dans le menu déroulant.

2.5. Annuler, rétablir et répéter des opérations

Tout le monde peut se tromper. Heureusement, bon nombre d'opérations peuvent être annulées.

Annuler des opérations

Pour annuler la dernière opération effectuée, vous avez plusieurs solutions :

- Cliquez sur le bouton **Annuler** de la barre d'outils *Accès rapide*.

- Appuyez sur Ctrl+Z.

Vous pouvez alors annuler l'opération précédente, jusqu'à la centième.

Pour annuler en une fois plusieurs opérations, cliquez sur le bouton fléché à côté du bouton **Annuler**, puis sélectionnez les interventions à annuler.

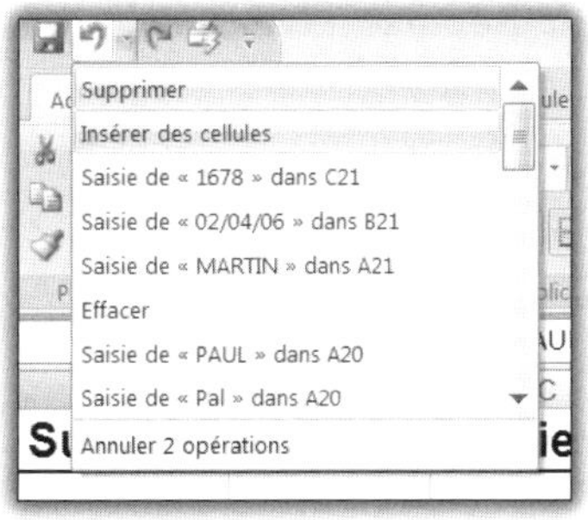

Figure 2.23 :
Annulation de plusieurs opérations

Lorsqu'il n'y a plus d'opérations à annuler, le bouton apparaît en grisé.

REMARQUE

L'annulation n'est pas toujours possible

Toutes les opérations ne peuvent pas être annulées (enregistrement, suppression de feuilles de calcul...). De plus, lorsque vous enregistrez un document, vous "remettez à zéro" la liste des opérations à annuler.

Rétablir des opérations

Vous avez annulé des opérations, mais finalement, vous le regrettez et souhaitez "annuler l'annulation" ? C'est possible. Vous avez plusieurs solutions :

- Cliquez sur le bouton **Rétablir** de la barre d'outils *Standard*.
-  Appuyez sur Ctrl+Y.

Vous pouvez rétablir l'opération précédente, jusqu'à la centième.

Pour rétablir en une fois plusieurs opérations, cliquez sur le bouton fléché à côté du bouton **Rétablir** et sélectionnez les interventions à rétablir.

Lorsqu'il n'y a plus d'opérations à rétablir, le bouton apparaît en grisé.

Répéter la dernière opération

Pour répéter la dernière opération effectuée, vous pouvez utiliser le raccourci clavier Ctrl+Y.

Vous pouvez également ajouter la commande **Répéter** à la barre d'outils *Accès rapide*.

1 Cliquez sur le bouton fléché situé à droite de la barre d'outils.
2 Sélectionnez **Autres commandes**.
3 Dans la boîte de dialogue **Options Excel**, sélectionnez *Commandes courantes* dans la liste de choix, puis **Répéter**.
4 Cliquez sur le bouton **Ajouter** puis validez par OK.

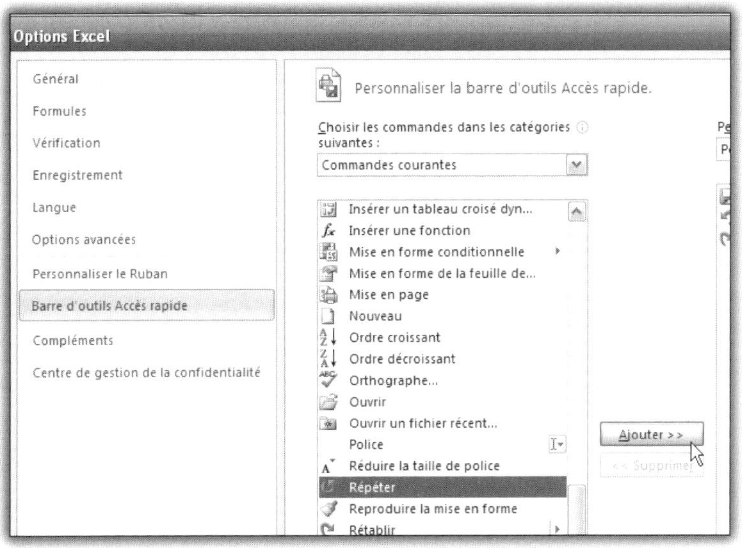

Figure 2.24 : *Ajout de la commande Répéter*

CHAPITRE 3

Manipuler les données saisies

Dans ce chapitre, nous allons décrire les différentes fonctions de manipulation des données saisies. Il s'agira tout d'abord des fonctions permettant de déplacer des cellules ou des plages de cellules pour réorganiser les données. Nous nous intéresserons également à la célèbre trilogie "couper-copier-coller" dont nous passerons en revue les spécificités. Nous traiterons ensuite des fonctions de recherche et de remplacement de chaînes de caractères. Pour conclure, nous aborderons la correction orthographique, qui n'est pas réservée aux seuls logiciels de traitement de texte.

3.1. Déplacer des cellules

Pour modifier la disposition de titres, de valeurs ou de formules, Excel propose la fonction de déplacement. Les données sont tout simplement effacées de leur emplacement initial et apparaissent à l'endroit que vous avez déterminé.

Déplacer une plage de cellules

La technique le plus simple, pour déplacer le contenu d'une cellule ou d'une plage de cellules consiste à utiliser le glisser-déposer.

1 Sélectionnez la plage de cellules à déplacer.

2 Placez le pointeur sur le contour de la sélection. Il prend la forme d'une flèche blanche accolée à une croix noire.

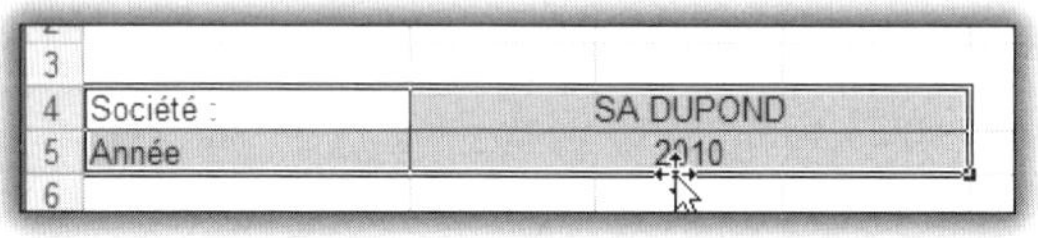

Figure 3.1 : *Le pointeur change d'apparence*

3 Cliquez et déplacez le cadre de la sélection vers l'emplacement souhaité.

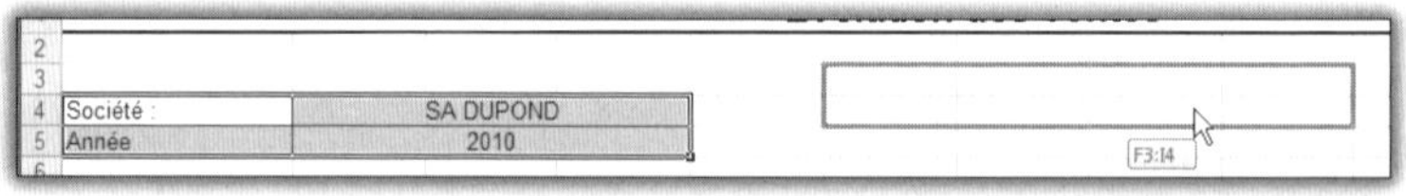

Figure 3.2 : *Le contour de la sélection en cours de déplacement est matérialisé par une bordure grise*

4 Relâchez le bouton de la souris.

Si la destination se situe au-delà du bord de la fenêtre, celle-ci défilera automatiquement dans la direction voulue. Si la position visée contient déjà des données, Excel vous demande si le contenu de ces cellules doit être remplacé. Si vous répondez par l'affirmative, le nouveau contenu remplace le précédent.

Cette technique permet aussi de déplacer des lignes et des colonnes entières. Sélectionnez d'abord la ou les lignes ou colonnes concernées en cliquant sur leur en-tête.

REMARQUE

Déplacement à l'aide du clavier

Vous pouvez déplacer une plage de cellules à l'aide du clavier. Pour cela, sélectionnez-la, puis utilisez la combinaison de touches [Maj]+[Suppr]. Sélectionnez ensuite la destination et appuyez sur la touche [↵].

Insérer une plage déplacée

Lorsqu'il s'agit de déplacer des contenus de cellule, il faut parfois, au préalable, leur faire de la place en insérant de nouvelles cellules. Il est possible de réaliser ces deux opérations en une seule manipulation.

Supposons que vous disposiez d'une feuille de calcul contenant les tableaux des ventes mensuelles d'une gamme de produits en 2008 et 2009. Vous souhaitez comparer rapidement les ventes des mois de janvier 2008 et janvier 2009. Pour cela, vous allez placer côte à côte les deux colonnes de données.

1. Sélectionnez la plage à déplacer.
2. Positionnez le pointeur sur le contour de la sélection. Tout en maintenant la touche [Maj] enfoncée, déplacez la plage vers son nouvel emplacement.
3. La sélection prend la forme d'une barre grisée. Placez cette barre entre les colonnes où vous voulez insérer la sélection (voir Figure 3.3).
4. Relâchez le bouton de la souris : les données sont déplacées et insérées à l'endroit souhaité. Le reste du tableau est décalé vers la droite.

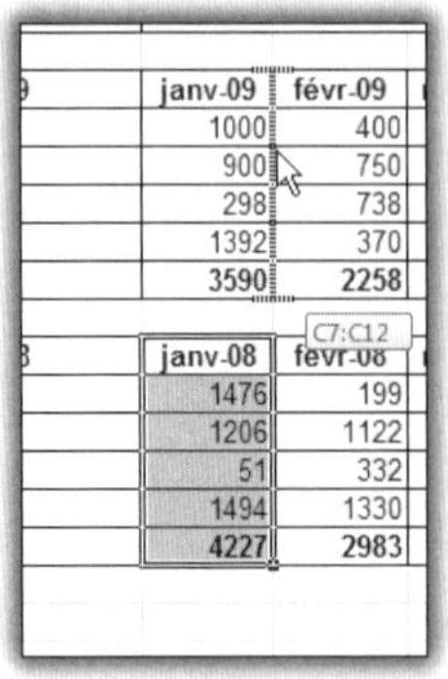

Figure 3.3 :
Choix de l'emplacement des données à insérer

Utiliser un menu contextuel pour déplacer et insérer des plages

Il est possible d'utiliser une autre méthode pour déplacer et/ou insérer des plages déplacées.

1 Sélectionnez la plage à déplacer.
2 Cliquez du bouton droit sur le contour de la plage sélectionnée.
3 Tout en maintenant le bouton droit enfoncé, déplacez la plage à l'endroit souhaité.
4 Relâchez le bouton de la souris et sélectionnez l'action à effectuer dans le menu contextuel.

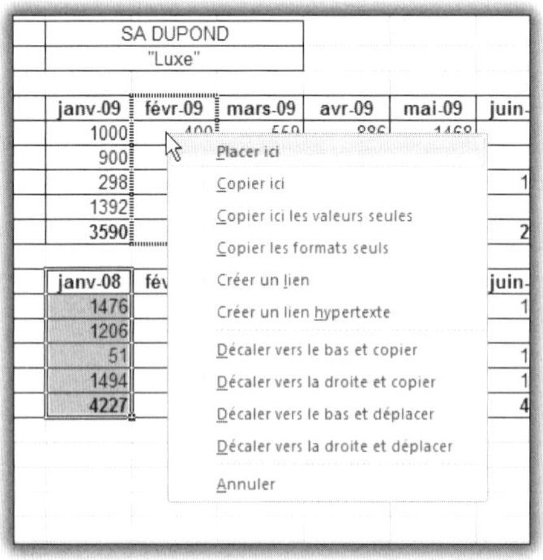

Figure 3.4 :
Le menu contextuel de déplacement

- **Placer ici** déplace la plage de cellules à l'endroit sélectionné en remplaçant éventuellement le contenu qui s'y trouvait. Les données sont effacées de leur emplacement initial.
- **Copier ici** copie la plage de cellules à l'endroit sélectionné en remplaçant éventuellement le contenu qui s'y trouvait. Les données sont conservées à leur emplacement initial.
- **Copier ici les valeurs seules** copie seulement les valeurs (sans le format). Les données sont conservées à leur emplacement initial.
- **Copier les formats seuls** copie seulement les formats (sans les valeurs). Les données sont conservées à leur emplacement initial.
- **Créer un lien** crée une liaison avec les données initiales.
- **Créer un lien hypertexte** crée un lien hypertexte vers la plage initiale.
- **Décaler vers le bas et copier** insère les données en décalant les cellules existantes vers le bas. Les données sont conservées à leur emplacement initial.
- **Décaler vers la droite et copier** insère les données en décalant les cellules existantes vers la droite. Les données sont conservées à leur emplacement initial.
- **Décaler vers le bas et copier** insère les données en décalant les cellules existantes vers le bas. Les données sont effacées de leur emplacement initial.
- **Décaler vers la droite et copier** insère les données en décalant les cellules existantes vers la droite. Les données sont effacées de leur emplacement initial.
- **Annuler** annule le déplacement.

Déplacer des cellules vers une autre feuille

Il est possible de déplacer une plage de cellules vers une autre feuille de calcul.

1 Sélectionnez la plage de cellules à déplacer.

2 Positionnez le pointeur sur le contour de la sélection et, tout en maintenant la touche [Alt] enfoncée, déplacez la plage vers l'onglet de la feuille souhaitée.

3 La feuille en question devient la feuille active. Vous pouvez choisir l'emplacement de destination.

Déplacer des cellules vers un autre classeur

Il est possible de déplacer des données d'un classeur à l'autre. Pour cela, disposez les fenêtres des deux classeurs de manière qu'elles soient toutes deux visibles. Utilisez ensuite l'une des techniques que nous venons de décrire.

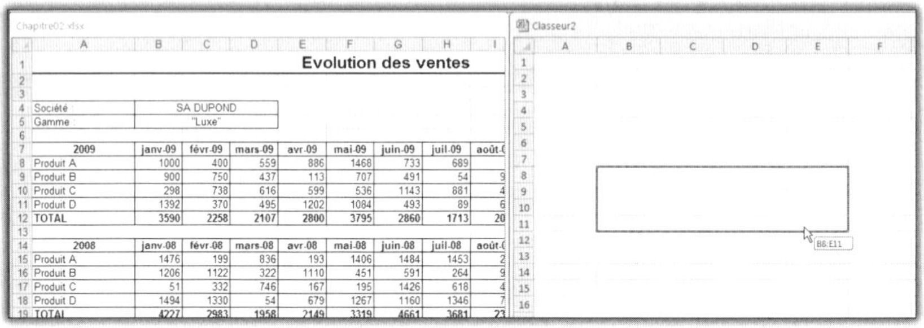

Figure 3.5 : *Déplacement vers un autre classeur*

3.2. Couper, copier, coller

Les "3 C", **Couper**, **Copier** et **Coller**, font partie des fonctions emblématiques de la bureautique sous Windows. Elles procurent en effet un confort d'utilisation assez appréciable et évitent des saisies multiples qui deviendraient rapidement fastidieuses.

Nous allons à présent décrire leurs multiples facettes.

Utiliser les fonctions de base

Copier-coller

Cette fonction consiste à stocker en mémoire une plage de cellules sélectionnées, puis à dupliquer cette sélection à un autre endroit. La mise en œuvre est rapide. Nous allons à présent décrire comment copier puis coller une plage de cellules sur la feuille active.

Il faut au préalable sélectionner la plage de cellules à copier. Ensuite, il existe trois solutions pour la copier :

- Utilisez le bouton **Copier** du groupe *Presse-papiers* de l'onglet **Accueil**.

Figure 3.6 : *Le bouton Copier*

- Cliquez du bouton droit sur la sélection et choisissez la commande **Copier** dans le menu contextuel.
- Appuyez sur Ctrl+C.

Le plus rapide est sans doute le raccourci Ctrl+C (sauf si vous êtes un inconditionnel de la souris). La sélection est entourée d'une bordure clignotante.

Ensuite, il convient de sélectionner la cellule qui sera située en haut et à gauche de la plage collée. Une fois cette opération effectuée, trois solutions s'offrent à vous pour coller vos données :

- Utilisez le bouton **Coller** du groupe *Presse-papiers* de l'onglet **Accueil**.

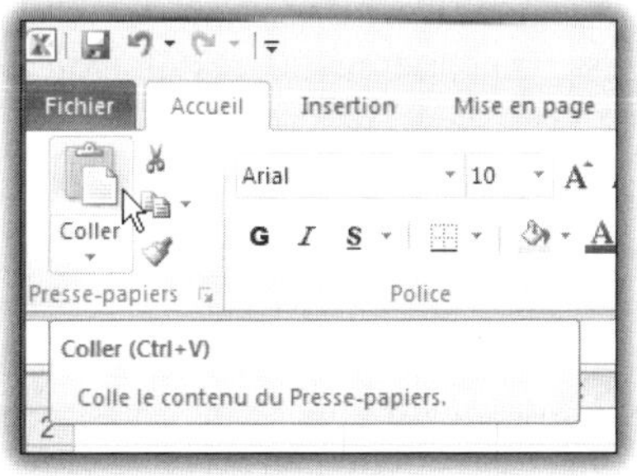

Figure 3.7 : *Le bouton Coller*

- Appuyez sur Ctrl+V.

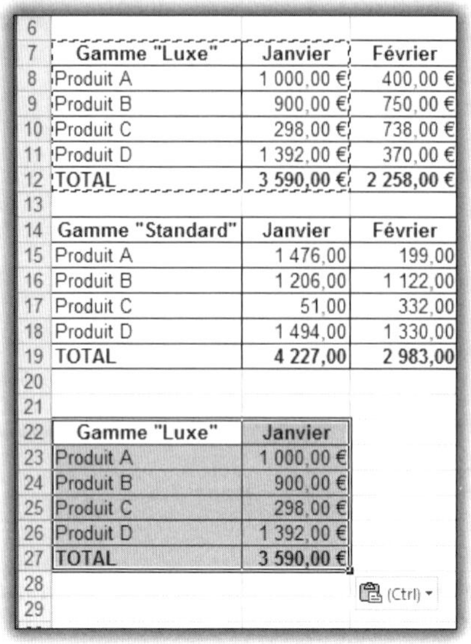

6			
7	Gamme "Luxe"	Janvier	Février
8	Produit A	1 000,00 €	400,00 €
9	Produit B	900,00 €	750,00 €
10	Produit C	298,00 €	738,00 €
11	Produit D	1 392,00 €	370,00 €
12	TOTAL	3 590,00 €	2 258,00 €
13			
14	Gamme "Standard"	Janvier	Février
15	Produit A	1 476,00	199,00
16	Produit B	1 206,00	1 122,00
17	Produit C	51,00	332,00
18	Produit D	1 494,00	1 330,00
19	TOTAL	4 227,00	2 983,00
20			
21			
22	Gamme "Luxe"	Janvier	
23	Produit A	1 000,00 €	
24	Produit B	900,00 €	
25	Produit C	298,00 €	
26	Produit D	1 392,00 €	
27	TOTAL	3 590,00 €	
28			
29			

Figure 3.8 :
La plage de cellules est collée à partir de la cellule sélectionnée

- Cliquez du bouton droit sur la sélection et choisissez parmi les options de collage proposées.

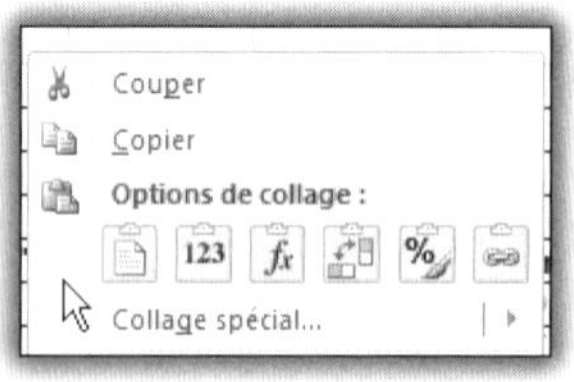

Figure 3.9 :
Les options de collage

—  Les options de collage apparaissent sous forme de boutons. Lorsque vous déplacez le pointeur sur l'un de ses boutons, vous pouvez visualiser un aperçu du résultat du collage. Cette fonctionnalité est une nouveauté d'Excel 2010.

—  **Coller** colle une copie conforme de la plage sélectionnée (équivaut au bouton **Coller**).

—  **Valeurs** colle uniquement des valeurs sans élément de mise en forme. Les éventuelles formules sont transformées en valeurs.

-  **Formules** colle uniquement les formules, c'est-à-dire le contenu des cellules sans élément de mise en forme.
-  **Transposer** colle en inversant les lignes et les colonnes.
-  **Mise en forme** colle uniquement les éléments de mise en forme (bordures, formats…) sans les données.
- **Coller avec liaison** colle une référence aux cellules sources, et non leur contenu.

Tant que vous n'effectuez pas d'autre opération, la sélection peut être collée à nouveau. En fait, tant que la plage copiée est entourée par une bordure clignotante, vous pouvez la coller à volonté.

À côté de la plage de cellules collée, un bouton d'options est affiché. Si vous cliquez dessus (ou appuyez sur la touche Ctrl), un menu apparaît. Il permet de contrôler l'apparence des cellules collées.

Figure 3.10 :
Le menu du bouton d'options

Les options du menu sont classées en trois rubriques : **Coller**, **Coller des valeurs** et **Autres options de collage**.

Coller

-  **Coller** colle une copie conforme de la plage sélectionnée (équivaut au bouton **Coller**).

- **Formules** colle uniquement les formules, c'est-à-dire le contenu des cellules sans élément de mise en forme.
- **Formules et formats de nombre** est identique à **Formules**, mais ajoute la copie des formats des nombres (et seulement des nombres).
- **Conserver la mise en forme source** conserve la mise en forme des cellules copiées.
- **Aucune bordure** ne prend pas en compte les éléments de mis en forme des bordures.
- **Conserver les largeurs de colonnes sources** conserve la mise en forme des cellules copiées, mais également la largeur des colonnes dans lesquelles elles étaient situées. C'est une fonctionnalité intéressante car cela évite de retravailler la présentation des tableaux collés.
- **Transposer** colle en inversant les lignes et les colonnes.

Coller des valeurs

- **Valeurs uniquement** colle seulement les valeurs des cellules, sans le format. Les éventuelles formules sont transformées en valeurs.
- **Valeurs et format de nombre** conserve uniquement les formats numériques ; les autres éléments de mise en forme sont perdus.
- **Valeurs et format source** colle les valeurs et conserve uniquement les formats ; les autres éléments de mise en forme sont perdus.

Autres options de collage

- **Mise en forme** colle seulement le format des cellules, sans les valeurs.
- **Coller avec liaison** colle une référence aux cellules copiées, et non leur contenu.

-  **Image** colle les données sous forme d'image.
-  **Image liée** colle les données sous forme d'image, mais avec une liaison avec les données initiales. En cas de changement dans les données, l'image collée sera également mise à jour.

ASTUCE

Empêcher l'affichage du bouton d'options

Il est possible d'empêcher l'affichage des boutons d'options. Pour cela, cliquez sur le menu **Fichier** puis sur **Options**. Dans la boîte de dialogue **Options Excel**, cliquez sur **Options avancées**. Dans la rubrique *Couper, copier et coller*, désélectionnez la case *Afficher le bouton Options de collage lorsqu'un contenu est collé*.

Dupliquer des plages de cellules copiées

Lorsque vous collez une plage de cellules préalablement copiées, vous avez la possibilité de dupliquer cette plage de cellules, c'est-à-dire de faire en sorte qu'elle soit collée plusieurs fois en une seule opération. Pour cela, avant d'effectuer le collage, sélectionnez, non pas une seule cellule comme vous l'avez fait précédemment, mais plusieurs. Le nombre de cellules doit correspondre à un multiple des dimensions de la plage copiée.

Supposons que vous ayez copié une plage de cellules de 6 lignes et de 2 colonnes. Si vous souhaitez la dupliquer "dans le sens de la hauteur", il faudra sélectionner au minimum une plage de 12 lignes et de 1 colonne. Dans ce cas, la plage sera collée deux fois. De même, si vous sélectionnez une plage de 1 ligne et de 6 colonnes, la plage initiale sera collée trois fois "dans le sens de la largeur" (voir Figure 3.11, 3.12).

Ainsi, si vous copiez une seule cellule et que vous sélectionniez une plage de cellules avant d'effectuer l'opération de collage, chacune des cellules de cette plage sera mise à jour avec le contenu de la cellule copiée.

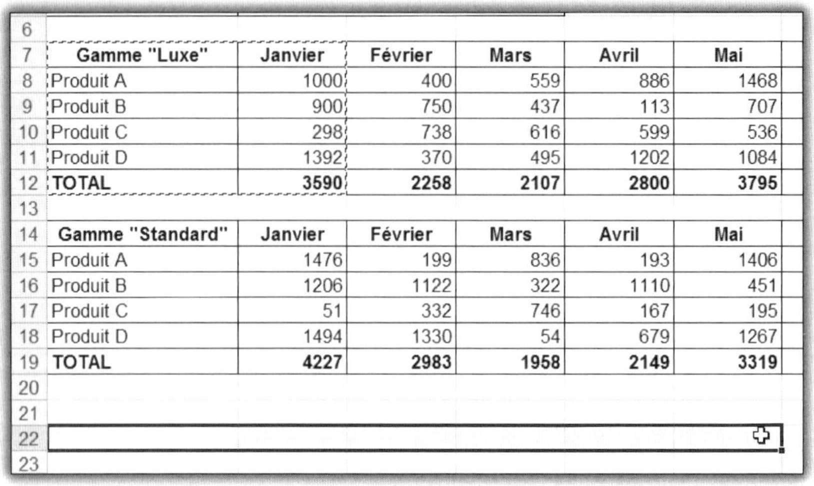

6						
7	Gamme "Luxe"	Janvier	Février	Mars	Avril	Mai
8	Produit A	1000	400	559	886	1468
9	Produit B	900	750	437	113	707
10	Produit C	298	738	616	599	536
11	Produit D	1392	370	495	1202	1084
12	**TOTAL**	**3590**	**2258**	**2107**	**2800**	**3795**
13						
14	Gamme "Standard"	Janvier	Février	Mars	Avril	Mai
15	Produit A	1476	199	836	193	1406
16	Produit B	1206	1122	322	1110	451
17	Produit C	51	332	746	167	195
18	Produit D	1494	1330	54	679	1267
19	**TOTAL**	**4227**	**2983**	**1958**	**2149**	**3319**
20						
21						
22						
23						

Figure 3.11 : *Sélection d'un multiple de la dimension de la plage copiée*

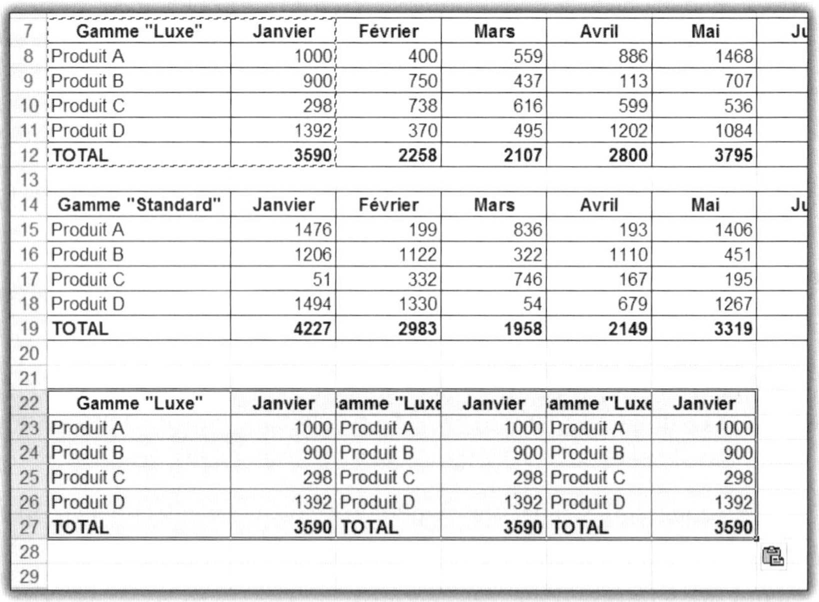

7	Gamme "Luxe"	Janvier	Février	Mars	Avril	Mai	Ju
8	Produit A	1000	400	559	886	1468	
9	Produit B	900	750	437	113	707	
10	Produit C	298	738	616	599	536	
11	Produit D	1392	370	495	1202	1084	
12	**TOTAL**	**3590**	**2258**	**2107**	**2800**	**3795**	
13							
14	Gamme "Standard"	Janvier	Février	Mars	Avril	Mai	Ju
15	Produit A	1476	199	836	193	1406	
16	Produit B	1206	1122	322	1110	451	
17	Produit C	51	332	746	167	195	
18	Produit D	1494	1330	54	679	1267	
19	**TOTAL**	**4227**	**2983**	**1958**	**2149**	**3319**	
20							
21							
22	Gamme "Luxe"	Janvier	amme "Luxe	Janvier	amme "Luxe	Janvier	
23	Produit A	1000	Produit A	1000	Produit A	1000	
24	Produit B	900	Produit B	900	Produit B	900	
25	Produit C	298	Produit C	298	Produit C	298	
26	Produit D	1392	Produit D	1392	Produit D	1392	
27	**TOTAL**	**3590**	**TOTAL**	**3590**	**TOTAL**	**3590**	
28							
29							

Figure 3.12 : *La plage copiée a été dupliquée*

Copier des sélections multiples

Il est possible de copier, puis de coller des sélections multiples. Toutefois, les différentes plages constituant la sélection multiple doivent avoir une dimension commune (la largeur ou la hauteur) et être "alignées" les unes par rapport aux autres, c'est-à-dire situées sur les mêmes lignes si elles sont de même hauteur ou dans les mêmes colonnes si elles sont de même largeur.

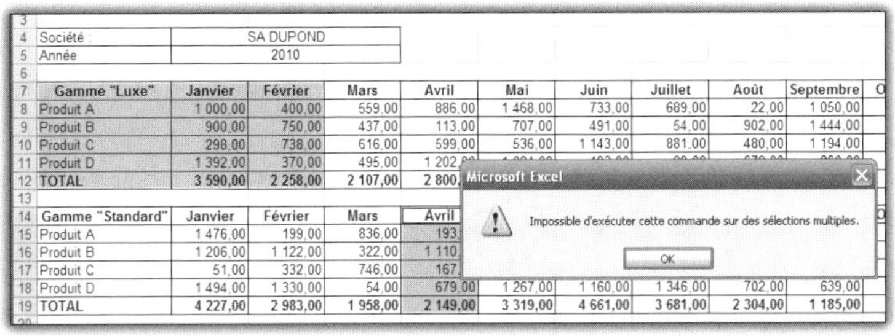

Figure 3.13 : Quelques restrictions pour le collage de sélections multiples

Lors du collage, les différentes plages de cellules sont alors disposées les unes sous les autres ou les unes à côté des autres. Vous pouvez ainsi constituer un tableau de 4 colonnes extraites d'un tableau de taille plus importante.

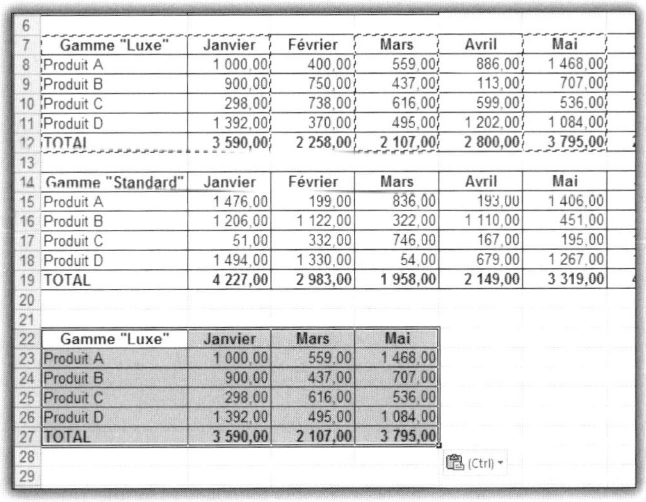

Figure 3.14 : Utilisation d'une sélection multiple pour extraire des données d'un tableau

Couper-coller

La différence entre **Couper** et **Copier** réside dans le traitement réservé aux données initiales. Lorsque vous copiez des données, les données initiales ne sont pas modifiées. En revanche, lorsque vous les coupez, elles disparaissent. Hormis cette différence fondamentale, le processus est sensiblement identique.

Il faut évidemment sélectionner la plage de cellules à couper. Comme pour la copie, il existe trois solutions pour couper :

- Utilisez le bouton **Couper** du groupe *Presse-papiers* de l'onglet **Accueil**.

Figure 3.15 : *Le bouton Couper*

- Cliquez du bouton droit sur la sélection et choisissez la commande **Couper** dans le menu contextuel.
- Appuyez sur Ctrl+X.

Le plus rapide est sans doute le raccourci Ctrl+X (sauf si vous êtes un inconditionnel de la souris). La sélection est entourée d'une bordure clignotante.

Ensuite, sélectionnez la cellule qui sera située en haut et à gauche de la plage collée. Une fois cette opération effectuée, les quatre solutions décrites précédemment pour coller vos données sont utilisables (voir Figure 3.16).

Les cellules initiales ont été vidées de leur contenu.

REMARQUE

Différences entre Copier et Couper

Contrairement au collage après une copie, il n'est plus possible de coller les données coupées. Quelle que soit la plage sélectionnée avant le collage, Excel colle une zone strictement identique à la zone coupée.

REMARQUE

Cette fonction n'est pas utilisable avec une sélection multiple. De plus, le bouton d'options n'apparaît pas après le collage de données coupées.

6					
7					Av
8					8
9					1
10					5
11					1 2
12					2 8
13					
14	Gamme "Standard"	Janvier	Février	Mars	Av
15	Produit A	1 476,00	199,00	836,00	1
16	Produit B	1 206,00	1 122,00	322,00	1 1
17	Produit C	51,00	332,00	746,00	1
18	Produit D	1 494,00	1 330,00	54,00	6
19	TOTAL	4 227,00	2 983,00	1 958,00	2 1
20					
21					
22	Gamme "Luxe"	Janvier	Février	Mars	
23	Produit A	1 000,00	400,00	559,00	
24	Produit B	900,00	750,00	437,00	
25	Produit C	298,00	738,00	616,00	
26	Produit D	1 392,00	370,00	495,00	
27	TOTAL	3 590,00	2 258,00	2 107,00	
28					
29					

Figure 3.16 : *La plage de cellules est collée à partir de la cellule sélectionnée*

Insérer les cellules coupées ou copiées

Jusqu'à présent, lorsque vous avez collé des données, elles ont pris place dans les cellules existantes. Il est possible d'insérer les cellules coupées ou copiées en décalant celles qui existent déjà. Pour cela, vous avez deux possibilités :

- Cliquez du bouton droit sur la cellule à partir de laquelle vous souhaitez opérer l'insertion, puis sélectionnez la commande **Insérer les cellules copiées** (ou **Insérer les cellules coupées**) dans le menu contextuel.
- Sélectionnez la cellule à partir de laquelle vous souhaitez opérer l'insertion, puis cliquez sur le bouton **Insérer** du groupe *Cellules* de l'onglet **Accueil**. Sélectionnez ensuite la commande **Insérer les cellules copiées** (ou **Insérer les cellules coupées**).

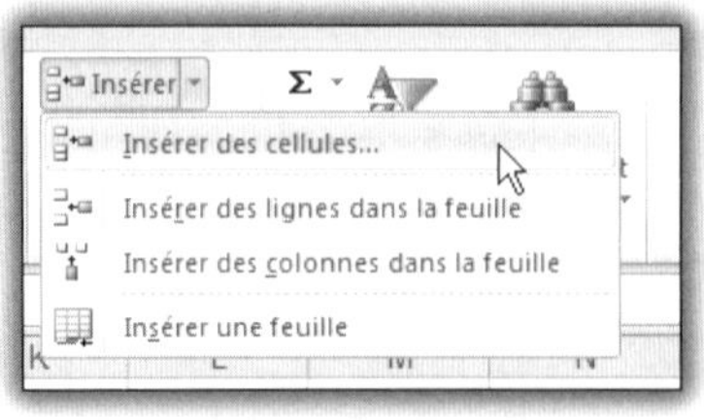

Figure 3.17 :
Insertion de cellules copiées

Dans les deux cas, une boîte de dialogue vous demande de préciser si les cellules existantes doivent être décalées vers la droite ou vers le bas.

REMARQUE

Lignes et colonnes entières

Il est possible de copier (ou de couper) puis de coller (ou d'insérer) des lignes et des colonnes entières. Pour cela, sélectionnez-les (en cliquant sur leur en-tête) et procédez comme s'il s'agissait de n'importe quelle plage de cellules.

Utiliser le Presse-papiers

Le Presse-papiers garde en mémoire les vingt-quatre derniers éléments copiés. Vous pourrez donc l'utiliser pour "collecter" des données que vous irez ensuite coller à un autre endroit.

Supposons que vous vouliez extraire quelques colonnes d'un tableau pour en faire une analyse plus fine.

1 Affichez le Presse-papiers. Pour cela, cliquez sur le lanceur de boîte de dialogue du groupe *Presse-papiers* de l'onglet **Accueil**.

Figure 3.18 :
Affichage du Presse-papiers

2 Si le Presse-papiers n'est pas vide, cliquez sur **Effacer tout** (voir Figure 3.19).

3 Sélectionnez et copiez, les unes après les autres, les colonnes qui composeront votre tableau (voir Figure 3.20).

Figure 3.19 :
Le Presse-papiers vide

Figure 3.20 :
Le contenu du Presse-papiers

4 Sélectionnez la cellule où vous souhaitez coller le premier élément, puis cliquez sur celui-ci dans le Presse-papiers Office. Répétez cette opération pour chaque élément.

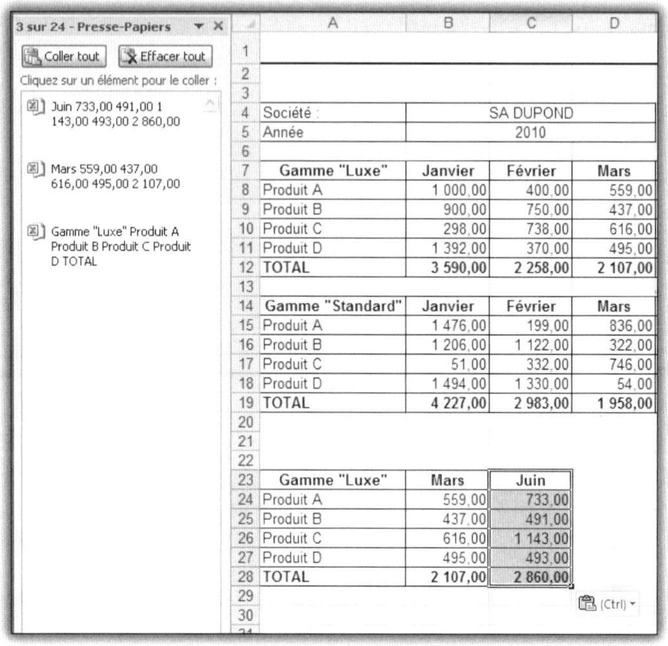

Figure 3.21 : *Collage des éléments collectés*

Une commande permet d'effacer les éléments un à un. Pour y accéder, cliquez sur le bouton qui s'affiche à droite de chaque élément quand le pointeur vient se placer sur lui. Un petit menu s'ouvre, avec la commande en question.

Figure 3.22 :
Un petit menu est associé à chaque élément

Si le Presse-papiers est plein, l'élément le plus ancien sera remplacé par la prochaine sélection lors de la prochaine copie.

Le bouton **Coller tout** permet d'insérer l'ensemble des éléments copiés en une seule opération. Toutefois, Excel les colle les uns au-dessus des autres, si bien qu'une réorganisation manuelle peut s'avérer nécessaire.

Les options

Situé en bas de la fenêtre du Presse-papiers, le bouton **Options** permet notamment de contrôler le déclenchement de l'affichage du Presse-papiers en sélectionnant par exemple *Afficher les Presse-papiers Office lorsque Ctrl+C est utilisé deux fois*. Dans ce cas, si vous activez deux fois de suite la combinaison de touches Ctrl+C sur la même sélection de cellules, le Presse-papiers apparaît.

Pour collecter des données, il est par défaut impératif que le Presse-papiers soit affiché. Sinon, seul le dernier élément copié sera collé. Si vous cliquez sur **Options** et choisissez *Copie sans afficher le Presse-papiers Office*, les données copiées sont stockées dans le Presse-papiers sans que ce dernier soit affiché. Pour coller les données stockées, il est toutefois nécessaire d'afficher le Presse-papiers.

Reproduire la mise en forme

Lors de la copie, il est possible de traiter séparément le contenu d'une cellule et sa mise en forme. Jusqu'à présent, vous n'avez pas exploité cette possibilité, mais elle se révèle souvent très utile. Le bouton **Reproduire la mise en forme** du groupe *Presse-papiers* de l'onglet **Accueil** permet d'accéder à cette fonctionnalité.

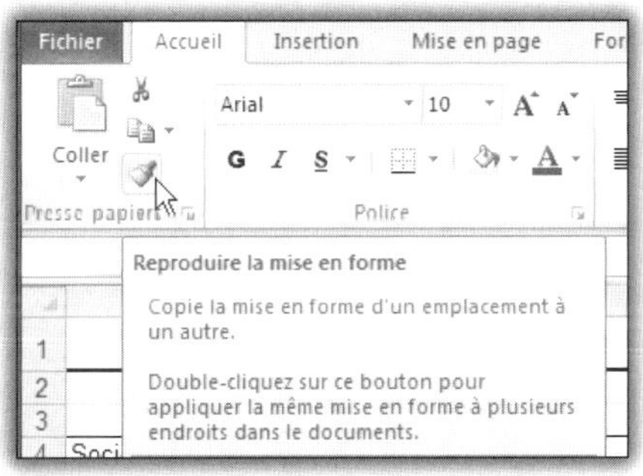

Figure 3.23 :
Le bouton Reproduire la mise en forme

Un clic sur ce bouton permet de mémoriser le format de la plage de cellules sélectionnée. Un pinceau est alors associé au pointeur. Le format ainsi mémorisé sera appliqué à la prochaine plage de cellules sélectionnée. Cette fonction permet d'obtenir rapidement des mises en forme cohérentes. De plus, les plages source et destination ne doivent pas obligatoirement être de la même taille. Vous pouvez ainsi étendre une mise en forme en sélectionnant une plage destination plus étendue que la plage source.

Un double clic sur le bouton permet d'utiliser le format de la plage de cellules sélectionnée plusieurs fois successivement. Pour désactiver la fonction, cliquez à nouveau dessus.

Aller plus loin avec le collage spécial

Cette fonction autorise des collages plus élaborés comparativement à ceux décrits jusqu'à présent, qui sont plus "standard".

Accéder rapidement aux principales fonctions

Le bouton fléché situé sous le bouton **Coller** dans le groupe *Presse-papiers* de l'onglet **Accueil** affiche un menu regroupant les options de collage (vues précédemment), ainsi qu'une commande **Collage spécial**.

Figure 3.24 :
Le menu associé au bouton Coller

Coller en transposant

Nous allons nous attarder sur la copie avec transposition, assez particulière. En effet, les données qui étaient jusqu'alors disposées en lignes sont disposées en colonnes, et réciproquement. Cela revient à faire pivoter un tableau par rapport à son angle supérieur gauche.

Cette fonction est principalement utile lorsque vous vous apercevez qu'un tableau serait plus pertinent s'il était organisé "dans l'autre sens". Supposons que vous disposiez d'un tableau de suivi des ventes de plusieurs produits avec, en colonnes, les différents produits et, en lignes, les mois de l'année.

	A	B	C	D	E	F
1	Gamme "Standard"	Produit A	Produit B	Produit C	Produit D	TOTAL
2	Janvier	1476	1206	51	1494	**4227**
3	Février	199	1122	332	1330	**2983**
4	Mars	836	322	746	54	**1958**
5	Avril	193	1110	167	679	**2149**
6	Mai	1406	451	195	1267	**3319**
7	Juin	1484	591	1426	1160	**4661**
8	Juillet	1453	264	618	1346	**3681**
9	Août	238	957	407	702	**2304**
10	Septembre	102	434	10	639	**1185**
11	Octobre	1112	286	17	266	**1681**
12	Novembre	842	42	1302	831	**3017**
13	Décembre	642	991	570	1443	**3646**
14						

Figure 3.25 : *Le tableau initial*

Il serait plus logique de présenter les produits en lignes et les mois en colonnes.

1 Sélectionnez le tableau et copiez-le (Ctrl+C, par exemple).

2 Sélectionnez la cellule de destination.

3 Sélectionnez **Transposer** dans le menu associé au bouton **Coller** du groupe *Presse-Papiers* de l'onglet **Accueil,** ou dans le menu contextuel accessible d'un clic du bouton droit sur la sélection.

	A	B	C	D	E	F	G	H
1	Gamme "Standard"	Produit A	Produit B	Produit C	Produit D	TOTAL		
2	Janvier	1476	1206	51	1494	**4227**		
3	Février	199	1122	332	1330	**2983**		
4	Mars	836	322	746	54	**1958**		
5	Avril	193	1110	167	679	**2149**		
6	Mai	1406	451	195	1267	**3319**		
7	Juin	1484	591	1426	1160	**4661**		
8	Juillet	1453	264	618	1346	**3681**		
9	Août	238	957	407	702	**2304**		
10	Septembre	102	434	10	639	**1185**		
11	Octobre	1112	286	17	266	**1681**		
12	Novembre	842	42	1302	831	**3017**		
13	Décembre	642	991	570	1443	**3646**		
14								
15								
16	Gamme "Standard"	Janvier	Février	Mars	Avril	Mai	Juin	Juill
17	Produit A	1476	199	836	193	1406	1484	
18	Produit B	1206	1122	322	1110	451	591	
19	Produit C	51	332	746	167	195	1426	
20	Produit D	1494	1330	54	679	1267	1160	
21	TOTAL	**4227**	**2983**	**1958**	**2149**	**3319**	**4661**	
22								
23								

Figure 3.26 : *Une réorganisation express*

Accéder à toutes les fonctions

Pour accéder à l'intégralité des fonctions de collage spécial, vous avez deux possibilités :

- Utilisez la commande **Collage spécial** du menu associé au bouton **Coller** du groupe *Presse-papiers* de l'onglet **Accueil**.
- Utilisez la commande **Collage spécial** du menu contextuel qui apparaît lorsque vous cliquez du bouton droit sur une cellule.

Dans tous les cas, la boîte de dialogue **Collage spécial** apparaît.

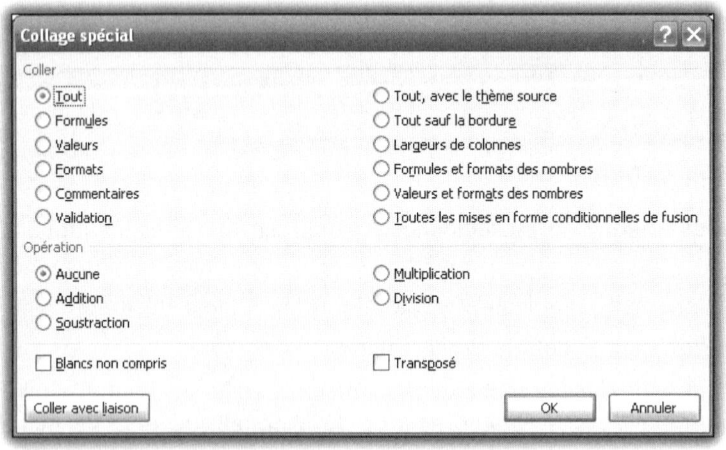

Figure 3.27 : *La boîte de dialogue Collage spécial*

Il est possible de choisir les éléments à coller.

- *Tout* colle les formules, les valeurs, les formats, les commentaires, les validations, etc. sauf les largeurs de colonnes.
- *Formules* colle uniquement les formules, c'est-à-dire le contenu des cellules sans élément de mise en forme.
- *Valeurs* colle uniquement des valeurs sans élément de mise en forme. Les éventuelles formules sont transformées en valeurs.
- *Formats* colle uniquement les formats (équivaut au bouton **Reproduire la mise en forme**).
- *Commentaires* colle uniquement les commentaires.
- *Validation* colle uniquement les paramètres de validation du contenu.

- *Tout, avec le thème source* colle les formules, les valeurs, les formats, les commentaires, les validations, etc. sauf les largeurs de colonnes. En revanche, ce sont les caractéristiques (couleurs, polices, effets) du thème en vigueur dans le classeur contenant les données copiées qui sont utilisées, et non celles du classeur en cours.
- *Tout sauf la bordure* colle tout, sauf les bordures.
- *Largeurs de colonnes* répercute seulement les largeurs de colonnes.
- *Formules et formats des nombres* est identique à *Formules*, mais ajoute la copie des formats des nombres (et seulement des nombres).
- *Valeurs et formats des nombres* est identique à *Valeurs*, mais ajoute la copie des formats des nombres (et seulement des nombres).

Il est possible d'effectuer des opérations entre les données qui vont être collées et les éventuelles données présentes dans les cellules de destination.

- *Aucune* : le contenu des cellules de destination sera écrasé.
- *Addition* : le contenu des cellules collées est ajouté au contenu des cellules de destination.
- *Soustraction* : le contenu des cellules collées est soustrait du contenu des cellules de destination.
- *Multiplication* : le contenu des cellules de destination est multiplié par le contenu des cellules collées.
- *Division* : le contenu des cellules de destination est divisé par le contenu des cellules collées.

Enfin, trois opérations particulières sont envisageables.

- *Blancs non compris* : si cette case est cochée, les cellules vides de la plage collée n'écrasent pas le contenu des cellules correspondantes de la plage de destination.
- *Transposé* colle en transformant les lignes en colonnes, et inversement.
- *Coller avec liaison* colle une référence aux cellules sources et non leur contenu. Cette option est compatible uniquement avec les options *Tout* et *Tout sauf la bordure*.

Copier et coller comme une image

En cliquant sur le petit bouton fléché à côté du bouton **Copier** dans le groupe *Presse-papiers* de l'onglet **Accueil**, vous avez la possibilité de sélectionner la commande **Copier comme image**. Dans ce cas, votre sélection sera copiée non pas comme un ensemble de cellules, mais comme une image. Cela peut être utile pour faire des copies d'écran à intégrer dans d'autres applications ou dans des documents texte ou des présentations.

Vous avez également la possibilité de coller sous forme d'image des données copiées avec la fonction **Copier** habituelle. Pour cela, il faut utiliser les options de collage suivantes, accessibles grâce au bouton fléché situé sous le bouton **Coller** dans le groupe *Presse-papiers* de l'onglet **Accueil** :

-  **Image** colle les données sous forme d'image.
-  **Image liée** colle les données sous forme d'image, mais avec une liaison avec les données initiales. En cas de changement dans les données, l'image collée sera également mise à jour.

3.3. Rechercher et remplacer

Vous ne pouvez vous souvenir de toutes les chaînes de caractères que vous avez saisies dans une feuille de calcul. Ce serait de toute façon superflu puisque Excel permet de systématiser les recherches. Vous pouvez également remplacer une chaîne par une autre dans une plage spécifiée ou dans toute la feuille de calcul.

Rechercher des valeurs

Pour rechercher des valeurs :

1. Sélectionnez la plage de cellules sur laquelle vous voulez effectuer la recherche. Pour effectuer la recherche sur l'ensemble de la feuille de calcul, cliquez sur n'importe quelle cellule.
2. Cliquez sur le bouton **Rechercher et sélectionner** du groupe *Édition* de l'onglet **Accueil**. Sélectionnez la commande **Rechercher** dans le menu qui apparaît.

3 Dans la zone *Rechercher*, saisissez le texte ou les nombres à rechercher, ou sélectionnez une recherche récente dans la liste déroulante *Rechercher*. Vous pouvez utiliser des caractères génériques (*, ?) dans vos critères de recherche.

Figure 3.28 : *La boîte de dialogue Rechercher et remplacer*

4 Pour rechercher un format particulier, cliquez sur **Format** et effectuez les sélections souhaitées dans la boîte de dialogue **Rechercher le format**.

Si l'option **Format** n'est pas disponible dans la boîte de dialogue **Rechercher et remplacer**, cliquez sur **Options** puis sur **Format**.

5 Cliquez sur **Options** pour affiner la définition de votre recherche. Vous pouvez, par exemple, rechercher toutes les cellules contenant le même type de données, tel que des formules.

6 Dans la zone *Dans*, vous pouvez sélectionner *Feuille* ou *Classeur* pour effectuer la recherche dans une feuille de calcul ou dans l'intégralité d'un classeur.

7 Cliquez sur **Rechercher tout** ou sur **Suivant**. **Rechercher tout** répertorie toutes les occurrences de l'élément que vous recherchez et vous permet de rendre une cellule active en sélectionnant une occurrence spécifique. Vous pouvez trier les résultats de cette commande en cliquant sur un en-tête.

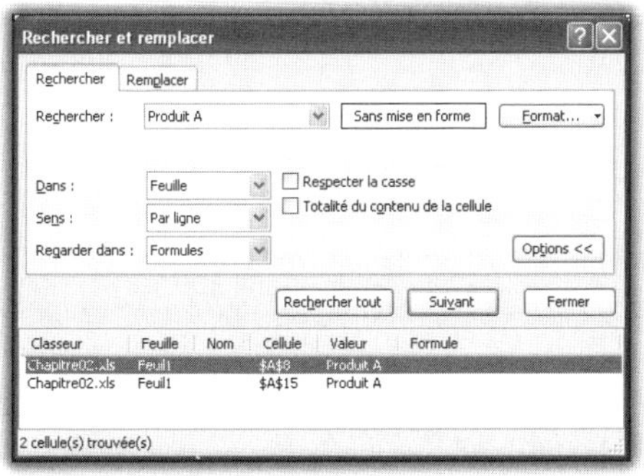

Figure 3.29 : *Les résultats de la commande Rechercher tout*

Remplacer des valeurs

Pour remplacer des valeurs :

1 Sélectionnez la plage de cellules sur laquelle vous voulez effectuer la recherche. Pour effectuer la recherche sur l'ensemble de la feuille de calcul, cliquez sur n'importe quelle cellule.

2 Dans le menu **Edition**, cliquez sur **Remplacer**.

3 Dans la zone *Rechercher*, saisissez le texte ou les nombres à rechercher, ou sélectionnez une recherche récente dans la liste déroulante *Rechercher*. Vous pouvez utiliser des caractères génériques (*, ?) dans vos critères de recherche.

4 Pour rechercher un format particulier, cliquez sur **Format** et effectuez les sélections souhaitées dans la boîte de dialogue **Rechercher le format**.

Si l'option **Format** n'est pas disponible dans la boîte de dialogue **Rechercher et remplacer**, cliquez sur **Options** puis sur **Format**.

5 Cliquez sur **Options** pour affiner la définition de votre recherche. Vous pouvez, par exemple, rechercher toutes les cellules contenant le même type de données, tel que des formules.

6 Dans la zone *Dans*, vous pouvez sélectionner *Feuille* ou *Classeur* pour effectuer la recherche dans une feuille de calcul ou dans l'intégralité d'un classeur.

7 Dans la zone *Remplacer par*, saisissez les caractères de remplacement et choisissez des formats particuliers, si nécessaire.

Figure 3.30 : *Les paramètres de la recherche et du remplacement*

Pour supprimer les caractères spécifiés dans la zone *Rechercher*, ne saisissez rien dans la zone *Remplacer par*.

8 Cliquez sur **Suivant**.

9 Pour remplacer les caractères trouvés au fur et à mesure de la recherche ou en une seule opération, cliquez respectivement sur **Remplacer** ou sur **Remplacer tout**.

ASTUCE

Passer rapidement de Rechercher à Remplacer

En cliquant alternativement sur les onglets **Rechercher** et **Remplacer** de la boîte de dialogue **Rechercher et remplacer**, vous pouvez faire la navette entre les deux fonctions.

3.4. Vérifier l'orthographe

Bien qu'Excel ne soit pas un outil de traitement de texte, il dispose du même outil de vérification et de correction orthographique que Word.

Pour lancer une vérification :

1 Sélectionnez la plage de cellules à vérifier. Pour vérifier la totalité de la feuille de calcul, cliquez sur n'importe quelle cellule.

2 Cliquez sur le bouton **Orthographe** dans le groupe *Vérification* de l'onglet **Révision** (ou appuyez sur F7).

Figure 3.31 :
Le bouton Orthographe

3 Lorsque le vérificateur d'orthographe identifie un terme absent du dictionnaire, vous disposez, pour le guider, de plusieurs commandes dans la boîte de dialogue **Orthographe**.

- **Ignorer** : si vous estimez que le mot est correctement orthographié, cliquez sur ce bouton.
- **Ignorer toujours** : cliquez sur ce bouton si vous souhaitez qu'Excel ignore définitivement ce mot dans les vérifications suivantes.
- **Ajouter au dictionnaire** : ce bouton vous permet d'enrichir le dictionnaire personnalisé choisi (cliquez sur le bouton **Options** en bas de la fenêtre pour en changer).

– **Remplacer** : une fois sélectionnée la meilleure proposition dans la zone *Suggestions*, ce bouton vous permet de remplacer le mot mal orthographié. Si aucune des propositions ne vous convient, vous pouvez saisir l'orthographe correcte dans la zone *Absent du dictionnaire* avant de cliquer sur **Remplacer**.

– **Remplacer tout** : ce bouton permet de remplacer en une seule fois toutes les occurrences du mot mal orthographié.

– **Correction automatique** : ce bouton vous permet d'ajouter le mot mal orthographié et sa correction à la liste utilisée par la fonction de correction automatique. Si vous refaites la même erreur ultérieurement, elle sera automatiquement corrigée.

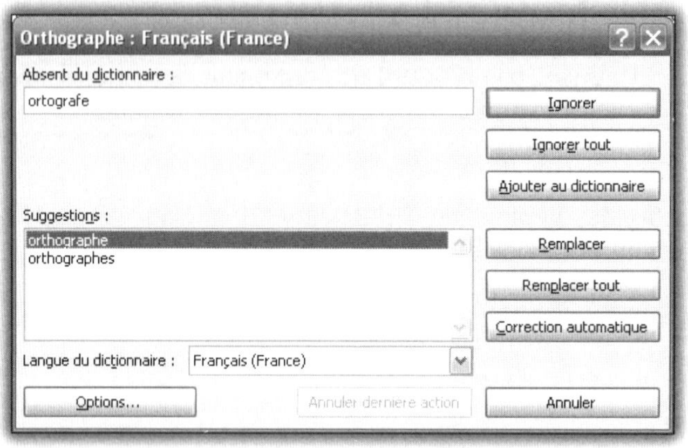

Figure 3.32 : *Suggestion de correction*

4 Pour vérifier l'orthographe d'un texte dans une autre langue, cliquez sur la langue du dictionnaire à utiliser dans la zone *Langue du dictionnaire*.

REMARQUE

Corrections automatiques

Pour accéder à la liste des corrections automatiques, cliquez sur le bouton **Options** de la boîte de dialogue **Orthographe**, puis sur le bouton **Options de correction automatique** de la boîte de dialogue **Options**. Vous pouvez ainsi ajouter des corrections automatiques en saisissant un terme dans la zone *Remplacer*, puis en saisissant, dans la zone *Par*, le terme qui doit automatiquement le remplacer. Vous pouvez par exemple faire en sorte qu'une abréviation soit remplacée par l'expression complète.

CHAPITRE 4

Mettre en forme les cellules et leur contenu

Dans ce chapitre, nous étudierons les outils qui permettent d'améliorer l'aspect des feuilles de calcul. Une belle présentation améliore la portée d'un message et incite le destinataire à en approfondir le contenu.

Dans ce domaine également, Excel est un logiciel riche en fonctions et outils. Toutes les caractéristiques des cellules peuvent être modifiées : police et couleur du texte, couleur de remplissage, bordure, etc.

4.1. Mettre en œuvre les différents formats d'affichage

La première fonctionnalité que nous aborderons est le changement de format d'affichage du contenu d'une cellule ou d'une plage de cellules.

Appliquer les formats les plus courants

Excel 2010 permet d'accéder rapidement aux formats les plus couramment utilisés. Trois outils sont prévus à cet effet :

- la liste des formats prédéfinis ;
- les boutons du groupe *Nombre* de l'onglet **Accueil** ;
- la mini-barre d'outils.

Utiliser la liste des formats prédéfinis

Cette liste de choix, située dans le groupe *Nombre* de l'onglet **Accueil**, permet d'appliquer rapidement une batterie de formats prédéfinis.

1 Sélectionnez la cellule ou la plage de cellules dont vous voulez modifier le format.

2 Sélectionnez dans la liste de choix le format à appliquer. Pour vous aider à faire votre choix, Excel propose, pour chaque format, un aperçu du contenu de la cellule active.

Nous allons à présent décrire chacun des formats proposés.

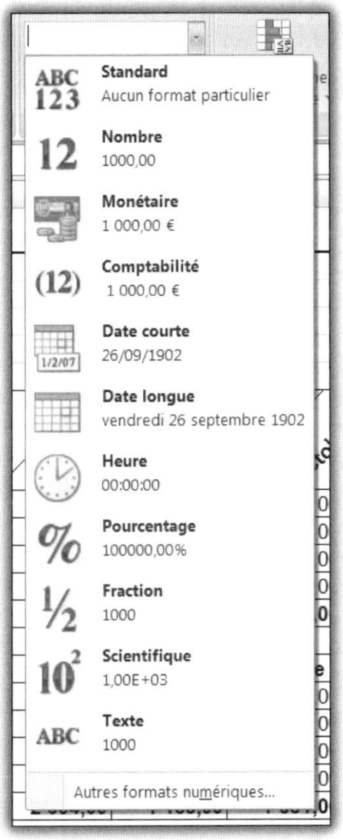

Figure 4.1 :
La liste des formats prédéfinis

Le format Standard

Le format *Standard* est utilisé par défaut lorsque vous créez un classeur sans modèle particulier.

Le contenu des cellules apparaît tel qu'il est saisi. Les nombres et les dates sont alignés à droite et le texte à gauche.

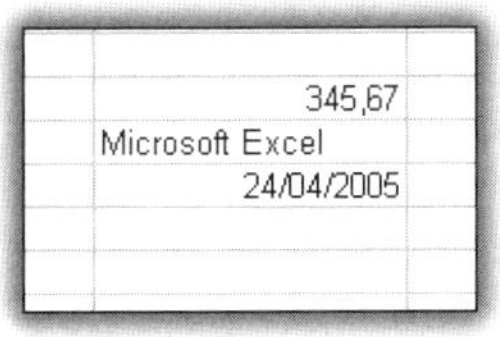

Figure 4.2 :
Un contenu au format Standard

C'est le degré zéro de la mise en forme. C'est valable pour une feuille de brouillon, mais une feuille destinée à la diffusion ne devrait presque plus contenir de données au format *Standard*.

Vous pouvez utiliser ce format pour une première ébauche de votre feuille de calcul.

Le format Nombre

Le format *Nombre* est destiné à mettre en forme les entrées numériques, avec l'affichage de deux décimales.

7	**Gamme "Luxe"**	**Janvier**	**Février**	**Mars**	**Avril**
8	Produit A	1000,00	400,00	559,00	886,00
9	Produit B	900,00	750,00	437,00	113,00
10	Produit C	298,00	738,00	616,00	599,00
11	Produit D	1392,00	370,00	495,00	1202,00
12	**TOTAL**	**3590,00**	**2258,00**	**2107,00**	**2800,00**

Figure 4.3 : *Le résultat de l'application du format*

Le format Monétaire

Le format *Monétaire* constitue un cas particulier de format numérique. Il permet de mettre en forme des montants en devises. Il comprend :

- l'affichage de deux décimales ;
- la présence de séparateurs de milliers ;

ASTUCE

Changement du séparateur de milliers

Par défaut, le séparateur de milliers est un espace, mais il est possible de le modifier. Pour cela, cliquez sur le menu **Fichier** puis sur **Options**. Dans la boîte de dialogue **Options Excel**, cliquez sur **Options avancées**. Dans la rubrique *Options d'édition*, désélectionnez la case *Utiliser les séparateurs système* puis saisissez le caractère voulu dans la zone *Séparateur des milliers*.

- le symbole de la devise.

ASTUCE

Changement du symbole monétaire par défaut

Pour modifier l'unité monétaire, utilisez le Panneau de configuration de Windows. Sélectionnez Paramètres régionaux puis cliquez sur l'onglet Symbole monétaire et sélectionnez le symbole voulu dans la zone Symbole monétaire. Validez par OK. Ce changement sera effectif au prochain démarrage d'Excel.

	Gamme "Luxe"	Janvier	Février	Mars	Avril	
6						
7	**Gamme "Luxe"**	**Janvier**	**Février**	**Mars**	**Avril**	
8	Produit A	1 000,00 €	400,00 €	559,00 €	886,00 €	1
9	Produit B	900,00 €	750,00 €	437,00 €	113,00 €	
10	Produit C	298,00 €	738,00 €	616,00 €	599,00 €	
11	Produit D	1 392,00 €	370,00 €	495,00 €	1 202,00 €	1
12	**TOTAL**	**3 590,00 €**	**2 258,00 €**	**2 107,00 €**	**2 800,00 €**	**3**

Figure 4.4 : *Le résultat de l'application du format*

REMARQUE

Activation automatique du format Monétaire

Lorsque vous saisissez un nombre suivi du symbole de la devise par défaut, par exemple `12 `, le format *Monétaire* est automatiquement activé dans la cellule.

Le format Comptabilité

Le format *Comptabilité* est un dérivé du format *Monétaire*. Il obéit toutefois à des règles plus strictes :

- Les nombres sont alignés à un caractère du bord de la cellule.
- Les valeurs nulles sont remplacées par un tiret.
- Les signes moins (-) sont alignés à gauche.

Format Monétaire	Format Comptabilité
123,78 €	123,78 €
0,00 €	- €
-2 589,45 €	- 2 589,45 €

Figure 4.5 : *Les différences entre les formats Monétaire et Comptabilité*

Le format Date courte

Le format *Date courte* permet d'afficher les dates au format jj/mm/aaaa. Il est attribué automatiquement à une cellule dès que vous saisissez des données telles que `23/02/10`, `Janvier 2010`, `01/03`.

Le format Date longue

Le format *Date longue* permet d'afficher le jour de la semaine et le mois en toutes lettres.

Le format Heure

Le format *Heure* permet d'afficher les heures au format hh:mm:ss. Il est appliqué par défaut à une cellule lorsque vous saisissez des entrées du type `8:00`, `12:15:59`.

Le format Pourcentage

Le format *Pourcentage* est destiné à mettre en forme les entrées numériques sous forme de pourcentages, avec l'affichage de deux décimales.

6					
7	Gamme "Luxe"	Janvier	Février	Mars	Avril
8	Produit A	0,2785515	0,1771479	0,2653061	0,3164286
9	Produit B	0,2506964	0,3321523	0,2074039	0,0403571
10	Produit C	0,0830084	0,3268379	0,2923588	0,2139286
11	Produit D	0,3877437	0,1638618	0,2349312	0,4292857
12					
13			↓		
14					
15	Gamme "Luxe"	Janvier	Février	Mars	Avril
16	Produit A	27,86%	17,71%	26,53%	31,64%
17	Produit B	25,07%	33,22%	20,74%	4,04%
18	Produit C	8,30%	32,68%	29,24%	21,39%
19	Produit D	38,77%	16,39%	23,49%	42,93%
20					

Figure 4.6 : *Le résultat de l'application du format*

Le format Fraction

Le format *Fraction* permet de représenter des nombres décimaux avec :

- leur partie entière ;
- leur partie décimale représentée sous forme de fraction.

REMARQUE

Activation automatique du format Fraction

Lorsque vous saisissez un nombre sous la forme `12 4/5`, le format *Fraction* est automatiquement activé dans la cellule. Si vous saisissez `2/5`, Excel comprendra qu'il s'agit du 2 mai de l'année en cours. Pour éviter cela, saisissez `0 2/5`.

Le format Scientifique

Le format *Scientifique* permet de représenter les nombres en notation exponentielle.

Standard	Scientifique 2 décimales	Scientifique 4 décimales
135634	1,36E+05	1,3563E+05
-1678	-1,68E+03	-1,6780E+03
0,00048293	4,83E-04	4,8293E-04
-0,06783	-6,78E-02	-6,7830E-02

Figure 4.7 : *Des exemples du format Scientifique*

-1.2450E03 signifie $-1{,}2450 \times 10^3$, soit –1 245.

REMARQUE

Activation automatique du format Scientifique

Lorsque vous saisissez un nombre sous la forme `-1.2450E03`, le format *Scientifique* est automatiquement activé dans la cellule.

Le format Texte

Le format *Texte* indique à Excel qu'il doit considérer toutes les entrées saisies dans la cellule ou la plage de cellules concernée comme du texte, même s'il s'agit d'entrées purement numériques.

Cas des formules

Si vous tentez de saisir une formule dans une cellule préalablement mise au format *Texte*, c'est le texte de la formule et non son résultat, qui s'affichera lorsque vous validerez l'entrée. Pour afficher le résultat, modifiez le format de la cellule et validez à nouveau la formule.

Utiliser les boutons du groupe Nombre

Le groupe *Nombre* de l'onglet **Accueil** contient également deux groupes de boutons qui permettent de modifier le format des données contenues dans les cellules sélectionnées.

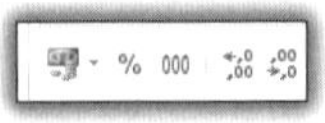

Figure 4.8 :
Les boutons permettant d'appliquer rapidement des formats

Le premier groupe contient les trois boutons suivants :

- **Monétaire** applique le format *Monétaire*. Le petit bouton fléché situé à sa droite permet de spécifier la devise.
- **Pourcentage** applique le format *Pourcentage*.
- **Séparateur de milliers** affiche les nombres avec deux décimales et un séparateur de milliers.

Les deux derniers boutons permettent d'augmenter ou de réduire le nombre de décimales.

Utiliser la mini-barre d'outils

Lorsque vous cliquez du bouton droit sur une cellule ou une plage de cellules sélectionnée, la mini-barre d'outils fait son apparition. Elle intègre également les cinq boutons du groupe *Nombre* de l'onglet **Accueil**.

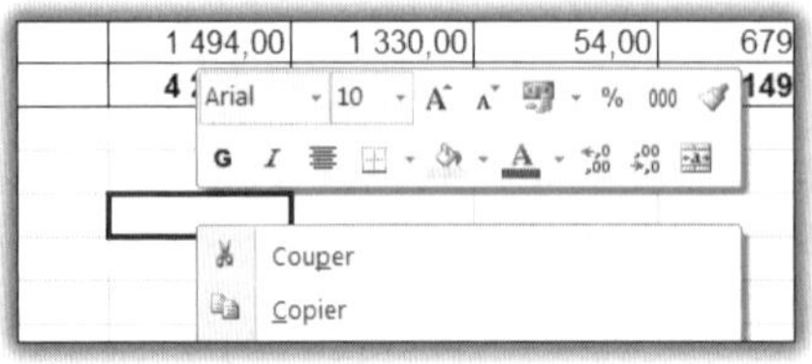

Figure 4.9 :
La mini-barre d'outils

Définir plus finement les caractéristiques des formats

Les différents outils que nous venons de passer en revue permettent d'appliquer rapidement plusieurs types de formats de données. Pour aller un peu plus loin en matière de gestion des formats d'affichage, utilisez l'onglet **Nombre** de la boîte de dialogue **Format de cellule**. Pour y accéder, vous avez l'embarras du choix :

- Cliquez sur le lanceur de boîte de dialogue du groupe *Nombre* de l'onglet **Accueil**.

Figure 4.10 : *Le lanceur de boîte de dialogue*

- Sélectionnez **Autres** dans la liste de choix des formats prédéfinis du groupe *Nombre* de l'onglet **Accueil**.
- Cliquez du bouton droit sur une cellule ou une plage de cellules sélectionnée, puis choisissez **Format de cellule** dans le menu contextuel. Dans la boîte de dialogue **Format de cellule**, cliquez sur l'onglet **Nombre**.
- Cliquez sur le bouton **Format** du groupe *Cellules* de l'onglet **Accueil** et sélectionnez **Cellule** dans le menu déroulant. Dans la boîte de dialogue **Format de cellule**, cliquez sur l'onglet **Nombre**.

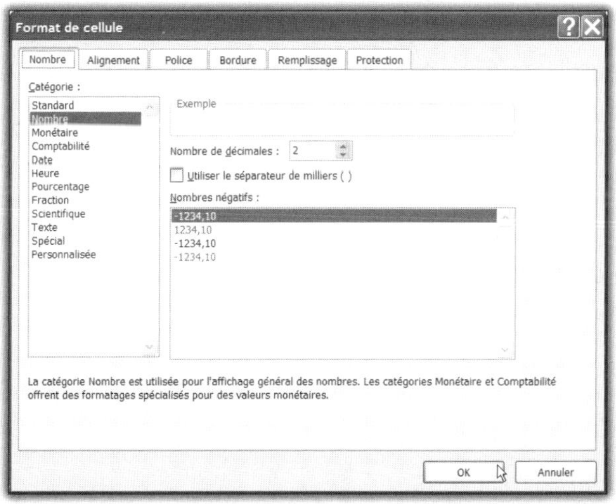

Figure 4.11 : *L'onglet Nombre de la boîte de dialogue Format de cellule*

La zone *Catégorie* permet de sélectionner le type de format à appliquer. La partie droite de l'onglet affiche un aperçu du résultat dans la zone *Exemple*, ainsi que plusieurs paramètres permettant de peaufiner l'apparence des données (sauf pour les formats *Standard* et *Texte*).

- *Nombre* permet de spécifier le nombre de décimales, le séparateur de milliers ainsi que le traitement des nombres négatifs.
- *Monétaire* permet de spécifier le nombre de décimales, le séparateur de milliers, le symbole de la devise ainsi que le traitement des nombres négatifs.
- *Comptabilité* permet de spécifier le nombre de décimales, le séparateur de milliers ainsi que le symbole de la devise.
- *Date* permet de choisir parmi plusieurs formats.
- *Heure* permet de choisir parmi plusieurs formats.
- *Pourcentage* permet de spécifier le nombre de décimales.
- *Fraction* : les trois premiers types (*D'un chiffre*, *De deux chiffres*, *De trois chiffres*) laissent Excel maître de déterminer la fraction qui approchera au mieux la partie décimale du contenu de la cellule. Les autres types permettent de spécifier le dénominateur de la fraction.

Standard	5,267
Un chiffre	5 1/4
Deux chiffres	5 4/15
Trois chiffres	5 106/397
Demis	5 1/2
Quarts	5 1/4
Huitièmes	5 2/8
Seizièmes	5 4/16
Dixièmes	5 3/10
Centièmes	5 27/100

Figure 4.12 :
Les différents types de formats Fraction

- *Scientifique* permet de spécifier le nombre de décimales.
- *Spécial* permet d'appliquer des formats de type code postal, numéro de Sécurité sociale et numéro de téléphone.

Standard	Code postal
9750	09750

Standard	N° de sécurité sociale
1,72091E+12	1 72 09 11 031 035

Standard	N° de téléphone
468459964	04 68 45 99 64

Figure 4.13 :
Des exemples du format Spécial

- *Personnalisée* : il s'agit ici de formats que vous vous pouvez définir vous-même. Nous allons décrire ci-après cette possibilité plus en détail.

Créer des formats personnalisés

L'éventail des formats proposés par défaut par Excel est conséquent. Pour autant, vous pouvez avoir besoin de formats qui ne se trouvent pas dans cet assortiment. Dans ce cas, Excel vous propose de bâtir des formats personnalisés.

Le principe est le suivant :

1 Sélectionnez la cellule ou la plage de cellules dont vous voulez modifier le format.

2 Cliquez du bouton droit et choisissez **Format de cellule**.

3 Cliquez sur l'onglet **Nombre** de la boîte de dialogue **Format de cellule** et sélectionnez *Personnalisée* dans la zone *Catégorie*.

4 Définissez le code du format dans la zone *Type* (la syntaxe des codes de formats est décrite ci-après). Les formats prédéfinis apparaissent dans la liste située sous la zone *Type*. Vous pouvez les sélectionner pour les modifier.

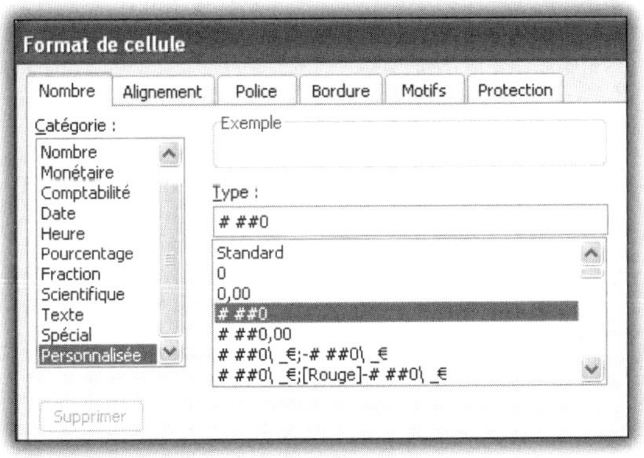

Figure 4.14 : *Définition d'un format personnalisé*

5 Validez par OK.

Pour appliquer un format personnalisé préalablement créé, sélectionnez-le dans la liste sous la zone *Type*. Pour le supprimer, sélectionnez-le et cliquez sur le bouton **Supprimer**.

La syntaxe des codes de formats

Pour définir correctement les formats qui vous conviennent, il est nécessaire de maîtriser la syntaxe du pseudo-langage qui sert à codifier leur définition.

Le tableau ci-après détaille la signification des codes de formats.

Tableau 4.1 : *Signification des codes de formats*

Code de format	Signification
#	Espace réservé à un chiffre. Les zéros non significatifs ne sont pas affichés.
0	Espace réservé à un chiffre. Affiche les zéros non significatifs si un nombre possède moins de chiffres qu'il n'y a de zéros dans le format.
?	Espace réservé à un chiffre. Ajoute des espaces pour les zéros non significatifs de chaque côté du séparateur décimal en vue d'aligner les séparateurs décimaux. Il est également possible d'utiliser *?* pour les fractions composées d'un nombre variable de chiffres.
, (virgule)	Séparateur décimal.
%	Excel multiplie le nombre par 100 et ajoute le symbole %.
(espace)	Séparateur de milliers. Deux espaces consécutifs divisent le nombre affiché par 1 000, trois espaces le divisent par 1 million.
E- E+ e- e+	Si un format contient un zéro (*0*) ou un symbole numérique (#) à droite du code de l'exposant, Excel affiche le nombre au format scientifique et insère un *E* ou un *e*. Le nombre de *0* ou de signes # à droite du code détermine le nombre de chiffres compris dans l'exposant. *E-* ou *e-* insère un signe moins (-) pour les exposants négatifs. *E+* ou *e+* insère un signe moins (-) pour les exposants négatifs et un signe plus (+) pour les exposants positifs.
F € $ + - / ( ) : (espace)	Affiche le caractère indiqué.
*	Pour reproduire dans toute la largeur de la colonne le caractère suivant dans le format, insérez un astérisque (*) dans le format de nombre. Par exemple, entrez `0*–` pour ajouter à la suite d'un nombre un nombre suffisant de tirets pour remplir la cellule.

Tableau 4.1 : *Signification des codes de formats*

Code de format	Signification
_	Pour créer un espace correspondant à la largeur d'un caractère dans le format de nombre, insérez un caractère de soulignement (_) suivi du caractère en question. Par exemple, lorsque vous faites suivre un caractère de soulignement de parenthèses fermantes (_)), les nombres positifs sont alignés correctement par rapport aux nombres négatifs entre parenthèses.
"texte"	Pour afficher à la fois du texte et des nombres dans une cellule, mettez le texte entre guillemets (" ") ou faites-le précéder d'une barre oblique inverse (\).
@	Si la cellule contient du texte, insérez le caractère @ dans la section où vous souhaitez afficher le texte saisi dans la cellule.
m	Affiche les mois sous la forme 1–12.
mm	Affiche les mois sous la forme 01–12.
mmm	Affiche les mois sous la forme jan–déc.
mmmm	Affiche les mois sous la forme janvier–décembre.
mmmmm	Affiche les mois sous la forme de la première lettre du mois.
j	Affiche les jours sous la forme 1–31.
jj	Affiche les jours sous la forme 01–31.
jjj	Affiche les jours sous la forme dim–sam.
jjjj	Affiche les jours sous la forme dimanche–samedi.
aa	Affiche les années sous la forme 00–99.
aaaa	Affiche les années sous la forme 1900–9999.
h	Affiche les heures sous la forme 0–23.
hh	Affiche les heures sous la forme 00–23.
m	Affiche les minutes sous la forme 0–59.
mm	Affiche les minutes sous la forme 00–59.
s	Affiche les secondes sous la forme 0–59.
ss	Affiche les secondes sous la forme 00–59.
H AM/PM	Affiche l'heure sous la forme 4 am.

Tableau 4.1 : *Signification des codes de formats*

Code de format	**Signification**
h:mm AM/PM	Affiche l'heure sous la forme 4:36 pm.
h:mm:ss A/P	Affiche l'heure sous la forme 4:36:03 p.
[h]:mm	Affiche le temps écoulé en heures, par exemple 25.02.
[mm]:ss	Affiche le temps écoulé en minutes, par exemple 63:46.
[ss]	Affiche le temps écoulé en secondes.
h:mm:ss.00	Affiche les fractions d'une seconde.
[Couleur]	Affiche dans la couleur spécifiée le contenu de la cellule. Les couleurs possibles sont : *Noir*, *Cyan*, *Vert*, *Magenta*, *Rouge*, *Blanc*, *Jaune* ou *CouleurN* (*N* variant de *1* à *56*).
[Condition]	Pour définir des formats de nombre qui sont appliqués uniquement si le nombre satisfait à une condition spécifiée, placez la condition en question entre crochets. Une condition se compose d'un opérateur de comparaison (=, >, <, <=, <=, <>) et d'une valeur. Par exemple, le format *[Rouge][<=100];[Bleu][>100]* affiche les nombres inférieurs ou égaux à 100 dans une police rouge et les nombres supérieurs à 100 dans une police bleue.

De plus, chaque format personnalisé peut être composé de plusieurs sections ou parties (quatre au maximum), séparées par des points-virgules, dont la logique est la suivante :

- Si le format personnalisé ne contient qu'une partie, elle sera appliquée aux valeurs positives, nulles et négatives.
- Si le format personnalisé contient deux parties, la première sera appliquée aux valeurs positives et nulles, la deuxième aux valeurs négatives.
- Si le format personnalisé contient trois parties, la première sera appliquée aux valeurs positives, la deuxième aux valeurs négatives et la troisième aux valeurs nulles.
- Si le format personnalisé contient quatre parties, la quatrième partie s'appliquera aux entrées de texte.

Valeur	Affichage	Format
108624	Réf N° 108-624	"Réf N°" 000-000
100	100 €------------------------	# ### €*-
150	En stock	"En stock";"En rupture";"Stock nul";"A commander chez "@
0	Stock nul	"En stock";"En rupture";"Stock nul";"A commander chez "@
-2	En rupture	"En stock";"En rupture";"Stock nul";"A commander chez "@
TOP	A commander chez TOP	"En stock";"En rupture";"Stock nul";"A commander chez "@
150	150,00 €	[>999]# ##0,00 " k"€;# ##0,00_ _k€
2500	2,50 k€	[>999]# ##0,00 " k"€;# ##0,00_ _k€
35000	35,00 k€	[>999]# ##0,00 " k"€;# ##0,00_ _k€

Figure 4.15 : *Des exemples de formats personnalisés*

Les formats personnalisés sont définis uniquement pour le classeur en cours. Pour les utiliser ailleurs, enregistrez un classeur contenant le format souhaité sous forme de modèle (*.xlt*) et créez ensuite vos classeurs à partir de ce modèle.

RENVOI

Pour plus de détails sur l'utilisation des modèles, reportez-vous au chapitre ***Gérer les feuilles de calcul et les classeurs.***

ASTUCE

Masquer le contenu des cellules

Pour masquer le contenu des cellules, créez un format personnalisé nul ou vide, c'est-à-dire composé de trois points-virgules (; ; ;). Cela signifie que les quatre sections sont vides : aucun élément ne sera donc affiché.

4.2. Aligner et orienter le contenu des cellules

Nous allons à présent aborder un autre aspect de la mise en forme des données : la position du contenu des cellules, autrement dit l'alignement et l'orientation.

Pour cela, nous utiliserons principalement les fonctions proposées par le groupe *Alignement* de l'onglet **Accueil**.

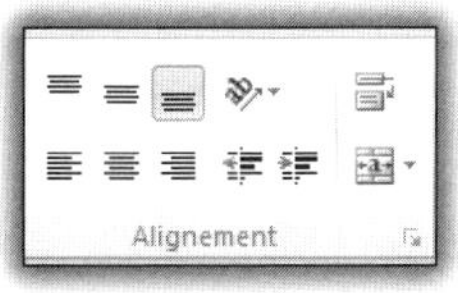

Figure 4.16 :
Les outils du groupe Alignement

Aligner à droite, à gauche et centrer

L'alignement par défaut varie selon le type de données : le texte est aligné à gauche alors que les nombres et les dates sont alignés à droite.

Il est bien entendu possible de modifier ces alignements par défaut. Pour ce faire, il existe deux solutions :

- les boutons du groupe *Alignement* de l'onglet **Accueil** ;
- la zone *Horizontal* de l'onglet **Alignement** de la boîte de dialogue **Format de cellule**.

Pour les alignements "simples" (à gauche, centré et à droite), il est plus rapide de recourir aux boutons de l'onglet.

Par exemple, pour centrer :

1 Sélectionnez la cellule ou la plage de cellules dont vous voulez modifier l'alignement.

2  Cliquez sur le bouton **Au centre**.

Vous pouvez également procéder ainsi :

1 Cliquez du bouton droit sur la sélection.

2 Sélectionnez **Format de cellule**.

3 Cliquez sur l'onglet **Alignement**.

4 Dans la zone *Horizontal*, sélectionnez *Centré*.

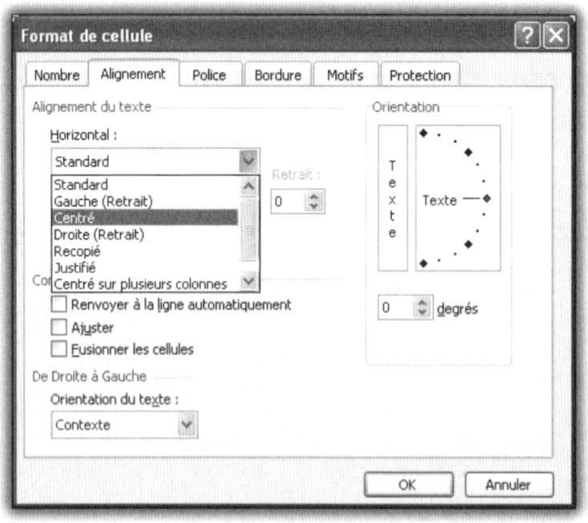

Figure 4.17 : *Utilisation de la boîte de dialogue Format de cellule*

Pour un alignement à droite ou à gauche, la procédure est identique : utilisez soit les boutons correspondants du groupe *Alignement*, soit les options de la zone *Horizontal*.

Pour annuler l'alignement spécifié, cliquez à nouveau sur le bouton ou sélectionnez *Standard* dans la zone *Horizontal* de l'onglet **Alignement**.

Les autres possibilités d'alignement horizontal

Les autres possibilités d'alignement horizontal sont accessibles via l'onglet **Alignement** de la boîte de dialogue **Format de cellule**.

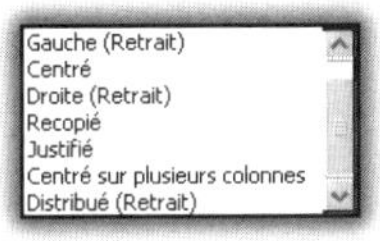

Figure 4.18 :
Les autres options d'alignement horizontal

- *Gauche (Retrait)* aligne la sélection à gauche. Vous avez la possibilité de spécifier un espacement par rapport à la bordure de la cellule dans la zone *Retrait*.
- *Droite (Retrait)* aligne la sélection à droite. Vous avez la possibilité de spécifier un espacement par rapport à la bordure de la cellule dans la zone *Retrait*.
- *Recopié* répète la valeur autant de fois que nécessaire pour remplir la cellule.
- *Justifié* aligne le texte sur les bords droit et gauche de la cellule, en insérant éventuellement des espaces.
- *Centré sur plusieurs colonnes* centre le texte sur plusieurs colonnes (sans fusionner les cellules).
- *Distribué (Retrait)* répartit le texte sur l'ensemble de la cellule.

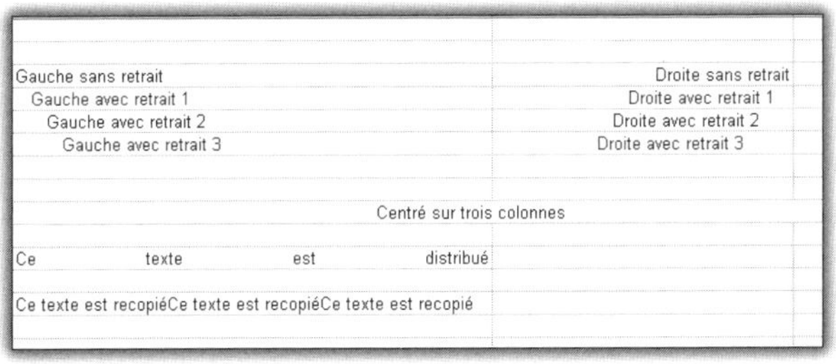

Figure 4.19 :
Des exemples d'alignements

Il est possible de contrôler le retrait des textes à l'aide des boutons du groupe *Alignement* de l'onglet **Accueil** : **Diminuer le retrait** et **Augmenter le retrait**.

Aligner verticalement

L'alignement vertical permet de définir la position du texte dans la cellule lorsque celle-ci présente une hauteur supérieure à la hauteur du texte.

Pour accéder rapidement à cette fonction, vous disposez de trois boutons au sein du groupe *Alignement* de l'onglet **Accueil**.

- **Aligner en haut** aligne par rapport à la bordure supérieure.
- **Aligner au centre** aligne au milieu.
- **Aligner en bas** aligne par rapport à la bordure inférieure. Ce choix est activé par défaut.

Figure 4.20 :
Les boutons d'alignement vertical

Les possibilités d'alignement vertical sont également accessibles via l'onglet **Alignement** de la boîte de dialogue **Format de cellule**, dans la zone *Vertical*.

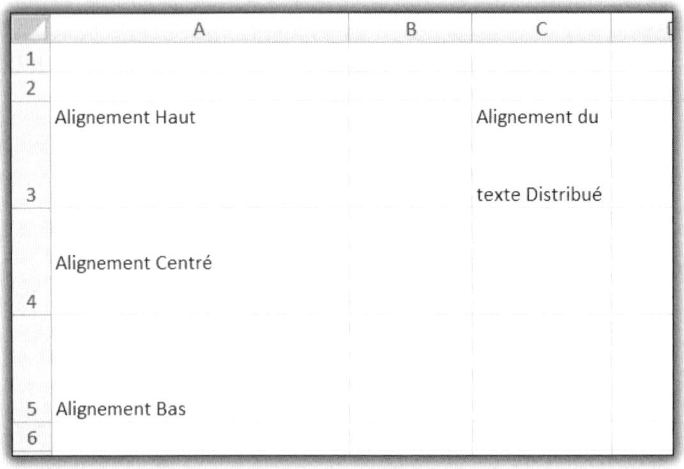

Figure 4.21 : *Des exemples d'alignements*

- *Haut* correspond au bouton **Aligner en haut**.
- *Centré* correspond au bouton **Aligner au centre**.
- *Bas* correspond au bouton **Aligner en bas**.
- *Justifié* aligne le texte sur les bords haut et bas de la cellule, en insérant éventuellement des espaces.
- *Distribué* répartit le texte sur l'ensemble de la cellule.

Fusionner et centrer

Le bouton **Fusionner et centrer** du groupe *Alignement* de l'onglet **Accueil** permet de combiner deux actions : fusionner des cellules et centrer le texte sur la cellule résultante obtenue.

1 Sélectionnez les cellules à fusionner.

2 Cliquez sur le bouton **Fusionner et centrer**.

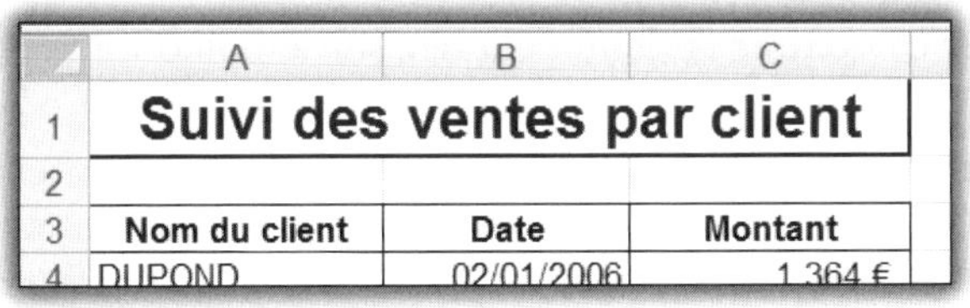

Figure 4.22 : *La plage A1:C1 a été fusionnée*

Soyez prudent lors de l'utilisation de cette fonction : si plusieurs cellules contiennent une valeur, seul le contenu de la cellule supérieure gauche de la plage de cellules sélectionnée est conservé.

Pour annuler la fonction, cliquez à nouveau sur le bouton **Fusionner et centrer**.

Pour obtenir le même résultat avec la boîte de dialogue **Format de cellule** :

1 Sélectionnez la plage désirée.

2 Cliquez du bouton droit et sélectionnez **Format de cellule**.

3 Cliquez sur l'onglet **Alignement**.

4 Sélectionnez *Centré* dans *Horizontal*.

5 Cochez la case *Fusionner les cellules*.

Figure 4.23 :
Fusionner et centrer à partir de la boîte de dialogue

6 Validez par OK.

Plus de possibilités

Le bouton **Fusionner et centrer** est associé à un petit bouton fléché qui permet d'accéder à un menu proposant les commandes suivantes :

- **Fusionner et centrer** revient à cliquer sur le bouton **Fusionner et centrer**.
- **Fusionner** fusionne les cellules sélectionnées mais en respectant la distinction des lignes. Si vous sélectionnez une plage de 3 lignes et de 3 colonnes, vous obtenez une plage de 3 lignes et de 1 colonne (fusion des colonnes initiales).
- **Fusionner les cellules** fusionne les cellules sélectionnées en une seule cellule. Le contenu n'est pas centré (contrairement à **Fusionner et centrer**).
- **Annuler Fusionner cellules** annule la fusion de cellules.

Orienter le texte

Il est possible d'orienter le texte différemment en utilisant le bouton **Orientation** du groupe *Alignement* de l'onglet **Accueil**.

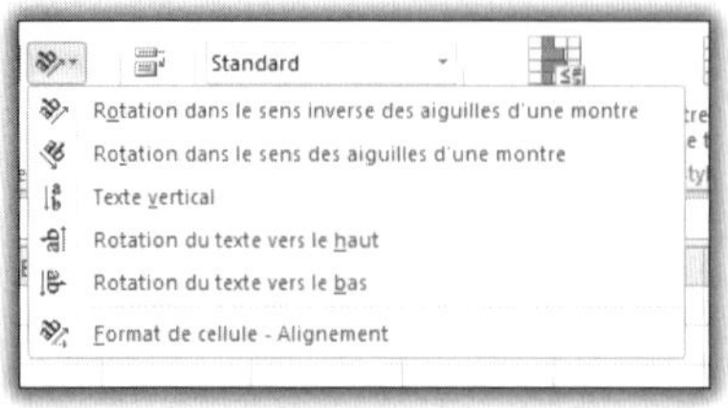

Figure 4.24 :
Le bouton Orientation

Le menu associé à ce bouton vous permet de choisir entre plusieurs commandes.

- **Rotation dans le sens inverse des aiguilles d'une montre** fait pivoter le contenu de la sélection de 45° vers la gauche.

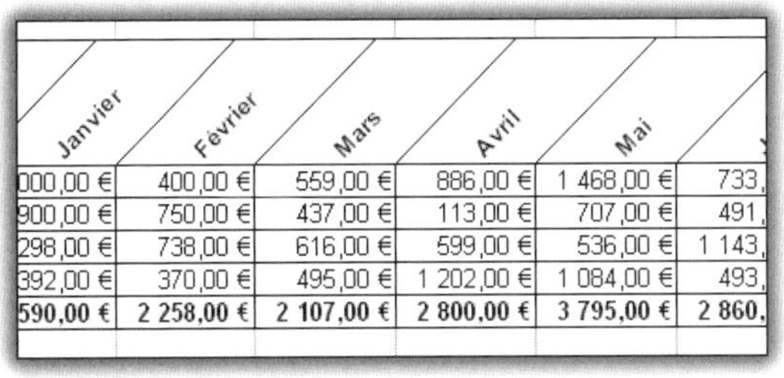

Janvier	Février	Mars	Avril	Mai	
000,00 €	400,00 €	559,00 €	886,00 €	1 468,00 €	733,
900,00 €	750,00 €	437,00 €	113,00 €	707,00 €	491,
298,00 €	738,00 €	616,00 €	599,00 €	536,00 €	1 143,
392,00 €	370,00 €	495,00 €	1 202,00 €	1 084,00 €	493,
590,00 €	**2 258,00 €**	**2 107,00 €**	**2 800,00 €**	**3 795,00 €**	**2 860,**

Figure 4.25 : *Changement d'orientation des titres de colonnes*

- **Rotation dans le sens des aiguilles d'une montre** fait pivoter le contenu de la sélection de 45° vers la droite.
- **Texte vertical** affiche le contenu de la sélection verticalement.
- **Rotation du texte vers le haut** fait pivoter le contenu de la sélection de 90° vers la gauche.
- **Rotation du texte vers le bas** fait pivoter le contenu de la sélection de 90° vers la droite.
- **Format de cellule – Alignement** affiche l'onglet **Alignement** de la boîte de dialogue **Format de cellule**.

Plus de possibilités

À l'aide de l'onglet **Alignement** de la boîte de dialogue **Format de cellule**, il est possible d'ajuster plus finement l'orientation du contenu des cellules.

1. Sélectionnez la cellule ou la plage de cellules dont vous voulez modifier l'orientation.
2. Cliquez du bouton droit et choisissez **Format de cellule** (ou sélectionnez la commande **Format de cellule – Alignement** dans le menu du bouton **Orientation**).
3. Pour que le texte apparaisse verticalement, cliquez sur la zone affichant *Texte* verticalement.
4. Autrement, vous pouvez faire pivoter le texte dans la zone voisine ou spécifier un angle dans la zone située en dessous.

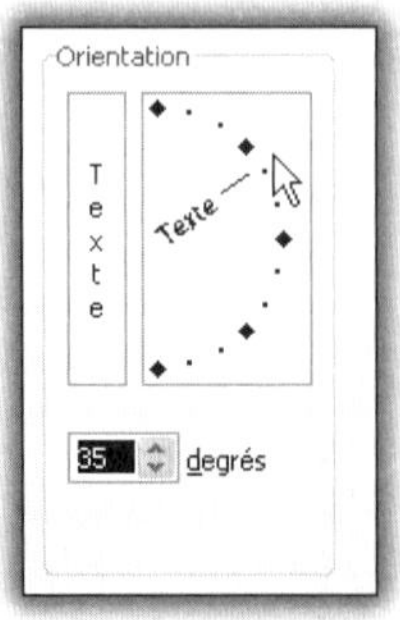

Figure 4.26 :
Les paramètres d'orientation

5 Validez par OK.

Les autres paramètres

Renvoyer à la ligne automatiquement

Par défaut, lorsque vous saisissez un texte trop long pour la cellule active, Excel le laisse dépasser sur les cellules adjacentes si elles sont vides. Sinon, il sera tronqué à l'affichage.

En cliquant sur le bouton **Renvoyer à la ligne automatiquement** du groupe *Alignement* de l'onglet **Accueil**, vous spécifiez à Excel qu'il doit afficher le texte en entier. Pour cela, le logiciel augmente la hauteur de la ligne et scinde le texte en plusieurs parties.

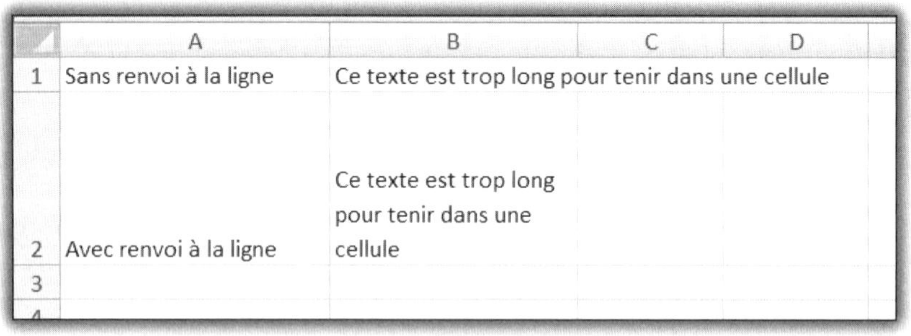

	A	B	C	D
1	Sans renvoi à la ligne	Ce texte est trop long pour tenir dans une cellule		
2	Avec renvoi à la ligne	Ce texte est trop long pour tenir dans une cellule		
3				

Figure 4.27 : *L'impact du renvoi à la ligne*

Cliquez à nouveau sur ce bouton pour annuler le renvoi automatique à la ligne.

Ajuster

La manipulation précédente permet d'ajuster la taille des cellules au texte. Pour effectuer l'opération inverse, cochez la case *Ajuster* sous l'onglet **Alignement** de la boîte de dialogue **Format de cellule**. Vous indiquez ainsi à Excel qu'il doit réduire la taille du texte de façon à ce que ce dernier soit affiché dans la cellule.

4.3. Utiliser les thèmes de document

Si les thèmes de document existaient déjà dans d'autres applications (Microsoft Publisher par exemple), leur apparition dans Excel constitue une innovation de la version 2007, bien évidemment maintenue dans la version 2010. Un thème réunit des paramètres de mise en forme prédéfinis ou définis par l'utilisateur. Il inclut :

- un ensemble de couleurs (ou thème de couleurs) ;
- un ensemble de polices (ou thème de polices) ;
- un ensemble de lignes et d'effets de remplissage (ou thème d'effets).

Cela permet de créer des documents homogènes et cohérents, d'autant plus que les thèmes de document sont communs à l'ensemble des applications Office.

Appliquer un thème de document

Par défaut, lorsque vous créez un nouveau classeur, le thème *Bureau* lui est attribué. Pour modifier le thème appliqué à un classeur :

1. Sous l'onglet **Mise en page**, cliquez sur le bouton **Thèmes** du groupe *Thèmes*. Une galerie présentant les thèmes prédéfinis s'affiche (voir Figure 4.28).
2. Déplacez le pointeur sur l'un des thèmes proposés pour voir instantanément, sur votre document, l'impact du changement.
3. Une fois votre choix effectué, cliquez sur le nouveau thème à appliquer.

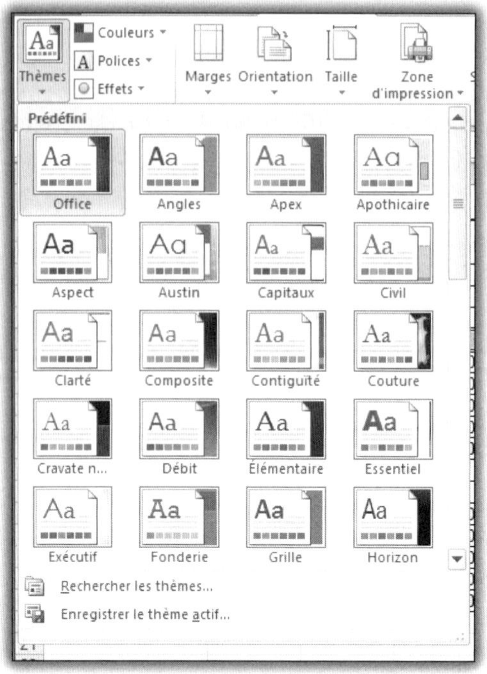

Figure 4.28 :
Les thèmes prédéfinis

Si le thème que vous désirez utiliser n'est pas affiché, cliquez sur **Rechercher les thèmes** pour effectuer une recherche sur votre ordinateur ou sur un réseau.

Panacher les thèmes

Le groupe *Thèmes* de l'onglet **Mise en page** propose également trois boutons qui permettent d'appliquer un thème en partie seulement.

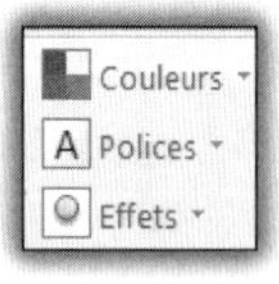

Figure 4.29 :
Les boutons du groupe Thèmes

- **Couleurs** applique uniquement les couleurs d'un thème.
- **Polices** change la police par défaut.
- **Effets** applique seulement les effets d'un thème.

Pour appliquer à nouveau l'ensemble des composantes du thème (couleurs, polices, effets), utilisez le bouton **Thèmes** du groupe *Thèmes* de l'onglet **Mise en page** et sélectionnez le thème voulu.

Créer un thème de document personnalisé

Si les thèmes prédéfinis ne vous conviennent pas, vous avez la possibilité de les personnaliser pour créer vos propres thèmes. Ces derniers seront disponibles pour l'ensemble des classeurs.

Personnaliser les couleurs de thème

1 Sélectionnez le thème prédéfini qui s'approche le plus de vos souhaits.

2 Dans le groupe *Thèmes* de l'onglet **Mise en page**, cliquez sur le bouton **Couleurs**.

3 Cliquez sur **Nouvelles couleurs de thème**.

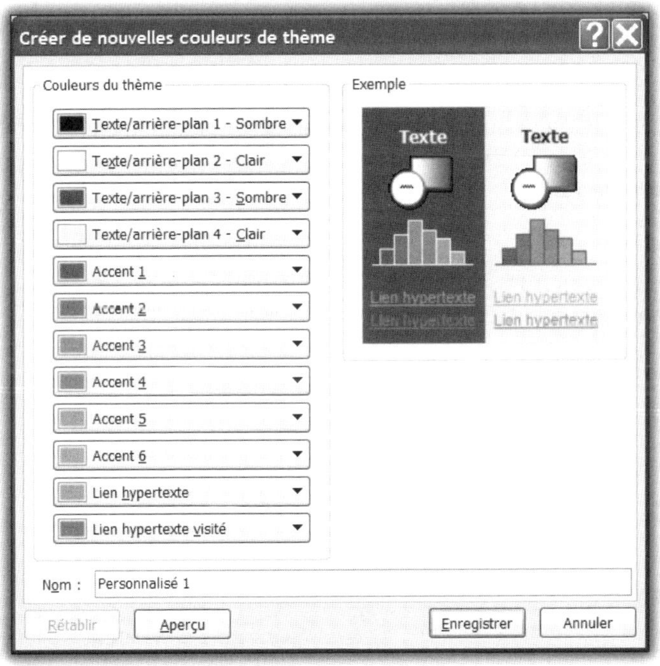

Figure 4.30 : *La boîte de dialogue Créer de nouvelles couleurs de thèmes*

4 Pour modifier une couleur, cliquez sur les boutons associés à chacune des couleurs dans la boîte de dialogue **Créer de nouvelles couleurs de thème**. Sélectionnez ensuite la nouvelle couleur dans la palette qui s'affiche. Si aucune ne vous convient, cliquez sur **Autres couleurs** pour afficher une palette étendue.

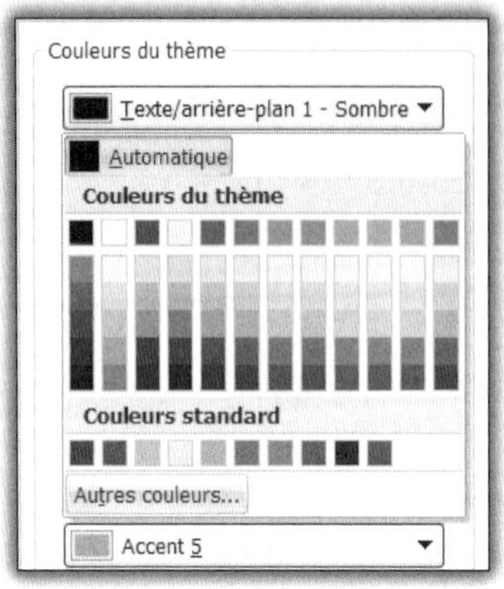

Figure 4.31 :
Choix des nouvelles couleurs

5 Cliquez sur **Aperçu** pour visualiser les changements sur votre document.

6 Cliquez sur **Rétablir** pour effacer tous vos changements.

7 Une fois que vous êtes arrivé à un résultat satisfaisant, saisissez le nom du nouveau thème dans la zone *Nom* et cliquez sur **Enregistrer**.

Désormais, lorsque vous cliquerez sur le bouton **Couleurs** du groupe *Thèmes* de l'onglet **Mise en page**, vos thèmes de couleurs personnalisés apparaîtront en début de liste.

Figure 4.32 :
Les couleurs personnalisées

Pour appliquer un thème personnalisé, sélectionnez-le.

Pour le modifier, cliquez du bouton droit dessus et sélectionnez la commande **Modifier**. Vous affichez ainsi la boîte de dialogue **Modifier les couleurs de thèmes**.

Pour supprimer votre thème de couleurs personnalisé, cliquez sur le bouton **Supprimer**.

Personnaliser les polices de thème

1 Dans le groupe *Thèmes* de l'onglet **Mise en page**, cliquez sur le bouton **Polices**.

2 Cliquez sur **Nouvelles polices de thème**.

Figure 4.33 : *La boîte de dialogue Créer de nouvelles polices de thèmes*

3 Dans la boîte de dialogue **Créer de nouvelles polices de thèmes**, sélectionnez les polices désirées.

4 Une fois que vous êtes arrivé à un résultat satisfaisant, saisissez le nom du nouveau thème dans la zone *Nom* et cliquez sur **Enregistrer**.

Désormais, lorsque vous cliquerez sur le bouton **Polices** du groupe *Thèmes* de l'onglet **Mise en page**, vos thèmes de polices personnalisés apparaîtront en début de liste.

Pour appliquer un thème personnalisé, sélectionnez-le.

Pour le modifier, cliquez du bouton droit dessus et sélectionnez la commande **Modifier**. Vous affichez ainsi la boîte de dialogue **Modifier les couleurs de thèmes**.

Pour supprimer votre thème de polices personnalisé, cliquez sur le bouton **Supprimer**.

Enregistrer un thème de document

Tous les changements apportés aux couleurs, polices et effets d'un thème peuvent être enregistrés en tant que thème personnalisé, que vous pourrez ensuite appliquer à d'autres documents. Supposons par exemple que, dans un document, vous ayez appliqué un thème de couleurs personnalisé, un thème de polices personnalisé et les effets du thème *Deluxe*. Pour enregistrer cet ensemble de paramètres dans un thème de document personnalisé, de façon à appliquer ces éléments de mise en forme rapidement à d'autres classeurs :

1 Dans le groupe *Thèmes* de l'onglet **Mise en page**, cliquez sur le bouton **Thèmes**.
2 Sélectionnez la commande **Enregistrer le thème actif**.
3 Dans la zone *Nom de fichier*, saisissez un nom pour votre thème personnalisé et cliquez sur **Enregistrer**.

Le thème personnalisé apparaît dans la galerie associée au bouton **Thèmes**.

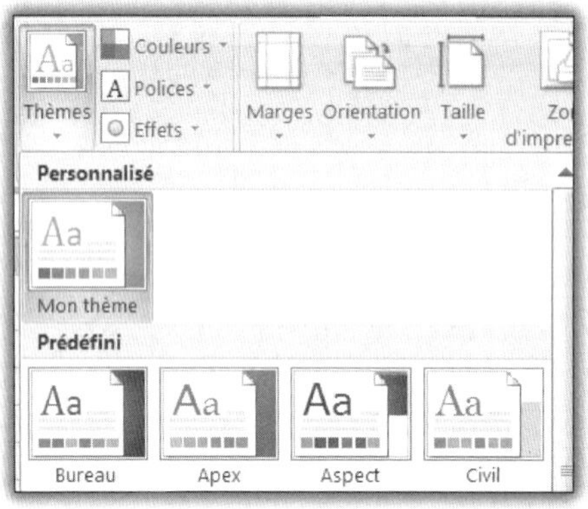

Figure 4.34 :
Un thème personnalisé

4.4. Changer la police

Pour changer la police d'une cellule ou d'une plage de cellules, c'est-à-dire modifier le type des caractères, leur taille, leur couleur, il existe trois solutions :

- les listes de choix et les boutons du groupe *Police* de l'onglet **Accueil** ;

Figure 4.35 :
Les outils du groupe Police

- la mini-barre d'outils ;
- l'onglet **Police** de la boîte de dialogue **Format de cellule**.

Les listes de choix et les boutons

Modifier le type de caractères

1 Sélectionnez la cellule ou la plage de cellules désirée.

2 Cliquez dans la liste de choix *Police*. Déplacez le pointeur sur l'une des polices proposées pour voir instantanément, sur votre document, l'impact du changement. Les polices du thème en cours apparaissent en début de liste.

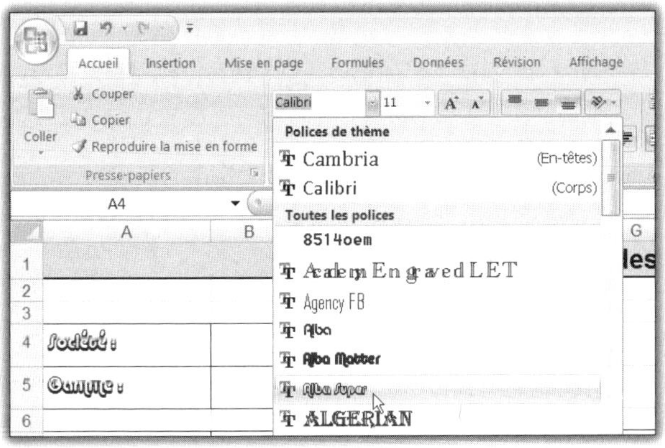

Figure 4.36 : *La liste de choix Police*

3 Sélectionnez la police désirée.

Modifier la taille des caractères

1 Sélectionnez la cellule ou la plage de cellules désirée.

2 Cliquez dans la liste de choix *Taille de police*. Déplacez le pointeur sur l'une des tailles de police proposées pour voir instantanément, sur votre document, l'impact du changement.

3 Sélectionnez la taille désirée ou saisissez une taille particulière.

La taille des lignes s'ajuste automatiquement à la taille de la police.

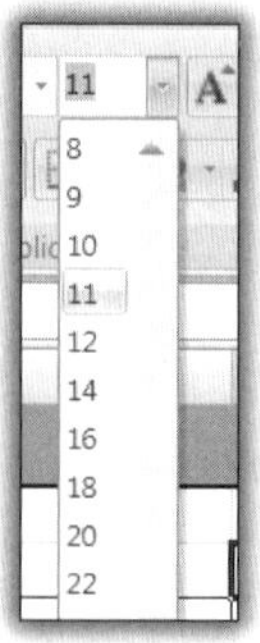

Figure 4.37 : *La liste de choix Taille de police*

Vous pouvez également utiliser les boutons **Augmenter la taille de police** et **Diminuer la taille de police** du groupe *Police* de l'onglet **Accueil**.

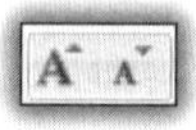

Figure 4.38 : *Les boutons de contrôle de la taille de police*

Ces boutons permettent de faire défiler les valeurs de la liste de choix *Taille de police* sans avoir à déployer cette dernière.

Modifier le style de police (gras, italique, souligné)

1 Sélectionnez la cellule ou la plage de cellules désirée.

2 Cliquez sur les boutons **Gras**, **Italique** ou **Souligné**. Il est possible de combiner les trois styles. Pour annuler un style, cliquez à nouveau sur le bouton correspondant.

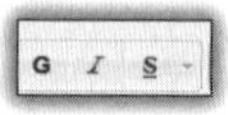

Figure 4.39 : *Les trois boutons de contrôle des styles*

Le bouton **Souligné** permet, grâce à un petit bouton fléché situé à sa droite, d'accéder à deux styles de soulignement : simple ou double.

Modifier la couleur de la police

1 Sélectionnez la cellule ou la plage de cellules désirée.

2 Cliquez sur le bouton fléché à côté du bouton **Couleur de police**.

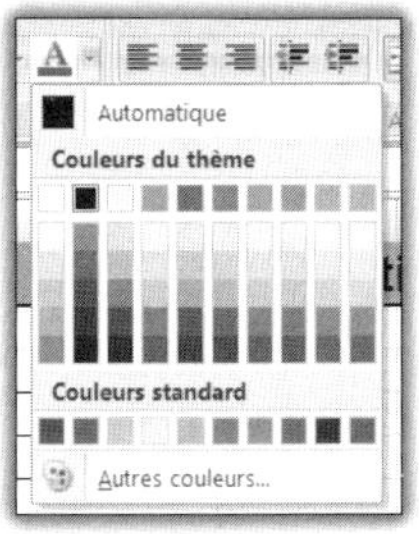

Figure 4.40 :
Choix de la couleur de police

3 Déplacez le pointeur sur l'une des couleurs de police proposées pour voir instantanément, sur votre document, l'impact du changement. Les couleurs du thème sont affichées en premier, suivies des couleurs standard. Enfin, il est possible de cliquer sur **Autres couleurs** pour accéder à une palette de couleurs plus étendue.

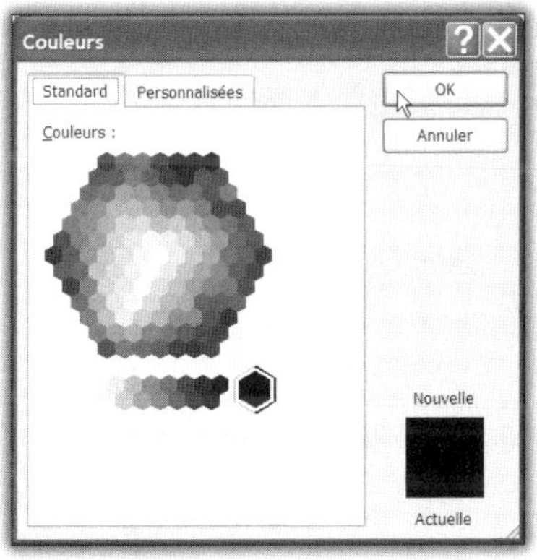

Figure 4.41 :
Une palette plus étendue

4 Une fois la couleur choisie, elle apparaît sur le bouton **Couleur de police**. Un clic sur ce bouton suffit à appliquer à nouveau cette couleur de police.

La mini-barre d'outils

La mini-barre d'outils, qui apparaît lorsque vous cliquez du bouton droit sur une sélection de cellules, intègre les outils suivants :

- la liste de choix *Police* ;
- la liste de choix *Taille de police* ;
- les boutons **Augmenter la taille de police** et **Diminuer la taille de police** ;

- les boutons **Gras**, **Italique**, **Souligné** ;
- le bouton **Couleur de police**.

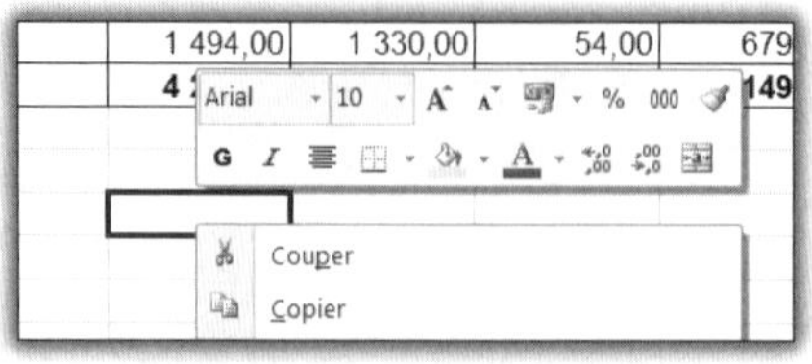

Figure 4.42 : *La mini-barre d'outils*

L'onglet Police

L'onglet **Police** de la boîte de dialogue **Format de cellule** donne accès à quelques fonctionnalités supplémentaires.

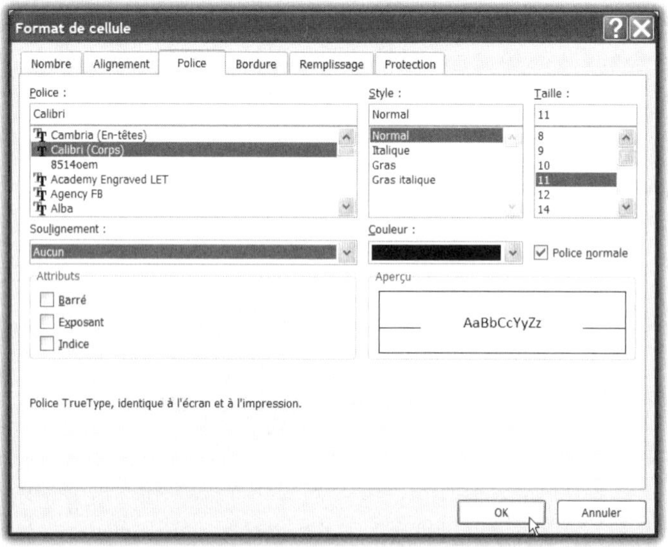

Figure 4.43 : *L'onglet Police*

Elles concernent notamment les types de soulignements et les attributs : *Barré*, *Exposant* et *Indice*. Pour y accéder, cliquez sur le lanceur de boîte de dialogue du groupe *Police*.

Figure 4.44 : *Le lanceur de boîte de dialogue*

ASTUCE

Polices variées

Si vous effectuez des sélections partielles de texte dans la barre de formule, vous pouvez obtenir des mises en forme de texte différentes dans une même cellule.

4.5. Changer les motifs et les couleurs

Modifier rapidement la couleur de remplissage

Pour modifier rapidement la couleur de remplissage d'une plage de cellules :

1 Sélectionnez la cellule ou la plage de cellules désirée.

2 Cliquez sur le bouton fléché à côté du bouton **Couleur de remplissage** du groupe *Police* de l'onglet **Accueil**.

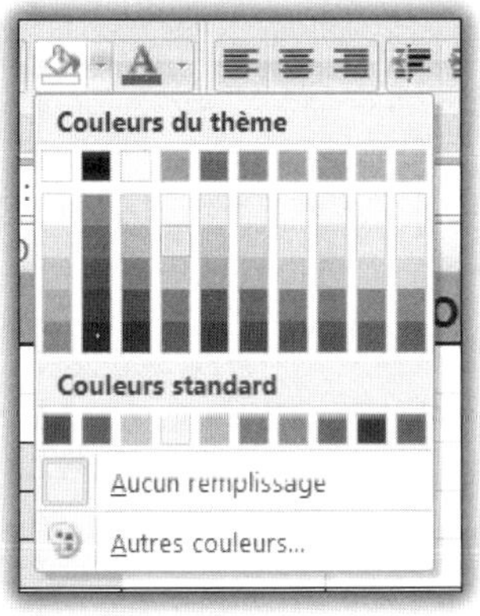

Figure 4.45 : *Choix de la couleur de remplissage*

3 Déplacez le pointeur sur l'une des couleurs de remplissage proposées pour voir instantanément, sur votre document, l'impact du changement. Les couleurs du thème sont affichées en premier, suivies des couleurs standard. Enfin, il est possible de cliquer sur **Autres couleurs** pour accéder à une palette de couleurs plus étendue. Choisissez **Aucun remplissage** pour supprimer le remplissage.

4 Une fois la couleur choisie, elle apparaît sur le bouton **Couleur de remplissage**. Un clic sur ce bouton suffit à appliquer à nouveau cette couleur de remplissage.

Utiliser des motifs et des textures

Il est possible de modifier non seulement la couleur de remplissage des cellules, mais aussi le motif ou la texture.

1 Sélectionnez la cellule ou la plage de cellules dont vous voulez modifier le motif ou la texture.

2 Cliquez du bouton droit et choisissez **Format de cellule** (ou cliquez sur le lanceur de boîte de dialogue du groupe *Police*).

3 Cliquez sur l'onglet **Remplissage** de la boîte de dialogue **Format de cellule**.

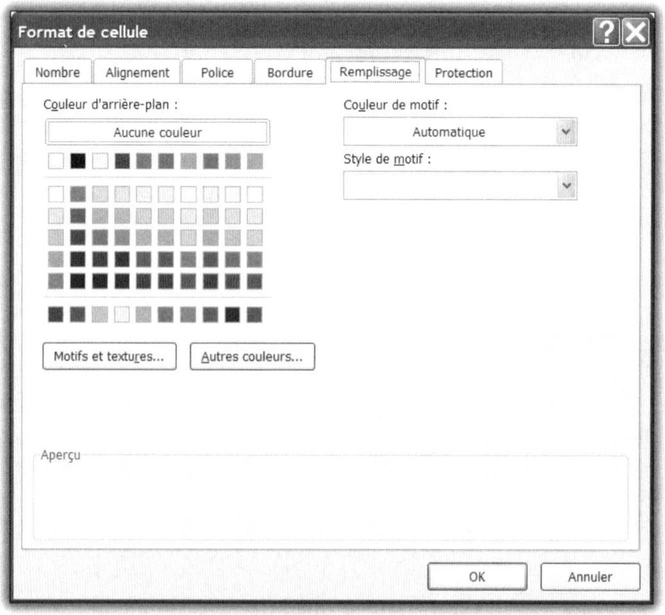

Figure 4.46 : *L'onglet Remplissage*

4 Vous pouvez, en cliquant sur l'une des couleurs, modifier la couleur de remplissage de la sélection. Cliquez sur **Aucune couleur** pour annuler votre choix.

5 En cliquant sur le bouton fléché de la zone *Motif*, vous faites apparaître un choix de motifs.

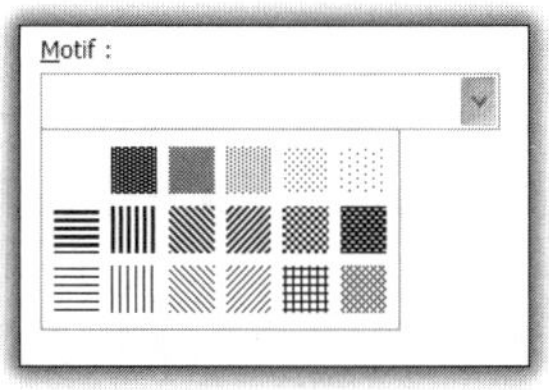

Figure 4.47 : *Choix des motifs*

6 Modifiez la couleur du motif choisi à l'aide de la liste de choix *Couleurs* située immédiatement au-dessus.

7 Cliquez sur le bouton **Motifs et textures** pour accéder à la boîte de dialogue **Motifs et textures**, qui vous permettra de définir des dégradés de couleurs.

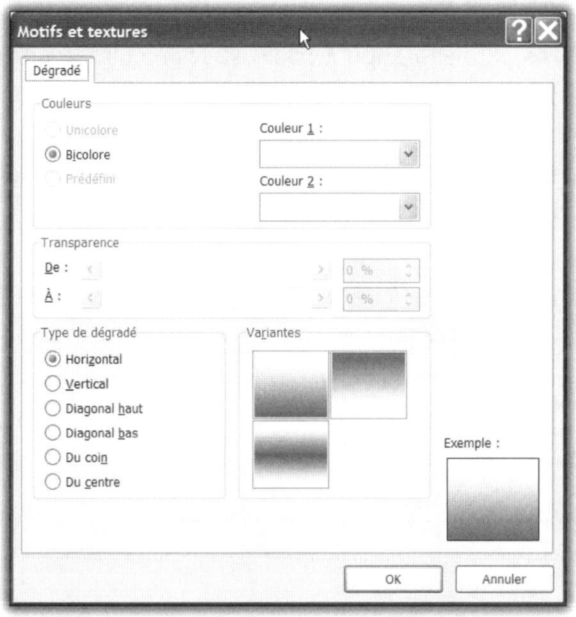

Figure 4.48 : *Choix des motifs et textures*

8 Une fois votre choix effectué, la zone *Aperçu* indique l'apparence future de l'arrière-plan de votre sélection.

Figure 4.49 : *L'aperçu du résultat*

9 Validez par OK.

4.6. Changer l'apparence des bordures

Pour changer l'apparence des bordures, c'est-à-dire modifier l'épaisseur du contour des cellules, sa couleur, etc. il existe deux solutions :

- le bouton **Bordures** du groupe *Police* de l'onglet **Accueil** (également présent sur la mini-barre d'outils) ;
- l'onglet **Bordure** de la boîte de dialogue **Format de cellule**.

Le bouton Bordures

Le bouton **Bordures** permet d'appliquer des styles de bordure prédéfinis à la sélection en cours.

1 Sélectionnez la cellule ou la plage de cellules désirée.

2 Cliquez sur le bouton fléché situé à côté du bouton **Bordures**.

3 Choisissez le type de bordure qui vous convient.

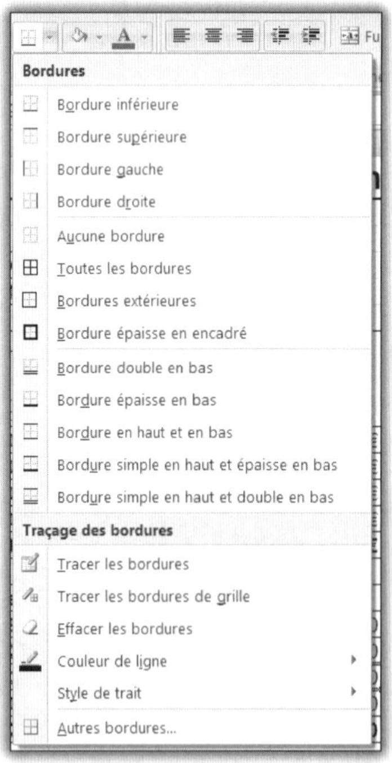

Figure 4.50 :
Choix du contour

4  Le bouton **Bordures** affiche ce format de bordure. Cliquez dessus pour l'appliquer à votre guise.

Traçage des bordures

La commande **Tracer les bordures** permet d'accéder à un outil intéressant appelé **Traçage de bordures**. Comme son nom l'indique, il permet de "dessiner" les bordures des cellules à même la feuille de calcul.

La commande **Tracer les bordures de grilles** applique un quadrillage alors que **Tracer les bordures** applique seulement un contour. Une fois le type de tracé sélectionné, cliquez sur une bordure de cellule pour lui appliquer le style de bordure actif. Cliquez et maintenez appuyé le bouton de la souris pour appliquer le contour ou le quadrillage à une plage de cellules.

La commande **Effacer les bordures** transforme le pointeur en gomme pour bordures.

La commande **Couleur de ligne** affiche une palette de couleurs.

La commande **Style de trait** permet de sélectionner l'apparence du trait de bordure.

L'onglet Bordure

Les fonctionnalités de modification de l'apparence des bordures sont également accessibles sous l'onglet **Bordure** de la boîte de dialogue **Format de cellule**.

1 Sélectionnez la cellule ou la plage de cellules dont vous voulez modifier le format de bordure.

2 Sélectionnez **Autres bordures** dans la liste associée au bouton **Bordures**. L'onglet **Bordure** de la boîte de dialogue **Format de cellule** apparaît (voir Figure 4.51).

3 Sélectionnez le style de bordure dans la zone *Style*.

4 Sélectionnez la couleur de la bordure dans la zone *Couleur*.

5 Une fois les paramètres précédents définis, vous pouvez les appliquer rapidement à l'aide des boutons **Contour** ou **Intérieur**.

Intérieur applique les paramètres à l'ensemble des bordures intérieures de la sélection. **Contour** applique les paramètres au contour extérieur de la sélection.

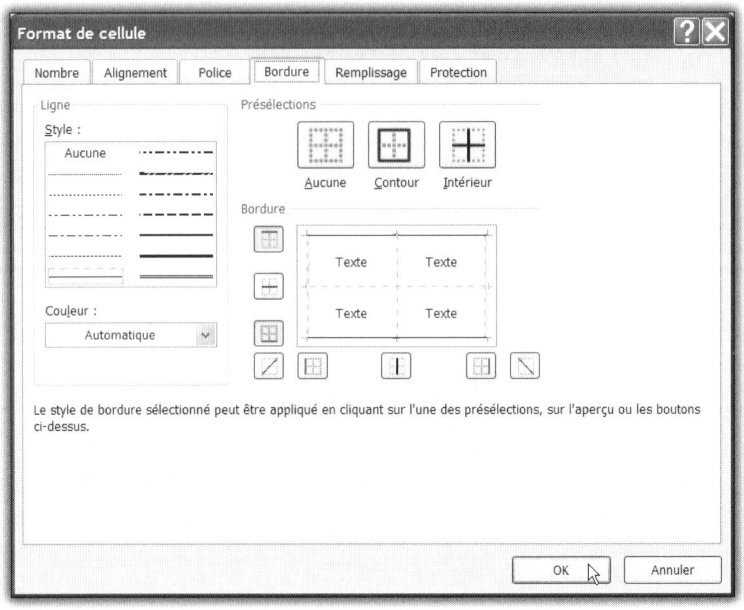

Figure 4.51 : *L'onglet Bordure*

6 Pour une application plus fine des paramètres, utilisez les boutons qui contrôlent les paramètres des contours et des bordures intérieures dans chaque direction (même en diagonale). Vous pouvez également cliquer sur les bordures souhaitées dans l'aperçu.

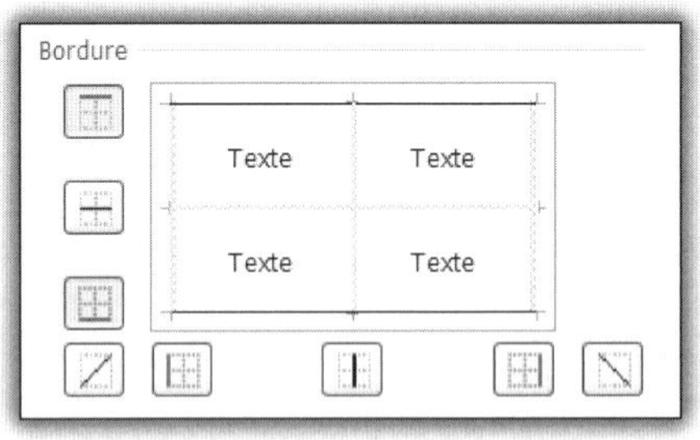

Figure 4.52 : *Des boutons pour une application plus fine des paramètres*

7 Pour effacer toutes les bordures, cliquez sur **Aucune**.

4.7. Ajuster la taille des lignes et des colonnes

Ajuster la largeur des colonnes

La largeur d'une colonne est exprimée par un nombre correspondant au nombre moyen de chiffres compris entre 0 et 9 de la police standard, pouvant être affichés dans une cellule. Si une cellule peut contenir jusqu'à 32 767 caractères, sa largeur maximale ne peut excéder 255. La largeur standard d'une colonne est de 10. Quand vous saisissez une longue ligne de texte ou de chiffres, vous devez ajuster la largeur des colonnes.

Lorsque vous modifiez ce paramètre, vous changez la largeur de toutes les cellules de la colonne.

Deux méthodes permettent de modifier la largeur d'une colonne.

Ajuster rapidement la largeur d'une ou de plusieurs colonnes

1 Placez le curseur sur la ligne verticale à droite de la référence de la colonne à modifier (le pointeur prend la forme d'une double flèche).

2 Cliquez et faites glisser la souris vers la droite ou la gauche. Une info-bulle vous indique la largeur.

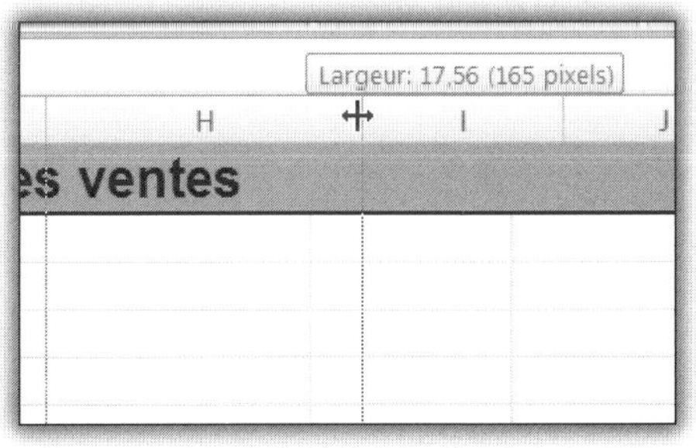

Figure 4.53 : *Le curseur de redimensionnement de colonne*

3 Relâchez le bouton de la souris lorsque la largeur vous convient.

Pour que la largeur de la colonne soit automatiquement ajustée à son contenu :

1 Placez le curseur sur la ligne verticale à droite de la référence de la colonne à modifier (le pointeur prend la forme d'une double flèche).
2 Double-cliquez.

Pour appliquer ces réglages à plusieurs colonnes en même temps, sélectionnez-les au préalable et effectuez les modifications sur l'une d'entre elles comme indiqué précédemment.

Ajuster précisément la largeur d'une ou de plusieurs colonnes

Pour ajuster précisément la largeur d'une ou de plusieurs colonnes :

1 Sélectionnez les colonnes à modifier.
2 Cliquez sur le bouton **Format** du groupe *Cellules* de l'onglet **Accueil**.
3 Sélectionnez **Largeur de colonne** dans le menu.

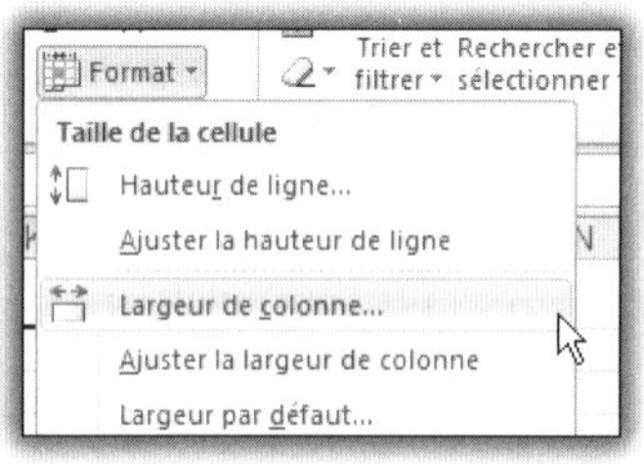

Figure 4.54 :
Utilisation du bouton Format

4 Saisissez la largeur souhaitée dans la boîte de dialogue et cliquez sur OK.

Masquer et afficher une ou plusieurs colonnes

Pour masquer une ou plusieurs colonnes :

1 Sélectionnez les colonnes à masquer.
2 Cliquez du bouton droit et sélectionnez la commande **Masquer**.

Pour afficher une ou plusieurs colonnes préalablement masquées :

1 Sélectionnez les colonnes comprises entre la colonne située à gauche et la colonne située à droite des colonnes masquées. Si vous avez masqué les colonnes *E* à *H*, sélectionnez les colonnes *D* à *I*.

2 Cliquez du bouton droit sur la sélection et choisissez la commande **Afficher**.

Vous pouvez également utiliser la commande **Masquer & afficher** du bouton **Format**.

Modifier la hauteur des lignes

Qu'il s'agisse de modifier la largeur ou la hauteur de ligne, la procédure est identique.

Ajuster rapidement la largeur d'une ou de plusieurs lignes

1 Placez le curseur sur la ligne horizontale en bas de la référence de la ligne à modifier (le pointeur prend la forme d'une double flèche).

2 Cliquez et faites glisser la souris vers le haut ou le bas. Une info-bulle vous indique la hauteur.

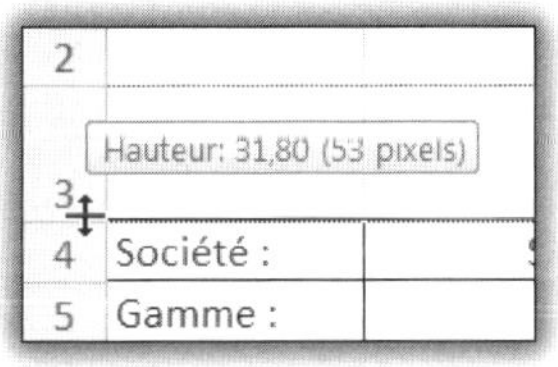

Figure 4.55 :
Le curseur de redimensionnement de ligne

3 Relâchez le bouton de la souris lorsque la hauteur vous convient.

Pour que la hauteur de la ligne soit automatiquement ajustée à son contenu :

1 Placez le curseur sur la ligne horizontale en bas de la référence de la ligne à modifier (le pointeur prend la forme d'une double flèche).

2 Double-cliquez.

Pour appliquer ces opérations à plusieurs lignes en même temps, sélectionnez-les au préalable et effectuez les modifications sur l'une d'entre elles comme indiqué précédemment.

Ajuster précisément la hauteur d'une ou de plusieurs lignes

Pour ajuster précisément la hauteur d'une ou de plusieurs lignes :

1 Sélectionnez les lignes à modifier.
2 Cliquez sur le bouton **Format** du groupe *Cellules* de l'onglet **Accueil**.
3 Sélectionnez **Hauteur de ligne** dans le menu.
4 Saisissez la hauteur souhaitée dans la boîte de dialogue et cliquez sur OK.

Masquer et afficher une ou plusieurs lignes

Pour masquer une ou plusieurs lignes :

1 Sélectionnez les lignes à masquer.
2 Cliquez du bouton droit sur la sélection et choisissez la commande **Masquer**.

Pour afficher une ou plusieurs lignes préalablement masquées :

1 Sélectionnez les lignes comprises entre la ligne située au-dessus et la ligne située en dessous des lignes masquées. Si vous avez masqué les lignes *5* à *8*, sélectionnez les lignes *4* à *9*.
2 Cliquez du bouton droit sur la sélection et choisissez la commande **Afficher**.

Vous pouvez également utiliser la commande **Masquer & afficher** du bouton **Format**.

CHAPITRE 5

Mettre en page et imprimer

Malgré l'avènement du "tout numérique" que l'on nous annonce comme imminent depuis plusieurs années, nous restons, au moins pour la majorité d'entre nous, très attachés au bon vieux papier. C'est pourquoi dans ce chapitre, nous passerons en revue les principales fonctionnalités d'Excel relatives à la mise en forme et à la préparation d'un document en vue de son impression. En effet, un document qui "passe bien à l'écran" peut s'avérer fort peu lisible une fois sur le papier.

Dans un premier temps, vous verrez comment contrôler l'étendue des données à imprimer. Ensuite, avant de lancer l'impression, vous découvrirez comment donner une touche "professionnelle" à vos documents en peaufinant la mise en page.

5.1. Définir la zone d'impression

La zone d'impression est la partie qui sera imprimée. Elle est propre à chaque feuille de calcul. Par défaut, elle est égale à la zone active de la feuille (la plage comprise entre *A1* et la dernière cellule non vide).

Pour l'ajuster :

1 Sélectionnez la plage de cellules qui doit devenir la nouvelle zone d'impression.

2 Sous l'onglet **Mise en page**, cliquez sur le bouton **Zone d'impression** du groupe *Mise en page* puis choisissez **Définir**.

La zone d'impression apparaît en pointillés sur la feuille de calcul.

Pour annuler la définition de la zone d'impression, utilisez la commande **Annuler** du menu associé au bouton **Zone d'impression**.

5.2. Insérer des sauts de page

Les sauts de page permettent de forcer le report de certains éléments de la zone d'impression sur une nouvelle page. Ils peuvent être horizontaux ou verticaux. Ils sont matérialisés sur les feuilles de calcul par des lignes pointillées.

Pour définir un saut de page horizontal :

1 Sélectionnez la ligne au-dessus de laquelle le saut de page doit être inséré.

2 Sous l'onglet **Mise en page**, cliquez sur le bouton **Saut de page** du groupe *Mise en page*, puis choisissez **Insérer un saut de page.**

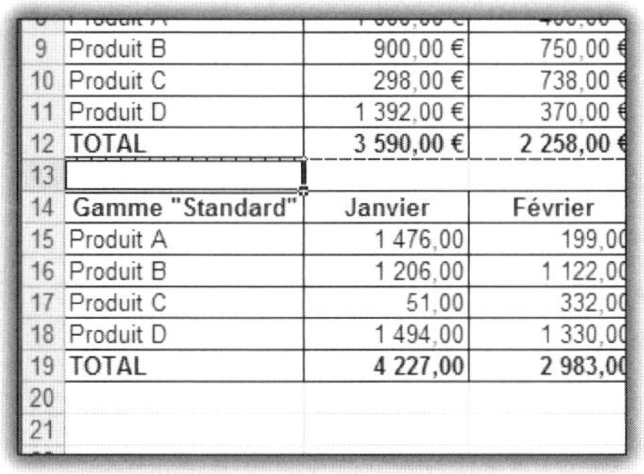

9	Produit B	900,00 €	750,00 €
10	Produit C	298,00 €	738,00 €
11	Produit D	1 392,00 €	370,00 €
12	TOTAL	3 590,00 €	2 258,00 €
13			
14	Gamme "Standard"	Janvier	Février
15	Produit A	1 476,00	199,00
16	Produit B	1 206,00	1 122,00
17	Produit C	51,00	332,00
18	Produit D	1 494,00	1 330,00
19	TOTAL	4 227,00	2 983,00
20			
21			

Figure 5.1 : *Un saut de page horizontal est inséré entre les lignes 12 et 13*

Pour définir un saut de page vertical :

1 Sélectionnez la colonne à gauche de laquelle le saut de page doit être inséré.

2 Sous l'onglet **Mise en page**, cliquez sur le bouton **Saut de page** du groupe *Mise en page*, puis choisissez **Insérer un saut de page.**

Si vous ne sélectionnez qu'une cellule avant d'insérer un saut de page, Excel introduit en fait deux sauts de page : l'un horizontal au-dessus de la cellule et l'autre vertical à gauche de ladite cellule.

Aperçu des sauts de page

Pour obtenir une meilleure visualisation des sauts de page, utilisez le bouton **Aperçu des sauts de page** du groupe *Affichages classeur* de l'onglet **Affichage**. Vous avez ainsi une vision globale de votre feuille et de ses sauts de page.

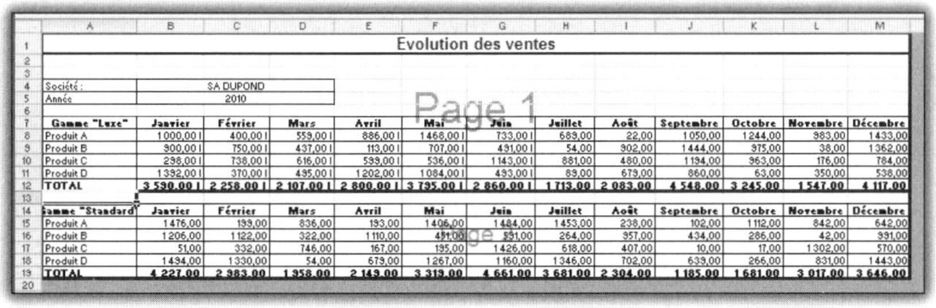

Evolution des ventes

Société :	SA DUPOND
Année	2010

Gamme "Luxe"	Janvier	Février	Mars	Avril	Mai	Juin	Juillet	Août	Septembre	Octobre	Novembre	Décembre
Produit A	1 000,00 €	400,00 €	559,00 €	886,00 €	1 468,00 €	733,00 €	689,00	22,00	1 050,00	1 244,00	983,00	1 433,00
Produit B	900,00 €	750,00 €	437,00 €	113,00 €	707,00 €	491,00 €	54,00	902,00	1 444,00	975,00	38,00	1 362,00
Produit C	298,00 €	738,00 €	616,00 €	599,00 €	536,00 €	1 143,00 €	881,00	480,00	1 194,00	963,00	176,00	784,00
Produit D	1 392,00 €	370,00 €	495,00 €	1 202,00 €	1 084,00 €	493,00 €	89,00	679,00	860,00	63,00	350,00	538,00
TOTAL	3 590,00 €	2 258,00 €	2 107,00 €	2 800,00 €	3 795,00 €	2 860,00 €	1 713,00	2 083,00	4 548,00	3 245,00	1 547,00	4 117,00

Gamme "Standard"	Janvier	Février	Mars	Avril	Mai	Juin	Juillet	Août	Septembre	Octobre	Novembre	Décembre
Produit A	1 476,00	199,00	836,00	193,00	1 406,00	1 484,00	1 453,00	238,00	102,00	1 112,00	842,00	642,00
Produit B	1 206,00	1 122,00	322,00	1 110,00	451,00	591,00	264,00	357,00	434,00	286,00	42,00	991,00
Produit C	51,00	332,00	746,00	167,00	195,00	1 426,00	618,00	407,00	10,00	17,00	1 302,00	570,00
Produit D	1 494,00	1 330,00	54,00	679,00	1 267,00	1 160,00	1 346,00	702,00	639,00	266,00	831,00	1 443,00
TOTAL	4 227,00	2 983,00	1 958,00	2 149,00	3 319,00	4 661,00	3 681,00	2 304,00	1 185,00	1 681,00	3 017,00	3 646,00

Figure 5.2 : *L'aperçu des sauts de page*

Dans cet affichage, la zone d'impression est affichée sur fond blanc, alors que ce qui ne sera pas imprimé est grisé. Les sauts de page, quant à eux, sont matérialisés par des traits bleus épais. En filigrane apparaissent les numéros de page.

Pour déplacer un saut de page :

1 Positionnez le pointeur dessus.

2 Lorsque ce dernier change d'apparence, cliquez et, tout en maintenant le bouton de la souris enfoncé, déplacez le pointeur. Le nouvel emplacement du saut de page apparaît en gris.

3 Lorsque vous êtes satisfait, relâchez le bouton de la souris.

Pour supprimer un saut de page :

1 Sélectionnez une cellule de la colonne située immédiatement à droite (pour les sauts de page verticaux) ou de la ligne située immédiatement en dessous (pour les sauts de page horizontaux).

2 Cliquez du bouton droit et sélectionnez **Supprimer le saut de page** dans le menu qui apparaît.

Vous pouvez également modifier la zone d'impression en déplaçant ses contours (traits bleus délimitant la zone affichée sur fond blanc) Qu'il s'agisse de déplacer des contours ou des sauts de page, la procédure est la même.

Les traits pointillés épais bleus sont des sauts de page positionnés automatiquement par Excel car les données à imprimer ne peuvent tenir sur une page. Il est donc nécessaire d'en rejeter une partie sur une autre page.

Pour revenir à un affichage conventionnel, cliquez sur le bouton **Normal** du groupe *Affichages classeur* de l'onglet **Affichage**.

5.3. Utiliser le mode Page

Cette version d'Excel intègre le nouveau mode d'affichage des documents, apparu dans la version 2007 : le mode Page. Il permet de visualiser les pages d'un document telles qu'elles seront imprimées. Pour activer ce mode d'affichage, cliquez sur le bouton **Mise en page** du groupe *Affichages classeur* de l'onglet **Affichage**.

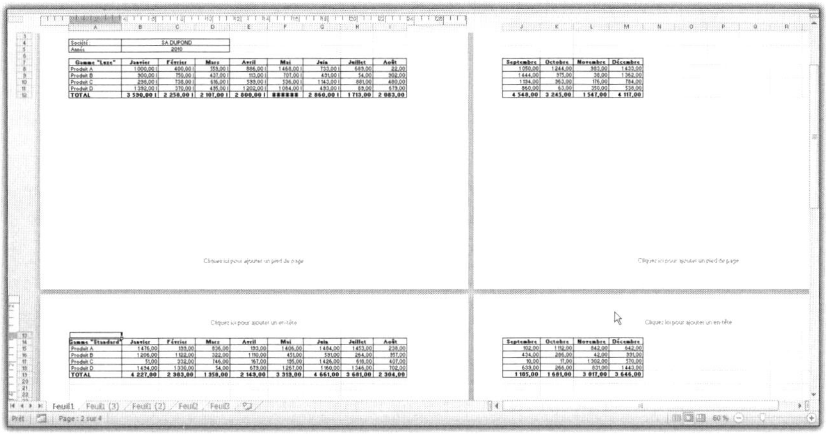

Figure 5.3 : *Le mode Page*

Vous avez toujours la possibilité de saisir des informations dans les cellules de la feuille de calcul et d'utiliser les fonctionnalités d'Excel.

Vous êtes libre d'ajouter un en-tête et un pied de page en cliquant sur les zones situées en haut et en bas de chaque page. Nous aborderons en détail cette possibilité ci-après.

Pour revenir à un affichage conventionnel, cliquez sur le bouton **Normal** du groupe *Affichages classeur* de l'onglet **Affichage**.

5.4. Créer un en-tête et un pied de page

L'en-tête et le pied de page d'un document sont respectivement le texte qui s'affiche en haut et en bas de chacune de ses pages. Il s'agit d'informations telles que le nom du rédacteur, le nom de la société, le numéro de la page, la date, l'heure, etc. Bref, ce sont des informations qui ne font pas partie du corps du document, mais apportent des précisions sur son origine, son ancienneté, etc. Compte tenu du caractère répétitif de ces textes, il est fastidieux de les saisir sur chaque page (même par copier-coller). C'est pourquoi Excel dispose d'une fonctionnalité permettant de spécifier ces textes une fois pour toutes. Il se charge ensuite de les appliquer à chaque page du document.

Pour définir l'en-tête et le pied de page de votre feuille de calcul :

1 Cliquez sur le bouton **En-tête et pied de page** du groupe *Texte* de l'onglet **Insertion** (ou sur la zone prévue à cet effet si vous êtes en mode Page). L'onglet contextuel **Outils des en-têtes et pieds de page** apparaît.

Figure 5.4 : *L'onglet contextuel Outils des en-têtes et pieds de page*

2 Le document est affiché en mode Page et le curseur se trouve dans la partie centrale de l'en-tête de la page. L'en-tête, comme le pied de page, est divisé en trois zones qui vous permettent de saisir des informations, d'inclure des images, etc. Cliquez sur l'une de ces zones pour y accéder.

3 Vous pouvez accéder au pied de page en cliquant sur le bouton **Atteindre le pied de page** dans le groupe *Navigation* de l'onglet contextuel. De même, vous pouvez accéder à l'en-tête en cliquant sur le bouton **Atteindre l'en-tête** dans le groupe *Navigation* de l'onglet contextuel.

4 Vous disposez d'en-têtes et de pieds de page prédéfinis en cliquant sur les boutons **En-tête automatique** et **Pied de page automatique**.

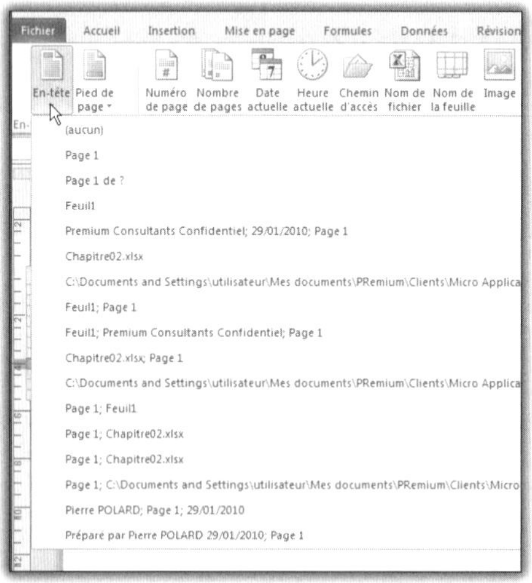

Figure 5.5 : *Les en-têtes prédéfinis*

5 Si vous préférez créer vous-même vos en-têtes et pieds de page, saisissez vos propres textes dans chaque zone. Vous pouvez modifier la mise en forme des textes saisis en utilisant les outils du groupe *Police* de l'onglet **Accueil**.

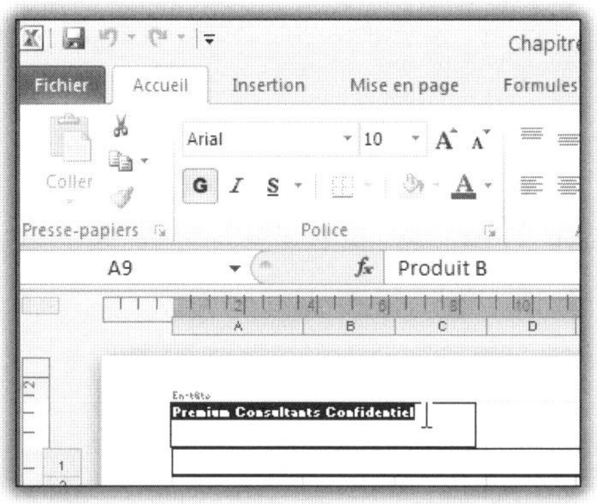

Figure 5.6 : *Modification de la mise en forme du texte*

6 Vous pouvez également insérer des informations spécifiques à l'aide des boutons du groupe *Éléments en-tête et pied de page*.

– 

Le bouton **Numéro de page** insère le numéro de page dans l'en-tête ou le pied de page lorsque vous imprimez la feuille de calcul. Excel met à jour automatiquement les numéros de page lorsque vous ajoutez ou supprimez des données ou lorsque vous définissez des sauts de page.

– 

Le bouton **Nombre de pages** insère le nombre total de pages contenues dans la feuille de calcul, active et ajuste automatiquement les numéros de page lorsque vous l'imprimez.

– 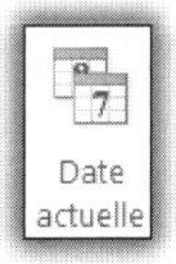

Le bouton **Date actuelle** insère la date en cours.

– 

Le bouton **Heure actuelle** insère l'heure en cours.

- 

Le bouton **Chemin d'accès** insère le chemin d'accès et le nom de fichier du classeur actif.
- 

Le bouton **Nom du fichier** insère le nom de fichier du classeur actif.
- 

Le bouton **Nom de la feuille** insère le nom de la feuille de calcul active.
- 

Le bouton **Insérer une image** vous permet de choisir une image à placer dans la feuille de calcul active.
- 

Le bouton **Format d'image** vous permet, entre autres, de dimensionner ou de mettre à l'échelle l'image que vous avez choisie.

Ces boutons insèrent des codes de commande pour l'imprimante. Ces codes sont composés du caractère & et d'une description de l'élément inséré entre crochets. Ainsi, l'insertion de la date se traduit par l'affichage de *&[Date]* dans la zone.

7 Le groupe *Options* de l'onglet contextuel contient des cases à cocher.

- *Première page différente* permet de définir un en-tête et un pied de page spécifique pour la première page.
- *Pages paires et impaires différentes* permet de définir des en-têtes et des pieds de page différents pour les pages paires et impaires.
- *Mettre à l'échelle du document* permet d'adapter la taille de l'en-tête et du pied de page à la taille du document.
- *Aligner sur les marges de page* utilise les marges du document pour positionner les en-têtes et pieds de page.

8 Cliquez sur la feuille de calcul pour valider vos en-têtes et pieds de page.

Pour modifier l'en-tête ou le pied de page :

- Si vous êtes en mode Page, cliquez directement sur la zone d'en-tête ou de pied de page à modifier.
- Si vous n'êtes pas en mode Page, utilisez le bouton **En-tête et pied de page** du groupe *Texte* de l'onglet **Insertion**.

5.5. Spécifier les autres paramètres de mise en page

Pour accéder aux autres paramètres de mise en page, utilisez les boutons des groupes *Mise en page*, *Mise à l'échelle* et *Options de la feuille de calcul* de l'onglet **Mise en page**.

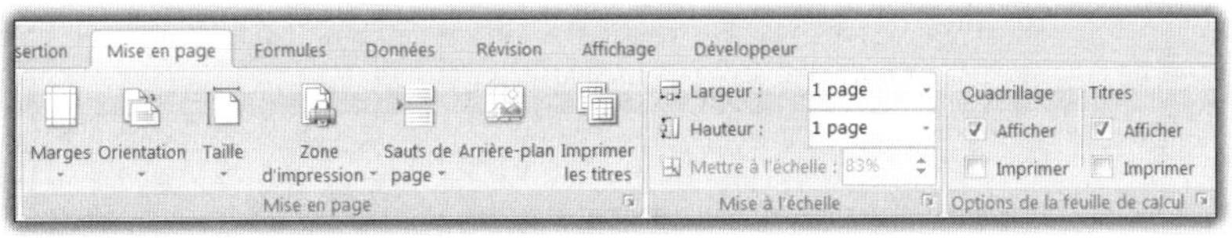

Figure 5.7 : *Les outils de mise en page*

Positionner les marges

Vous pouvez positionner les marges de votre document en utilisant le bouton **Marges** du groupe *Mise en page*. Vous accédez alors à une galerie qui vous permet de choisir entre plusieurs réglages prédéfinis (dont le dernier réglage utilisé).

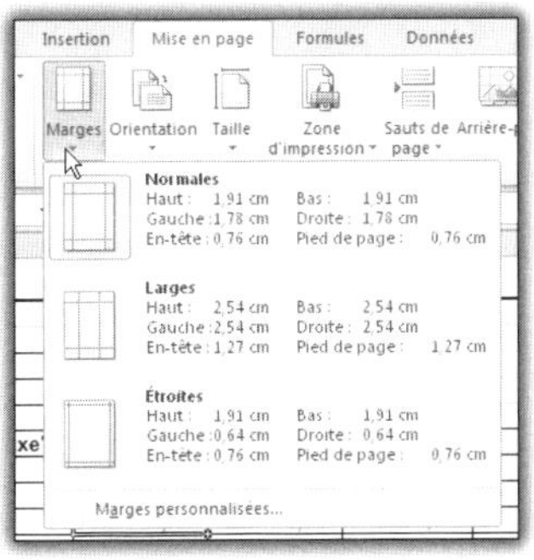

Figure 5.8 : *Les réglages de marges prédéfinis*

Pour positionner plus finement vos marges :

1 Sélectionnez **Marges personnalisées**. Vous accédez alors à l'onglet **Marges** de la boîte de dialogue **Mise en page**.

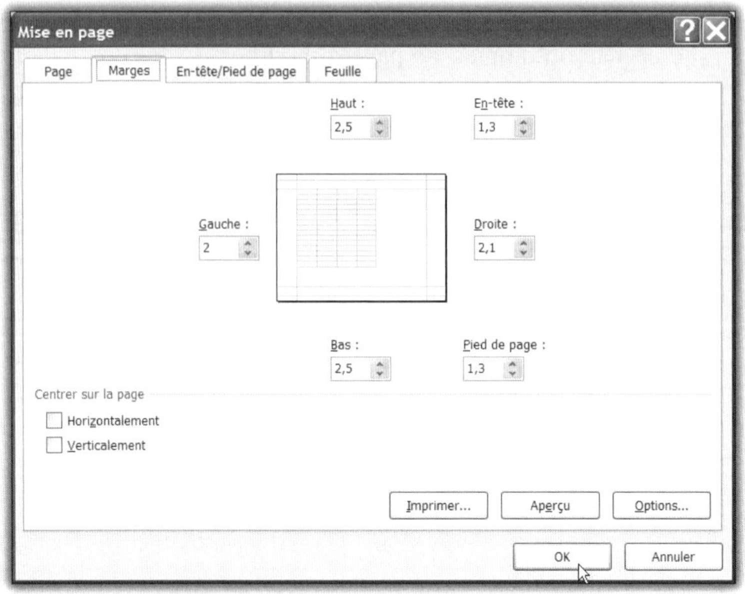

Figure 5.9 : *L'onglet Marges*

2 Vous pouvez spécifier les marges en centimètres dans chacune des directions et indiquer des marges supplémentaires pour l'en-tête et le pied de page.

3 Vous pouvez indiquer si le texte doit être centré horizontalement et/ou verticalement.

Choisir l'orientation

Pour choisir l'orientation de l'impression :

1 Cliquez sur le bouton **Orientation** du groupe *Mise en page*.

2 Sélectionnez **Portrait** ou **Paysage** dans le menu.

Choisir le format de papier

Pour choisir le format de papier :

1 Cliquez sur le bouton **Taille** du groupe *Mise en page*.

2 Sélectionnez le format adéquat dans la liste déroulante.

3 Sélectionnez **Autres tailles de papier** pour afficher l'onglet **Page** de la boîte de dialogue **Mise en page**.

Imprimer les titres

Pour que le contenu d'une ou de plusieurs lignes ou colonnes se répète systématiquement sur toutes les pages :

1 Cliquez sur le bouton **Imprimer les titres** du groupe *Mise en page*. Cela a pour effet d'afficher l'onglet **Feuille** de la boîte de dialogue **Mise en page**.

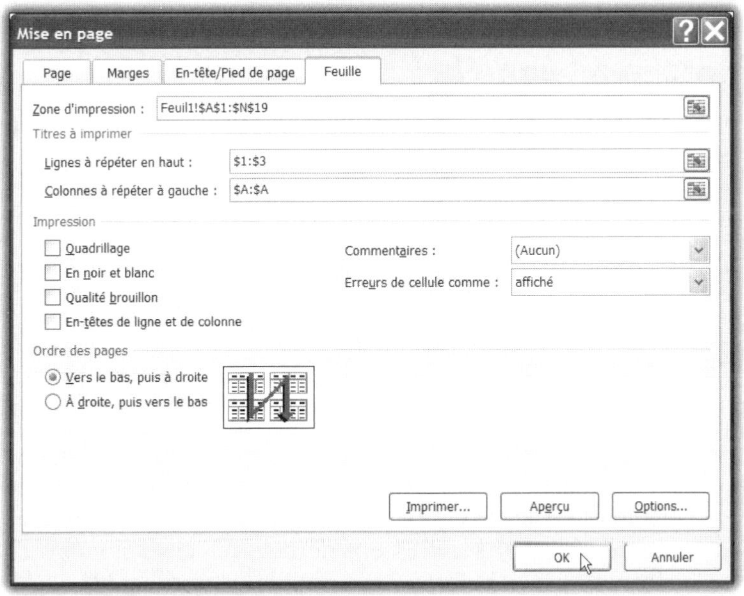

Figure 5.10 : *L'onglet Feuille*

2 Cliquez dans les zones *Lignes à répéter en haut* et *Colonnes à répéter à gauche*.

3 Sélectionnez les lignes ou colonnes souhaitées, directement sur la feuille de calcul.

Cela se révèle utile si vous souhaitez imprimer les titres des lignes et des colonnes d'un tableau qui s'étend sur plusieurs pages.

À l'aide de l'onglet **Feuille** de la boîte de dialogue **Mise en page**, vous pouvez également :

- redéfinir la zone d'impression en cliquant dans la zone *Zone d'impression* et en sélectionnant la nouvelle zone directement sur la feuille ;
- imprimer le quadrillage par défaut de la feuille, les en-têtes de lignes et de colonnes (*A1*, *A2*...), et piloter la qualité d'impression (*En noir et blanc*, *Qualité brouillon*) ;
- contrôler le format d'impression des commentaires et des valeurs d'erreurs ;
- indiquer l'ordre d'impression des pages.

Mettre à l'échelle

Pour mettre à l'échelle un document, vous disposez des outils du groupe *Mise à l'échelle*.

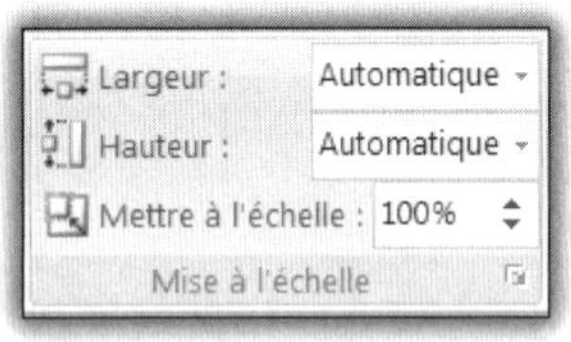

Figure 5.11 :
Les outils du groupe Mise à l'échelle

Vous pouvez spécifier :

- Sur combien de pages en largeur le document doit être imprimé grâce à la liste de choix *Largeur*. Si vous choisissez *Automatique*, vous laissez à Excel le soin de déterminer le nombre de pages adéquat.
- Sur combien de pages en hauteur le document doit être imprimé grâce à la liste de choix *Hauteur*. Si vous choisissez *Automatique*, vous laissez à Excel le soin de déterminer le nombre de pages adéquat.

Si vous indiquez la valeur *Automatique* dans chacune des deux listes de choix précédentes, vous pouvez modifier le taux de réduction/ agrandissement à l'aide de la zone *Mettre à l'échelle*.

Autres paramètres

À l'aide des cases à cocher correspondantes du groupe *Options de la feuille de calcul*, vous pouvez demander l'impression du quadrillage de la feuille, et des en-têtes de colonnes et de lignes.

5.6. Profiter de l'aperçu avant impression

Le mode Aperçu avant impression permet de visualiser les pages telles qu'elles seront imprimées.

Pour y accéder, cliquez sur le menu **Fichier**, puis sélectionnez la commande **Imprimer**.

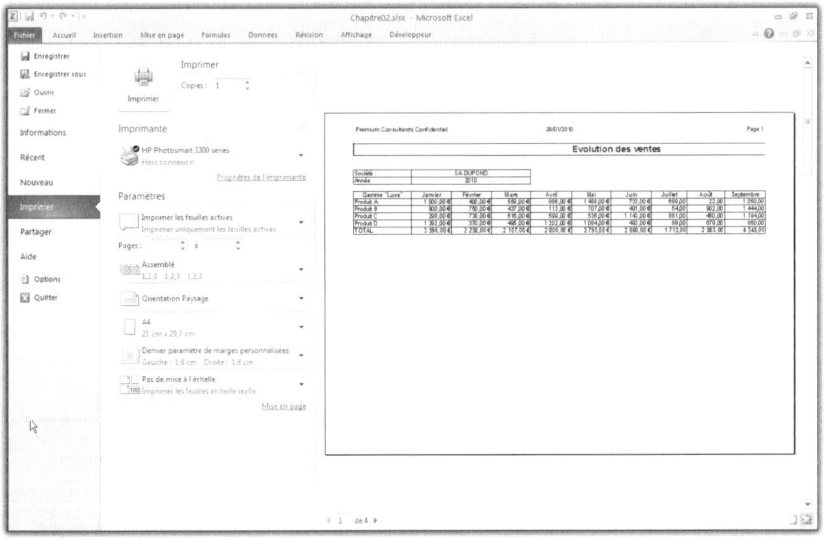

Figure 5.12 : L'aperçu avant impression d'une feuille

L'aperçu avant impression s'enrichit désormais de plusieurs fonctionnalités. En plus de la fonction classique de prévisualisation des différentes pages du document, il permet de modifier rapidement et simplement certains paramètres d'impression :

- Le nombre de copies.

- L'imprimante à utiliser. En cliquant sur le lien *Propriétés de l'imprimante*, vous pouvez accéder à la boîte de dialogue des propriétés de l'imprimante choisie.
- Les éléments à imprimer (classeur entier, pages…). Vous pouvez ignorer les zones d'impression en sélectionnant l'option correspondante.
- Le mode d'assemblage des différents exemplaires (assemblé ou non assemblé). Par défaut, les copies sont assemblées, c'est-à-dire que chaque exemplaire est imprimé intégralement avant que débute l'impression du suivant. Cela évite d'avoir à trier les copies de chaque feuille.
- L'orientation du document.
- Le format du papier.
- Les marges.
- La mise à l'échelle du document (ajuster à une page en largeur/en hauteur, à une seule page).
- Le lien *Mise en page* affiche la boîte de dialogue **Mise en page**.

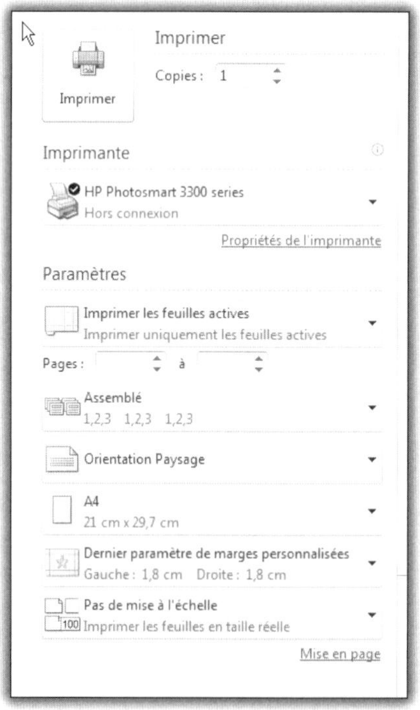

Figure 5.13 : *Les nouvelles fonctionnalités de l'aperçu avant impression*

En bas de l'écran, deux boutons permettent de faire défiler les pages affichées.

Figure 5.14 :
Les boutons de défilement

Vous pouvez également choisir d'afficher ou non les marges sur l'aperçu avant impression à l'aide des deux boutons situés dans le coin inférieur droit de l'écran.

Figure 5.15 :
Afficher les marges

5.7. Lancer l'impression

Pour lancer l'impression du document en cours, cliquez sur le bouton **Imprimer** du mode Aperçu avant impression (accessible via la commande **Imprimer** du menu **Fichier**).

Figure 5.16 :
Le bouton Imprimer

CHAPITRE 6

Gérer les feuilles de calcul et les classeurs

Dans ce chapitre, nous aborderons tout d'abord la gestion des fichiers. En effet, il est primordial de garder une trace de vos réalisations. Dans ce domaine, Excel propose une palette étendue d'options et de formats d'enregistrement.

Ensuite, nous traiterons des différentes solutions pour réorganiser les feuilles au sein d'un classeur, ainsi que des techniques permettant d'améliorer la visualisation des données au sein d'une feuille de calcul.

Enfin, nous étudierons les techniques visant à protéger les données. Cela est d'autant plus important que le travail en réseau se développe.

6.1. Les principes de base de la gestion des fichiers

Les outils informatiques permettent d'enregistrer un travail sous forme de fichier afin de pouvoir le consulter ou le modifier ultérieurement. Bien sûr, Excel ne déroge pas à la règle et vous propose de nombreuses fonctions destinées à la gestion des fichiers.

Enregistrer un classeur

Comme toujours dans Excel, il existe plusieurs façons de réaliser une tâche, en l'occurrence d'enregistrer un classeur.

La première solution consiste à utiliser le bouton **Enregistrer** de la barre d'outils *Accès rapide*.

La seconde solution consiste à utiliser le menu **Fichier** et les commandes **Enregistrer** ou **Enregistrer sous**. Lors du premier enregistrement du classeur, il n'y a pas de différence entre l'une et l'autre. En revanche, dès que le classeur a été enregistré une fois, une différence apparaît dans la mesure où **Enregistrer sous** permet de modifier le nom du classeur alors que **Enregistrer** se limite à enregistrer les changements opérés en son sein sans donner la possibilité de modifier son nom.

Le bouton **Enregistrer** de la barre d'outils *Accès rapide* est l'équivalent de la commande **Enregistrer** du menu **Fichier**.

Lors du premier enregistrement avec la commande **Enregistrer** ou lors de l'utilisation de la commande **Enregistrer sous**, la boîte de dialogue **Enregistrer sous** apparaît.

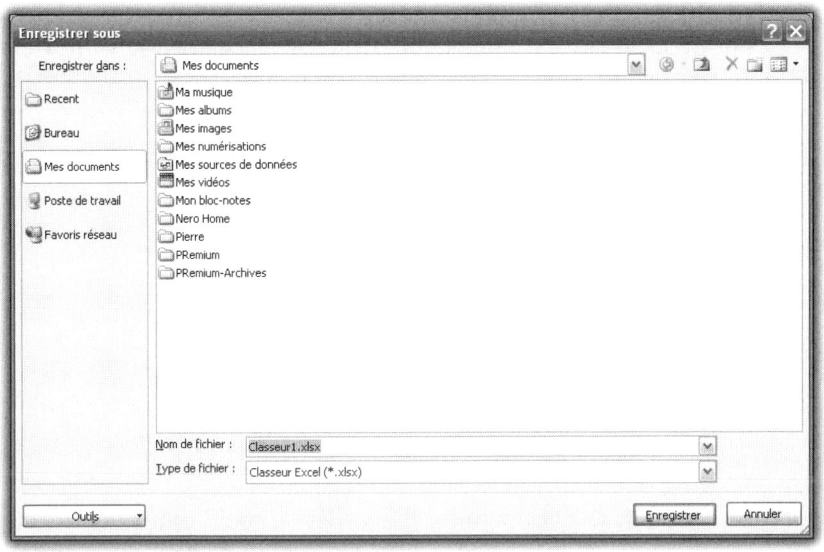

Figure 6.1 : *La boîte de dialogue Enregistrer sous*

La boîte de dialogue **Enregistrer sous** est commune à bon nombre d'applications Windows. Voici ses principaux éléments :

- La zone *Enregistrer dans* contient le répertoire dans lequel sera enregistré le classeur actif. Il est possible d'afficher l'arborescence des répertoires à l'aide du bouton fléché.
-  Le bouton **Précédent** permet de naviguer vers les répertoires précédents. Le bouton fléché donne accès à la liste de ces répertoires.
-  Le bouton **Dossier parent** permet d'accéder au niveau immédiatement supérieur de l'arborescence des dossiers.
-  Le bouton **Supprimer** permet de supprimer un ou plusieurs fichiers ou dossiers sélectionnés dans la zone d'exploration.
-  Le bouton **Créer un dossier** crée un nouveau sous-dossier dans le dossier en cours.

- Le bouton **Affichages** permet de modifier le format d'affichage des fichiers ou dossiers dans la zone d'exploration. L'affichage **Détails** propose un affichage en colonnes. Chaque colonne contient une information spécifique sur le dossier ou le fichier. Si vous cliquez sur l'en-tête de colonne, les données sont triées dans l'ordre croissant. Si vous cliquez une seconde fois, le tri devient décroissant.

Figure 6.2 :
La liste des affichages

- Le bouton **Outils** permet d'accéder à des outils et à des informations supplémentaires sur les fichiers et dossiers. **Options générales** permet notamment de spécifier des mots de passe de protection du classeur.

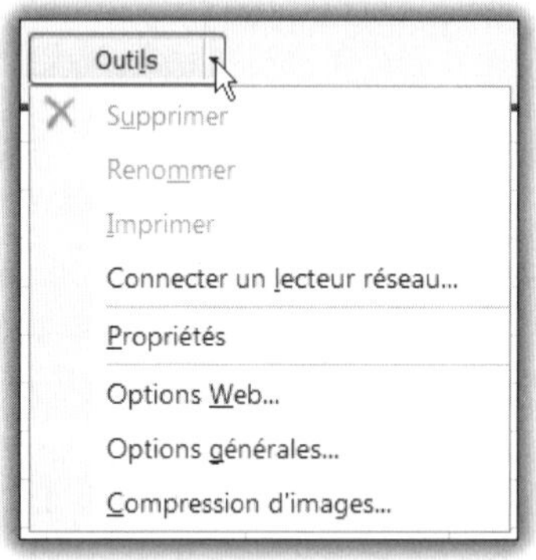

Figure 6.3 :
Les outils disponibles

- La zone d'exploration affiche les sous-dossiers et les fichiers du dossier en cours. Il est possible de sélectionner les fichiers affichés et de les supprimer en cliquant sur la touche Suppr. Il est également possible d'atteindre un sous-dossier en double-cliquant dessus.

- La barre *Mon environnement* permet d'accéder rapidement à des dossiers particuliers. L'icône *Mes documents* présente des raccourcis vers les derniers fichiers ouverts. L'icône *Bureau* vous positionne au plus haut niveau de l'arborescence des dossiers.

Figure 6.4 :
La barre Mon environnement

Pour organiser la barre de dossiers, il est possible d'afficher un menu contextuel en cliquant dessus du bouton droit. Vous pouvez ainsi ajouter un dossier après l'avoir sélectionné dans l'arborescence (la barre peut contenir 256 dossiers au maximum). Vous pouvez supprimer un dossier, le faire monter ou descendre dans la barre selon son importance, le renommer. Enfin, vous pouvez afficher des petites ou des grandes icônes.

Figure 6.5 :
Le menu contextuel de la barre Mon environnement

- La zone *Nom de fichier* indique le nom courant du classeur actif. Par défaut, un classeur nouvellement créé est doté d'un nom du type *Classeur1*, *Classeur2*, etc. Pour modifier ce dernier, cliquez dans la zone et saisissez le nom désiré. En cliquant sur le bouton fléché, vous avez accès à la liste des dix derniers noms attribués. Il n'est pas nécessaire de saisir l'extension ; celle-ci est ajoutée automatiquement par Excel en fonction du type choisi dans la zone *Type de fichier*.
- La zone *Type de fichier* donne accès à la liste des types de fichiers.
- Le bouton **Enregistrer** enregistre le classeur selon les paramètres spécifiés.

- Le bouton **Annuler** abandonne l'opération et ferme la boîte de dialogue.

Du nouveau dans les formats de fichiers

Depuis la version 2007, Microsoft Office utilise un nouveau format de fichier basé sur le langage XML : Microsoft Office Open XML.

XML (Extensible Markup Language) est, comme HTML, un langage de description de documents qui présente l'information encadrée par des balises. Une balise est une portion de texte délimitée, donnant un "ordre" au navigateur web : c'est un mot du langage. La différence entre XML et HTML réside dans la nature et le nombre des balises. Alors que les balises HTML sont en nombre limité et qu'elles sont orientées vers la présentation du contenu (titre, paragraphe…), il est possible de créer de nouvelles balises XML en fonction des besoins (d'où le nom de langage extensible). De plus, les balises XML sont orientées vers l'organisation et la structuration du contenu, et non vers sa présentation. Le langage XML distingue en effet le contenu de la présentation.

Le nouveau format Microsoft Office Open XML combine les possibilités de XML en matière de gestion des informations avec la technologie de compression ZIP (popularisée par le logiciel WinZip). Cela a plusieurs conséquences :

- Les classeurs sont automatiquement compressés (taille inférieure de 30 % à 75 % par rapport à l'ancien format). Lorsque vous ouvrez un classeur, il est automatiquement décompressé. Lorsque vous l'enregistrez, il est à nouveau compressé de façon entièrement transparente.
- Du fait de l'utilisation de XML, les classeurs présentent une structure modulaire. Pour simplifier, on peut dire que les données sont dissociées de leur mise en forme et que les objets inclus dans les classeurs sont stockés de façon indépendante. Cela facilite la récupération des données en cas d'endommagement des fichiers.
- Les classeurs (et plus largement les documents créés avec les outils de la suite Office) sont aisément consultables et modifiables avec d'autres applications. Décompressez-les et modifiez-les avec un éditeur XML.

Outre les formats de fichiers basés sur XML, vous disposez d'une version binaire du format de fichier Excel, appelé Binary Office Excel, pour les classeurs volumineux ou complexes. Vous pouvez l'utiliser pour améliorer les performances et la compatibilité descendante.

Voici les nouveaux types de fichiers :

- *.xlsx* : classeur au nouveau format Open XML ;
- *.xlsm* : classeur contenant des macros au nouveau format Open XML ;
- *.xltx* : modèle au nouveau format Open XML ;
- *.xltm* : modèle contenant des macros au nouveau format Open XML ;
- *.xlsb* : classeur binaire non XML ;
- *.xlam* : macro complémentaire.

Il existe une différence entre les classeurs contenant des macros et les autres. Seuls les fichiers dont les extensions se terminent par "m" peuvent contenir des macros VBA et des contrôles ActiveX. Les extensions facilitent la distinction entre les fichiers contenant des macros et les autres, ainsi que l'identification par un logiciel antivirus des fichiers renfermant un code potentiellement dangereux.

REMARQUE

Structure d'un classeur Excel

Pour comprendre la nouvelle structure des classeurs Excel, vous pouvez vous livrer à une petite expérience. Modifiez l'extension d'un classeur en remplaçant *.xlsx* par *.zip* et ouvrez le fichier ainsi renommé à l'aide de WinZip (ou de toute autre application susceptible de décompresser des fichiers *.zip*). Vous verrez qu'un classeur est en réalité constitué d'un ensemble de fichiers au format XML.

Conversion des classeurs créés avec les versions précédentes

Lorsque vous travaillez sur un classeur créé avec une version précédente d'Excel (*.xls*), vous pouvez le convertir rapidement au nouveau format. Pour cela, cliquez sur le menu **Fichier** puis sélectionnez la commande **Convertir**.

Cette commande n'apparaît que lorsque vous travaillez sur un classeur "ancien format".

Compatibilité avec les versions précédentes

La compatibilité ascendante est automatiquement assurée. En d'autres termes, vous pouvez sans problèmes ouvrir et modifier un classeur créé avec une version précédente d'Excel. Excel 2010 dispose même d'un vérificateur de compatibilité intégré qui vous avertit si vous avez introduit dans le classeur une fonctionnalité non gérée par les précédentes versions.

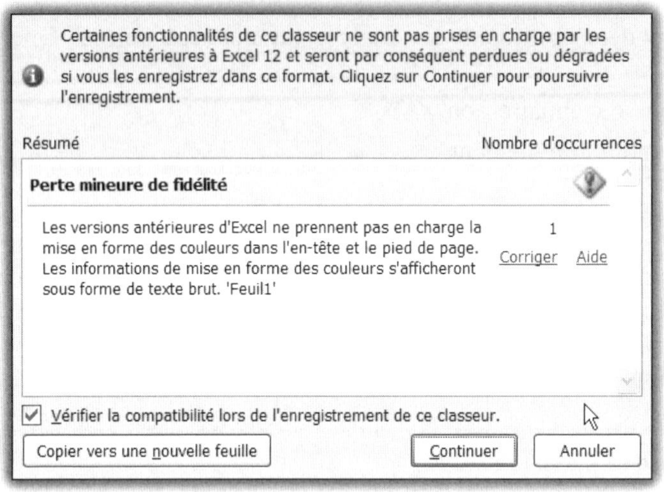

Figure 6.6 : *Le vérificateur de compatibilité*

Le vérificateur de compatibilité est automatiquement exécuté lors de l'enregistrement d'un classeur créé à l'aide d'une version précédente. Vous pouvez toutefois l'exécuter à la demande : cliquez sur le menu **Fichier**, sélectionnez la commande **Informations** puis cliquez sur le bouton **Vérifier la présence de problèmes/Vérifier la compatibilité**.

Pour ce qui est de la compatibilité dite "descendante" (ouverture d'un fichier créé sous Excel 2010 dans une version précédente d'Excel), il sera nécessaire de télécharger des convertisseurs sur le site Office Online pour les versions 1997 à 2003. La compatibilité est directe avec Excel 2007.

Vous avez la possibilité de créer une copie d'un classeur entièrement compatible avec les versions 1997 à 2003.

1 Cliquez sur le menu **Fichier** puis sur la commande **Partager**.
2 Cliquez sur **Modifier le type de fichier**.

3 Choisissez le format *Classeur Excel 97-2003* dans la liste *Type de fichier de classeur*.

Limitations relatives aux noms de fichiers

En tant qu'application Windows, Excel doit se conformer aux limitations relatives aux noms de fichiers. Limitation est sans doute un mot un peu fort car un nom de fichier peut contenir jusqu'à 215 caractères, y compris les espaces. Les noms de fichiers ne peuvent contenir les caractères suivants : \ / : * ? " < > |.

Il n'est cependant pas conseillé de créer des noms de 215 caractères. La plupart des programmes ne savent pas interpréter les noms de fichiers très longs.

> ATTENTION
>
> **Majuscules et minuscules**
>
> Excel ne fait pas de différence entre les majuscules et les minuscules dans les noms de fichiers. Ainsi, le logiciel ne fera pas de distinction entre les classeurs *Ventes*, *ventes* ou *VENTES*.

Enregistrer au format PDF ou XPS

PDF est un format de fichier basé sur le langage PostScript, qui conserve la mise en page du document et permet le partage du fichier. Très utilisé pour la diffusion de données via Internet, il garantit que vos données ne seront pas modifiées et que la mise en page sera préservée. Le format XPS (XML Paper Specification) mis au point par Microsoft joue le même rôle.

Pour visualiser des fichiers enregistrés dans l'un de ces formats, vous devez disposer d'une visionneuse (type Acrobat Reader).

Pour enregistrer un classeur en PDF ou XPS :

1 Cliquez sur le menu **Fichier** puis sélectionnez la commande **Partager**.

2 Cliquez sur **Créer un document PDF/XPS**.

3 Sélectionnez le type de fichier (PDF ou XPS). Vous avez la possibilité de définir précisément les parties du document à publier en cliquant sur le bouton **Options**.

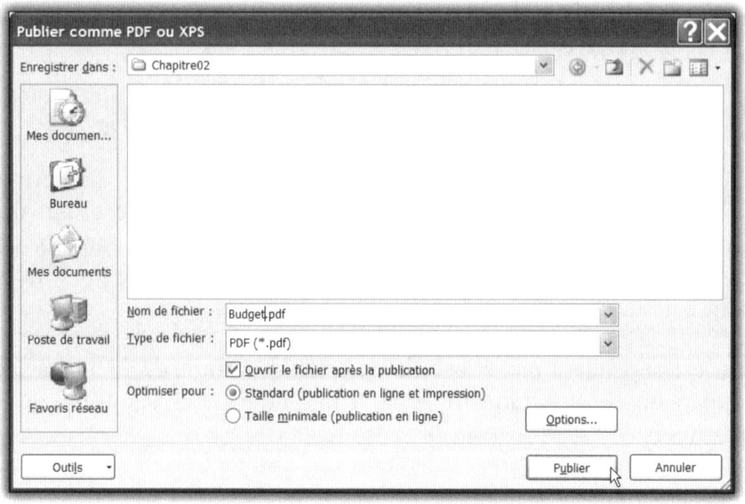

Figure 6.7 : *Enregistrement au format PDF ou XPS*

4 Cliquez sur **Publier**.

Créer des fichiers de sauvegarde automatique

Il est possible, lors de l'enregistrement d'un classeur, de demander à Excel de créer systématiquement une copie de sauvegarde dans le même dossier. Ce classeur portera le même nom que le classeur maître, mais précédé du suffixe *Sauvegarde de* et avec l'extension *.xlk*.

Pour cela, lors du premier enregistrement, effectuez les opérations suivantes :

1 Dans la boîte de dialogue **Enregistrer sous**, cliquez sur le bouton **Outils**.

2 Sélectionnez **Options générales**.

3 Dans la boîte de dialogue **Options générales**, cochez la case *Créer une copie de sauvegarde*.

4 Validez par OK.

5 Terminez la procédure d'enregistrement.

Spécifier les paramètres d'enregistrement par défaut

Par défaut, Excel cherchera à enregistrer les classeurs dans le dossier *Mes documents*, sous le format Classeur Microsoft Excel.

Il est possible de modifier ces paramètres par défaut.

Pour spécifier le dossier d'enregistrement par défaut :

1 Cliquez sur le menu **Fichier** puis sur **Options**.
2 Dans la boîte de dialogue **Options Excel**, cliquez sur **Enregistrement**.
3 Saisissez le chemin complet du dossier souhaité dans la zone *Dossier par défaut*.
4 Validez par OK.

Pour modifier le format d'enregistrement par défaut :

1 Cliquez sur le menu **Fichier** puis sur **Options**.
2 Dans la boîte de dialogue **Options Excel**, cliquez sur **Enregistrement**.
3 Sélectionnez le format *Enregistrer les fichiers au format suivant*. C'est désormais ce format qui apparaîtra par défaut dans la zone *Type de fichier* de la boîte de dialogue **Enregistrer sous**.
4 Validez par OK.

Ajouter des informations de résumé aux fichiers

Pour faciliter la recherche ultérieure des classeurs, il est possible d'indiquer des informations (ou propriétés) complémentaires permettant de mieux les "qualifier".

Pour saisir ces informations, utilisez la commande **Informations** du menu **Fichier**. Cliquez ensuite sur **Propriétés** dans la partie droite de l'écran, puis choisissez **Afficher le panneau de document**. La fenêtre **Propriétés du document** apparaît au-dessus de la feuille de calcul.

Figure 6.8 : *La fenêtre Propriétés du document*

Vous pouvez définir les propriétés suivantes :

- *Auteur* ;
- *Titre* ;
- *Sujet* ;
- *Mots-clés* ;
- *Catégorie* ;
- *Statut* ;
- *Commentaire.*

Ces informations apparaîtront notamment dans l'affichage *Propriétés* (accessible grâce au bouton **Affichages**) des boîtes de dialogue **Enregistrer sous** et **Ouvrir**.

Il est possible d'aller plus loin en ajoutant des propriétés personnalisées.

1 Dans la fenêtre **Propriétés**, cliquez sur le bouton fléché **Propriétés du document** et sélectionnez **Propriétés avancées**.
2 Dans la boîte de dialogue **Propriétés**, cliquez sur l'onglet **Personnalisation**.
3 Sélectionnez la propriété à ajouter dans la liste ou créez une nouvelle propriété en saisissant son nom dans la zone *Nom*. Saisissez par exemple `Version`.
4 Dans la zone *type*, sélectionnez le type voulu. Ici, choisissez *Nombre*.
5 Saisissez la valeur dans la zone *Valeur*. Entrez `1`.
6 Cliquez sur **Ajouter** (voir Figure 6.9).
7 Pour supprimer une propriété personnalisée, sélectionnez-la dans la liste et cliquez sur le bouton **Supprimer**.

ASTUCE

Lier les propriétés personnalisées au contenu de cellules

En cliquant sur la case à cocher *Lier au contenu*, vous pouvez lier le contenu de la propriété au contenu d'une cellule nommée. La zone de

ASTUCE

saisie *Valeur* se transforme en liste déroulante qui affiche l'ensemble des cellules nommées.

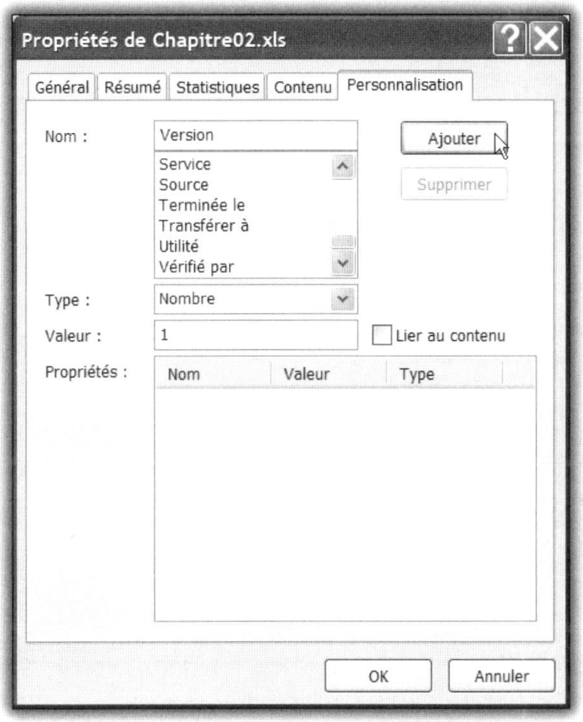

Figure 6.9 : *Création d'une nouvelle propriété*

Inspecter un fichier

Avant de diffuser un classeur, vous pouvez rechercher les éventuelles informations confidentielles qui s'y trouvent à l'aide de l'Inspecteur de document. Cet outil passe en revue votre classeur et recherche toutes les informations potentiellement confidentielles (commentaires de cellules, en-têtes et pieds de page, colonnes ou lignes masquées…). Vous avez ensuite la possibilité de supprimer ces informations.

Pour exécuter l'Inspecteur de document :

1 Cliquez sur le menu **Fichier**, choisissez la commande **Informations** puis cliquez sur le bouton **Vérifier la présence de problèmes /Inspecter le document**.

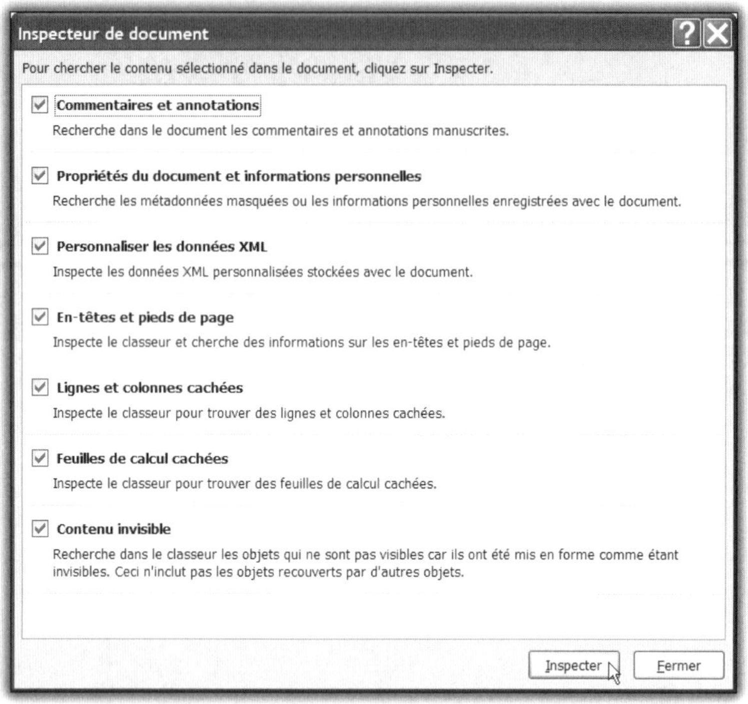

Figure 6.10 : *L'Inspecteur de document*

2 Choisissez les éléments à rechercher puis cliquez sur **Inspecter**.

3 Lorsque des informations potentiellement confidentielles sont détectées, vous pouvez cliquer sur les boutons **Supprimer tout** situés en regard des différents types d'informations.

Marquer un fichier comme terminé

Lorsque vous avez finalisé votre classeur, vous avez la possibilité d'empêcher quiconque de le modifier. Pour cela, cliquez sur le menu **Fichier**, choisissez la commande **Informations** puis cliquez sur **Protéger le classeur**. Sélectionnez enfin **Marquer comme final**. Cela a pour effet de désactiver toutes les fonctionnalités d'Excel permettant de modifier les données.

Pour désactiver le marquage, cliquez sur le menu **Fichier**, choisissez la commande **Informations** puis cliquez sur **Protéger le classeur**. Sélectionnez à nouveau **Marquer comme final**.

Protéger un fichier

Il est possible, lors de l'enregistrement d'un classeur, d'attribuer un mot de passe à ce dernier pour limiter son accès en lecture ou en écriture (modification).

Lors du premier enregistrement, effectuez les opérations suivantes :

1. Dans la boîte de dialogue **Enregistrer sous**, cliquez sur le bouton **Outils**.
2. Sélectionnez **Options générales**.
3. Dans la boîte de dialogue **Options générales**, saisissez un mot de passe pour la lecture et/ou un mot de passe pour la modification. Les mots de passe peuvent être différents.
4. La case à cocher *Lecture seule recommandée* provoque l'affichage d'un message à l'ouverture du classeur, conseillant à l'utilisateur de l'ouvrir en lecture seule, c'est-à-dire sans possibilité de modification.

Figure 6.11 : *La boîte de dialogue Options d'enregistrement*

5. Validez par OK.
6. Excel vous demandera, via des boîtes de dialogue, de confirmer les deux mots de passe.
7. Terminez la procédure d'enregistrement.

Vous pouvez également spécifier un mot de passe pour l'ouverture du classeur.

1 Sélectionnez la commande **Informations** du menu **Fichier**.
2 Cliquez sur le bouton **Protéger le classeur**.
3 Sélectionnez la commande **Chiffrer avec mot de passe**.

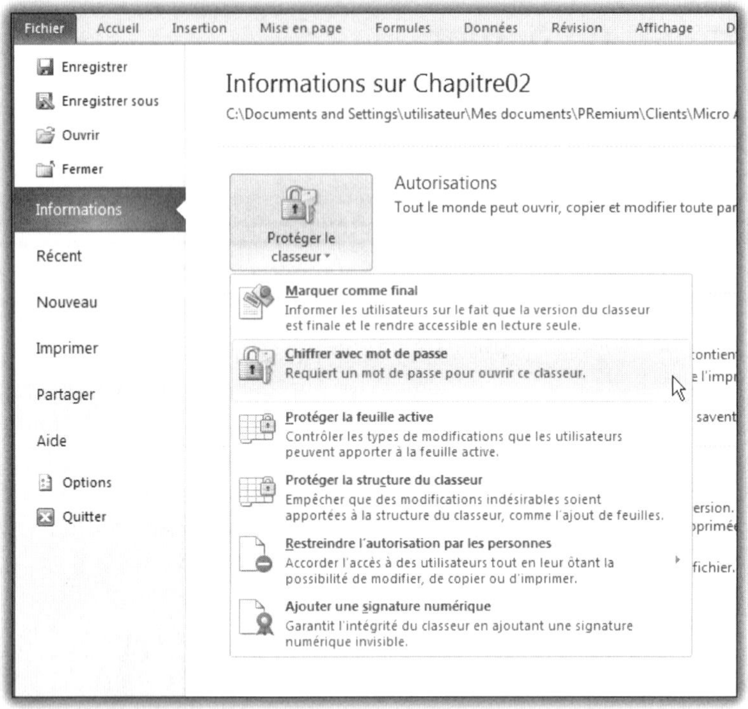

Figure 6.12 : *Chiffrer un classeur*

4 Dans la boîte de dialogue **Chiffrer un document**, saisissez le mot de passe.
5 Excel vous demandera de confirmer le mot de passe choisi.

Pour annuler le mot de passe, il suffit de l'effacer dans la boîte de dialogue correspondante (**Options générales** ou **Chiffrer un document**).

Enregistrer l'espace de travail complet

Dans certaines situations, vous serez amené à travailler régulièrement sur plusieurs classeurs à la fois. Il vous semblera alors fastidieux d'avoir à les ouvrir lors de chaque séance de travail. Pour pallier le problème, vous pouvez enregistrer en une seule opération votre environnement de travail, c'est-à-dire l'ensemble des paramètres, les classeurs ouverts, la disposition des fenêtres, etc.

1 Sous l'onglet **Affichage**, cliquez sur le bouton **Enregistrer l'espace de travail** du groupe *Fenêtre*.
2 Dans la boîte de dialogue **Enregistrer l'espace de travail**, qui ressemble à la boîte de dialogue **Enregistrer sous**, sélectionnez l'emplacement et saisissez un nom pour le fichier (extension *.xlw*).
3 Validez par OK.

Pour réactiver cet environnement de travail, ouvrez le fichier d'environnement ainsi créé.

Créer et ouvrir un classeur

Créer un classeur

Pour créer un classeur, sélectionnez la commande **Nouveau** du menu **Fichier**.

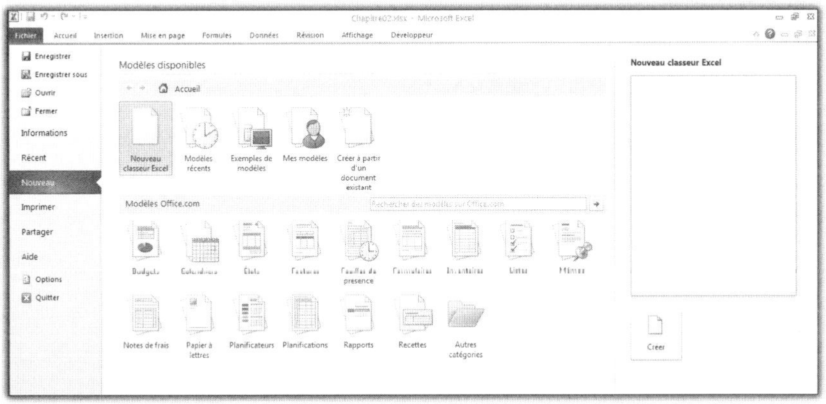

Figure 6.13 : *Création d'un classeur*

Vous avez alors plusieurs possibilités :

- Créer un nouveau classeur vierge en utilisant le modèle par défaut : cliquez sur **Nouveau classeur Excel** puis sur **Créer**.
- Créer un classeur à partir des modèles que vous avez créés : cliquez sur **Mes modèles** puis sur **Créer**. Vous devrez ensuite sélectionner le modèle à utiliser.

- Créer un classeur à partir d'un autre classeur : cliquez sur **Créer à partir d'un document existant** puis sur **Créer**. Vous devrez ensuite sélectionner le classeur à utiliser.
- Rechercher des modèles de classeurs sur Office Online à l'aide des boutons correspondants.

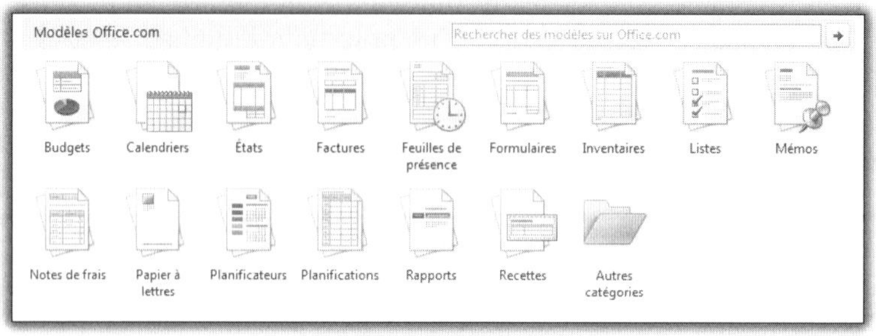

Figure 6.14 : Recherche de modèles

Ouvrir un classeur

Pour ouvrir un classeur :

1 Sélectionnez la commande **Ouvrir** du menu **Fichier**. Vous accédez à la boîte de dialogue **Ouvrir**.

Figure 6.15 : La boîte de dialogue Ouvrir

Elle ressemble à la boîte de dialogue **Enregistrer sous** que nous avons déjà décrite en détail.

2 Sélectionnez le classeur puis cliquez sur le bouton **Ouvrir**.

Le bouton **Ouvrir** est doté d'un petit bouton fléché sur sa droite. Si vous cliquez sur ce dernier, vous accédez à une liste déroulante d'options d'ouverture.

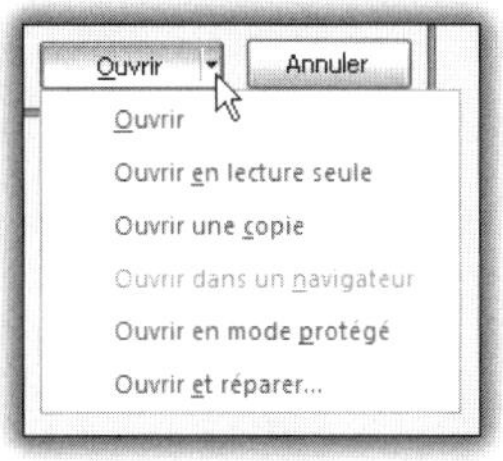

Figure 6.16 :
Les différentes options d'ouverture d'un fichier

- **Ouvrir** correspond à l'ouverture "simple" du classeur et équivaut à un clic sur le bouton **Ouvrir**.
- **Ouvrir en lecture seule** ouvre le classeur en lecture seule. Les modifications ne pourront pas être enregistrées.
- **Ouvrir une copie** crée une copie du classeur dans le même dossier et ouvre cette copie.
- **Ouvrir dans un navigateur** ouvre le fichier dans un navigateur. Utilisable avec les fichiers au format *.html*.
- **Ouvrir en mode protégé** ouvre le classeur en empêchant toutes les modifications (saisie, format…) dans les feuilles de calcul. Pour désactiver cette protection, cliquez sur **Activer la modification** sur le bandeau situé au-dessus des feuilles de calcul.
- **Ouvrir et réparer** tente d'ouvrir et de réparer des fichiers détériorés.

Si vous cliquez sur **Ouvrir et réparer**, une boîte de dialogue apparaît. Vous pouvez choisir entre **Réparer** et **Extraire des données**.

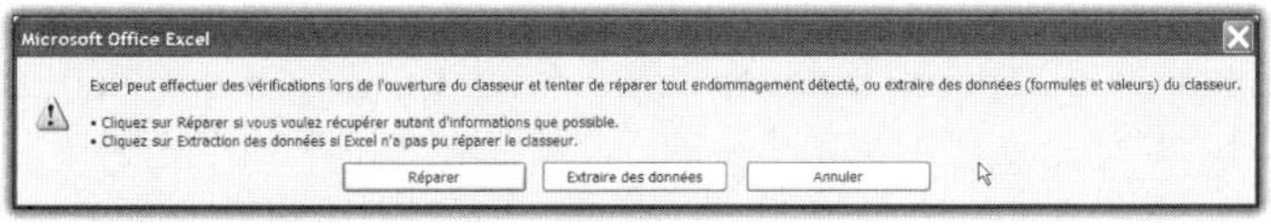

Figure 6.17 : *Ouvrir et réparer*

Essayez d'abord **Réparer**. Si cela s'avère infructueux, cliquez sur **Extraire des données**. Dans ce cas, Excel tentera de récupérer un maximum de données et de formules.

Ouvrir plusieurs classeurs à la fois

Pour ouvrir plusieurs classeurs en une seule opération, sélectionnez-les tous dans la boîte de dialogue **Ouvrir** tout en maintenant la touche [Ctrl] enfoncée.

Pour désélectionner un classeur, cliquez à nouveau dessus (en maintenant toujours la touche [Ctrl] enfoncée).

Une fois les classeurs sélectionnés, cliquez sur **Ouvrir**.

Cette méthode est valable uniquement pour des fichiers situés dans un même dossier.

Basculer d'un classeur à l'autre

Lorsque plusieurs classeurs sont ouverts en même temps, il faut pouvoir passer rapidement de l'un à l'autre. Pour cela, vous avez deux solutions :

- Utilisez le bouton **Changement de fenêtre** du groupe *Fenêtre* de l'onglet **Affichage** et sélectionnez le classeur voulu.

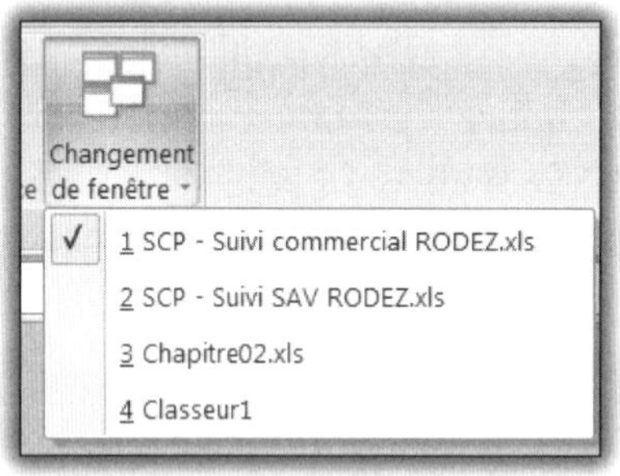

Figure 6.18 :
Le bouton Changement de fenêtre

- Utilisez la barre des tâches Windows, sur laquelle chaque classeur apparaît de façon indépendante (tant qu'il y a suffisamment de place).

ASTUCE

Ne pas afficher les classeurs dans la barre des tâches

La présence de tous les classeurs ouverts dans la barre des tâches vous gêne ? Dans ce cas, affichez uniquement Excel. Pour cela, cliquez sur le menu Fichier puis sur Options. Dans la boîte de dialogue Options Excel, cliquez sur Options avancées. Dans la rubrique Afficher, désélectionnez la case Afficher toutes les fenêtres dans la barre des tâches.

Ouverture de classeurs au démarrage

Par défaut, Excel ouvre systématiquement les fichiers se trouvant dans le dossier *C:\Program Files\Microsoft Office\Office14\XLStart*.

Pour ouvrir tous les classeurs d'un répertoire personnel lors du démarrage d'Excel :

1 Cliquez sur le menu **Fichier** puis sur **Options**.

2 Cliquez sur **Options avancées**.

3 Dans la rubrique *Général*, saisissez l'emplacement complet du dossier dans la zone *Au démarrage, ouvrir tous les fichiers du dossier*.

4 Validez par OK.

Veillez à ce que le dossier en question ne contienne pas trop de fichiers sous peine d'être submergé.

ASTUCE

Changer l'apparence des classeurs par défaut

Si vous avez créé un modèle *Classeur.xlt* ou *Feuille.xlt* et que vous l'ayez enregistré dans le dossier *XLStart*, Excel utilise ce modèle pour créer les classeurs par défaut ou insérer des nouvelles feuilles de calcul.

Renommer un classeur

Pour renommer un classeur, vous disposez de deux méthodes dont les effets ne sont pas identiques :

- Dans la boîte de dialogue **Ouvrir** ou **Enregistrer sous**, cliquez du bouton droit sur le classeur en question puis sélectionnez **Renommer** dans le menu contextuel. Saisissez le nouveau nom (n'oubliez pas l'extension).

- Enregistrez le classeur sous un autre nom (avec **Enregistrer sous**). Attention, cela ne supprime pas le classeur initial, qui continuera d'exister sous l'ancien nom.

6.2. Gérer les classeurs

L'utilisation simultanée de plusieurs classeurs est facilitée par des outils de réorganisation rapide de l'écran de travail.

Afficher plusieurs fenêtres d'un même classeur

Il est possible d'afficher plusieurs "vues" d'un même classeur. Toutes les modifications que vous apportez dans l'une se répercutent évidemment dans les autres. En revanche, les paramètres d'affichage sont propres à chaque fenêtre.

1 Sous l'onglet **Affichage**, cliquez sur le bouton **Nouvelle fenêtre** du groupe *Fenêtre*. Une nouvelle fenêtre du classeur en cours apparaît. Dans la barre de titre de la fenêtre, le nom de la fenêtre reprend le nom du classeur suivi de : *2*.

Figure 6.19 :
La deuxième fenêtre du classeur en cours

2 Pour naviguer entre les fenêtres, vous pouvez utiliser le bouton **Changement de fenêtre** du groupe *Fenêtre* de l'onglet **Affichage** et sélectionner la fenêtre souhaitée, ou passer par la barre des tâches Windows.

3 Pour fermer une fenêtre, cliquez sur le bouton **Fermer** de sa barre de titre. Si vous enregistrez des changements, lors de la prochaine ouverture du classeur, l'affichage sera identique à celui de la fenêtre active lors de l'enregistrement.

Réorganiser les fenêtres de classeur

Lorsque plusieurs classeurs sont ouverts en même temps, il est possible de réorganiser rapidement et systématiquement l'affichage.

1 Cliquez sur le bouton **Réorganiser tout** du groupe *Fenêtre* de l'onglet **Affichage**.

2 Dans la boîte de dialogue **Réorganiser**, sélectionnez le mode de réorganisation.

Figure 6.20 : *La boîte de dialogue Réorganiser*

3 Validez par OK.

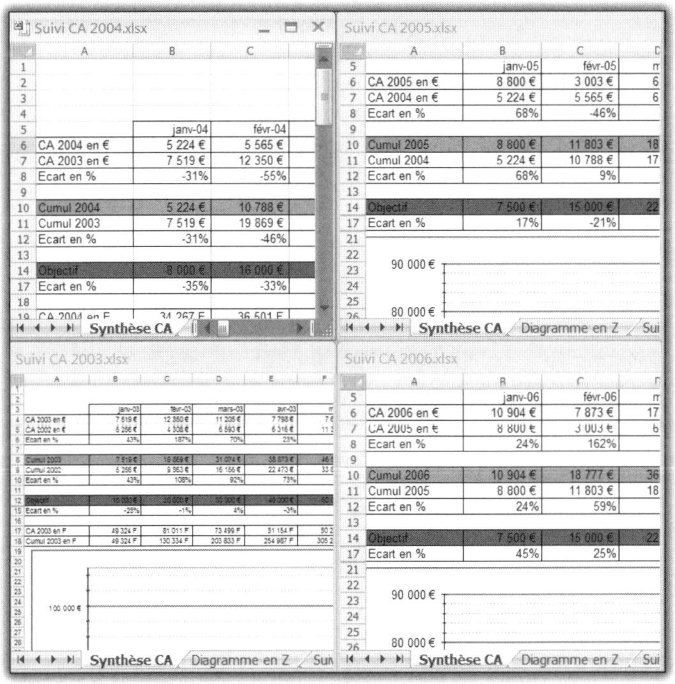

Figure 6.21 : *Réorganisation en mosaïque*

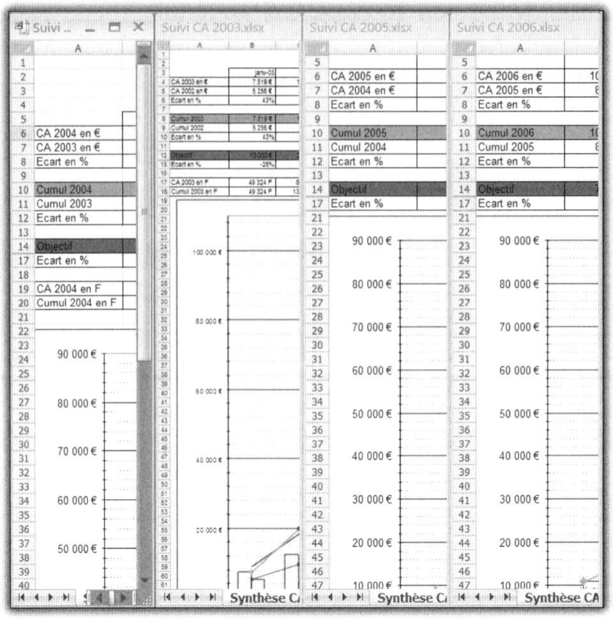

Figure 6.22 : *Réorganisation verticale*

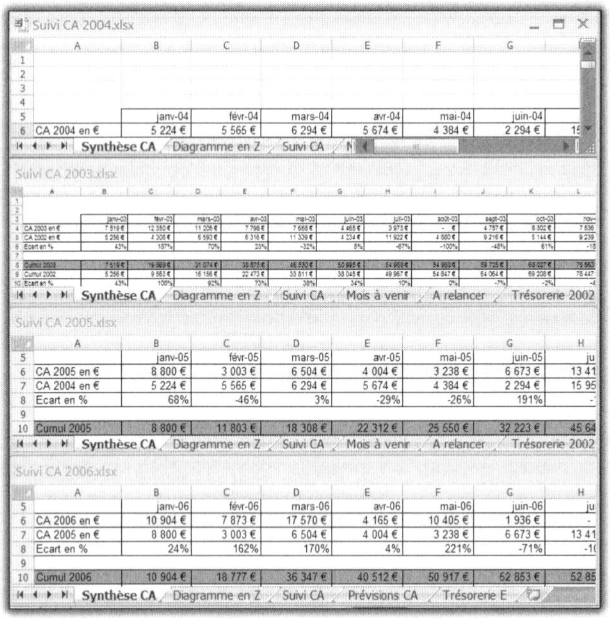

Figure 6.23 : *Réorganisation horizontale*

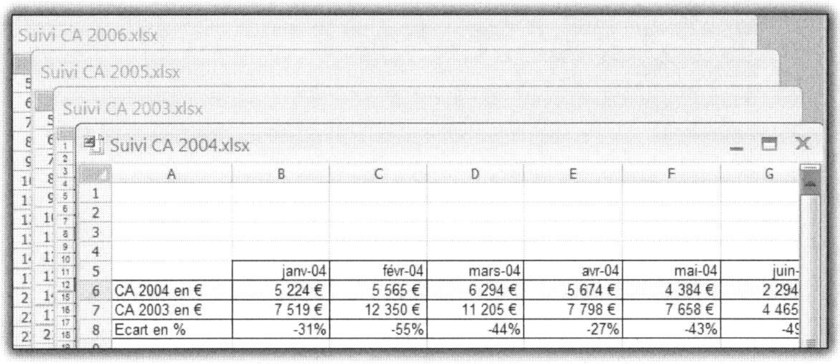

Figure 6.24 : *Réorganisation en cascade*

Pour restaurer l'affichage initial, cliquez sur le bouton **Agrandir** de l'une des fenêtres.

Si vous cochez la case *Fenêtres du classeur actif* dans la boîte de dialogue **Réorganiser**, la réorganisation affectera uniquement les fenêtres du classeur actif. Pour qu'une telle manipulation présente un intérêt, il faut avoir affiché plusieurs fenêtres du classeur actif (comme décrit précédemment). Cette manipulation permet de visualiser en même temps plusieurs feuilles d'un même classeur (en affichant une feuille différente dans chaque fenêtre du classeur).

Comparer deux classeurs en côte à côte

Cette fonction d'Excel facilite une tâche souvent fastidieuse, qui consiste à vérifier les différences entre deux classeurs de structure similaire. Jusqu'à présent, vous deviez les afficher tous deux, faire défiler les lignes ou les colonnes de l'un, puis celles de l'autre après l'avoir activé, puis repasser au premier, et ainsi de suite.

Excel vous propose d'automatiser cette démarche.

1 Ouvrez les classeurs à comparer.
2 Activez le premier des deux.
3  Sous l'onglet **Affichage**, cliquez sur le bouton **Afficher côte à côte** du groupe *Fenêtre*.
4 Si plus de deux classeurs sont ouverts, la boîte de dialogue **Comparer en côte à côte** apparaît. Sélectionnez le deuxième classeur.

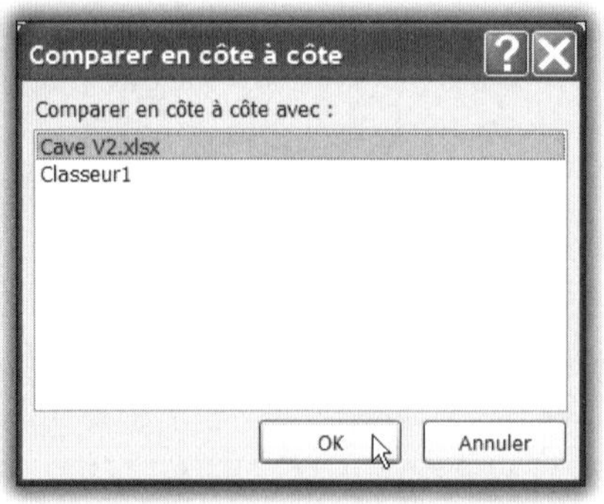

Figure 6.25 : *La boîte de dialogue Comparer en côte à côte*

5 Validez par OK.

Les deux classeurs apparaissent l'un au-dessus de l'autre et les déplacements dans l'un des deux se répercutent dans le second.

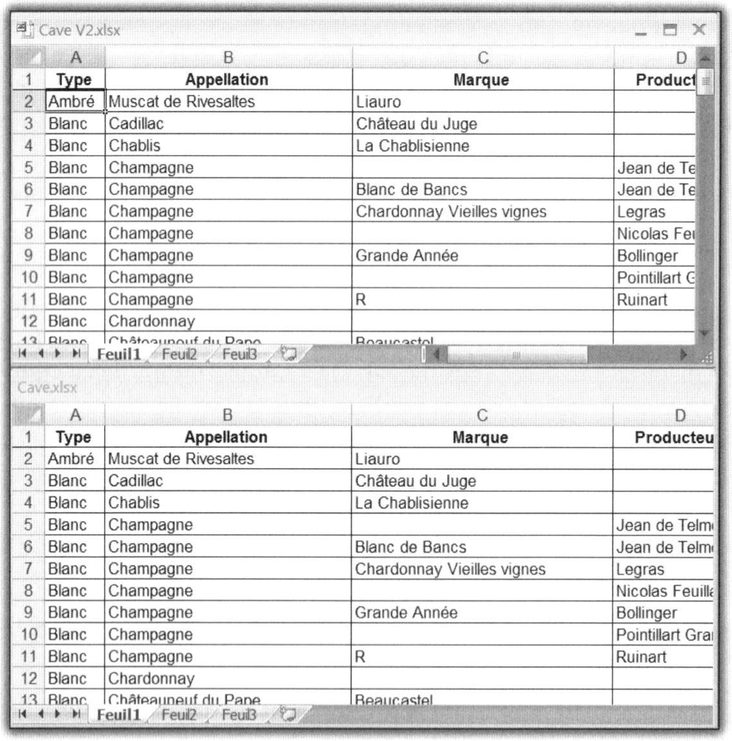

	A	B	C	D
1	Type	Appellation	Marque	Product
2	Ambré	Muscat de Rivesaltes	Liauro	
3	Blanc	Cadillac	Château du Juge	
4	Blanc	Chablis	La Chablisienne	
5	Blanc	Champagne		Jean de Te
6	Blanc	Champagne	Blanc de Bancs	Jean de Te
7	Blanc	Champagne	Chardonnay Vieilles vignes	Legras
8	Blanc	Champagne		Nicolas Fe
9	Blanc	Champagne	Grande Année	Bollinger
10	Blanc	Champagne		Pointillart G
11	Blanc	Champagne	R	Ruinart
12	Blanc	Chardonnay		

	A	B	C	D
1	Type	Appellation	Marque	Producteu
2	Ambré	Muscat de Rivesaltes	Liauro	
3	Blanc	Cadillac	Château du Juge	
4	Blanc	Chablis	La Chablisienne	
5	Blanc	Champagne		Jean de Telm
6	Blanc	Champagne	Blanc de Bancs	Jean de Telm
7	Blanc	Champagne	Chardonnay Vieilles vignes	Legras
8	Blanc	Champagne		Nicolas Feuill
9	Blanc	Champagne	Grande Année	Bollinger
10	Blanc	Champagne		Pointillart Gra
11	Blanc	Champagne	R	Ruinart
12	Blanc	Chardonnay		
13	Blanc	Châteauneuf du Pape	Beaucastel	

Figure 6.26 : *Comparer deux classeurs en côte à côte*

Le bouton **Rétablir la position de la fenêtre** permet de modifier la taille des fenêtres des classeurs comparés afin de diviser l'écran en deux parties égales.

Vous pouvez interrompre le défilement synchronisé en cliquant sur le bouton **Défilement synchrone**. Pour le réactiver, cliquez à nouveau sur ce bouton.

Pour mettre fin à la comparaison, cliquez à nouveau sur le bouton **Afficher côte à côte**.

Masquer un classeur

Pour masquer un classeur dans son intégralité, cliquez sur le bouton **Masquer** du groupe *Fenêtre* de l'onglet **Affichage**.

Pour afficher à nouveau le classeur :

1 Sous l'onglet **Affichage**, cliquez sur le bouton **Afficher** du groupe *Fenêtre*.

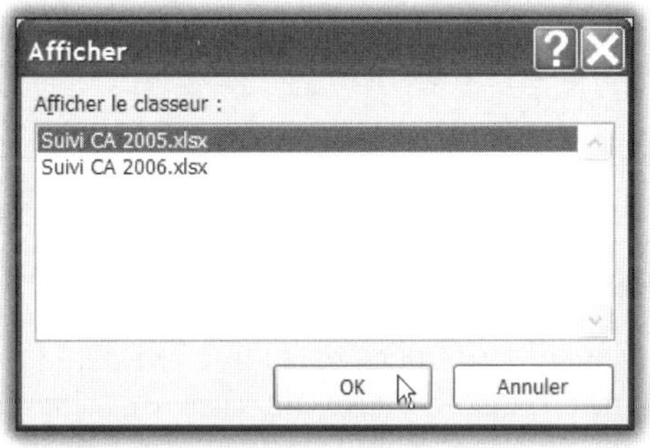

Figure 6.27 : *La boîte de dialogue Afficher*

2 Sélectionnez le classeur à afficher.

3 Validez par OK.

6.3. Gérer et organiser les feuilles de calcul

Vous avez la possibilité d'utiliser plusieurs feuilles de calcul dans un classeur. Il s'agit d'une fonctionnalité intéressante, qui permet de structurer et d'organiser les données. Vous allez apprendre maintenant à naviguer entre les feuilles de calcul, à les copier et à les organiser à l'intérieur d'un classeur.

Sélectionner une feuille

Sélectionner une feuille

1 Cliquez sur l'onglet de la feuille.

2 Si vous ne voyez pas l'onglet souhaité, cliquez sur les boutons de défilement d'onglets pour afficher celui qui vous intéresse, puis cliquez sur ce dernier.

Figure 6.28 :
Les boutons de défilement des onglets

ASTUCE

Liste de choix des feuilles de calcul

Si vous cliquez du bouton droit sur l'un des boutons de défilement des onglets, vous obtenez une liste de choix affichant l'ensemble des feuilles de calcul du classeur. Sélectionnez ensuite, dans cette liste, la feuille à afficher.

Sélectionner plusieurs feuilles

Lorsque plusieurs feuilles sont sélectionnées en même temps, la mention "[Groupe de travail]" apparaît dans la barre de titre du classeur. Un groupe de travail est constitué de l'ensemble des feuilles sélectionnées. Dans ce cas, les modifications que vous effectuez sur la feuille active affectent toutes les autres.

Sélectionner deux feuilles adjacentes ou plus

1 Cliquez sur l'onglet correspondant à la première feuille.

2 Maintenez la touche Maj enfoncée.

3 Cliquez sur l'onglet correspondant à la dernière feuille de votre sélection.

Sélectionner deux feuilles non adjacentes ou plus

1 Cliquez sur l'onglet correspondant à la première feuille.

2 Maintenez la touche Ctrl enfoncée.

3 Cliquez sur les onglets correspondant aux autres feuilles de votre sélection.

Sélectionner toutes les feuilles du classeur

1 Cliquez du bouton droit sur un onglet du classeur. Un menu contextuel apparaît.

Figure 6.29 :
Le menu contextuel d'un onglet

2 Cliquez sur **Sélectionner toutes les feuilles**.

REMARQUE

Couleur d'onglet

Si vous avez modifié les couleurs de certains onglets, les noms de ces derniers sont soulignés d'un trait de la couleur choisie lorsqu'ils sont sélectionnés. Si un onglet s'affiche avec une couleur d'arrière-plan, cela signifie que la feuille afférente n'a pas été sélectionnée.

Annuler une sélection de plusieurs feuilles

Cliquez sur une feuille quelconque non sélectionnée.

Si aucune feuille non sélectionnée n'est visible :

1 Cliquez du bouton droit sur l'onglet d'une feuille sélectionnée. Un menu contextuel apparaît.

2 Cliquez sur **Dissocier les feuilles**.

Déplacer une feuille

Cette fonctionnalité permet de réorganiser les feuilles de calcul d'un classeur, comme vous le feriez dans un classeur papier. Pour la tester, utilisez un classeur nouvellement créé, contenant trois feuilles vierges.

1 Cliquez du bouton droit sur l'onglet **Feuil1**. Un menu contextuel apparaît.

2 Sélectionnez la commande **Déplacer ou copier**. La boîte de dialogue **Déplacer ou copier** s'ouvre.

Figure 6.30 :
La boîte de dialogue Déplacer ou copier

3 Spécifiez dans la zone *Dans le classeur* que la feuille doit être déplacée dans le classeur actif. Vous pourriez la déplacer ou en faire une copie dans un autre classeur en sélectionnant ce dernier dans cette zone.

4 Vérifiez que la case *Créer une copie* est décochée (sinon cliquez dans la case). Tant que la case est décochée, la feuille ne sera pas déplacée ni copiée.

5 Sélectionnez *Feuil3* dans la zone *Avant la feuille* afin de placer la feuille **Feuil1** après la feuille **Feuil2**. Cliquez sur le bouton OK.

Voici une autre méthode qui fait uniquement appel au pointeur :

1 Placez le curseur sur l'onglet **Feuil1**, puis cliquez sur l'onglet **Feuil1** et maintenez le bouton de la souris enfoncé.

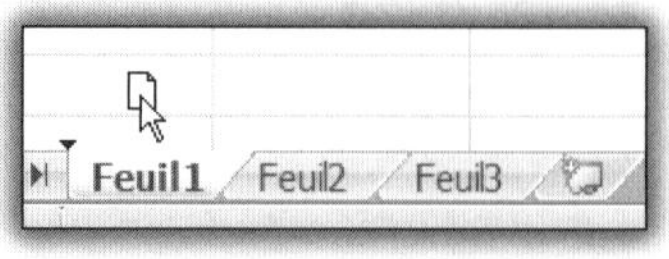

Figure 6.31 :
Le curseur prend la forme d'une flèche sur une feuille

2 Faites glisser le curseur vers la droite, afin de déplacer la feuille **Feuil1** après la feuille **Feuil2**.

Figure 6.32 :
Déplacez la feuille Feuil1 après la feuille Feuil2

3 Une fois la feuille à l'endroit désiré, relâchez le bouton de la souris.

Figure 6.33 :
La feuille est déplacée

Ces deux méthodes de copie fonctionnent aussi avec une sélection de plusieurs feuilles.

Nommer une feuille

Par défaut, les feuilles de calcul d'un classeur sont nommées **Feuil1**, **Feuil2**, etc. Il est légitime de vouloir modifier ces noms afin de les rendre plus explicites et ainsi de mieux organiser le classeur.

1 Double-cliquez sur l'onglet de la feuille à renommer. Le nom actuel de la feuille passe en surbrillance.

Figure 6.34 :
Un onglet en surbrillance

2 Saisissez le nouveau nom et validez avec [←].

Cette méthode efface l'ancien nom de la feuille. Si vous souhaitez seulement le modifier, cliquez sur le libellé lorsqu'il est en surbrillance. Cela vous permet de positionner le point d'insertion et ainsi de modifier le nom sans l'écraser dans sa totalité.

Copier une feuille

Cette fonctionnalité permet de créer des copies d'une ou de plusieurs feuilles d'un classeur. Supposons que vous disposiez d'une feuille de suivi des ventes d'une entreprise sur le secteur de Paris (nommée **Ventes Paris**) et que vous souhaitiez initier un suivi identique sur les secteurs de Lyon et Bordeaux. Il vous suffira de créer deux copies de la feuille **Vente Paris** et de les renommer **Ventes Lyon** et **Ventes Bordeaux**. Comme pour les autres manipulations, il existe plusieurs méthodes :

1 Cliquez du bouton droit sur l'onglet **Ventes Paris**. Un menu contextuel apparaît.
2 Cliquez sur **Déplacer ou copier**. La boîte de dialogue **Déplacer ou copier** s'ouvre.
3 Spécifiez dans la zone *Dans le classeur* que la feuille doit être copiée dans le classeur actif. Vous pourriez la déplacer ou en faire une copie dans un autre classeur en sélectionnant ce dernier dans cette zone.
4 Cochez la case *Créer une copie* (cliquez dans la case). Tant que la case est décochée, la feuille sera déplacée et non copiée.
5 Sélectionnez *Feuil2* dans la zone *Avant la feuille* afin de placer la copie après la feuille **Ventes Paris**. Cliquez sur le bouton OK.

Figure 6.35 :
Sélectionnez la feuille devant laquelle doit se placer la copie

La nouvelle feuille a pour nom **Ventes Paris (2)** parce qu'il existe déjà une feuille **Ventes Paris** dans le classeur.

6 Double-cliquez sur l'onglet **Ventes Paris (2)**.
7 Saisissez `Ventes Lyon`.

Vous allez à présent réaliser une copie de la feuille **Ventes Paris** pour le suivi des ventes du secteur de Bordeaux. Ainsi, vous testerez l'autre méthode de copie.

1 Placez le curseur sur l'onglet **Ventes Paris**.

2 Cliquez sur l'onglet **Ventes Paris** et maintenez le bouton de la souris enfoncé.

3 Appuyez sur la touche Ctrl.

Figure 6.36 :
Le curseur en forme de feuille s'agrémente d'un signe plus

4 Faites glisser le curseur vers la droite, afin de placer la copie après la feuille **Ventes Lyon**.

Figure 6.37 :
Placez la copie après la feuille Ventes Lyon

5 Une fois la feuille à l'endroit désiré, relâchez le bouton de la souris puis la touche Ctrl.

Ces deux méthodes de copie fonctionnent avec une sélection de plusieurs feuilles.

Vous pouvez à présent renommer la feuille **Ventes Paris (2)** en **Ventes Bordeaux**.

ASTUCE

Déplacement ou copie de feuilles

Lorsque plusieurs classeurs sont visibles en même temps, il est possible de copier ou de déplacer, à l'aide de la souris (avec la méthode vue précédemment), des feuilles d'un classeur à l'autre.

Supprimer une feuille

Lorsque certaines feuilles de calcul ne sont plus utiles dans un classeur, il est préférable de les supprimer, afin de ne pas surcharger ce dernier.

1 Sélectionnez les feuilles à supprimer.

2 Cliquez du bouton droit sur l'un des onglets sélectionnés (ou cliquez sur le bouton **Supprimer** du groupe *Cellules* de l'onglet **Accueil** et sélectionnez **Supprimer une feuille**).

3 Cliquez sur **Supprimer**.

Si les feuilles de calcul ne sont pas vides, une boîte de dialogue apparaîtra pour demander confirmation de la suppression.

Insérer une feuille

Supposons maintenant que vous ayez besoin d'une nouvelle feuille dans votre classeur, qui ne soit pas une copie des feuilles existantes.

Ajouter une feuille de calcul

La méthode la plus rapide consiste à cliquer sur l'onglet **Insérer une feuille de calcul** présent à droite des onglets des feuilles de calcul.

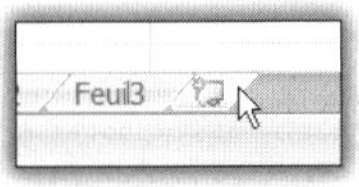

Figure 6.38 :
L'onglet Insérer une feuille de calcul

Vous pouvez également utiliser le bouton **Insérer** du groupe *Cellules* de l'onglet **Accueil**, puis choisir **Insérer une feuille** dans le menu qui lui est associé.

Voici une autre méthode :

1 Cliquez du bouton droit sur l'un des onglets.

2 Cliquez sur **Insérer**. La boîte de dialogue **Insérer** s'ouvre.

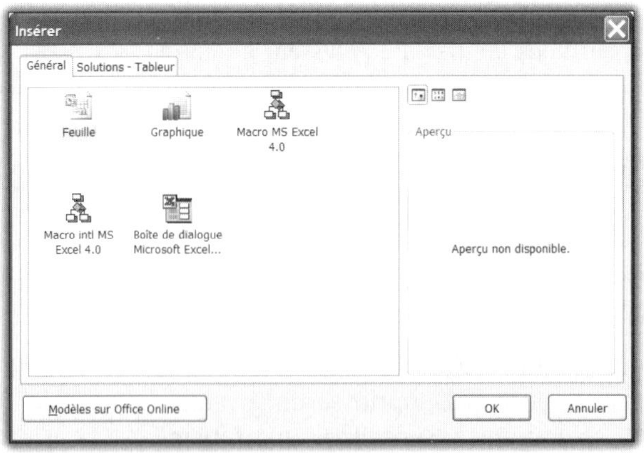

Figure 6.39 :
La boîte de dialogue Insérer

L'icône *Feuille* est sélectionnée par défaut.

3 Cliquez sur le bouton OK.

Ajouter plusieurs feuilles de calcul

1 Sélectionnez un nombre d'onglets de feuille de calcul existants correspondant à celui que vous voulez ajouter dans le classeur ouvert. Par exemple, pour ajouter trois nouvelles feuilles de calcul, sélectionnez trois onglets existants.

2 Cliquez sur le bouton **Insérer** du groupe *Cellules* de l'onglet **Accueil** puis choisissez **Insérer une feuille**.

Modifier la couleur de l'onglet d'une feuille

1 Sélectionnez la ou les feuilles dont vous souhaitez modifier la couleur d'onglet.

2 Cliquez du bouton droit sur l'onglet de la ou l'une de ces feuilles.

3 Sélectionnez **Couleur d'onglet** dans le menu contextuel. Une palette de couleurs apparaît.

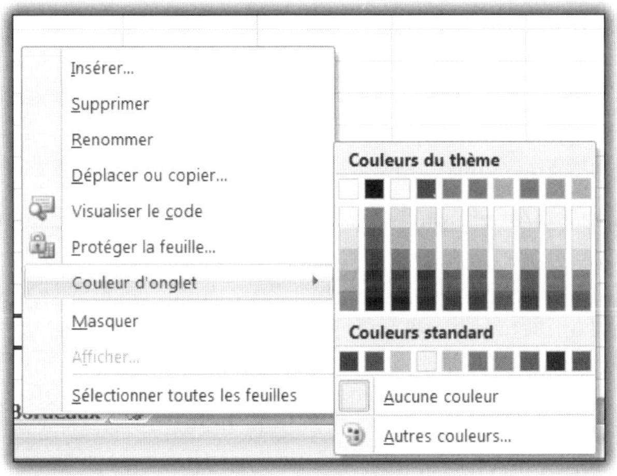

Figure 6.40 : *La palette de couleurs*

4 Cliquez sur la couleur de votre choix.

Tant que l'onglet est sélectionné, sa couleur apparaît légèrement estompée. La couleur apparaîtra complètement dès que l'onglet ne sera plus sélectionné.

Figure 6.41 :
L'onglet est sélectionné

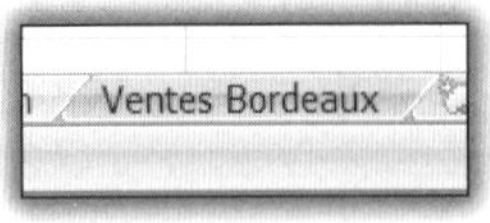

Figure 6.42 :
L'onglet n'est plus sélectionné

6.4. Gérer l'affichage des feuilles de calcul

Plusieurs fonctions permettent de modifier l'affichage des feuilles de calcul, afin notamment de faciliter leur exploitation.

Utiliser le zoom

Lorsque la feuille de calcul contient des zones très étendues, il peut être souhaitable d'en obtenir une vision d'ensemble. Pour cela, la commande **Zoom** de l'onglet **Affichage** vous sera très utile.

1 Sous l'onglet **Affichage**, cliquez sur le bouton **Zoom** du groupe *Zoom*.

2 Dans la boîte de dialogue **Zoom**, sélectionnez le niveau de zoom qui vous convient. Un zoom inférieur à 100 % "rétrécit" la feuille, un zoom supérieur à 100 % augmente sa taille. Vous pouvez saisir un pourcentage personnalisé dans la zone prévue à cet effet (de 10 à 400). Sélectionnez *25 %* (voir Figure 6.43).

3 Validez par OK (voir Figure 6.44).

Figure 6.43 :
La boîte de dialogue Zoom

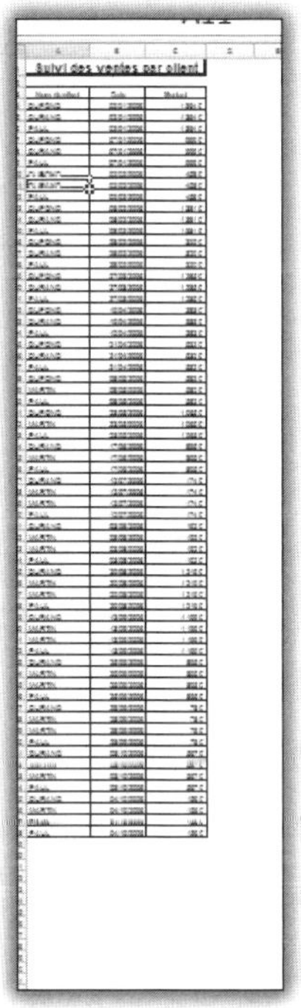

Figure 6.44 :
Voilà le résultat

Vous obtenez une vision synthétique. Cela va permettre d'utiliser une autre possibilité du zoom : l'ajustement à la sélection.

1 Sélectionnez la plage de cellules sur laquelle vous souhaitez zoomer.

2 Sous l'onglet **Affichage**, cliquez sur le bouton **Zoom sur la sélection** du groupe *Zoom*.

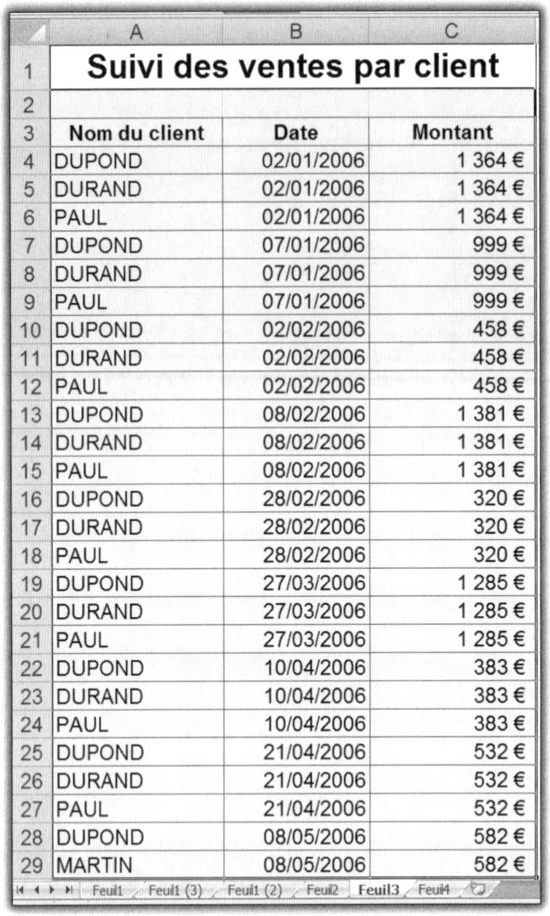

	A	B	C
1	Suivi des ventes par client		
2			
3	Nom du client	Date	Montant
4	DUPOND	02/01/2006	1 364 €
5	DURAND	02/01/2006	1 364 €
6	PAUL	02/01/2006	1 364 €
7	DUPOND	07/01/2006	999 €
8	DURAND	07/01/2006	999 €
9	PAUL	07/01/2006	999 €
10	DUPOND	02/02/2006	458 €
11	DURAND	02/02/2006	458 €
12	PAUL	02/02/2006	458 €
13	DUPOND	08/02/2006	1 381 €
14	DURAND	08/02/2006	1 381 €
15	PAUL	08/02/2006	1 381 €
16	DUPOND	28/02/2006	320 €
17	DURAND	28/02/2006	320 €
18	PAUL	28/02/2006	320 €
19	DUPOND	27/03/2006	1 285 €
20	DURAND	27/03/2006	1 285 €
21	PAUL	27/03/2006	1 285 €
22	DUPOND	10/04/2006	383 €
23	DURAND	10/04/2006	383 €
24	PAUL	10/04/2006	383 €
25	DUPOND	21/04/2006	532 €
26	DURAND	21/04/2006	532 €
27	PAUL	21/04/2006	532 €
28	DUPOND	08/05/2006	582 €
29	MARTIN	08/05/2006	582 €

Figure 6.45 : *Le zoom est ajusté de sorte que la sélection soit affichée en totalité*

Accès au zoom par la barre d'état

Vous pouvez accéder aux fonctionnalités du zoom à l'aide de la barre d'état.

Figure 6.46 : *Les fonctionnalités de zoom de la barre d'état*

Figer les volets

Lorsqu'un tableau est très étendu, vous ne pouvez plus voir les intitulés des lignes et des colonnes quand vous consultez des données très éloignées des bords du tableau. En effet, pour les atteindre, vous êtes amené à faire défiler la feuille de calcul. Finalement, les titres ne sont plus affichés.

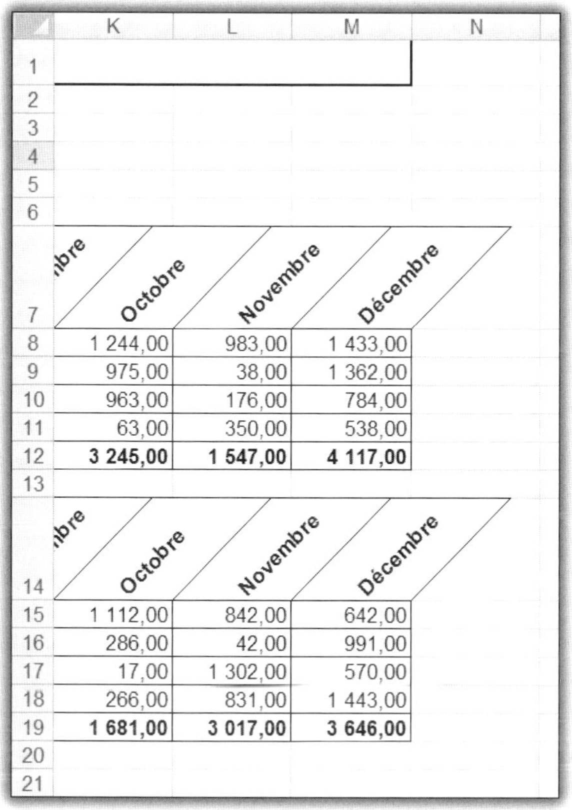

	K	L	M	N
1				
2				
3				
4				
5				
6				
7	Octobre	Novembre	Décembre	
8	1 244,00	983,00	1 433,00	
9	975,00	38,00	1 362,00	
10	963,00	176,00	784,00	
11	63,00	350,00	538,00	
12	**3 245,00**	**1 547,00**	**4 117,00**	
13				
14	Octobre	Novembre	Décembre	
15	1 112,00	842,00	642,00	
16	286,00	42,00	991,00	
17	17,00	1 302,00	570,00	
18	266,00	831,00	1 443,00	
19	**1 681,00**	**3 017,00**	**3 646,00**	
20				
21				

Figure 6.47 :
Impossible de lire les titres des lignes

Pour remédier à cela, vous pouvez figer les volets.

1. Sélectionnez la cellule à partir de la laquelle vous souhaitez figer les volets.
2. Sous l'onglet **Affichage**, cliquez sur le bouton **Figer les volets** du groupe *Fenêtre*. Sélectionnez **Figer les volets**. Vous avez la possibilité de figer la première ligne ou la première colonne de la feuille de calcul à l'aide des commandes **Figer la ligne supérieure**

et **Figer la première colonne**. Toutefois, cela n'est vraiment intéressant que si votre tableau débute à la première ligne et/ou à la première colonne de la feuille de calcul.

3 Vous pouvez à présent vous déplacer tranquillement ; les lignes situées à gauche de la cellule et les colonnes situées au-dessus resteront toujours affichées.

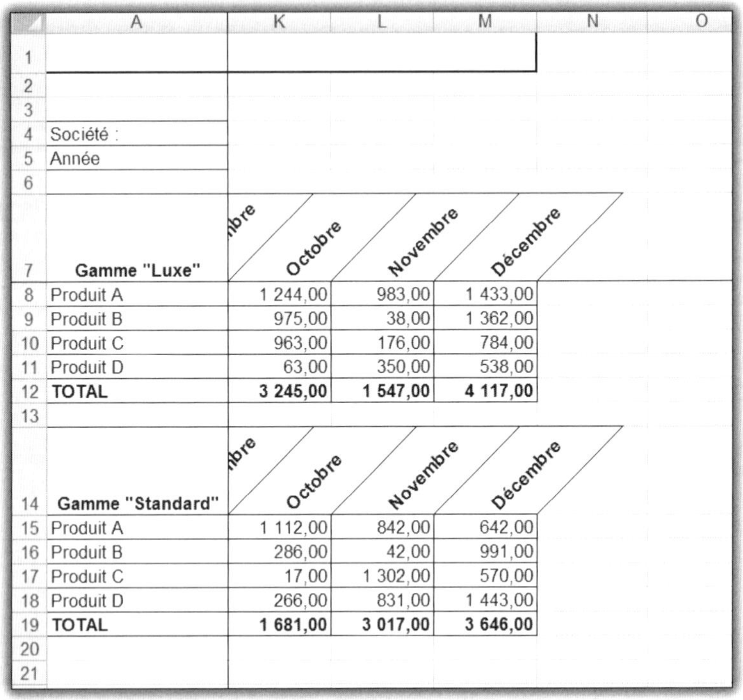

	A	K	L	M	N	O
1						
2						
3						
4	Société :					
5	Année					
6						
7	Gamme "Luxe"	Octobre	Novembre	Décembre		
8	Produit A	1 244,00	983,00	1 433,00		
9	Produit B	975,00	38,00	1 362,00		
10	Produit C	963,00	176,00	784,00		
11	Produit D	63,00	350,00	538,00		
12	**TOTAL**	**3 245,00**	**1 547,00**	**4 117,00**		
13						
14	Gamme "Standard"	Octobre	Novembre	Décembre		
15	Produit A	1 112,00	842,00	642,00		
16	Produit B	286,00	42,00	991,00		
17	Produit C	17,00	1 302,00	570,00		
18	Produit D	266,00	831,00	1 443,00		
19	**TOTAL**	**1 681,00**	**3 017,00**	**3 646,00**		
20						
21						

Figure 6.48 : *Les volets figés*

La cellule que vous sélectionnez avant d'appliquer **Figer les volets** est importante, car elle conditionne les parties qui seront figées, à savoir toutes les colonnes situées à sa gauche et toutes les lignes situées au-dessus. Pour créer des volets verticaux, il faut sélectionner une cellule de la ligne *1*. Pour créer des volets horizontaux, il faut sélectionner une cellule de la colonne *A*.

Pour rétablir un affichage normal, sélectionnez **Libérer les volets** après avoir cliqué sur **Figer les volets**.

Ce type d'affichage est proche du fractionnement. Mais lors d'un fractionnement, chaque partie de l'écran dispose de barres de défilement.

RENVOI *Pour en savoir plus sur le fractionnement d'une fenêtre, consultez le chapitre **Découvrir Excel**.*

Afficher en plein écran

Il est possible d'afficher une feuille de calcul en plein écran. Dans ce cas, le Ruban d'onglets, la barre de formule et la barre d'état sont masqués en une seule opération. Associée au zoom ajusté à la sélection, cette fonction permet de maximiser l'affichage d'une zone donnée. Cela peut être utile lors d'une présentation à l'aide d'un vidéoprojecteur, par exemple.

Pour activer l'affichage en plein écran, cliquez sur le bouton **Plein écran** du groupe *Affichages classeur* de l'onglet **Affichage**.

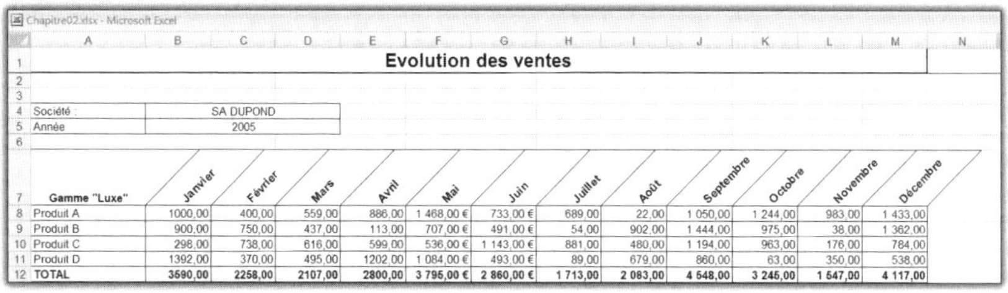
Chapitre02.xlsx - Microsoft Excel

Evolution des ventes

Société : SA DUPOND
Année 2005

Gamme "Luxe"	Janvier	Février	Mars	Avril	Mai	Juin	Juillet	Août	Septembre	Octobre	Novembre	Décembre
Produit A	1000,00	400,00	559,00	886,00	1 468,00 €	733,00 €	689,00	22,00	1 050,00	1 244,00	983,00	1 433,00
Produit B	900,00	750,00	437,00	113,00	707,00 €	491,00 €	54,00	902,00	1 444,00	975,00	38,00	1 362,00
Produit C	298,00	738,00	616,00	599,00	536,00 €	1 143,00 €	881,00	480,00	1 194,00	963,00	176,00	784,00
Produit D	1392,00	370,00	495,00	1202,00	1 084,00 €	493,00 €	89,00	679,00	860,00	63,00	350,00	538,00
TOTAL	**3590,00**	**2258,00**	**2107,00**	**2800,00**	**3 795,00 €**	**2 860,00 €**	**1 713,00**	**2 083,00**	**4 548,00**	**3 245,00**	**1 547,00**	**4 117,00**

Figure 6.49 : *Affichage en plein écran*

Pour désactiver l'affichage en plein écran, cliquez du bouton droit sur la feuille de calcul et sélectionnez **Fermer le plein écran** dans le menu contextuel, ou appuyez sur la touche Echap.

Masquer une feuille

Dans certaines situations, il est utile de masquer une feuille de calcul. Elle existe toujours, mais son onglet n'est plus visible.

1 Sélectionnez la feuille à masquer.

2 Cliquez sur le bouton **Format** du groupe *Cellules* de l'onglet **Accueil**. Sélectionnez **Masquer & afficher** puis **Masquer la feuille**.

Ainsi la feuille n'est pas directement visible et un utilisateur novice ne songera pas à l'afficher. C'est intéressant si vous souhaitez conserver un modèle de document intact pour créer ensuite d'autres feuilles par duplication.

RENVOI *La section **Protéger les feuilles et les classeurs** de ce chapitre décrit d'autres moyens plus complexes et plus efficaces de protection.*

Pour afficher à nouveau une feuille masquée :

1 Cliquez sur le bouton **Format** du groupe *Cellules* de l'onglet **Accueil**. Sélectionnez **Masquer & afficher** puis **Afficher la feuille**.

2 Dans la boîte de dialogue **Afficher**, sélectionnez la feuille à afficher.

3 Validez par OK.

Utiliser les affichages personnalisés

Il est possible de mémoriser différents paramètres d'affichage afin de pouvoir les appeler rapidement en une seule opération.

1 Spécifiez, dans la fenêtre active, les paramètres que vous souhaitez enregistrer (volets figés, zoom, feuilles masquées…).

2 Sous l'onglet **Affichage**, cliquez sur le bouton **Affichages personnalisés** du groupe *Affichages classeur*.

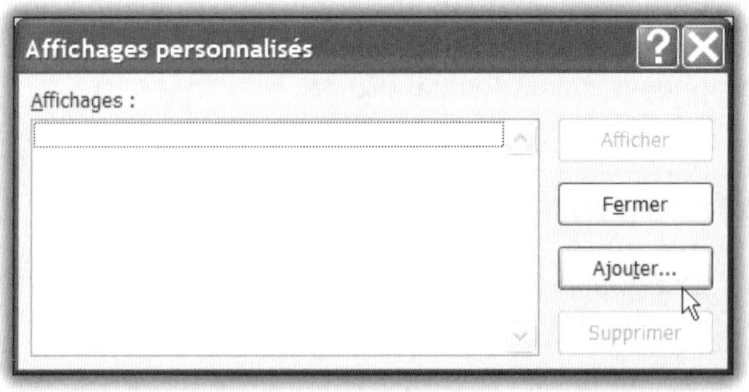

Figure 6.50 : *La boîte de dialogue Affichages personnalisés*

3 Cliquez sur **Ajouter**.

4 Dans la zone *Nom*, saisissez le nom de l'affichage. Validez par OK.

Figure 6.51 : *Définition de l'affichage*

Vous pourrez ensuite choisir alternativement l'un ou l'autre des affichages que vous aurez définis, à l'aide de la boîte de dialogue **Affichages personnalisés**. Sélectionnez l'affichage désiré et cliquez sur **Afficher**.

6.5. Protéger les feuilles et les classeurs

Nous avons vu qu'il était possible de protéger globalement un classeur à l'aide d'un mot de passe. Des outils permettent d'affiner le niveau de protection ainsi que les fonctionnalités protégées.

Protéger une feuille

La protection des feuilles de calcul s'effectue en deux temps. Il faut d'abord indiquer les cellules à protéger puis définir et appliquer le type de protection. Chaque feuille est indépendante en matière de protection. Il faut donc spécifier les paramètres de protection de chaque feuille du classeur que vous souhaitez protéger.

Définir les cellules à protéger

Pour définir si une cellule (ou une plage de cellules) est protégée ou non, sélectionnez-la d'abord, puis utilisez le bouton **Format** du groupe *Cellules* de l'onglet **Accueil**. Si la cellule est protégée, le cadenas situé en regard de la commande **Verrouiller la cellule** apparaît en surbrillance. Si ce n'est pas le cas, sélectionnez **Verrouiller la cellule**. Par défaut, toutes les cellules sont verrouillées. Il s'agit en fait de définir quelles cellules ne seront pas protégées.

Figure 6.52 :
Protéger une cellule

Vous pouvez aussi cliquer du bouton droit sur la cellule (ou la plage de cellules) et sélectionner **Format de cellule**. L'onglet **Protection** permet de définir si la cellule (ou la plage de cellules) doit être protégée.

Si vous cochez la case *Verrouillée*, la protection s'appliquera à la cellule.

Figure 6.53 :
L'onglet Protection de la boîte de dialogue Format de cellule

La case *Masquée*, si elle est cochée, indique que le contenu de la cellule ne s'affichera pas dans la barre de formule lorsque le classeur sera protégé. Cela vous sera utile si vous ne souhaitez pas que l'on puisse voir vos formules de calcul.

Appliquer la protection

Une fois les paramètres de protection spécifiés, il faut activer la protection.

1 Sous l'onglet **Accueil**, cliquez sur le bouton **Format** du groupe *Cellules*. Sélectionnez **Protéger la feuille**. Vous pouvez également utiliser le bouton **Protéger la feuille** du groupe *Modifications* de l'onglet **Révision**.

2 Sélectionnez les options de protection désirées.

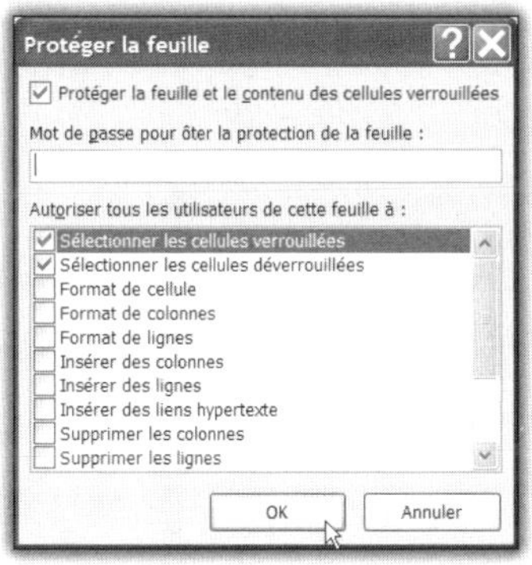

Figure 6.54 :
Choix des options de protection

3 Vous pouvez saisir un mot de passe dans la zone prévue à cet effet. Excel vous demandera confirmation lorsque vous validerez.

4 Validez par OK.

Si un utilisateur tente de saisir des valeurs dans des cellules verrouillées, une boîte de dialogue l'informe que l'opération est pour l'instant impossible.

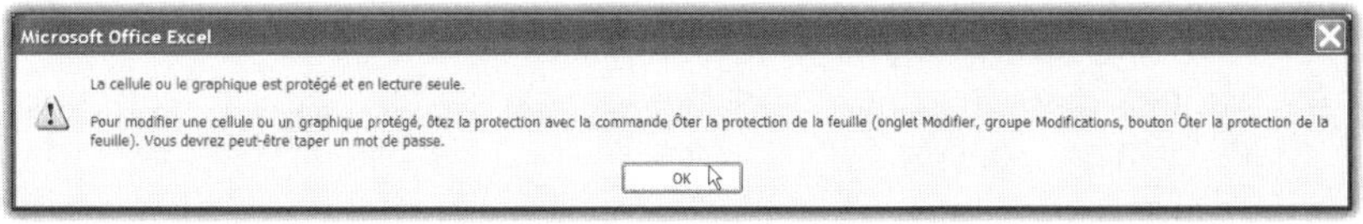

Figure 6.55 : *Une information relative à la protection*

Supprimer la protection

Pour annuler la protection de la feuille, vous avez deux possibilités :

- Sous l'onglet **Accueil**, cliquez sur le bouton **Format** du groupe *Cellules*. Sélectionnez **Ôter la protection de la feuille**.
- Sous l'onglet **Révision**, cliquez sur le bouton **Ôter la protection de la feuille** du groupe *Modifications*.

Si vous avez saisi un mot de passe lors de la mise en place de la protection, ce dernier vous sera demandé.

Protéger une plage de cellules

Il est possible d'attribuer un mot de passe spécifique à une plage de cellules déterminée. Il faut au préalable ôter la protection de la feuille.

1 Sous l'onglet **Révision**, cliquez sur le bouton **Permettre la modification des plages** du groupe *Modifications*.

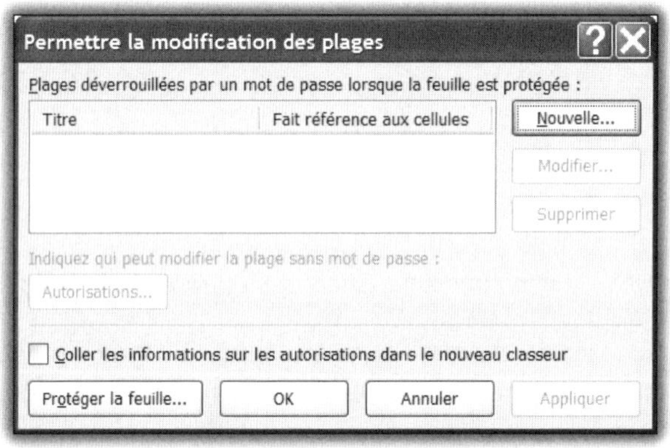

Figure 6.56 : *La boîte de dialogue Permettre aux utilisateurs de modifier les plages*

2 Dans la boîte de dialogue **Permettre la modification des plages**, cliquez sur le bouton **Nouvelle**.

3 Saisissez le nom de la plage protégée dans la zone *Titre*.

4 Cliquez dans la zone *Fait référence aux cellules* puis sélectionnez les cellules concernées.

5 Saisissez le mot de passe dans la zone *Mot de passe de la plage*. Validez par OK.

Figure 6.57 : *Protection de la plage*

6 Saisissez à nouveau le mot de passe et validez par OK.

Vous pouvez modifier ou supprimer les plages définies en les sélectionnant puis en cliquant sur les boutons **Modifier** ou **Supprimer**.

Le bouton **Protéger la feuille** permet d'accéder directement à la boîte de dialogue proposant les options de protection. Pour que la protection d'une plage de cellules soit opérationnelle, il faut que celles-ci soient verrouillées (c'est-à-dire que la case *Verrouillée* soit cochée sous l'onglet **Protection** de la boîte de dialogue **Format de cellule**).

Une fois la protection en place, si un utilisateur essaie de saisir des données dans la plage ainsi protégée, Excel lui demandera de saisir le mot de passe.

Figure 6.58 : *Demande du mot de passe pour saisir des données dans la plage*

Après la première saisie du mot de passe, ce dernier ne sera plus demandé.

Protéger un classeur

Pour protéger un classeur dans son intégralité, utilisez le bouton **Protéger le classeur** du groupe *Modifications* de l'onglet **Révision**.

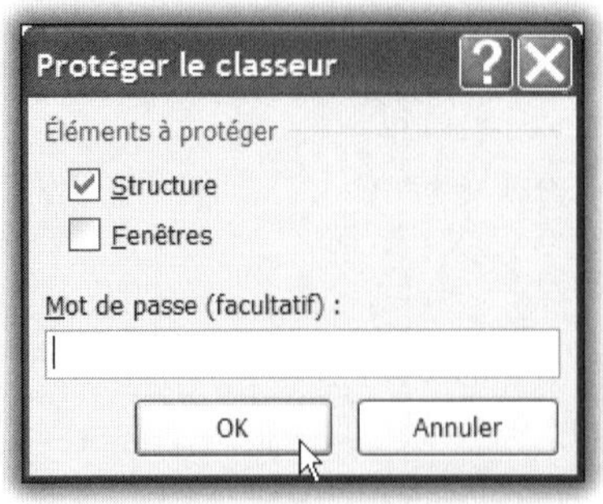

Figure 6.59 :
Protéger le classeur

Vous pouvez ainsi empêcher les utilisateurs d'ajouter ou de supprimer des feuilles de calcul ou d'afficher celles qui ont été masquées. Si vous cochez *Fenêtres*, vous pouvez en plus les empêcher de changer les tailles ou les positions des fenêtres que vous avez définies pour afficher un classeur. Ces protections s'appliquent à l'ensemble du classeur.

Si vous saisissez un mot de passe, Excel vous demandera de le confirmer. Ce mot de passe vous sera demandé si vous souhaitez ultérieurement supprimer la protection du classeur en cliquant sur le bouton **Protéger le classeur** du groupe *Modifications* de l'onglet **Révision**.

REMARQUE

Accéder rapidement aux fonctionnalités de protection

Vous pouvez également accéder aux fonctionnalités de protection en utilisant la commande **Informations** du menu **Fichier**. Cliquez ensuite sur le bouton **Protéger le classeur**. Vous pouvez alors choisir les fonctionnalités suivantes :

- **Protéger la feuille active** permet d'accéder à la boîte de dialogue **Protéger la feuille**.
- **Protéger la structure du classeur** permet d'accéder à la boîte de dialogue **Protéger la structure et les fenêtres**.

Information Rights Management

Dans cette nouvelle version, Excel met à votre disposition un système de droits d'accès aux documents. Vous pouvez attribuer aux utilisateurs plusieurs niveaux d'autorisation : en lecture, en modification, pour une période limitée, etc. Cette fonctionnalité requiert Microsoft .NET Passport.

Pour vous connecter via .NET Passport, vous devez saisir votre adresse de messagerie et un mot de passe.

Pour activer cette fonction :

1 Cliquez sur le menu **Fichier**, sélectionnez la commande **Informations** puis cliquez sur **Protéger le classeur**. Sélectionnez **Restreindre l'autorisation par les personnes** puis **Accès restreint**. Lors de la première utilisation, vous devez télécharger puis installer un module supplémentaire. Cette opération est simple puisqu'un Assistant vous guide pas à pas.

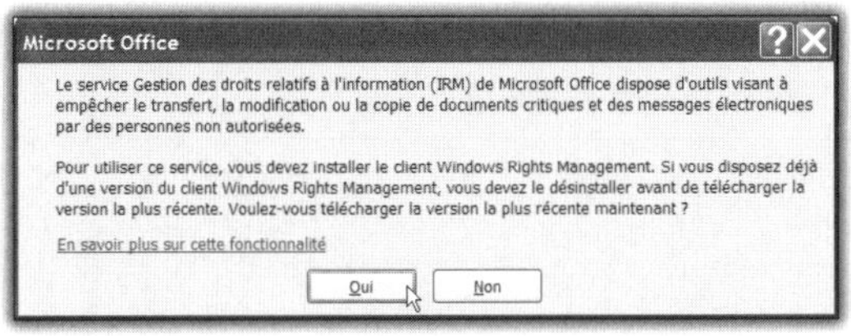

Figure 6.60 : *Installation d'un module supplémentaire*

2 Dans la boîte de dialogue **Autorisation**, activez la case à cocher *Restreindre l'autorisation à ce classeur*.

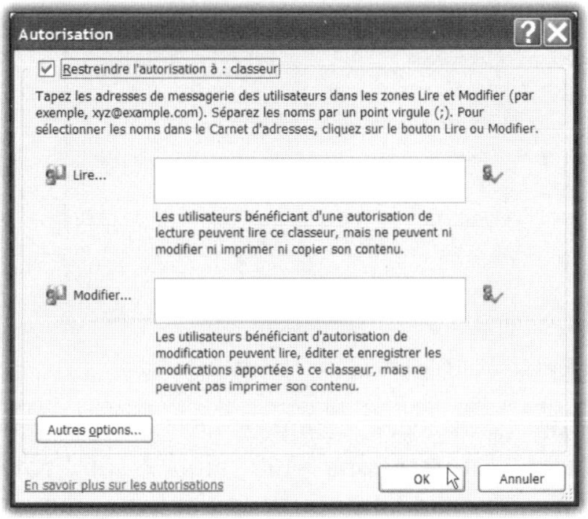

Figure 6.61 : *La boîte de dialogue Autorisation*

3 Vous pouvez sélectionner les utilisateurs auxquels vous ne souhaitez attribuer qu'un accès en lecture seule. Pour ce faire, cliquez sur le bouton **Lire**, qui donne accès à un Carnet d'adresses, ou entrez directement les adresses de messagerie des personnes concernées dans la zone de saisie correspondante.

De la même façon, vous pouvez désigner les utilisateurs auxquels vous souhaitez donner un accès en modification.

4 Si vous cliquez sur le bouton **Autres options**, vous pouvez affiner la portée des droits, en fixant par exemple une durée limitée (via la case à cocher *Ce classeur expire le*). Une fois les droits attribués, cliquez sur OK.

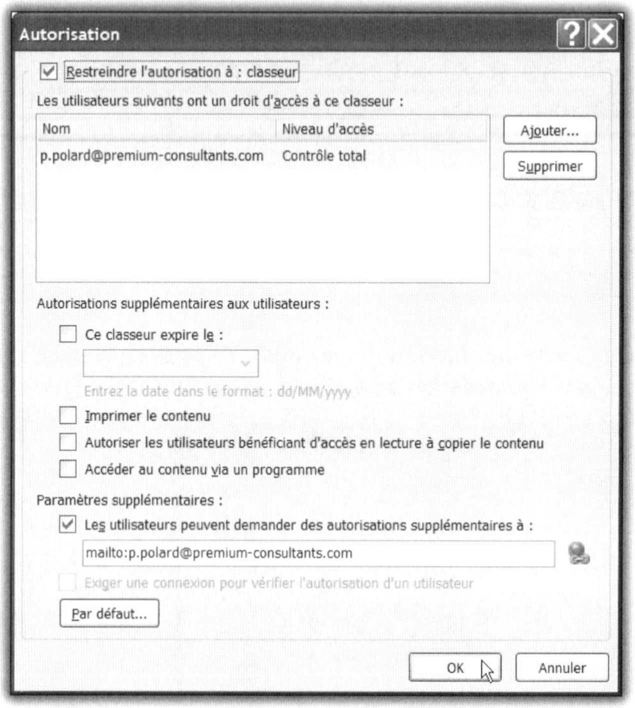

Figure 6.62 : *Les autres options*

Pour désactiver ces droits d'accès, cliquez sur le menu **Fichier**, sélectionnez la commande **Informations** puis cliquez sur **Protéger le classeur**. Sélectionnez **Restreindre l'autorisation par les personnes** puis **Accès illimité**. Pour cela, il faut bien sûr avoir le niveau de droit *Contrôle total*.

Utilisez la commande **Informations/Protéger le classeur/Restreindre l'autorisation par les personnes/Gérer les informations d'identification** pour employer un compte d'utilisateur différent afin de créer ou d'ouvrir un fichier à accès restreint.

CHAPITRE 7

Personnaliser Excel

Dans ce chapitre, nous décrirons des outils qui vous permettront d'adapter finement Excel à vos besoins. Tout d'abord, nous passerons en revue les nombreuses options qui contrôlent de façon détaillée le fonctionnement d'Excel. Depuis la version 2007, l'accès à ces options est entièrement réorganisé. De plus, bon nombre de paramètres ont des désignations plus explicites.

Nous traiterons ensuite des moyens disponibles pour personnaliser le Ruban et modifier la barre d'outils *Accès rapide* afin d'y ajouter des commandes que vous utilisez régulièrement.

7.1. Paramétrer les options

Des paramètres permettent d'effectuer des réglages fins qui s'appliqueront, selon les cas, à Excel, au classeur actif, voire à la feuille active.

Pour accéder à ces paramètres, cliquez sur le menu **Fichier** puis sur **Options**. La boîte de dialogue **Options Excel** apparaît. Elle est subdivisée en dix catégories. Nous nous intéresserons aux six premières dans ce qui suit.

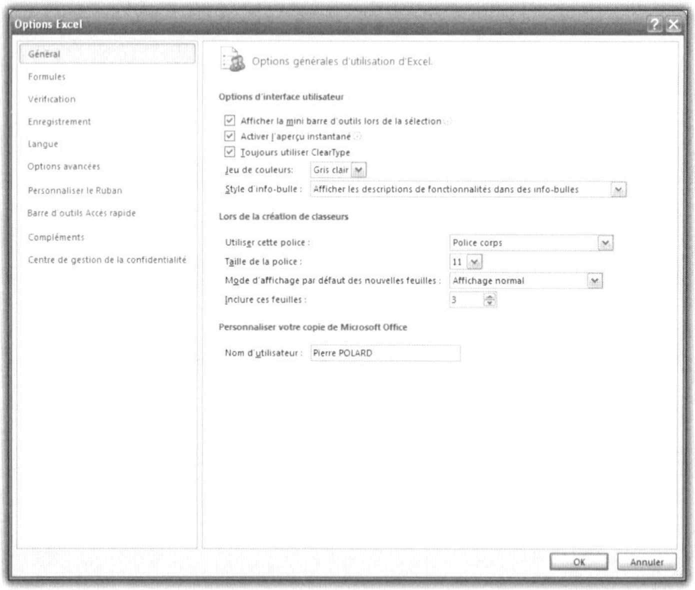

Figure 7.1 : *La boîte de dialogue Options*

La catégorie Général

Cette catégorie regroupe les paramètres destinés à gérer l'affichage des différents éléments de l'application.

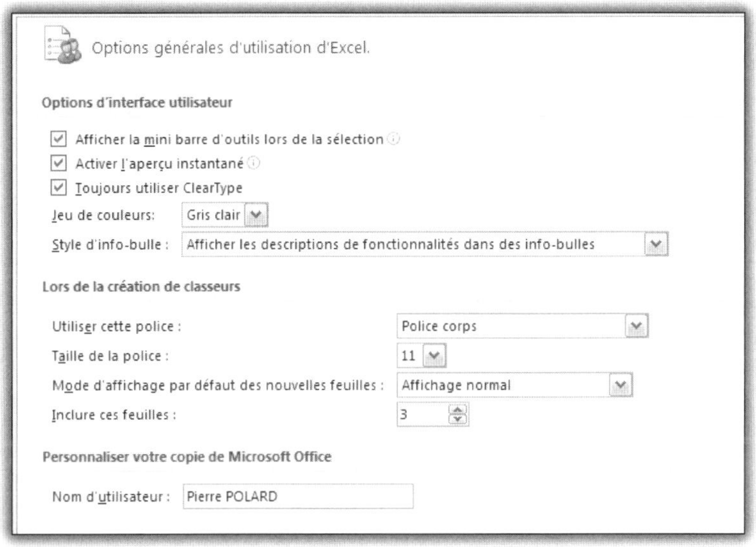

Figure 7.2 : *La catégorie Général*

Rubrique Options d'interface utilisateur

La case à cocher *Afficher la mini-barre d'outils lors de la sélection* permet de spécifier si la mini-barre d'outils affichant les principaux outils de mise en forme doit être affichée lors de la sélection d'une cellule.

La case à cocher *Activer l'aperçu instantané* permet de spécifier si Excel doit afficher un aperçu de l'effet d'une fonction directement sur le document lorsque vous déplacez le pointeur sur la fonction en question.

La case à cocher *Toujours utiliser Cleartype* force l'utilisation des polices Cleartype.

La liste *Jeu de couleurs* permet de choisir entre plusieurs harmonies de couleurs pour l'application Excel.

Lorsque vous déplacez le pointeur sur certains éléments des onglets, des info-bulles décrivant la fonction apparaissent. La liste déroulante *Style d'info-bulle* permet de choisir entre l'affichage d'info-bulles agrémentées de copie d'écran, d'info-bulles contenant seulement du texte ou de refuser l'affichage d'info-bulle.

Rubrique Lors de la création de classeurs

La liste de choix *Utiliser cette police* permet de spécifier la police utilisée par défaut lors de la création d'un classeur.

La liste de choix *Taille de la police* permet de spécifier la taille de la police sélectionnée à l'aide de la liste de choix précédente.

La liste de choix *Mode d'affichage par défaut des nouvelles feuilles* permet de spécifier si les nouvelles feuilles doivent être affichées "normalement" ou s'il faut leur appliquer le mode d'affichage Sauts de page ou Mise en page.

Dans la zone *Inclure ces feuilles*, définissez le nombre de feuilles de calcul souhaité lors de la création d'un nouveau classeur.

Rubrique Personnaliser votre copie de Microsoft Office

Saisissez votre nom dans la zone *Nom d'utilisateur* afin qu'il apparaisse dans les propriétés des documents que vous créerez.

La catégorie Formules

Cette catégorie regroupe les paramètres destinés à optimiser la gestion des formules, ainsi que leur mode de calcul.

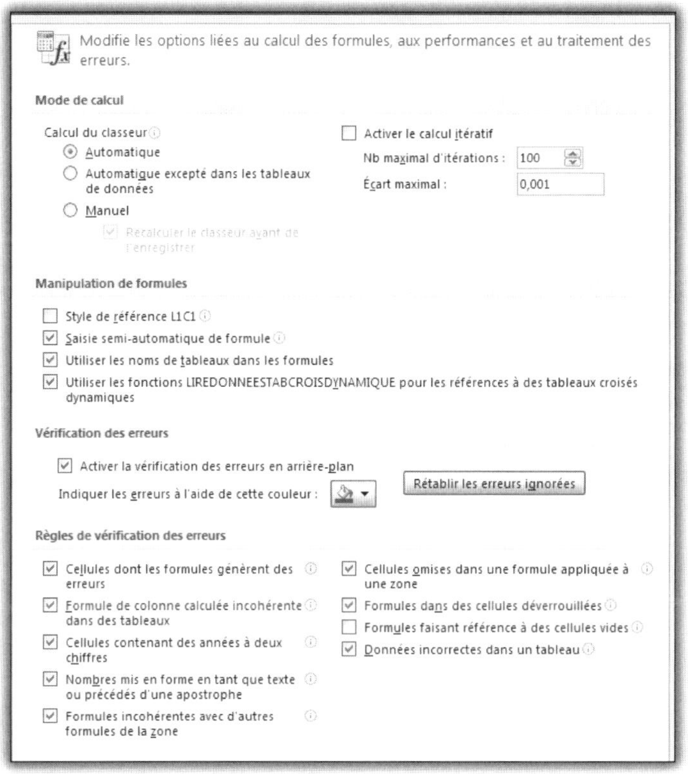

Figure 7.3 : *La catégorie Formules*

Rubrique Mode de calcul

Elle permet de spécifier le mode de calcul des formules : automatique ou à la demande (*Manuel*) via la touche [F9]. Si vous choisissez *Manuel*, Excel active automatiquement la case à cocher *Recalcul avant l'enregistrement*.

Vous pouvez accéder directement à ce paramètre à l'aide du bouton **Options de calcul** du groupe *Calcul* de l'onglet **Formules**.

La case à cocher *Activer le calcul itératif* active l'itération pour la recherche ou la résolution des références circulaires. Sauf spécification contraire de votre part, Excel arrête après cent itérations ou lorsque l'écart de modification est inférieur à 0,001. Vous pouvez limiter l'itération en modifiant la valeur du champ *Nb maximal d'itérations* ou du champ *Écart maximal*, ou la valeur des deux.

Rubrique Manipulation de formules

Cette rubrique propose un certain nombre de cases à cocher :

- *Style de référence L1C1* permet de passer du style de référence d'en-têtes de lignes et de colonnes *A1* (alphabétique pour les colonnes, numérique pour les lignes) au style de référence *L1C1* (numérique pour les lignes et les colonnes).
- *Saisie semi-automatique de formule* permet de spécifier si la liste de choix des fonctions doit apparaître lorsque vous débutez la saisie d'une formule.
- *Utiliser les noms de tableaux dans les formules* permet de spécifier s'il est possible d'utiliser les noms des tableaux créés dans les formules.

RENVOI *Pour plus de détails sur la création de tableaux, reportez-vous au chapitre* ***Gérer et exploiter des données.***

- *Utiliser les fonctions LIREDONNEESTABCROISDYNAMIQUE pour les références à des tableaux croisés dynamiques* permet d'indiquer si, lorsqu'une formule fait référence à une cellule incluse dans un tableau croisé dynamique, cette dernière doit être référencée par son adresse ou si son contenu doit être lu par la fonction `LIREDONNEESTABCROISDYNAMIQUE`.

RENVOI *Pour plus de détails sur les tableaux croisés dynamiques, reportez-vous au chapitre* ***Utiliser les tableaux croisés dynamiques.***

Rubrique Vérification des erreurs

Elle permet d'activer ou de désactiver la vérification automatique des erreurs.

Si vous cochez la case *Activer la vérification des erreurs à l'arrière-plan*, Excel détecte les erreurs éventuelles dans les cellules. S'il en repère une, il la signale au moyen d'un indicateur vert dans l'angle supérieur gauche de la cellule en cause.

Dans la zone *Couleur de l'indicateur d'erreur*, définissez la couleur utilisée par Excel pour marquer les erreurs. Si vous cliquez sur *Automatique*, l'indicateur prend la couleur par défaut : le vert.

Le bouton **Rétablir les erreurs ignorées** permet de retrouver les erreurs dans la feuille de calcul lors de la vérification, même si ces dernières ont déjà été détectées et ignorées.

Rubrique Règles de vérification des erreurs

Cette rubrique offre un certain nombre de cases à cocher :

- *Cellules dont les formules génèrent des erreurs* traite les cellules contenant des formules erronées comme des erreurs et affiche un avertissement.
- *Formule de colonne incohérente dans les tableaux* traite comme des erreurs les cellules d'un tableau contenant des formules incohérentes par rapport à la formule de colonne.
- *Cellules contenant des années à deux chiffres* traite comme des erreurs les formules faisant intervenir le contenu de cellules avec des années à deux chiffres et affiche un avertissement lors de la vérification des erreurs.
- *Nombres mis en forme en tant que texte ou précédés d'une apostrophe* traite les nombres au format texte ou précédés d'une apostrophe comme des erreurs et affiche un avertissement.
- *Formule incohérente avec d'autres formules de la zone* traite les formules différant de toutes les autres cellules d'une même zone comme des erreurs et affiche un avertissement.
- *Cellules omises dans une formule appliquée à une zone* traite les formules omettant certaines cellules d'une zone comme des erreurs et affiche un avertissement.
- *Formules dans des cellules déverrouillées* traite les cellules déverrouillées qui contiennent des formules comme des erreurs et affiche un avertissement lors de la vérification des erreurs.
- *Formules faisant référence à des cellules vides* traite les formules faisant référence à des cellules vides comme des erreurs et affiche un avertissement.

- *Données incorrectes dans un tableau* traite comme des erreurs les cellules d'un tableau contenant des valeurs incohérentes par rapport au type de données de la colonne pour les tableaux connectés à des données SharePoint.

La catégorie Vérification

Elle permet d'accéder aux options relatives à la correction orthographique.

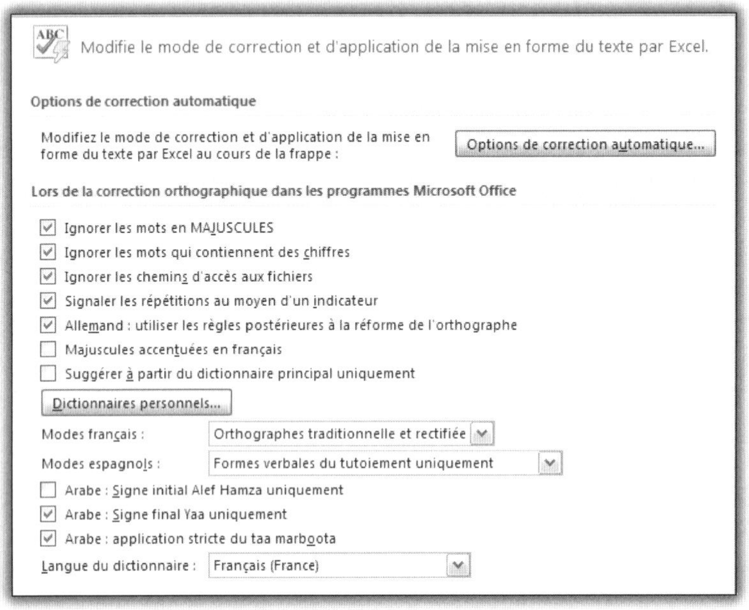

Figure 7.4 : *La catégorie Vérification*

Rubrique Options de correction automatique

Le bouton **Options de correction automatique** permet de spécifier les options de correction automatique du texte pendant la saisie, ou les options de stockage et de réutilisation de textes et d'autres éléments souvent employés.

Rubrique Lors de la correction orthographique dans les programmes Microsoft Office

Cette rubrique offre un certain nombre de cases à cocher :

- *Ignorer les mots en MAJUSCULES* ignore les mots en majuscules pendant la vérification de l'orthographe.
- *Ignorer les mots contenant des chiffres* ignore les mots contenant des chiffres pendant la vérification de l'orthographe.
- *Ignorer les chemins d'accès aux fichiers* ignore automatiquement les noms des fichiers pendant la vérification de l'orthographe.
- *Signaler les répétitions au moyen d'un indicateur* vous avertit de l'éventuelle répétition d'un mot.
- *Suggérer à partir du dictionnaire principal uniquement* force le correcteur orthographique à suggérer l'orthographe correcte à partir du dictionnaire principal, et non des dictionnaires personnalisés ouverts. Désactivez cette case à cocher si vous voulez qu'Excel suggère des corrections orthographiques à partir de tous les dictionnaires personnalisés ouverts, en plus du dictionnaire principal.

Le bouton **Dictionnaires personnels** permet de créer et de gérer des dictionnaires personnels. Le vérificateur d'orthographe compare alors les mots du document à ceux du dictionnaire principal. Ce dernier contient la plupart des mots courants, mais pas nécessairement les noms propres, les termes techniques et les acronymes. Le fait d'ajouter des mots à un dictionnaire personnel évite que le vérificateur d'orthographe les signale comme étant des erreurs.

La catégorie Enregistrement

Elle permet de spécifier les paramètres liés à la gestion de l'enregistrement.

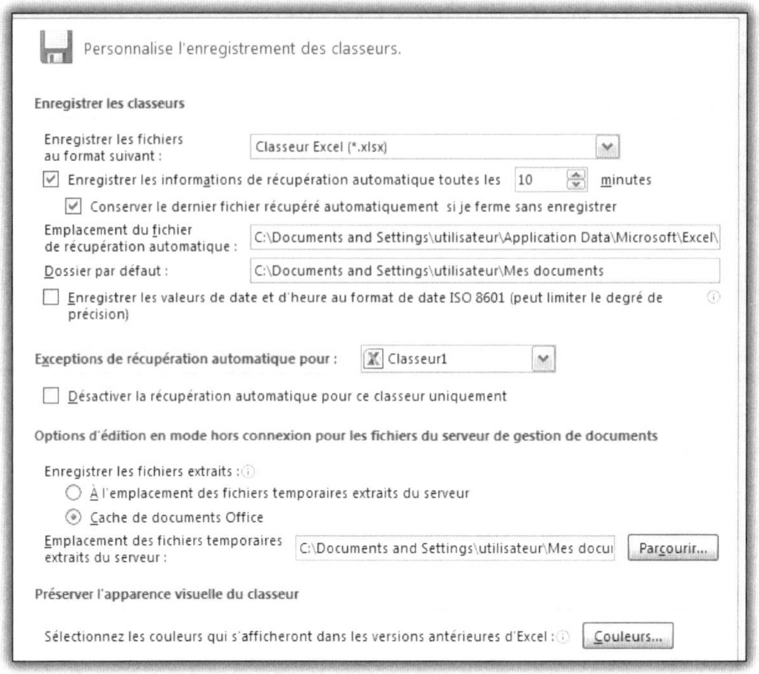

Figure 7.5 : *La catégorie Enregistrement*

Rubrique Conserver les informations de sauvegarde pour vos classeurs

Dans la zone *Enregistrer les fichiers au format suivant*, définissez le type de fichier par défaut utilisé lors de l'enregistrement des classeurs. Il est possible d'exploiter des classeurs dans différentes versions de Microsoft Excel, dans des pages web ou dans d'autres programmes. Sélectionnez le type de fichier que vous employez le plus fréquemment.

La case à cocher *Enregistrer les informations de récupération automatique toutes les* permet de créer automatiquement un fichier de récupération de classeur à l'intervalle spécifié dans la zone *Minutes* (saisissez un nombre compris entre 1 et 120). Si l'ordinateur se bloque (ne répond plus) ou si un problème d'alimentation survient de manière inattendue, le système ouvre le fichier de récupération automatique au démarrage suivant de Microsoft Excel.

La zone *Emplacement du fichier de récupération automatique* affiche l'emplacement d'enregistrement par défaut du fichier de récupération automatique. Vous pouvez le modifier.

Dans la zone *Dossier par défaut*, saisissez le chemin d'accès du dossier de travail par défaut. Si le dossier par défaut se trouve sur un réseau, vous devez saisir son chemin d'accès en respectant la syntaxe UNC (*\\nomserveur\nomdossier*) et redémarrer Excel pour que la modification soit prise en compte.

Rubrique Exceptions de récupération automatique pour

La case à cocher *Désactiver la récupération automatique pour ce classeur uniquement* désactive la fonction de récupération automatique pour le classeur sélectionné.

Rubrique Options d'édition en mode hors connexion pour les fichiers du serveur de gestion de documents

Si vous choisissez *À l'emplacement des fichiers préliminaires extraits du serveur*, les données que vous partagez via SharePoint sont sauvegardées sur votre ordinateur avant diffusion. Choisissez *Cache de document Office* pour une diffusion directe.

La zone *Emplacement des fichiers temporaires extraits du serveur* vous permet d'indiquer où se trouvent les fichiers temporaires SharePoint.

Rubrique Préserver l'apparence visuelle du classeur

Le bouton **Couleurs** permet de définir la correspondance des couleurs du classeur dans les précédentes versions d'Excel, qui ne gèrent pas la notion de thème de document.

La catégorie Langues

Elle permet de gérer les paramètres liés à la gestion des langues.

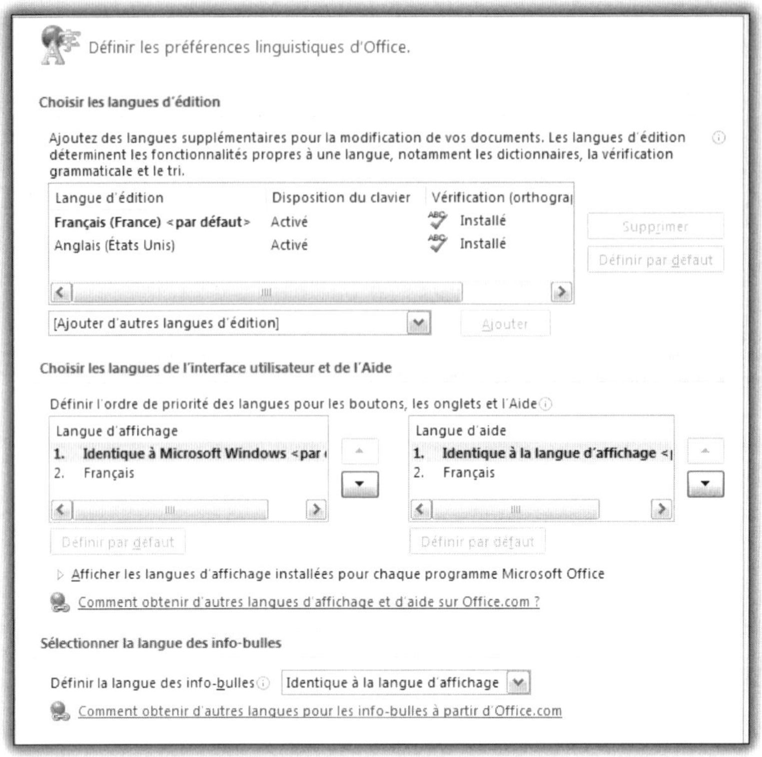

Figure 7.6 : *La catégorie Langues*

Rubrique Choisir les langues d'édition

Il s'agit du choix des langues utilisables dans les documents. Elles conditionnent l'emploi des fonctionnalités telles que la vérification orthographique et grammaticale.

Rubrique Choisir les langues de l'interface utilisateur et de l'Aide

Une première zone (*Langue d'affichage*) permet de sélectionner la langue utilisée pour l'affichage du texte des onglets, des boutons et des boîtes de dialogue.

La seconde zone (*Langue d'aide*) permet de sélectionner la langue utilisée pour l'affichage de l'aide en ligne.

Un lien hypertexte permet d'accéder à d'autres langues que celles installées par défaut.

Rubrique Sélectionner la langue des info-bulles

Il s'agit ici de définir la langue utilisée pour l'affichage des info-bulles.

Un lien hypertexte permet d'accéder à d'autres langues que celles installées par défaut.

La catégorie Options avancées

Rubrique Options d'édition

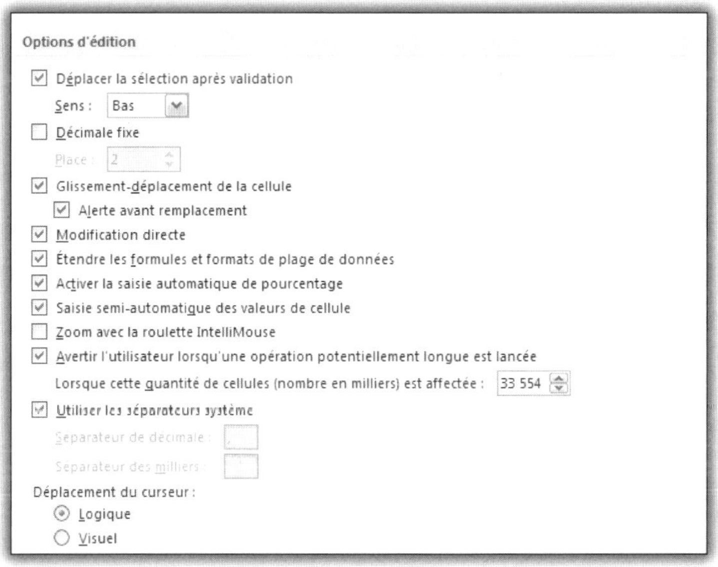

Figure 7.7 : *La rubrique Options d'édition*

La case à cocher *Déplacer la sélection après validation* permet de spécifier la cellule adjacente comme la cellule active après validation de la cellule active en cours. Dans la zone *Sens*, choisissez la cellule adjacente qui deviendra la cellule active.

En activant la case à cocher *Décimale fixe*, vous pouvez spécifier le nombre de décimales dans la zone *Place* pour indiquer à Excel l'emplacement de la virgule insérée automatiquement dans les nombres que vous saisissez comme constantes. Pour insérer la virgule manuellement, saisissez `0` (zéro) ou n'indiquez rien dans la zone *Place*.

La case à cocher *Glissement-déplacement de la cellule* permet de déplacer et de copier les cellules par glisser-déplacer. Lorsque cette option est activée, vous pouvez également faire glisser la poignée de remplissage pour copier des données ou poursuivre la saisie d'une série de données dans les cellules adjacentes. Si *Alerte avant remplacement* est cochée, un message apparaît lorsque le déplacement de cellules implique de remplacer le contenu d'autres cellules.

La case à cocher *Modification directe* permet de modifier le contenu d'une cellule en double-cliquant dessus, et non plus seulement via la barre de formule.

Si vous activez la case à cocher *Étendre les formules et formats de plage de données*, Excel applique automatiquement le format de la plage aux nouveaux éléments ajoutés à la fin de celle-ci. Les formules répétées à chaque ligne sont également copiées. Pour être étendus, les formats et les formules doivent apparaître dans au moins trois des cinq lignes de la liste qui précèdent la nouvelle ligne.

Si vous activez la case à cocher *Activer la saisie automatique de pourcentage*, les nombres inférieurs à 1 que vous saisissez dans des cellules au format *Pourcentage* sont multipliés par 100. Si vous la désactivez, tous les nombres saisis dans ces cellules, qu'ils soient inférieurs, égaux ou supérieurs à 1, sont multipliés par 100.

La case à cocher *Saisie semi-automatique des valeurs de cellule* complète les entrées de texte que vous commencez à saisir dans une colonne de données. Si les quelques premières lettres que vous saisissez correspondent à une entrée existante dans cette colonne, Excel complète le reste du texte à votre place.

La case à cocher *Zoom avec la roulette IntelliMouse* permet de zoomer avec la roulette de la souris, au lieu de faire défiler la feuille de calcul ou la feuille de graphique.

La case à cocher *Avertir l'utilisateur lorsqu'une opération potentiellement longue est lancée* permet de déclencher l'affichage d'un message en cas de traitement d'une opération impliquant un grand nombre de cellules. Ce nombre peut être spécifié dans la zone située juste en dessous. La valeur est indiquée en milliers (si vous saisissez `1` dans la zone, cela correspond en fait à 1 000).

La case à cocher *Utiliser les séparateurs système* rétablit l'utilisation des séparateurs par défaut pour la décimale et les milliers.

Dans la zone *Séparateur de décimale*, modifiez si besoin le séparateur de décimale par défaut. Désactivez la case à cocher *Utiliser les séparateurs système* puis saisissez le nouveau séparateur par défaut.

Dans la zone *Séparateur de milliers*, modifiez éventuellement le séparateur de milliers par défaut. Ici aussi, il faut désactiver au préalable la case à cocher *Utiliser les séparateurs système*.

Rubrique Couper, copier et coller

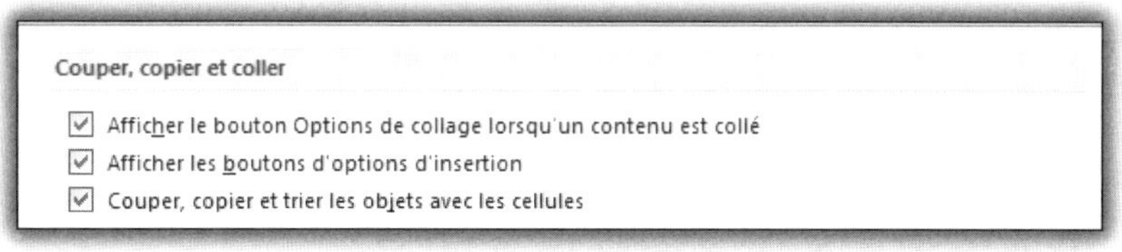

Figure 7.8 : *La rubrique Couper, copier et coller*

La case à cocher *Afficher le bouton Options de collage lorsqu'un contenu est collé* permet d'afficher la liste des options de collage après chaque opération de collage.

La case à cocher *Afficher les boutons d'options d'insertion* affiche automatiquement une boîte de dialogue proposant des options, lors de l'insertion de cellules, de lignes ou de colonnes, telles que **Format identique à celui du dessus** et **Effacer la mise en forme**.

La case à cocher *Couper, copier et trier les objets avec les cellules* maintient le lien entre des objets graphiques, des boutons, des zones de texte, des objets dessinés ou des images avec leurs cellules associées lorsque vous déplacez, copiez, filtrez ou triez les données d'une feuille de calcul.

Rubrique Taille et qualité de l'image

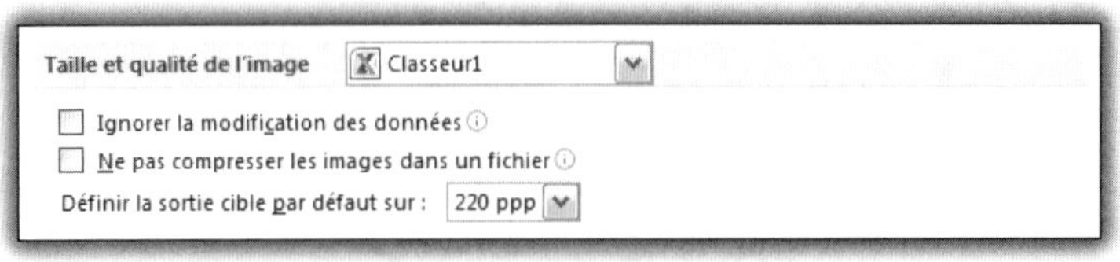

Figure 7.9 : *La rubrique Taille et qualité de l'image*

Les paramètres suivants s'appliquent uniquement au classeur sélectionné.

Si vous avez rogné une image ou l'avez modifiée en lui appliquant un effet artistique ou en changeant la luminosité ou le contraste, les informations permettant d'annuler ces modifications sont stockées dans le fichier. Vous pouvez réduire la taille du fichier en supprimant ces données modifiées. Pour cela, cochez la case *Ignorer la modification des données*. En sélectionnant cette option, vous réduisez la taille du fichier, mais pour annuler les modifications, vous devez réinsérer l'image dans le fichier.

Si la qualité de l'image importe plus que la taille du fichier, vous pouvez indiquer que les images ne doivent pas être compressées en cochant la case *Ne pas compresser les images dans un fichier*.

Lorsque vous ajoutez une image au fichier, elle est automatiquement compressée selon la valeur de l'option *Définir la sortie cible par défaut sur*. Par défaut, cette valeur destine l'image à l'impression (220 ppp), mais vous pouvez la modifier.

Rubrique Imprimer

Figure 7.10 : *La rubrique Imprimer*

La case à cocher *Mode haute qualité pour les graphiques* permet de spécifier un niveau de qualité supérieur pour l'impression des images et des graphiques.

Rubrique Graphique

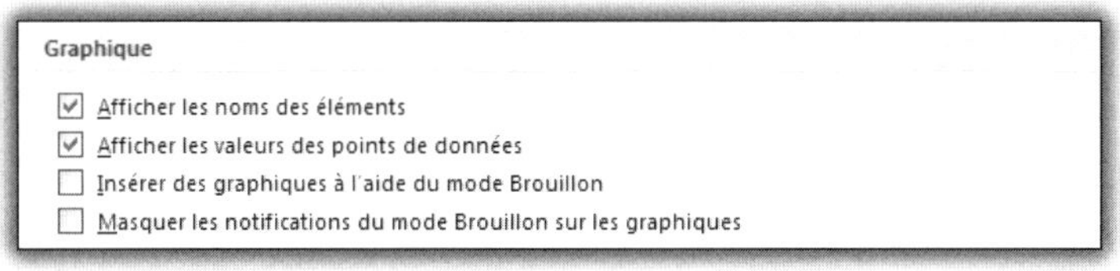

Figure 7.11 : *La rubrique Graphique*

La case à cocher *Afficher les noms des éléments* permet de spécifier l'affichage d'une info-bulle contenant le nom de l'élément du graphique lors du survol par le pointeur.

La case à cocher *Afficher les valeurs des points de données* permet de spécifier l'affichage d'une info-bulle contenant la valeur des points de données du graphique lors du survol par le pointeur.

La case à cocher *Insérer des graphiques à l'aide du mode Brouillon* permet de forcer la création des nouveaux graphiques en mode Brouillon.

La case à cocher *Masquer les notifications du mode Brouillon sur les graphiques* permet de désactiver l'affichage de l'indicateur de mode Brouillon sur les graphiques.

Rubrique Afficher

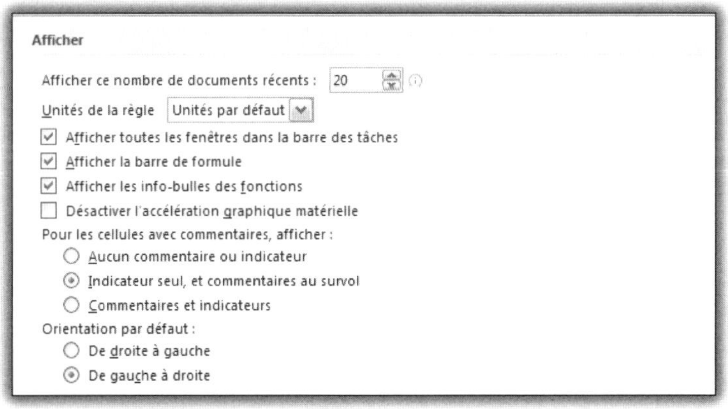

Figure 7.12 : *La rubrique Afficher*

Afficher ce nombre de documents récents permet de spécifier le nombre de classeurs à afficher dans la liste des documents récents, accessible d'un clic sur le menu **Fichier/Récent**.

Unités de la règle permet de spécifier l'unité de graduation de la règle affichée en mode Mise en page.

Afficher toutes les fenêtres dans la barre des tâches permet de spécifier si les classeurs ouverts doivent être affichés indépendamment dans la barre des tâches ou si seule la fenêtre d'Excel doit apparaître dans cette barre.

Afficher la barre de formule permet de masquer ou d'afficher la barre de formule.

Afficher les info-bulles des fonctions permet de spécifier si les info-bulles affichant les arguments d'une fonction doivent être affichées lors de la saisie d'une formule.

Vous pouvez choisir l'apparence par défaut des commentaires associés aux cellules : un indicateur (petit triangle rouge) ou un indicateur accompagné du commentaire dans son intégralité. Vous pouvez également choisir de ne rien afficher du tout.

RENVOI *Pour plus de détails sur les commentaires, reportez-vous au chapitre* ***Créer des feuilles de calcul plus élaborées.***

Rubrique Afficher les options pour ce classeur

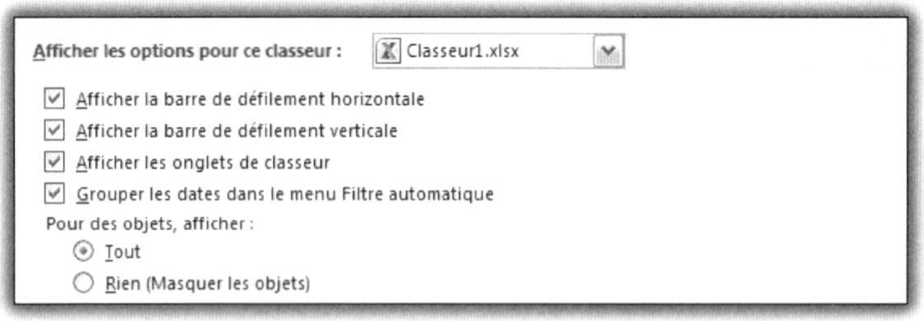

Figure 7.13 : *La rubrique Afficher les options pour ce classeur*

Les paramètres suivants s'appliquent uniquement au classeur sélectionné :

- *Afficher la barre de défilement horizontale* permet d'afficher ou de masquer la barre de défilement horizontale.
- *Afficher la barre de défilement verticale* permet d'afficher ou de masquer la barre de défilement verticale.
- *Afficher les onglets de classeurs* permet d'afficher ou de masquer les onglets des feuilles de calcul.
- *Grouper les dates dans le menu Filtre automatique* permet de grouper les dates par année et mois afin de faciliter leur recherche, lorsque vous choisissez un critère de filtre via la liste déroulante des filtres automatiques.

Vous pouvez choisir d'afficher les objets (dessins, graphiques…) en sélectionnant *Tout*. Choisissez *Rien* si vous ne souhaitez pas les afficher.

Afficher les options pour cette feuille de calcul

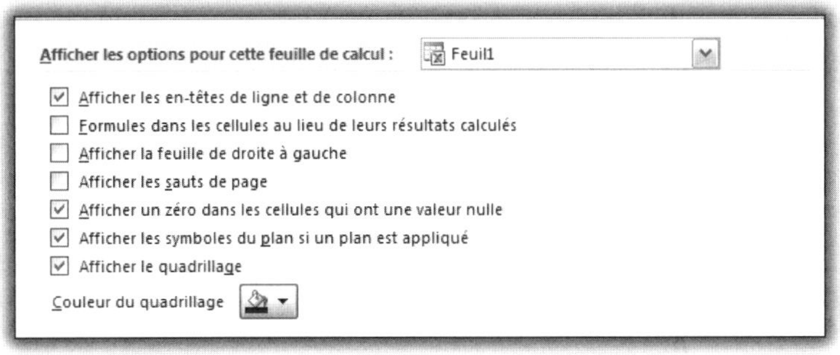

Figure 7.14 : *La rubrique Afficher les options pour cette feuille de calcul*

Les paramètres suivants s'appliquent uniquement à la feuille sélectionnée :

- *Afficher les en-têtes de ligne et de colonne* permet d'afficher ou de masquer les en-têtes des lignes et des colonnes.
- *Formules dans les cellules au lieu de leurs résultats calculés* permet d'afficher les formules et non leur résultat.
- *Afficher les sauts de page* permet de forcer l'affichage des sauts de page automatique dans le mode d'affichage Normal. Ils apparaissent alors sous forme de lignes pointillées.
- *Afficher un zéro dans les cellules qui ont une valeur nulle* permet, si l'option est décochée, de ne rien afficher dans les cellules qui

contiennent une valeur nulle. Vous pouvez ainsi repérer plus facilement les valeurs différentes de zéro.

- *Afficher les symboles de plan si un plan est appliqué* permet, si l'option est décochée, de ne pas afficher les symboles de plan.
- *Afficher le quadrillage* permet, si l'option est décochée, de ne pas afficher le quadrillage de la feuille de calcul.
- *Couleur de quadrillage* permet de sélectionner une couleur de quadrillage dans une palette.

Rubrique Lors du calcul de ce classeur

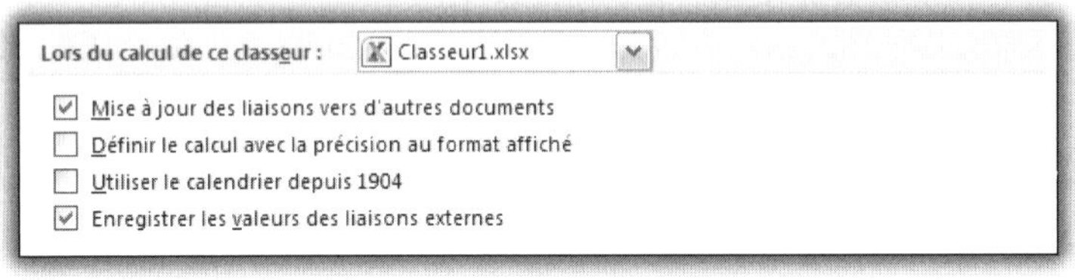

Figure 7.15 : *La rubrique Afficher les options pour cette feuille de calcul*

Les paramètres suivants s'appliquent uniquement au classeur sélectionné :

- La case à cocher *Mise à jour des liaisons vers d'autres documents* permet de rendre systématique la mise à jour d'éléments liés.
- Activez la case à cocher *Définir le calcul avec la précision au format affiché* pour effectuer les calculs avec les valeurs affichées, qui peuvent être différentes des valeurs contenues dans les cellules (suite à une limitation du nombre de décimales affichées, par exemple).
- La case à cocher *Utiliser le calendrier depuis 1904* déplace la date de départ servant de base à tous les calculs de date du 1er janvier 1900 au 2 janvier 1904. C'est le standard Macintosh.
- La case à cocher *Enregistrer les valeurs des liaisons externes* permet d'enregistrer des copies des valeurs contenues dans un document externe lié à une feuille de calcul Excel. Si une feuille de calcul contenant des liaisons vers une grande plage de données dans un document externe occupe un espace disque démesuré ou tarde à s'ouvrir, désactivez cette case à cocher.

Rubrique Général

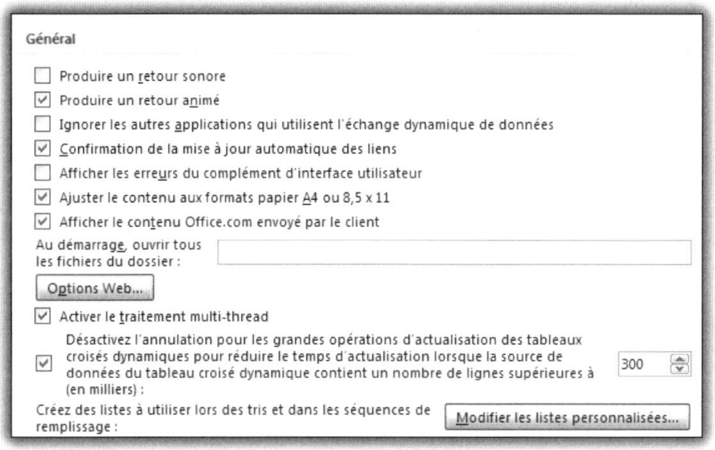

Figure 7.16 : *La rubrique Général*

Cette rubrique offre un certain nombre de cases à cocher :

- *Produire un retour sonore* reproduit les sons disponibles associés aux événements de programme Microsoft Office, tels que l'ouverture, l'enregistrement ou l'impression de fichiers, ou encore l'affichage de messages d'erreurs.
- *Produire un retour animé* anime les déplacements et les modifications (ajout ou suppression de cellules, de lignes ou de colonnes) dans la feuille de calcul. L'animation peut ralentir les performances sur certains systèmes.
- *Ignorer les autres applications qui utilisent l'échange dynamique de données* empêche tout échange de données avec d'autres applications utilisant l'échange dynamique de données (DDE).
- *Confirmation de la mise à jour automatique des liens* permet d'afficher un message vous demandant de confirmer chaque mise à jour d'éléments liés.
- *Ajuster le contenu aux formats papier A4 ou 8,5 × 11 permet de tenir compte que, dans certains pays, le format de papier standard est le format Lettre. Dans d'autres, il s'agit du format A4. Activez cette case à cocher pour que Microsoft Excel adapte automatiquement les documents ayant le format de papier standard d'un autre pays (par exemple, A4) pour les imprimer correctement dans le format utilisé*

dans votre pays (par exemple, Lettre). Cette option affecte uniquement l'impression, et non la mise en forme des documents.

Si vous spécifiez le chemin d'accès complet d'un dossier dans la zone *Au démarrage, ouvrir tous les fichiers du dossier*, Excel ouvrira automatiquement tous les fichiers qu'il contient.

Le bouton **Options web** affiche la boîte de dialogue **Options web** dans laquelle vous pouvez définir plusieurs options qui déterminent l'aspect et le comportement de vos données Microsoft Excel lorsqu'elles sont affichées dans un navigateur web.

La case à cocher *Désactiver l'annulation pour les grandes opérations d'actualisation des tableaux croisés dynamiques* permet de désactiver la demande de confirmation avant la mise à jour d'un tableau croisé dynamique dont la source contient plus de lignes que la valeur spécifiée dans la zone située à droite de la case à cocher (valeur affichée en milliers : 300 signifie donc 300 000).

Le bouton **Modifier les listes personnalisées** permet d'accéder à la boîte de dialogue **Listes pers** dans laquelle vous pouvez créer des listes personnalisées.

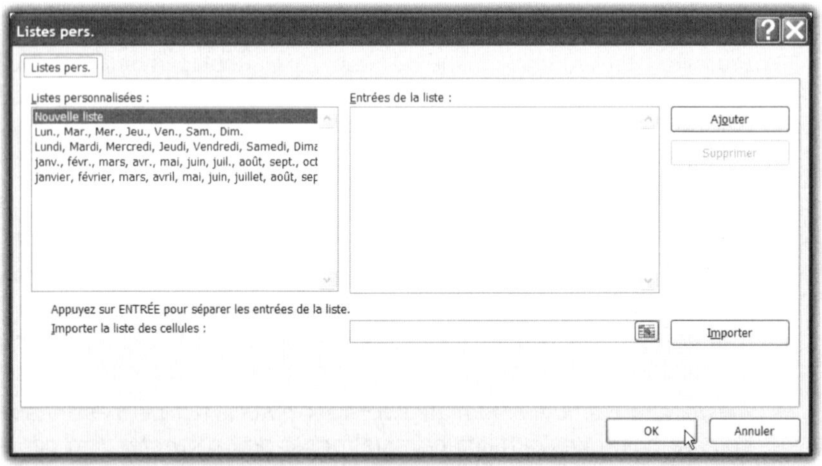

Figure 7.17 : *La boîte de dialogue Listes pers*

- La zone *Listes personnalisées* donne accès aux listes existantes, que vous pouvez modifier. Cliquez sur *Nouvelle liste* pour en créer une nouvelle, puis saisissez les entrées dans la zone *Entrées de la liste*. Le premier caractère ne peut pas être un nombre. Appuyez sur [↵] pour séparer chaque entrée.

- Avec le bouton **Ajouter**, enregistrez une liste personnalisée.
- Avec le bouton **Supprimer**, supprimez la liste personnalisée sélectionnée. Vous ne pouvez pas supprimer les listes personnalisées prédéfinies.
- La zone *Importer la liste des cellules* permet d'importer des entrées de liste à partir d'une plage de cellules.
- Le bouton **Importer** permet de créer une liste personnalisée à partir d'éléments existants groupés dans une plage de feuille de calcul dont la référence se trouve dans la zone *Importer la liste des cellules*.

RENVOI

*Pour plus de détails sur les listes personnalisées, reportez-vous au chapitre **Créer des feuilles de calcul plus élaborées**.*

Rubrique Compatibilité avec Lotus

Figure 7.18 : *La rubrique Compatibilité avec Lotus*

La zone *Touche d'accès au menu ou à l'aide Microsoft Excel* indique la touche qui active la barre de menus d'Excel.

La case à cocher *Touches alternatives de déplacement* active un ensemble de touches pour la navigation dans la feuille de calcul, la saisie de formules, la saisie d'étiquettes et d'autres actions.

Rubrique Paramètres de compatibilité avec Lotus

Figure 7.19 : *La rubrique Paramètres de compatibilité avec Lotus*

La case à cocher *Autre interprétation des formules* permet d'ouvrir et d'interpréter les fichiers Lotus 1-2-3 sans perte ni modification d'informations. Lorsque cette option est activée, Excel interprète les chaînes de texte comme 0 (zéro), les expressions booléennes comme 0 ou 1 et les critères de base de données en fonction des règles utilisées dans Lotus 1-2-3.

La case à cocher *Autre mode de saisie des formules* convertit les formules saisies selon la syntaxe Lotus 1-2-3 en formules Excel et fait en sorte que les noms définis dans Excel se comportent comme des noms définis dans Lotus 1-2-3.

7.2. Personnaliser le Ruban

Dans cette nouvelle version, la personnalisation du Ruban est grandement facilitée. Désormais, il est possible de créer des onglets personnalisés et d'y ajouter des commandes alors qu'auparavant cette opération nécessitait de programmer les modifications désirées en langage XML.

Personnaliser les onglets et les groupes par défaut

Vous pouvez renommer et modifier l'ordre des onglets et groupes par défaut qui sont intégrés à Excel 2010. Toutefois, vous ne pouvez pas renommer les commandes par défaut, modifier les icônes qui leur sont associées ou changer leur ordre.

Renommer un onglet ou un groupe par défaut

1. Cliquez du bouton droit sur un onglet du Ruban.
2. Dans le menu contextuel, sélectionnez **Personnaliser le Ruban** (voir Figure 7.20).
3. Dans la liste de choix *Personnaliser le Ruban*, sélectionnez le type d'onglet à renommer : *Tous les onglets*, *Onglets principaux* ou *Onglets d'outils*.
4. Sélectionnez ensuite l'onglet ou le groupe à renommer. Cliquez sur le bouton **Renommer**, ou cliquez du bouton droit sur le nom de l'onglet ou du groupe et sélectionnez **Renommer**.

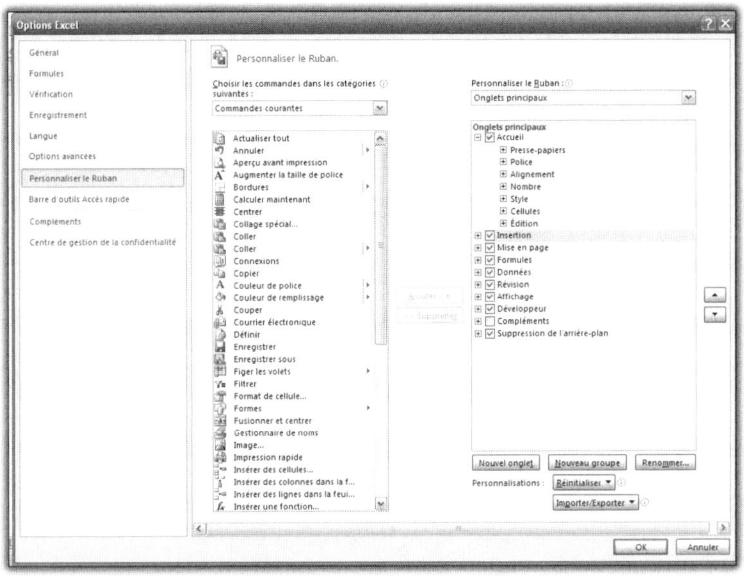

Figure 7.20 : *Personnalisation du Ruban*

5 Dans la boîte de dialogue **Renommer**, saisissez le nouveau nom de l'onglet.

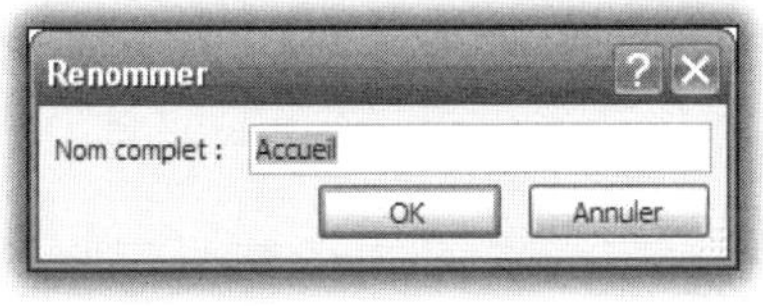

Figure 7.21 :
La boîte de dialogue Renommer

6 Validez par OK.

Modifier l'ordre des onglets et des groupes par défaut

1 Cliquez du bouton droit sur un onglet du Ruban.

2 Dans le menu contextuel, sélectionnez **Personnaliser le Ruban**.

3 Dans la liste de choix *Personnaliser le Ruban*, sélectionnez le type d'onglet à modifier : *Tous les onglets*, *Onglets principaux* ou *Onglets d'outils*.

4 Sélectionnez ensuite l'onglet ou le groupe à modifier. Cliquez sur le bouton **Monter** ou **Descendre**, ou cliquez du bouton droit sur le nom de l'onglet ou du groupe et sélectionnez **Monter** ou **Descendre**.

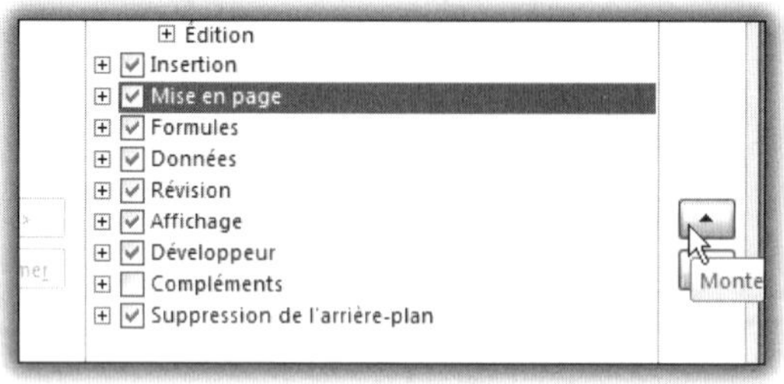

Figure 7.22 : *Modifier l'ordre des onglets*

Masquer un onglet par défaut

1. Cliquez du bouton droit sur un onglet du Ruban.
2. Dans le menu contextuel, sélectionnez **Personnaliser le Ruban**.
3. Dans la liste de choix *Personnaliser le Ruban*, sélectionnez le type d'onglet à masquer : *Tous les onglets*, *Onglets principaux* ou *Onglets d'outils*.
4. Désactivez la case à cocher située en regard de l'onglet à masquer.

Créer et gérer les onglets et les groupes personnalisés

Créer un onglet personnalisé

1. Cliquez du bouton droit sur un onglet du Ruban.
2. Dans le menu contextuel, sélectionnez **Personnaliser le Ruban**.
3. Dans la liste de choix *Personnaliser le Ruban*, sélectionnez le type d'onglet à créer : *Tous les onglets*, *Onglets principaux* ou *Onglets d'outils*.
4. Cliquez sur le bouton **Nouvel onglet**.

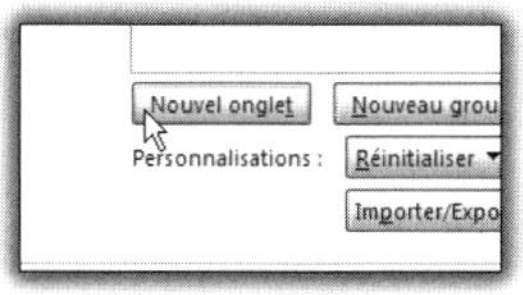

Figure 7.23 :
Le bouton Nouvel onglet

Le nouvel onglet est inséré après l'onglet sélectionné dans la liste.

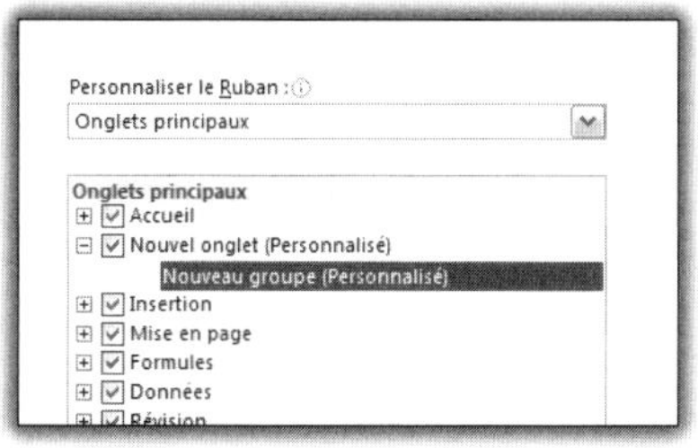

Figure 7.24 :
Insertion d'un nouvel onglet

5 Il s'agit ensuite de renommer ce nouvel onglet. Cliquez sur le bouton **Renommer**, ou cliquez du bouton droit sur le nom de l'onglet et sélectionnez **Renommer**.

6 Dans la boîte de dialogue **Renommer**, saisissez le nouveau nom de l'onglet.

7 Par défaut, le nouvel onglet est créé avec un seul groupe, qu'il faut tout d'abord renommer.

Il s'agit ensuite d'ajouter des commandes à ce groupe.

8 Sélectionnez la catégorie de commandes qui vous convient à l'aide de la liste de choix.

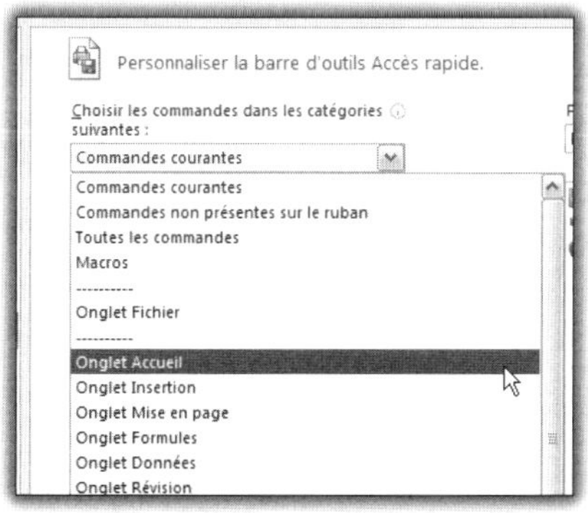

Figure 7.25 :
Choix de la catégorie

9 Sélectionnez la commande à ajouter à la barre d'outils et cliquez sur **Ajouter**. La commande apparaît dans la liste des fonctions du groupe.

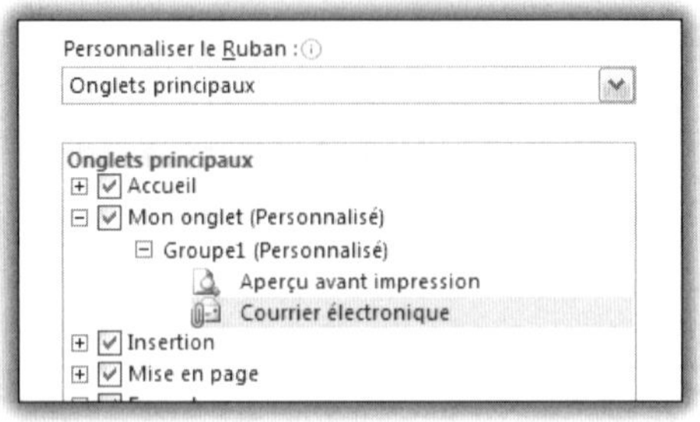

Figure 7.26 : *Ajout de commandes au groupe*

10 Validez par OK.

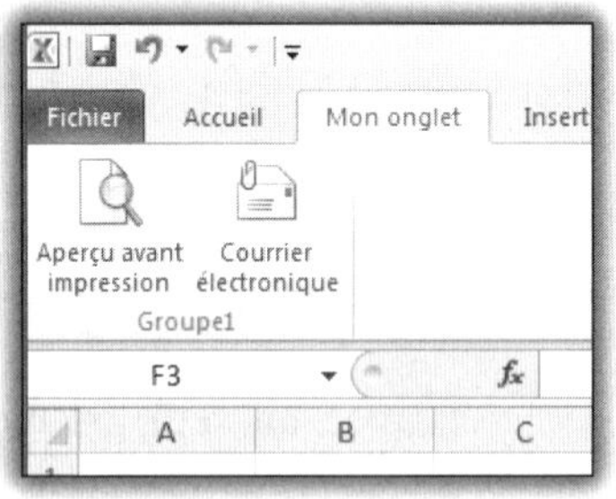

Figure 7.27 : *L'onglet personnalisé*

Ajouter un groupe à un onglet personnalisé

1 Cliquez du bouton droit sur un onglet du Ruban.

2 Dans le menu contextuel, sélectionnez **Personnaliser le Ruban**.

3 Sélectionnez l'onglet personnalisé auquel vous souhaitez ajouter un groupe.

4 Cliquez sur le bouton **Nouveau groupe**.

Figure 7.28 : *Le bouton Nouveau groupe*

5 Il s'agit ensuite de renommer ce nouvel onglet et d'y ajouter des commandes.

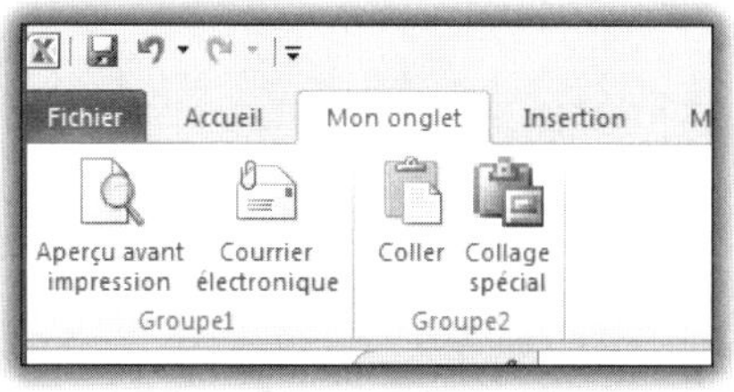

Figure 7.29 :
Ajout d'un groupe à l'onglet personnalisé

Gérer les groupes et les onglets personnalisés

Vous pouvez modifier l'ordre des onglets et des groupes, les renommer et les masquer. Qu'ils soient définis par défaut ou personnalisés, la procédure est rigoureusement identique.

De plus, vous avez la possibilité de supprimer un onglet ou un groupe personnalisé :

1 Cliquez du bouton droit sur un onglet du Ruban.

2 Dans le menu contextuel, sélectionnez **Personnaliser le Ruban**.

3 Cliquez du bouton droit sur le nom de l'onglet ou du groupe à supprimer et sélectionnez **Supprimer**.

Les autres fonctionnalités liées à la personnalisation du Ruban

Réinitialiser le Ruban

Lorsque vous avez fait des modifications sur des onglets par défaut, vous avez la possibilité de supprimer toutes ces modifications en une seule opération afin de restaurer l'onglet dans son état initial.

1 Cliquez du bouton droit sur un onglet du Ruban.

2 Dans le menu contextuel, sélectionnez **Personnaliser le Ruban**.

3 Sélectionnez l'onglet par défaut à réinitialiser.

4 Cliquez sur le bouton **Réinitialiser** puis sélectionnez la commande **Réinitialiser uniquement l'onglet du Ruban sélectionné**.

Figure 7.30 : *Réinitialiser un onglet par défaut*

Vous pouvez également supprimer en une seule opération toutes les personnalisations du Ruban (nouvel onglet, modification des onglets par défaut…) et de la barre d'outils *Accès rapide*.

1 Cliquez du bouton droit sur un onglet du Ruban.

2 Dans le menu contextuel, sélectionnez **Personnaliser le Ruban**.

3 Cliquez sur le bouton **Réinitialiser** puis sélectionnez la commande **Réinitialiser toutes les personnalisations**.

Exporter et importer les personnalisations

Vous pouvez exporter vos personnalisations du Ruban et de la barre d'outils *Accès rapide* dans un fichier qui peut être importé et utilisé sur un autre ordinateur.

1 Cliquez du bouton droit sur un onglet du Ruban.

2 Dans le menu contextuel, sélectionnez **Personnaliser le Ruban**.

3 Cliquez sur le bouton **Importer/Exporter** puis sélectionnez la commande **Exporter un fichier de personnalisation**.

4 Choisissez le nom et l'emplacement du fichier à exporter.

Pour importer des fichiers de personnalisation :

1 Cliquez du bouton droit sur un onglet du Ruban.

2 Dans le menu contextuel, sélectionnez **Personnaliser le Ruban**.

3 Cliquez sur le bouton **Importer/Exporter** puis sélectionnez la commande **Importer un fichier de personnalisation**.

4 Choisissez le nom et l'emplacement du fichier à importer.

REMARQUE

Impact des personnalisations importées

Lorsque vous importez un fichier de personnalisation du Ruban, vous perdez toutes les personnalisations du Ruban et de la barre d'outils *Accès rapide* précédentes. Si vous envisagez de revenir aux personnalisations actuelles, vous devriez les exporter avant d'en importer de nouvelles.

7.3. Personnaliser la barre d'outils Accès rapide

Comme son nom l'indique, la barre d'outils *Accès rapide* permet d'accéder rapidement à des fonctionnalités d'Excel : enregistrement, annulation et rétablissement d'actions, etc.

Figure 7.31 :
La barre d'outils Accès rapide

Vous avez la possibilité de personnaliser cette barre d'outils afin d'ajouter les commandes qui vous semblent les plus utiles.

1 Cliquez sur le petit bouton fléché situé à droite de la barre d'outils *Accès rapide*.

2 Vous accédez ainsi à une liste prédéfinie de commandes. Choisissez celles que vous souhaitez ajouter.

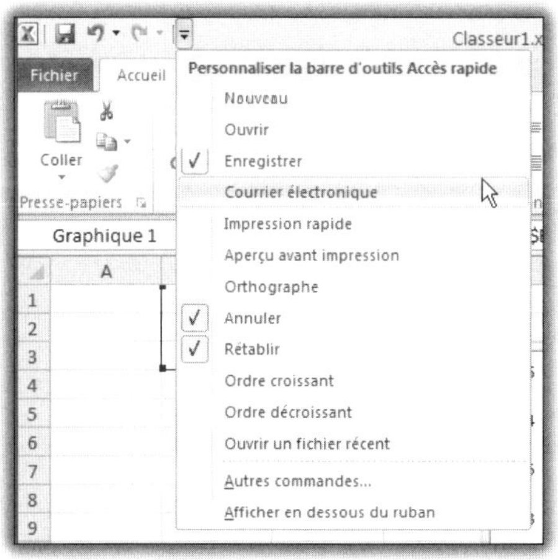

Figure 7.32 :
La liste de choix prédéfinie

Si les commandes proposées ne vous conviennent pas, vous pouvez affiner la personnalisation.

1. Cliquez sur le petit bouton fléché situé à droite de la barre d'outils *Accès rapide*.
2. Sélectionnez l'une des commandes proposées par défaut ou sélectionnez **Autres commandes** pour accéder à toutes celles disponibles. La boîte de dialogue **Options Excel** s'ouvre, proposant la catégorie *Barre d'outils Accès rapide*.

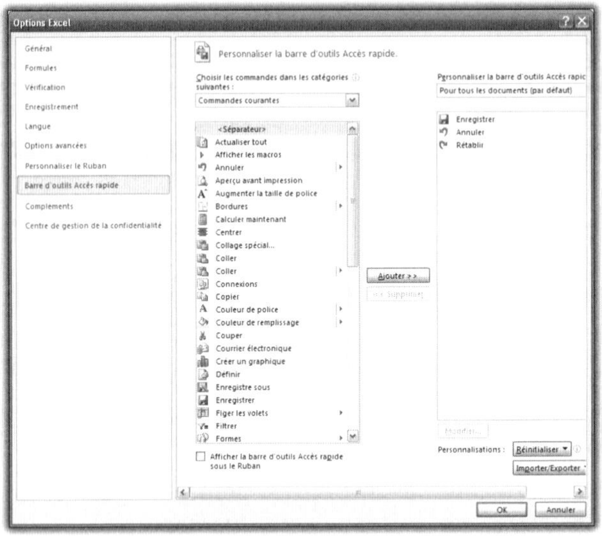

Figure 7.33 : *La catégorie Barre d'outils Accès rapide*

3. Sélectionnez la catégorie de commandes qui vous convient à l'aide de la liste de choix.

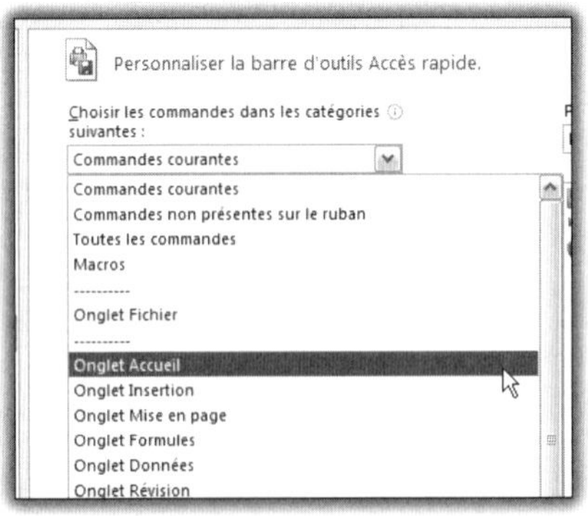

Figure 7.34 : *Choix de la catégorie*

4 Sélectionnez la commande à ajouter à la barre d'outils et cliquez sur **Ajouter**. La commande apparaît dans la liste des fonctions de la barre d'outils *Accès rapide*.

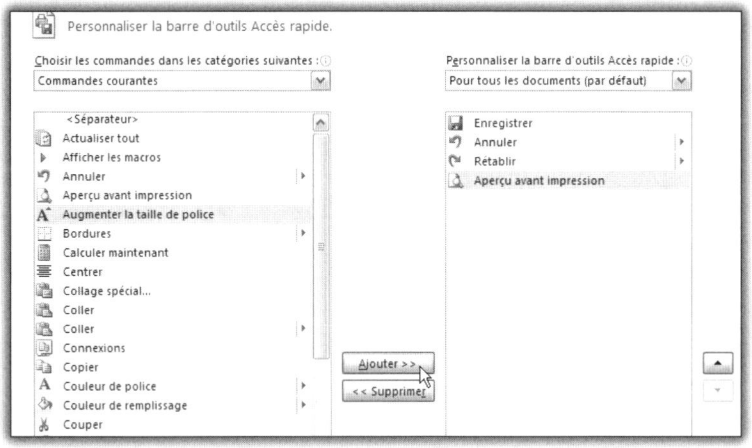

Figure 7.35 : *Ajout d'une commande*

5 Une fois que vous avez ajouté des nouvelles commandes, le bouton **Supprimer** devient actif. Sélectionnez la commande à supprimer et cliquez sur **Supprimer**.

6 Vous avez la possibilité de choisir si ces modifications doivent s'appliquer à tous les documents ou seulement au classeur actif.

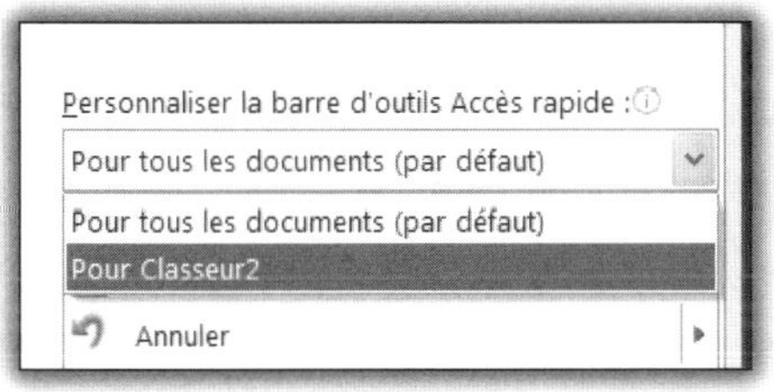

Figure 7.36 : *Le périmètre d'application des modifications*

7 Pour annuler toutes vos modifications, cliquez sur le bouton **Réinitialiser**.

8 Cliquez sur OK pour valider vos modifications.

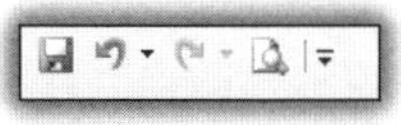

Figure 7.37 : *La barre d'outils personnalisée*

Autre méthode de personnalisation

Pour personnaliser rapidement la barre d'outils *Accès rapide* :

1 Sur le Ruban, cliquez du bouton droit sur le bouton de la commande à ajouter.

2 Sélectionnez la commande **Ajouter à la barre d'outils Accès rapide**.

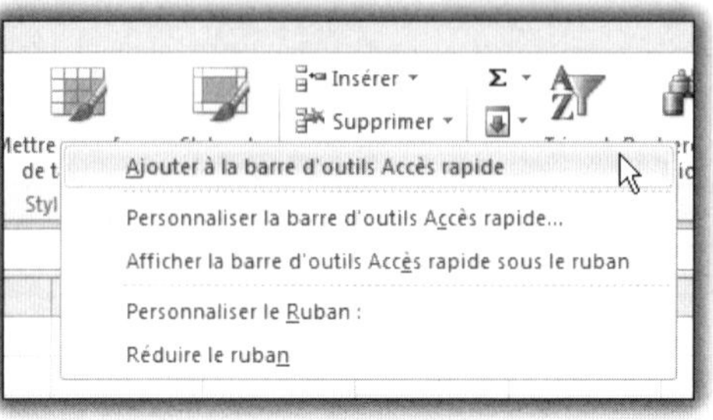

Figure 7.38 : *Ajout rapide d'une commande à la barre d'outils Accès rapide*

3 Pour supprimer un élément de la barre d'outils *Accès rapide*, cliquez dessus du bouton droit et sélectionnez **Supprimer de la barre d 'outils Accès rapide**.

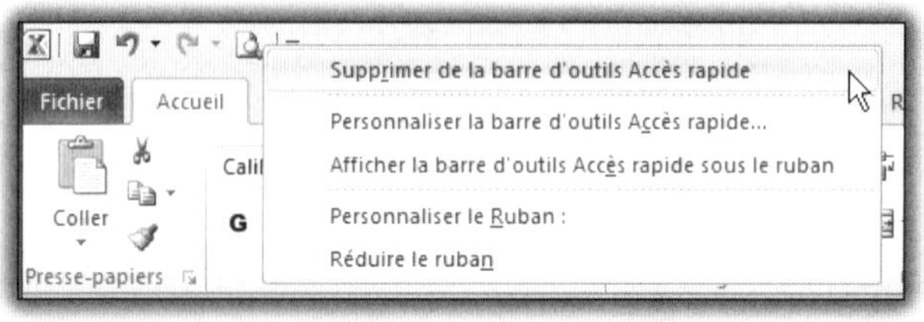

Figure 7.39 : *Suppression rapide d'une commande de la barre d'outils Accès rapide*

CHAPITRE 8

Élaborer des formules de calcul

Ce chapitre aborde une fonctionnalité majeure d'Excel : la création des formules de calcul faisant intervenir le contenu de plusieurs cellules. Cette possibilité constitue une part importante de la "valeur ajoutée" d'Excel. En effet, elle rend aisée la réalisation de tableaux de simulation dans lesquels il suffit de changer quelques valeurs pour que l'ensemble des calculs soit remis à jour.

Pour cela, nous procéderons par étapes successives. Tout d'abord, nous aborderons la réalisation de calculs simples, avec les opérateurs classiques. Ensuite, nous introduirons la notion de référence de cellule, qui permet d'accéder au contenu d'une cellule pour l'utiliser dans les formules. Nous distinguerons les différents types de références de cellules et verrons comment les utiliser pour réaliser simplement des tableaux de calcul complexes. Nous étudierons également la notion de nom de cellule, qui permet d'identifier de façon plus explicite les cellules.

Nous décrirons par ailleurs les fonctions qui vous serviront à détecter et à corriger les erreurs qui pourraient se glisser dans vos formules.

Enfin, nous terminerons ce chapitre par un cas pratique qui vous permettra de réaliser pas à pas un suivi de budget mensuel.

8.1. Concevoir des formules

Voyons d'abord comment saisir une formule simple puis comment la modifier.

Saisir une formule

Une formule de calcul doit débuter par le signe = (égal). Ce dernier indique à Excel qu'il doit considérer les éléments qui seront saisis comme une formule de calcul, et non comme une simple entrée numérique ou alphanumérique.

Prenons un exemple :

1. Créez un nouveau classeur.
2. En *A1*, saisissez `=19+71`.
3. Appuyez sur [↵].

Le résultat du calcul apparaît en *A1*, soit *90*.

La formule, quant à elle, apparaît dans la barre de formule.

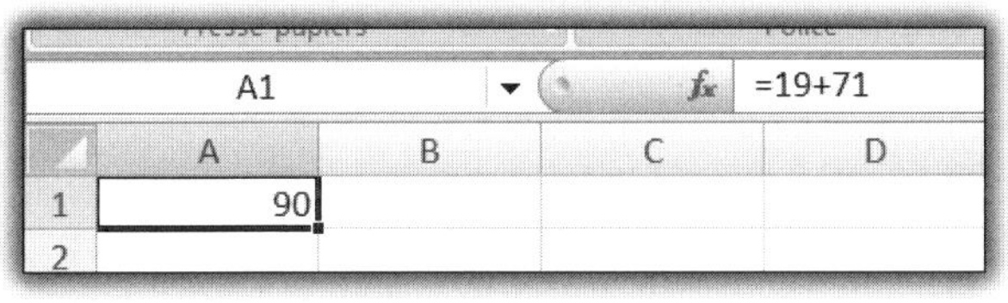

Figure 8.1 :
Une formule simple

Utilisation du pavé numérique

Saisir des formules simples, comme la précédente, via le pavé numérique représente un gain de temps. Mais sur ce dernier, le signe = n'est pas présent. Il faut le remplacer par le signe + (plus), ou - (moins) si le premier nombre est négatif. Ainsi, si vous saisissez `+19+71`, Excel convertit cette formule en `=19+71`.

Modifier une formule

La saisie de formule se révèle d'une grande simplicité. Mais personne n'est à l'abri d'une erreur ; c'est pourquoi il est important de pouvoir modifier une formule saisie.

Reprenons l'exemple précédent. En fait, la formule correcte est `=(19+71)/5`.

1 Double-cliquez sur la cellule *A1*.

2 À l'aide de la souris ou en utilisant les touches [Flèche] [→] et [Flèche] [←], déplacez le curseur après le signe = et saisissez une parenthèse ouvrante.

3 Déplacez le curseur à la fin de la formule à l'aide de la touche [Fin]. Saisissez la fin de la modification.

4 Appuyez sur [↵].

Le nouveau résultat s'affiche immédiatement (*18*).

Au moment où vous avez saisi la parenthèse fermante, les deux parenthèses sont apparues fugitivement en gras. Excel a "compris" que la parenthèse fermante était associée à la parenthèse ouvrante. Cela permet de se repérer plus facilement lorsqu'il existe plusieurs niveaux de parenthèses dans une formule.

REMARQUE

Autres méthodes

Il existe deux autres façons de modifier une formule. Le résultat est bien sûr identique à celui de la première méthode.

La première variante consiste à sélectionner la cellule contenant la formule à modifier et à appuyer sur la touche [F2]. La seconde consiste à sélectionner la cellule et à cliquer dans la barre de formule.

Choisissez la méthode qui convient le mieux à vos habitudes de travail.

Utiliser des opérateurs

Nous allons décrire les différents opérateurs utilisables dans Excel, en commençant bien sûr par les plus classiques : les opérateurs mathématiques. Nous étudierons également un opérateur spécifique d'Excel, qui permet de traiter les chaînes de caractères.

Utiliser des opérateurs mathématiques

Les règles de priorité des opérateurs

Pour concevoir vos formules, vous disposez des opérateurs mathématiques courants : ^ (puissance), * (multiplication), / (division), + (addition), - (soustraction).

Les règles de priorité des opérateurs sont évidemment respectées, c'est-à-dire que les expressions utilisant l'opérateur de puissance sont évaluées en premier, puis viennent, au même niveau, la multiplication et la division, et enfin l'addition et la soustraction (même niveau).

Voici quelques exemples de formules mettant en jeu les opérateurs mathématiques :

Tableau 8.1 : *Quelques exemples de formules de calcul*

Formule	Résultat
=4+5*3	=4+15=19
=2-3+10/2	=2-3+5=4

Tableau 8.1 : *Quelques exemples de formules de calcul*

Formule	Résultat
`=5*6/2-18/3`	*=15-6=9*
`=2^2*5+3-2`	*=4*5+3-2=20+3-2=21*

Utiliser des parenthèses

Les parenthèses permettent d'influer sur les règles de priorité des opérateurs mathématiques. En effet, toute expression placée entre parenthèses sera évaluée de façon prioritaire. Il est évidemment possible d'imbriquer les niveaux de parenthèses.

Supposons que vous souhaitiez calculer le prix TTC d'un ensemble de deux articles. Leurs prix HT sont de 75 euros et de 100 euros, sur lesquels une remise respective de 10 % et 5 % a été préalablement appliquée.

Pour obtenir un résultat correct, il faut utiliser des parenthèses. En effet, il s'agit d'abord d'évaluer le prix total HT, compte tenu de la remise, puis de calculer le prix TTC.

1 Sélectionnez *A3*.
2 Saisissez `=(75*(1-10%)+100*(1-5%))*(1+19,6%)`.
3 Appuyez sur [↵].

Suivons pas à pas l'évaluation de cette formule.

- étape 1 : `=(75*0,9+100*(1-5%))*(1+19,6%)` ;
- étape 2 : `=(67,5+100*(1-5%))*(1+19,6%)` ;
- étape 3 : `=(67,5+100*0,95)*(1+19,6%)` ;
- étape 4 : `=(67,5+95)*(1+19,6%)` ;
- étape 5 : `=162,5*(1+19,6%)` ;
- étape 6 : `=162,5*1,196` ;
- étape 7 : `=194,35`.

Lors de la saisie, chaque niveau de parenthèses possède une couleur. Cela permet de mieux visualiser la hiérarchie des parenthèses. De plus, lorsque vous refermez une parenthèse, la paire de parenthèses, identifiée par Excel, est mise brièvement en gras.

Utiliser un opérateur particulier

L'opérateur *&* permet de concaténer des chaînes de caractères. Jusqu'à présent, nous avons évoqué des formules dont les opérandes étaient numériques. Or il peut être nécessaire de manipuler des opérandes alphanumériques avec lesquels les opérateurs mathématiques n'ont aucun sens (essayez par exemple de diviser "Bonjour" par "Au revoir" !).

1 Sélectionnez *A2*.

2 Saisissez `="Micro"&" "&"Application"`.

3 Appuyez sur [Entrée].

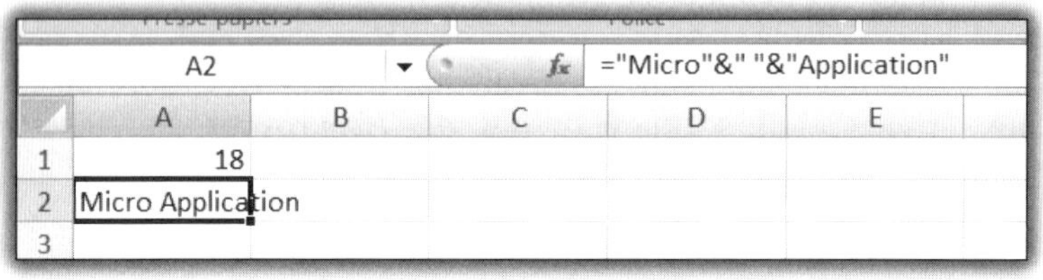

Figure 8.2 : *Une formule alphanumérique*

Il est possible de concaténer des expressions numériques avec des expressions alphanumériques.

8.2. Identifier des cellules par leur référence

Si les possibilités en matière de calcul en restaient là, Excel ne serait qu'une supercalculatrice. Or il est beaucoup plus que cela. Cette puissance supplémentaire provient, entre autres, de la possibilité de faire référence à des cellules dans une formule. Cette faculté autorise la conception de formules complexes et puissantes. Nous aborderons progressivement l'utilisation des différents types de références dans la conception des formules de calcul.

Les références de cellules

Une référence de cellule permet de localiser une cellule dans un classeur, en indiquant sa ligne et sa colonne. Les colonnes sont identifiées par des lettres (de *A* à *XFD*, soit 16 384 colonnes) et les lignes par des chiffres (de *1* à *1 048 576*). Par exemple, *A1* localise la cellule située à l'intersection de la première colonne et de la première ligne, *B10* la cellule située à l'intersection de la deuxième colonne et de la dixième ligne.

Lorsque vous saisissez la référence d'une cellule dans une formule, vous utilisez le contenu de la cellule correspondante dans ladite formule.

Utiliser des références de cellules

Voici l'exemple le plus simple d'utilisation d'une référence de cellule dans une formule :

1. Sélectionnez *A4*.
2. Saisissez `=A3`.
3. Appuyez sur [↵].

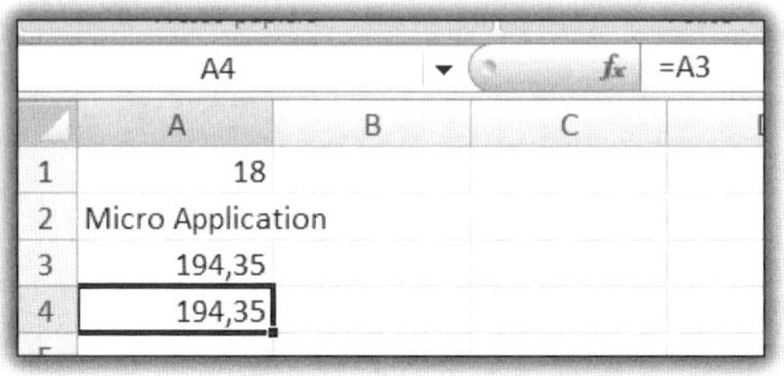

Figure 8.3 : *Utilisation d'une référence*

Le contenu de la cellule *A4* est maintenant égal au contenu de la cellule *A3*. Si ce dernier varie, celui de *A4* varie également.

Pour comprendre l'apport de cette approche, comparativement à l'approche "calculatrice" que nous avons suivie jusqu'à présent, reprenons l'exemple de calcul du prix TTC des deux articles. En cas de changements de tarif ou de taux de remise, il faut modifier la formule contenue en *A3*, ce qui n'est pas très aisé. Vous utiliserez donc des références pour simplifier le travail.

1. En *A6*, saisissez `75`.
2. En *B6*, saisissez `10%`.
3. En *A7*, saisissez `75`.
4. En *B7*, saisissez `10%`.
5. En *A8*, saisissez `19,6%`.

6 En *A10*, saisissez `=(A6*(1−B6)+A7*(1−B7))*(1+A8)`.

Au fur et à mesure de l'écriture de la formule, les références des cellules qu'elle contient sont affichées avec des couleurs différentes, appliquées par ailleurs sur la bordure des cellules correspondantes. C'est un bon moyen d'avoir une vision synthétique des cellules impliquées dans une formule (à condition, bien sûr, qu'elles soient toutes visibles à l'écran).

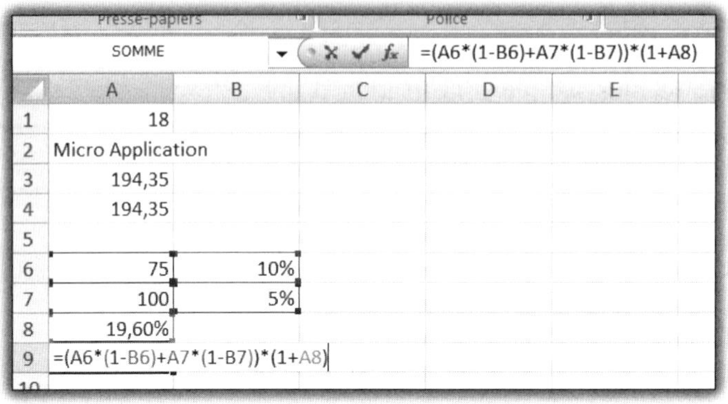

Figure 8.4 : *Utilisation de références dans un calcul*

7 Validez par [↵].

Le résultat contenu dans la cellule *A10* est égal à *A3*, mais il est beaucoup plus facile de tenir compte d'éventuelles modifications de tarif, de remise ou de taux de TVA.

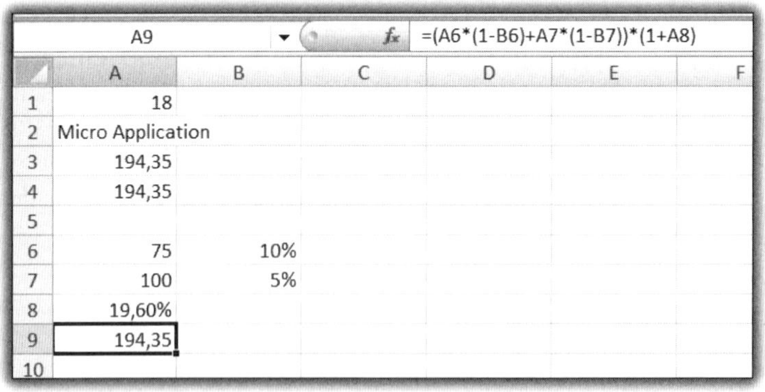

Figure 8.5 : *Le résultat de la formule*

Saisir des références de cellules avec la souris

La dernière formule que vous avez créée contient cinq références de cellules. Leur saisie au clavier ne pose pas de problème car elles sont peu nombreuses et toutes visibles à l'écran en même temps. Mais dans la plupart des cas, il est préférable de sélectionner les cellules afin d'insérer leur référence dans la formule en cours.

1 Sélectionnez *A47*.

2 Saisissez `=(`.

3 Faites défiler, à l'aide de la barre de défilement verticale, la feuille de calcul jusqu'à ce que la cellule *A6* soit visible.

4 Sélectionnez la cellule *A6* à l'aide de la souris. La cellule *A6* est entourée de pointillés, avec une bordure de couleur. De plus, sa référence apparaît dans la barre de formule, qui affiche le contenu de la cellule active (*A47*).

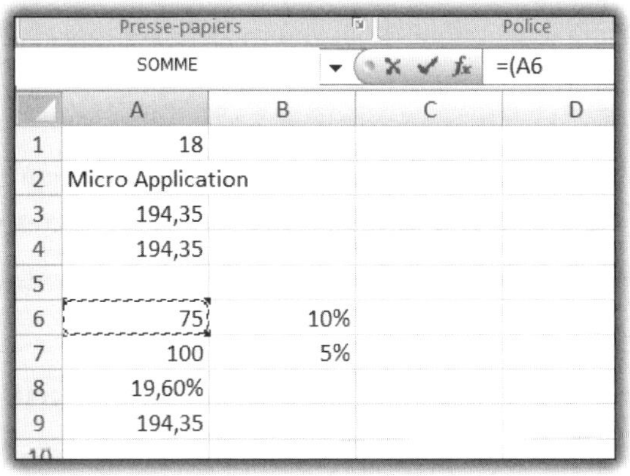

Figure 8.6 : *Saisie de référence à l'aide de la souris*

5 Continuez la définition de la formule en saisissant les opérateurs et les parenthèses au clavier et en sélectionnant les références avec la souris.

6 Validez à l'aide de la touche [←].

Distinguer les différents types de références : relatives, absolues et mixtes

Jusqu'à présent, vous avez utilisé des références relatives. Lorsque vous avez saisi `=A3` dans la cellule *A4*, vous avez fait une référence, non pas à la cellule *A3* en tant que telle, mais à la cellule se trouvant une ligne au-dessus de la cellule en cours (en l'occurrence *A4*). Ainsi, lorsque vous copiez le contenu de la cellule *A4* et le collez en *B10*, *B10* contient `=B9`, et non `=A3`.

Pour faire référence à la cellule *A3*, il faut utiliser une référence absolue. Elle se présente sous la forme *$A$3*. Si vous saisissez `=$A$3` en *A4*, puis copiez le contenu de la cellule *A4* et le collez en *B10*, *B10* contient `=$A$3`. Le symbole *$* indique que la colonne *A* et que la ligne *3* sont figées.

Il est possible de combiner des références absolues sur les colonnes avec des références relatives sur les lignes, et vice versa. Il s'agit alors de références mixtes.

Lors de la saisie d'une formule, vous pouvez facilement passer d'un mode de référence à l'autre à l'aide de la touche [F4].

1. Double-cliquez sur *A10*.
2. Positionnez le curseur à côté de la référence à *A6* (après le 6, par exemple).
3. Appuyez sur [F4]. La référence devient *$A$6*.
4. Appuyez une deuxième fois sur [F4]. La référence devient *A$6*.
5. Appuyez une troisième fois sur [F4]. La référence devient *$A6*.
6. Appuyez encore une fois sur [F4]. La référence redevient *A6*.

Utiliser des références relatives et absolues

Pour tester les références absolues et relatives, vous allez créer une feuille de calcul qui détermine les tarifs de différents produits, compte tenu d'un taux de remise et d'un taux de TVA.

1. En *A1*, saisissez `TARIF`.
2. En *E3*, saisissez `Taux TVA`.
3. En *F3*, saisissez `19,6%`.
4. En *A5*, *B5*, *C5*, *D5*, *E5*, *F5*, saisissez respectivement `Référence`, `Libellé`, `P.U. H.T.`, `Remise`, `P.U. net H.T.`, `P.U. T.T.C.`.

5 Saisissez les différentes lignes d'exemples suivantes :

Tableau 8.2 : *Lignes d'exemples*

Référence	Libellé	P.U. H.T.	Remise
ABC1	Bloc note	0,93 ¤	15 %
ABC2	Enveloppes (500)	11,07 ¤	12 %
ABC3	Stylo	0,66 ¤	25 %
ABC4	Gomme	0,76 ¤	12 %
ABC5	Marqueur	1,65 ¤	14 %
ABC6	Agrafeuse	9,95 ¤	20 %
ABC7	Classeur	2,57 ¤	33 %
ABC8	Surligneur	0,66 ¤	25 %

6 Sélectionnez *A1:F1* et cliquez sur **Fusionner et centrer** (onglet **Accueil**, groupe *Alignement*). Appliquez une taille de police de 16 et mettez le texte en gras.

7 Sélectionnez *E3:F3* et appliquez un contour de type quadrillage. Mettez *E3* en gras.

8 Sélectionnez *A5:F5*, centrez le texte et mettez-le en gras.

9 Sélectionnez *A5:F13* et appliquez un contour de type quadrillage.

ASTUCE

Sélection de la zone en cours

Dans Excel, une zone est une plage de cellules séparées des autres par des cellules vides. Ainsi, dans la feuille que vous êtes en train d'élaborer, il y a trois zones : *A1:F1*, *E3:F3* et *A5:F13*. Pour sélectionner rapidement la zone à laquelle appartient la cellule active, appuyez sur [Ctrl]+[*]. Ici, sélectionnez *A5* (par exemple) et appuyez sur [Ctrl]+[*] pour sélectionner *A5:F13*.

10 Sélectionnez *C6:C13* ainsi que *E6:F13*, et appliquez le format *Euro*.

Cette feuille est donc un tarif présentant plusieurs articles avec, pour chacun d'eux, son prix HT ainsi qu'un taux de remise. Le but final est de calculer, pour chaque article, le prix net HT (compte tenu de la remise) et le prix TTC.

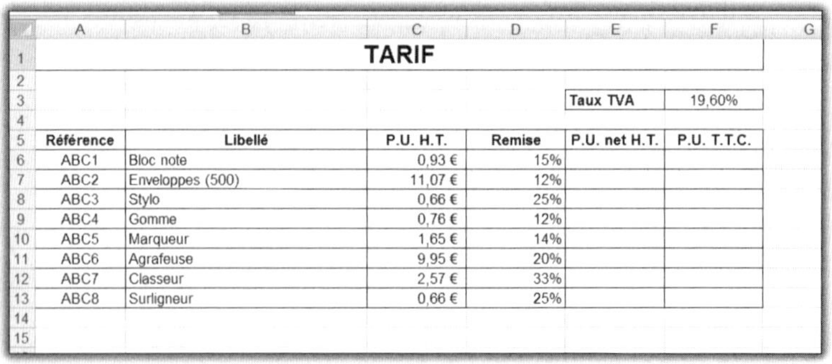

	A	B	C	D	E	F
1	TARIF					
2						
3					Taux TVA	19,60%
4						
5	Référence	Libellé	P.U. H.T.	Remise	P.U. net H.T.	P.U. T.T.C.
6	ABC1	Bloc note	0,93 €	15%		
7	ABC2	Enveloppes (500)	11,07 €	12%		
8	ABC3	Stylo	0,66 €	25%		
9	ABC4	Gomme	0,76 €	12%		
10	ABC5	Marqueur	1,65 €	14%		
11	ABC6	Agrafeuse	9,95 €	20%		
12	ABC7	Classeur	2,57 €	33%		
13	ABC8	Surligneur	0,66 €	25%		
14						
15						

Figure 8.7 : *La feuille de calcul initiale*

Pour calculer le prix net, il faut appliquer le taux de remise à chaque ligne :

1 En *E6*, saisissez `=C6*(1-D6)`.

2 Étendez le contenu, à l'aide de la poignée de recopie, jusqu'en *E13*. Pour cela, sélectionnez la cellule *E6* et approchez le pointeur de la poignée de recopie de la cellule (il s'agit du petit carré noir situé dans l'angle inférieur droit). Le pointeur se transforme en une petite croix noire.

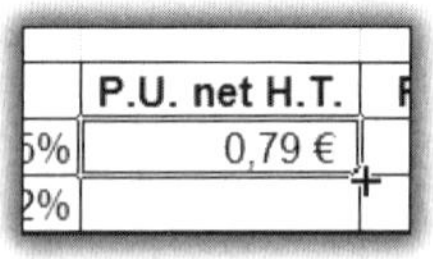

Figure 8.8 :
Le pointeur change d'apparence

3 Cliquez sur la poignée de recopie et déplacez le pointeur jusqu'en *E13*. La plage *E6:E13* a un contour gris. Relâchez le bouton de la souris. La formule de calcul de la cellule *E6* a été "étendue" aux autres cellules de la plage.

ASTUCE

Extension rapide d'une formule dans une colonne

Pour étendre encore plus rapidement une formule dans une colonne, sélectionnez la cellule qui contient la formule à étendre et double-cliquez sur la poignée de recopie de cette cellule. La formule est alors étendue jusqu'à la ligne correspondant à la dernière cellule non vide des colonnes immédiatement adjacentes. Si vous double-cliquez sur la poignée de recopie de la cellule *E6*, sa formule s'étend jusqu'en *E13*, puisque la colonne *D* contient des valeurs jusqu'en *D13*.

Vous avez ainsi mis à profit les propriétés des références relatives : elles permettent de localiser les cellules par rapport à la cellule active. En étendant le contenu de la cellule active dans la même colonne, vous avez également "fait suivre" les références relatives de la formule.

Il reste à calculer les prix TTC. Pour cela, il faut utiliser le taux de TVA situé dans la cellule *F3*.

1 En *F6*, saisissez `=E6*(1+F3)`.

2 Étendez le contenu, à l'aide de la poignée de recopie, jusqu'en *F13*.

	A	B	C	D	E	F
1	TARIF					
2						
3					Taux TVA	19,60%
4						
5	Référence	Libellé	P.U. H.T.	Remise	P.U. net H.T.	P.U. T.T.C.
6	ABC1	Bloc note	0,93 €	15%	0,79 €	0,95 €
7	ABC2	Enveloppes (500)	11,07 €	12%	9,74 €	9,74 €
8	ABC3	Stylo	0,66 €	25%	0,50 €	#VALEUR!
9	ABC4	Gomme	0,76 €	12%	0,67 €	1,30 €
10	ABC5	Marqueur	1,65 €	14%	1,42 €	15,24 €
11	ABC6	Agrafeuse	9,95 €	20%	7,96 €	#VALEUR!
12	ABC7	Classeur	2,57 €	33%	1,72 €	3,96 €
13	ABC8	Surligneur	0,66 €	25%	0,50 €	8,04 €

Figure 8.9 : *Première tentative de calcul du prix TTC*

Le résultat n'est pas très probant. Vous avez sans doute déjà identifié les causes de ce problème. La référence à *F3* doit être absolue, puisque ce taux sera utilisé de la même façon à chaque ligne.

1 Double-cliquez sur *F6*.

2 Positionnez le curseur à côté de la référence à *F3* (après le 3, par exemple).

3 Appuyez sur [F4]. La référence devient *$F$3*.

4 Validez par [↵].

5 Étendez le contenu, à l'aide de la poignée de recopie, jusqu'en *F13*.

Cette deuxième tentative est sans doute plus conforme à vos attentes.

En résumé, l'emploi de références relatives ou absolues est principalement conditionné par le comportement attendu de la formule lorsqu'elle sera copiée. En effet, une formule est rarement "isolée" ; elle fait souvent partie de lignes ou de colonnes présentant des formules semblables, obtenues par recopie d'une formule initiale.

	A	B	C	D	E	F
1	TARIF					
2						
3					Taux TVA	19,60%
4						
5	**Référence**	**Libellé**	**P.U. H.T.**	**Remise**	**P.U. net H.T.**	**P.U. T.T.C.**
6	ABC1	Bloc note	0,93 €	15%	0,79 €	0,95 €
7	ABC2	Enveloppes (500)	11,07 €	12%	9,74 €	11,65 €
8	ABC3	Stylo	0,66 €	25%	0,50 €	0,59 €
9	ABC4	Gomme	0,76 €	12%	0,67 €	0,80 €
10	ABC5	Marqueur	1,65 €	14%	1,42 €	1,70 €
11	ABC6	Agrafeuse	9,95 €	20%	7,96 €	9,52 €
12	ABC7	Classeur	2,57 €	33%	1,72 €	2,06 €
13	ABC8	Surligneur	0,66 €	25%	0,50 €	0,59 €

Figure 8.10 : *Deuxième tentative de calcul du prix TTC*

Utiliser des références mixtes

Pour tester les références mixtes, vous allez construire une feuille de calcul qui détermine la capacité de production d'un atelier, en fonction de la capacité horaire de chaque machine et de la durée d'ouverture journalière de l'atelier.

1. En *A1*, saisissez `Capacités de production - Atelier XXXX`.
2. En *C3*, saisissez `Lundi` et étendez le contenu de la cellule jusqu'en *I3*.
3. En *B4*, saisissez `Durée du travail`.
4. En *C4*, *D4*, *E4*, *F4*, *G4*, *H4*, *I4*, saisissez respectivement `8`, `10`, `10`, `10`, `8`, `6`, `0`.
5. En *A6*, saisissez `Machine`.
6. En *B6*, saisissez `Capacité`.
7. En *C6*, saisissez `Lundi` et étendez le contenu de la cellule jusqu'en *I6*.
8. En *J6*, saisissez `Total`.
9. En *A7*, saisissez `Machine 1` et étendez le contenu de la cellule jusqu'en *A12*.
10. En *A13*, saisissez `Total/jour`.

11 En *B7*, *B8*, *B9*, *B10*, *B11*, *B12*, saisissez respectivement `100, 150,75, 98, 102, 123`.

12 Sélectionnez *A1:J1* et cliquez sur **Fusionner et centrer** (onglet **Accueil**, groupe *Alignement*). Appliquez une taille de police de 16 et mettez le texte en gras.

13 Sélectionnez *C3:I3* et appliquez un contour de type quadrillage. Mettez le texte en gras.

14 Sélectionnez *B4:I4* et appliquez un contour de type quadrillage. Mettez *B4* en gras.

15 Sélectionnez *A6:J6*, centrez le texte et mettez-le en gras.

16 Sélectionnez *A6:J13* et appliquez un contour de type quadrillage.

17 À l'aide du bouton **Somme automatique** (onglet **Accueil**, groupe *Édition*, ou onglet **Formules**, groupe *Bibliothèque de fonctions*), positionnez les totaux de lignes et de colonnes.

RENVOI

Pour plus d'informations sur le bouton Somme automatique, reportez-vous au chapitre Utiliser les fonctions.

18 Sélectionnez *C13:J13* et mettez le texte en gras.

19 Sélectionnez *J7:J12* et mettez le texte en gras.

	A	B	C	D	E	F	G	H	I	J
1	Capacités de production - Atelier XXXX									
2										
3			**Lundi**	**Mardi**	**Mercredi**	**Jeudi**	**Vendredi**	**Samedi**	**Dimanche**	
4		**Durée du travail**	8	10	10	10	8	6	0	
5										
6	**Machine**	**Capacité**	**Lundi**	**Mardi**	**Mercredi**	**Jeudi**	**Vendredi**	**Samedi**	**Dimanche**	**Total / Machine**
7	Machine 1	100								-
8	Machine 2	150								-
9	Machine 3	75								-
10	Machine 4	98								-
11	Machine 5	102								-
12	Machine 6	123								-
13	**Total / Jour**	**100**	-	-	-	-	-	-	-	-

Figure 8.11 : *La feuille de calcul initiale*

Ainsi, le lundi, la capacité de production de la machine 1 est de 100 × 8, soit 800 pièces. Généralisez ce calcul à l'ensemble des machines, pour chaque jour de la semaine.

1 En *C7*, saisissez `=$B7*C$4`.

2 Étendez le contenu, à l'aide de la poignée de recopie, jusqu'en *C12*.

3 Étendez le contenu, à l'aide de la poignée de recopie, jusqu'à la colonne *I*.

	A	B	C	D	E	F	G	H	I	J
1	Capacités de production - Atelier XXXX									
2										
3			Lundi	Mardi	Mercredi	Jeudi	Vendredi	Samedi	Dimanche	
4		Durée du travail	8	10	10	10	8	6	0	
5										
6	Machine	Capacité	Lundi	Mardi	Mercredi	Jeudi	Vendredi	Samedi	Dimanche	Total / Machine
7	Machine 1	100	800	1 000	1 000	1 000	800	600	-	**5 200**
8	Machine 2	150	1 200	1 500	1 500	1 500	1 200	900	-	**7 800**
9	Machine 3	75	600	750	750	750	600	450	-	**3 900**
10	Machine 4	98	784	980	980	980	784	588	-	**5 096**
11	Machine 5	102	816	1 020	1 020	1 020	816	612	-	**5 304**
12	Machine 6	123	984	1 230	1 230	1 230	984	738	-	**6 396**
13	**Total / Jour**	**108**	**5 184**	**6 480**	**6 480**	**6 480**	**5 184**	**3 888**	**-**	**33 696**

Figure 8.12 : *Le calcul des capacités*

À partir de la saisie d'une formule, vous avez pu en créer quarante-deux (6 × 7) par simple copie. Il est important de réfléchir, lors de la conception des formules, à l'intérêt de figer ou non la référence à la ligne ou à la colonne. En figeant la référence à la colonne *B* et en laissant la ligne libre, vous demandez à la formule d'aller chercher la valeur de la capacité horaire de chaque machine, quel que soit le jour de la semaine. De même, en figeant la référence à la ligne *4* et en laissant la colonne libre, vous autorisez la formule à aller chercher la durée d'ouverture de l'atelier pour chaque jour de la semaine, quelle que soit la machine considérée.

ASTUCE

Rendre une formule plus lisible

Une formule complexe peut vite se révéler incompréhensible et peu lisible. Pour aérer sa présentation, insérez des sauts de ligne en appuyant sur Alt+↵ pendant la saisie. De plus, vous avez la possibilité de redimensionner la barre de formule afin d'augmenter le nombre de lignes visibles.

```
=SI(H9>0;
SI(E9="INT";
+C9*12*(1+Paramètres!$C$21/100)*(1+Paramètres!$C$22/100)*(1+Paramètres!$C$23/100);
+(C9*Paramètres!$C$9+(Paramètres!$H$6+Paramètres!$H$7+Paramètres!$H$8)*H9)*(1+Paramètres!$C$21/100)*(1+Paramètres!$C$22/100)*(1+
Paramètres!$C$23/100))
;0)
*SI(E9<>"CDI";SI(F9>3;1;F9-2);1)
```

Figure 8.13 : *Une formule complexe mise en forme*

Les références tridimensionnelles

Jusqu'à présent, les références que vous avez employées permettaient de situer une cellule dans une feuille de calcul. Pour cela, deux "coordonnées" sont nécessaires : la colonne et la ligne. Ce type de repérage est donc bidimensionnel. Or, il est utile, dans certaines situations, de faire appel à des cellules d'autres feuilles de calcul du même classeur. Pour repérer ces cellules, il faut introduire une "troisième dimension", en l'occurrence le nom de la feuille de calcul "source".

1 Dans le classeur que vous venez de créer, sélectionnez une autre feuille (ou insérez-en une).
2 Sélectionnez la cellule *A3*.
3 Saisissez =.
4 Cliquez sur l'onglet de la feuille où se trouve le tableau dont vous voulez utiliser les données (dans notre exemple, il s'agit de la feuille **Mixtes**).
5 Sélectionnez, par exemple, la cellule *J13*. Vous pouvez voir le contenu de la cellule active dans la barre de formule.
6 Saisissez `/7`.
7 Validez par [↵].

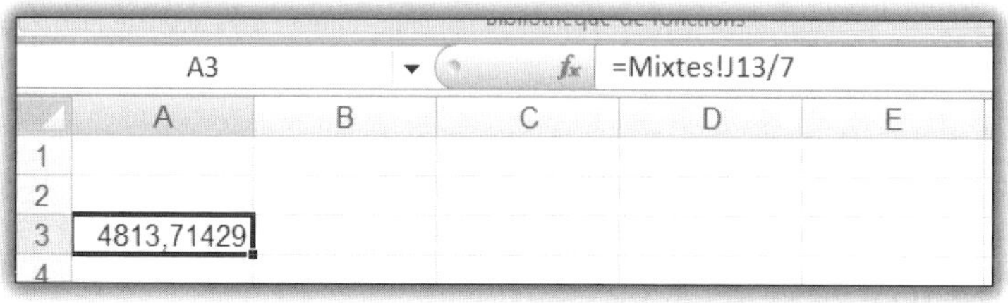

Figure 8.14 : *Utilisation de référence tridimensionnelle*

Vous obtenez, sur la feuille, la moyenne des capacités journalières de production.

La syntaxe d'une référence tridimensionnelle est *Feuille!Référence*. Si le nom de la feuille contient des espaces, il est entouré d'apostrophes, par exemple *'Ventes Annuelles'!B8*.

Il est possible de combiner les références tridimensionnelles avec les références relatives, absolues et mixtes.

Les plages de cellules tridimensionnelles

Vous pouvez aller plus loin et faire référence à des plages "tridimensionnelles". Par exemple, la formule `=SOMME(Feuil1:`

`Feuil5!A1:C3)` calcule la somme des cellules des plages *A1:C3* des feuilles **Feuil1** à **Feuil5**.

RENVOI *Pour plus d'informations sur la fonction SOMME, reportez-vous au chapitre* ***Utiliser les fonctions****.*

Pour saisir une telle formule :

1 Saisissez `=SOMME(` dans la cellule de votre choix.
2 Cliquez sur l'onglet de la première feuille, ici **Feuil1**.
3 Maintenez la touche Maj enfoncée et cliquez sur l'onglet de la dernière feuille, ici **Feuil5**.
4 Sélectionnez la plage souhaitée (ici *A1:C3*) dans la feuille active.
5 Fermez la parenthèse et validez par ↵.

Les références externes

Il peut également se révéler nécessaire d'avoir recours à des cellules situées dans d'autres classeurs.

Pour tester cette possibilité, enregistrez le classeur contenant le tableau des capacités de production en lui donnant le nom *Capacité_Prod.xlsx*.

1 Créez un nouveau classeur.
2 En *A3*, saisissez =.
3 Sous l'onglet **Affichage**, cliquez sur le bouton **Changement de fenêtre** du groupe *Fenêtre*, puis sélectionnez *Capacité_Prod.xlsx*.
4 Sélectionnez la cellule *J13*.
5 Validez par ↵.

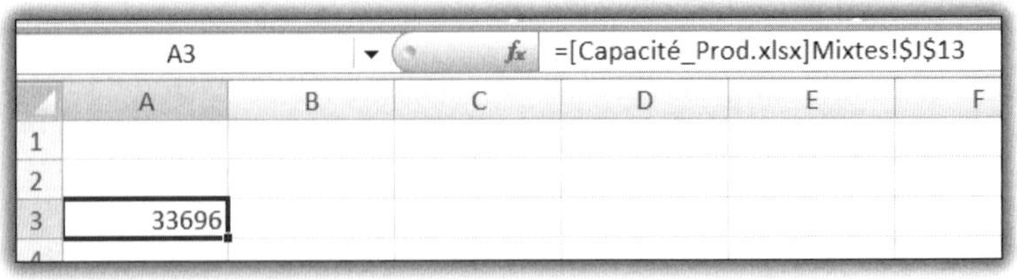

Figure 8.15 : *Utilisation de référence externe*

La syntaxe d'une référence externe est *'[Nom du classeur]Feuille'! Référence*.

Par défaut, il s'agit d'une référence absolue, mais il est possible de combiner les références externes avec les références relatives et mixtes.

Si vous fermez le classeur source, la référence externe fait apparaître le chemin complet de celui-ci. Vous pouvez afficher l'ensemble des références externes d'un classeur grâce au bouton **Modifier les liens d'accès** du groupe *Connexions* de l'onglet **Données**. Il provoque l'affichage de la boîte de dialogue **Modifier les liaisons**.

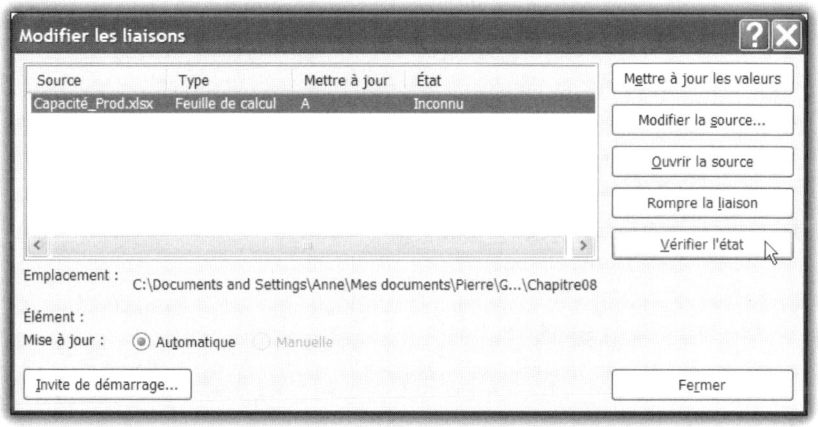

Figure 8.16 : *La boîte de dialogue Modifier les liaisons*

Lorsque vous ouvrez pour la première fois un classeur contenant des références externes, Excel affiche un avertissement de sécurité sous forme d'un bandeau au-dessus de la feuille de calcul.

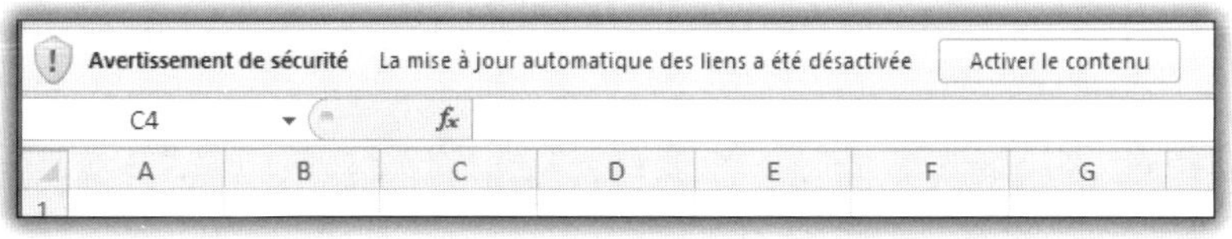

Figure 8.17 : *Le bandeau d'avertissement de sécurité*

Par défaut, la mise à jour automatique des liens est désactivée. Il suffit de cliquer sur **Activer le contenu** pour désactiver cette protection. Dès lors, Excel affichera une boîte de dialogue vous demandant si vous souhaitez mettre à jour les données externes.

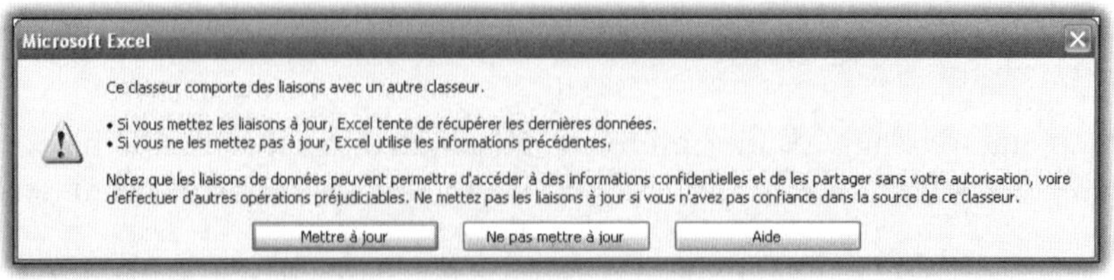

Figure 8.18 : *Demande de confirmation de la mise à jour des données externes*

REMARQUE

Modifier les paramètres de sécurité

Pour modifier les paramètres de sécurité vis-à-vis des données externes, utilisez le Centre de gestion de la confidentialité.

1 Cliquez sur le menu **Fichier**, puis sélectionnez la commande **Options**.

2 Dans la boîte de dialogue **Options Excel**, sélectionnez **Centre de gestion de la confidentialité**, puis cliquez sur le bouton **Paramètres du Centre de gestion de la confidentialité**.

3 Dans la boîte de dialogue **Centre de gestion de la confidentialité**, sélectionnez **Contenu externe**.

4 Choisissez l'option voulue dans la rubrique *Paramètres de sécurité pour les liaisons de classeur*.

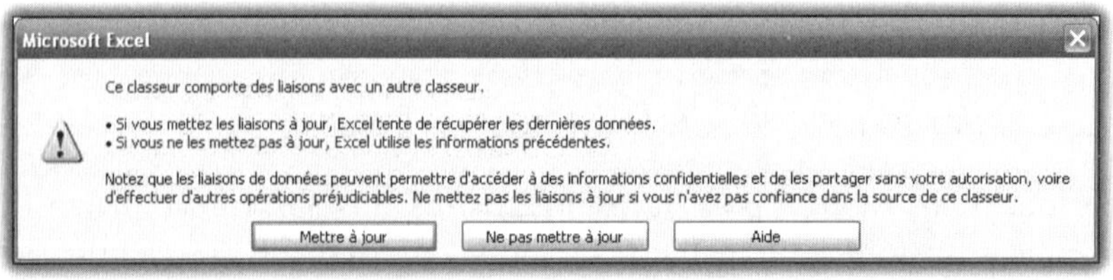

Figure 8.19 : *Les paramètres de sécurité des liaisons de classeur*

8.3. Identifier des cellules par leur nom

Les noms permettent d'utiliser un mode de repérage plus convivial que les références classiques. Nous allons à présent aborder les fonctionnalités qui vous permettront de créer, de modifier et de supprimer des noms dans un classeur ou une feuille de calcul.

Attribuer un nom à une cellule ou à une plage de cellules

Pour tester l'attribution d'un nom à une cellule, vous allez réutiliser la feuille de calcul élaborée précédemment.

Attribuer un nom à une cellule

Vous allez, par exemple, attribuer le nom *TauxTVA* à la cellule *F3* :

1 Sélectionnez *F3*.

2 Dans la zone *Nom* (qui contient la référence de la cellule *F3*), saisissez `TauxTVA`.

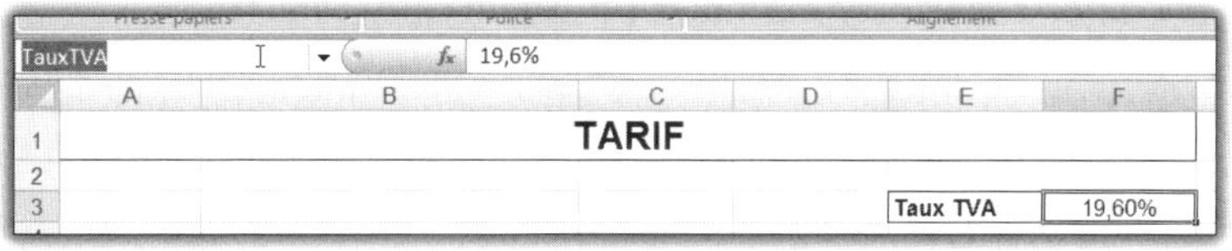

Figure 8.20 : *Attribution d'un nom à la cellule F3*

3 Validez par [↵].

Lorsque vous sélectionnez la cellule *F3*, le nom *TauxTVA* apparaît dans la zone *Nom*.

Par ailleurs, si vous saisissez `TauxTVA` dans la zone *Nom* alors qu'une cellule est sélectionnée, la sélection est déplacée sur la cellule *F3*.

REMARQUE

Règles pour la saisie de noms

Le premier caractère d'un nom doit être une lettre ou un caractère de soulignement. Les autres caractères peuvent être des lettres, des nombres, des points et des caractères de soulignement.

Les noms ne peuvent être identiques à des références de cellules, telles que *A10* ou *$B$12*.

Vous pouvez utiliser des caractères de soulignement ou des points comme séparateurs de mots, par exemple *Taux.TVA* ou *Taux_TVA*.

Un nom peut compter jusqu'à 255 caractères. Si un nom défini pour une plage contient plus de 253 caractères, vous ne pouvez le sélectionner dans la zone *Nom*.

Les noms peuvent contenir des majuscules et des minuscules. Excel ne fait pas de distinction entre les majuscules et les minuscules dans les

REMARQUE

noms. Par exemple, si vous créez le nom *TAUX* puis le nom *Taux* dans le même classeur, le second nom remplace le premier.

Évitez d'utiliser les noms suivants, réservés par Excel : *Zone_d_impression*, *Impression_des_titres*, *Titre_de_la_feuille*, *Zone_de_consolidation*, *Base_de_données* et *FilterDatabase*.

Utiliser un nom dans une formule

Une fois que le nom est créé, vous pouvez l'utiliser dans toutes vos formules. Un nom constitue une référence absolue.

Vous allez recréer les formules de calcul du prix TTC.

1 En *F6*, saisissez `=E6*(1+t`. Dès que vous avez saisi la lettre `t`, Excel affiche une liste déroulante permettant de choisir les fonctions dont le nom débute par t. Le nom que vous avez créé figure également dans cette liste. Il est précédé d'un symbole différent pour que vous puissiez le distinguer des fonctions. Continuez la saisie du nom ou sélectionnez-le dans la liste en double-cliquant dessus.

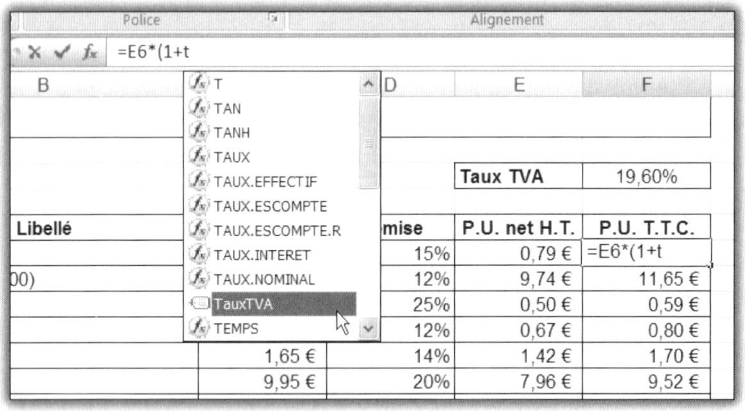

Figure 8.21 : *Saisie de la formule avec un nom de cellule*

Le nom est affiché en couleur et la cellule *F3* est encadrée avec cette même couleur.

2 Validez par [↵].

3 Étendez le contenu, à l'aide de la poignée de recopie, jusqu'en *F13*.

Vous pouvez ainsi vérifier qu'un nom est une référence absolue, puisque sur chaque ligne, *TauxTVA* fait toujours référence à la cellule *F3*.

Attribuer un nom à une plage de cellules

Vous avez vu comment attribuer un nom à une cellule. De la même façon, il est possible d'attribuer un nom à une plage de cellules.

1 Sélectionnez *F6:F13*.

2 Dans la zone *Nom* (qui contient la référence de la cellule *F6*), saisissez `PU_TTC`.

3 Validez par [↵].

Pour sélectionner la plage de cellules, il est à présent possible de saisir son nom dans la zone *Nom* ou d'utiliser la liste déroulante qui apparaît lorsque vous cliquez sur le bouton fléché situé à côté de cette zone.

Figure 8.22 :
La liste des noms

REMARQUE

Sélection des plages de cellules nommées

Si vous ne sélectionnez qu'une partie d'une plage de cellules nommée, son nom n'apparaîtra pas dans la zone *Nom*. Pour que le nom apparaisse, il faut sélectionner la plage dans son intégralité.

Le nom d'une plage de cellules peut être utilisé dans une formule, à condition évidemment que cette dernière nécessite un argument qui soit une plage de cellules. Par exemple, si vous saisissez `=Max(PU_TTC)` dans la cellule *F14*, vous obtenez *11,65*, ce qui est le résultat correct.

Plus généralement, un nom de plage peut être utilisé dans toute fonction qui requiert une plage de cellules comme argument.

RENVOI *Pour plus d'informations sur les fonctions et leurs arguments, référez-vous au chapitre **Utiliser les fonctions**.*

Sélectionner une cellule ou une plage nommée

Pour sélectionner une cellule ou une plage nommée, il est possible d'utiliser la liste déroulante de la zone *Nom*. Il est également envisageable d'employer le bouton **Rechercher et sélectionner** du groupe *Édition* de l'onglet **Accueil**.

1 Sous l'onglet **Accueil**, cliquez sur le bouton **Rechercher et sélectionner** du groupe *Édition* et sélectionnez la commande **Atteindre**.

2 Dans la boîte de dialogue **Atteindre**, sélectionnez le nom désiré.

Figure 8.23 : *La boîte de dialogue Atteindre*

3 Validez par OK.

Définir et modifier les noms

Vous avez mis en pratique une méthode rapide et simple pour attribuer rapidement un nom à une plage ou à une cellule. Toutefois, il existe une autre méthode qui offre davantage de possibilités.

Nous allons décrire, dans ce qui suit, les outils permettant de modifier et de supprimer les noms existants, ainsi que des outils permettant de créer rapidement des plages nommées. Pour cela, vous utiliserez les boutons du groupe *Noms définis* de l'onglet **Formules**.

Définir un nom

L'avantage du bouton **Définir un nom** du groupe *Noms définis* de l'onglet **Formules** réside dans la prise en compte des cellules adjacentes à la cellule ou à la plage sélectionnée.

1 Sélectionnez la plage de cellules *E6:E13*.

2 Sous l'onglet **Formules**, cliquez sur le bouton **Définir un nom** du groupe *Noms définis*.

Figure 8.24 : *La boîte de dialogue Nouveau nom*

Excel propose, en guise de nom de plage, l'étiquette de colonne du tableau, mais vous pouvez le modifier. Les espaces ont été remplacés par des tirets. La zone *Fait référence à* contient les références (absolues) de la plage de cellules. Il est possible de les modifier soit en saisissant des références dans cette zone, soit en cliquant dans la zone puis en sélectionnant la plage désirée.

3 Cliquez sur OK.

Vous pouvez également nommer des plages de cellules non contiguës. En ce sens, appuyez utilisant la touche Ctrl lors de la sélection.

REMARQUE

Noms de plages tridimensionnelles

Il est possible d'attribuer un nom à une plage tridimensionnelle en saisissant par exemple `='Feuil1:Feuil2'!$A$6:$F$13` dans la zone *Fait référence à*. Le nom est attribué à la plage composée des plages *A6:F13* des feuilles **Feuil1** et **Feuil2**.

Modifier la cible d'un nom

Vous pouvez utiliser le gestionnaire de noms pour modifier la cellule ou la plage de cellules associée à un nom.

1 Sous l'onglet **Formules**, cliquez sur le bouton **Gestionnaire de noms** du groupe *Noms définis*.

ASTUCE

Afficher rapidement le gestionnaire de noms

Pour afficher rapidement le gestionnaire de noms, utilisez la combinaison de touches Ctrl+F3.

2 Sélectionnez *P.U._net_H.T.*

3 Vous pouvez à présent modifier la plage de cellules associée dans la zone *Fait référence à*. Saisissez par exemple `$E$15` à la place de `$E$13`.

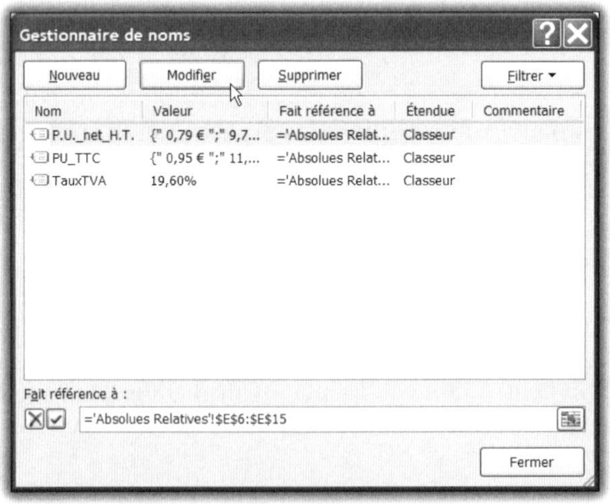

Figure 8.25 : *Le gestionnaire de noms*

4 Cliquez sur **Modifier** pour valider vos modifications.

5 Cliquez sur **Fermer** pour quitter le gestionnaire de noms.

Dans le gestionnaire de noms, vous pouvez créer une nouvelle plage nommée en cliquant sur le bouton **Nouveau**.

> REMARQUE
>
> **Impact de la suppression d'une feuille**
>
> Si vous supprimez une feuille de calcul qui contient des cellules ou des plages nommées, les noms demeurent présents, mais leur référence n'est plus correcte. En effet, le nom de la feuille est remplacé par `#REF` car cette dernière n'existe plus. Si vous utilisez ce nom dans une formule, le résultat produit le message d'erreur `#REF!`, car la référence liée au nom est introuvable.

Insérer un nom dans une formule

Pour insérer un nom dans une formule, la méthode la plus simple consiste à saisir le nom au clavier, comme vous l'avez fait pour le calcul du prix TTC précédemment. Si votre classeur contient un grand nombre de noms, vous ne les aurez peut-être pas tous en tête et un aide-mémoire sera sans doute le bienvenu.

1 Sélectionnez la cellule *F6*.

2 Saisissez `=E6*(1+`.

3 Cliquez sur le bouton **Utiliser dans la formule** du groupe *Noms définis* de l'onglet **Formules**.

4 Dans la liste, sélectionnez *TauxTVA*.

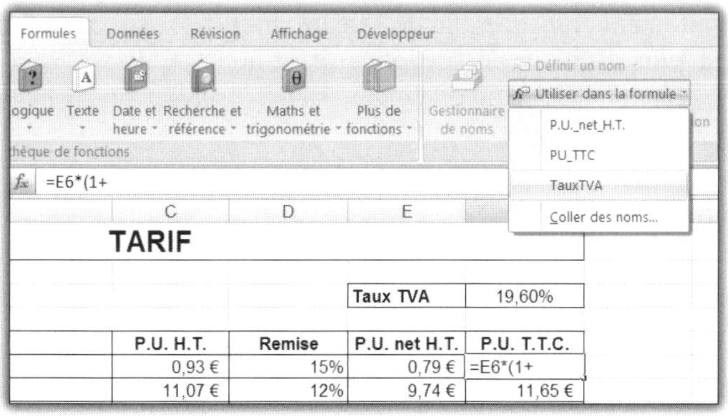

Figure 8.26 : *La liste des noms*

5 Validez par OK.
6 Saisissez la parenthèse fermante.
7 Appuyez sur [↵].

Coller la liste des noms

Dans les feuilles de calcul qui contiennent un grand nombre de noms, il peut être intéressant de créer une liste des noms ainsi que des plages auxquelles ils font référence.

1 Sélectionnez une autre feuille du classeur.
2 Sélectionnez la cellule *A5*.
3 Cliquez sur le bouton **Utiliser dans la formule** du groupe *Noms définis* de l'onglet **Formules**.
4 Sélectionnez **Coller** puis cliquez sur le bouton **Coller une liste** dans la boîte de dialogue **Coller un nom**.

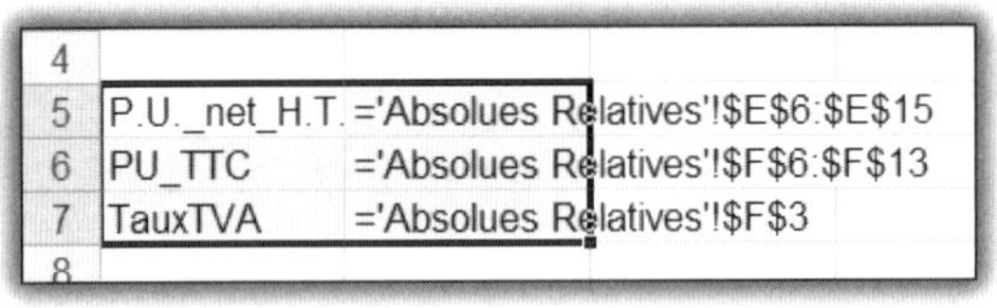

Figure 8.27 :
La liste des noms

Créer des séries de noms

Supposons que vous souhaitiez nommer toutes les lignes et toutes les colonnes d'un tableau en utilisant les étiquettes de lignes et de colonnes. Il est parfaitement envisageable de sélectionner successivement chacune des plages, puis d'utiliser le gestionnaire de noms. Cela risque toutefois de s'avérer fastidieux. Heureusement, Excel a prévu une fonction qui permet d'automatiser ce traitement.

1 Sélectionnez le tableau en incluant les titres de lignes et de colonnes.
2 Cliquez sur le bouton **Créer à partir de la sélection** du groupe *Noms définis* de l'onglet **Formules**.
3 Dans la boîte de dialogue **Créer des noms à partir de la sélection**, sélectionnez *Ligne du haut* et *Colonne de gauche*.

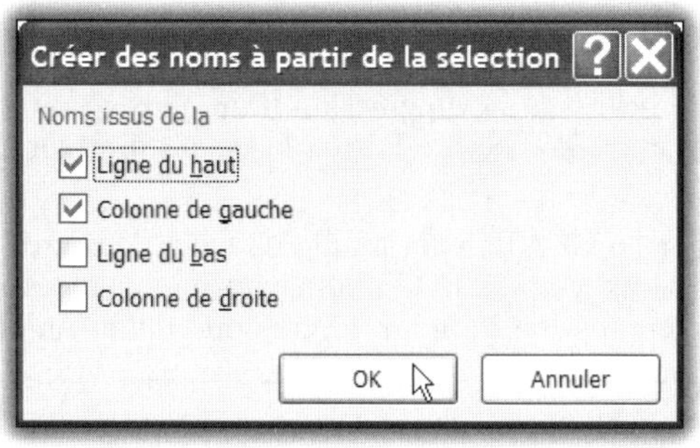

Figure 8.28 : *La boîte de dialogue Créer des noms*

4 Validez par OK.

Si vous cliquez sur le bouton fléché situé à côté de la zone *Nom*, vous constatez que des noms ont été créés. Chaque ligne et chaque colonne sont identifiées respectivement par l'étiquette de ligne ou de colonne correspondante.

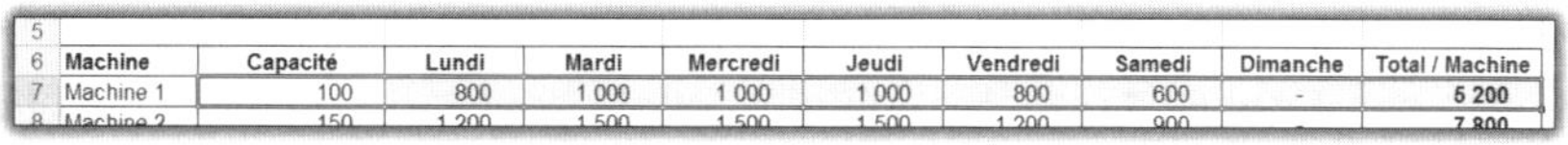

	Machine	Capacité	Lundi	Mardi	Mercredi	Jeudi	Vendredi	Samedi	Dimanche	Total / Machine
7	Machine 1	100	800	1 000	1 000	1 000	800	600	-	5 200

Figure 8.29 : *La plage Machine_1*

REMARQUE

Repérer une cellule à l'intersection de plages nommées

Il est possible d'identifier une cellule en tant qu'intersection de plages nommées. Si vous saisissez dans une cellule `=Mardi Machine_3`, vous obtenez *750*, ce qui correspond au contenu de la cellule *D9*, située à l'intersection de la plage *Mardi* et de la plage *Machine_3*. L'espace entre *Mardi* et *Machine_3* correspond en fait à l'opérateur d'intersection.

Supprimer un nom

Pour supprimer un nom, utilisez à nouveau le gestionnaire de noms.

1 Sous l'onglet **Formules**, cliquez sur le bouton **Gestionnaire de noms** du groupe *Noms définis*.

2 Sélectionnez le nom que vous souhaitez supprimer.

3 Cliquez sur **Supprimer**.

4 Validez par OK.

REMARQUE

Impact de la suppression d'un nom

La prudence est requise lors de la suppression d'un nom. En effet, toutes les formules y faisant référence produiront la valeur d'erreur `#NOM?`.

Si vous supprimez le nom *TauxTVA* dans la feuille de calcul des tarifs, la colonne contenant jusqu'alors les prix TTC n'affichera plus que `#NOM?`. Vous pouvez annuler la suppression du nom à l'aide du bouton **Annuler**.

Remplacer systématiquement les références de cellules par les noms

Supposons que, lors de la conception d'une feuille de calcul, vous n'ayez pas utilisé dès le début de votre travail des cellules nommées, mais plutôt des références classiques. Une fois les noms définis, vous souhaitez qu'ils remplacent les références dans les formules déjà saisies. Excel a prévu une solution.

1 Sous l'onglet **Formules**, cliquez sur le bouton fléché situé à côté de **Définir un nom** du groupe *Noms définis*. Sélectionnez **Appliquer les noms**.

2 Dans la zone *Affecter le(s) nom(s)*, sélectionnez *TauxTVA*. Vous pouvez sélectionner plusieurs noms si vous le souhaitez. Pour désélectionner un nom, cliquez dessus à nouveau.

Figure 8.30 : *La boîte de dialogue Affecter un nom*

3 Validez par OK.

Dans toutes les formules qui contenaient la référence *$F$3*, celle-ci a été remplacée par *TauxTVA*.

Examinons maintenant les options de cette fonction :

- *Ignorer relatif/absolu* : si cette case est sélectionnée, Excel considère que les références *$F$3*, *$F3*, *F$3* et *F3* sont équivalentes. Elles seront, dans notre exemple, remplacées par *TauxTVA*.
- *Utiliser les noms de colonnes et de lignes* : si cette case est sélectionnée, les références classiques seront remplacées par des noms de plages.

En cliquant sur le bouton **Options**, vous pouvez afficher les paramètres supplémentaires suivants :

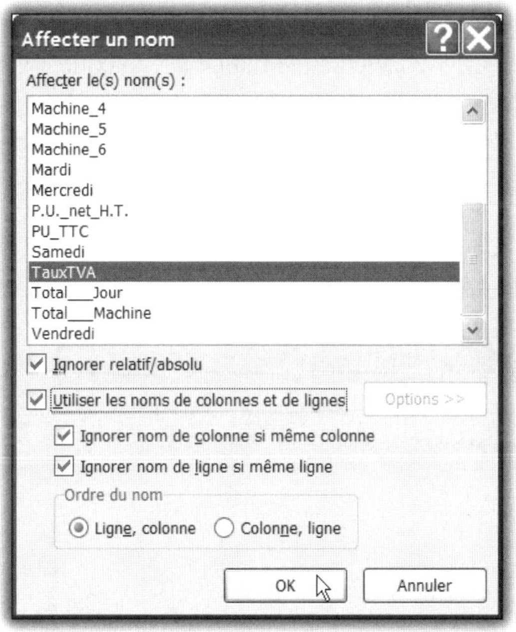

Figure 8.31 : *Les options supplémentaires de la boîte de dialogue Affecter un nom*

- *Ignorer nom de colonne si même colonne* : quand cette case est sélectionnée (elle l'est par défaut), Excel ne mentionne pas le nom de la plage de la colonne lorsque la cellule concernée est située dans la même colonne que la plage nommée.

- *Ignorer nom de ligne si même ligne* : quand cette case est sélectionnée (elle l'est par défaut), Excel prend en compte les intersections implicites pour les lignes.
- *Ordre du nom* : les boutons d'option de cette rubrique permettent de spécifier l'ordre des noms des lignes et des colonnes lors du remplacement des références par des noms.

Attribuer des noms à des constantes et à des formules

Jusqu'à présent, les noms que vous avez créés faisaient référence de façon absolue à des cellules ou à des plages de cellules. C'est le cas d'utilisation le plus fréquent, mais ce n'est pas le seul. Il est également possible d'attribuer des noms à des constantes et à des formules.

Attribuer des noms à des constantes

Reprenons la feuille de tarifs et voyons comment définir le taux de TVA sans le saisir dans une cellule.

1 Sous l'onglet **Formules**, cliquez sur le bouton **Gestionnaire de noms** du groupe *Noms définis*.

2 Cliquez sur **Nouveau**. Dans la boîte de dialogue **Nouveau nom**, saisissez `Taux_TVA` dans la zone *Nom*.

3 Dans la zone *Fait référence à*, saisissez `19,6%`.

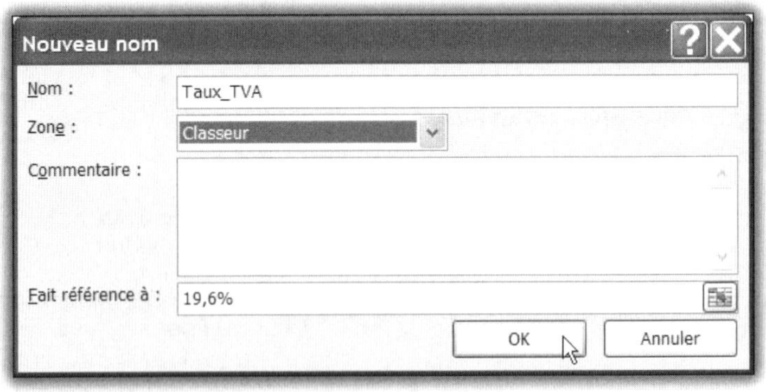

Figure 8.32 : *Attribution d'un nom à une constante*

4 Cliquez sur OK.

5 Cliquez sur **Fermer**.

Si vous saisissez `=Taux_TVA` dans une cellule, la valeur *0,196* s'affiche. Vous pouvez utiliser ce nom dans n'importe quelle formule, au même titre que les noms que vous avez déjà créés.

REMARQUE

Attribution d'un nom à une constante texte

Pour attribuer un nom à la chaîne de caractères *Excel 2007*, saisissez `="Excel 2007"` dans la zone *Fait référence à*.

Attribuer des noms à des formules

Il est également possible d'attribuer un nom à une formule de calcul. Par exemple, vous allez définir une formule de calcul qui détermine le prix TTC à partir du prix HT à l'aide du taux de TVA que vous avez créé sous forme de constante.

1 Sélectionnez *G6*.

2 Sous l'onglet **Formules**, cliquez sur le bouton **Gestionnaire de noms** du groupe *Noms définis*.

3 Cliquez sur **Nouveau**. Dans la boîte de dialogue **Nouveau nom**, saisissez `Calcul_prix` dans la zone *Nom*.

4 Dans la zone *Fait référence à*, saisissez `=Feuil1!E6*(1+Taux_TVA)`.

5 Cliquez sur OK.

6 Cliquez sur **Fermer**.

7 En *G6*, saisissez `=Calcul_prix`.

8 Étendez le contenu, à l'aide de la poignée de recopie, jusqu'en *G13*.

Le calcul s'effectue correctement. Il est important, puisque la définition se fait de façon relative, de sélectionner au préalable la cellule *G6*. En fait, la formule utilise la cellule située sur la même ligne mais deux colonnes à gauche. Si vous saisissez `=Calcul_prix` dans une autre colonne, le résultat sera faux. Pour remédier à ce problème, remplacez *E6* par `$E6` dans la définition de la formule. Vous obtiendrez ainsi un résultat correct, quelle que soit la colonne dans laquelle vous saisirez la formule `=Calcul_prix`.

> REMARQUE
>
> **Liste déroulante des noms**
>
> Les noms faisant référence à des constantes ou à des formules n'apparaissent pas dans la liste déroulante de la zone *Nom*.

Attribuer des noms en limitant leur portée à une feuille de calcul

Jusqu'à présent, nous ne nous sommes pas intéressés à la portée des noms. Les noms que vous avez créés sont valides dans tout le classeur. Si vous sélectionnez *TauxTVA* dans la liste des noms alors que la feuille **Feuil1** n'est pas affichée, cette dernière sera activée. Toutefois, il est possible de définir des noms valables uniquement dans une feuille définie.

Vous allez transformer le nom *TauxTVA* en nom "local" au sein de la feuille **Feuil1**.

1 Sous l'onglet **Formules**, cliquez sur le bouton **Gestionnaire de noms** du groupe *Noms définis*.

2 Sélectionnez *TauxTVA*. Cliquez sur **Supprimer**. Il n'est en effet pas possible de modifier la portée d'un nom existant.

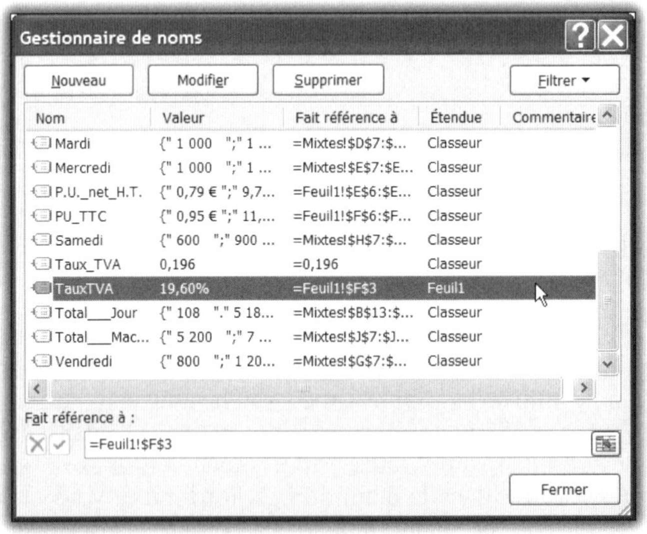

Figure 8.33 : *Modification de la portée d'un nom*

3 Cliquez sur **Nouveau**.

4 Dans la boîte de dialogue **Nouveau nom**, saisissez `TauxTVA` dans la zone *Nom*.

5 Sélectionnez *Feuil1* dans la liste déroulante *Zone*.

6 Cliquez dans la zone *Fait référence à* puis sélectionnez la cellule *F3* de la feuille **Feuil1**.

7 Cliquez sur OK.

Le nom *TauxTVA* est désormais disponible dans la liste déroulante des noms uniquement dans la feuille **Feuil1**.

ATTENTION

Copie de feuilles de calcul

Lorsque vous copiez une feuille de calcul qui contient des noms locaux au sein d'un même classeur, la feuille résultante contient les mêmes noms locaux. Si le classeur comprend un nom qui fait référence à une cellule ou à une plage de cellules de la feuille que vous copiez, ce nom devient un nom local dans la feuille résultante.

De même, lorsque vous copiez une feuille dans un autre classeur, tous les noms locaux ou globaux faisant référence à des cellules de la feuille copiée sont créés dans le classeur "cible".

Soyez donc vigilant lorsque vous copiez des feuilles, sous peine de ne plus vous y retrouver entre les noms locaux et globaux.

8.4. Vérifier les erreurs et auditer les formules

Les formules que vous créez dans vos feuilles de calcul peuvent contenir des erreurs. Heureusement, Excel propose une boîte à outils pour corriger ces dysfonctionnements. Elle réunit à la fois des outils de détection et des outils d'analyse d'erreurs. Les premiers repèrent les erreurs dans une feuille de calcul et identifient leur nature. Les seconds les localisent précisément au sein même des formules.

Avant d'aborder en détail ces outils, décrivons la signification des valeurs d'erreurs qui peuvent apparaître dans des cellules quand, pour différentes raisons, Excel ne parvient pas à calculer une formule.

Tableau 8.3 : *Liste des valeurs d'erreurs*	
Valeur d'erreur	**Signification**
`#VALEUR!`	Un type d'argument inapproprié est utilisé.
`#DIV/0!`	Un nombre est divisé par 0.
`#NOM?`	Excel ne reconnaît pas une saisie sous forme de texte. Il s'agit, par exemple, de l'utilisation d'un nom qui n'existe pas (ou qui n'existe plus) ou d'une erreur de saisie d'un nom existant.
`#N/A`	Une valeur n'est pas disponible pour une fonction ou une formule.
`#REF!`	Une référence de cellule n'est pas valide (suite à la suppression de la ligne ou de la colonne la contenant, par exemple).
`#NOMBRE!`	Une formule ou une fonction contient des valeurs numériques non valides.
`#NULL!`	Vous spécifiez une intersection de deux zones qui, en réalité, ne se coupent pas.

ATTENTION

Autres erreurs

Ce ne sont pas les seules erreurs possibles. En effet, une cellule affichant une valeur peut très bien contenir une erreur de conception.

Repérer des erreurs

Nous allons à présent décrire les outils qui détectent les erreurs dans les feuilles de calcul.

Détecter les erreurs lors de la saisie

Un premier filtre "anti-erreur" détecte les erreurs de syntaxe les plus grossières. Il agit lors de la saisie de la formule. Au moment de la validation, un message d'erreur apparaît et vous indique que la formule contient une erreur. Excel propose une correction qu'il vous est possible d'accepter ou de refuser. Si vous refusez, Excel positionne le curseur à l'endroit où il a détecté l'erreur.

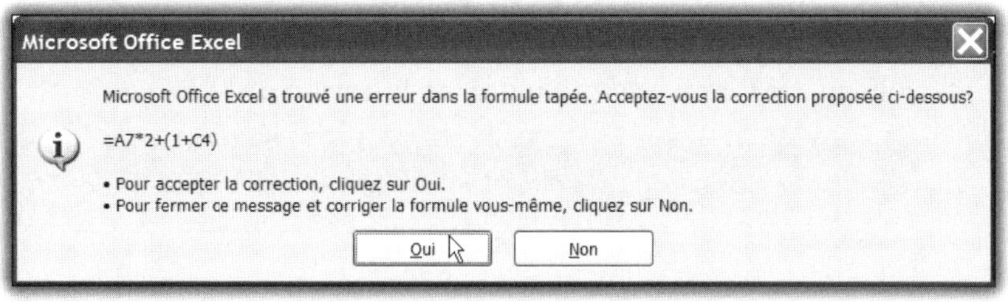

Figure 8.34 : *Détection d'une erreur lors de la saisie*

Vérifier les erreurs dans une feuille de calcul

Vérifier les erreurs à la demande

Pour détecter la présence de valeurs d'erreurs dans une feuille de calcul, utilisez le bouton **Vérification des erreurs** du groupe *Audit de formules* de l'onglet **Formules**. Lorsque vous choisissez cette commande, Excel recherche systématiquement les cellules contenant des erreurs.

La boîte de dialogue **Vérification des erreurs** apparaît et vous indique, le cas échéant, la première erreur détectée.

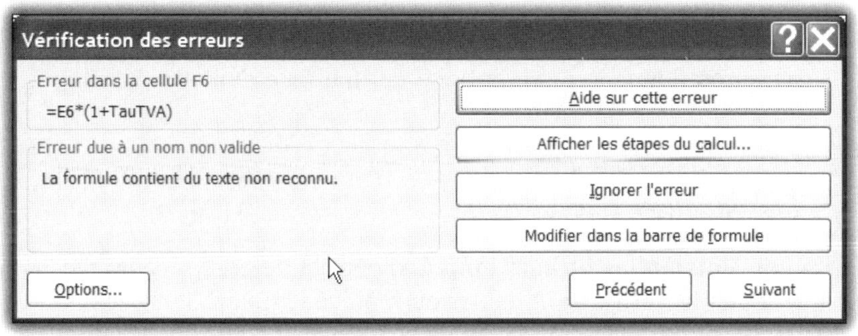

Figure 8.35 : *La boîte de dialogue Vérification des erreurs*

Cette boîte de dialogue vous informe de la localisation de l'erreur et la décrit brièvement. Plusieurs boutons vous permettent d'agir :

- **Aide sur cette erreur** permet d'accéder à l'aide en ligne pour obtenir de plus amples informations sur l'erreur en cours.

- **Afficher les étapes du calcul** affiche les étapes du calcul dans la boîte de dialogue **Évaluation de formule** et permet de détecter le moment où l'erreur se produit dans la formule.

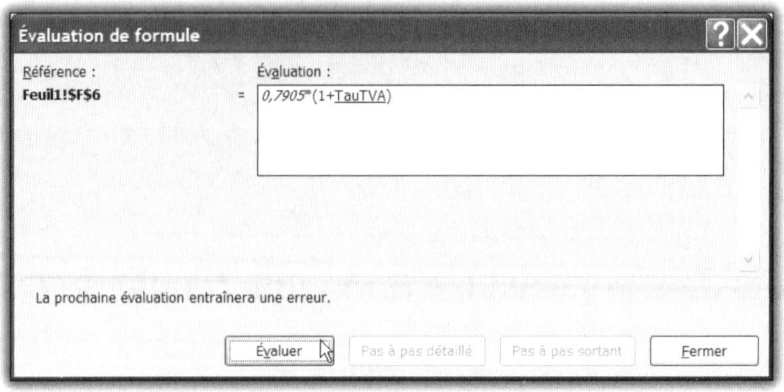

Figure 8.36 : *La boîte de dialogue Évaluation de formules*

- **Ignorer l'erreur** demande à Excel d'oublier cette erreur. Excel passe alors à la suivante. L'erreur ainsi ignorée ne sera plus affichée lors d'une prochaine utilisation de la commande **Vérification des erreurs**.
- **Modifier dans la barre de formule** donne accès à la barre de formule pour que vous puissiez modifier la formule incriminée.
- **Suivant** affiche l'erreur suivante.
- **Précédent** affiche l'erreur précédente.
- **Options** donne accès à la boîte de dialogue **Options Excel**.

RENVOI

Pour plus de détails sur ces options, consultez le chapitre ***Personnaliser Excel.***

Le bouton **Rétablir les erreurs ignorées** permet de prendre à nouveau en compte, dans la vérification, les erreurs précédemment ignorées.

Vérifier les erreurs en arrière-plan

Il est possible d'activer la vérification des erreurs en arrière-plan. Dans la boîte de dialogue **Options Excel**, cliquez sur **Formules** et cochez la case *Activer la vérification des erreurs d'arrière-plan* (cochée par défaut).

Si vous choisissez cette solution, les cellules contenant des erreurs (telles que celles définies à l'aide de la boîte de dialogue **Options Excel** dans la rubrique *Règles de vérification des erreurs*) sont marquées d'un petit triangle situé dans l'angle supérieur gauche.

Figure 8.37 :
Mise en évidence des erreurs

Si vous sélectionnez une telle cellule, une balise active apparaît et vous donne accès à un menu qui regroupe des options permettant d'agir sur l'erreur détectée.

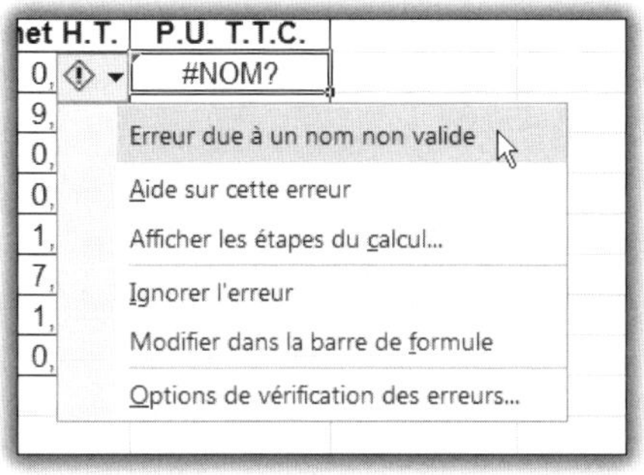

Figure 8.38 :
La balise active et le menu correspondant

Ces options sont identiques à celles de la boîte de dialogue **Vérification des erreurs**.

Auditer les formules de calcul

Les fonctionnalités d'audit de formules sont accessibles dans le groupe *Audit de formules* de l'onglet **Formules**.

Figure 8.39 :
Les outils d'audit de formules

Repérer les antécédents

Le bouton **Repérer les antécédents** permet de visualiser les liaisons d'une cellule avec les cellules qui lui servent de paramètres.

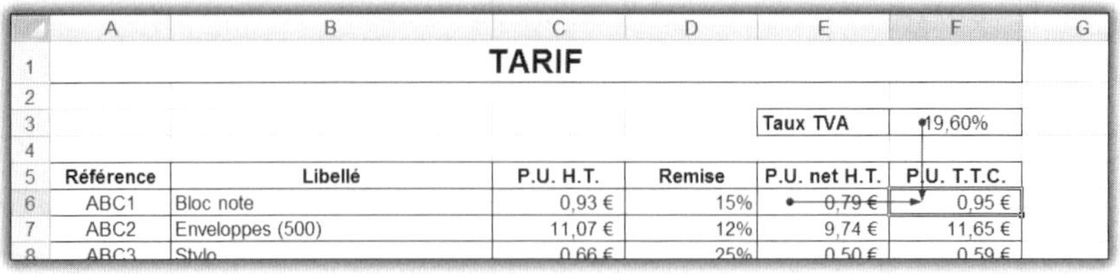

	A	B	C	D	E	F	G
1	TARIF						
2							
3					Taux TVA	19,60%	
4							
5	Référence	Libellé	P.U. H.T.	Remise	P.U. net H.T.	P.U. T.T.C.	
6	ABC1	Bloc note	0,93 €	15%	0,79 €	0,95 €	
7	ABC2	Enveloppes (500)	11,07 €	12%	9,74 €	11,65 €	
8	ABC3	Stylo	0,66 €	25%	0,50 €	0,59 €	

Figure 8.40 : *Repérer les antécédents*

La cellule *F6* dépend des cellules *F3* et *E6*. Si vous cliquez à nouveau sur **Repérer les antécédents**, les antécédents des antécédents sont affichés. Ainsi, vous pouvez voir que la cellule *E6* dépend des cellules *C6* et *D6*.

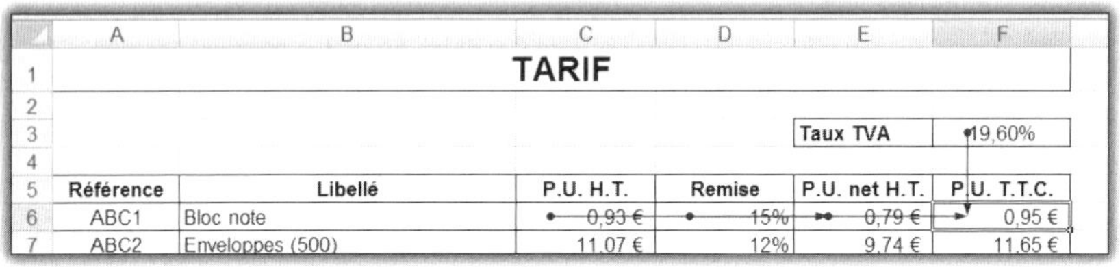

	A	B	C	D	E	F
1	TARIF					
2						
3					Taux TVA	19,60%
4						
5	Référence	Libellé	P.U. H.T.	Remise	P.U. net H.T.	P.U. T.T.C.
6	ABC1	Bloc note	0,93 €	15%	0,79 €	0,95 €
7	ABC2	Enveloppes (500)	11,07 €	12%	9,74 €	11,65 €

Figure 8.41 : *Repérer les antécédents des antécédents*

Si vous double-cliquez sur une flèche matérialisant une liaison, vous sélectionnez alternativement l'une ou l'autre des deux cellules liées. Dans les grandes feuilles de calcul, cela permet de naviguer facilement entre les cellules impliquées dans une formule complexe.

Repérer les dépendants

Le bouton **Repérer les dépendants** permet de visualiser les liaisons d'une cellule avec les cellules qui l'utilisent comme paramètre.

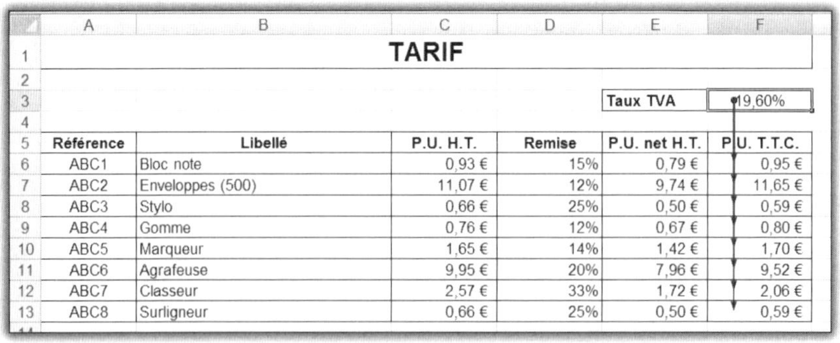

	A	B	C	D	E	F
1	TARIF					
2						
3					Taux TVA	19,60%
4						
5	Référence	Libellé	P.U. H.T.	Remise	P.U. net H.T.	P.U. T.T.C.
6	ABC1	Bloc note	0,93 €	15%	0,79 €	0,95 €
7	ABC2	Enveloppes (500)	11,07 €	12%	9,74 €	11,65 €
8	ABC3	Stylo	0,66 €	25%	0,50 €	0,59 €
9	ABC4	Gomme	0,76 €	12%	0,67 €	0,80 €
10	ABC5	Marqueur	1,65 €	14%	1,42 €	1,70 €
11	ABC6	Agrafeuse	9,95 €	20%	7,96 €	9,52 €
12	ABC7	Classeur	2,57 €	33%	1,72 €	2,06 €
13	ABC8	Surligneur	0,66 €	25%	0,50 €	0,59 €

Figure 8.42 : *Repérer les dépendants*

La cellule *F3* est utilisée dans les cellules *F6*, *F7*, *F8*, *F9*, *F12* et *F13*. Il est possible, en réutilisant cette fonction, de passer au "niveau" suivant et d'afficher les dépendants des dépendants.

Repérer une erreur

Cette fonction doit être appliquée à une cellule contenant une valeur d'erreur. Cliquez sur le bouton fléché situé à droite du bouton **Vérification des erreurs** et sélectionnez la commande **Repérer une erreur**. Dans ce cas, un lien est matérialisé entre la cellule en question et ses antécédents qui contiennent des valeurs d'erreurs. Dans notre exemple, nous avons appliqué la fonction à la cellule *F8*. Or l'erreur est provoquée par la cellule *E8*. C'est pourquoi un lien (rouge) est affiché entre ces deux cellules. De plus, les liens entre *E8* et ses antécédents sont matérialisés, ce qui permet de remonter aux causes de l'erreur de *E8* (en fait, c'est du texte, et non un pourcentage, qui a été saisi en *D8*). Cette fonction permet donc d'obtenir une traçabilité de l'erreur.

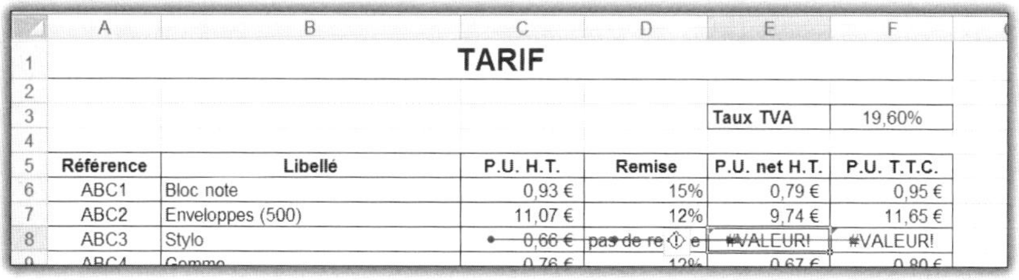

Figure 8.43 : *Repérer une erreur*

Supprimer toutes les flèches

L'usage des fonctions précédentes peut vite surcharger une feuille de calcul. Cliquez sur le bouton **Supprimer les flèches** pour effacer toutes les flèches tracées à l'aide de ces fonctions. Le petit bouton fléché situé à sa droite donne accès à des commandes plus sélectives :

- **Supprimer les flèches des précédents** ;
- **Supprimer les flèches des dépendants**.

Évaluer des formules

Le bouton **Évaluation de formules** permet de suivre pas à pas le processus de calcul de la formule saisie dans la cellule sélectionnée.

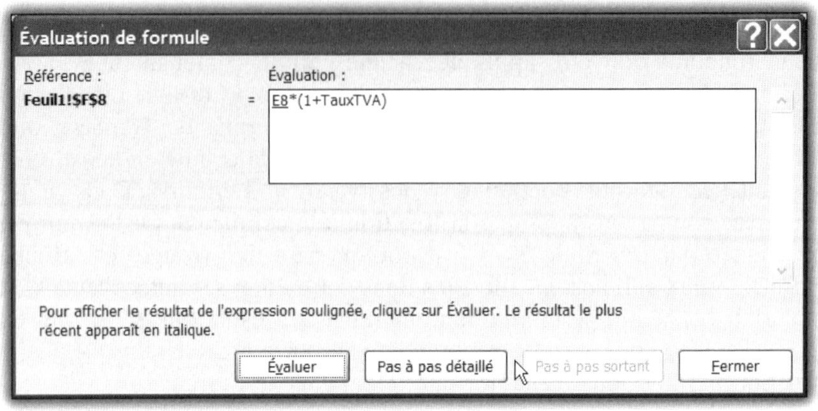

Figure 8.44 : *Évaluation de formule*

- Le bouton **Pas à pas détaillé** permet de suivre le détail du processus de calcul des cellules antécédentes.

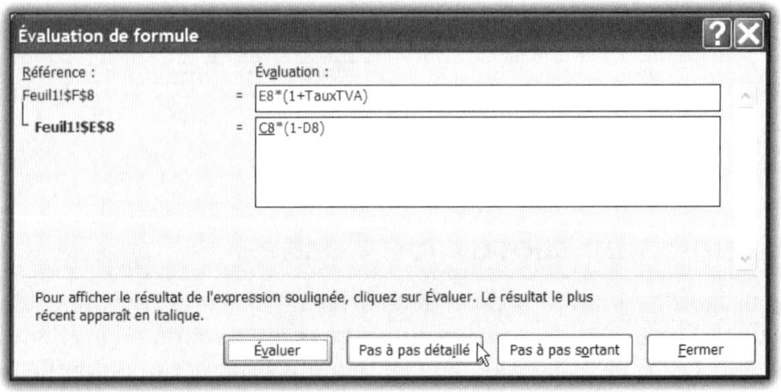

Figure 8.45 : *Pas à pas détaillé*

- Le bouton **Pas à pas sortant** permet de revenir au niveau supérieur.
- Le bouton **Évaluer** permet d'obtenir directement le résultat du calcul des cellules antécédentes sans passer par le pas à pas.

Afficher la fenêtre Espion

Cliquez sur le bouton **Fenêtre Espion** pour afficher la fenêtre **Espion**, qui donne la possibilité de suivre la valeur de cellules que vous choisissez. Pour cela, cliquez sur **Ajouter un espion** puis sélectionnez la cellule ou la plage de cellules désirée.

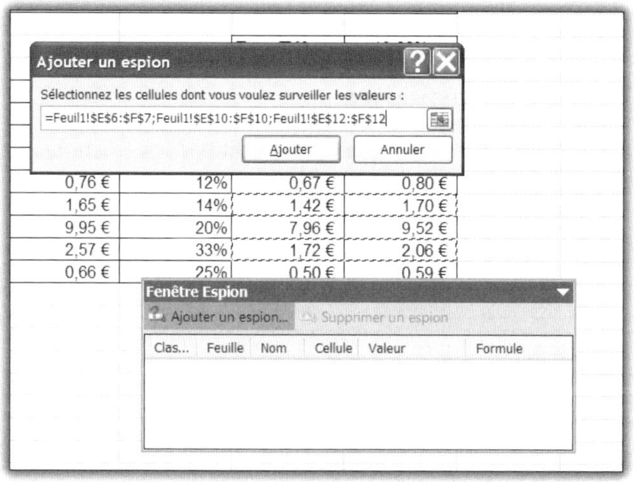

Figure 8.46 : Choix des cellules à espionner

Il est possible d'opérer une sélection multiple en appuyant sur la touche Ctrl. Les différentes plages sont alors séparées par un point-virgule dans la boîte de dialogue **Ajouter un espion**.

RENVOI *Pour plus de détails sur la sélection de cellules, reportez-vous au chapitre* ***Saisir des données dans une feuille de calcul.***

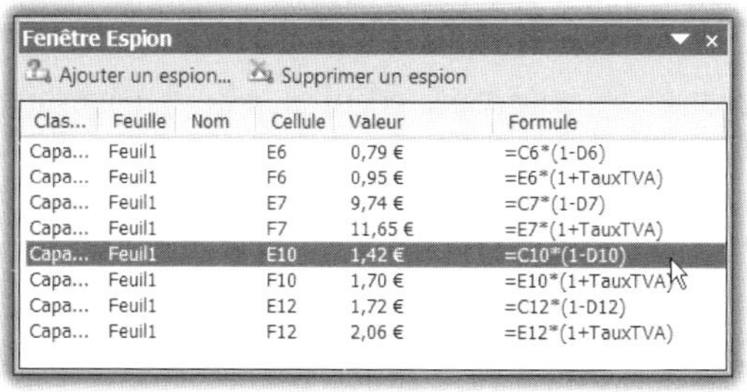

Figure 8.47 : Les espions

Un double clic sur une ligne de la liste des espions sélectionne la cellule correspondante.

Pour supprimer un espion, sélectionnez-le dans la liste et cliquez sur le bouton **Supprimer un espion**.

Pour masquer la fenêtre, cliquez sur la croix située à l'angle supérieur droit.

Le mode Audit de formules

Cliquez sur le bouton **Afficher les formules** pour afficher les formules de calcul, et non leur résultat.

Taux TVA	0,196
P.U. net H.T.	**P.U. T.T.C.**
=C6*(1-D6)	=E6*(1+TauxTVA)
=C7*(1-D7)	=E7*(1+TauxTVA)
=C8*(1-D8)	=E8*(1+TauxTVA)
=C9*(1-D9)	=E9*(1+TauxTVA)
=C10*(1-D10)	=E10*(1+TauxTVA)
=C11*(1-D11)	=E11*(1+TauxTVA)
=C12*(1-D12)	=E12*(1+TauxTVA)
=C13*(1-D13)	=E13*(1+TauxTVA)

Figure 8.48 : *Le mode Audit de formules*

Cliquez à nouveau sur le bouton pour revenir à un affichage normal.

Maîtriser les références circulaires

Lorsqu'une formule fait référence à son propre résultat, elle occasionne une référence circulaire. L'exemple le plus simple, voire le plus caricatural, est une cellule dans laquelle la formule saisie fait appel à cette même cellule.

Pour expérimenter ce cas de figure, saisissez en *A1* la formule `=A1+B1`. Une fois que vous avez validé cette formule, Excel affiche un message d'avertissement.

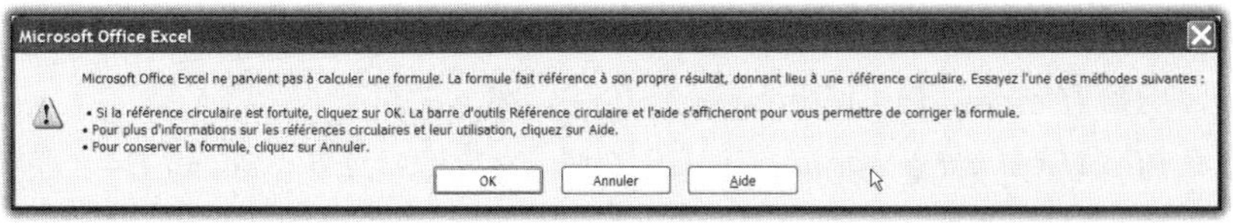

Figure 8.49 : *Un message d'avertissement concernant une référence circulaire*

Si vous cliquez sur OK, l'aide en ligne apparaît, vous indiquant comment faire pour résoudre le problème.

En déployant le menu associé au bouton **Vérification des erreurs** du groupe *Audit de formules* de l'onglet **Formules**, vous pouvez accéder à la liste des cellules contenant une référence circulaire.

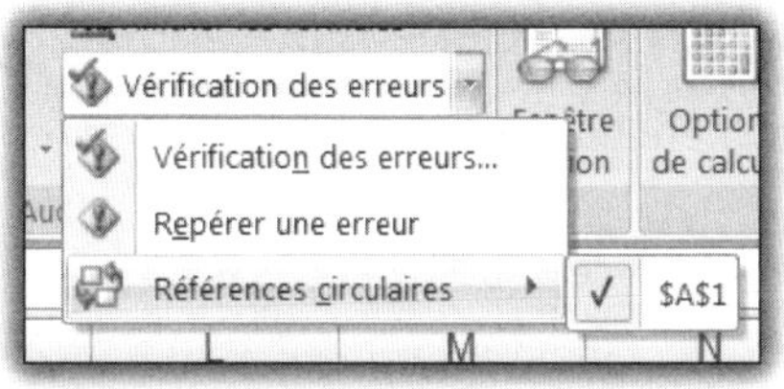

Figure 8.50 : *Les références circulaires*

La barre d'état indique également la présence de références circulaires dans la feuille.

Utiliser les références circulaires

Dans certains cas, les références circulaires permettent de réaliser des calculs itératifs.

Pour illustrer cette possibilité, considérons le cas d'une entreprise qui veut attribuer à son personnel une prime égale à 5 % du résultat net. Le résultat net étant calculé après déduction de la prime, nous tournons en rond. En d'autres termes, nous nous heurtons à une référence circulaire.

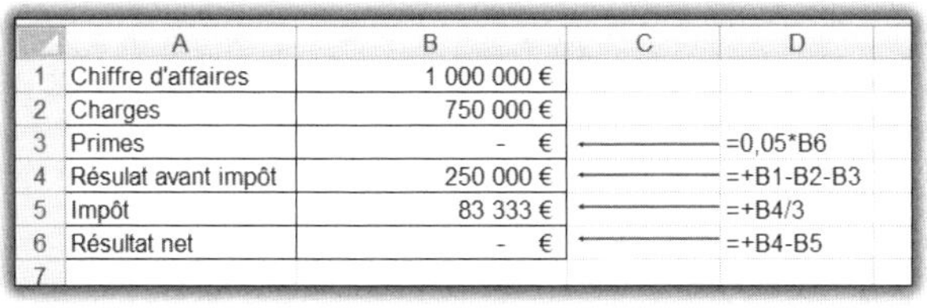

	A	B	C	D
1	Chiffre d'affaires	1 000 000 €		
2	Charges	750 000 €		
3	Primes	- €	←	=0,05*B6
4	Résulat avant impôt	250 000 €	←	=+B1-B2-B3
5	Impôt	83 333 €	←	=+B4/3
6	Résultat net	- €	←	=+B4-B5
7				

Figure 8.51 : *Un exemple de références circulaires*

Les cellules *B3*, *B4* et *B6* contiennent des références circulaires :

- *B3* (*Primes*) fait référence à *B6*, et *B6* à *B3*.
- *B4* (*Résultat avant impôt*) fait référence à *B3*, *B3* à *B4*, et *B4* à *B4*.
- *B6* (*Résultat net*) fait référence à *B4*, *B4* à *B3*, et *B3* à *B6*.

Par défaut, les références circulaires provoquent l'affichage du message décrit précédemment. Dans ce cas, les références circulaires sont intentionnelles ; vous pouvez donc cliquer sur **Annuler**.

Il est souhaitable d'évaluer à nouveau les cellules *B3*, *B4* et *B6*. Pour cela, il faut procéder à des itérations. Pour activer le calcul des itérations :

1 Cliquez sur le menu **Fichier** puis sur **Options**.

2 Cliquez sur **Formules**.

3 Dans la rubrique *Mode de calcul*, cochez *Activer le calcul itératif.*

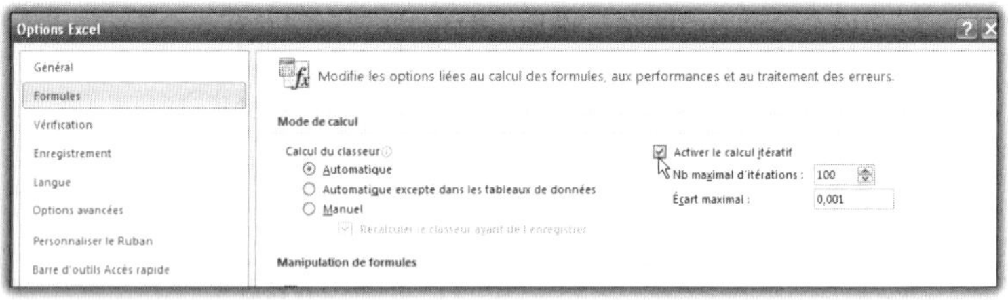

Figure 8.52 : *Activation du calcul des itérations*

Vous pouvez indiquer à Excel le *Nb maximal d'itérations* qu'il doit opérer avant d'arrêter l'évaluation de la formule. Si la variation entre deux recalculs est inférieure à *Écart maximal*, Excel arrête les itérations. Plus *Nb maximal d'itérations* est important et plus *Écart maximal* est faible, plus le temps nécessaire à l'évaluation des références circulaires est important. Si *Calculer* apparaît sur la barre d'état après l'évaluation des références circulaires, cela signifie qu'Excel n'a pu aboutir à un résultat satisfaisant (le nombre maximal d'itérations a été atteint alors que l'écart entre deux évaluations n'est pas inférieur à l'écart maximal). Pour remédier à cette situation, vous pouvez augmenter le nombre d'itérations ou baisser l'écart maximal.

4 Validez par OK.

Les cellules ont été évaluées. Visiblement, le résultat est satisfaisant.

	A	B	C	D
1	Chiffre d'affaires	1 000 000 €		
2	Charges	750 000 €		
3	Primes	8 065 €	←	=0,05*B6
4	Résulat avant impôt	241 935 €	←	=+B1-B2-B3
5	Impôt	80 645 €	←	=+B4/3
6	Résultat net	161 290 €	←	=+B4-B5
7				

Figure 8.53 : *Évaluation des références circulaires*

8.5. Cas pratique : Réaliser un suivi de budget mensuel

Vous allez à présent créer un document qui vous permettra de réaliser un suivi simple de votre budget familial. Vous pourrez l'enrichir afin de prendre en compte les éventuelles particularités de votre propre budget.

Création du classeur

1 Cliquez sur le bouton **Microsoft Office** et sélectionnez la commande **Nouveau**.

2 Cliquez sur le bouton **Créer** dans la boîte de dialogue **Nouveau classeur**.

Vous aurez besoin de trois feuilles, une pour la synthèse des données, une pour la saisie des dépenses et une pour la saisie des recettes.

3 Renommez la feuille **Feuil1** en **Synthèse**.

4 Renommez la feuille **Feuil2** en **Dépenses**.

Vous créerez la feuille **Recettes** en dupliquant la feuille **Dépenses**.

La feuille Dépenses

Vous allez élaborer progressivement cette feuille de calcul.

1 En *A1*, saisissez `Dépenses`. Sélectionnez *A1:AA1* puis cliquez sur **Fusionner et centrer** (onglet **Accueil**, groupe *Alignement*). Appliquez une taille de police de 16 et une bordure épaisse.

2 En *A4*, saisissez `Intitulé`. Centrez le texte et mettez-le en gras. Appliquez une bordure épaisse.

3 En *B4*, saisissez `CUMUL`. Sélectionnez *B4:C4* puis cliquez sur **Fusionner et centrer** (onglet **Accueil**, groupe *Alignement*). Mettez le texte en gras. Appliquez une bordure épaisse.

4 En *D4*, saisissez `Janvier`. Sélectionnez *D4:E4* puis cliquez sur **Fusionner et centrer** (onglet **Accueil**, groupe *Alignement*). Mettez le texte en gras. Appliquez une bordure épaisse.

5 Étendez le contenu jusqu'en *AA4*, à l'aide de la poignée de recopie. Vous obtenez ainsi la liste des mois de l'année.

RENVOI *Pour plus de détails sur la création de séries de données, référez-vous au chapitre* ***Créer des feuilles de calcul plus élaborées.***

Deux colonnes sont prévues pour chaque mois. Dans la colonne de gauche, vous saisirez les montants des différentes dépenses. Dans la colonne de droite, vous mettrez en place une formule qui calculera le pourcentage représenté par la dépense dans le total des dépenses du mois.

6 En *E5*, saisissez `=SI(D$30<>0;D5/D$30;"")` et validez.

Cette formule signifie que si *D30* est différente de 0 (en d'autres termes, s'il y a eu des dépenses dans le mois), la cellule *E5* contiendra le rapport entre la dépense saisie en *D5* et le total situé en *D30*. Cela permet de calculer le pourcentage de la dépense dans le total des dépenses du mois. L'utilisation de la référence mixte fige la ligne (*$30*) et laisse "libre" la colonne (*D*). Vous pourrez ainsi étendre cette formule à l'ensemble des mois.

RENVOI *Pour plus d'informations sur les fonctions SI et Somme automatique, consultez le chapitre* ***Utiliser les fonctions.***

7 Étendez la formule, à l'aide de la poignée de recopie, jusqu'en *E29*. Rien n'apparaît puisque la cellule *D30* est vide.

8 Sélectionnez *D30* et cliquez sur le bouton **Somme automatique** (onglet **Formules**). Sélectionnez *D5:D29* et validez la formule.

9 Sélectionnez *D5:D30* et appliquez une bordure de type quadrillage. Appliquez une bordure épaisse.

10 Sélectionnez *D5:D30* et appliquez le format *Euros*.

11 Sélectionnez *E5:E30* et appliquez le format *Pourcentage*.

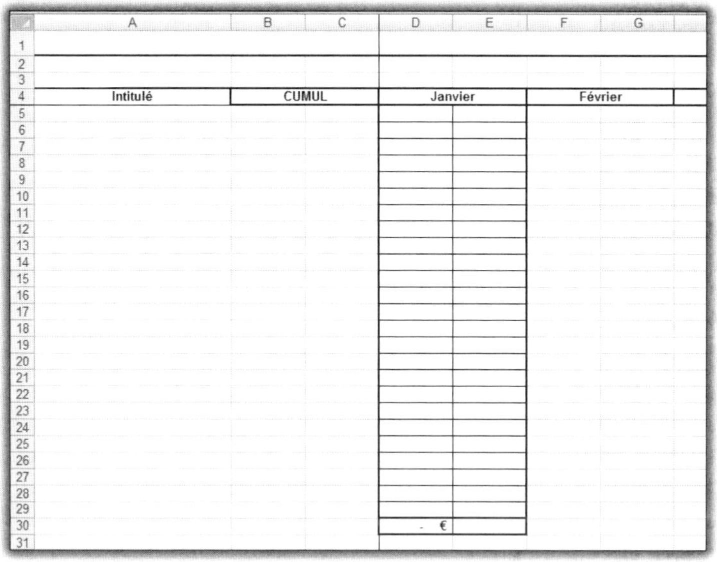

Figure 8.54 : *La feuille Dépenses*

12 Sélectionnez *D5:E30* et étendez, à l'aide de la poignée de recopie, les formules jusqu'à la colonne *AA*. En une seule opération, les onze mois restants ont été complétés.

13 Sélectionnez *D5:E30* et cliquez sur **Reproduire la mise en forme** (onglet **Accueil**, groupe *Presse-papiers*), puis sélectionnez *B5*.

14 En *B5*, saisissez `=D5+F5+H5+J5+L5+N5+P5+R5+T5+V5+X5+Z5`.

15 Sélectionnez *B5* puis étendez, à l'aide de la poignée de recopie, la formule jusqu'en *B29*. Lorsque le bouton d'options de recopie apparaît, cliquez dessus et sélectionnez **Recopier les valeurs sans la mise en forme**, afin de préserver la mise en forme de la colonne.

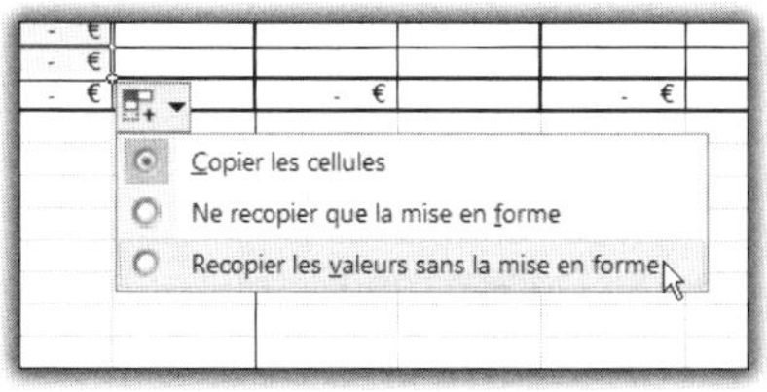

Figure 8.55 : *Les options de recopie*

16 Sélectionnez *B30* et cliquez sur le bouton **Somme automatique** (onglet **Formules**). Validez la formule proposée.

17 Sélectionnez *E5:E29* et appuyez sur Ctrl+C. Sélectionnez *C5* et appuyez sur Ctrl+V.

18 En *A30*, saisissez `TOTAL`. Centrez le texte et mettez-le en gras.

19 Sélectionnez *A5:A30* et appliquez une bordure de type quadrillage. Appliquez une bordure épaisse.

20 Sélectionnez *A30:AA30* et appliquez une bordure épaisse.

21 Sélectionnez *D5* et cliquez sur le bouton **Figer les volets** du groupe *Fenêtre* de l'onglet **Affichage**. Sélectionnez la commande **Figer les volets**.

La feuille **Dépenses** est finalisée.

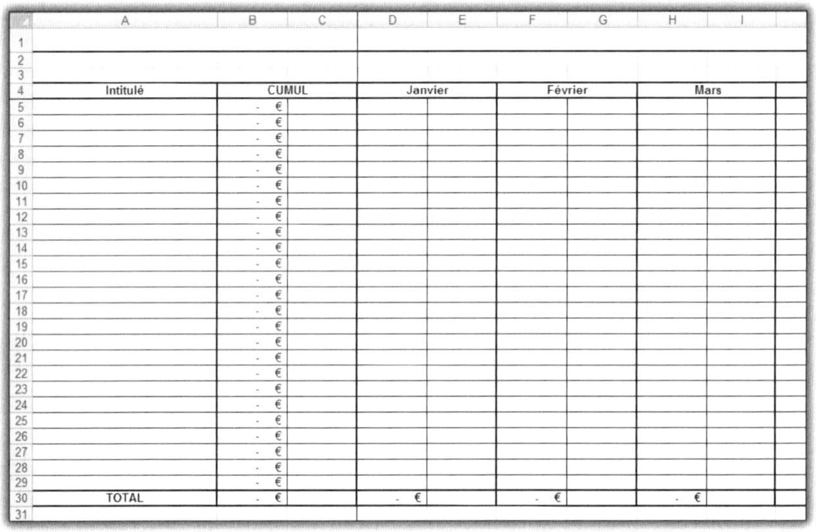

Figure 8.56 : *La feuille Dépenses*

La feuille Recettes

Pour obtenir la feuille **Recettes** :

1 Réalisez une copie de la feuille **Dépenses** et renommez-la.

2 Tout en maintenant la touche Ctrl enfoncée, cliquez sur l'onglet de la feuille **Dépenses** et déplacez la souris vers la droite.

3 Relâchez le bouton de la souris puis la touche [Ctrl].

RENVOI *Pour plus d'informations sur la copie de feuilles de calcul, consultez le chapitre **Gérer les feuilles de calcul et les classeurs**.*

4 Renommez la nouvelle feuille et modifiez le contenu de la cellule *A1* (saisissez `Recettes` à la place de *Dépenses*).

La feuille Synthèse

Cette feuille permet de calculer le solde dépenses/recettes de chaque mois, ainsi que l'évolution du solde du compte bancaire.

1 En *A1*, saisissez `Suivi du budget mensuel`. Sélectionnez *A1:AA1* puis cliquez sur **Fusionner et centrer** (onglet **Accueil**, groupe *Alignement*). Appliquez une taille de police de 16 et une bordure épaisse.

2 En *B4*, saisissez `CUMUL`. Sélectionnez *B4:C4* puis cliquez sur **Fusionner et centrer** (onglet **Accueil**, groupe *Alignement*). Mettez le texte en gras. Appliquez une bordure épaisse.

3 En *D4*, saisissez `Janvier`. Sélectionnez *D4:E4* puis cliquez sur **Fusionner et centrer** (onglet **Accueil**, groupe *Alignement*). Mettez le texte en gras. Appliquez une bordure épaisse.

4 Étendez le contenu jusqu'en *AA4*, à l'aide de la poignée de recopie. Vous obtenez ainsi la liste des mois de l'année.

5 En *A5*, saisissez `Solde début de mois`. Mettez le texte en gras. Appliquez une bordure épaisse.

6 En *A7*, saisissez `Recettes`. Mettez le texte en gras. Appliquez une bordure épaisse.

7 En *A9*, saisissez `Dépenses`. Mettez le texte en gras. Appliquez une bordure épaisse.

8 En *A11*, saisissez `Solde du mois`. Mettez le texte en gras. Appliquez une bordure épaisse.

9 En *A13*, saisissez `Solde fin de mois`. Mettez le texte en gras. Appliquez une bordure épaisse.

10 Affichez la feuille **Recettes**. Sélectionnez *B30:AA30* et appuyez sur [Ctrl]+[C].

11 Affichez la feuille **Synthèse** et sélectionnez la cellule *B7*. Cliquez dessus du bouton droit et sélectionnez **Coller avec liaison**. De cette façon, les recettes seront mises à jour à chaque modification de la feuille **Recettes**. Ne vous préoccupez pas de la mise en forme pour l'instant.

12 Répétez l'opération avec la feuille **Dépenses** en *B9*.

13 En *D11*, saisissez `=D7-D9`. Il s'agit de la différence entre les recettes et les dépenses du mois.

14 En *D13*, saisissez `=D5+D11`. Il s'agit du solde de fin de mois, égal au solde en début de mois augmenté du solde du mois.

15 En *F5*, saisissez `=D13`. Le solde de début du mois suivant est égal au solde de fin du mois précédent. Seul le solde de début du mois de janvier sera saisi manuellement.

16 Sélectionnez *D11:E11* et étendez la formule jusqu'en *AA11*.

17 Sélectionnez *D13:E13* et étendez la formule jusqu'en *AA13*.

18 Sélectionnez *F5:G5* et étendez la formule jusqu'en *AA5*.

19 Sélectionnez les colonnes *B*, *C*, *E*, *G*, *I*, *K*, *M*, *O*, *Q*, *S*, *U*, *W*, *Y*, *AA* et masquez-les. En effet, vous n'en aurez pas besoin car elles seront vides. Elles servent uniquement à donner une structure identique aux feuilles **Recettes** et **Dépenses**, afin qu'il soit possible d'utiliser la fonction **Coller avec liaison**.

20 Sélectionnez *D5:Z5* et appliquez le format *Euros*. Appliquez une bordure de type quadrillage, puis une bordure épaisse.

21 Double-cliquez sur le bouton **Reproduire la mise en forme** (onglet **Accueil**, groupe *Presse-papiers*) et sélectionnez successivement *D7*, *D9*, *D11* et *D13*.

22 Cliquez sur le bouton **Reproduire la mise en forme** (onglet **Accueil**, groupe *Presse-papiers*).

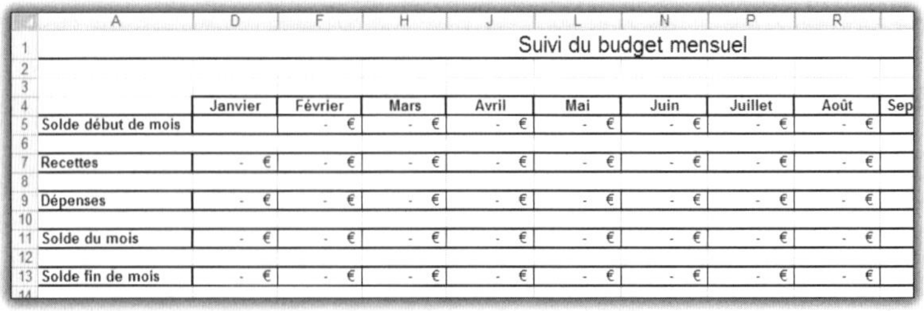

Figure 8.57 : *La feuille Synthèse*

Vous pouvez à présent utiliser ce document en remplissant les différents intitulés de recettes et de dépenses ainsi que leur montant dans les feuilles **Recettes** et **Dépenses**. Saisissez le solde du compte bancaire au début du mois de janvier sur la feuille **Synthèse**. Vous pourrez ainsi suivre l'évolution du solde réel (ou prévisionnel) au fil des mois.

Vous pouvez protéger les cellules qui contiennent des formules afin d'éviter de les supprimer par inadvertance.

CHAPITRE 9

Utiliser les fonctions

Au chapitre précédent, nous avons abordé les grands principes de conception des formules de calcul. Vous pouvez, dès maintenant, mettre à profit ces connaissances pour en élaborer quelques-unes en fonction de vos besoins. En définissant bien le problème à résoudre, vous ne devriez rencontrer aucun obstacle insurmontable, d'autant qu'Excel a peut-être déjà réglé pour vous certaines difficultés. En effet, le logiciel propose plus de trois cents fonctions de calcul. Il s'agit de formules prédéfinies qui effectuent des calculs ou des traitements à partir de données que vous leur fournissez. Cela évite d'avoir à "réinventer la roue" à chaque fois.

Dans un premier temps, nous expliquerons les principes d'utilisation des fonctions. Ensuite, nous décrirons rapidement les différentes catégories dans lesquelles elles sont organisées. Nous ne passerons pas en revue toutes les fonctions, mais nous nous attarderons sur certaines d'entre elles, qui nous paraissent particulièrement utiles.

Enfin, nous mettrons en pratique quelques fonctions, financières notamment, pour réaliser un document de calcul des mensualités d'un emprunt.

9.1. Les principes d'utilisation des fonctions

L'utilisation des fonctions n'est pas d'une grande complexité. En revanche, il convient de respecter quelques principes simples.

La notion de fonction

Pour calculer la somme des cellules de *C1* à *C10*, vous pourriez écrire `=C1+C2+C3+C4+C5+C6+C7+C8+C9+C10`. Cela fonctionne. Mais vous trouverez sans doute plus pratique d'écrire `=SOMME(C1:C10)`, ou encore `=SOMME(C1:C1000)` lorsqu'il s'agira de calculer la somme des cellules de *C1* à *C1000*.

La fonction `SI`, sans doute parmi les plus utilisées, permet de créer des formules conditionnelles, c'est-à-dire modifiées en fonction d'une condition. Par exemple, pour afficher un message d'alerte quand le délai de paiement d'une facture est dépassé, écrivez (si la date de règlement se trouve dans la cellule *B5*) :

```
=SI(AUJOUDHUI()>B5;"Le délai est dépassé";"Facture à régler")
```

Notez que la fonction `AUJOURDHUI()` renvoie la date du jour.

Les fonctions d'Excel ne sont pas exclusivement destinées au calcul numérique ; elles traitent de domaines larges et variés. On distingue :

- les fonctions de recherche et matrices ;
- les fonctions de texte ;
- les fonctions de date et heure ;
- les fonctions logiques ;
- les fonctions d'information ;
- les fonctions de base de données ;
- les fonctions mathématiques ;
- les fonctions statistiques ;
- les fonctions financières ;
- les fonctions d'ingénierie.

Pour donner des résultats, la plupart des fonctions nécessitent que vous leur fournissiez des données, appelées "arguments". Ainsi, une fonction qui calcule une mensualité d'emprunt a besoin du taux de l'emprunt, du montant emprunté et de la durée de l'emprunt. Tout cela est très logique.

Les arguments doivent figurer après l'intitulé de la fonction, entre parenthèses et séparés par des points-virgules. Il est impératif de respecter leur ordre car, en règle générale, chacun d'entre eux a un rôle spécifique. Il est également indispensable de veiller au type d'argument nécessaire (valeurs numériques, chaîne de caractères, dates...), sous peine de voir apparaître des messages d'erreurs tels que `#VALEUR!`.

Les arguments peuvent être fournis, sous forme de valeur, de référence à une cellule ou plage de cellules, de plage nommée. Ils peuvent être le résultat d'autres fonctions. Nous consacrerons une section aux différents types d'arguments.

La bibliothèque de fonctions

Vous allez à présent apprendre à insérer une fonction dans une formule. Bien sûr, vous n'êtes pas censé connaître le nom de toutes les fonctions que propose Excel. C'est pourquoi nous allons décrire une méthode permettant d'identifier celle qui résoudra votre problème.

Rechercher et insérer une fonction

Supposons que vous souhaitiez calculer la moyenne de valeurs qui se trouvent dans une même colonne d'une feuille de calcul, mais que vous ne connaissiez pas la fonction à utiliser.

La façon de procéder est la suivante :

1 Sélectionnez la cellule dans laquelle vous souhaitez insérer une fonction (en l'occurrence *B13*).

	A	B
1		
2		
3		
4		**Durée du travail**
5		
6	**Machine**	**Capacité**
7	Machine 1	100
8	Machine 2	150
9	Machine 3	75
10	Machine 4	98
11	Machine 5	102
12	Machine 6	123
13	**Total / Jour**	
14		

Figure 9.1 : *Calcul d'une moyenne en B13*

2 Cliquez sur le bouton **Insérer une fonction** du groupe *Bibliothèque de fonctions* de l'onglet **Formules** ou cliquez sur le bouton **Insérer une fonction** de la barre de formule.

Figure 9.2 : *Le bouton Insérer une fonction*

La boîte de dialogue **Insérer une fonction** apparaît (voir Figure 9.3).

3 Plusieurs possibilités s'offrent à vous :

– décrire ce que vous souhaitez faire dans la zone *Recherchez une fonction* ;

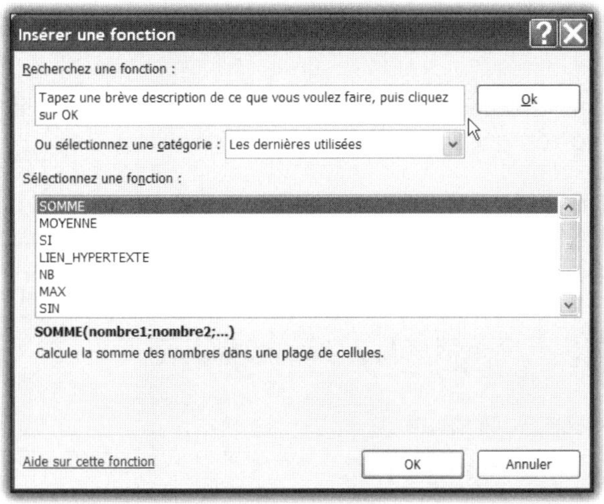

Figure 9.3 : *La boîte de dialogue Insérer une fonction*

- sélectionner une catégorie dans la liste déroulante *Sélectionnez une catégorie* ;
- cliquer dans la zone *Sélectionnez une fonction* et saisir les premières lettres de la fonction désirée.

4 Une fois la fonction affichée, cliquez sur le bouton OK.

Dans cet exemple, sélectionnez la catégorie *Statistiques*. Excel vous propose un choix de fonctions plus restreint.

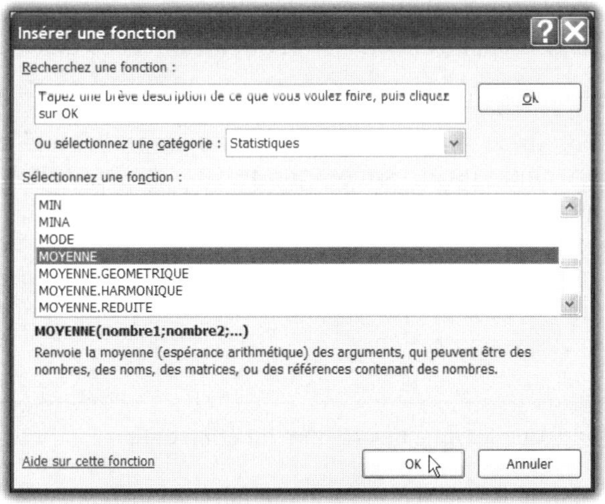

Figure 9.4 : *Les fonctions de la catégorie Statistiques*

Si vous sélectionnez MOYENNE, Excel affiche en bas de la boîte de dialogue la syntaxe de la fonction ainsi qu'un bref descriptif.

Il est également possible d'accéder à l'aide sur la fonction en cliquant sur le lien hypertexte correspondant (*Aide sur cette fonction*).

Vous pouvez maintenant cliquer sur le bouton OK en bas de la boîte de dialogue. Excel affiche une nouvelle boîte de dialogue intitulée **Arguments de la fonction**.

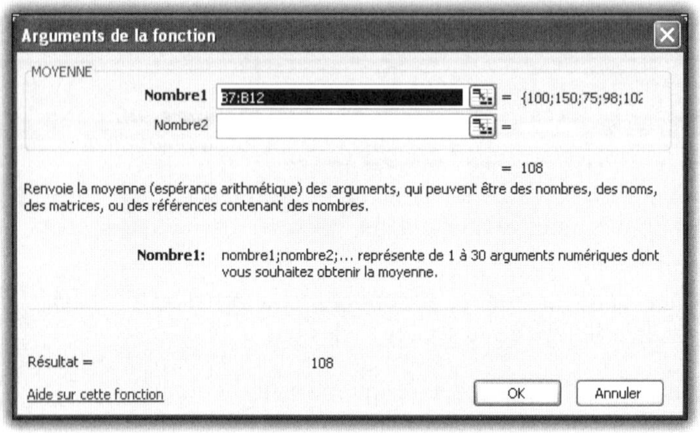

Figure 9.5 : *Les arguments de la fonction*

Excel propose par défaut la plage *B7:B12*, ce qui est correct. En cliquant dans la barre de formule, vous pouvez éventuellement compléter la formule. Ici, cliquez sur OK pour valider. La fonction est placée dans la cellule *B13*.

En fait, Excel propose comme plage de cellules, la plus grande plage contenant des valeurs numériques située au-dessus de la cellule contenant la fonction ou à gauche, s'il n'y a rien au-dessus. Dans ce cas, la plage est correcte car l'en-tête de colonne est un texte. Si l'en-tête avait été un nombre (une année, par exemple), elle aurait été incluse dans la moyenne, ce qui aurait faussé le résultat. Considérez donc avec circonspection ce que vous propose Excel.

REMARQUE

Utilisation de la boîte de dialogue Insérer une fonction dans une formule

Lorsque vous êtes en train de saisir une formule qui fait intervenir plusieurs fonctions, vous pouvez afficher la boîte de dialogue **Insérer une**

REMARQUE

fonction en cliquant sur le bouton **Insérer une fonction** de la barre de formule. Ce dernier est en effet actif même en cours de saisie ou d'édition de formule.

Saisir une fonction connue

Avec la pratique, vous vous apercevrez sans doute que les trois cents fonctions ne vous seront pas toutes utiles. En fait, avec une vingtaine, voire une trentaine d'entre elles, il est possible de faire face à la majorité des situations courantes. Au bout d'un certain temps, vous connaîtrez celles qui vous sont utiles et trouverez un peu pesant d'utiliser la boîte de dialogue **Insérer une fonction**. Vous saisirez alors directement les fonctions dans vos formules.

Pour cela, saisissez l'intitulé de la fonction (en majuscules ou minuscules), puis la liste des arguments entre parenthèses, séparés par des points-virgules. Si la fonction se trouve en début d'une formule, il faut la faire précéder du signe = (égal).

ATTENTION

Les parenthèses

Même si la fonction ne requiert pas d'arguments (`ALEA()`, `AUJOURDHUI()`...), n'oubliez pas les parenthèses ouvrante et fermante. Leur présence permet à Excel de détecter que le texte saisi est une fonction, et non un nom de cellule défini par l'utilisateur.

1 Saisissez `=10+s` dans une cellule.

Dès que vous avez saisi la lettre "s", la liste des fonctions débutant par cette lettre apparaît.

2 Sélectionnez une fonction pour afficher l'info-bulle qui décrit son rôle (voir Figure 9.6).

3 Continuez la saisie du nom de la fonction ou sélectionnez cette dernière dans la liste en double-cliquant dessus.

Dès que vous avez saisi la parenthèse ouvrante, une info-bulle apparaît, affichant l'intitulé de la fonction et la liste de ses arguments. Les arguments entre crochets sont facultatifs. Si vous cliquez sur l'intitulé de la fonction dans l'info-bulle, l'aide la concernant s'affiche (voir Figure 9.7).

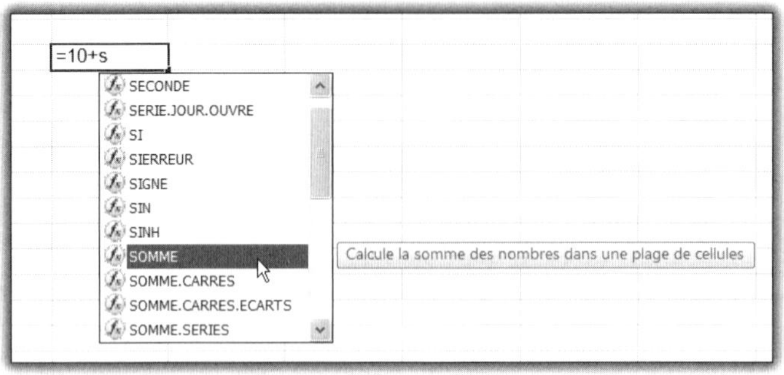

Figure 9.6 : *La liste de choix des fonctions*

Figure 9.7 : *L'info-bulle des arguments*

ASTUCE

Détecter les erreurs de saisie

Si l'info-bulle n'apparaît pas alors que vous avez saisi la parenthèse ouvrante, cela signifie qu'Excel n'a pas "reconnu" la fonction. Il y a donc une forte probabilité pour vous ayez fait une faute de frappe.

4 Continuez la formule soit en saisissant les arguments, soit en allant sélectionner des plages de cellules dans une feuille de calcul.

Si vous cliquez sur la représentation du paramètre dans l'info-bulle, vous sélectionnez le paramètre correspondant dans la formule.

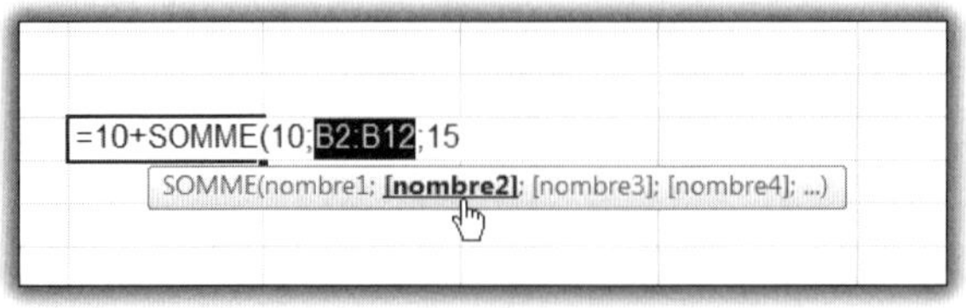

Figure 9.8 : *Navigation entre les arguments grâce à l'info-bulle*

5 Terminez la saisie en fermant la parenthèse et validez avec ↵.

Après validation, le résultat apparaît dans la cellule.

REMARQUE

Désactiver la liste de choix des fonctions

Si vous ne souhaitez pas que la liste de choix des fonctions apparaisse, cliquez sur le bouton **Microsoft Office** puis sur **Options Excel**. Cliquez sur **Formules**, désélectionnez la case *Saisie semi-automatique de formules* de la rubrique *Manipulation de formules*.

Utiliser les bibliothèques

Dans le groupe *Bibliothèque de fonctions* de l'onglet **Formules**, vous disposez de plusieurs boutons qui vous permettent d'accéder aux fonctions classées par thèmes : **Financier**, **Texte**, **Date et heure**, etc.

Figure 9.9 : *Accès aux fonctions classées par thèmes*

Utiliser le bouton Somme automatique

Le bouton **Somme automatique** est sans doute l'un des plus utilisés lors d'une séance de travail avec Excel. Le nom est un peu réducteur dans la mesure où ce bouton permet d'accéder rapidement à cinq fonctions.

REMARQUE

Le bouton Somme automatique a le don d'ubiquité

Le bouton **Somme automatique** est également disponible sous l'onglet **Accueil**, dans le groupe *Édition*.

Insérer un total

Sélectionnez une cellule dans laquelle vous souhaitez positionner le total d'une ligne ou d'une colonne, puis cliquez sur **Somme automatique**.

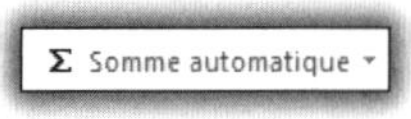

Figure 9.10 :
Le bouton Somme automatique

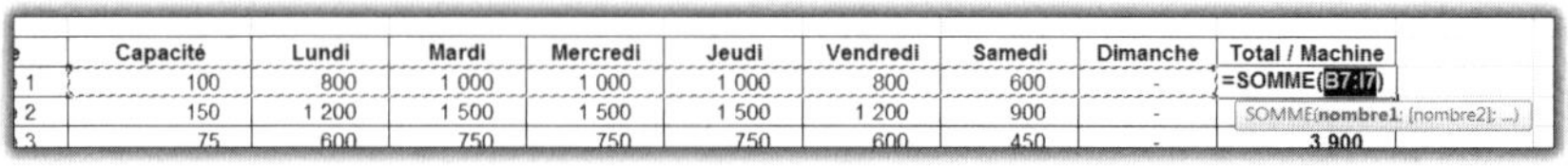

Figure 9.11 : *Insertion d'une somme grâce au bouton Somme automatique*

Il est possible de modifier la plage de cellules proposée par défaut, soit en cliquant dans la barre de formule et en saisissant au clavier la nouvelle plage, soit en la sélectionnant à l'aide de la souris.

Insérer d'autres fonctions

Le bouton **Somme automatique** permet d'accéder rapidement à d'autres fonctions. Pour cela, cliquez sur la petite flèche vers le bas située en dessous du symbole sigma, puis sélectionnez la fonction souhaitée.

Figure 9.12 :
La liste des fonctions accessibles

Autres fonctions ouvre la boîte de dialogue **Insérer une fonction**.

Les différents types d'arguments

Selon le type des fonctions, les arguments qu'elles nécessitent varient. Certaines d'entre elles (`ALEA()`, `AUJOURDHUI()`...) n'en demandent pas, alors que d'autres en exigent. À condition de respecter la syntaxe de la fonction utilisée, il est possible de mélanger des arguments de types différents.

Constantes numériques

`=CTXT(15;1)` convertit 15 en texte avec une décimale.

Constantes alphanumériques

`=DROITE("Micro Application";11)` renvoie les 11 caractères de droite de l'expression entre guillemets, soit ici *Application*. Les chaînes de caractères doivent être saisies entre guillemets.

Références à des cellules ou des plages de cellules

`=ENT(A1)` renvoie la partie entière du contenu de la cellule *A1*.

`=SOMME(A1:A10)` renvoie la somme des valeurs contenues dans la plage *A1:A10*.

`=MOYENNE(A1:A10;C1:C10)` calcule la moyenne des valeurs des plages *A1:A10* et *C1:C10*.

`=GAUCHE(B2;3)` renvoie les 3 caractères de gauche du contenu de *B2*.

Noms de cellules ou de plages de cellules

`=MOYENNE(Ventes)` calcule la moyenne des valeurs de la plage *Ventes*.

`=SI(Montant>1500;"Ok";"A voir")` affiche le message *Ok* si le contenu de la cellule *Montant* est supérieur à 1 500, sinon le message *A voir*.

Lignes ou colonnes entières

`=SOMME(D:D)` calcule la somme de toutes les valeurs contenues dans la colonne *D*.

`=SOMME(D:D;A1:A10;10)` calcule la somme de toutes les valeurs contenues dans la colonne *D*, dans la plage *A1:A10* et ajoute la valeur 10.

`=MOYENNE(3:3)` calcule la moyenne de toutes les valeurs contenues sur la ligne *3*.

Fonctions

`=SI(Montant>1500;SOMME(A1:A10);SOMME(B1:B10))` calcule la somme des valeurs contenues dans la plage *A1:A10* si le contenu de la cellule *Montant* est supérieur à 1 500. Sinon c'est la somme des valeurs contenues dans la plage *B1:B10* qui est calculée.

Une formule peut contenir jusqu'à sept niveaux d'imbrication : plus loin on nous dit "Il est possible d'imbriquer jusqu'à soixante-quatre niveaux de test `SI`. Autant dire que les formules peuvent devenir rapidement illisibles. Dans les versions précédentes d'Excel, le nombre d'imbrications possibles était limité à sept.". Vérifier que c'est bien sept niveaux ici, et pas plus.

9.2. Les différentes catégories de fonctions

Les fonctions d'Excel sont regroupées par catégories. Cela permet notamment de faciliter leur recherche à l'aide de la boîte de dialogue **Insérer une fonction**. Nous allons à présent détailler ces catégories.

Les fonctions de recherche et matrices

Les fonctions de recherche et matrices traitent des problématiques telles que la détermination des adresses de cellules, la recherche de données dans des plages de cellules, le choix de valeurs parmi plusieurs possibilités, etc.

Les fonctions de texte

Bien qu'Excel soit avant tout dédié à la manipulation des chiffres, ce logiciel dispose d'un nombre important de fonctions qui traitent les chaînes de caractères, autrement dit le texte. Elles permettent entre autres de rechercher un mot dans un texte plus long, de tronquer une chaîne de caractères, de convertir du texte en nombre, et réciproquement, etc.

Les fonctions de date et heure

Les fonctions de date et heure sont principalement centrées sur la conversion de texte en numéros de série, de numéros de série en dates, et sur la récupération des éléments d'une date (année, mois, jour, heure, minute, seconde). Elles permettent aussi de gérer les intervalles de temps, en jours calendaires ou en jours ouvrés.

Les fonctions logiques

Ces fonctions permettent de rendre "intelligentes" des feuilles de calcul, sans recours aux macros, plus complexes à mettre en œuvre. Bien entendu, cette "intelligence" est assez primitive, mais elle permet de créer une feuille de calcul adaptable et réactive à certains résultats de calculs.

La fonction la plus connue est évidemment `SI`, qui permet de choisir le contenu d'une cellule en fonction du résultat d'un test logique. Pour effectuer ces tests logiques, vous pourrez mettre à profit les fonctions `ET`, `OU` et `NON`.

Les fonctions d'information

Ces fonctions permettent d'obtenir des informations sur le contenu des cellules, par exemple de déterminer si une cellule est vide, si elle contient du texte, une valeur d'erreur, etc.

Les fonctions de base de données

Ces fonctions permettent de manipuler des tableaux de données pour en extraire des valeurs particulières, réaliser des calculs de moyenne, etc.

Les fonctions mathématiques

Les fonctions mathématiques sont de plusieurs sortes :

- les fonctions trigonométriques : sinus, cosinus, tangente et fonctions réciproques ;
- les fonctions hyperboliques : sinus hyperbolique, cosinus hyperbolique, tangente hyperbolique et fonctions réciproques ;
- les fonctions logarithmiques et de puissance ;
- les fonctions d'arrondi ;
- les fonctions liées aux matrices.

Les fonctions statistiques

Elles constituent l'un des groupes de fonctions les plus étoffés dans Excel. On peut les subdiviser en trois sous-groupes :

- les fonctions de statistique descriptive ;
- les fonctions de régression ;
- les fonctions relatives aux lois de probabilités.

Les fonctions de statistique descriptive

Les fonctions de statistique descriptive permettent de caractériser, de décrire une série de données, notamment selon des caractéristiques de valeur centrale et de dispersion. Les caractéristiques de valeur centrale sont le mode, la médiane, la moyenne (arithmétique, harmonique ou géométrique). Les caractéristiques de dispersion sont les centiles, l'écart type et la variance.

Les fonctions de régression

Les fonctions de régression permettent de modéliser une série de données à l'aide d'une courbe dont l'équation est connue. Excel propose de modéliser à l'aide de droite ou de courbes exponentielles. La qualité de la modélisation est fournie par le coefficient de corrélation. Plus ce dernier est proche de 1 (ou de -1), meilleure est la qualité de la modélisation.

L'intérêt de cette modélisation est de pouvoir estimer les valeurs de points de la série qui n'ont pas été mesurés. Par exemple, s'il s'agit d'une série de données chronologiques, il est possible d'estimer les valeurs futures de la série. Dans ce cas, on fait l'hypothèse que le "futur se comportera comme le passé", ce qui est de moins en moins vrai.

Les lois de probabilités

Les lois de probabilités sont fondées sur le concept de variable aléatoire. Une variable aléatoire est telle que toutes ses valeurs possibles sont connues et que l'on peut attacher à chacune d'entre elles une probabilité de réalisation également connue.

Une distinction est classiquement faite entre les variables aléatoires discrètes (qui ne prennent que des valeurs entières) et les variables aléatoires continues (qui peuvent prendre toutes les valeurs réelles dans un intervalle).

Prenons un exemple simple pour illustrer ce concept. Considérons une loterie dont le règlement prévoit que cent billets sont mis en vente :

- Un billet recevra le gros lot de 10 000 euros.
- Quatre billets donneront droit, chacun, à 1 000 euros.
- Dix billets recevront un lot de 500 euros.
- Vingt billets donneront droit, chacun, à 100 euros.
- Les autres billets (soixante-cinq) seront perdants.

Un joueur achète un billet. Avec ce billet, il peut ne recevoir aucun lot, ou recevoir un lot de 100 euros, ou un lot de 500 euros, de 1 000 euros ou de 10 000 euros. Le montant du lot est une variable aléatoire. Il est facile de calculer la probabilité associée à chaque valeur :

Tableau 9.1 : *Calcul des probabilités associées à chaque valeur de lot*

Montant du lot	Probabilité
0	0,65
100	0,20
500	0,10
1000	0,04
10 000	0,01

Ce tableau constitue la loi de probabilité de notre variable aléatoire discrète.

Une loi de probabilité associe à une valeur d'une variable aléatoire, sa probabilité d'occurrence.

La fonction de répartition d'une variable aléatoire donne les probabilités cumulées, c'est-à-dire pour une valeur donnée, la probabilité d'obtenir une valeur (dans notre cas, un gain) qui lui soit inférieure ou égale.

Tableau 9.2 : *Calcul des probabilités cumulées associées à chaque valeur de lot*	
Montant du lot	**Probabilité**
0	0,65
100	0,85
500	0,95
1000	0,99
10 000	1,00

Dans les fonctions traitant des lois de probabilités, le paramètre logique `cumulative` permet de passer de la loi de probabilité (`FAUX`) à la fonction de répartition (`VRAI`).

Lois classiques

Il existe un certain nombre de lois classiques traitées par Excel :

- Loi binomiale (discrète) : loi du compte d'un caractère (couleur d'une bille par exemple) dans un tirage avec remise.
- Loi hypergéométrique (discrète) : loi du compte d'un caractère (couleur d'une bille par exemple) dans un tirage sans remise.
- Loi de Poisson (discrète) : loi du nombre d'appels à un standard, de véhicules à un péage, etc.
- Loi exponentielle (continue) : loi du temps d'attente entre deux événements consécutifs.
- Loi normale (continue) : c'est la plus connue. Dans une population nombreuse, elle peut représenter de nombreux (notes à un examen, pièces défectueuses…).

Les fonctions financières

Les fonctions financières traitent de trois thèmes principaux :

- les calculs d'amortissement ;
- les calculs liés aux emprunts ;
- les calculs liés aux valeurs mobilières de placement.

Les fonctions d'ingénierie

Il existe deux grands types de fonctions d'ingénierie :

- celles qui font des calculs sur les nombres complexes ;
- les fonctions de conversion entre les bases.

Nombres complexes

Les nombres complexes sont de la forme z = x + y i, où x et y sont des réels, et i le nombre tel que $i^2 = -1$.

Un nombre complexe peut être exprimé en coordonnées rectangulaires, comme précédemment. x est la partie réelle, et y la partie imaginaire. Il peut également être exprimé en coordonnées polaires, de la forme $|z| * (\cos \theta + i \sin \theta)$, où |z| représente le module du nombre complexe, et θ son argument.

|z| = Racine carrée de $(x^2 + y^2)$

θ = Atan(y/x)

Les fonctions concernant les nombres complexes permettent d'effectuer des opérations courantes (addition, soustraction, multiplication, division), mais également des opérations propres aux nombres complexes (calcul du module, de l'argument, du conjugué…).

Conversions entre les bases

Dans la vie quotidienne, nous utilisons de façon implicite des nombres en base 10. Il existe d'autres bases pour exprimer les nombres. Les fonctions de conversion entre les bases traitent de la base 2 (binaire), de la base 8 (octale) et de la base 16 (hexadécimale), et bien sûr de la base 10 (décimale). Ces bases, notamment la base 2, sont très utilisées en électronique et en informatique.

Le principe de représentation d'un nombre dans une base donnée repose sur les puissances croissantes de cette base. Prenons l'exemple de la base 10. Le nombre 256 peut s'écrire $2 * 10^2 + 5 * 10^1 + 6 * 10^0$. En base 2, le principe est identique. Ainsi, le nombre 110 correspond en fait à $1 * 2^2 + 1 * 2^1 + 0 * 2^0$, soit 6 en base 10.

Les chiffres utilisés pour représenter les nombres sont déterminés par la base.

Tableau 9.3 : Chiffres utilisés dans chaque base	
Base	**Chiffres**
2 (binaire)	0, 1
8 (octale)	0, 1, 2, 3, 4, 5, 6, 7
10 (décimale)	0, 1, 2, 3, 4, 5, 6, 7, 8, 9
16 (hexadécimale)	0, 1, 2, 3, 4, 5, 6, 7, 8, 9, A, B, C, D, E, F

9.3. Les nouveautés

Cette nouvelle version d'Excel propose des améliorations quant à la précision de certaines fonctions. Quelques-unes ont été renommées pour une plus grande homogénéité dans la dénomination des fonctions. De nouvelles fonctions font également leur apparition.

Les changements d'appellations

Certaines fonctions statistiques ont été renommées pour être plus cohérentes avec les définitions de fonctions de la communauté scientifique et les autres noms de fonctions dans Excel. Les nouveaux noms décrivent également plus précisément les fonctionnalités. Par exemple, puisque `CRITERE.LOI.BINOMIALE` renvoie l'inverse de la distribution binomiale, elle est devenue `LOI.BINOMIALE.INVERSE`.

Pour ce qui est de la compatibilité descendante avec les versions précédentes d'Excel, les fonctions sont toujours disponibles sous leur ancien nom dans la catégorie *Fonctions de compatibilité* dans la boîte de dialogue **Insérer une fonction**.

Tableau 9.4 : Les fonctions statistiques renommées	
Fonction renommée	**Fonction de compatibilité**
`LOI.BETA.N`	`LOI.BETA`
`BETA.INVERSE.N`	`BETA.INVERSE`

Tableau 9.4 : *Les fonctions statistiques renommées*

Fonction renommée	Fonction de compatibilité
LOI.BINOMIALE.N	LOI.BINOMIALE
LOI.BINOMIALE.INVERSE	CRITERE.LOI.BINOMIALE
LOI.KHIDEUX.DROITE	LOI.KHIDEUX
LOI.KHIDEUX.INVERSE.DROITE	KHIDEUX.INVERSE
CHISQ.TEST	TEST.KHIDEUX
INTERVALLE.CONFIANCE.NORMAL	INTERVALLE.CONFIANCE
COVARIANCE.PEARSON	COVARIANCE
LOI.EXPONENTIELLE.N	LOI.EXPONENTIELLE
LOI.F.DROITE	LOI.F
INVERSE.LOI.F.DROITE	INVERSE.LOI.F
F.TEST	TEST.F
LOI.GAMMA.N	LOI.GAMMA
LOI.GAMMA.INVERSE.N	LOI.GAMMA.INVERSE
LOI.HYPERGEOMETRIQUE.N	LOI.HYPERGEOMETRIQUE
LOI.LOGNORMALE.N	LOI.LOGNORMALE
LOI.LOGNORMALE.INVERSE.N	LOI.LOGNORMALE.INVERSE
MODE.SIMPLE	MODE
LOI.BINOMIALE.NEG.N	LOI.BINOMIALE.NEG
LOI.NORMALE.N	LOI.NORMALE
LOI.NORMALE.INVERSE.N	LOI.NORMALE.INVERSE
LOI.NORMALE.STANDARD.N	LOI.NORMALE.STANDARD
LOI.NORMALE.STANDARD.INVERSE.N	LOI.NORMALE.STANDARD.INVERSE
CENTILE.INCLURE	CENTILE
RANG.POURCENTAGE.INCLURE	RANG.POURCENTAGE
LOI.POISSON.N	LOI.POISSON
QUARTILE.INCLURE	QUARTILE
EQUATION.RANG	RANG

Tableau 9.4 : *Les fonctions statistiques renommées*	
Fonction renommée	**Fonction de compatibilité**
ECARTYPE.PEARSON	ECARTYPEP
ECARTYPE.STANDARD	ECARTYPE
LOI.STUDENT.BILATERALE	LOI.STUDENT
LOI.STUDENT.DROITE	LOI.STUDENT
LOI.STUDENT.INVERSE.BILATERALE	LOI.STUDENT.INVERSE
T.TEST	TEST.STUDENT
VAR.P.N	VAR.P
VAR.S	VAR
LOI.WEIBULL.N	LOI.WEIBULL
Z.TEST	TEST.Z

Les fonctions améliorées

Les algorithmes des fonctions suivantes ont été modifiés pour que la précision et les performances des fonctions soient améliorées. Tel est le cas de LOI.BETA, qui était initialement inexacte, de MOD, de la fonction ALEA, qui utilise maintenant un nouvel algorithme numérique aléatoire.

Tableau 9.5 : *Les fonctions améliorées*	
Fonction améliorée	**Catégorie**
ASINH	Fonctions mathématiques et trigonométriques
LOI.BETA.N, LOI.BETA	Fonctions statistiques, fonctions de compatibilité
BETA.INVERSE.N, BETA.INVERSE	Fonctions statistiques, fonctions de compatibilité
LOI.BINOMIALE.N, LOI.BINOMIALE	Fonctions statistiques, fonctions de compatibilité
LOI.BINOMIALE.INVERSE, CRITERE.LOI.BINOMIALE	Fonctions statistiques, fonctions de compatibilité

Tableau 9.5 : *Les fonctions améliorées*	
Fonction améliorée	**Catégorie**
`LOI.KHIDEUX.INVERSE.DROITE, KHIDEUX.INVERSE`	Fonctions statistiques, fonctions de compatibilité
`CHISQ.TEST, TEST.KHIDEUX`	Fonctions statistiques, fonctions de compatibilité
`CONVERT`	Fonctions d'ingénierie
`CUMUL.INTER`	Fonctions financières
`CUMUL.PRINCPER`	Fonctions financières
`ERF`	Fonctions d'ingénierie
`ERFC`	Fonctions d'ingénierie
`LOI.F.DROITE, LOI.F`	Fonctions statistiques, fonctions de compatibilité
`INVERSE.LOI.F.DROITE, INVERSE.LOI.F`	Fonctions statistiques, fonctions de compatibilité
`FACTDOUBLE`	Fonctions mathématiques et trigonométriques
`LOI.GAMMA.N, LOI GAMMA`	Fonctions statistiques, fonctions de compatibilité
`LOI.GAMMA.INVERSE.N, LOI.GAMMA.INVERSE`	Fonctions statistiques, fonctions de compatibilité
`LNGAMMA`	Fonctions statistiques
`MOYENNE.GEOMETRIQUE`	Fonctions statistiques
`LOI.HYPERGEOMETRIQUE.N, LOI.HYPERGEOMETRIQUE`	Fonctions statistiques, fonctions de compatibilité
`COMPLEXE.LOG2`	Fonctions d'ingénierie
`COMPLEXE.PUISSANCE`	Fonctions d'ingénierie
`INTPER`	Fonctions financières
`TRI`	Fonctions financières
`DROITEREG`	Fonctions statistiques
`LOI.LOGNORMALE.N, LOI.LOGNORMALE`	Fonctions statistiques, fonctions de compatibilité
`LOI.LOGNORMALE.INVERSE.N, LOI.LOGNORMALE.INVERSE`	Fonctions statistiques, fonctions de compatibilité

Tableau 9.5 : Les fonctions améliorées	
Fonction améliorée	**Catégorie**
MOD	Fonctions mathématiques et trigonométriques
LOI.BINOMIALE.NEG.N, LOI.BINOMIALE.NEG	Fonctions statistiques, fonctions de compatibilité
LOI.NORMALE.N, LOI.NORMALE	Fonctions statistiques, fonctions de compatibilité
LOI.NORMALE.INVERSE.N, LOI.NORMALE.INVERSE	Fonctions statistiques, fonctions de compatibilité
LOI.NORMALE.STANDARD.N, LOI.NORMALE.STANDARD	Fonctions statistiques, fonctions de compatibilité
LOI.NORMALE.STANDARD.INVERSE.N, LOI.NORMALE.STANDARD.INVERSE	Fonctions statistiques, fonctions de compatibilité
VPM (En anglais)	Fonctions financières
PRINCPER	Fonctions financières
LOI.POISSON.N, LOI.POISSON	Fonctions statistiques, fonctions de compatibilité
ALEA	Fonctions mathématiques et trigonométriques
ECARTYPE.STANDARD, ECARTYPE	Fonctions statistiques, fonctions de compatibilité
LOI.STUDENT.DROITE, LOI.STUDENT	Fonctions statistiques, fonctions de compatibilité
LOI.STUDENT.BILATERALE	Fonctions statistiques
LOI.STUDENT.INVERSE.BILATERALE, LOI.STUDENT.INVERSE	Fonctions statistiques, fonctions de compatibilité
VAR.S, VAR	Fonctions statistiques, fonctions de compatibilité
TRI.PAIEMENTS	Fonctions financières

Les nouvelles fonctions

Les fonctions suivantes ont été ajoutées à la bibliothèque de fonctions Excel. Elles peuvent être utilisées dans la version actuelle d'Excel, mais elles sont incompatibles avec les versions précédentes.

Si vous devez assurer la compatibilité descendante, vous pouvez exécuter l'utilitaire Vérificateur de compatibilité pour apporter dans votre feuille de calcul les modifications requises et éviter les erreurs.

1 Cliquez sur le menu **Fichier**, puis sélectionnez la commande **Informations**.
2 Cliquez sur le bouton **Vérifier la présence de problèmes**.
3 Sélectionnez **Vérifiez la comptabilité**.

Figure 9.13 : *Vérification de la compatibilité*

Tableau 9.6 : *Les nouvelles fonctions*		
Nouvelle fonction	**Catégorie**	**Descriptif**
NB.JOURS .OUVRES.INTL	Fonctions de date et heure	Renvoie le nombre de jours ouvrés entiers compris entre deux dates à l'aide de paramètres identifiant les jours du week-end et leur nombre.
SERIE.JOUR .OUVRE.INTL	Fonctions de date et heure	Renvoie le numéro de série de la date avant ou après un nombre spécifié de jours ouvrés (des paramètres permettent d'identifier et de dénombrer les jours inclus dans le week-end).
AGREGAT	Fonctions mathématiques et trigonométriques	Renvoie un agrégat dans une liste ou une base de données.

Tableau 9.6 : Les nouvelles fonctions		
Nouvelle fonction	**Catégorie**	**Descriptif**
`ISO.PLAFOND`	Fonctions mathématiques et trigonométriques	Arrondit un nombre au nombre entier le plus proche ou au multiple le plus proche de l'argument `précision` en s'éloignant de zéro.
`LOI.KHIDEUX`	Fonctions statistiques	Renvoie la fonction de densité de distribution de la probabilité suivant une loi bêta cumulée.
`LOI.KHIDEUX.INVERSE`	Fonctions statistiques	Renvoie la fonction de densité de distribution de la probabilité suivant une loi bêta cumulée.
`INTERVALLE.CONFIANCE.STUDENT`	Fonctions statistiques	Renvoie l'intervalle de confiance pour la moyenne d'une population, à l'aide d'une distribution t de Student.
`COVARIANCE.STANDARD`	Fonctions statistiques	Renvoie la covariance d'échantillon, moyenne des produits des écarts pour chaque paire de points de deux jeux de données.
`LOI.F.N`	Fonctions statistiques	Renvoie la distribution de probabilité F.
`INVERSE.LOI.F.N`	Fonctions statistiques	Renvoie l'inverse de la distribution de probabilité F.
`MODE.MULTIPLE`	Fonctions statistiques	Renvoie une matrice verticale des valeurs les plus fréquentes ou répétitives dans une matrice ou une plage de données.
`CENTILE.EXCLURE`	Fonctions statistiques	Renvoie le k-ième centile des valeurs d'une plage ; k se trouve dans la plage comprise entre 0 et 1 (0 et 1 exclus).
`RANG.POURCENTAGE.EXCLURE`	Fonctions statistiques	Renvoie le rang d'une valeur d'un jeu de données sous forme de pourcentage (0 et 1 exclus).
`QUARTILE.EXCLURE`	Fonctions statistiques	Renvoie le quartile d'un jeu de données en fonction des valeurs du centile comprises entre 0 et 1 (0 et 1 exclus).

Tableau 9.6 : Les nouvelles fonctions		
Nouvelle fonction	**Catégorie**	**Descriptif**
MOYENNE.RANG	Fonctions statistiques	Renvoie le rang d'un nombre contenu dans une liste.
LOI.STUDENT.N	Fonctions statistiques	Renvoie la probabilité d'une variable aléatoire suivant la loi de t de Student.
LOI.STUDENT .INVERSE.N	Fonctions statistiques	Renvoie la valeur d'une variable aléatoire suivant la loi de t de Student, en fonction de la probabilité et du nombre de degrés de liberté.

9.4. Les principales fonctions

Nous allons à présent passer en revue quelques fonctions particulièrement intéressantes et utiles.

La fonction SI

S'il existait un palmarès des fonctions les plus utilisées, nul doute que SI y figurerait en bonne place. Ce n'est pas à proprement parler une fonction de calcul : il s'agit d'une fonction logique qui permet de faire un choix entre deux hypothèses, en fonction d'une expression logique (ou booléenne). Une expression logique peut prendre seulement deux valeurs : VRAI ou FAUX.

Les formules utilisant la fonction SI sont appelées "formules conditionnelles". Elles permettent de rendre "intelligentes" les feuilles de calcul. Cette "intelligence" est relative ; il s'agit plutôt de rendre les feuilles de calcul réactives à certaines valeurs. Par exemple, vous pouvez afficher un message si un montant de facture est supérieur à un plafond, vous pouvez éviter l'affichage d'un message d'erreur en effectuant un calcul seulement si les paramètres sont corrects. Les possibilités sont quasi illimitées.

Il est possible d'élaborer des critères plus complexes et plus fins en utilisant les opérateurs ET et OU.

Syntaxe

Une formule utilisant la fonction `SI` (ou formule conditionnelle) se présente de la façon suivante : `=SI(Test;Expression si Test=VRAI;Expression si Test=FAUX)`.

- `Test` est une expression logique. Une expression logique compte au moins un opérateur logique et deux opérandes.

Tableau 9.7 : *Les opérateurs logiques*

Opérateur logique	Signification
=	Égal à
>	Supérieur à
>=	Supérieur ou égal à
<	Inférieur à
<=	Inférieur ou égal à
<>	Différent de

- `Expression si Test=VRAI` est une formule qui peut contenir des fonctions (y compris une autre fonction `SI`), des calculs, une chaîne de caractères, etc. Cette formule sera utilisée dans la cellule contenant la fonction `SI` si `Test` est égal à `VRAI`.
- `Expression si Test=FAUX` est une formule qui peut contenir des fonctions (y compris une autre fonction `SI`), des calculs, une chaîne de caractères, etc. Cette formule sera utilisée dans la cellule contenant la fonction `SI` si `Test` est égal à `FAUX`.

Élaborer des formules simples

Afin d'illustrer l'utilisation de la fonction `SI`, nous allons à présent examiner quelques cas simples d'utilisation. Il s'agit de situations classiques auxquelles vous serez probablement confronté lors de l'élaboration de vos feuilles de calcul.

Afficher un message fixe si une condition est remplie

Supposons que vous utilisiez une feuille de calcul dans laquelle sont stockées des données relatives aux ventes mensuelles de produits. Dans la colonne *B* se trouvent les ventes de l'année 2002 et dans la colonne *C*, se trouvent les ventes de l'année 2003. Dans la colonne *D*, il s'agit d'afficher *En progression* si les ventes de 2003 sont supérieures à celles de 2002.

La formule à saisir en *D4* est :

```
=SI(C4>B4;"En progression";"")
```

Étendez-la à l'aide de la poignée de recopie, jusqu'à la fin du tableau.

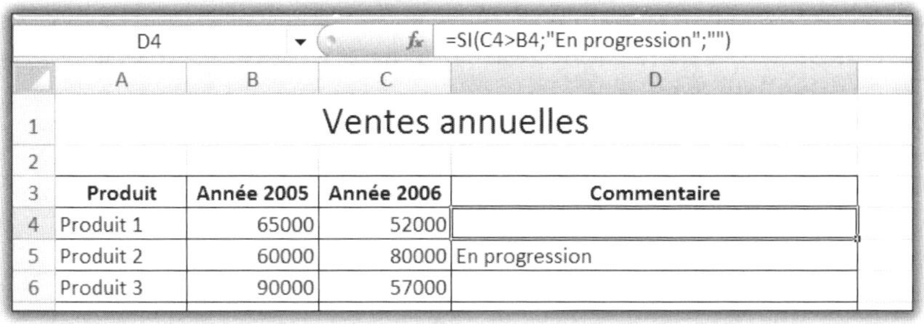

Figure 9.14 : *Affichage d'un message en fonction d'une condition*

Impact de l'absence d'un argument

Il est possible d'omettre les deux derniers arguments de la fonction `SI`. Dans ce cas, la valeur prise par la condition est affichée. si vous aviez écrit `=SI(C4>B4;"En progression")`, le texte *En progression* aurait bien été affiché dans les cellules pour lesquelles la valeur de la colonne *C* est supérieure à celle de la colonne *B*. En revanche, la valeur `FAUX` aurait été affichée dans les cellules pour lesquelles la valeur de la colonne *C* est inférieure à celle de la colonne *B*.

Afficher un message variable si une condition est remplie

Il est possible d'améliorer l'exemple précédent en faisant en sorte que le message affiché indique la valeur de la progression du chiffre d'affaires. Pour cela, vous devez juxtaposer une chaîne de caractères et une formule de calcul à l'aide de l'opérateur de concaténation (`&`).

La formule à saisir en *D4* est `=SI(C4>B4;"En progression de "&(C4-B4)&" ¤";"")`.

Étendez-la à l'aide de la poignée de recopie, jusqu'à la fin du tableau.

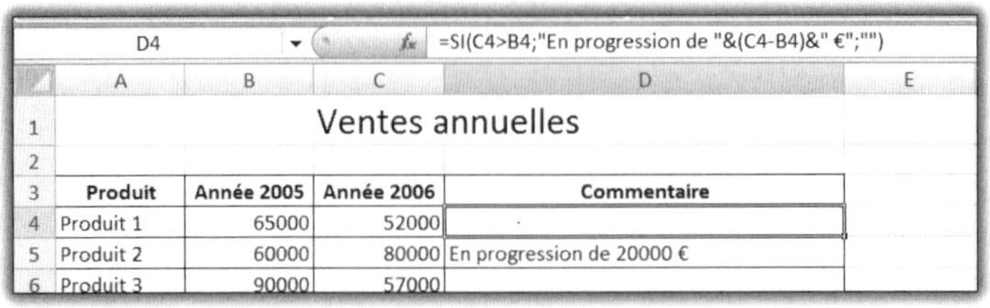

Figure 9.15 : *Affichage d'un message variable en fonction d'une condition*

Intégrer le résultat d'une formule conditionnelle dans une expression

Il est possible d'intégrer le résultat d'une fonction à une autre expression. Si le résultat d'une entreprise se trouve en *B5* et que vous souhaitiez indiquer "en clair" en *B7* qu'il s'agit d'une perte ou d'un bénéfice, la formule suivante vous donnera satisfaction :

```
="L'entreprise a réalisé "&SI(B5>0;"un bénéfice de
"&B5&" ¤";"une perte de "&-B5&" ¤")
```

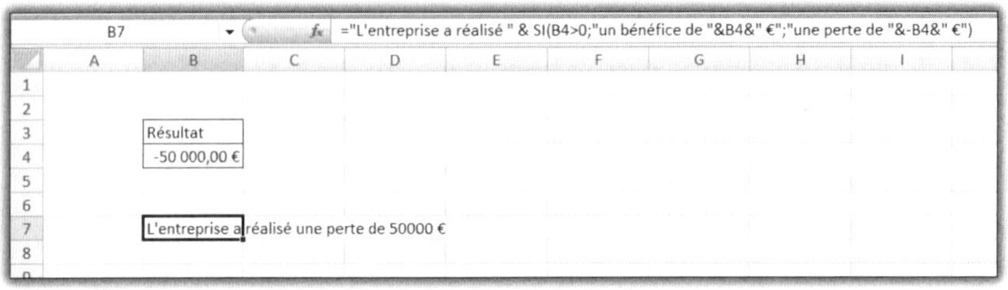

Figure 9.16 : *Juxtaposition d'une chaîne de caractères et du résultat d'une fonction SI*

Réaliser un test sur une chaîne de caractères

Il est possible d'effectuer un test sur des valeurs numériques. Il est également envisageable d'élaborer une formule conditionnelle fondée sur un test mettant en jeu des chaînes de caractères.

Pour illustrer cette possibilité, nous utiliserons une feuille de calcul listant des factures. Dans la colonne *A* se trouve le nom du fournisseur ; dans la colonne *B*, le numéro de la facture ; dans la colonne *C*, la date d'échéance ; dans la colonne *D*, le montant. La formule conditionnelle à saisir en *E4* est `=SI(A4="durand";"A surveiller";"OK")`. Elle permet de mettre en évidence les factures d'un fournisseur particulier.

Étendez-la à l'aide de la poignée de recopie, jusqu'à la fin du tableau.

Dans les formules, les chaînes de caractères doivent être saisies entre guillemets.

> ASTUCE
>
> **Distinction majuscules/minuscules**
>
> La condition précédente ne fait pas la distinction entre les minuscules et les majuscules. En effet, les expressions `DURAND` et `Durand` donnent un résultat `VRAI`. Si vous souhaitez réaliser un test tenant compte de la casse, utilisez la fonction `EXACT`. Ainsi la formule `=SI(EXACT(A4;"durand");"A surveiller";"OK")` ne renvoie *A surveiller* que si *A4* contient effectivement `durand` et pas `Durand` ou `DURAND`.

Il est possible d'utiliser les opérateurs > et < avec des chaînes de caractères. Par exemple, `"ABC"<"ABD"` donne le résultat `VRAI`. En effet, Excel utilise l'ordre alphabétique pour comparer des chaînes de caractères. Dans ce cas, il n'y a pas de distinction entre les majuscules et les minuscules.

Réaliser un test sur une date

Les dates servent fréquemment de critères de test. En effet, il n'est pas rare d'avoir à contrôler le dépassement d'un délai, une date, etc. Pour cela, il est possible d'utiliser une formule conditionnelle fondée sur un test mettant en jeu des dates. Par exemple, si dans la liste de factures, vous souhaitez mettre en évidence celles qui arrivent à échéance avant le 30/11/2005, il faut faire un test sur la date d'échéance afin de déterminer si elle est supérieure ou inférieure au 30/11/2005.

La formule à saisir en *E4* est `=SI(C4<DATE(2005;11;30);"A surveiller";"OK")`.

Étendez-la à l'aide de la poignée de recopie, jusqu'à la fin du tableau (voir Figure 9.17).

Notez l'emploi de la fonction `DATE(année;mois;jour)` pour indiquer une date précise. En effet, si vous écriviez `C4<30/11/2005`, Excel interpréterait l'expression 30/11/2005 comme "30 divisé par 11, le tout divisé par 2005", soit environ 0,0013602.

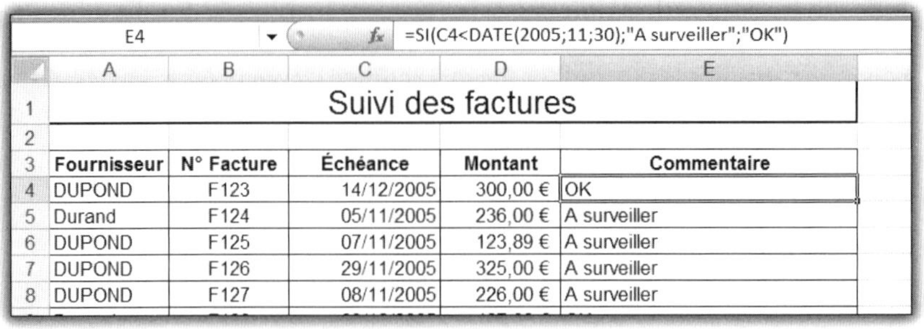

	A	B	C	D	E
1	Suivi des factures				
2					
3	**Fournisseur**	**N° Facture**	**Échéance**	**Montant**	**Commentaire**
4	DUPOND	F123	14/12/2005	300,00 €	OK
5	Durand	F124	05/11/2005	236,00 €	A surveiller
6	DUPOND	F125	07/11/2005	123,89 €	A surveiller
7	DUPOND	F126	29/11/2005	325,00 €	A surveiller
8	DUPOND	F127	08/11/2005	226,00 €	A surveiller

Figure 9.17 : *Un critère fondé sur une date*

Inclure une formule dans la condition

Afin d'étendre les possibilités des formules conditionnelles, il est possible d'inclure des formules et des fonctions dans les critères de test. Supposons que vous souhaitiez mettre en exergue, parmi une liste de produits, ceux dont le chiffre d'affaires est supérieur à la moyenne. Il faut inclure dans le test la moyenne des chiffres d'affaires, ce qui est possible à l'aide de la fonction `MOYENNE`.

Si les valeurs à tester se trouvent dans la plage *B4:B15*, la formule à saisir en *C4* est `=SI(B4>MOYENNE($B$4:$B$15);"Supérieur à la moyenne";"")`.

Étendez-la à l'aide de la poignée de recopie, jusqu'à la fin du tableau.

Notez l'utilisation de références absolues comme arguments de la fonction `MOYENNE`. En effet, il est nécessaire de faire référence à la même plage, quelle que soit la ligne du tableau.

Imbriquer plusieurs fonctions SI

Les formules conditionnelles utilisées jusqu'à présent étaient des formules à "un niveau", c'est-à-dire que le résultat était fonction d'un seul test, aussi compliqué soit-il. Pourtant, certaines problématiques assez courantes nécessitent l'élaboration de véritables arbres de décisions, du type :

```
Si condition1 alors
    Si condition2 alors
        Si condition3 alors
            Action1
        Sinon
            Action2
```

```
    Sinon
        Si condition4 alors
            Action3
        Sinon
            Action4
Sinon
    Si condition5 alors
        Si condition6 alors
            Action5
        Sinon
            Action6
    Sinon
        Si condition7 alors
            Action7
        Sinon
            Action8
```

Il s'agit en fait d'imbriquer des fonctions `SI`, de façon à mettre en place chacun des "embranchements" de l'arbre de décision. Les arguments de la première fonction `SI` sont eux-mêmes des fonctions `SI`, dont les arguments sont à leur tour des fonctions `SI`. Nous avons ici une imbrication à trois niveaux, qui se matérialise de la façon suivante avec la syntaxe Excel :

```
=SI(condition1;SI(condition2;SI(condition3;Action1;Action2)
SI(condtion4;Action3;Action4)); SI(condition5;SI(condition6
Action5;Action6);SI(condtion7;Action7;Action8)))
```

Il est possible d'imbriquer jusqu'à soixante-quatre niveaux de test `SI`. Autant dire que les formules peuvent devenir rapidement illisibles. Dans les versions précédentes d'Excel, le nombre d'imbrications possibles était limité à sept.

ASTUCE

Rendre les formules plus lisibles

Pour rendre vos formules complexes plus lisibles, il est possible d'insérer des sauts de ligne lors de la saisie, à l'aide de la combinaison de touches Alt+↵. La formule précédente peut ainsi s'écrire :

```
=SI(condition1;

SI(condition2;

SI(condition3;Action1;Action2);SI(condtion4;Action3;Action4));

 SI(condition5;

SI(condition6;Action5;Action6);SI(condtion7;Action7;Action8)))
```

Limiter la taille des formules

Dans certains cas, les alternatives proposées dans un test `SI` diffèrent très légèrement (la valeur d'un coefficient par exemple). Afin d'éviter d'alourdir la saisie des formules et de contribuer à leur meilleure lisibilité, il est préférable de n'inclure dans le test que la partie conditionnelle de la formule.

Prenons un exemple. Supposons qu'une formule de calcul soit conditionnée par le contenu de la cellule *A23*. Si le contenu de *A23* est inférieur ou égal à 100, la formule est `B23*(C23-D23)*0,5`. Sinon, la formule est `B23*(C23-D23)*0.75`.

Une première approche (qui donne un résultat correct) est :

```
=SI(A23<=100 ;B23*(C23-D23)*0.5 ;B23*(C23-D23)*0.75)
```

Voici une autre possibilité, plus concise :

```
=B23*(C23-D23)*SI(A23<=100 ;0.5 ;0.75)
```

Utiliser les opérateurs ET et OU

Il faut parfois combiner plusieurs tests logiques pour modéliser une situation "réelle". Par exemple, supposons que, dans un fichier client, vous souhaitiez faire un traitement particulier pour les hommes de plus de 45 ans dont le salaire est supérieur à 2 000 euros. La formule conditionnelle à créer est fondée sur l'expression `Sexe="H" ET Age>45 ET Salaire>2000`.

De même, si vous souhaitez mettre en exergue les femmes exerçant le métier de vendeuse ou de comptable, la formule conditionnelle à développer est fondée sur l'expression `Sexe="F" ET (Profession="Ouvrier" OU Profession="Comptable")`.

Il s'agit en fait de combiner les différentes expressions logiques unitaires (du type `A=B`, `A<B`, `A>B`...), à l'aide de deux opérateurs logiques : `ET` et `OU`.

L'opérateur ET

L'opérateur `ET` renvoie `FAUX` si l'un des arguments est `FAUX`.

Tableau 9.8 : Valeurs renvoyées par l'opérateur ET		
A	**B**	**A ET B**
FAUX	FAUX	FAUX
FAUX	VRAI	FAUX
VRAI	FAUX	FAUX
VRAI	VRAI	VRAI

L'un des arguments peut être une formule faisant intervenir des opérateurs logiques ET, OU ou NON.

Dans Excel, la fonction ET permet de mettre en œuvre l'opérateur logique ET.

ET

Renvoie VRAI si tous les arguments sont VRAI, et FAUX si au moins l'un des arguments est FAUX.

Syntaxe :	ET(valeur_logique1;valeur_logique2;...)
valeur_logique1,valeur_logique2...	Une à trente conditions que vous souhaitez tester et qui peuvent être soit VRAI, soit FAUX.

La fonction ET obéit aux règles globales des fonctions Excel, à savoir l'utilisation d'arguments entre parenthèses, séparés par des points-virgules.

Ainsi, le premier exemple `Sexe="H" ET Age>45 ET Salaire>2000` s'écrit en fait :

```
ET(Sexe="H";Age>45;Salaire>2000)
```

L'opérateur OU

L'opérateur OU renvoie VRAI si l'un des arguments est VRAI.

Tableau 9.9 : Valeurs renvoyées par l'opérateur OU		
A	**B**	**A OU B**
FAUX	FAUX	FAUX

Tableau 9.9 : Valeurs renvoyées par l'opérateur OU		
A	**B**	**A OU B**
FAUX	VRAI	VRAI
VRAI	FAUX	VRAI
VRAI	VRAI	VRAI

L'un des arguments peut être une formule faisant intervenir des opérateurs logiques ET, OU ou NON.

Dans Excel, la fonction OU permet de mettre en œuvre l'opérateur logique OU.

OU

Renvoie la valeur VRAI si un argument est VRAI, et FAUX si tous les arguments sont FAUX.

Syntaxe :	OU(valeur_logique1;valeur_logique2...)
valeur_logique1,valeur _logique2...	Une à trente conditions que vous souhaitez tester et qui peuvent être soit VRAI, soit FAUX.

La fonction OU obéit aux règles globales des fonctions Excel, à savoir l'utilisation d'arguments entre parenthèses, séparés par des points-virgules.

Ainsi, le deuxième exemple Sexe="F" ET (Profession="Ouvrier" OU Profession="Comptable") s'écrira en fait :

```
ET(Sexe="F";OU(Profession="Ouvrier"; Profession=
"Comptable"))
```

Notez au passage l'imbrication des fonctions ET et OU.

L'opérateur NON

L'opérateur NON renvoie la valeur inverse de son argument. Dans certains cas, il est plus facile de définir une condition "positive" et de prendre son inverse que de définir d'emblée la condition "négative".

Tableau 9.10 : Valeurs renvoyées par l'opérateur OU	
A	**NON A**
FAUX	VRAI
VRAI	FAUX

L'un des arguments peut être lui-même une formule faisant intervenir des opérateurs logiques ET, OU ou NON.

Dans Excel, la fonction NON permet de mettre en œuvre l'opérateur logique NON.

NON

Inverse la valeur logique de l'argument.

Syntaxe :	NON(valeur_logique)
valeur_logique	Valeur ou expression qui peut prendre la valeur VRAI ou FAUX.

Les fonctions de recherche et matrices

DECALER

Renvoie une référence à une plage, décalée d'un nombre déterminé de lignes et de colonnes par rapport à une cellule ou une plage de cellules. La référence renvoyée peut être une cellule unique ou une plage de cellules. Vous pouvez spécifier le nombre de lignes et de colonnes à renvoyer.

Syntaxe :	DECALER(réf;lignes;colonnes;hauteur;largeur)
réf	Référence par rapport à laquelle le décalage doit être opéré. L'argument réf doit être une référence à une cellule ou à une plage de cellules adjacentes ; sinon, la fonction DECALER renvoie la valeur d'erreur #VALEUR!.
lignes	Nombre de lignes vers le haut ou vers le bas dont la cellule supérieure gauche de la référence renvoyée doit être décalée. Si l'argument lignes est égal à 5,

	la cellule supérieure gauche de la référence est décalée de 5 lignes en dessous de la référence. L'argument `lignes` peut être positif (c'est-à-dire en dessous de la référence de départ) ou négatif (c'est-à-dire au-dessus de la référence de départ).
colonnes	Nombre de colonnes vers la droite ou vers la gauche dont la cellule supérieure gauche de la référence renvoyée doit être décalée. Si l'argument `colonnes` est égal à 5, la cellule supérieure gauche de la référence est décalée de 5 colonnes vers la droite par rapport à la référence. L'argument `colonnes` peut être positif (c'est-à-dire à droite de la référence de départ) ou négatif (c'est-à-dire à gauche de la référence de départ).
hauteur	Hauteur, exprimée en nombre de lignes, que la référence renvoyée doit avoir. L'argument `hauteur` doit être un nombre positif. Cet argument est facultatif ; s'il est omis, la valeur par défaut est celle de l'argument `réf`.
largeur	Largeur, exprimée en nombre de colonnes, que la référence renvoyée doit avoir. L'argument `largeur` doit être un nombre positif. Cet argument est facultatif ; s'il est omis, la valeur par défaut est celle de l'argument `réf`.

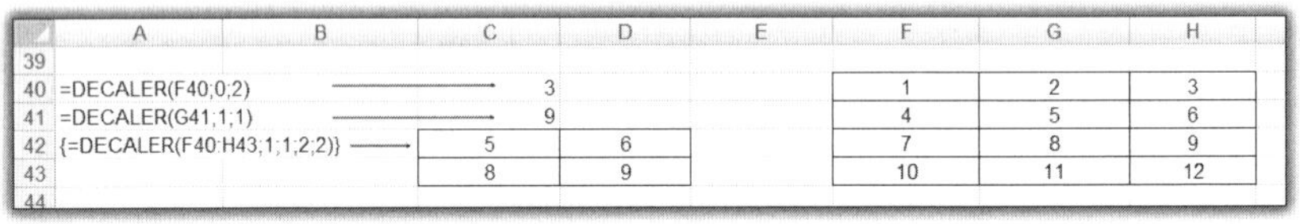

	A	B	C	D	E	F	G	H
39								
40	=DECALER(F40;0;2)	→	3			1	2	3
41	=DECALER(G41;1;1)	→	9			4	5	6
42	{=DECALER(F40:H43;1;1;2;2)}	→	5	6		7	8	9
43			8	9		10	11	12
44								

Figure 9.18 : *La fonction DECALER*

EQUIV

Renvoie la position relative d'un élément d'une matrice qui équivaut à une valeur spécifiée dans un ordre donné.

Syntaxe :	EQUIV(valeur_cherchée;matrice_recherche;type)
valeur_cherchée	Valeur dont vous souhaitez l'équivalent dans l'argument `matrice_recherche`.
matrice_recherche	Plage de cellules adjacentes contenant les valeurs

	d'équivalence possibles. L'argument `matrice_recherche` peut être une matrice ou une référence matricielle.
type	Nombre -1, 0 ou 1 qui indique comment Excel doit procéder pour comparer l'argument `valeur_cherchée` aux valeurs de l'argument `matrice_recherche`.

- Si la valeur de l'argument `type` est 1, la fonction `EQUIV` trouve la valeur la plus élevée qui est inférieure ou égale à celle de l'argument `valeur_cherchée`. Les valeurs de l'argument `matrice_recherche` doivent être placées en ordre croissant. Si l'argument est omis, 1 est la valeur par défaut.
- Si la valeur de l'argument `type` est 0, la fonction `EQUIV` trouve la première valeur exactement équivalente à celle de l'argument `valeur_cherchée`. Les valeurs de l'argument `matrice_recherche` peuvent être placées dans un ordre quelconque.
- Si la valeur de l'argument `type` est -1, la fonction `EQUIV` trouve la plus petite valeur qui est supérieure ou égale à celle de l'argument `valeur_cherchée`. Les valeurs de l'argument `matrice_recherche` doivent être placées en ordre décroissant.

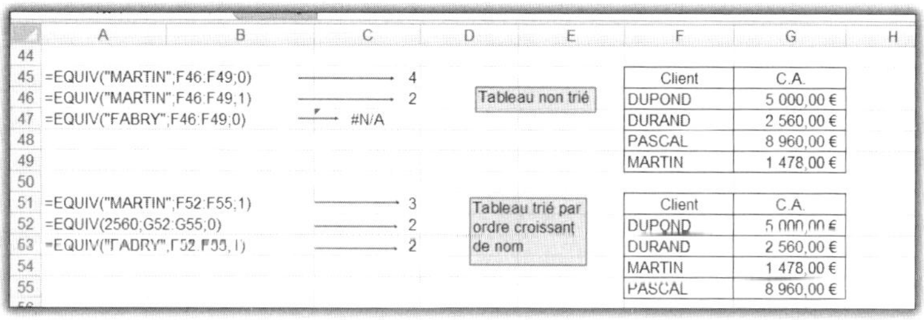

Figure 9.19 : *La fonction EQUIV*

INDEX

Renvoie une valeur ou une référence à une valeur provenant d'un tableau ou d'une plage de valeurs. La fonction `INDEX` existe sous deux formes, matricielle et référentielle. La forme matricielle renvoie une valeur ou une matrice de valeurs, tandis que la forme référentielle renvoie une référence.

Syntaxe 1 : INDEX(tableau;no_lig;no_col)

tableau — Plage de cellules ou constante de matrice.

no_lig — Ligne de la matrice dont une valeur doit être renvoyée. Si l'argument `no_lig` est omis, l'argument `no_col` est obligatoire.

no_col — Colonne de la matrice dont une valeur doit être renvoyée. Si l'argument `no_col` est omis, l'argument `no_lig` est obligatoire.

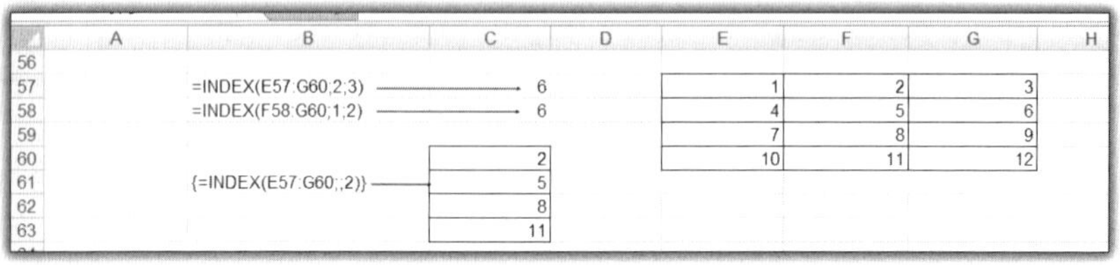

Figure 9.20 : *La fonction INDEX – Syntaxe 1*

Syntaxe 2 : INDEX(réf;no_lig;no_col;no_zone)

réf — Référence à une ou plusieurs plages de cellules.

no_lig — Numéro de la ligne de `réf` à partir de laquelle une référence doit être renvoyée.

no_col — Numéro de la colonne de `réf` à partir de laquelle une référence doit être renvoyée.

no_zone — Plage de l'argument `réf` pour laquelle l'intersection de `no_col` et `no_lig` doit être renvoyée. La première zone sélectionnée ou entrée porte le numéro 1, la deuxième le numéro 2, etc. Si l'argument `no_zone` est omis, la fonction `INDEX` utilise la zone numéro 1.

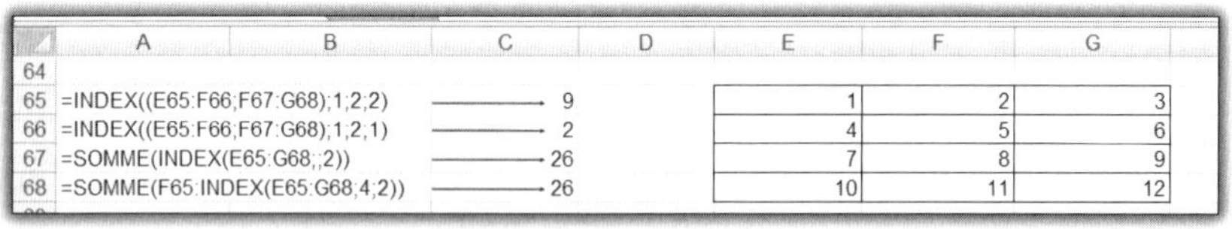

Figure 9.21 : *La fonction INDEX – Syntaxe 2*

RECHERCHEV

Recherche une valeur dans la colonne de gauche d'une table ou d'une matrice de valeurs, puis renvoie une valeur, dans la même ligne, d'une colonne que vous spécifiez dans la table ou la matrice.

Syntaxe :	RECHERCHEV(valeur_cherchée;table_matrice;no_index_col;valeur_proche)
valeur_cherchée	Valeur à rechercher dans la colonne de gauche de la table. Il peut s'agir d'une valeur, d'une référence ou d'une chaîne de texte.
table_matrice	Table de données dans laquelle est exécutée la recherche de la valeur.
no_index_col	Numéro de la colonne de `table_matrice` à partir de laquelle la valeur correspondante est renvoyée. Une valeur de `no_index_col` égale à 1 renvoie la valeur de la première colonne de l'argument `table_matrice`, une valeur de `no_index_col` égale à 2 renvoie la valeur de la deuxième colonne de l'argument `table_matrice`, etc. Si la valeur de `no_index_col` est inférieure à 1, `RECHERCHEV` renvoie la valeur d'erreur `#VALEUR!` ; si la valeur de `no_index_col` est supérieure au nombre de lignes de `table_matrice`, `RECHERCHEV` renvoie la valeur d'erreur `#REF!`.
valeur_proche	Valeur logique qui spécifie si vous voulez que `RECHERCHEV` trouve une correspondance exacte ou approximative. Si cet argument est `VRAI` ou omis, une donnée proche est renvoyée. En d'autres termes, si aucune valeur exacte n'est trouvée, la valeur immédiatement inférieure à `valeur_cherchée` est renvoyée. Si cet argument est `FAUX`, `RECHERCHEV` recherche une correspondance exacte. S'il n'en trouve pas, la valeur d'erreur `#N/A` est renvoyée.

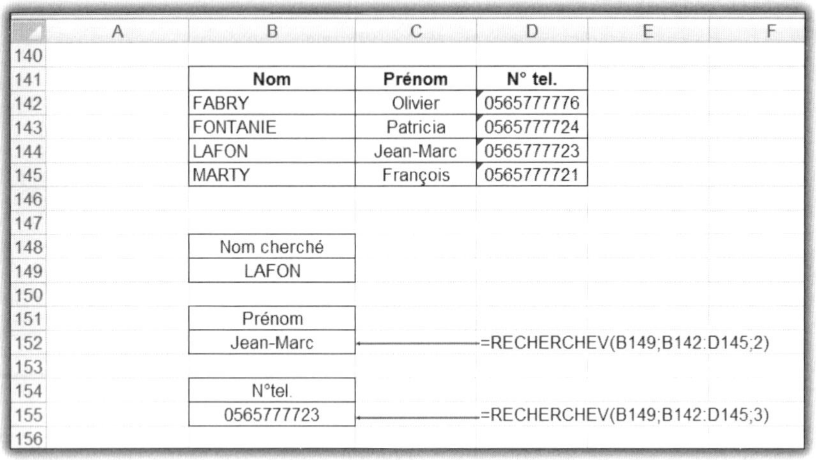

Figure 9.22 : *La fonction RECHERCHEV*

Les fonctions de texte

CHERCHE

Renvoie le numéro du caractère au niveau duquel un caractère spécifique ou une chaîne de caractères est initialement reconnu à partir du `no_départ`.

Syntaxe :	CHERCHE(texte_cherché;texte;no_départ)
texte_cherché	Texte que vous voulez trouver. Vous pouvez utiliser les caractères génériques, le point d'interrogation (`?`) et l'astérisque (`*`) dans l'argument `texte_cherché`. Le point d'interrogation correspond à un caractère unique quelconque et l'astérisque à une séquence de caractères quelconque. Pour trouver réellement un point d'interrogation ou un astérisque, saisissez un tilde (`~`) devant ce caractère.
texte	Texte comprenant la chaîne de caractères que vous voulez trouver.
no_départ	Numéro du caractère dans l'argument `texte` à partir duquel la recherche doit débuter. Cet argument est facultatif.

	A	B	C	D	E
13					
14	Microsoft Excel	11	←	=CHERCHE("Excel";A14)	
15	Microsoft Excel	11	←	=CHERCHE("EXCEL";A15)	
16	Micro Application	7	←	=CHERCHE("?pp";A16)	
17	Micro Application	#VALEUR!	←	=CHERCHE("?pp";A17;9)	
18					

Figure 9.23 : *La fonction CHERCHE*

REMARQUE

Distinction entre majuscules et minuscules

La fonction `CHERCHE` ne fait pas de distinction entre les majuscules et les minuscules lors de la recherche de texte.

CNUM

Convertit en nombre une chaîne de caractères représentant un nombre.

Syntaxe : CNUM(texte)

texte — Texte placé entre guillemets ou référence à une cellule contenant le texte que vous voulez convertir.

	A	B	C	D	E
19					
20		12	←	=CNUM("12")	
21	TEXTE	#VALEUR!	←	=CNUM(A21)	
22	28/03/2002	37343	←	=CNUM(A22)	
23	1 000,00 €	1000	←	=CNUM(A23)	
24					

Figure 9.24 : *La fonction CNUM*

CTXT

Arrondit un nombre au nombre de décimales spécifié, lui applique le format décimal, à l'aide d'une virgule et d'espaces, et renvoie le résultat sous forme de texte.

Syntaxe : CTXT(nombre;décimales;no_séparateur)

nombre — Nombre que vous voulez arrondir et convertir en texte.

décimales	Nombre de chiffres après la virgule.
no_séparateur	Valeur logique qui, lorsqu'elle est VRAI, permet d'éviter que des espaces soient insérés dans le texte renvoyé par CTXT.

	A	B	C	D	E
43					
44	15324,52689	15324,53	←	=CTXT(A44;2;VRAI)	
45	15324,52689	15 324,53	←	=CTXT(A45;2;FAUX)	
46	12 345,12 €	12 345,1	←	=CTXT(A46;1;FAUX)	
47	-1123,4545	-1 123,45	←	=CTXT(A47)	
48					

Figure 9.25 : *La fonction CTXT*

DROITE

Renvoie le(s) dernier(s) caractère(s) d'une chaîne de texte, en fonction du nombre de caractères spécifiés.

Syntaxe :	DROITE(texte;no_car)
texte	Chaîne de texte contenant les caractères à extraire.
no_car	Nombre de caractères à extraire.

	A	B	C	D	E	F
49						
50		Code article	Type article			
51		4578-PF	PF	←	=DROITE(B51;2)	
52		1247-SF	SF	←	=DROITE(B52;2)	
53		1789-MP	MP	←	=DROITE(B53;2)	
54		1459-PF	PF	←	=DROITE(B54;2)	
55						

Figure 9.26 : *La fonction DROITE*

EXACT

Compare deux chaînes de caractères et renvoie la valeur VRAI si elles sont identiques ou la valeur FAUX dans le cas contraire. EXACT respecte la casse (minuscules/majuscules) mais ne tient pas compte des différences de mise en forme.

Syntaxe : EXACT(texte1;texte2)

texte1 Première chaîne de texte.

texte2 Seconde chaîne de texte.

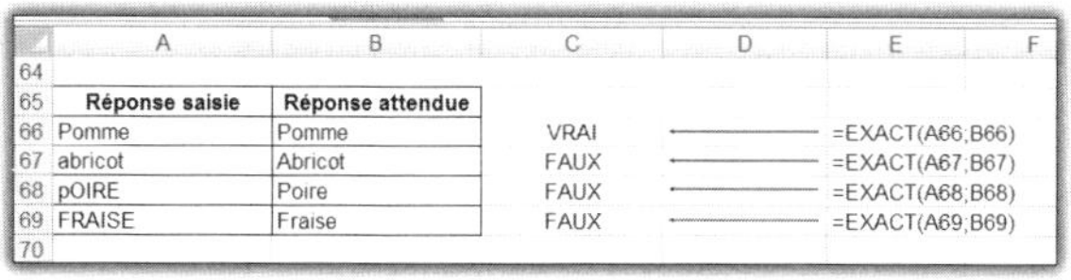

	A	B	C	D	E
64					
65	**Réponse saisie**	**Réponse attendue**			
66	Pomme	Pomme	VRAI	———	=EXACT(A66;B66)
67	abricot	Abricot	FAUX	———	=EXACT(A67;B67)
68	pOIRE	Poire	FAUX	———	=EXACT(A68;B68)
69	FRAISE	Fraise	FAUX	———	=EXACT(A69;B69)
70					

Figure 9.27 : *La fonction EXACT*

GAUCHE

Renvoie le(s) premier(s) caractère(s) d'une chaîne de texte en fonction du nombre de caractères que vous spécifiez.

Syntaxe : GAUCHE(texte;no_car)

texte Chaîne de texte contenant les caractères à extraire.

no_car Nombre de caractères à extraire.

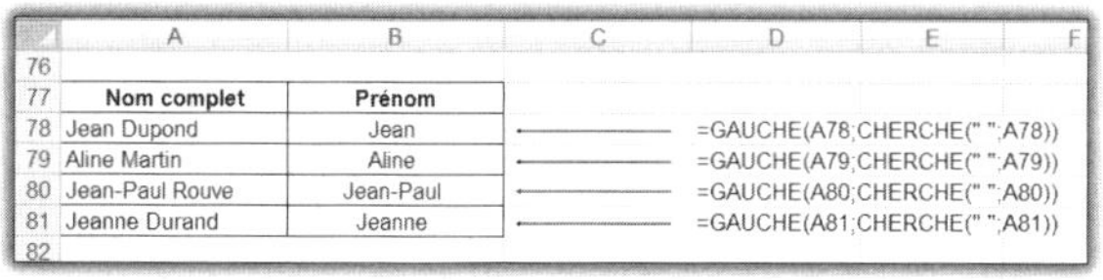

	A	B	C	D
76				
77	**Nom complet**	**Prénom**		
78	Jean Dupond	Jean	———	=GAUCHE(A78;CHERCHE(" ";A78))
79	Aline Martin	Aline	———	=GAUCHE(A79;CHERCHE(" ";A79))
80	Jean-Paul Rouve	Jean-Paul	———	=GAUCHE(A80;CHERCHE(" ";A80))
81	Jeanne Durand	Jeanne	———	=GAUCHE(A81;CHERCHE(" ";A81))
82				

Figure 9.28 : *La fonction GAUCHE*

MAJUSCULE

Convertit un texte en majuscules.

Syntaxe : MAJUSCULE(texte)

texte Texte que vous voulez convertir en majuscules. L'argument `texte` peut être une référence ou une chaîne de caractères.

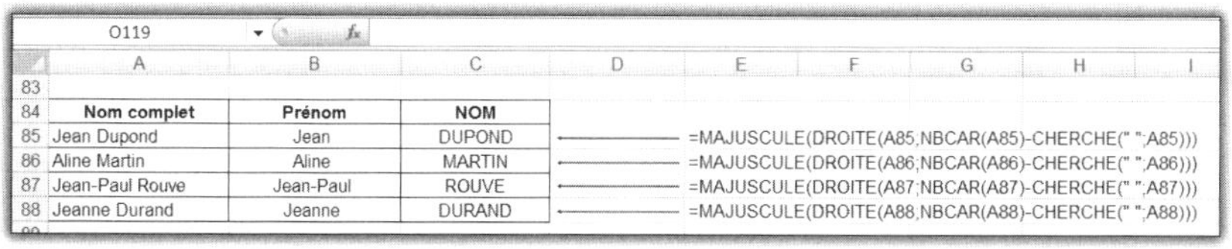

O119

	A	B	C	D	E
83					
84	**Nom complet**	**Prénom**	**NOM**		
85	Jean Dupond	Jean	DUPOND	———	=MAJUSCULE(DROITE(A85;NBCAR(A85)-CHERCHE(" ";A85)))
86	Aline Martin	Aline	MARTIN	———	=MAJUSCULE(DROITE(A86;NBCAR(A86)-CHERCHE(" ";A86)))
87	Jean-Paul Rouve	Jean-Paul	ROUVE	———	=MAJUSCULE(DROITE(A87;NBCAR(A87)-CHERCHE(" ";A87)))
88	Jeanne Durand	Jeanne	DURAND	———	=MAJUSCULE(DROITE(A88;NBCAR(A88)-CHERCHE(" ";A88)))

Figure 9.29 : *La fonction MAJUSCULE*

MINUSCULE

Convertit un texte en minuscules.

Syntaxe : MINUSCULE(texte)

texte — Texte que vous voulez convertir en minuscules. L'argument `texte` peut être une référence ou une chaîne de caractères.

	A	B	C	D	E
90					
91	TEXTE	texte	←	=MINUSCULE(A91)	
92	Nom	nom	←	=MINUSCULE(A92)	
93	12, rue de la Républiq	12, rue de la république	←	=MINUSCULE(A93)	
94					

Figure 9.30 : *La fonction MINUSCULE*

NBCAR

Renvoie le nombre de caractères contenus dans une chaîne de texte. Les espaces sont comptés comme des caractères.

Syntaxe : NBCAR(texte)

texte — Texte dont vous souhaitez connaître la longueur.

	A	B	C	D	E	F
95						
96	Excel	contient 5 caractères	←	="contient "&NBCAR(A96)&" caractères"		
97	Micro Application	contient 17 caractères	←	="contient "&NBCAR(A97)&" caractères"		
98	12 mètres	contient 9 caractères	←	="contient "&NBCAR(A98)&" caractères"		
99	Anticonstitutionnelleme	contient 25 caractères	←	="contient "&NBCAR(A99)&" caractères"		
100						

Figure 9.31 : *La fonction NBCAR*

REMPLACER

Remplace une chaîne de caractères par une autre, en fonction du nombre de caractères spécifiés.

Syntaxe : REMPLACER(ancien_texte;no_départ;no_car; nouveau_texte)

ancien_texte	Texte dont vous voulez remplacer un nombre donné de caractères.
no_départ	Place du premier caractère de la chaîne `ancien_texte` où le remplacement par `nouveau_texte` doit commencer.
no_car	Nombre de caractères de `ancien_texte` que `nouveau_texte` doit remplacer.
nouveau_texte	Texte qui doit remplacer les caractères de `ancien_texte`.

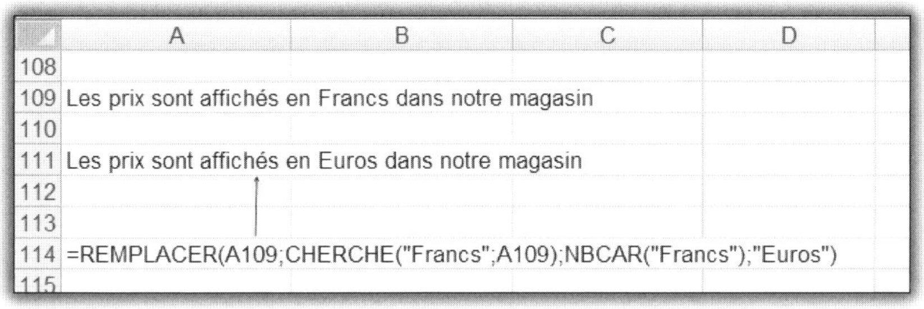

Figure 9.32 : *La fonction REMPLACER*

REPT

Répète un texte un certain nombre de fois.

Syntaxe :	REPT(texte;no_fois)
texte	Texte à répéter.
no_fois	Nombre positif indiquant le nombre de fois que le texte doit être répété.

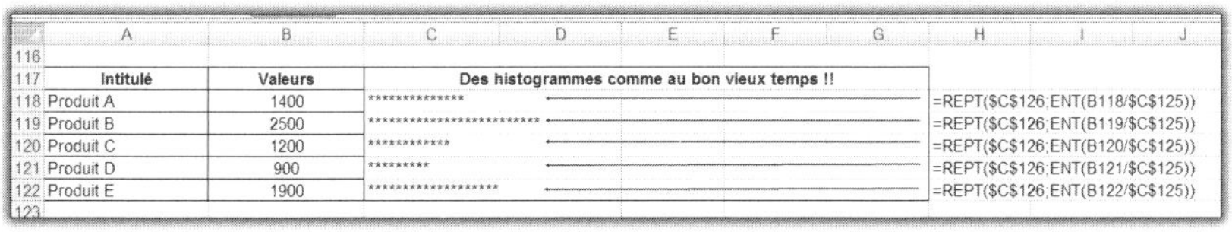

Figure 9.33 : *La fonction REPT*

STXT

Renvoie un nombre donné de caractères extraits d'une chaîne de texte à partir de la position que vous avez spécifiée, en fonction du nombre de caractères indiqués.

Syntaxe :	STXT(texte;no_départ;no_car)
texte	Chaîne de texte contenant les caractères à extraire.
no_départ	Position dans `texte` du premier caractère à extraire. Le premier caractère de `texte` a un `no_départ` égal à 1, et ainsi de suite.
no_car	Indique le nombre de caractères à extraire de `texte`.

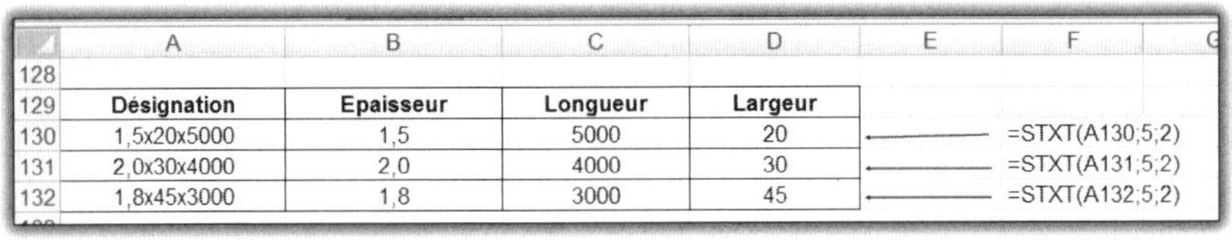

	A	B	C	D	E	F
128						
129	**Désignation**	**Epaisseur**	**Longueur**	**Largeur**		
130	1,5x20x5000	1,5	5000	20	←	=STXT(A130;5;2)
131	2,0x30x4000	2,0	4000	30	←	=STXT(A131;5;2)
132	1,8x45x3000	1,8	3000	45	←	=STXT(A132;5;2)

Figure 9.34 : *La fonction STXT*

SUBSTITUE

Remplace un texte par nouveau texte dans une chaîne de caractères.

Syntaxe :	SUBSTITUE(texte;ancien_texte;nouveau_texte;no_position)
texte	Texte ou référence à une cellule contenant le texte dont vous voulez remplacer certains caractères.
ancien_texte	Texte à remplacer.
nouveau_texte	Texte qui doit remplacer `ancien_texte`.
no_position	Spécifie l'occurrence de `ancien_texte` que vous souhaitez remplacer par `nouveau_texte`. Si vous spécifiez `no_position`, seule l'occurrence correspondante de `ancien_texte` est remplacée. Sinon, toutes les occurrences de `ancien_texte` dans `texte` sont remplacées par `nouveau_texte`.

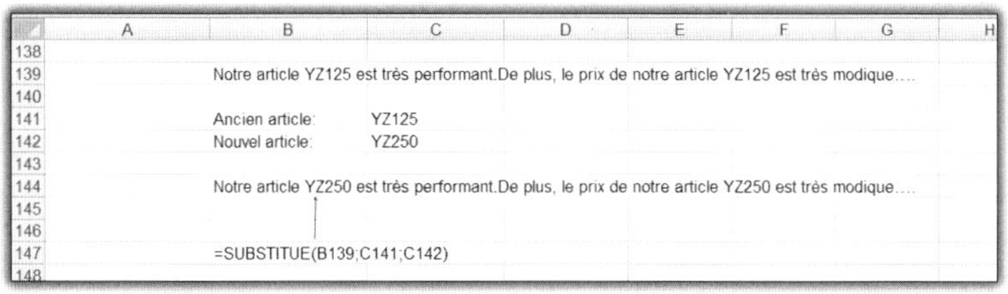

Figure 9.35 : *La fonction SUBSTITUE*

SUPPRESPACE

Supprime tous les espaces de texte à l'exception des espaces simples entre les mots.

Syntaxe : SUPPRESPACE(texte)

texte Texte dont vous voulez supprimer les espaces.

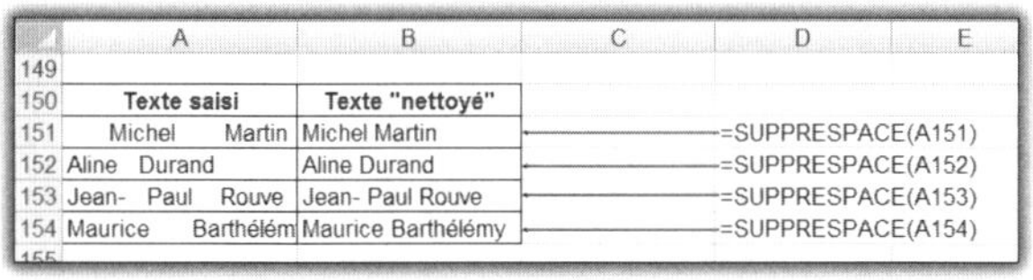

Figure 9.36 : *La fonction SUPPRESPACE*

TEXTE

Convertit une valeur en texte selon un format de nombre spécifique.

Syntaxe : TEXTE(valeur;format_texte)

valeur Valeur numérique, formule dont le résultat est une valeur numérique ou une référence à une cellule contenant une valeur numérique.

format_texte Format de nombre sous forme de texte défini dans la zone *Catégorie* située sous l'onglet **Nombre** de la boîte de dialogue **Format de cellule**.

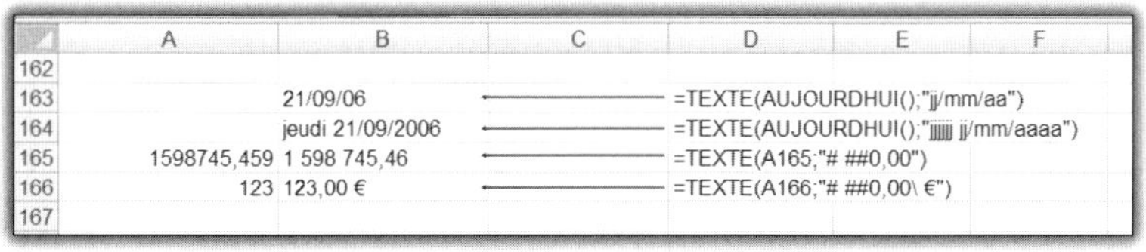

Figure 9.37 : *La fonction TEXTE*

TROUVE

Recherche une chaîne de caractères, `texte_cherché`, au sein d'une autre chaîne de caractères, `texte`, et renvoie la position du premier caractère de `texte_cherché`, à partir du premier caractère de `texte`.

Syntaxe :	TROUVE(texte_cherché;texte;no_départ)
texte_cherché	Texte que vous voulez trouver.
texte	Texte dans lequel vous cherchez.
no_départ	Caractère à partir duquel la recherche doit commencer. Le premier caractère de l'argument `texte` est le caractère numéro 1. Si l'argument `no_départ` est omis, la valeur par défaut est 1.

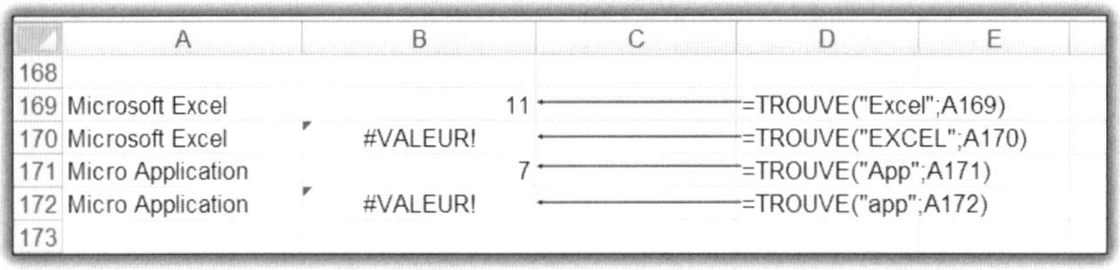

	A	B	C	D	E
168					
169	Microsoft Excel	11		=TROUVE("Excel";A169)	
170	Microsoft Excel	#VALEUR!		=TROUVE("EXCEL";A170)	
171	Micro Application	7		=TROUVE("App";A171)	
172	Micro Application	#VALEUR!		=TROUVE("app";A172)	
173					

Figure 9.38 : *La fonction TROUVE*

REMARQUE

Distinction entre majuscules et minuscules

La fonction `TROUVE` établit une distinction entre les majuscules et les minuscules lors de la recherche de texte.

Les fonctions de date et heure

ANNEE

Renvoie l'année correspondant à une date. L'année est renvoyée sous la forme d'un nombre entier dans la plage 1900-9999.

Syntaxe :	ANNEE(numéro_de_série)
numéro_de_série	Numéro de série de la date dont vous voulez trouver l'année.

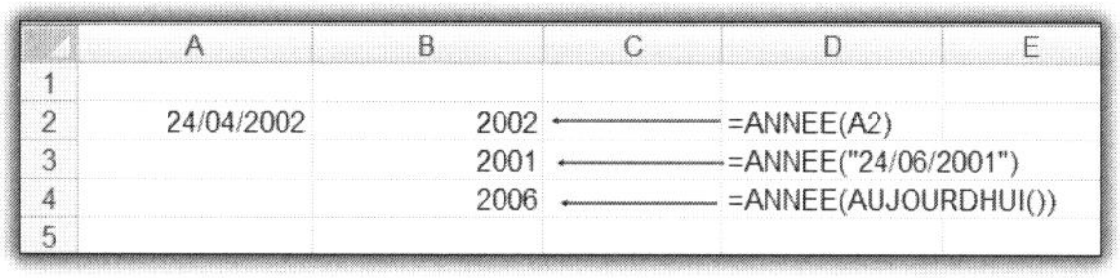

	A	B	C	D	E
1					
2	24/04/2002	2002	←	=ANNEE(A2)	
3		2001	←	=ANNEE("24/06/2001")	
4		2006	←	=ANNEE(AUJOURDHUI())	
5					

Figure 9.39 : *La fonction ANNEE*

AUJOURDHUI

Renvoie le numéro de série de la date en cours.

Syntaxe : AUJOURDHUI( )

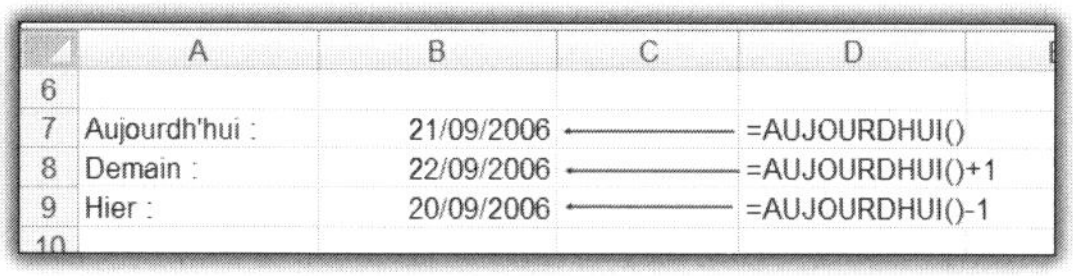

	A	B	C	D
6				
7	Aujourdh'hui :	21/09/2006	←	=AUJOURDHUI()
8	Demain :	22/09/2006	←	=AUJOURDHUI()+1
9	Hier :	20/09/2006	←	=AUJOURDHUI()-1
10				

Figure 9.40 : *La fonction AUJOURDHUI*

DATE

Renvoie le numéro de série séquentiel qui représente une date particulière.

Syntaxe : DATE(année,mois,jour)

année — Argument pouvant compter entre un et quatre chiffres. Excel interprète l'argument `année` en fonction du système de dates que vous utilisez.

mois — Nombre représentant le mois de l'année.

jour — Nombre représentant le jour du mois.

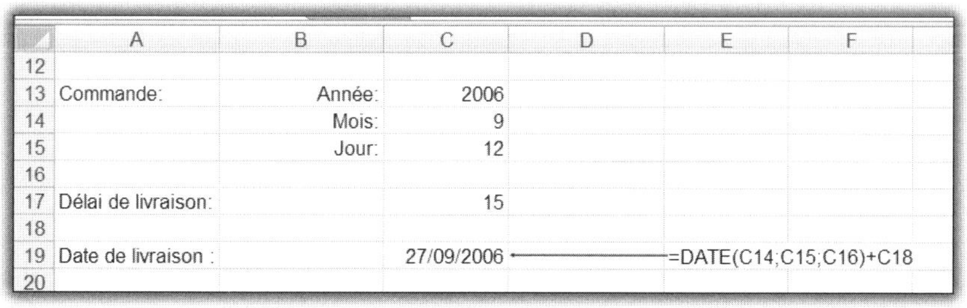

	A	B	C	D	E	F
12						
13	Commande:	Année:	2006			
14		Mois:	9			
15		Jour:	12			
16						
17	Délai de livraison:		15			
18						
19	Date de livraison :		27/09/2006	←	=DATE(C14;C15;C16)+C18	
20						

Figure 9.41 : *La fonction DATE*

DATEDIF

Calcule la différence entre deux dates en années, mois et jours.

Syntaxe :	DATEDIF(date_début;date_fin;unité)
date_début	Date de début.
date_fin	Date de fin.
unité	Indique en quelle unité doit être calculée la différence entre les deux dates. L'argument `unité` peut prendre les valeurs présentes dans le tableau suivant.

Tableau 9.11 : *Valeurs possibles pour l'argument unité*

Valeur de l'argument	Signification
`y`	Différence en années
`m`	Différence en mois
`d`	Différence en jours
`ym`	Différence en mois, une fois les années soustraites
`yd`	Différence en jours, une fois les années soustraites
`md`	Différence en jours, une fois les années et les mois soustraits

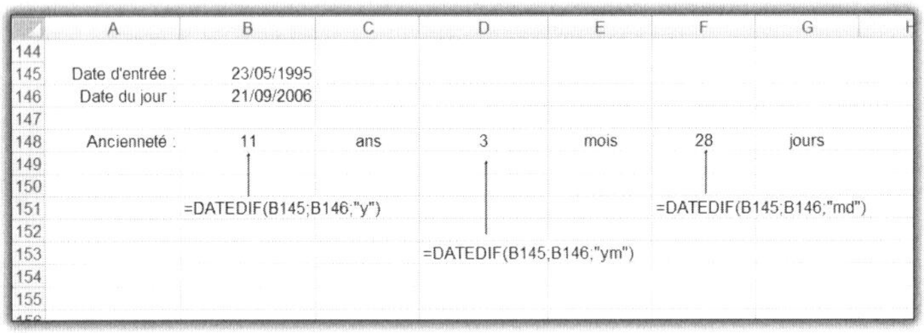

Figure 9.42 : *La fonction DATEDIF*

REMARQUE

Particularité de cette fonction

`DATEDIF` n'apparaît pas dans la liste des fonctions de la boîte de dialogue **Insérer une fonction**.

FIN.MOIS

Renvoie le numéro de série du dernier jour du mois précédant ou suivant `date_départ` du nombre de mois indiqué.

Syntaxe : FIN.MOIS(date_départ;mois)

date_départ — Date de début.

mois — Nombre de mois avant ou après `date_départ`. Une valeur de mois positive donne une date future. Une valeur négative donne une date passée.

	A	B	C	D	E	F	G
28							
29			Date facture:	25/02/2006			
30							
31			Règlement 30 jours nets:	27/03/2006	←	=+D29+30	
32			Règlement 30 jours fin de mois :	31/03/2006	←	=FIN.MOIS(D29+30;0)	
33			Règlement 30 jours fin de mois le 10 :	10/04/2006	←	=FIN.MOIS(D29+30;0)+10	
34							

Figure 9.43 : *La fonction FIN.MOIS*

HEURE

Renvoie l'heure correspondant à la valeur de l'heure. L'heure est un nombre entier compris entre 0 (12:00 AM) et 23 (11:00 PM).

Syntaxe : HEURE(numéro_de_série)

numéro_de_série — Code de temps contenant l'heure que vous voulez trouver. Les codes de temps peuvent être saisis sous la forme de chaînes de caractères entre guillemets (par exemple, `"6:45 PM"`), de caractères décimaux (par exemple, `0,78125`, qui représente 6:45 PM) ou de résultats d'autres formules ou fonctions (`TEMPSVAL("6:45 PM")`).

	A	B	C	D	E
44					
45		16	←	=HEURE(MAINTENANT())	
46					
47	27/04/2006 09:45	9	←	=HEURE(A47)	
48					

Figure 9.44 : *La fonction HEURE*

JOUR

Renvoie le jour du mois correspondant à l'argument `numéro_de_série`. Ce jour est représenté sous la forme d'un nombre entier compris entre 1 et 31.

Syntaxe :	JOUR(numéro_de_série)
numéro_de_série	Code de date du jour que vous voulez rechercher.

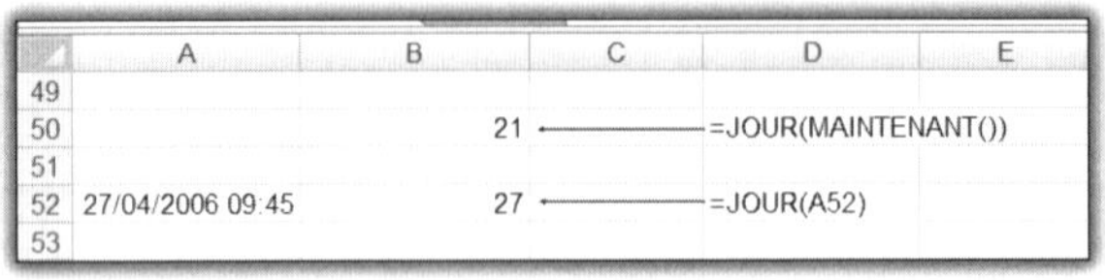

Figure 9.45 : *La fonction JOUR*

JOURSEM

Renvoie le jour de la semaine correspondant à une date. Par défaut, le jour est donné sous forme d'un nombre entier compris entre 0 et 7.

Syntaxe :	JOURSEM(numéro_de_série;type_retour)
numéro_de_série	Numéro séquentiel représentant la date du jour que vous cherchez.
type_retour	Chiffre qui détermine le type d'information que la fonction renvoie.

Tableau 9.12 : *Liste des valeurs possibles pour type_retour*

Valeur de type_retour	**Chiffre renvoyé**
1 ou omis	Chiffre compris entre 1 (dimanche) et 7 (samedi)
2	Chiffre compris entre 1 (lundi) et 7 (dimanche)
3	Chiffre compris entre 0 (lundi) et 6 (dimanche)

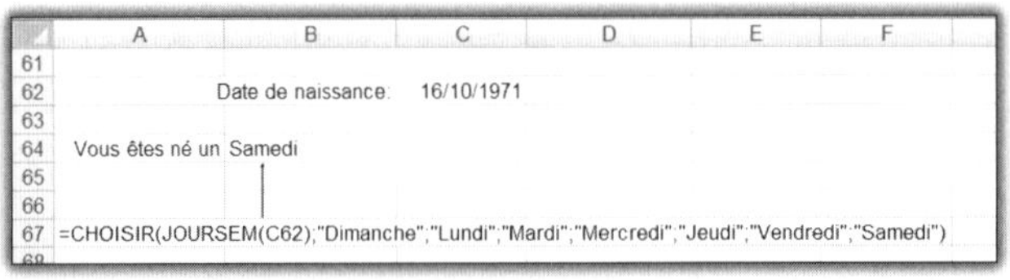

Figure 9.46 : *La fonction JOURSEM*

MAINTENANT

Donne le numéro de série de la date et de l'heure courantes.

Syntaxe : MAINTENANT()

	A	B	C	D
69				
70		21/09/2006 16:10	←	=MAINTENANT()
71				

Figure 9.47 : *La fonction MAINTENANT*

MOIS

Renvoie le mois d'une date représentée par un argument `numéro_de_série`. Le mois est donné sous la forme d'un nombre entier compris entre 1 (janvier) et 12 (décembre).

Syntaxe : MOIS(numéro_de_série)

numéro_de_série — Code de date du mois que vous voulez trouver.

	A	B	C	D	E
77					
78		9	←	=MOIS(MAINTENANT())	
79					
80	27/04/2006 09:45	4	←	=MOIS(A80)	
81					

Figure 9.48 : *La fonction MOIS*

MOIS.DECALER

Renvoie le numéro de série qui représente la date correspondant à une date spécifiée (l'argument `date_départ`), corrigée en plus ou en moins du nombre de mois indiqué.

Syntaxe : MOIS.DECALER(date_départ;mois)

date_départ — Date qui définit la date à partir de laquelle le décalage doit s'appliquer.

mois — Nombre de mois avant ou après `date_départ`. Une valeur de mois positive donne une date future, tandis qu'une valeur négative donne une date passée.

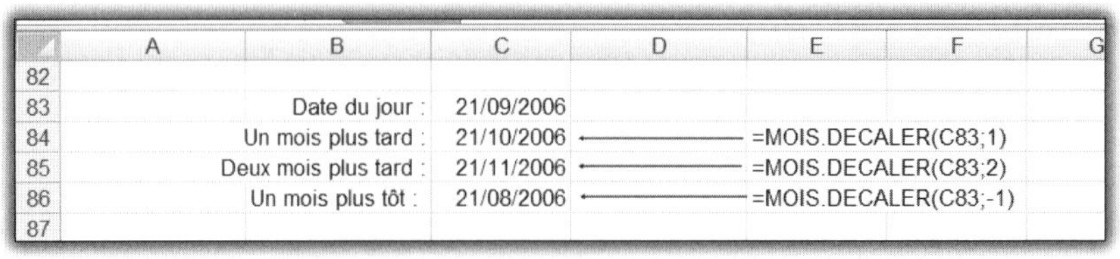

	A	B	C	D	E	F
82						
83		Date du jour :	21/09/2006			
84		Un mois plus tard :	21/10/2006	←	=MOIS.DECALER(C83;1)	
85		Deux mois plus tard :	21/11/2006	←	=MOIS.DECALER(C83;2)	
86		Un mois plus tôt :	21/08/2006	←	=MOIS.DECALER(C83;-1)	
87						

Figure 9.49 : *La fonction MOIS.DECALER*

NB.JOURS.OUVRES

Renvoie le nombre de jours ouvrés entiers compris entre `date_début` et `date_fin`. Les jours ouvrés excluent les fins de semaine et toutes les dates identifiées comme des jours fériés.

Syntaxe :	NB.JOURS.OUVRES(date_début;date_fin;jours_fériés)
date_début	Date de début.
date_fin	Date de fin.
jours_fériés	Une plage facultative d'une ou de plusieurs dates à exclure du calendrier des jours de travail, comme les jours fériés ou d'autres jours contractuellement chômés.

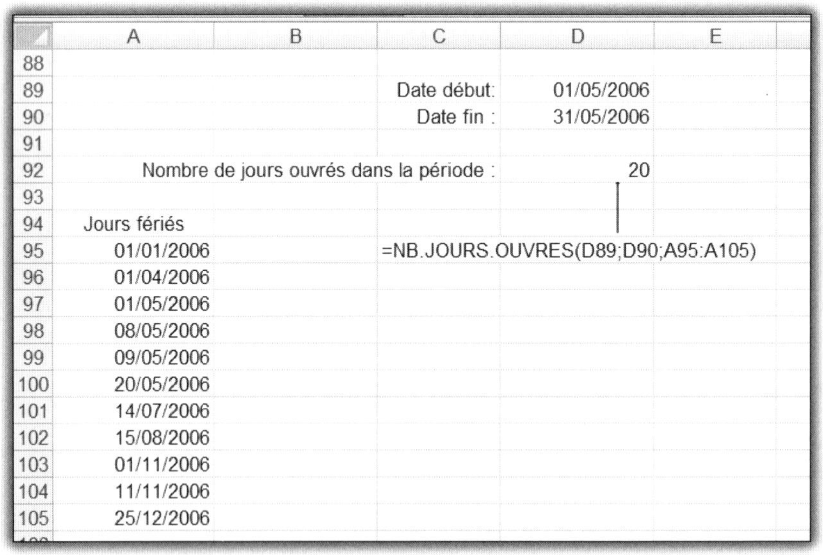

	A	B	C	D	E
88					
89			Date début:	01/05/2006	
90			Date fin :	31/05/2006	
91					
92	Nombre de jours ouvrés dans la période :			20	
93					
94	Jours fériés				
95	01/01/2006		=NB.JOURS.OUVRES(D89;D90;A95:A105)		
96	01/04/2006				
97	01/05/2006				
98	08/05/2006				
99	09/05/2006				
100	20/05/2006				
101	14/07/2006				
102	15/08/2006				
103	01/11/2006				
104	11/11/2006				
105	25/12/2006				

Figure 9.50 : *La fonction NB.JOURS.OUVRES*

NO.SEMAINE

Renvoie le numéro d'ordre de la semaine dans l'année.

Syntaxe :	NO.SEMAINE(numéro_de_série;méthode)
numéro_de_série	Date de la semaine.
méthode	Détermine quel jour est considéré comme le début de la semaine. La valeur par défaut est 1.

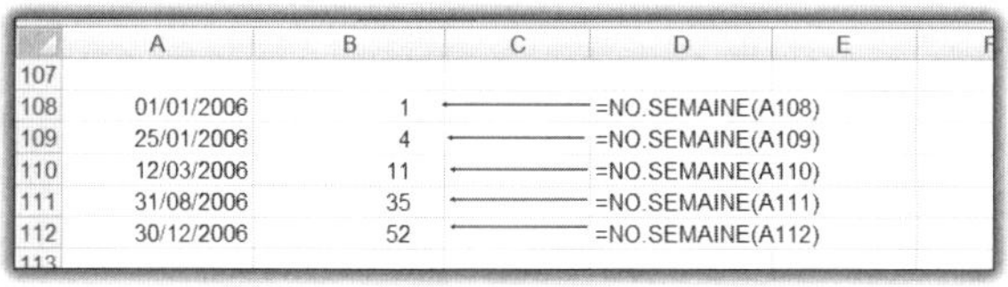

Figure 9.51 : *La fonction NO.SEMAINE*

Les fonctions d'information

ESTLOGIQUE

Renvoie la valeur `VRAI` si l'argument fait référence à une valeur logique.

Syntaxe :	ESTLOGIQUE(valeur)
valeur	Valeur que vous voulez tester.

ESTNONTEXTE

Renvoie la valeur `VRAI` si l'argument fait référence à tout élément qui n'est pas du texte. (Cette fonction renvoie la valeur `VRAI` si l'argument `valeur` fait référence à une cellule vide.)

Syntaxe :	ESTNONTEXTE(valeur)
valeur	Valeur que vous voulez tester.

ESTNUM

Renvoie la valeur `VRAI` si l'argument fait référence à un nombre.

Syntaxe :	ESTNUM(valeur)
valeur	Valeur que vous voulez tester.

ESTREF

Renvoie la valeur `VRAI` si l'argument renvoie à une référence de cellule ou de plage de cellules.

Syntaxe :	ESTREF(valeur)
valeur	Valeur que vous voulez tester.

Si vous utilisez, comme argument d'une fonction (par exemple, la fonction `MOYENNE`), une plage de cellules du type `DECALER(A1:B350;C1;D1)`, il est possible que, selon la valeur des arguments de décalage, la plage résultante "sorte" de la feuille de calcul (colonne supérieure à *IV* ou ligne supérieure à *65 536*, colonne inférieure à *A* ou ligne inférieure à *1*), c'est-à-dire qu'elle ne soit pas une référence valide. Dans ce cas, la fonction qui l'utilise en tant qu'argument renvoie la valeur d'erreur `#REF!`. Pour éviter cela, utilisez la formule suivante :

```
=SI(ESTREF(DECALER(A1:B350;C1;D1));MOYENNE(DECALER
(A1:B350;C1;D1));"")
```

ESTTEXTE

Renvoie la valeur `VRAI` si l'argument fait référence à du texte.

Syntaxe :	ESTTEXTE(valeur)
valeur	Valeur que vous voulez tester.

ESTVIDE

Renvoie la valeur `VRAI` si l'argument fait référence à une cellule vide.

Syntaxe :	ESTVIDE(valeur)
valeur	Valeur que vous voulez tester.

ESTERR

Renvoie la valeur `VRAI` si l'argument fait référence à l'une des valeurs d'erreurs, à l'exception de `#N/A`.

Syntaxe :	ESTERR(valeur)
valeur	Valeur que vous voulez tester.

ESTERREUR

Renvoie la valeur `VRAI` si l'argument fait référence à l'une des valeurs d'erreurs (`#N/A`, `#VALEUR!`, `#REF!`, `#DIV/0!`, `#NOMBRE!`, `#NOM?` ou `#NUL!`).

Syntaxe : ESTEREURR(valeur)

valeur — Valeur que vous voulez tester.

ESTNA

Renvoie la valeur `VRAI` si l'argument fait référence à la valeur d'erreur `#N/A` (valeur non disponible).

Syntaxe : ESTNA(valeur)

valeur — Valeur que vous voulez tester.

Les fonctions mathématiques

ARRONDI

Arrondit un nombre au nombre de chiffres indiqué.

Syntaxe : ARRONDI(nombre;no_chiffres)

nombre — Nombre à arrondir.

no_chiffres — Nombre de chiffres auquel vous voulez arrondir `nombre`.

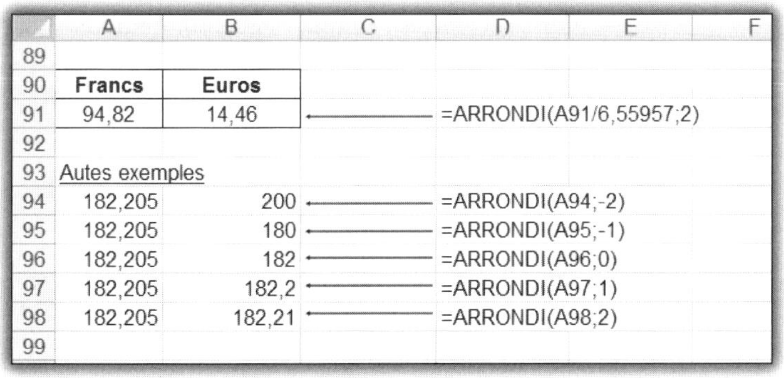

	A	B	C	D
89				
90	Francs	Euros		
91	94,82	14,46	←	=ARRONDI(A91/6,55957;2)
92				
93	Autes exemples			
94	182,205	200	←	=ARRONDI(A94;-2)
95	182,205	180	←	=ARRONDI(A95;-1)
96	182,205	182	←	=ARRONDI(A96;0)
97	182,205	182,2	←	=ARRONDI(A97;1)
98	182,205	182,21	←	=ARRONDI(A98;2)
99				

Figure 9.52 : *La fonction ARRONDI*

ARRONDI.AU.MULTIPLE

Donne l'arrondi d'un nombre au multiple spécifié.

Syntaxe :	ARRONDI.AU.MULTIPLE(nombre;multiple)
nombre	Nombre à arrondir.
multiple	Multiple auquel vous souhaitez arrondir `nombre`.

`ARRONDI.AU.MULTIPLE` arrondit en s'éloignant de zéro, si le reste de la division de `nombre` par `multiple` est supérieur ou égal à la moitié de la valeur de `multiple`.

	A	B	C	D	E
101	Besoin brut	Taille de lot	Quantité arrondie		
102	130	25	125	←	=ARRONDI.AU.MULTIPLE(A102;B102)
103	98	10	100	←	=ARRONDI.AU.MULTIPLE(A103;B103)
104	22	5	20	←	=ARRONDI.AU.MULTIPLE(A104;B104)
105	216	14	210	←	=ARRONDI.AU.MULTIPLE(A105;B105)
106					
107			Quantité à commander		
108			150	←	=SI(C102<A102;C102+B102;C102)
109			100	←	=SI(C103<A103;C103+B103;C103)
110			25	←	=SI(C104<A104;C104+B104;C104)
111			224	←	=SI(C105<A105;C105+B105;C105)
112					

Figure 9.53 : *La fonction ARRONDI.AU.MULTIPLE*

ARRONDI.INF

Arrondit un nombre en tendant vers zéro.

Syntaxe :	ARRONDI.INF(nombre;no_chiffres)
nombre	Nombre réel quelconque à arrondir en tendant vers zéro.
no_chiffres	Nombre de chiffres à prendre en compte pour arrondir l'argument `nombre`.

	A	B	C	D
113				
114	182,29	100	←	=ARRONDI.INF(A114;-2)
115	182,29	180	←	=ARRONDI.INF(A115;-1)
116	182,29	182	←	=ARRONDI.INF(A116;0)
117	182,29	182,2	←	=ARRONDI.INF(A117;1)
118				

Figure 9.54 : *La fonction ARRONDI.INF*

ARRONDI.SUP

Arrondit un nombre en s'éloignant de zéro.

Syntaxe : ARRONDI.SUP(nombre;no_chiffres)

nombre — Nombre réel quelconque à arrondir en s'éloignant de zéro.

no_chiffres — Nombre de chiffres à prendre en compte pour arrondir l'argument `nombre`.

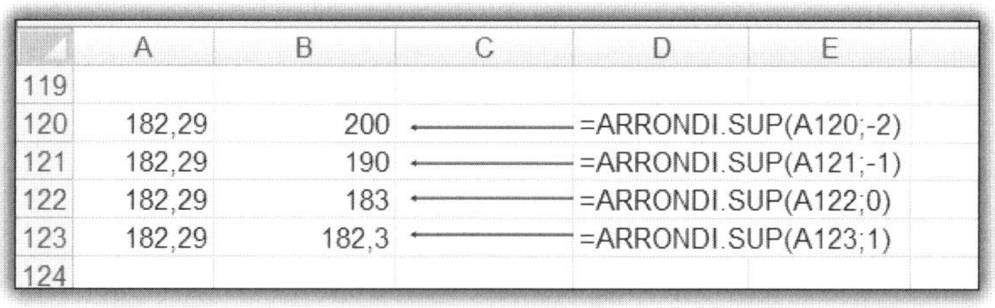

	A	B	C	D	E
119					
120	182,29	200	←	=ARRONDI.SUP(A120;-2)	
121	182,29	190	←	=ARRONDI.SUP(A121;-1)	
122	182,29	183	←	=ARRONDI.SUP(A122;0)	
123	182,29	182,3	←	=ARRONDI.SUP(A123;1)	
124					

Figure 9.55 : *La fonction ARRONDI.SUP*

REMARQUE

Méthode d'arrondi

Si l'argument `no_chiffres` est supérieur à zéro, le nombre est arrondi à la valeur immédiatement supérieure (ou inférieure pour les nombres négatifs) et a le nombre de décimales spécifiées.

Si l'argument `no_chiffres` est égal à zéro ou omis, le nombre est arrondi au nombre entier immédiatement supérieur.

Si l'argument `no_chiffres` est inférieur à zéro, le nombre est arrondi à la valeur immédiatement supérieure (ou inférieure pour les nombres négatifs) par incrémentation de 10, 100, etc., en fonction de la valeur de `no_chiffres`.

DETERMAT

Donne le déterminant d'une matrice.

Syntaxe : DETERMAT(matrice)

matrice — Matrice numérique comprenant un nombre égal de lignes et de colonnes.

	A	B	C	D	E
306					
307		12	1	15	45
308		8	23	47	32
309		10	8	5	22
310		78	15	41	66
311					
312					
313		874602 ←		=DETERMAT(B307:E310)	
314					

Figure 9.56 : *La fonction DETERMAT*

ENT

Arrondit un nombre à l'entier immédiatement inférieur.

Syntaxe : ENT(nombre)

nombre — Nombre réel que vous souhaitez arrondir au nombre entier immédiatement inférieur.

	A	B	C	D	E	F
316	Surface couverte par un pot de peinture :			5	m²	
317						
318			Surface à peindre :	48	m²	
319						
320			Nombre "théorique" de pots :	9,6	←	=+D318/D316
321						
322			Nombre de pots à acheter :	10	←	=ENT(D320)+1

Figure 9.57 : *La fonction ENT*

INVERSEMAT

Renvoie la matrice inverse de la matrice spécifiée.

Syntaxe : INVERSEMAT(matrice)

matrice — Matrice numérique comprenant un nombre égal de lignes et de colonnes.

	A	B	C	D	E	F	G	H
377								
378		1	-1	1				
379		1	1	1				
380		1	2	3				
381								
382								
383		0,25	1,25	-0,5				
384		-0,5	0,5	0	←	{=INVERSEMAT(B378:D380)}		
385		0,25	-0,75	0,5				
386								
387								

Figure 9.58 : *La fonction INVERSEMAT*

MOD

Renvoie le reste de la division de l'argument `nombre` par l'argument `diviseur`. Le résultat est du même signe que `diviseur`.

Syntaxe : MOD(nombre;diviseur)

nombre — Nombre à diviser pour obtenir le reste.

diviseur — Nombre par lequel vous souhaitez diviser `nombre`.

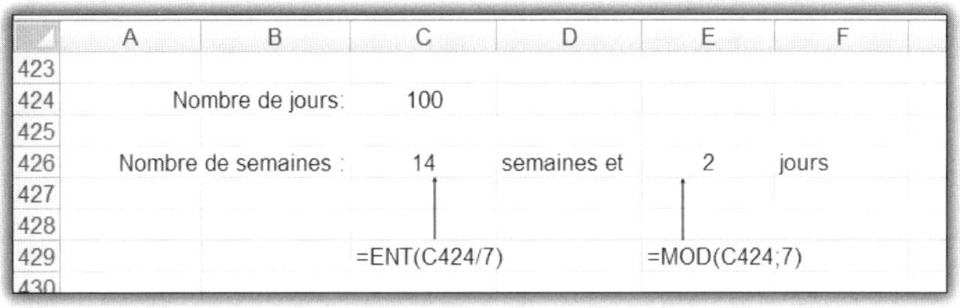

Figure 9.59 : *La fonction MOD*

PLAFOND

Renvoie l'argument `nombre` après l'avoir arrondi au multiple de l'argument `précision` en s'éloignant de zéro.

Syntaxe : PLAFOND(nombre;précision)

nombre — Valeur à arrondir.

précision — Multiple auquel vous souhaitez arrondir.

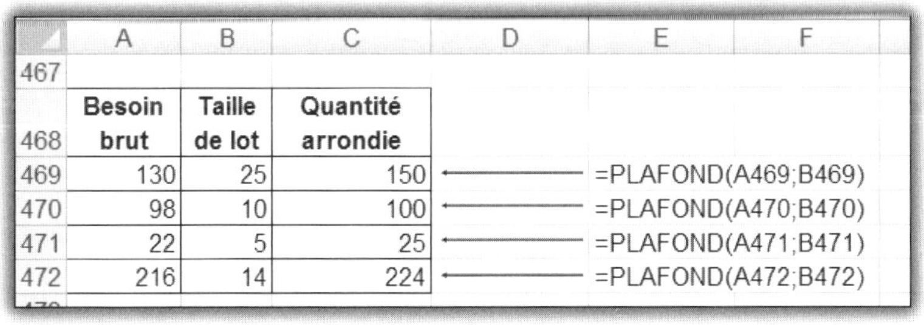

Besoin brut	Taille de lot	Quantité arrondie	
130	25	150	=PLAFOND(A469;B469)
98	10	100	=PLAFOND(A470;B470)
22	5	25	=PLAFOND(A471;B471)
216	14	224	=PLAFOND(A472;B472)

Figure 9.60 : *La fonction PLAFOND*

PLANCHER

Arrondit l'argument `nombre` au multiple de l'argument `précision` immédiatement inférieur (tendant vers zéro).

Syntaxe : PLANCHER(nombre;précision)

nombre — Valeur à arrondir.

précision — Multiple auquel vous souhaitez arrondir.

Francs	Euro	Prix "plafond"	Prix "plancher"	
100,00 F	15,24 €	15,25 €	**15,20 €**	=PLANCHER(C476;0,05)
150,00 F	22,87 €	22,90 €	**22,85 €**	=PLANCHER(C477;0,05)
200,00 F	30,49 €	30,50 €	**30,45 €**	=PLANCHER(C478;0,05)
300,00 F	45,73 €	45,75 €	**45,70 €**	=PLANCHER(C479;0,05)
500,00 F	76,22 €	76,25 €	**76,20 €**	=PLANCHER(C480;0,05)

Figure 9.61 : *La fonction PLANCHER*

PRODUITMAT

Calcule le produit de deux matrices. Le résultat est une matrice comprenant le même nombre de lignes que `matrice1` et le même nombre de colonnes que `matrice2`.

Syntaxe : PRODUITMAT(matrice1;matrice2)

matrice1,matrice2 — Matrices dont vous souhaitez obtenir le produit.

1	2	3		3	1		10	14
4	5	6	X	2	2	=	28	32
7	8	9		1	3		46	50
10	11	12					64	68

{=PRODUITMAT(A493:C496;E493:F495)}

Figure 9.62 : *La fonction PRODUITMAT*

SOMME

Additionne tous les nombres contenus dans une plage de cellules.

Syntaxe : SOMME(nombre1;nombre2...)

nombre1,nombre2... — Un à trente arguments dont vous voulez calculer la somme.

	A	B	C	D	E	F
595						
596		**Secteur**	**CA**			
597		Ouest	15 425,00 €			
598		Est	5 423,00 €			
599		Nord	8 975,00 €			
600		Sud	4 568,00 €			
601		**Total**	**34 391,00 €**	←	=SOMME(C597:C600)	

Figure 9.63 : *La fonction SOMME*

SOMME.SI

Additionne des cellules spécifiées si elles répondent à un critère donné.

Syntaxe : SOMME.SI(plage;critère;somme_plage)

plage — Plage de cellules sur lesquelles le critère s'applique.

critère — Critère, sous forme de nombre, d'expression ou de texte, définissant les cellules à additionner.

somme_plage — Cellules à additionner.

	A	B	C	D	E	F	G
624							
625		**Commercial**	**Secteur**	**CA**			
626		DUPOND	Ouest	15 425,00 €			
627		DURAND	Est	5 423,00 €			
628		MARTIN	Est	8 975,00 €			
629		PASCAL	Ouest	4 568,00 €			
630							
631		**Secteur :**	Ouest				
632		**CA :**	19 993,00 € ←		=SOMME.SI(C626:C629;"="&C631;D626:D629)		

Figure 9.64 : *La fonction SOMME.SI*

SOMMEPROD

Multiplie les valeurs correspondantes des matrices spécifiées et calcule la somme de ces produits.

Syntaxe : SOMMEPROD(matrice1;matrice2;matrice3...)

matrice1,matrice2... — Deux à trente matrices dont vous voulez multiplier les valeurs pour ensuite additionner leur produit.

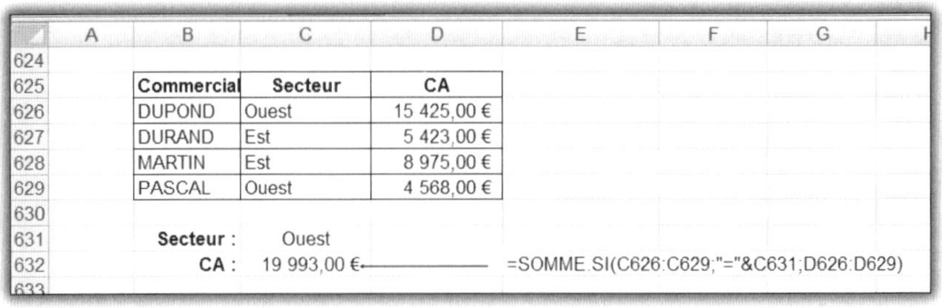

Figure 9.65 : *La fonction SOMMEPROD*

TRONQUE

Tronque un nombre en supprimant sa partie décimale, de sorte que la valeur renvoyée par défaut soit un nombre entier.

Syntaxe :	TRONQUE(nombre;no_chiffres)
nombre	Nombre à tronquer.
no_chiffres	Nombre de décimales apparaissant à droite de la virgule après que le chiffre a été tronqué. La valeur par défaut de `no_chiffres` est 0 (zéro).

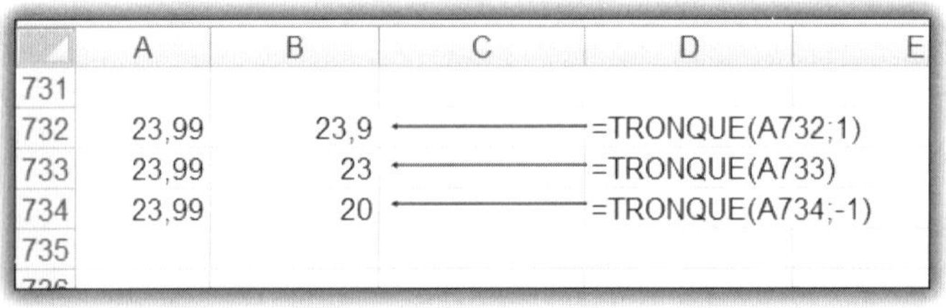

Figure 9.66 : *La fonction TRONQUE*

Les fonctions statistiques

GRANDE.VALEUR

Renvoie la k-ième plus grande valeur d'une série de données.

Syntaxe :	GRANDE.VALEUR(matrice;k)
matrice	Matrice ou plage de données dans laquelle vous recherchez la k-ième plus grande valeur.

k — Rang de la donnée à renvoyer, déterminé à partir de la valeur la plus grande.

Participant	Manche 1	Manche 2	Manche 3	Manche 4	Manche 5
Jean	512	523	540	499	502
Jacques	499	502	475	480	486
Didier	488	484	488	513	499
Jean-Paul	517	507	537	530	528
Maurice	520	500	527	514	483

Meilleurs scores	
1	2
540	523
502	499
513	499
537	530
527	520

=GRANDE.VALEUR(B274:F274;1)

=GRANDE.VALEUR(B274:F274;2)

Figure 9.67 : *La fonction GRANDE.VALEUR*

MAX

Renvoie le plus grand nombre de la série de valeurs.

Syntaxe : MAX(nombre1;nombre2…)

nombre1;nombre2… — Un à trente nombres parmi lesquels vous souhaitez trouver la valeur la plus grande.

Commercial	CA
Jean	15 000 €
Jacques	25 000 €
Paul	17 000 €
Pierre	19 000 €
Meilleur chiffre	**25 000 €**

=MAX(B576:B579)

Figure 9.68 : *La fonction MAX*

MEDIANE

Renvoie la valeur médiane des nombres. La médiane est la valeur située au centre d'un ensemble de nombres. En d'autres termes, les nombres appartenant à la première moitié de l'ensemble ont une valeur inférieure à la médiane, tandis que ceux appartenant à l'autre moitié ont une valeur supérieure à la médiane.

Syntaxe : MEDIANE(nombre1;nombre2…)

nombre1;nombre2… — Un à trente nombres dont vous souhaitez obtenir la médiane.

	A	B	C	D	E
600					
601	**Salariés**	**Salaires**			
602	Salarié 1	1 100,00 €			
603	Salarié 2	1 110,00 €			
604	Salarié 3	1 200,00 €			
605	Salarié 4	1 350,00 €		Salaire médian	
606	Salarié 5	1 500,00 €		1 775,00 €	
607	Salarié 6	1 550,00 €			
608	Salarié 7	1 600,00 €			
609	Salarié 8	1 620,00 €		=MEDIANE(B602:B621)	
610	Salarié 9	1 700,00 €			
611	Salarié 10	1 750,00 €			
612	Salarié 11	1 800,00 €			
613	Salarié 12	1 930,00 €			
614	Salarié 13	2 000,00 €			
615	Salarié 14	2 220,00 €			
616	Salarié 15	2 300,00 €			
617	Salarié 16	2 400,00 €			
618	Salarié 17	2 500,00 €			
619	Salarié 18	3 000,00 €			
620	Salarié 19	3 500,00 €			
621	Salarié 20	4 000,00 €			
622					

Figure 9.69 : *La fonction MEDIANE*

MIN

Renvoie le plus petit nombre de la série de valeurs.

Syntaxe : MIN(nombre1;nombre2...)

nombre1;nombre2... Un à trente nombres parmi lesquels vous souhaitez trouver la valeur minimale.

	A	B	C	D
623				
624	**Participant**	**Temps**		
625	Jean	01:54		
626	Jacques	01:33		
627	Paul	01:47		
628	Pierre	01:39		
629				
630	**Meilleur temps**	**01:33**	←	=MIN(B625:B628)
631				

Figure 9.70 : *La fonction MIN*

MODE

Renvoie la valeur la plus fréquente ou la plus répétitive dans une matrice ou une plage de données.

Syntaxe : MODE(nombre1;nombre2...)

nombre1;nombre2…	Un à trente arguments dont vous souhaitez déterminer le mode. Vous pouvez également utiliser une matrice unique ou une référence à une matrice, au lieu d'arguments séparés par des points-virgules.

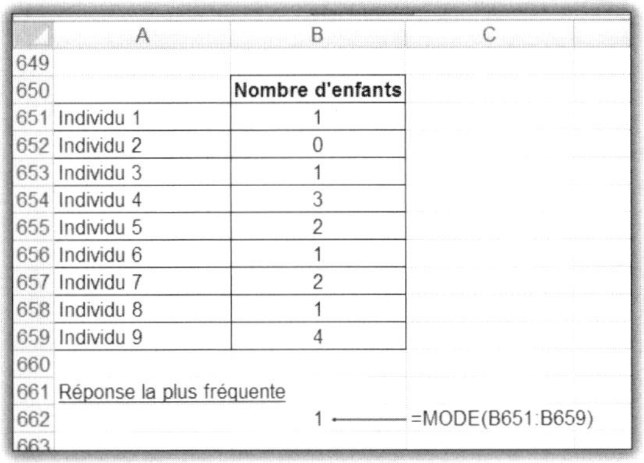

Figure 9.71 : *La fonction MODE*

MOYENNE

Renvoie la moyenne (arithmétique) des arguments.

Syntaxe :	MOYENNE(nombre1;nombre2…)
nombre1;nombre2…	Un à trente arguments numériques dont vous voulez obtenir la moyenne.

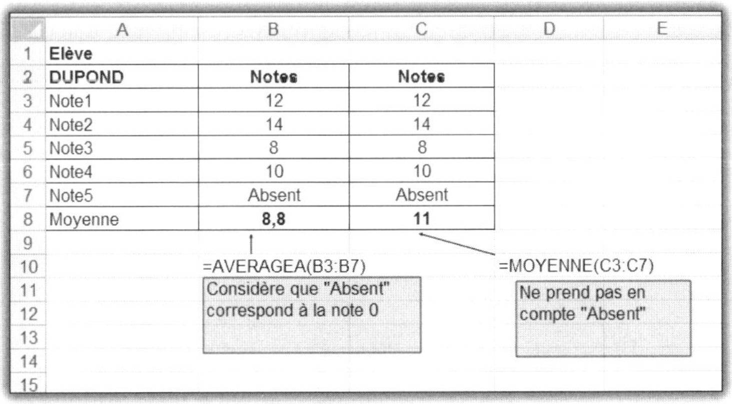

Figure 9.72 : *La fonction MOYENNE*

MOYENNE.GEOMETRIQUE

Renvoie la moyenne géométrique d'une matrice ou d'une plage de données positives.

Syntaxe : MOYENNE.GEOMETRIQUE(nombre1;nombre2...)

nombre1;nombre2... Un à trente arguments dont vous souhaitez calculer la moyenne. Vous pouvez aussi utiliser une matrice ou une référence à une matrice plutôt que des arguments séparés par des points-virgules.

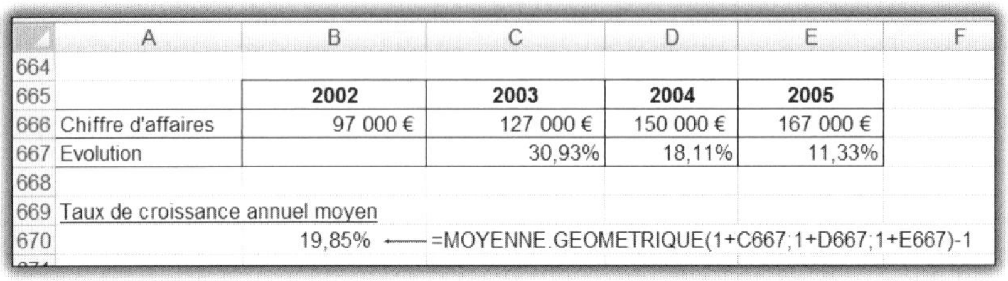

	A	B	C	D	E	F
664						
665		2002	2003	2004	2005	
666	Chiffre d'affaires	97 000 €	127 000 €	150 000 €	167 000 €	
667	Evolution		30,93%	18,11%	11,33%	
668						
669	Taux de croissance annuel moyen					
670		19,85%	←=MOYENNE.GEOMETRIQUE(1+C667;1+D667;1+E667)-1			

Figure 9.73 : *La fonction MOYENNE.GEOMETRIQUE*

MOYENNE.HARMONIQUE

Renvoie la moyenne harmonique d'une série de données. La moyenne harmonique est l'inverse de la moyenne arithmétique des inverses des observations.

Syntaxe : MOYENNE.HARMONIQUE(nombre1;nombre2...)

nombre1;nombre2... Un à trente arguments dont vous souhaitez calculer la moyenne. Vous pouvez aussi utiliser une matrice ou une référence à une matrice plutôt que des arguments séparés par des points-virgules.

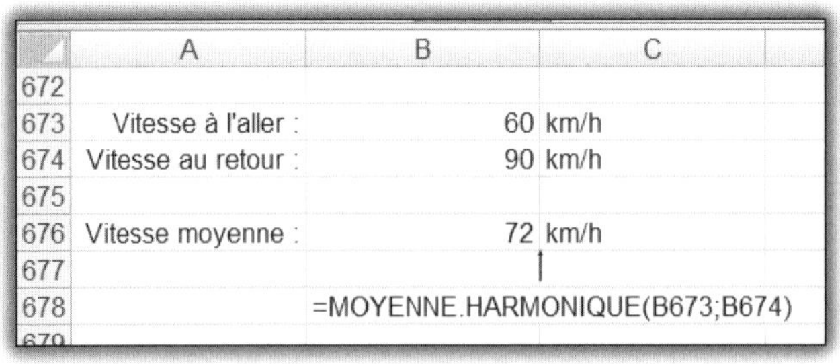

	A	B	C
672			
673	Vitesse à l'aller :	60	km/h
674	Vitesse au retour :	90	km/h
675			
676	Vitesse moyenne :	72	km/h
677		↑	
678		=MOYENNE.HARMONIQUE(B673;B674)	

Figure 9.74 : *La fonction MOYENNE.HARMONIQUE*

MOYENNE.REDUITE

Renvoie la moyenne de l'intérieur d'une série de données. `MOYENNE.REDUITE` calcule la moyenne d'une série de données après avoir éliminé un pourcentage d'observations aux extrémités inférieure et supérieure de la distribution. Vous pouvez utiliser cette fonction lorsque vous voulez exclure de votre analyse les observations extrêmes.

Syntaxe : MOYENNE.REDUITE(matrice;pourcentage)

matrice : Matrice ou plage de valeurs à réduire et sur laquelle calculer la moyenne.

pourcentage : Nombre fractionnaire d'observations à exclure du calcul.

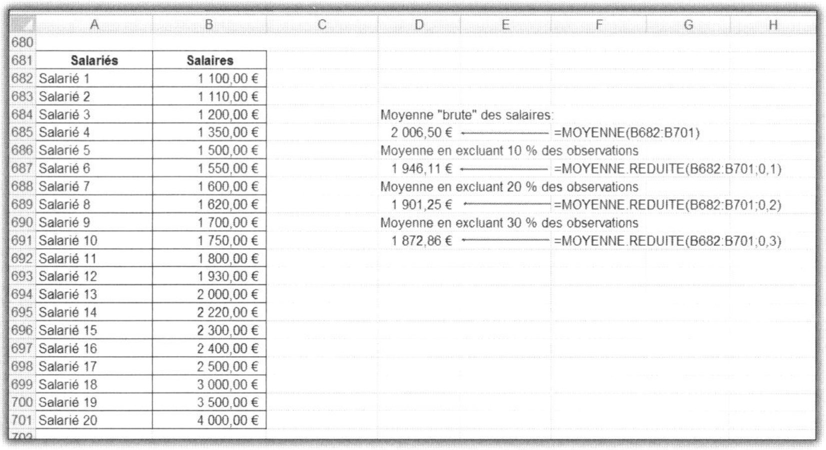

Salariés	Salaires
Salarié 1	1 100,00 €
Salarié 2	1 110,00 €
Salarié 3	1 200,00 €
Salarié 4	1 350,00 €
Salarié 5	1 500,00 €
Salarié 6	1 550,00 €
Salarié 7	1 600,00 €
Salarié 8	1 620,00 €
Salarié 9	1 700,00 €
Salarié 10	1 750,00 €
Salarié 11	1 800,00 €
Salarié 12	1 930,00 €
Salarié 13	2 000,00 €
Salarié 14	2 220,00 €
Salarié 15	2 300,00 €
Salarié 16	2 400,00 €
Salarié 17	2 500,00 €
Salarié 18	3 000,00 €
Salarié 19	3 500,00 €
Salarié 20	4 000,00 €

Figure 9.75 : *La fonction MOYENNE.REDUITE*

NB

Détermine le nombre de cellules contenant des nombres et les nombres compris dans la liste des arguments.

Syntaxe : NB(valeur1;valeur2...)

valeur1;valeur2... : Un à trente arguments qui peuvent contenir ou faire référence à différents types de données, mais seuls les nombres sont comptés.

	A	B	C	D	E	F
703						
704	Temps passés	Lundi	Mardi	Mercredi	Jeudi	Vendredi
705	Salarié 1	8	8	0	8	6
706	Salarié 2	4	4	4	4	
707	Salarié 3	7	7	7	7	7
708	Salarié 4	5	7		7	
709	Salarié 5	7	7	7	7	7
710						
711	Il reste	3	valeurs à saisir			
712		↑				
713		=25-NB(B705:F709)				

Figure 9.76 : *La fonction NB*

NB.SI

Compte le nombre de cellules à l'intérieur d'une plage qui répondent à un critère donné.

Syntaxe : NB.SI(plage;critère)

plage — Plage de cellules dans laquelle vous voulez compter les cellules.

critère — Critère, exprimé sous forme de nombre, d'expression ou de texte, qui détermine les cellules à compter.

	A	B	C	D	E	F	G	H
435								
436		Etablissement	Taux de marge / CA					
437		Lille	15%					
438		Metz	7%					
439		Toulouse	10%					
440		Tours	9%					
441		Vesoul	5%					
442		Marseille	12%					
443								
444		Objectif	9,50%					
445								
446		Nombre de magasins ayant atteint l'objectif :		3	←	=NB.SI(C437:C442;">"&C444)		

Figure 9.77 : *La fonction NB.SI*

NBVAL

Compte le nombre de cellules qui ne sont pas vides et les valeurs comprises dans la liste des arguments.

Syntaxe : NBVAL(valeur1;valeur2...)

valeur1;valeur2... Un à trente arguments correspondant aux valeurs à compter.

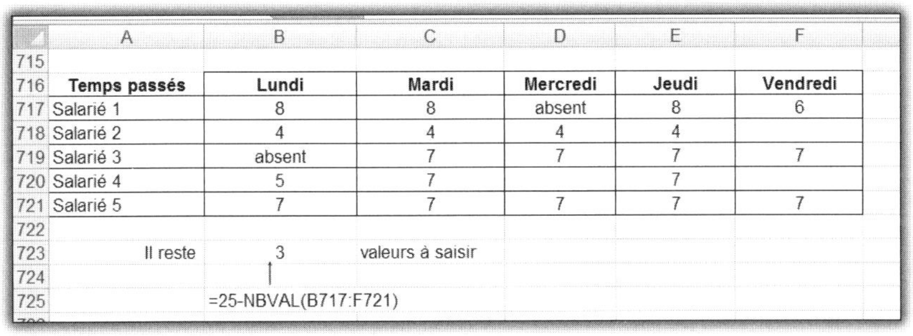

	A	B	C	D	E	F
715						
716	**Temps passés**	**Lundi**	**Mardi**	**Mercredi**	**Jeudi**	**Vendredi**
717	Salarié 1	8	8	absent	8	6
718	Salarié 2	4	4	4	4	
719	Salarié 3	absent	7	7	7	7
720	Salarié 4	5	7		7	
721	Salarié 5	7	7	7	7	7
722						
723	Il reste	3	valeurs à saisir			
724						
725		=25-NBVAL(B717:F721)				

Figure 9.78 : *La fonction NBVAL*

NB.VIDE

Compte le nombre de cellules vides à l'intérieur d'une plage de cellules spécifiée.

Syntaxe : NB.VIDE(plage)

plage Plage dans laquelle vous voulez compter les cellules vides.

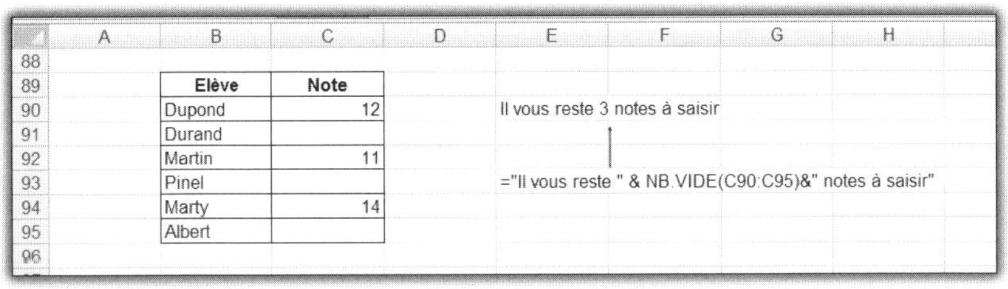

	A	B	C	D	E	F	G	H
88								
89		**Elève**	**Note**					
90		Dupond	12		Il vous reste 3 notes à saisir			
91		Durand						
92		Martin	11					
93		Pinel			="Il vous reste " & NB.VIDE(C90:C95)&" notes à saisir"			
94		Marty	14					
95		Albert						
96								

Figure 9.79 : *La fonction NB.VIDE*

PETITE.VALEUR

Renvoie la k-ième plus petite valeur d'une série de données.

Syntaxe : PETITE.VALEUR(matrice;k)

matrice Matrice ou plage de données numériques dans laquelle vous recherchez la k-ième plus petite valeur.

k Rang de la donnée à renvoyer, déterminé à partir de la valeur la plus petite.

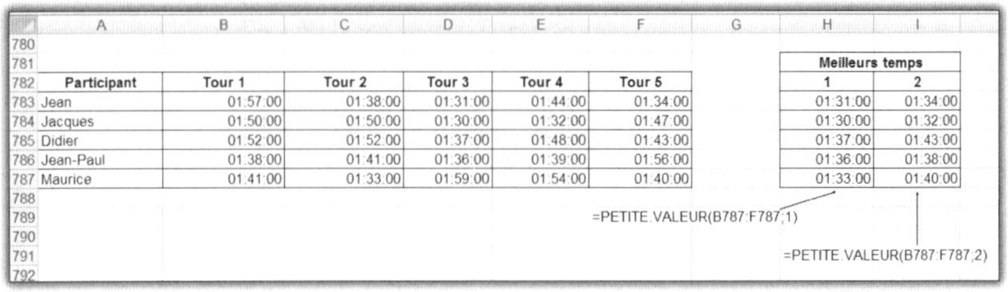

Participant	Tour 1	Tour 2	Tour 3	Tour 4	Tour 5
Jean	01:57:00	01:38:00	01:31:00	01:44:00	01:34:00
Jacques	01:50:00	01:50:00	01:30:00	01:32:00	01:47:00
Didier	01:52:00	01:52:00	01:37:00	01:48:00	01:43:00
Jean-Paul	01:38:00	01:41:00	01:36:00	01:39:00	01:56:00
Maurice	01:41:00	01:33:00	01:59:00	01:54:00	01:40:00

Meilleurs temps	
1	2
01:31:00	01:34:00
01:30:00	01:32:00
01:37:00	01:43:00
01:36:00	01:38:00
01:33:00	01:40:00

Figure 9.80 : *La fonction PETITE.VALEUR*

RANG

Renvoie le rang d'un nombre dans une liste d'arguments.

Syntaxe :	RANG(nombre;référence;ordre)
nombre	Nombre dont vous voulez connaître le rang.
référence	Matrice ou référence à une liste de nombres. Les valeurs non numériques dans `référence` sont ignorées.
ordre	Numéro qui spécifie comment déterminer le rang de l'argument `nombre` (0 ou omis : ordre croissant ; 1 : ordre décroissant.)

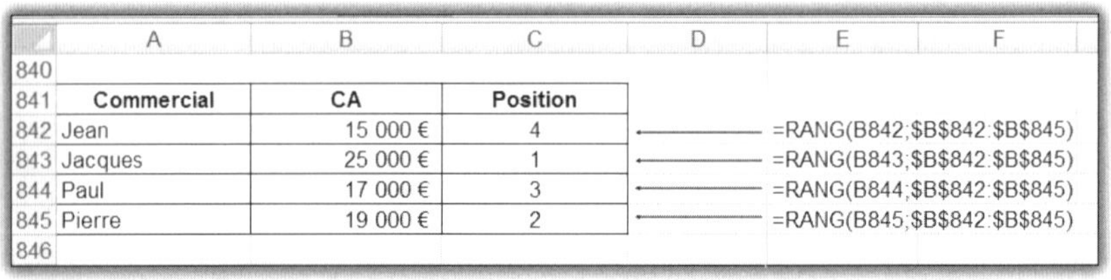

Commercial	CA	Position
Jean	15 000 €	4
Jacques	25 000 €	1
Paul	17 000 €	3
Pierre	19 000 €	2

Figure 9.81 : *La fonction RANG*

RANG.POURCENTAGE

Renvoie le rang d'une valeur d'une série de données sous forme de pourcentage.

Syntaxe :	RANG.POURCENTAGE(matrice;x;précision)
matrice	Matrice ou plage de données de valeurs numériques définissant l'étendue relative.
x	Valeur dont vous voulez connaître le rang.

précision — Valeur facultative indiquant le nombre de décimales du pourcentage renvoyé.

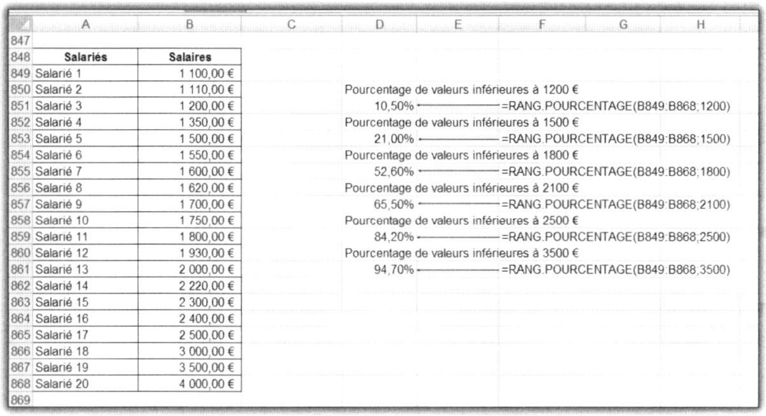

	A	B	C	D
847				
848	Salariés	Salaires		
849	Salarié 1	1 100,00 €		
850	Salarié 2	1 110,00 €		Pourcentage de valeurs inférieures à 1200 €
851	Salarié 3	1 200,00 €		10,50% ← =RANG.POURCENTAGE(B849:B868;1200)
852	Salarié 4	1 350,00 €		Pourcentage de valeurs inférieures à 1500 €
853	Salarié 5	1 500,00 €		21,00% ← =RANG.POURCENTAGE(B849:B868;1500)
854	Salarié 6	1 550,00 €		Pourcentage de valeurs inférieures à 1800 €
855	Salarié 7	1 600,00 €		52,60% ← =RANG.POURCENTAGE(B849:B868;1800)
856	Salarié 8	1 620,00 €		Pourcentage de valeurs inférieures à 2100 €
857	Salarié 9	1 700,00 €		65,50% ← =RANG.POURCENTAGE(B849:B868;2100)
858	Salarié 10	1 750,00 €		Pourcentage de valeurs inférieures à 2500 €
859	Salarié 11	1 800,00 €		84,20% ← =RANG.POURCENTAGE(B849:B868;2500)
860	Salarié 12	1 930,00 €		Pourcentage de valeurs inférieures à 3500 €
861	Salarié 13	2 000,00 €		94,70% ← =RANG.POURCENTAGE(B849:B868;3500)
862	Salarié 14	2 220,00 €		
863	Salarié 15	2 300,00 €		
864	Salarié 16	2 400,00 €		
865	Salarié 17	2 500,00 €		
866	Salarié 18	3 000,00 €		
867	Salarié 19	3 500,00 €		
868	Salarié 20	4 000,00 €		
869				

Figure 9.82 : *La fonction RANG.POURCENTAGE*

Les fonctions financières

AMORDEGRC

Renvoie l'amortissement correspondant à chaque période comptable. Si un bien est acquis en cours de période comptable, la règle du prorata temporis s'applique au calcul de l'amortissement. Cette fonction est analogue à `AMORLINC`, à ceci près qu'un coefficient d'amortissement est pris en compte dans le calcul en fonction de la durée de vie du bien.

Tableau 9.13 : *Valeurs du coefficient d'amortissement*

Durée de vie du bien (1/taux)	Coefficient d'amortissement
Entre 3 et 4 ans	1,5
Entre 5 et 6 ans	2
Plus de 6 ans	2,5

Syntaxe : AMORDEGRC(coût;achat;première_pér;valeur_rés;période;taux;base)

coût — Coût d'acquisition du bien.

achat — Date d'acquisition du bien.

première_pér	Date de la fin de la première période.
valeur_rés	Valeur du bien au terme de la durée d'amortissement, ou valeur résiduelle.
période	Période de l'amortissement.
taux	Taux d'amortissement.
base	Base annuelle à utiliser.

	A	B	C	D
1				
2		Coût d'achat :	100 000 €	
3		Date d'achat :	10/06/2006	
4		Fin de première période :	31/12/2006	
5		Valeur résiduelle :	- €	
6		Taux :	20%	
7				
8		Période 1	22 356 €	=AMORDEGRC($C$2;$C$3;$C$4;$C$5;0;$C$6;1)
9		Période 2	31 058 €	=AMORDEGRC($C$2;$C$3;$C$4;$C$5;1;$C$6;1)
10		Période 3	18 635 €	=AMORDEGRC($C$2;$C$3;$C$4;$C$5;2;$C$6;1)
11		Période 4	13 976 €	=AMORDEGRC($C$2;$C$3;$C$4;$C$5;3;$C$6;1)
12		Période 5	13 976 €	=AMORDEGRC($C$2;$C$3;$C$4;$C$5;4;$C$6;1)
13				

Figure 9.83 : *La fonction AMORDEGRC*

AMORLIN

Calcule l'amortissement linéaire d'un bien pour une période donnée.

Syntaxe :	AMORLIN(coût;valeur_rés;durée)
coût	Coût initial du bien.
valeur_rés	Valeur du bien au terme de l'amortissement (aussi appelée "valeur résiduelle du bien").
durée	Nombre de périodes pendant lesquelles le bien est amorti (aussi appelée "durée de vie utile du bien").

	A	B	C	D	E
14					
15		Coût d'achat :	100 000 €		
16		Valeur résiduelle :	20 000,0 €		
17		Durée :	5,00		
18					
19			Valeur début	Amortissement	Valeur fin
20		Période 1	100 000 €	16 000 €	84 000 €
21		Période 2	84 000 €	16 000 €	68 000 €
22		Période 3	68 000 €	16 000 €	52 000 €
23		Période 4	52 000 €	16 000 €	36 000 €
24		Période 5	36 000 €	16 000 €	20 000 €
25					

Figure 9.84 : *La fonction AMORLIN*

AMORLINC

Renvoie l'amortissement linéaire complet d'un bien à la fin d'une période fiscale donnée. Si une immobilisation est acquise en cours de période comptable, la règle du prorata temporis s'applique au calcul de l'amortissement.

Syntaxe :	AMORLINC(coût;achat;première_pér;valeur_rés;période;taux;base)
coût	Coût d'acquisition du bien.
achat	Date d'acquisition du bien.
première_pér	Date de la fin de la première période.
valeur_rés	Valeur du bien au terme de la durée d'amortissement, ou valeur résiduelle.
période	Période de l'amortissement.
taux	Taux d'amortissement.
base	Base annuelle à utiliser.

	A	B	C	D
26				
27		Coût d'achat :	100 000 €	
28		Date d'achat :	10/06/2006	
29		Fin de première période :	31/12/2006	
30		Valeur résiduelle :	- €	
31		Taux :	25%	
32				
33		Période 1	13 973 €	=AMORLINC($C$27;$C$28;$C$29;$C$30;0;$C$31;1)
34		Période 2	25 000 €	=AMORLINC($C$27;$C$28;$C$29;$C$30;1;$C$31;1)
35		Période 3	25 000 €	=AMORLINC($C$27;$C$28;$C$29;$C$30;2;$C$31;1)
36		Période 4	25 000 €	=AMORLINC($C$27;$C$28;$C$29;$C$30;3;$C$31;1)
37		Période 5	11 027 €	=AMORLINC($C$27;$C$28;$C$29;$C$30;4;$C$31;1)

Figure 9.85 : *La fonction AMORLINC*

CUMUL.INTER

Renvoie l'intérêt cumulé payé sur un emprunt entre l'argument `période_début` et l'argument `période_fin`.

Syntaxe :	CUMUL.INTER(taux;npm;va;période_début;période_fin;type)
taux	Taux d'intérêt.

npm	Nombre total de périodes de remboursement.
va	Valeur actuelle.
période_début	Première période incluse dans le calcul. Les périodes de remboursement sont numérotées à partir de 1.
période_fin	Dernière période incluse dans le calcul.
type	Échéance des remboursements (0 : en fin de période ; 1 : en début de période).

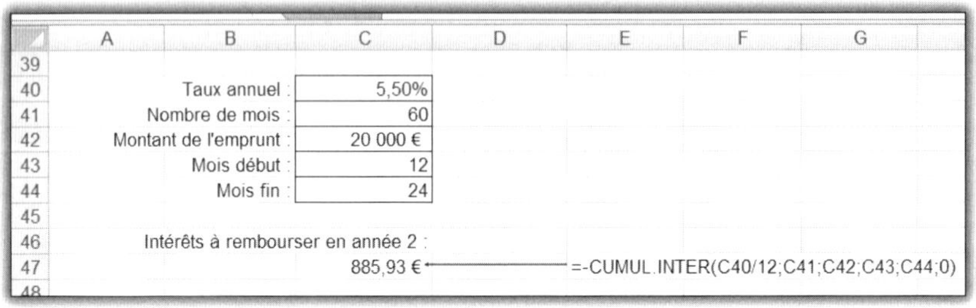

Figure 9.86 : *La fonction CUMUL.INTER*

CUMUL.PRINCPER

Renvoie le montant cumulé des remboursements du capital d'un emprunt effectués entre l'argument `période_début` et l'argument `période_fin`.

Syntaxe :	CUMUL.PRINCPER(taux;npm;va;période_début; période_fin;type)
taux	Taux d'intérêt.
npm	Nombre total de périodes de remboursement.
va	Valeur actuelle.
période_début	Première période incluse dans le calcul. Les périodes de remboursement sont numérotées à partir de 1.
période_fin	Dernière période incluse dans le calcul.
type	Échéance des remboursements (0 : en fin de période ; 1 : en début de période).

	A	B	C	D	E	F	G	H
39								
40		Taux annuel :	5,50%					
41		Nombre de mois :	60					
42		Montant de l'emprunt :	20 000 €					
43		Mois début :	12					
44		Mois fin :	24					
45								
46		Capital à rembourser en année 2 :						
47			4 080,37 €	=-CUMUL.PRINCPER(C40/12;C41;C42;C43;C44;0)				
48								

Figure 9.87 : *La fonction CUMUL.PRINCPER*

INTPER

Renvoie, pour une période donnée, le montant des intérêts dus pour un emprunt remboursé par des versements périodiques constants, avec un taux d'intérêt constant.

Syntaxe : INTPER(taux;pér;npm;va;vc;type)

taux — Taux d'intérêt par période.

pér — Période pour laquelle vous souhaitez calculer les intérêts. La valeur spécifiée doit être comprise entre 1 et `npm`.

npm — Nombre total de périodes de remboursement au cours de l'opération.

va — Valeur actuelle, c'est-à-dire la valeur, à la date d'aujourd'hui, d'une série de versements futurs.

vc — Valeur capitalisée, c'est-à-dire le montant que vous souhaitez obtenir après le dernier paiement. Si `vc` est omis, la valeur par défaut est 0 (par exemple, la valeur capitalisée d'un emprunt est égale à 0).

type — Échéance des remboursements (0 : en fin de période ; 1 : en début de période).

	A	B	C	D	E	F
139						
140		Taux annuel :	5,50%			
141		Durée en année :	5			
142		Montant de l'emprunt :	20 000 €			
143						
144						
145		Période 1	1 100,00 €	=-INTPER($C$140;1;$C$141;$C$142)		
146		Période 2	902,91 €	=-INTPER($C$140;2;$C$141;$C$142)		
147		Période 3	694,97 €	=-INTPER($C$140;3;$C$141;$C$142)		
148		Période 4	475,60 €	=-INTPER($C$140;4;$C$141;$C$142)		
149		Période 5	244,17 €	=-INTPER($C$140;5;$C$141;$C$142)		
150						

Figure 9.88 : *La fonction INTPER*

PRINCPER

Calcule, pour une période donnée, la part de remboursement du principal d'un investissement sur la base de remboursements périodiques et d'un taux d'intérêt constants.

Syntaxe :	PRINCPER(taux;pér;npm;va;vc;type)
taux	Taux d'intérêt par période.
pér	La période doit être comprise entre 1 et `npm`.
npm	Nombre total de périodes de remboursement pour l'investissement.
va	Valeur actuelle, c'est-à-dire la valeur, à la date d'aujourd'hui, d'une série de versements futurs.
vc	Valeur capitalisée, c'est-à-dire le montant que vous souhaitez obtenir après le dernier paiement. Si `vc` est omis, la valeur par défaut est 0 (par exemple, la valeur capitalisée d'un emprunt est égale à 0).
type	Échéance des remboursements (0 : en fin de période ; 1 : en début de période).

	A	B	C	D	E	F
205						
206		Taux annuel :	6,75%			
207		Montant de l'emprunt :	70 000 €			
208		Durée de l'emprunt :	5			
209						
210						
211		Année 1	12 233,23 €	=PRINCPER($C$206;1;$C$208;-$C$207)		
212		Année 2	13 058,97 €	=PRINCPER($C$206;2;$C$208;-$C$207)		
213		Année 3	13 940,45 €	=PRINCPER($C$206;3;$C$208;-$C$207)		
214		Année 4	14 881,43 €	=PRINCPER($C$206;4;$C$208;-$C$207)		
215		Année 5	15 885,93 €	=PRINCPER($C$206;5;$C$208;-$C$207)		
216		Total	70 000,00 €			
217						

Figure 9.89 : *La fonction PRINCPER*

TAUX

Calcule le taux d'intérêt par période d'un investissement donné. La fonction `TAUX` est calculée par itération et peut n'avoir aucune solution ou en offrir plusieurs. Elle renvoie la valeur d'erreur `#NOMBRE!` si, après vingt itérations, les résultats ne convergent pas à 0,0000001 près.

Syntaxe :	TAUX(npm;vpm;va;vc;type;estimation)
npm	Nombre total de périodes de remboursement pour l'investissement.
vpm	Montant du remboursement pour chaque période, qui reste constant pendant toute la durée de l'opération. En règle générale, `vpm` comprend le principal et les intérêts mais exclut toute autre charge ou impôt. Si l'argument `vpm` est omis, vous devez inclure l'argument `vc`.
va	Valeur actuelle, c'est-à-dire la valeur, à la date d'aujourd'hui, d'une série de versements futurs.
vc	Valeur capitalisée, c'est-à-dire le montant que vous souhaitez obtenir après le dernier paiement. Si `vc` est omis, la valeur par défaut est 0 (par exemple, la valeur capitalisée d'un emprunt est égale à 0).
type	Échéance des remboursements (0 : en fin de période ; 1 : en début de période).
estimation	Estimation quant à la valeur du taux.

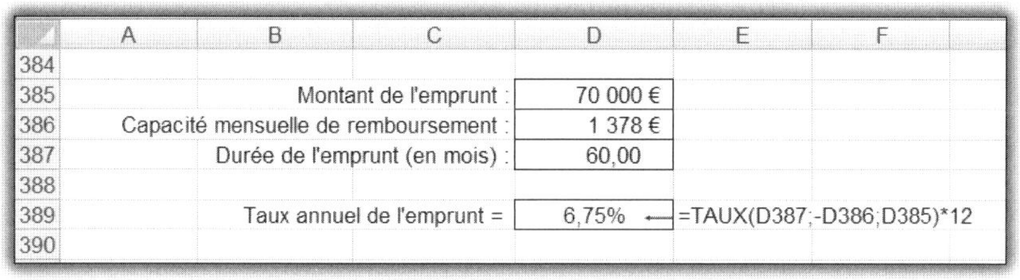

	A	B	C	D	E	F
384						
385			Montant de l'emprunt :	70 000 €		
386			Capacité mensuelle de remboursement :	1 378 €		
387			Durée de l'emprunt (en mois) :	60,00		
388						
389			Taux annuel de l'emprunt =	6,75%	=TAUX(D387;-D386;D385)*12	
390						

Figure 9.90 : *La fonction TAUX*

TRI

Calcule le taux de rentabilité interne d'un investissement, sans tenir compte des coûts de financement et des plus-values de réinvestissement. Les mouvements de trésorerie sont représentés par les nombres inclus dans `valeurs`. Contrairement aux annuités, ces cash-flows ne sont pas nécessairement constants. Les mouvements de trésorerie doivent cependant avoir lieu à intervalles réguliers, par exemple une fois par mois ou par an.

Syntaxe :	TRI(valeurs;estimation)
valeurs	Matrice ou référence à des cellules qui contient des

nombres dont vous voulez calculer le taux de rentabilité interne.

estimation — Taux que vous estimez être le plus proche du résultat de `TRI`.

	A	B	C	D
425				
426		Coût inital du projet :	- 50 000 €	
427		Revenu net Période 1 :	10 000 €	
428		Revenu net Période 2 :	15 000 €	
429		Revenu net Période 3 :	13 000 €	
430		Revenu net Période 4 :	20 000 €	
431		Revenu net Période 5 :	17 000 €	
432				
433	Taux de rendement interne :		13,82% ←	=TRI(C426:C431)

Figure 9.91 : *La fonction TRI*

TRI.PAIEMENTS

Calcule le taux de rentabilité interne d'un ensemble de paiements.

Syntaxe : TRI.PAIEMENTS(valeurs;dates;estimation)

valeurs — Série de flux nets de trésorerie correspondant à l'échéancier de paiement déterminé par l'argument `dates`.

dates — Échéancier de paiement correspondant aux flux nets de trésorerie. La première date de paiement indique le point de départ de l'échéancier. Toutes les autres doivent lui être postérieures, mais leur ordre d'intervention est indifférent.

estimation — Taux que vous estimez être le plus proche du résultat de `TRI.PAIEMENTS`.

	A	B	C	D	E	F
434						
435			Montant	Dates		
436		Coût inital du projet :	- 50 000 €	01/01/2007		
437		Revenu net Période 1 :	10 000 €	15/06/2007		
438		Revenu net Période 2 :	15 000 €	31/12/2007		
439		Revenu net Période 3 :	13 000 €	30/09/2008		
440		Revenu net Période 4 :	20 000 €	31/10/2009		
441		Revenu net Période 5 :	17 000 €	31/12/2010		
442						
443	Taux de rendement interne :		21,60% ←	=TRI.PAIEMENTS(C436:C441;D436:D441)		
444						

Figure 9.92 : *La fonction TRI.PAIEMENTS*

VA

Calcule la valeur actuelle d'un investissement. La valeur actuelle correspond à la somme que représente aujourd'hui un ensemble de remboursements futurs.

Syntaxe :	VA(taux;npm;vpm;vc;type)
taux	Taux d'intérêt par période.
npm	Nombre total de périodes de remboursement pour l'investissement.
vpm	Montant du remboursement pour chaque période, qui reste constant pendant toute la durée de l'opération.
vc	Valeur capitalisée, c'est-à-dire le montant que vous souhaitez obtenir après le dernier paiement. Si `vc` est omis, la valeur par défaut est 0 (par exemple, la valeur capitalisée d'un emprunt est égale à 0).
type	Échéance des remboursements (0 : en fin de période ; 1 : en début de période).

	A	B	C	D	E	F
461						
462		Taux annuel :	6,75%	par an		
463		Montant du remboursement :	1 000 €	par an		
464		Durée de l'emprunt :	5	ans		
465						
466		Valeur actuelle :	- 4 127,79 €	←	=VA(C462;C464;C463)	
467						

Figure 9.93 : *La fonction VA*

VAN

Calcule la valeur actuelle nette d'un investissement en utilisant un taux d'escompte ainsi qu'une série de décaissements (valeurs négatives) et d'encaissements (valeurs positives) futurs.

Syntaxe :	VAN(taux;valeur1;valeur2...)
taux	Taux d'actualisation pour une période.
valeur1;valeur2...	Un à vingt-neuf arguments représentant les encaissements et les décaissements.

	A	B	C	D	E	F
484						
485		Coût inital du projet :	- 50 000 €			
486		Revenu net Période 1 :	10 000 €			
487		Revenu net Période 2 :	15 000 €			
488		Revenu net Période 3 :	13 000 €			
489		Revenu net Période 4 :	20 000 €			
490		Revenu net Période 5 :	17 000 €			
491						
492		Taux d'actualisation :	12,00%			
493		VAN =	2 228,79 €			

=VAN(C492;C485:C490)

Figure 9.94 : *La fonction VAN*

VAN.PAIEMENTS

Donne la valeur actuelle nette d'un ensemble de paiements.

Syntaxe : VAN.PAIEMENTS(taux;valeurs;dates)

taux — Taux d'actualisation applicable aux flux nets de trésorerie.

valeurs — Série de flux nets de trésorerie correspondant à l'échéancier de paiement déterminé par l'argument `dates`.

dates — L'échéancier de paiement correspondant aux flux nets de trésorerie. La première date de paiement indique le point de départ de l'échéancier. Toutes les autres dates doivent lui être postérieures, mais leur ordre d'intervention est indifférent.

	A	B	C	D
495				
496			Montant	Dates
497		Coût inital du projet :	- 50 000 €	01/01/2007
498		Revenu net Période 1 :	10 000 €	15/06/2007
499		Revenu net Période 2 :	15 000 €	31/12/2007
500		Revenu net Période 3 :	13 000 €	30/09/2008
501		Revenu net Période 4 :	20 000 €	31/10/2009
502		Revenu net Période 5 :	17 000 €	31/12/2010
503				
504		Taux d'actualisation :	12,00%	
505		VAN =	8 873,04 €	
506				
507				
508		=VAN.PAIEMENTS(C504;C497:C502;D497:D502)		
509				

Figure 9.95 : *La fonction VAN.PAIEMENTS*

VPM

Calcule le remboursement d'un emprunt sur la base de remboursements et d'un taux d'intérêt constants.

Syntaxe : VPM(taux;npm;va;vc;type)

taux : Taux d'intérêt de l'emprunt.

npm : Nombre de remboursements pour l'emprunt.

va : Valeur actuelle ou valeur que représente à la date d'aujourd'hui une série de remboursements futurs ; il s'agit du principal de l'emprunt.

vc : Valeur capitalisée, c'est-à-dire le montant que vous souhaitez obtenir après le dernier paiement. Si `vc` est omis, la valeur par défaut est 0 (zéro), c'est-à-dire que la valeur capitalisée d'un emprunt est égale à 0.

type : Échéance des remboursements (0 : en fin de période ; 1 : en début de période).

	A	B	C	D	E	F
543						
544		Taux annuel :	5,50%			
545		Durée en année :	5			
546		Montant de l'emprunt :	20 000 €			
547						
548		Montant de l'annuité:	4 683,53 €	←	=-VPM(C544;C545;C546)	
549						
550			Annuité	Principal	Intérêts	
551		Période 1	4 683,53 €	3 583,53 €	1 100,00 €	
552		Période 2	4 683,53 €	3 780,62 €	902,91 €	
553		Période 3	4 683,53 €	3 988,56 €	694,97 €	
554		Période 4	4 683,53 €	4 207,93 €	475,00 €	
555		Période 5	4 683,53 €	4 439,36 €	244,17 €	
556						

Figure 9.96 : *La fonction VPM*

9.5. Cas pratique : Calculer les mensualités d'un emprunt

Le calcul des remboursements périodiques d'un emprunt est des plus classiques et des plus courants. Il existe deux méthodes de calcul : le remboursement constant et l'amortissement constant.

Les remboursements d'un emprunt peuvent avoir des périodicités diverses : mensuelle, trimestrielle, semestrielle, voire annuelle. Chaque remboursement contient une part de capital (la somme initialement empruntée) et une part d'intérêt (la rémunération du prêteur, proportionnelle au capital restant dû avant le remboursement). C'est le taux qui détermine le montant des intérêts. Plus il est élevé, plus les intérêts le sont aussi. Quelle que soit la périodicité des remboursements, le taux annoncé par le prêteur est souvent annuel. Pour calculer les intérêts liés à chaque période de remboursement, il faut diviser le taux annuel par le nombre de périodes de remboursement dans l'année (par 12 pour un remboursement mensuel).

La méthode de calcul par remboursement constant est la plus courante, notamment dans les prêts à la consommation pour les particuliers. Les remboursements périodiques sont tous égaux. Au fil du temps, la part des intérêts diminue au détriment de la part de capital.

La méthode de calcul par amortissement constant, plus aisée à mettre en œuvre, est fondée sur une fraction de capital remboursée identique à chaque remboursement, les intérêts étant alors proportionnels au capital restant dû. Heureusement, Excel facilite les calculs liés à la méthode par remboursement constant en proposant les fonctions `INTPER` et `PRINCPER`, notamment.

L'application suivante vous permettra de comparer les deux méthodes.

Création du classeur

1. Cliquez sur le bouton **Microsoft Office** et sélectionnez la commande **Nouveau**.
2. Cliquez sur le bouton **Créer** dans la boîte de dialogue **Nouveau classeur**.

Vous aurez besoin de trois feuilles : une pour la méthode par remboursement constant, une pour la méthode par amortissement constant et une pour la définition des périodicités possibles.

1. Renommez la feuille **Feuil1** en **Remboursement**.
2. Renommez la feuille **Feuil2** en **Amortissement**.
3. Renommez la feuille **Feuil3** en **Périodes**.

La feuille Périodes

Cette feuille "utilitaire" servira à définir les différentes périodicités possibles, ainsi que le nombre de périodes par an, pour le calcul des taux de période.

1. En *A1*, saisissez `Périodicité`.
2. En *B1*, saisissez `Période`.
3. En *C1*, saisissez `Nb/an`.
4. En *A2*, saisissez `annuelle`.
5. En *B2*, saisissez `année`.
6. En *C2*, saisissez `1`.
7. En *A3*, saisissez `mensuelle`.
8. En *B3*, saisissez `mois`.
9. En *C3*, saisissez `1`.
10. En *A4*, saisissez `semestrielle`.
11. En *B4*, saisissez `semestre`.
12. En *C4*, saisissez `2`.
13. En *A5*, saisissez `trimestrielle`.
14. En *B5*, saisissez `trimestre`.
15. En *C5*, saisissez `4`.
16. Sélectionnez *A1:C5*.
17. Appliquez une bordure de type quadrillage.
18. Sélectionnez toutes les cellules et choisissez une couleur de fond.

	A	B	C
1	**Périodicité**	**Période**	**Nb / an**
2	annuelle	année	1
3	mensuelle	mois	12
4	semestrielle	semestre	2
5	trimestrielle	trimestre	3
6			
7			

Figure 9.97 :
La feuille Périodes

La feuille Remboursement

La feuille **Remboursement** va vous permettre d'effectuer les calculs liés à la méthode par remboursement constant.

1 En *A1*, saisissez `Calcul du montant des remboursements.`
2 En *A2*, saisissez `Remboursement constant.`
3 Sélectionnez *A1:E1* et cliquez sur **Fusionner et centrer** (onglet **Accueil**, groupe *Alignement*).
4 Sélectionnez *A2:E2* et cliquez sur **Fusionner et centrer** (onglet **Accueil**, groupe *Alignement*).
5 En *C4*, saisissez `Taux annuel :.`
6 En *C5*, saisissez `Montant :.`
7 En *C6*, saisissez `Périodicité des remboursements :.`
8 En *C7*, saisissez `Nombre de remboursements :.`
9 En *C9*, saisissez `Montant du remboursement :.`
10 En *C10*, saisissez `Coût de l'emprunt :.`
11 Sélectionnez *C4:C10*.
12 Cliquez sur **Aligné à droite** (onglet **Accueil**, groupe *Alignement*).
13 En *A12*, saisissez `Remboursement.`
14 En *C12*, saisissez `Capital.`
15 En *D12*, saisissez `Intérêt.`
16 En *E12*, saisissez `Total.`
17 En *B13*, saisissez `1.`
18 Étendez le contenu, à l'aide de la poignée de recopie, jusqu'en *B72*.
19 Cliquez sur le bouton **Options de recopie incrémentée** et choisissez la commande **Incrémenter une série**.
20 Sélectionnez *A1:E2*.
21 Appliquez une bordure de type quadrillage.
22 Appliquez un contour épais.
23 Sélectionnez *D9:D10*.
24 Appliquez une bordure de type quadrillage.
25 Sélectionnez *A12:E72*.
26 Appliquez une bordure de type quadrillage.

27 Sélectionnez *C13:E72*.

28 Appliquez le format *Monétaire*.

29 Sélectionnez toutes les cellules et choisissez une couleur de fond.

30 Sélectionnez *D4:D7* et choisissez le blanc comme couleur de remplissage.

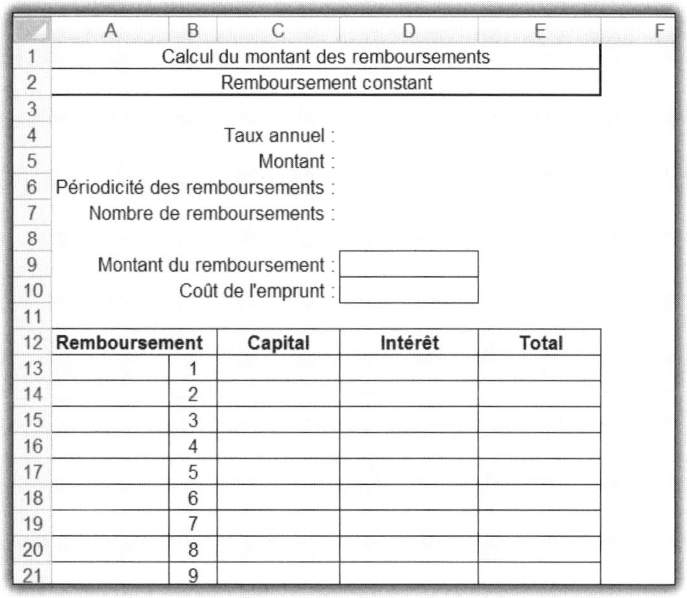

Figure 9.98 : *La feuille Remboursement*

Nous avons opté pour un maximum de soixante périodes, soit par exemple un emprunt d'une durée de cinq ans remboursé sous forme de mensualités.

Vous pouvez à présent saisir les paramètres d'un emprunt.

Tableau 9.14 : *Jeu d'essai*	
Paramètre	**Valeur**
Taux annuel	`6,95 %`
Montant	`30 000`
Périodicité des remboursements	`Mensuelle`
Nombre de remboursements	`24`

Le calcul du montant du remboursement périodique est obtenu à l'aide de la fonction `VPM`.

- En *D9*, saisissez `=-VPM($D$4/RECHERCHEV($D$6;Périodes!$A$2:$C$5;3);D7;D5)`.

Notez que `VPM` est précédé du signe – (moins). En effet, le résultat de la fonction est négatif car il s'agit d'un décaissement. Mais dans ce cas, c'est la valeur absolue qui nous intéresse. Remarquez, en outre, que nous divisons le taux annuel (*D4*) par le nombre de périodes dans une année (obtenu à l'aide de la fonction `RECHERCHEV`) pour obtenir le taux de période nécessaire à la fonction.

Complétez maintenant le tableau des remboursements en faisant apparaître le type de période.

1. En *A13*, saisissez `=RECHERCHEV($D$6;Périodes!$A$2:$C$5;2)`.
2. Étendez le contenu, à l'aide de la poignée de recopie, jusqu'en *A72*.

Il faut maintenant calculer la part de capital et d'intérêt dans chaque remboursement, ainsi que le montant total de chaque remboursement.

3. En *C13*, saisissez :

```
=SI(B13<=$D$7;-PRINCPER($D$4
✂ /RECHERCHEV($D$6;Périodes!$A$2:$C$5;3);B13;$D$7;$D$5);0)
```

4. En *D13*, saisissez :

```
=SI(B13<=$D$7;-INTPER($D$4
✂ /RECHERCHEV($D$6;Périodes!$A$2:$C$5;3);B13;$D$7;$D$5);0)
```

5. En *E13*, saisissez `=+D13+C13`.
6. Sélectionnez *C13:E13*.
7. Étendez le contenu, à l'aide de la poignée de recopie, jusqu'à la ligne *72*.

Avant d'effectuer les calculs, testez si la période en cours (colonne *B*) est inférieure ou égale au nombre total de périodes (*D7*).

Pour compléter la feuille **Remboursement**, il reste à calculer le coût de l'emprunt, c'est-à-dire la différence entre le total des remboursements et le montant de l'emprunt.

8 En *D10*, saisissez `=+D7*D9-D5`.

	A	B	C	D	E	F
1	Calcul du montant des remboursements					
2	Remboursement constant					
3						
4			Taux annuel :	6,95%		
5			Montant :	30 000,00 €		
6	Périodicité des remboursements :			mensuelle		
7	Nombre de remboursements :			24		
8						
9	Montant du remboursement :			1 342,50 €		
10	Coût de l'emprunt :			2 219,94 €		
11						
12	**Remboursement**		**Capital**	**Intérêt**	**Total**	
13	mois	1	1 168,75 €	173,75 €	1 342,50 €	
14	mois	2	1 175,52 €	166,98 €	1 342,50 €	
15	mois	3	1 182,32 €	160,17 €	1 342,50 €	
16	mois	4	1 189,17 €	153,33 €	1 342,50 €	
17	mois	5	1 196,06 €	146,44 €	1 342,50 €	
18	mois	6	1 202,99 €	139,51 €	1 342,50 €	
19	mois	7	1 209,95 €	132,54 €	1 342,50 €	
20	mois	8	1 216,96 €	125,54 €	1 342,50 €	
21	mois	9	1 224,01 €	118,49 €	1 342,50 €	
22	mois	10	1 231,10 €	111,40 €	1 342,50 €	

Figure 9.99 : *La feuille Remboursement*

La feuille Amortissement

La feuille **Amortissement** va vous permettre d'effectuer les calculs liés à la méthode par amortissement constant.

1 En *A1*, saisissez `Calcul du montant des remboursements`.

2 En *A2*, saisissez `amortissement constant`.

3 Sélectionnez *A1:E1* et cliquez sur **Fusionner et centrer** (onglet **Accueil**, groupe *Alignement*).

4 Sélectionnez *A2:E2* et cliquez sur **Fusionner et centrer** (onglet **Accueil**, groupe *Alignement*).

5 En *C4*, saisissez `Taux annuel :`.

6 En *C5*, saisissez `Montant :`.

7 En *C6*, saisissez `Périodicité des remboursements :`.

8 En *C7*, saisissez `Nombre de remboursements :`.

9 En *C9*, saisissez `Coût de l'emprunt :`.

10 Sélectionnez *C4:C9*.

11 Cliquez sur **Aligné à droite** (onglet **Accueil**, groupe *Alignement*).

12 En *A11*, saisissez `Remboursement`.

13 En *C11*, saisissez `Capital`.

14 En *D11*, saisissez `Intérêt`.

15 En *E11*, saisissez `Total`.

16 En *F11*, saisissez `Capital restant dû`.

17 En *B12*, saisissez `1`.

18 Étendez le contenu, à l'aide de la poignée de recopie, jusqu'en *B71*.

19 Cliquez sur le bouton **Options de recopie incrémentée** et choisissez la commande **Incrémenter une série**.

20 Sélectionnez *A1:E2*.

21 Appliquez une bordure de type quadrillage.

22 Appliquez un contour épais.

23 Sélectionnez *D9*.

24 Appliquez une bordure de type quadrillage.

25 Sélectionnez *A11:E71*.

26 Appliquez une bordure de type quadrillage.

27 Sélectionnez *C12:F72*.

28 Appliquez le format *Monétaire*.

29 Sélectionnez toutes les cellules et choisissez une couleur de fond.

30 Sélectionnez *D4:D7* et choisissez le blanc comme couleur de remplissage (voir Figure 9.100).

Ici aussi, nous avons opté pour un maximum de soixante périodes, soit par exemple un emprunt d'une durée de cinq ans remboursé sous forme de mensualités.

Vous pouvez à présent saisir les paramètres d'un emprunt.

	A	B	C	D	E	F	G
1	Calcul du montant des remboursements						
2	Amortissement constant						
3							
4	Taux annuel :						
5	Montant :						
6	Périodicité du remboursement :						
7	Nombre de remboursements :						
8							
9	Coût de l'emprunt :						
10							
11	**Remboursement**		**Capital**	**Intérêt**	**Total**	**Capital restant dû**	
12		1					
13		2					
14		3					
15		4					
16		5					
17		6					
18		7					
19		8					
20		9					
21		10					
22		11					

Figure 9.100 : *La feuille Amortissement*

Tableau 9.15 : *Jeu d'essai*	
Paramètre	**Valeur**
Taux annuel	`6,95 %`
Montant	`30 000`
Périodicité des remboursements	`Mensuelle`
Nombre de remboursements	`24`

Vous allez maintenant compléter le tableau des remboursements en faisant apparaître le type de période.

1 En *A12*, saisissez `=RECHERCHEV($D$6;Périodes!$A$2:$C$5;2)`.

2 Étendez le contenu, à l'aide de la poignée de recopie, jusqu'en *A71*.

Les calculs sont beaucoup plus simples, comparativement à la méthode précédente. La part de capital est égale au montant de l'emprunt divisé par le nombre de périodes. Les intérêts sont égaux au capital restant dû en fin de période précédente multiplié par le taux de période.

1 En *C12*, saisissez `=SI(B12<=$D$7;+$D$5/$D$7;0)`.

2 En *D12*, saisissez `=SI(B12<=$D$7;+D5*D4/RECHERCHEV(D6;Périodes!A2:C5;3);0)`.

3 En *E12*, saisissez `=+D12+C12`.

4 En *F12*, saisissez `=+D5–C12`.

5 En *D13*, saisissez `=SI(B13<=$D$7;+F12*$D$4/RECHERCHEV($D$6;Périodes!$A$2:$C$5;3);0)`.

6 En *F13*, saisissez `=+F12–C13`.

7 Sélectionnez *C12*.

8 Étendez le contenu, à l'aide de la poignée de recopie, jusqu'en *C71*.

9 Sélectionnez *D13*.

10 Étendez le contenu, à l'aide de la poignée de recopie, jusqu'en *D71*.

11 Sélectionnez *E12*.

12 Étendez le contenu, à l'aide de la poignée de recopie, jusqu'en *E71*.

13 Sélectionnez *F13*.

14 Étendez le contenu, à l'aide de la poignée de recopie, jusqu'en *F71*.

Pour compléter la feuille **Amortissement**, il reste à calculer le coût de l'emprunt, c'est-à-dire la différence entre le total des remboursements et le montant de l'emprunt.

15 En *D9*, saisissez `=SOMME(E12:E71)–D5`.

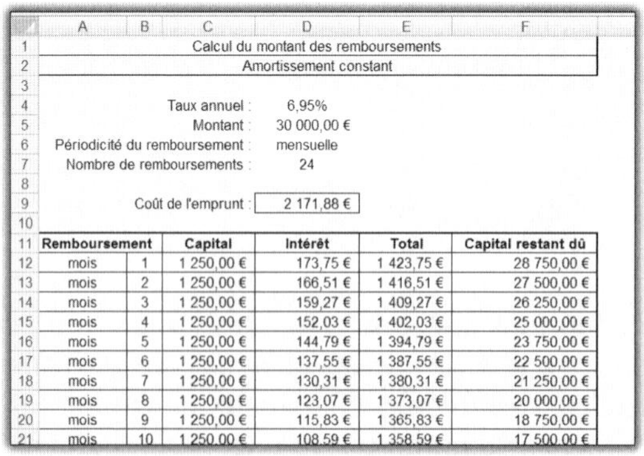

	A	B	C	D	E	F
1	Calcul du montant des remboursements					
2	Amortissement constant					
3						
4			Taux annuel :	6,95%		
5			Montant :	30 000,00 €		
6	Périodicité du remboursement :			mensuelle		
7	Nombre de remboursements :			24		
8						
9			Coût de l'emprunt :	2 171,88 €		
10						
11	**Remboursement**		**Capital**	**Intérêt**	**Total**	**Capital restant dû**
12	mois	1	1 250,00 €	173,75 €	1 423,75 €	28 750,00 €
13	mois	2	1 250,00 €	166,51 €	1 416,51 €	27 500,00 €
14	mois	3	1 250,00 €	159,27 €	1 409,27 €	26 250,00 €
15	mois	4	1 250,00 €	152,03 €	1 402,03 €	25 000,00 €
16	mois	5	1 250,00 €	144,79 €	1 394,79 €	23 750,00 €
17	mois	6	1 250,00 €	137,55 €	1 387,55 €	22 500,00 €
18	mois	7	1 250,00 €	130,31 €	1 380,31 €	21 250,00 €
19	mois	8	1 250,00 €	123,07 €	1 373,07 €	20 000,00 €
20	mois	9	1 250,00 €	115,83 €	1 365,83 €	18 750,00 €
21	mois	10	1 250,00 €	108,59 €	1 358,59 €	17 500,00 €

Figure 9.101 : *La feuille Amortissement*

CHAPITRE 10

Découvrir les formules matricielles

Les formules utilisées jusqu'à présent permettaient de calculer le contenu d'une cellule à l'aide d'une ou de plusieurs autres valeurs contenues dans des cellules, ou à l'aide de constantes.

Bien souvent, ces calculs sont répétitifs. Vous avez donc besoin de recopier des formules sur des lignes ou des colonnes. Cette solution convient mais peut présenter des inconvénients lorsqu'il s'agit d'effectuer des modifications. En effet, il ne faut pas oublier d'assurer la cohérence des formules en recopiant les modifications partout où cela est nécessaire. C'est pourquoi il serait intéressant de traiter ces calculs de façon plus synthétique et plus concise. C'est ici que les formules matricielles interviennent.

Les formules matricielles contiennent des arguments qui sont des plages de cellules, appelées aussi "plages matricielles".

	A	B	C
1			TARIF
2			
3			
4			
5	Référence	Libellé	P.U. H.T.
6	ABC1	Bloc note	0,93 €
7	ABC2	Enveloppes (500)	11,07 €
8	ABC3	Stylo	0,66 €
9	ABC4	Gomme	0,76 €
10	ABC5	Marqueur	1,65 €
11	ABC6	Agrafeuse	9,95 €
12	ABC7	Classeur	2,57 €
13	ABC8	Surligneur	0,66 €
14			

Figure 10.1 : *La plage matricielle C6:C13*

C6:C13 est une plage matricielle à une dimension. En effet, elle contient 8 lignes mais ne compte que 1 colonne. Elle n'a donc qu'une dimension (sa hauteur en nombre de lignes).

	A	B	C	D	E	F
1			TARIF			
2						
3					Taux TVA	19,60%
4						
5	Référence	Libellé	P.U. H.T.	Remise	P.U. net H.T.	P.U. T.T.C.
6	ABC1	Bloc note	0,93 €	15%	0,79 €	0,95 €
7	ABC2	Enveloppes (500)	11,07 €	12%	9,74 €	11,65 €
8	ABC3	Stylo	0,66 €	25%	0,50 €	0,59 €
9	ABC4	Gomme	0,76 €	12%	0,67 €	0,80 €
10	ABC5	Marqueur	1,65 €	14%	1,42 €	1,70 €
11	ABC6	Agrafeuse	9,95 €	20%	7,96 €	9,52 €
12	ABC7	Classeur	2,57 €	33%	1,72 €	2,06 €
13	ABC8	Surligneur	0,66 €	25%	0,50 €	0,59 €
14						

Figure 10.2 : *La plage matricielle C6:F13*

C6:F13, quant à elle, est une plage matricielle à deux dimensions. En effet, elle contient 8 lignes et 4 colonnes. Elle a donc bien deux dimensions (sa hauteur en nombre de lignes et sa "largeur" en nombre de colonnes).

10.1. Saisir une formule matricielle à une dimension

Supposons que vous disposiez d'une feuille de calcul contenant des tarifs de produits (plage *C6:C13*) et des taux de remise associés à chaque produit (plage *D6:D13*). Vous allez calculer le prix unitaire net HT de chaque produit.

1 Sélectionnez *E6:E13*.

2 Cliquez dans la barre de formule.

3 Saisissez `=C6:C13*(1-D6:D13)`.

4 Validez par Ctrl+Maj+↵.

E6 {=C6:C13*(1-D6:D13)}

	A	B	C	D	E	F
1			TARIF			
2						
3					Taux TVA	19,60%
4						
5	Référence	Libellé	P.U. H.T.	Remise	P.U. net H.T.	P.U. T.T.C.
6	ABC1	Bloc note	0,93 €	15%	0,79 €	
7	ABC2	Enveloppes (500)	11,07 €	12%	9,74 €	
8	ABC3	Stylo	0,66 €	25%	0,50 €	
9	ABC4	Gomme	0,76 €	12%	0,67 €	
10	ABC5	Marqueur	1,65 €	14%	1,42 €	
11	ABC6	Agrafeuse	9,95 €	20%	7,96 €	
12	ABC7	Classeur	2,57 €	33%	1,72 €	
13	ABC8	Surligneur	0,66 €	25%	0,50 €	
14						

Figure 10.3 : *Une formule matricielle à une dimension*

La validation via la combinaison de touches Ctrl+Maj+↵ indique à Excel qu'il s'agit d'une formule matricielle. La formule que vous avez saisie apparaît entre accolades dans la barre de formule. C'est le signe distinctif des formules matricielles.

Vous pouvez apprécier la concision de cette formule. Elle évite de créer une formule en *E6*, puis de la recopier jusqu'en *F13*. Les arguments sont des plages matricielles (*C6:C13* et *D6:D13*). En fait, Excel interprète cette formule de la façon suivante : pour chaque cellule de la plage *E6:E13*, la valeur de la cellule située sur la même ligne et dans la colonne *C* est multipliée par 1, puis diminuée de la valeur de la cellule située sur la même ligne et dans la colonne *D*.

Calculons à présent les prix TTC :

1. Sélectionnez *F6:F13*.
2. Cliquez dans la barre de formule.
3. Saisissez `=E6:E13*(1+$F$3)`.
4. Validez par Ctrl+Maj+↵.

PU_TTC {=E6:E13*(1+$F$3)}

	A	B	C	D	E	F
1			TARIF			
2						
3					Taux TVA	19,60%
4						
5	Référence	Libellé	P.U. H.T.	Remise	P.U. net H.T.	P.U. T.T.C.
6	ABC1	Bloc note	0,93 €	15%	0,79 €	0,95 €
7	ABC2	Enveloppes (500)	11,07 €	12%	9,74 €	11,65 €
8	ABC3	Stylo	0,66 €	25%	0,50 €	0,59 €
9	ABC4	Gomme	0,76 €	12%	0,67 €	0,80 €
10	ABC5	Marqueur	1,65 €	14%	1,42 €	1,70 €
11	ABC6	Agrafeuse	9,95 €	20%	7,96 €	9,52 €
12	ABC7	Classeur	2,57 €	33%	1,72 €	2,06 €
13	ABC8	Surligneur	0,66 €	25%	0,50 €	0,59 €

Figure 10.4 : *Une formule matricielle à une dimension*

Cette formule matricielle utilise, entre autres, une cellule unique : *F3*. La valeur de la cellule est donc employée pour le calcul des valeurs de chaque cellule de la plage calculée (*F6:F13*).

Les matrices qui contiennent les résultats précédents sont dites "à une dimension", car elles ne contiennent qu'une seule colonne (si elles ne contenaient qu'une seule ligne, elles seraient également des matrices à une dimension).

10.2. Saisir une formule matricielle à deux dimensions

Supposons à présent que vous disposiez d'une feuille de calcul dont l'objectif est de calculer les capacités de production journalières de plusieurs lignes de production. Les capacités journalières des machines se trouvent dans la plage *B7:B12* et les durées du travail quotidien en *C4:I4*. Pour chaque jour et chaque machine, il faut multiplier la capacité horaire par la durée du travail.

1 Sélectionnez *C7:I12*.
2 Cliquez dans la barre de formule.
3 Saisissez `=B7:B12*C4:I4`.
4 Validez par Ctrl+Maj+↵.

C7 {=+B7:B12*C4:I4}

	A	B	C	D	E	F	G	H	I	J
1	Capacités de production - Atelier XXXX									
2										
3			Lundi	Mardi	Mercredi	Jeudi	Vendredi	Samedi	Dimanche	
4		Durée du travail	8	10	10	10	8	6	0	
5										
6	Machine	Capacité	Lundi	Mardi	Mercredi	Jeudi	Vendredi	Samedi	Dimanche	Total / Machine
7	Machine 1	100	800	1 000	1 000	1 000	800	600	-	5 200
8	Machine 2	150	1 200	1 500	1 500	1 500	1 200	900	-	7 800
9	Machine 3	75	600	750	750	750	600	450	-	3 900
10	Machine 4	98	784	980	980	980	784	588	-	5 096
11	Machine 5	102	816	1 020	1 020	1 020	816	612	-	5 304
12	Machine 6	123	984	1 230	1 230	1 230	984	738	-	6 396
13	Total / Jour	108	5 184	6 480	6 480	6 480	5 184	3 888	-	33 696
14										

Figure 10.5 : *Une formule matricielle à deux dimensions*

À l'aide d'une seule formule, vous réalisez les calculs qui demanderaient autrement quarante-deux formules "individuelles".

Quels sont les calculs réalisés dans les cellules de plage *C7:I12* ? En *C7*, le calcul effectué est `B7*C4`. En *D10*, le calcul réalisé est `B10*D4`, etc.

10.3. Saisir une formule matricielle à valeur unique

Les deux types de formules traitées jusqu'à présent fournissaient des résultats sous forme de matrices (à une ou deux dimensions). Il est possible de créer des formules matricielles qui produisent une valeur unique, à partir d'arguments matriciels.

Vous allez calculer les capacités totales de production journalières à l'aide de telles formules.

1 En *C13*, saisissez `=SOMME($B$7:$B$12*C4)`.
2 Validez par Ctrl+Maj+↵.
3 Étendez le contenu, à l'aide de la poignée de recopie, jusqu'en *I13*.

L'extension et donc la copie de formules matricielles donnent des résultats satisfaisants. Le choix des références absolues, relatives ou mixtes est aussi crucial que dans le cas des formules "classiques".

Si vous validez la formule précédente avec [↵] à la place de la combinaison [Ctrl]+[Maj]+[↵], vous obtenez le message d'erreur #VALEUR!.

10.4. Les particularités des formules matricielles

Les formules matricielles présentent des particularités :

- Pour modifier une formule matricielle, il faut sélectionner la totalité de la plage matricielle sur laquelle elle s'applique.
- Vous ne pouvez insérer, déplacer ou supprimer une ligne, une colonne ou même une cellule d'une plage contenant une formule matricielle.
- Vous ne pouvez pas non plus déplacer une partie de matrice.

Dans tous ces cas, vous obtenez un message d'erreur.

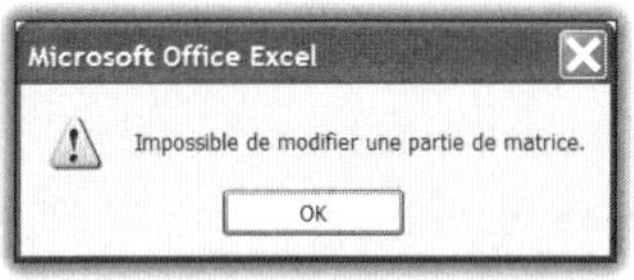

Figure 10.6 :
Un message d'erreur suite à la tentative de modification d'une partie de matrice

En revanche, vous pouvez mettre en forme de façon indépendante chaque cellule constitutive d'une plage matricielle. Vous pouvez également copier, puis coller, une ou plusieurs cellules d'une plage matricielle.

Si votre sélection est de taille supérieure à celle des arguments, certaines cellules de la plage contiendront la valeur d'erreur #N/A.

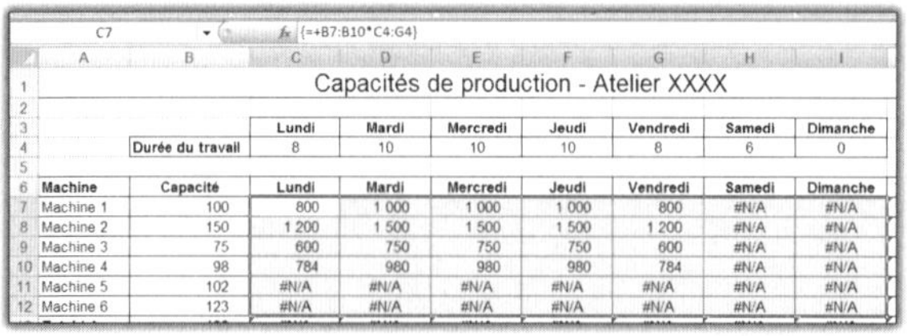
C7 {=+B7:B10*C4:G4}

Capacités de production - Atelier XXXX

		Lundi	Mardi	Mercredi	Jeudi	Vendredi	Samedi	Dimanche
	Durée du travail	8	10	10	10	8	6	0
Machine	Capacité	Lundi	Mardi	Mercredi	Jeudi	Vendredi	Samedi	Dimanche
Machine 1	100	800	1 000	1 000	1 000	800	#N/A	#N/A
Machine 2	150	1 200	1 500	1 500	1 500	1 200	#N/A	#N/A
Machine 3	75	600	750	750	750	600	#N/A	#N/A
Machine 4	98	784	980	980	980	784	#N/A	#N/A
Machine 5	102	#N/A	#N/A	#N/A	#N/A	#N/A	#N/A	#N/A
Machine 6	123	#N/A	#N/A	#N/A	#N/A	#N/A	#N/A	#N/A

Figure 10.7 :
Un exemple où la taille des arguments est différente de la taille de la matrice

REMARQUE

Formules matricielles et temps de calcul

Contrairement à ce que l'on pourrait penser, utiliser des formules matricielles dans une feuille de calcul n'améliore pas la vitesse de calcul. Au contraire, les temps de calcul ont tendance à s'allonger. Cela est dû au traitement des formules matricielles : les résultats intermédiaires des calculs sont stockés dans des tableaux avant d'être affichés dans les cellules. Cela entraîne donc des opérations de copie supplémentaires, qui pénalisent la rapidité de calcul.

Les formules matricielles sont donc plus lentes que les formules "classiques" ; en contrepartie, elles sont moins gourmandes en capacité mémoire, car plus concises (et donc plus élégantes).

10.5. Modifier une formule matricielle

Pour modifier une formule matricielle, il faut d'abord sélectionner l'intégralité de la plage de cellules sur laquelle elle s'applique.

Pour cela, il existe deux possibilités :

- Sélectionnez une cellule de la plage et appuyez sur Ctrl+/.
- Sélectionnez une cellule de la plage et cliquez sur le bouton **Rechercher et sélectionner** du groupe *Édition* de l'onglet **Accueil**. Choisissez **Sélectionner les cellules**, sélectionnez *Matrice en cours* puis cliquez sur OK.

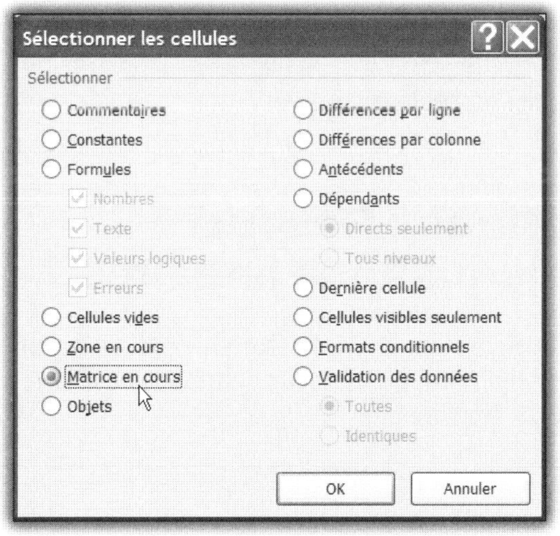

Figure 10.8 : *La boîte de dialogue Sélectionner les cellules*

Une fois la plage sélectionnée, cliquez dans la barre de formule puis effectuez les modifications souhaitées. Une fois les modifications réalisées, validez par Ctrl+Maj+↵.

Pour effacer une formule matricielle, utilisez la touche Suppr une fois la plage sélectionnée.

10.6. Saisir des constantes matricielles

Outre créer des formules matricielles, il est également possible de saisir des constantes matricielles.

1 Sélectionnez la plage dans laquelle vous souhaitez saisir votre constante matricielle.
2 Cliquez dans la barre de formule.
3 Saisissez ={.
4 Saisissez les valeurs de la constante. Les lignes sont séparées par des points-virgules, les valeurs des colonnes par des points.
5 Saisissez l'accolade fermante (}).
6 Validez par Ctrl+Maj+↵.

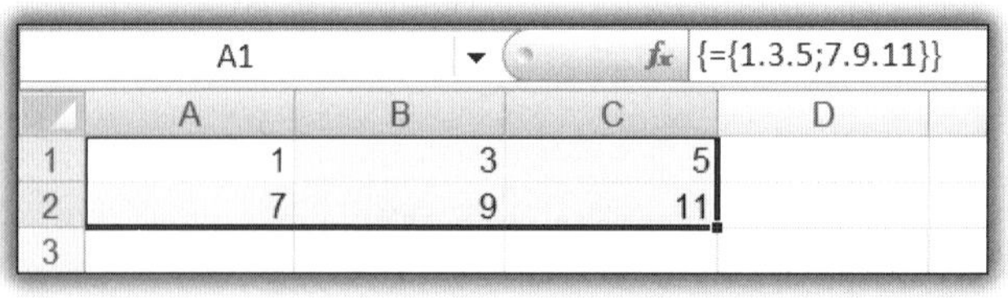

Figure 10.9 : *Une constante matricielle*

10.7. Cas pratique : Résoudre un système d'équations linéaires

Vous allez maintenant mettre en œuvre les formules (ainsi qu'un certain nombre de fonctions), en créant un classeur dont le but est la résolution de systèmes d'équations linéaires.

RENVOI *Pour plus de détails sur les fonctions exploitées dans ce cas pratique, reportez-vous au chapitre* ***Utiliser les fonctions****.*

Quelques rappels mathématiques

Un système d'équations linéaires est un ensemble de plusieurs équations linéaires. Une équation linéaire est une expression du type : 3 * x + 2 * y + 5 * z = 32. Les chiffres sont appelés "coefficients" et x, y et z "inconnues". Voici maintenant un exemple de système d'équations linéaires :

x + y + z = 6

3 * x + 2 * y + 5 * z = 22

2 * x + y + 3 * z = 13

Résoudre ce système d'équations linéaires consiste à trouver les valeurs de x, y et z qui satisfont aux trois équations.

Le principe est posé mais comment procéder en pratique ?

La première méthode consiste à récrire les équations en exprimant x à l'aide de y et de z dans la première équation : x = 6 – y – z. Une fois cette expression obtenue, il faut remplacer x par 6 – y – z dans les deux autres équations. Ensuite, on exprime y en fonction de z dans la deuxième équation (qui ne fait plus apparaître que y et z). Enfin, on remplace y par sa valeur en fonction de z dans la troisième équation. On obtient alors la valeur de z. À l'aide de la deuxième équation et de la valeur de z, on en déduit celle de y, puis à l'aide des valeurs de y et z et de la première équation, on détermine la valeur de x.

Cette méthode (dite "du pivot de Gauss") peut s'avérer lourde à mettre en œuvre si vous avez à résoudre un système de cinq équations à cinq inconnues. D'autres méthodes, reposant sur des approches matricielles, permettent un calcul beaucoup plus rapide, d'autant plus rapide si vous utilisez Excel. Le but de cet ouvrage n'est pas de détailler les théories mathématiques qui sous-tendent ces méthodes. Nous allons simplement en rappeler le principe.

Précisons qu'un système d'équations linéaires peut s'écrire sous forme d'égalité matricielle : A * X = B, où A est la matrice des coefficients,

X la matrice des inconnues et B la matrice des seconds membres. Reprenons l'exemple précédent. Voici les matrices mises en jeu :

A : matrice des coefficients		
1	1	1
3	2	5
2	1	3

X : matrice des inconnues
x
y
z

B : matrice des seconds membres
6
22
13

Ici, la résolution donne x = 1, y = 2 et z = 3.

L'inversion de la matrice des coefficients : une méthode de résolution

La méthode de résolution envisagée consiste à calculer la matrice inverse de la matrice des coefficients, notée A^{-1}, à l'aide de la fonction `INVERSEMAT` (nous ne détaillerons pas le principe de calcul ici).

Rappelons que l'inversion d'une matrice est possible uniquement si son déterminant n'est pas nul.

Une fois la matrice inverse calculée, il faut calculer $A^{-1} * B$ pour résoudre le système. Le résultat donne les valeurs de x, y et z sous forme matricielle. En effet, $X = A^{-1} * B$.

A^{-1} : matrice inverse		
1	-2	3
1	1	-2
-1	1	-1

A^{-1} * B
1
2
3

Retour au cas pratique

Il s'agit ici de résoudre des systèmes d'au maximum cinq équations à cinq inconnues.

Les équations linéaires permettent de modéliser un certain nombre de situations. Voici un exemple. Supposons que vous soyez le responsable d'une société de services informatiques. Un client vous appelle et vous demande le détail des jours passés par votre équipe sur son projet. L'équipe se compose d'un chef de projet et de deux développeurs.

Vous disposez des éléments suivants :

- une facture de 15 000 euros TTC pour un volume global de 25 jours ;
- une note de frais de l'équipe de 425 euros.

Vous disposez en outre des données suivantes, mais sans plus de détails :

Tableau 10.1 : *Les tarifs journaliers*

Salarié	Tarif facturé
Chef de projet	900 euros TTC par jour
Développeur 1	600 euros TTC par jour
Développeur 2	450 euros TTC par jour

Tableau 10.2 : Les remboursements de frais journaliers	
Salarié	**Tarif facturé**
Chef de projet	25 euros par jour
Développeur 1	15 euros par jour
Développeur 2	15 euros par jour

À partir de ces informations disparates, comment retrouver le nombre de jours passés par chacun des trois collaborateurs sur le projet du client ? Grâce à une petite mise en équation et à la résolution du système correspondant. Les inconnues sont :

- x = nombre de jours du chef de projet ;
- y = nombre de jours du développeur 1 ;
- z = nombre de jours du développeur 2.

La mise en équation consiste à reformuler mathématiquement les données du problème. Vous savez que le nombre total de jours passés sur le projet est de 25, soit x + y + z = 25. Le montant de la facture est égal à 900 * x + 600 * y + 450 * z = 15 000. Enfin, les remboursements de frais sont calculés à partir du nombre de jours passés, soit 25 * x + 15 * y + 15 * z = 425.

Vous avez autant d'équations que d'inconnues. Il est possible d'envisager la résolution du système :

x + y + z = 25

900 * x + 600 * y + 450 * z = 15 000

25 * x + 15 * y + 15 * z = 425

Cet exemple vous permettra de tester le classeur que vous allez concevoir. Mais la prochaine fois, il faudra penser à détailler les factures !

Création du classeur

Sélectionnez la commande **Nouveau** du menu **Fichier**.

Vous aurez besoin de deux feuilles : une pour la saisie des données et une pour le calcul par la méthode de la matrice inverse.

1 Renommez la feuille **Feuil1** en **Saisie des données**.

2 Renommez la feuille **Feuil2** en **Matrice inverse**.

La feuille Saisie des données

Cette feuille de calcul permettra la saisie des données du problème, à savoir :

- le nombre d'inconnues (et d'équations) ;
- la matrice des coefficients ;
- la matrice des seconds membres.

Les premières opérations à réaliser sont les suivantes :

1 En *A1*, saisissez `Résolution d'un système d'équations linéaires`.

2 En *A3*, saisissez `Nombre d'inconnues`.

3 En *D3*, saisissez `(maximum 5)`.

4 En *A5*, saisissez `Matrice des coefficients`.

5 En *G5*, saisissez `Matrice des seconds membres`.

6 En *A14*, saisissez `Déterminant de la matrice des coefficients`.

7 Sélectionnez la plage *A7:E11*.

8 Appliquez une bordure de type quadrillage.

9 Sélectionnez la plage *G7:G11*.

10 Appliquez une bordure de type quadrillage.

11 Sélectionnez la plage *E14*.

12 Appliquez une bordure de type quadrillage.

13 Sélectionnez toutes les cellules et choisissez une couleur de fond.

14 Sélectionnez la plage *A7:E11* et choisissez le blanc comme couleur de fond.

15 Répétez l'opération pour *C3* et *G7:G11*.

Le tableau des données est à présent tracé. Il faut maintenant le compléter par quelques formules. La première calcule le déterminant de la matrice des coefficients.

16 En *E14*, saisissez `=SI(ESTERREUR(DETERMAT(DECALER(A7:E11;0;0;C3;C3)));"NS";DETERMAT(DECALER(A7:E11;0;0;C3;C3)))`.

La fonction `DETERMAT(DECALER(A7:E11;0;0;C3;C3))` calcule le déterminant de la matrice des coefficients en fonction du nombre d'équations. En effet, cette application doit traiter des systèmes d'équations avec un nombre d'équations variant de deux à cinq. C'est pourquoi la matrice de saisie compte 5 lignes et 5 colonnes. Mais si le système est de trois équations (comme dans l'exemple), seules les 3 premières lignes et les 3 premières colonnes seront utilisées, d'où l'emploi de la fonction `DECALER`. Elle "extrait" de la plage de départ une plage dont le nombre de lignes et de colonnes est déterminé par les deux derniers paramètres. La valeur de ces derniers est donnée par le nombre d'inconnues (*C3*).

La fonction `ESTERREUR` permet d'éviter l'affichage de messages d'erreurs, si par exemple tous les coefficients ne sont pas saisis. En cas d'erreur, la valeur `NS` (pour Non Significatif) est affichée.

Si le déterminant est égal à 0, le système d'équations n'a pas de solution. Nous ne détaillerons pas la justification mathématique de cette affirmation.

17 En *B15*, saisissez `=SI(E14=0;"Pas de solution !!!!";"")`.

Il faut prévenir l'utilisateur au cas où il n'aurait pas saisi tous les coefficients. Pour cela, comptez le nombre de cellules vides dans la matrice des coefficients "utiles".

18 En *A12*, saisissez `=SI(NB.VIDE(DECALER(A7:E11;0;0;C3;C3))>0;"Il reste "&NB.VIDE(DECALER(A7:E11;0;0;C3;C3)) & " coefficients à saisir";"")`.

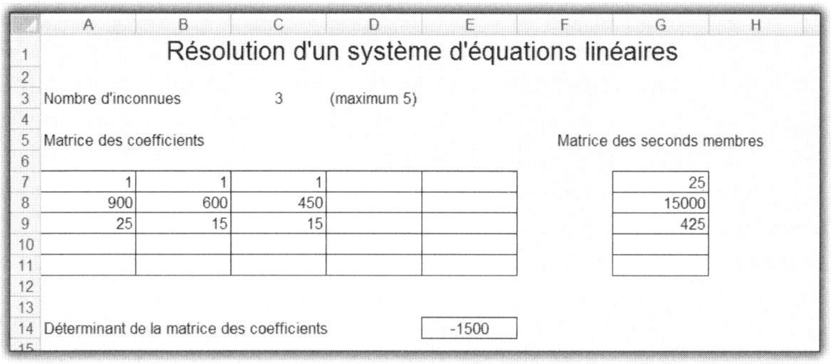

	A	B	C	D	E	F	G	H
1	Résolution d'un système d'équations linéaires							
2								
3	Nombre d'inconnues		3	(maximum 5)				
4								
5	Matrice des coefficients					Matrice des seconds membres		
6								
7	1	1	1				25	
8	900	600	450				15000	
9	25	15	15				425	
10								
11								
12								
13								
14	Déterminant de la matrice des coefficients				-1500			

Figure 10.10 : *La feuille Saisie des données*

La feuille Matrice inverse

La feuille de calcul **Matrice inverse** est destinée à la résolution du système d'équations par la méthode de la matrice inverse.

Les premières opérations à réaliser sont les suivantes :

1 En *A2*, saisissez `Matrice inverse`.

2 En *F2*, saisissez `Matrice des seconds membres`.

3 En *I2*, saisissez `Résultat`.

4 Sélectionnez la plage *A4:E8*.

5 Appliquez une bordure de type quadrillage.

6 Sélectionnez la plage *G4:G8*.

7 Appliquez une bordure de type quadrillage.

8 Sélectionnez la plage *I4:I8*.

9 Appliquez une bordure de type quadrillage.

10 Sélectionnez toutes les cellules et choisissez une couleur de fond.

Il s'agit maintenant de mettre en place les formules de calcul nécessaires à la résolution.

11 Sélectionnez la plage *A4:E8*.

12 Cliquez dans la barre de formule.

13 Saisissez `=SI(ET(ESTNUM('Saisie des données'!E14);'Saisie des données'!E14<>0);INVERSEMAT(DECALER('Saisie des données'!A7:E11;0;0;'Saisie des données'!C3;'Saisie des données'!C3));"NS")`.

14 Validez par Ctrl+Maj+↵.

Si le déterminant de la matrice des coefficients est numérique (`ESTNUM`), c'est-à-dire s'il n'est pas égal à `NS` et s'il n'est pas nul (ce qui voudrait dire que la matrice des coefficients ne peut être inversée), le calcul de la matrice inverse est effectué (`INVERSEMAT`). Tous ceux qui ont peiné en inversant une matrice "à la main" apprécieront la fonction `INVERSEMAT`. La fonction `DECALER` est utilisée dans le même but que précédemment (restreindre la matrice des coefficients au nombre d'équations utilisées). La dernière opération a pour objectif de créer une formule matricielle.

La valeur d'erreur `#N/A` apparaît dans les lignes et les colonnes inutilisées. Vous vous préoccuperez plus tard de faire disparaître cet affichage inélégant.

Il faut maintenant afficher la matrice des seconds membres.

1. Sélectionnez la plage *G4:G8*.
2. Cliquez dans la barre de formule.
3. Saisissez `=DECALER('Saisie des données'!G7:G11;0;0;'Saisie des données'!C3;'Saisie des données'!C3)`.
4. Validez par Ctrl+Maj+↵.

Il reste à calculer les valeurs des inconnues.

1. Sélectionnez la plage *I4:I8*.
2. Cliquez dans la barre de formule.
3. Saisissez `=SI(ET(ESTNUM('Saisie des données'!E14);'Saisie des données'!E14<>0);PRODUITMAT(DECALER(A4:E8;0;0;'Saisie des données'!C3;'Saisie des données'!C3);DECALER(G4:G8;0;0;'Saisie des données'!C3));"NS")`.
4. Validez par Ctrl+Maj+↵.

Si le déterminant de la matrice des coefficients est numérique (`ESTNUM`), c'est-à-dire s'il n'est pas égal à `NS` et s'il n'est pas nul (ce qui voudrait dire que la matrice des coefficients ne peut être inversée), le calcul du produit de la matrice inverse et de la matrice des coefficients est effectué (`PRODUITMAT`). La fonction `DECALER` est utilisée dans le même but que précédemment (restreindre la matrice des coefficients au nombre d'équations utilisées). La dernière opération a pour objectif de créer une formule matricielle.

Le résultat s'affiche immédiatement. La réponse à la question initiale est :

- 5 jours pour le chef de projet ;
- 10 jours pour le développeur 1 ;
- 10 jours pour le développeur 2.

Il reste à masquer les disgracieuses valeurs `#N/A` qui parsèment la feuille de calcul :

1 Sélectionnez *A4* et cliquez sur le bouton **Mise en forme conditionnelle** du groupe *Style* de l'onglet **Accueil**. Sélectionnez **Nouvelle règle**.

2 Dans la boîte de dialogue **Nouvelle règle de mise en forme**, choisissez *Utiliser une formule pour déterminer pour quelles cellules le format sera appliqué.*

3 Saisissez `=ESTNA(A4)`.

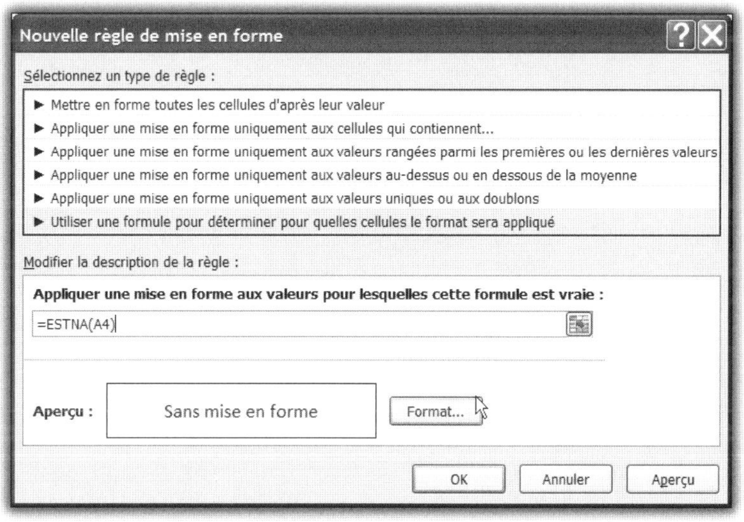

Figure 10.11 : *Mise en forme conditionnelle*

RENVOI

Pour plus de détails sur la mise en forme conditionnelle, référez-vous au chapitre ***Créer des feuilles de calcul plus élaborées****.*

4 Cliquez sur le bouton **Format** et choisissez une couleur de police identique à la couleur du fond.

5 Validez par OK.

6 Fermez la boîte de dialogue initiale en cliquant sur OK.

7 Cliquez sur **Reproduire la mise en forme** (onglet **Accueil**, groupe *Presse-papiers*).

8 Sélectionnez la plage *A4:E8*.

9 Cliquez sur **Reproduire la mise en forme** (onglet **Accueil**, groupe *Presse-papiers*).

10 Sélectionnez la plage *G4:G8*.

11 Cliquez sur **Reproduire la mise en forme** (onglet **Accueil**, groupe *Presse-papiers*).

12 Sélectionnez la plage *I4:I8*.

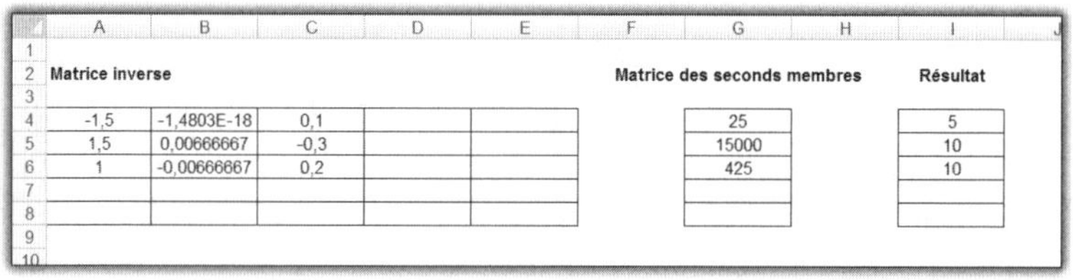

Figure 10.12 : *La feuille Matrice inverse*

CHAPITRE 11

Créer des feuilles de calcul plus élaborées

Dans ce chapitre, nous allons passer en revue des fonctions qui permettent de concevoir des feuilles de calcul des plus efficaces.

Tout d'abord, nous détaillerons la création de séries de données, qui vous feront gagner du temps lors de la saisie. Puis nous approfondirons la représentation des dates dans Excel, ainsi que les possibilités de calcul sur ce type de données.

Nous aborderons ensuite des fonctions qui améliorent l'ergonomie et la convivialité des feuilles de calcul : les commentaires et les validations du contenu. Un commentaire permet d'associer à des cellules des informations complémentaires qui s'afficheront lors du passage du pointeur. Les validations permettent de contrôler la saisie des informations dans les cellules.

Pour conclure, nous expliquerons les mises en forme conditionnelles, qui "réagissent" au contenu des cellules auxquelles elles s'appliquent.

11.1. Créer des séries de données

Lors de vos séances de travail avec Excel, vous aurez à saisir des séries de données, qui se caractérisent par le fait que chaque valeur se déduit de la précédente par une opération, l'application d'une règle logique ou conventionnelle. Voici quelques exemples :

- les nombres entiers de 1 à 15 ;
- les nombres pairs de 4 à 12 ;
- les jours de la semaine ;
- les mois de l'année ;
- les heures de la journée.

Vous pouvez saisir chaque donnée, mais cela s'avère fastidieux. Voyons comment créer de façon automatique des séries de données de différents types.

Les séries numériques

Excel est avant tout un outil de calcul. Nous allons donc débuter ce tour d'horizon par les séries numériques.

Vous allez créer la série des nombres entiers de 1 à 15.

1 Sélectionnez une feuille de calcul vierge. En *A1*, saisissez `1`.

2 Sélectionnez à nouveau *A1*. Approchez le pointeur de la poignée de recopie de la cellule (le petit carré noir situé à l'angle inférieur droit).

Le pointeur change d'apparence et se transforme en une fine croix noire.

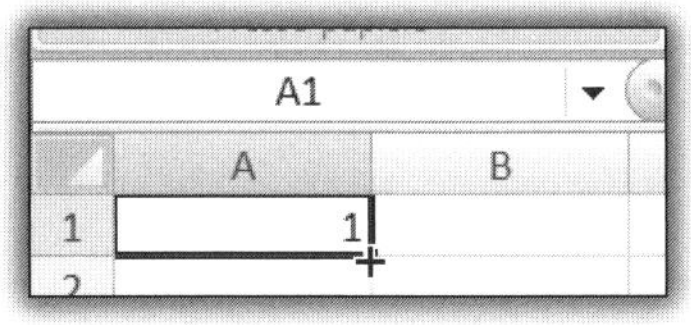

Figure 11.1 :
Le pointeur change d'apparence

3 Cliquez sur la poignée de recopie et déplacez le pointeur jusqu'en *A15*. La plage *A1:A15* est entourée d'un large contour gris et une info-bulle indique le futur contenu de la dernière plage de cellules.

Figure 11.2 :
Utilisation de la poignée de recopie

4 Relâchez le bouton de la souris. Chacune des cellules de la plage *A1:A15* contient 1. Cliquez sur le bouton d'options de recopie

incrémentée qui a fait son apparition à côté de la plage *A1:A15*. Un menu apparaît.

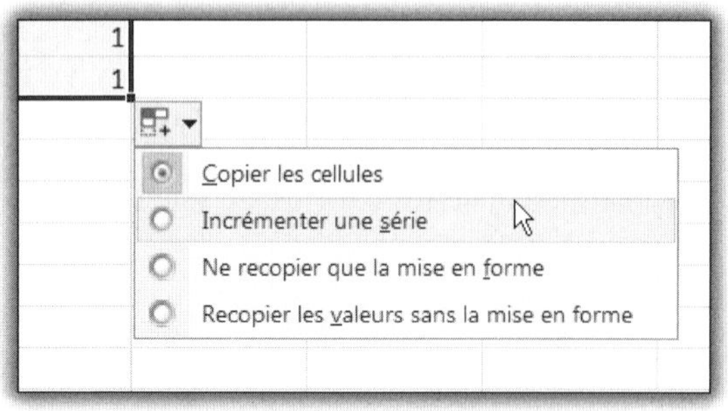

Figure 11.3 : *Le menu de la balise active*

5 Sélectionnez **Incrémenter une série**.

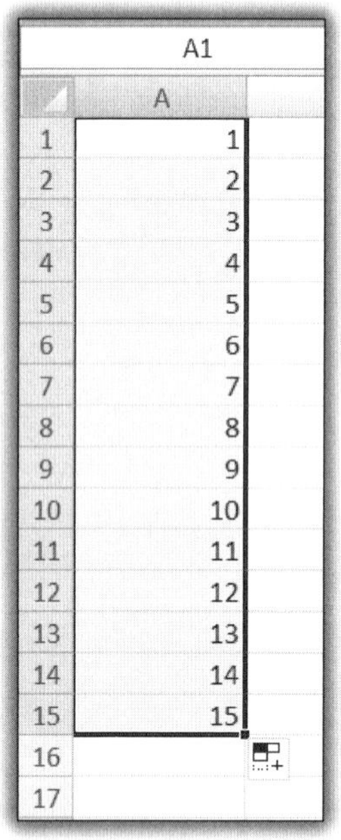

Figure 11.4 : *Voilà le résultat*

Vous allez expérimenter une autre méthode pour créer la série des nombres pairs.

1 En *B1*, saisissez `2`.

2 En *B2*, saisissez `4`.

3 Sélectionnez *B1:B2*. Comme précédemment, étendez le contenu de la sélection, à l'aide de la poignée de recopie, jusqu'en *B15*.

(Cliquez sur la poignée de recopie et, tout en maintenant le bouton de la souris enfoncé, déplacez-vous jusqu'à la cellule *B15*.)

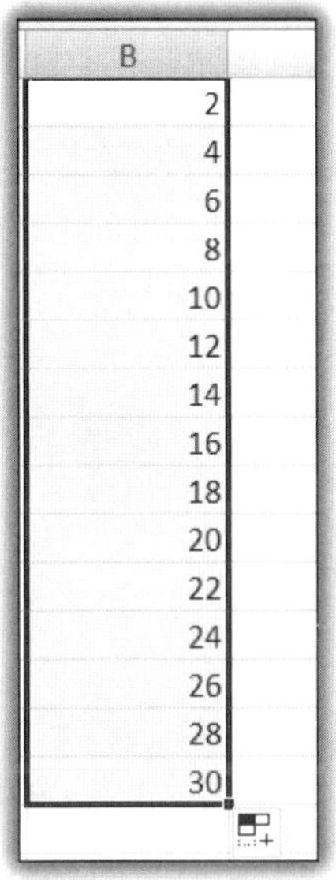

Figure 11.5 :
Les nombres pairs de 2 à 30

Le bouton d'options apparaît à côté de la plage *B1:B15* mais cette fois-ci, vous n'en aurez pas besoin. Automatiquement, Excel a créé une série dont les valeurs consécutives diffèrent de 2 – c'est-à-dire l'écart entre les deux premières valeurs saisies. De la même façon, vous pouvez créer la série des entiers de 1 à 15 en saisissant `1` et `2` en *A1* et *A2*, puis en étendant le contenu de la plage *A1:A2.*

Ces séries de données, dont les valeurs successives sont obtenues par l'ajout d'un nombre fixe, sont dites "linéaires". La différence entre deux valeurs successives est appelée "pas de la série". Il existe d'autres types de séries de données : les séries géométriques. Dans ce cas, on obtient la valeur suivante en multipliant la valeur précédente par le pas de la série.

Vous allez à présent créer une telle série.

1 En *C1*, saisissez `2`.

2 Sélectionnez *C1:C15*.

3 sous l'onglet **Accueil**, cliquez sur le bouton **Remplissage** du groupe *Édition* puis sélectionnez **Série**.

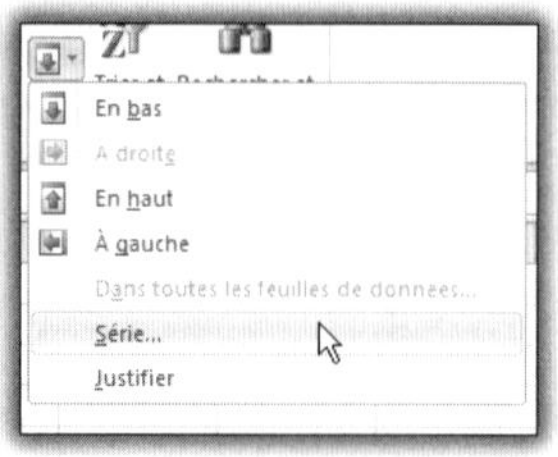

Figure 11.6 :
Le bouton Remplissage

4 Sélectionnez *Colonnes*.

5 Sélectionnez *Géométrique*.

6 Dans *Valeur du pas*, saisissez 2.

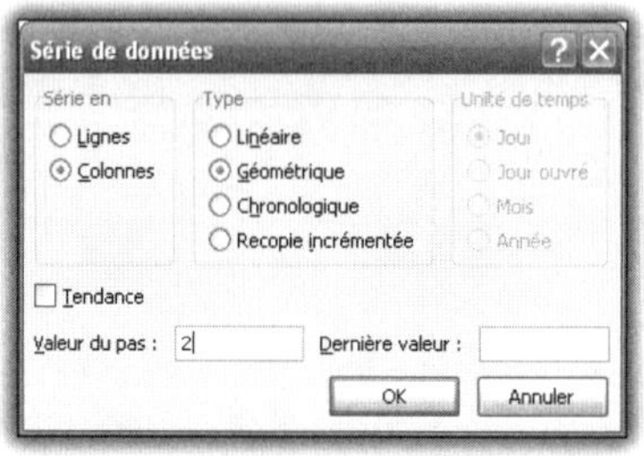

Figure 11.7 :
La boîte de dialogue Série de données

7 Validez par OK.

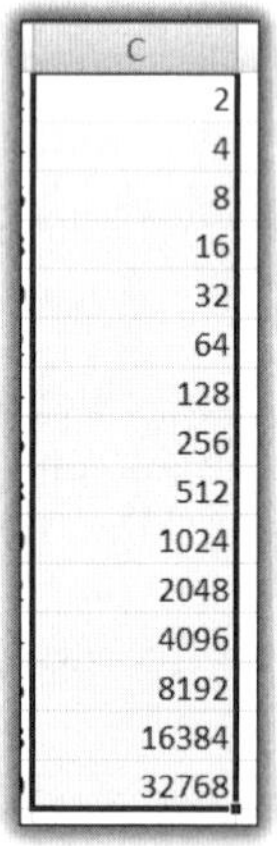

Figure 11.8 :
Une série géométrique

Vous allez mettre en œuvre une autre approche pour créer une nouvelle série géométrique.

1 En *D1*, saisissez 2. Sélectionnez *D1*.

2. Sous l'onglet **Accueil**, cliquez sur le bouton **Remplissage** du groupe *Édition* puis sélectionnez **Série**.
3. Sélectionnez *Colonnes*.
4. Sélectionnez *Géométrique*.
5. Dans *Valeur du pas*, saisissez `2`.
6. Dans *Dernière valeur*, saisissez `2048`.
7. Validez par OK.

Figure 11.9 :
Une autre série géométrique

Le résultat est identique à celui obtenu avec la méthode précédente mais l'approche est différente. Cette fois, vous n'avez pas sélectionné une plage de cellules à remplir. Vous avez demandé de créer des données jusqu'à une valeur spécifiée dans *Dernière valeur*. Il est possible de préciser le sens de création de la série : en ligne ou en colonne. Ces options sont également valables pour les séries linéaires et chronologiques (que nous allons aborder). L'option *Tendance*, quant à elle, donne le même résultat que la poignée de recopie.

Les séries chronologiques

Une série chronologique est une série dont les valeurs sont des dates.

Vous allez d'abord créer une série de dates consécutives.

1. Sélectionnez une feuille de calcul vierge. En *A1*, saisissez `24/04/2010`.

2 Étendez le contenu de la cellule, à l'aide de la poignée de recopie, jusqu'en *A15*.

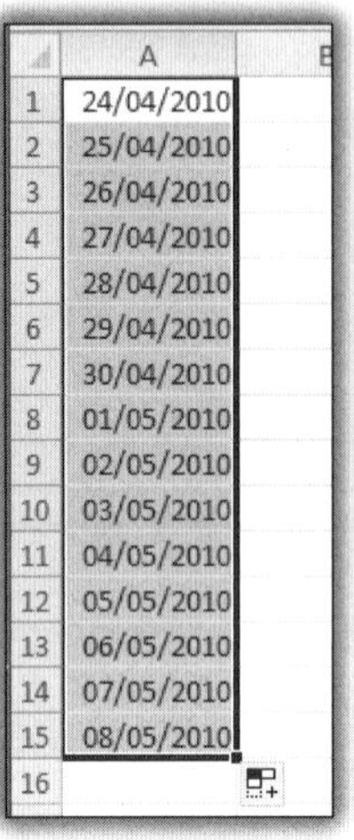

Figure 11.10 :
Une série de dates consécutives

Le bouton d'options apparaît, mais vous n'en aurez pas besoin.

Vous allez à présent créer une série composée uniquement de jours ouvrés (c'est-à-dire, sans les samedis et dimanches).

1 En *B1*, saisissez `24/04/2010`.

2 Étendez le contenu de la cellule, à l'aide de la poignée de recopie, jusqu'en *B15*.

3 Cliquez sur le bouton d'options. Excel a pris en compte que vous travaillez sur des dates. Il propose un menu différent.

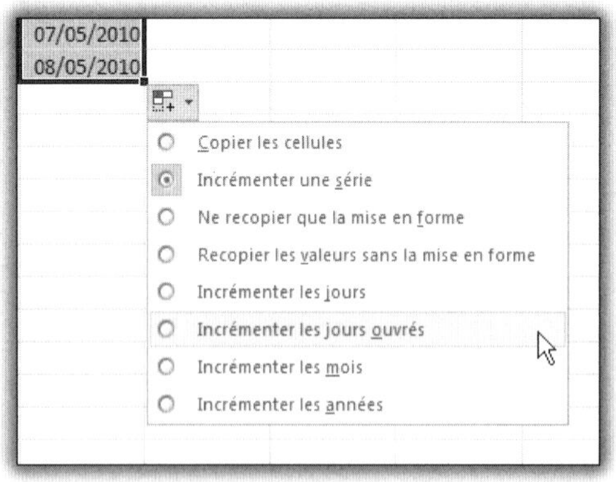

Figure 11.11 :
Le menu du bouton d'options

4 Sélectionnez **Incrémenter les jours ouvrés**.

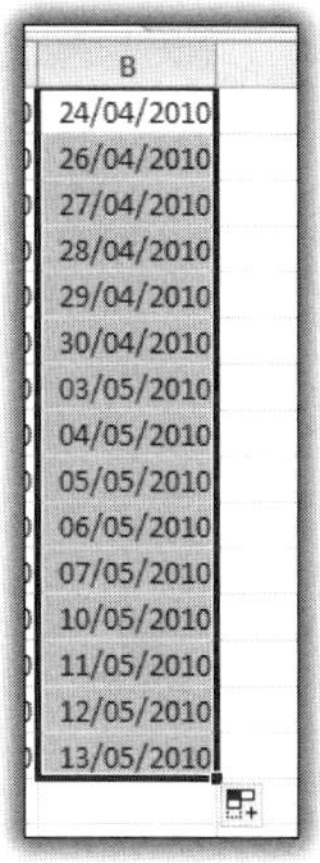

Figure 11.12 :
Une série de jours ouvrés

Vous allez créer une série de dates séparées par un mois. Vous pouvez une fois de plus utiliser le menu de la balise active, mais employez plutôt la boîte de dialogue **Série de données**.

1 En *C1*, saisissez `24/04/2010`.

2 Sélectionnez *C1:C15*.

3 Sous l'onglet **Accueil**, cliquez sur le bouton **Remplissage** du groupe *Édition* puis sélectionnez **Série**.

4 Sélectionnez *Colonnes*.

5 Sélectionnez *Chronologique*.

6 Dans *Valeur du pas*, saisissez `1`.

7 Sélectionnez *Mois*.

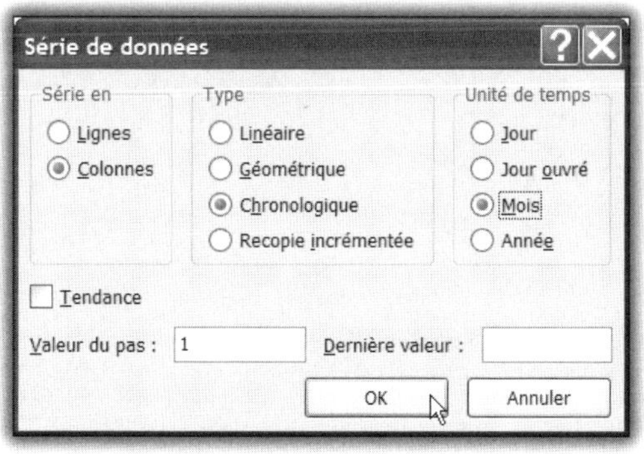

Figure 11.13 :
Les paramètres de la série

8 Validez par OK.

Figure 11.14 :
Une série de dates espacées d'un mois

REMARQUE

Comparaison avec le menu du bouton d'options

Comparativement au menu de la balise active, la boîte de dialogue **Série de données** a un avantage : elle permet de spécifier une valeur de pas différente de 1. Vous pouvez, en saisissant `2` comme valeur de pas, créer des dates séparées de deux mois. Cela est impossible avec le menu du bouton d'options. En revanche, ce dernier est d'un accès plus rapide.

Pour en terminer avec les séries chronologiques, vous allez créer une série "dates anniversaires" du 24/04/2006 au 24/04/2010.

1 En *D1*, saisissez `24/04/2010`. Sélectionnez *D1*.

2 Sous l'onglet **Accueil**, cliquez sur le bouton **Remplissage** du groupe *Édition* puis sélectionnez **Série**.

3 Sélectionnez *Colonnes*.

4 Sélectionnez *Chronologique*.

5 Sélectionnez *Années*.

6 Dans *Valeur du pas*, saisissez `1`.

7 Dans *Dernière valeur*, saisissez `24/04/2014`.

8 Validez par OK.

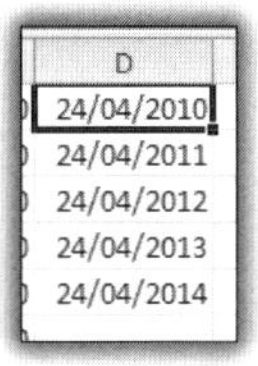

Figure 11.15 :
Une série de dates espacées d'une année

Les séries alphanumériques

Lorsque vous saisissez une valeur alphanumérique se terminant par un nombre, vous pouvez créer une série à partir de cette entrée à l'aide de la poignée de recopie. Le nombre sera incrémenté d'une unité à chaque valeur.

1 Sélectionnez une feuille de calcul vierge. En *A1*, saisissez `Produit1`.
2 Étendez le contenu de la cellule, à l'aide de la poignée de recopie, jusqu'en *A15*.

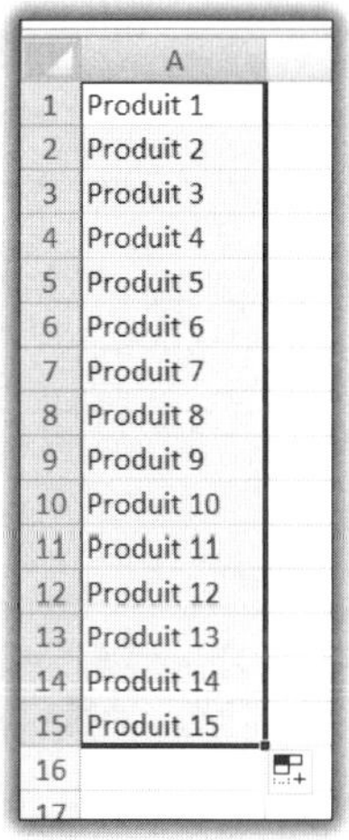

Figure 11.16 :
Une série alphanumérique

Cette possibilité ne donne de bons résultats qu'avec des nombres entiers, comme le prouve l'exemple suivant.

1 En *B1*, saisissez `Diamètre 1,5`.
2 Étendez le contenu de la cellule, à l'aide de la poignée de recopie, jusqu'en *B15*.

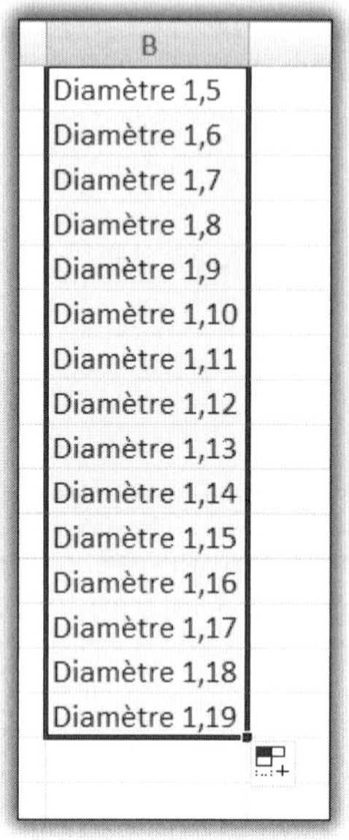

Figure 11.17 :
Une série alphanumérique non conforme

Vous vous attendiez peut-être à obtenir *Diamètre 2,5*, puis *Diamètre 3,5*, etc. ? En fait, Excel prend en compte uniquement le nombre entier situé le plus à droite.

REMARQUE

Pour copier la valeur

Si vous ne voulez pas qu'Excel incrémente le nombre final, sélectionnez **Copier les cellules** dans le menu du bouton d'options.

Les listes personnalisées

Les listes personnalisées sont des séries de données qui obéissent, non pas à des règles mathématiques, mais à des règles logiques ou conventionnelles.

La série des mois de l'année est un premier exemple.

1. Sélectionnez une feuille de calcul vierge. En *A1*, saisissez `Janvier`.
2. Étendez le contenu de la cellule, à l'aide de la poignée de recopie, jusqu'en *A12*.

Figure 11.18 :
La série des mois de l'année

Pour créer vos propres listes personnalisées, cliquez sur le menu **Fichier** puis sélectionnez la commande **Options**. Dans la boîte de dialogue **Options Excel**, sélectionnez la catégorie **Options avancées** puis cliquez sur le bouton **Modifier les listes personnalisées** dans la rubrique *Général*.

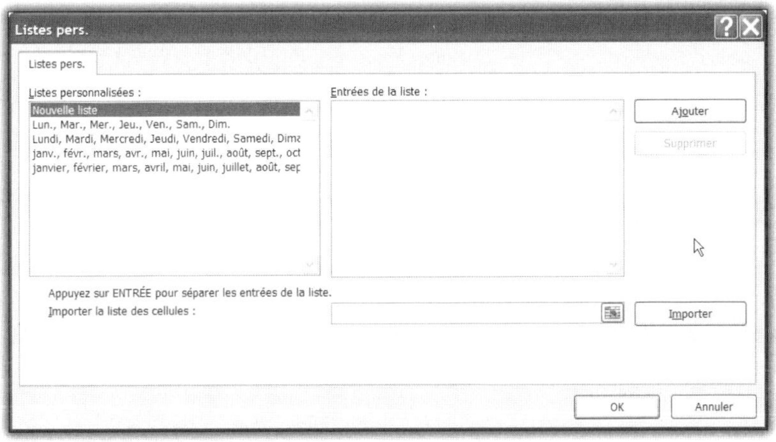

Figure 11.19 : *La boîte de dialogue Listes pers*

1 Dans la zone *Listes personnalisées*, sélectionnez *Nouvelle liste*.

2 Saisissez les éléments de la liste personnalisée dans la zone *Entrées de la liste*, en appuyant sur [Entrée] après avoir saisi chaque libellé.

3 Saisissez successivement `Paris`, `Lyon`, `Marseille`, `Toulouse`, `Montpellier`, `Lille`.

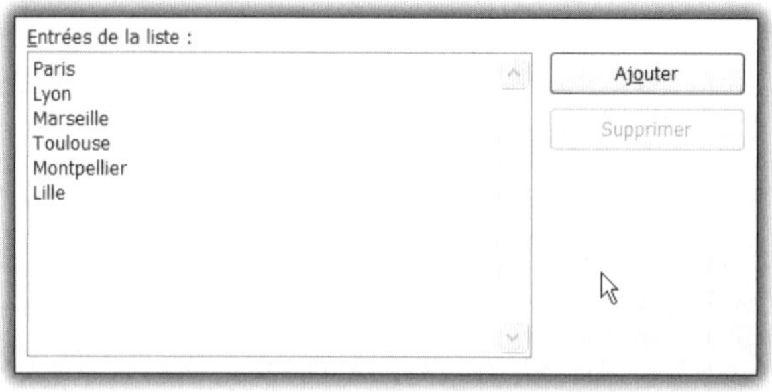

Figure 11.20 : *Les éléments de la liste personnalisée*

4 Cliquez sur **Ajouter**.

5 Validez par OK.

REMARQUE

Importer des listes personnalisées

Il est possible de sélectionner une plage de cellules contenant les entrées de la liste personnalisée. Pour cela, cliquez dans la zone située à côté du bouton **Importer** puis sélectionnez la plage correspondante en cliquant sur **Importer**.

Vous allez maintenant utiliser cette liste personnalisée pour créer une série dans votre feuille de calcul.

1 En *B1*, saisissez `Paris`.

2 Étendez le contenu de la cellule, à l'aide de la poignée de recopie, jusqu'en *B12*.

Figure 11.21 :
Un exemple de série personnalisée

11.2. Effectuer des calculs sur les dates et les heures

Dans bon nombre de situations, il s'avère nécessaire de travailler avec des dates : calculs de délais, vérification d'échéances, etc. Il est également fréquent d'avoir à manipuler des heures, pour des calculs de durée entre autres. Dans un cas comme dans l'autre, Excel vous facilitera la tâche grâce à une "modélisation" efficace des dates et des heures et à de nombreuses fonctions.

La notion de numéro de série

Excel enregistre les dates sous la forme de nombres séquentiels appelés "numéros de série". Par défaut, le 1er janvier 1900 correspond au numéro de série 1, et le 1er janvier 2010, par exemple, au numéro de série 40 179 car 49 179 jours séparent ces deux dates. Excel enregistre les heures sous la forme de fractions décimales car l'heure est considérée comme une partie de la journée. C'est pourquoi 0,5 correspond à midi, et 0,75 à 18 heures.

Les dates et les heures étant des valeurs, elles peuvent être ajoutées, soustraites et incluses dans d'autres calculs. Pour afficher une date sous la forme d'un numéro de série et une heure sous la forme d'une fraction décimale, appliquez le format *Standard* à la cellule contenant la date ou l'heure.

Distinguer les systèmes de dates

Excel prend en charge deux systèmes de dates : le calendrier depuis 1900 et le calendrier depuis 1904. Par défaut, Excel pour Windows se fonde sur le premier. Excel pour Macintosh lui préfère le second. Vous pouvez changer le système de date.

1 Cliquez sur le menu **Fichier** puis sélectionnez la commande **Options**.

2 Dans la boîte de dialogue **Options Excel**, sélectionnez la catégorie **Options avancées** puis activez ou désactivez la case à cocher *Utiliser le calendrier depuis 1904* dans la rubrique *Lors du calcul de ce classeur*.

Le système de date est automatiquement modifié lorsque vous ouvrez un document à partir d'une autre plate-forme. Par exemple, si vous travaillez sous Excel pour Windows et que vous ouvriez un document créé sous Excel pour Macintosh, la case à cocher *Utiliser le calendrier depuis 1904* est automatiquement activée.

Le tableau suivant affiche la première et la dernière date de chaque calendrier et le numéro de série associé à chaque date.

Tableau 11.1 : *Les systèmes de dates*

Base annuelle	Première date	Dernière date
1900	1 janvier 1900 (numéro de série 1)	31 décembre 9999 (numéro de série 2 958 465)
1904	2 janvier 1904 (numéro de série 1)	31 décembre 9999 (numéro de série 2 957 003)

Saisir des dates et des heures

Lorsque vous saisissez une date dans un format reconnu par Excel, ce dernier met automatiquement la date saisie dans le format de date par défaut. Ainsi, si vous saisissez `23/07/10`, Excel affiche *23/07/2010*. Il s'agit uniquement d'un format : il n'affecte pas la valeur sous-jacente. En d'autres termes, Excel reconnaît l'entrée *23/07/2010* comme une date valide. Il la convertit en numéro de série et lui applique le format jj/mm/aaaa. Le contenu de la cellule est bien une valeur numérique (numéro de série), associée à un format de date.

Pour saisir une date dans Excel, il suffit de séparer les jours, mois et années par les caractères `/`, `-`. Si vous saisissez le mois en lettres, vous pouvez séparer le jour, le mois et l'année par des espaces. Voici quelques exemples corrects :

- `23/07/10` sera affiché *23/07/2010*.
- `23-07-10` sera affiché *23/07/2010*.
- `23 juillet 2010` sera affiché *23-juil-10*.
- `23/07` sera affiché *23-juil*.

Dans une saisie de date, si le jour n'est pas indiqué, la date correspond au premier jour du mois (ainsi 7/2010 correspond au 01/07/2010).

Pour la saisie des heures, seul le caractère : est autorisé en guise de séparateur entre les heures et les minutes. Voici quelques exemples corrects :

- `23:6` sera affiché *23:06*.
- `23:` sera affiché *23:00*.
- `45:12` sera affiché *45:12:00*.

Paramétrer l'interprétation du siècle

Pour que les valeurs d'année soient interprétées comme vous le souhaitez, saisissez les quatre chiffres, soit `2010` plutôt que `10`. Ainsi, Excel ne cherche pas à déterminer le siècle. Sinon, les règles suivantes sont appliquées.

Si vous utilisez Windows XP, l'option *Options régionales et linguistiques* du Panneau de configuration de Windows permet d'accéder (d'un clic sur le bouton **Personnaliser**) à la boîte de dialogue **Personnaliser les options régionales**, qui contrôle la façon dont Excel interprète les années à deux chiffres.

Figure 11.22 : *Interprétation du siècle*

Par défaut, quand vous entrez une valeur d'année à deux chiffres, Excel interprète l'année de la façon suivante :

- De `00` à `29` : Excel interprète les caractères saisis comme étant les années 2000 à 2029. Par exemple, si vous entrez la date `28/5/19`, Excel suppose qu'il s'agit du 28 mai 2019.

- De `30` à `99` : Excel interprète les caractères saisis comme étant les années 1930 à 1999. Par exemple, si vous entrez la date `28/5/98`, Excel suppose qu'il s'agit du 28 mai 1998.

Effectuer des calculs sur les dates

Nous allons maintenant présenter quelques formules classiques relatives aux calculs sur les dates. Il s'agit principalement de formules destinées à déterminer des dates particulières telles que le premier ou le dernier jour d'un mois.

Afficher la date du jour dans un texte

Pour inclure la date jour, en toutes lettres, dans un texte, utilisez la fonction de conversion `TEXTE`, avec un format adapté :

```
="Aujourd'hui, nous sommes le "&TEXTE(AUJOURDHUI();
"jjjj jj mmmm aaaa")
```

Écrire le mois en lettres

Si la cellule *A1* contient le numéro d'un mois (donc un nombre de 1 à 12) et que vous souhaitiez obtenir le nom du mois, voici la formule à utiliser :

```
=TEXTE("1/"&A1;"mmmm")
```

Le résultat est une chaîne de caractères.

Écrire le jour de la semaine en lettres

Supposons que la cellule *A1* contienne à présent une date. Pour obtenir le jour de la semaine correspondant à cette date, voici la formule à utiliser :

```
=TEXTE(A1;"jjjj")
```

Pour obtenir le jour de la semaine correspondant à la date du jour, utilisez la formule :

```
=TEXTE(AUJOURDHUI();"jjjj")
```

Déterminer le numéro du trimestre

Pour déterminer dans quel trimestre de l'année se situe une date saisie en *A1*, voici la formule à utiliser :

```
=PLAFOND(MOIS(A1)/3;1)
```

`MOIS(A1)` fournit le numéro du mois de la date. Pour obtenir le numéro du trimestre, divisez ce mois par 3 et arrondissez à l'entier supérieur (fonction `PLAFOND`).

Déterminer le dernier jour du mois

Pour obtenir la date du dernier jour du mois actuel, utilisez la formule :

```
=FIN.MOIS(AUJOURDHUI();0)
```

ou :

```
=DATE(ANNEE(AUJOURDHUI());MOIS(AUJOURDHUI())+1;1)-1
```

La fonction `DATE`, grâce aux arguments fournis, renvoie la date du premier jour du mois suivant. Enlevez un jour pour obtenir la date du dernier jour du mois.

Déterminer le premier jour du mois

Pour obtenir la date du premier jour du mois courant, voici la formule :

```
=FIN.MOIS(AUJOURDHUI();-1)+1
```

La fonction `FIN.MOIS` fournit la date correspondant au dernier jour du mois précédent (deuxième argument égal à `-1`). Ajoutez `1` pour obtenir le premier jour du mois.

Autre solution :

```
=DATE(ANNEE(AUJOURDHUI());MOIS(AUJOURDHUI());1)
```

Calculer le nombre de jours du mois

Pour obtenir facilement le nombre de jours d'un mois correspondant à une date saisie en *A1*, voici la formule à employer :

```
=JOUR(DATE(ANNEE(A1);MOIS(A1)+1;1)-1)
```

Le principe est simple : il s'agit dans un premier temps de déterminer le dernier jour du mois, puis à l'aide de la fonction JOUR, de renvoyer le numéro du jour correspondant. Le nombre de jours d'un mois est bien entendu égal au numéro de son dernier jour (par exemple, 31 pour décembre).

Repérer une date anniversaire

Si vous utilisez Excel pour gérer votre Carnet d'adresses, vous pouvez créer une fonction "Anniversaire" qui affichera un message en face du nom de l'un de vos amis le jour de son anniversaire. Pour cela, supposons que sa date de naissance se trouve en *D10* :

```
=SI(ET(MOIS(AUJOURDHUI())=MOIS(D10);JOUR(AUJOURDHUI())
=JOUR(D10));"Bon anniversaire";"")
```

Vous vérifiez ici que le jour et le mois courants correspondent à la date de naissance.

Vous pouvez améliorer cette formule afin d'être prévenu de l'événement 10 jours avant et après la date anniversaire :

```
=SI(ABS(AUJOURDHUI()-DATE(ANNEE(AUJOURDHUI());MOIS(D10)
;JOUR(D10)))<=10;"Période d'anniversaire";"")
```

Vous vérifiez que la valeur absolue de la différence entre la date du jour et la date correspondant à l'anniversaire pour l'année en cours (soit DATE(ANNEE(AUJOURDHUI());MOIS(D10);JOUR(D10))) est inférieure ou égale à 10.

Tester si une année est bissextile

Il suffit de tester si le mois de février compte 29 jours ou non. Si l'année est saisie en *A1*, voici la formule à utiliser :

```
=SI(MOIS(DATE(A1;2;29))=2;"Année bissextile";"")
```

Vous profitez ici de la "souplesse" d'Excel. En effet, si le 29 février de l'année choisie existe, DATE(A1;2;29) renverra bien *29/02/aaaa*. En revanche, si cette date n'existe pas, vous obtiendrez *01/03/aaaa*. Vérifiez alors que le mois de cette date est bien égal à 2.

Effectuer des calculs sur les heures

Nous allons à présent détailler deux thèmes classiques relatifs aux calculs sur les heures.

Transformer des heures décimales en heures et minutes

Il est fréquent d'avoir à convertir des heures décimales en heures et minutes. Par exemple, 10,5 heures correspond à 10:30. Vous allez exploiter la représentation des dates et heures dans Excel. Sachant que 0,5 correspond à 12 heures (voir la notion de numéro de série), il suffit donc de diviser les heures décimales par 24 et d'appliquer un format de type hh:mm.

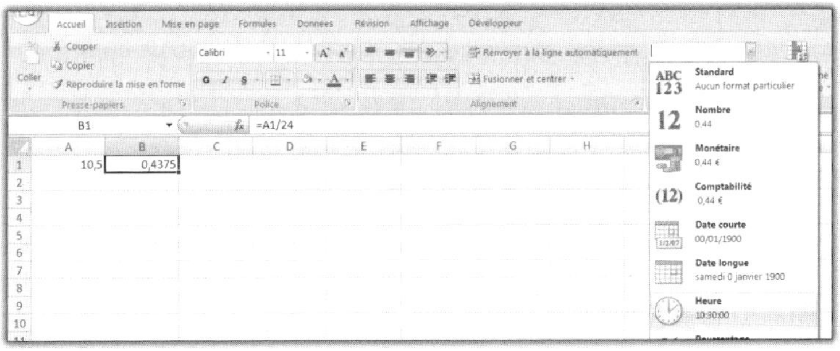

Figure 11.23 : *Conversion en heures et minutes*

Transformer des minutes en heures et minutes

Pour convertir des minutes en heures et minutes, par exemple 100 minutes en 1h40, il suffit, selon le même raisonnement, de diviser les minutes par 1 440 (24 × 60) et d'appliquer un format de type hh:mm.

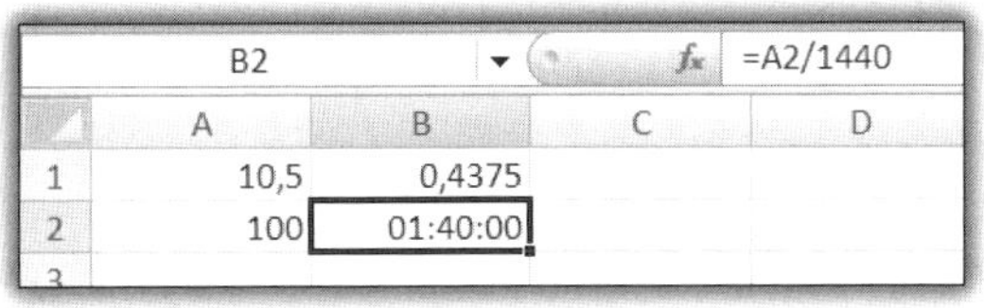

Figure 11.24 : *Le résultat après l'application du format hh:mm*

Calculer avec des taux horaires

Pour établir un devis ou calculer un salaire par exemple, il est nécessaire de multiplier des heures par un taux horaire. Si les heures sont saisies de façon décimale (par exemple 8,25 heures), cela ne pose aucun problème. En revanche, elles sont saisies sous la forme heures/minutes (par exemple 08:15), il faut appliquer un traitement particulier : multipliez la valeur en heures/minutes par 24.

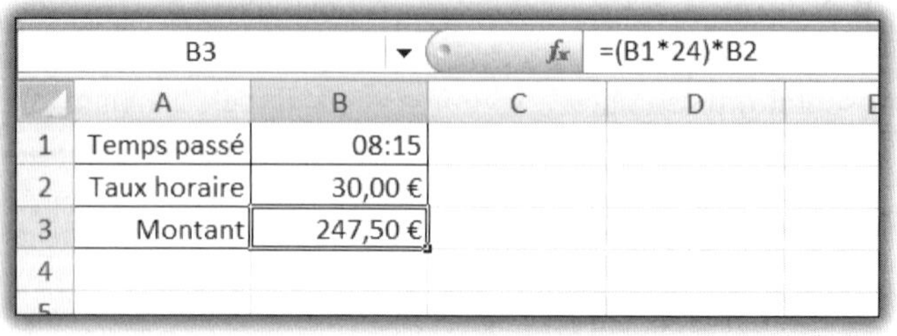

Figure 11.25 : *Calcul avec des taux horaires*

Calculer en temps écoulé

Il est aisé de réaliser des calculs sur les durées. Si vous saisissez `08:45` dans une cellule et `01:30` dans une autre, la somme des deux renvoie *10:15*, ce qui est correct.

Réalisez maintenant le test suivant.

1 Saisissez `22:45` en *A1*.
2 Saisissez `13:34` en *A2*.
3 Saisissez `=A1+A2` en *A3*.

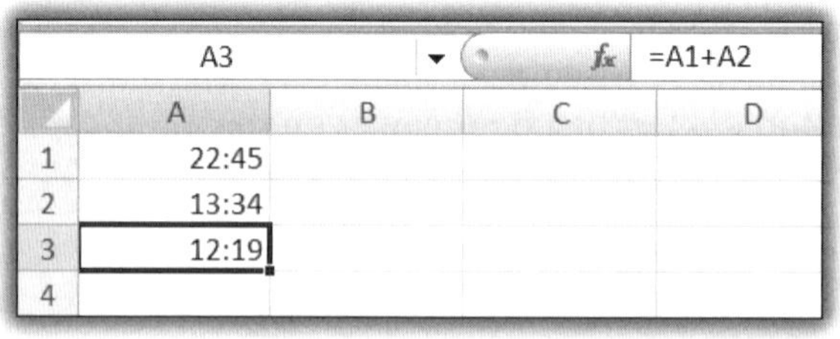

Figure 11.26 : *Calcul avec des heures*

Le résultat peut paraître un peu déconcertant. En fait, tout est dû au format. Par défaut, Excel applique un format date-heure. Le résultat en

A3 correspond à 12:19 le lendemain de la première date-heure saisie en *A1*. Pour Excel, *A1* contient le jour J à 22:45 et vous lui demandez d'ajouter 13:34 : il retourne le jour J + 1 à 12:19. Pour calculer en temps écoulé, il faut changer de format :

1 Sélectionnez *A3*, cliquez du bouton droit et choisissez **Format de cellule**.

2 Cliquez sur l'onglet **Nombre** et sélectionnez la catégorie *Personnalisée*.

3 Dans la zone *Type*, saisissez `[hh]:mm`.

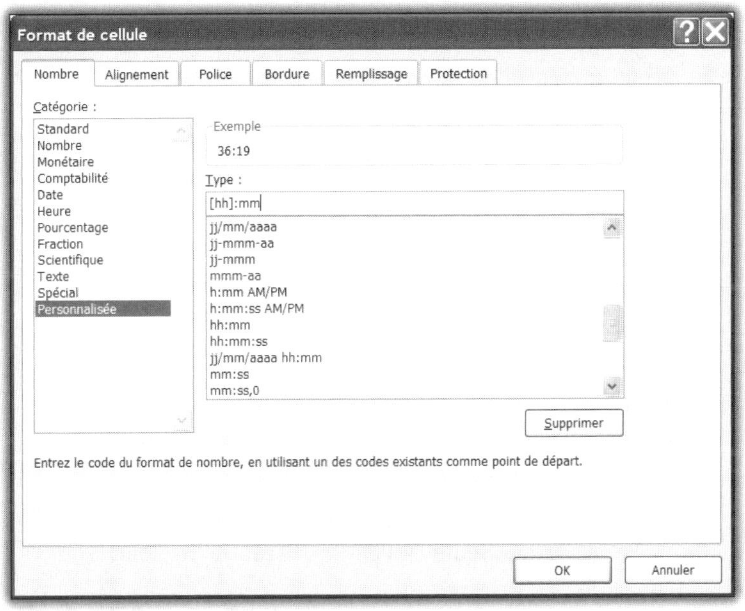

Figure 11.27 : *Définition du format*

4 Validez par OK.

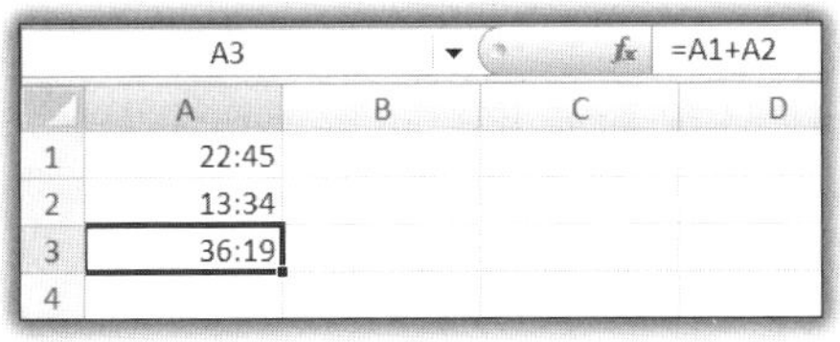

Figure 11.28 : *L'impact du format sur le résultat*

Le format de type "temps écoulé" fait bien le cumul des heures sans tenir compte du passage des 24 heures.

RENVOI *Pour plus de détails sur les formats personnalisés, reportez-vous au chapitre* ***Mettre en forme les cellules et leur contenu.***

11.3. Commenter les cellules

Un commentaire est un petit message attaché à la cellule qui apparaît lorsque le pointeur passe sur cette dernière.

Pour créer un commentaire :

1 Sélectionnez la cellule à commenter.

2 Cliquez du bouton droit.

3 Dans le menu contextuel, sélectionnez **Insérer un commentaire**.

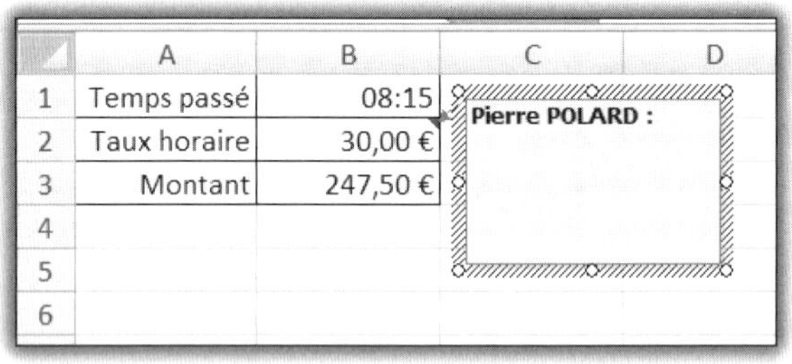

Figure 11.29 : *Le commentaire*

Le commentaire débute par le nom de l'utilisateur. Cela se révèle pratique si vous travaillez à plusieurs sur un document.

Vous pouvez redimensionner le commentaire à l'aide de la souris, comme une fenêtre ou une barre d'outils. En effet, si la taille du cadre n'est pas suffisante, le texte n'apparaîtra pas entièrement lors de la consultation.

Vous pouvez déplacer le commentaire à l'aide d'un cliquer-déplacer. Ce nouvel emplacement sera pris en compte uniquement lors de l'affichage permanent du commentaire. Lors de l'affichage normal (quand la souris passe sur la cellule), il sera affiché à proximité de la cellule, à son emplacement initial.

4 Saisissez le texte du commentaire. Utilisez la touche [↵] pour forcer le passage à la ligne. Utilisez éventuellement les boutons

du groupe *Police* de l'onglet **Accueil** (**Gras**, **Italique**...) pour améliorer la présentation.

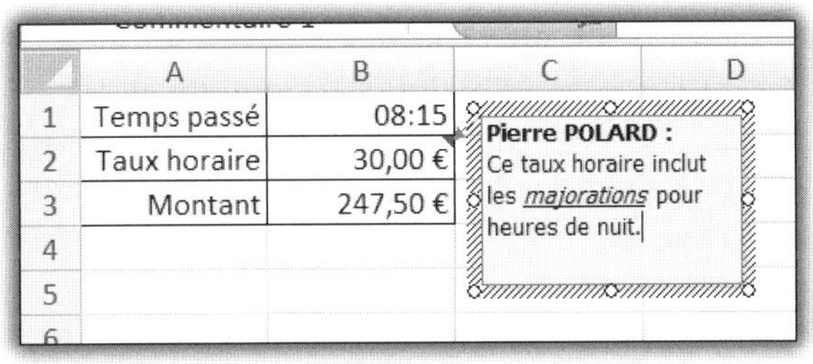

Figure 11.30 : *Saisie du texte du commentaire*

5 Une fois le texte saisi, cliquez hors du commentaire pour masquer ce dernier.

Le commentaire disparaît. Seul subsiste un petit triangle rouge dans l'angle supérieur gauche de la cellule, indiquant qu'elle contient un commentaire. il s'affiche lorsque vous passez le pointeur sur la cellule.

Pour l'afficher en permanence :

1 Cliquez du bouton droit sur la cellule.

2 Dans le menu contextuel, sélectionnez **Afficher/Masquer les commentaires**.

Pour masquer un commentaire affiché :

1 Cliquez du bouton droit sur la cellule.

2 Dans le menu contextuel, sélectionnez **Masquer le commentaire**.

Pour supprimer le commentaire :

1 Cliquez du bouton droit sur la cellule.

2 Dans le menu contextuel, sélectionnez **Effacer le commentaire**.

Modifier un commentaire

Pour modifier rapidement le texte d'un commentaire :

1 Cliquez du bouton droit sur la cellule.

2 Dans le menu contextuel, sélectionnez **Modifier le commentaire**.

3 Effectuez les modifications puis cliquez hors du commentaire.

Pour modifier en détail l'apparence du commentaire :

1 Cliquez du bouton droit sur la cellule.
2 Dans le menu contextuel, sélectionnez **Modifier le commentaire**.
3 Cliquez du bouton droit sur le contour grisé du commentaire et sélectionnez **Format de commentaire** dans le menu contextuel.
4 Utilisez les onglets de la boîte de dialogue **Format de commentaire** pour modifier la taille, l'orientation et l'alignement du texte, la couleur de remplissage, etc.
5 Validez par OK.

Utiliser l'onglet Révision

Le groupe *Commentaires* de l'onglet **Révision** offre les boutons suivants :

- **Nouveau commentaire** ajoute un commentaire à la cellule sélectionnée.
- **Modifier le commentaire** remplace le bouton précédent si la cellule sélectionnée contient déjà un commentaire.
- **Supprimer** permet de supprimer le commentaire associé à la cellule sélectionnée.
- **Précédent** recherche et affiche le commentaire précédent (situé dans les lignes au-dessus de la cellule sélectionnée) dans la feuille de calcul.
- **Suivant** recherche et affiche le commentaire suivant dans la feuille de calcul.
- **Afficher/masquer le commentaire** est un bouton bascule permettant d'afficher en permanence le commentaire associé à la cellule sélectionnée.
- **Afficher tous les commentaires** est un bouton bascule permettant d'afficher en permanence l'ensemble des commentaires de la feuille.

11.4. Spécifier une validation du contenu des cellules

Si d'autres utilisateurs doivent saisir des informations dans une feuille de calcul que vous avez conçue, ils peuvent commettre des erreurs de frappe malgré leur bonne volonté. Pour éviter cela, il existe un moyen :

la validation du contenu des cellules. Il s'agit de définir ce qu'elles peuvent contenir.

Le principe de la validation du contenu

Pour mettre en place une validation du contenu des cellules :

1 Sélectionnez la cellule ou la plage de cellules concernée.

2 Sous l'onglet **Données**, cliquez sur le bouton **Validation des données** du groupe *Outils de données*.

3 Sous l'onglet **Options** de la boîte de dialogue **Validation des données**, sélectionnez le type de validation à appliquer, à l'aide de la liste déroulante *Autoriser*.

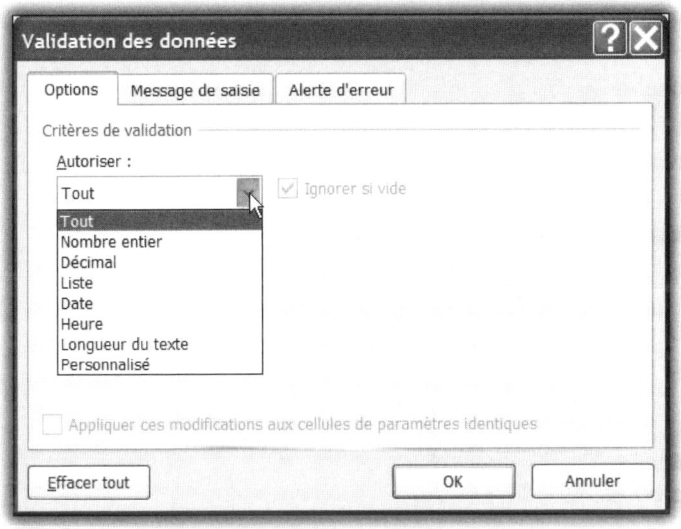

Figure 11.31 : *Choix du type de validation*

Tableau 11.2 : *Les types de validations*	
Intitulé	**Commentaire**
Tout	Aucune restriction sur le contenu. C'est le paramétrage appliqué par défaut.
Nombre entier	Seuls les nombres entiers sont autorisés.
Décimal	Les nombres entiers et décimaux sont autorisés.

Tableau 11.2 : *Les types de validations*

Intitulé	Commentaire
Liste	Les valeurs autorisées sont définies par une liste exhaustive. Il est possible de spécifier des valeurs séparées par des points-virgules dans la zone *Source*, où d'indiquer dans cette zone la référence à une plage de cellules contenant les valeurs autorisées. La deuxième méthode est évidemment beaucoup plus souple.
Date	Seules les dates sont autorisées.
Heure	Seules les heures sont autorisées.
Longueur de texte	Seules les données dont le nombre de caractères satisfait au critère choisi sont autorisées.
Personnalisé	Permet de définir une validation à l'aide d'une formule de calcul. Cette formule doit renvoyer une valeur `VRAI` ou `FAUX`. Si la valeur est `VRAI`, le contenu est considéré comme valide.

4 Une fois le type de validation choisi, définissez les critères de validation correspondants à l'aide de la liste déroulante *Données*.

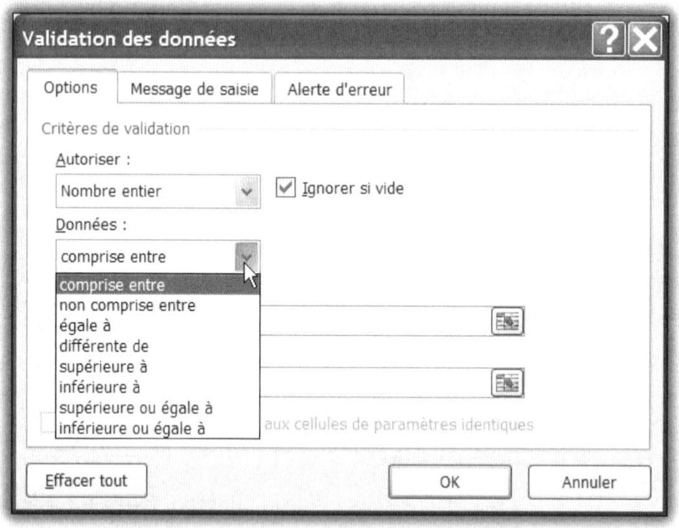

Figure 11.32 : *Choix des critères*

REMARQUE

Utiliser la plage de cellules d'une autre feuille

Si vous choisissez *Liste* dans la zone *Autoriser*, il est désormais possible, dans la zone *Source,* de sélectionner une plage de cellules située sur une autre feuille de calcul.

ASTUCE

Utilisation d'une plage nommée

Pour plus de clarté et de lisibilité, il peut être préférable d'affecter un nom, tel que *Source_validation*, à la plage de cellules servant de liste de validation. Saisissez dans ce cas `=Source_validation` dans la zone *Source*.

5 La case à cocher *Ignorer si vide* permet d'indiquer que, si l'utilisateur ne saisit rien dans une cellule, Excel ne considérera pas qu'il s'agit d'une erreur.

6 Cliquez sur l'onglet **Message de saisie**. Vous pouvez saisir un message qui apparaîtra lorsque la cellule sera sélectionnée.

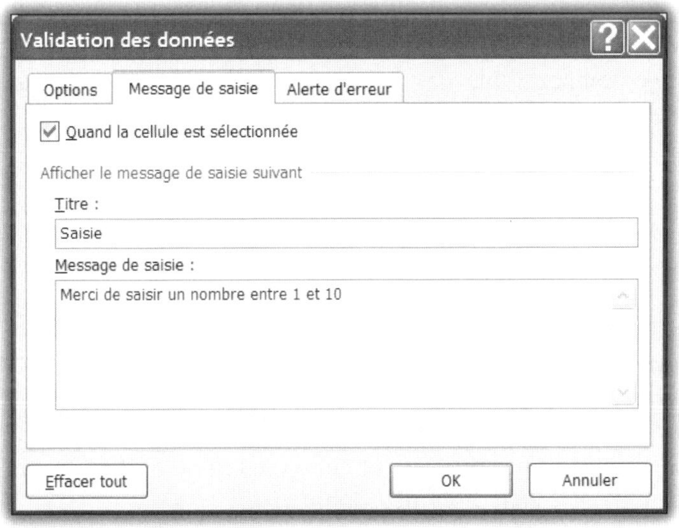

Figure 11.33 : *Un message d'information*

7 Cliquez sur l'onglet **Alerte d'erreur**. Vous pouvez saisir un message qui apparaîtra lorsque la saisie ne sera pas conforme à la validation.

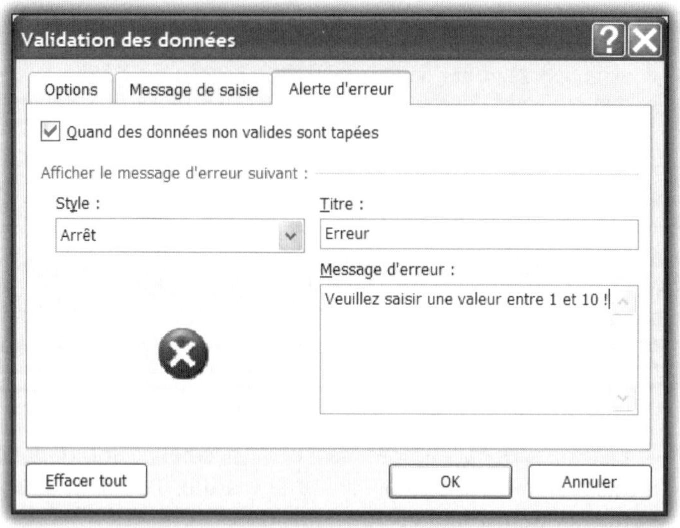

Figure 11.34 : *Une alerte d'erreur*

8 Dans la zone *Style*, vous pouvez choisir entre *Arrêt*, *Avertissement* et *Informations*. Si vous choisissez *Arrêt*, l'utilisateur n'aura d'autre choix que de se conformer à la validation. Si vous sélectionnez l'une des autres possibilités, il pourra passer outre (plus ou moins rapidement).

9 Validez par OK.

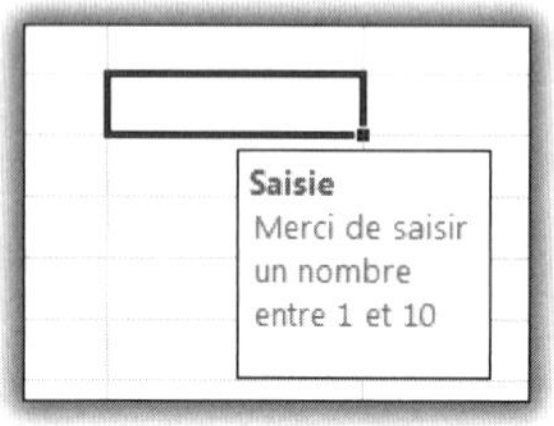

Figure 11.35 : *L'affichage du message de saisie*

Pour supprimer une validation, cliquez sur le bouton **Effacer tout** de la boîte de dialogue **Validation des données**.

Lorsque vous modifiez une validation de contenu de cellules, vous disposez de la case à cocher *Appliquer ces modifications aux cellules de paramètres identiques*. Si vous activez cette option, toutes les cellules de la feuille de calcul utilisant les mêmes paramètres de validation que la cellule en cours héritent des modifications que vous êtes en train d'effectuer. Ainsi, si vous souhaitez modifier la validation d'un ensemble de cellules très éloignées les unes des autres (mais utilisant strictement les mêmes paramètres), il suffit de modifier la validation de l'une d'entre elles et d'activer cette case à cocher avant de valider les modifications.

Repérer les cellules ne respectant pas les critères de validation

Si vous autorisez l'utilisateur à saisir des données qui ne satisfont pas aux critères de validation (en choisissant *Avertissement* ou *Informations* sous l'onglet **Alerte d'erreur** de la boîte de dialogue **Validation de données**) ou si vous appliquez une validation sur une plage contenant déjà des données, il peut être intéressant de mettre rapidement en exergue les données non conformes.

1 Sous l'onglet **Données**, dans le groupe *Outils de données*, cliquez sur le bouton fléché se trouvant sous le bouton **Validation des données**.

2 Choisissez **Entourer les données non valides**.

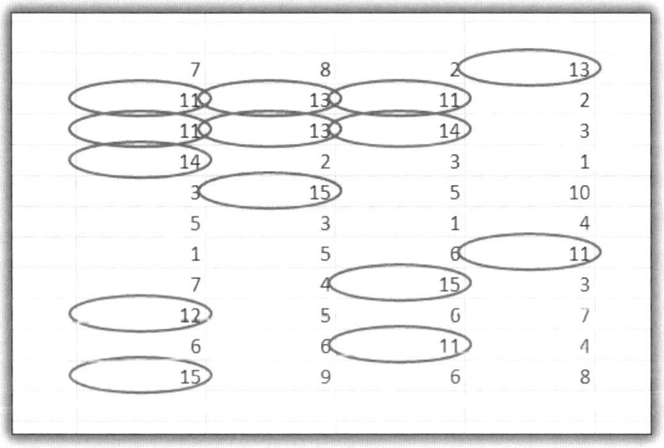

Figure 11.36 : *Les données ne respectant pas les critères de validation*

Pour effacer la mise en évidence des données :

1 Sous l'onglet **Données**, dans le groupe *Outils de données*, cliquez sur le bouton fléché se trouvant sous le bouton **Validation des données**.

2 Choisissez **Effacer les cercles de validation non valides**.

11.5. Créer et appliquer des styles

Un style est un ensemble d'éléments de mise en forme (police, alignement…) identifiés à l'aide d'un nom et pouvant être réutilisés rapidement.

Les styles prédéfinis

Excel 2010 dispose d'une palette relativement conséquente de styles prédéfinis. Pour y accéder :

1 Sous l'onglet **Accueil**, cliquez sur le bouton **Styles de cellules** du groupe *Style*.

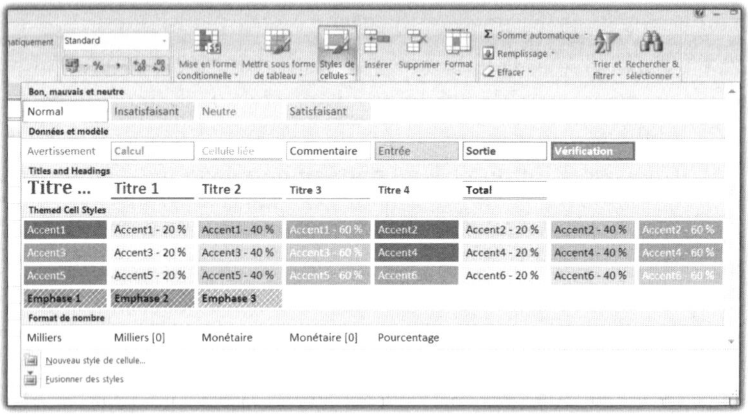

Figure 11.37 : *La galerie des styles*

2 Déplacez le pointeur sur l'un des styles. Vous obtenez un aperçu instantané du résultat de son application sur les cellules sélectionnées.

3 Cliquez sur le style à appliquer.

Les styles personnalisés

Créer un style

1 Sous l'onglet **Accueil**, cliquez sur le bouton **Styles de cellules** du groupe *Style*.

2 Sélectionnez **Nouveau style de cellule**.

3 Dans la zone *Nom du style*, saisissez le nom du nouveau style.

4 Cliquez sur **Format**. Vous accédez à la boîte de dialogue **Format de cellule** grâce à laquelle vous pouvez spécifier tous les paramètres nécessaires.

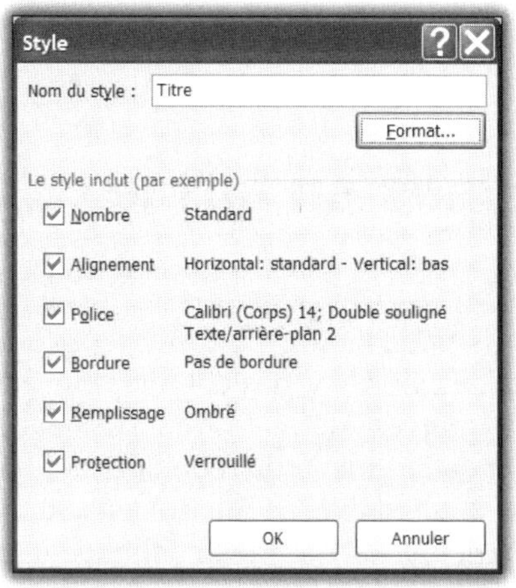

Figure 11.38 : *Définition du style Titre*

5 Validez par OK.

Appliquer un style

1 Sélectionnez la cellule ou la plage de cellules désirée.

2 Sous l'onglet **Accueil**, cliquez sur le bouton **Styles de cellules** du groupe *Style*. Les styles personnalisés apparaissent en haut de la galerie sous la catégorie *Personnalisé*.

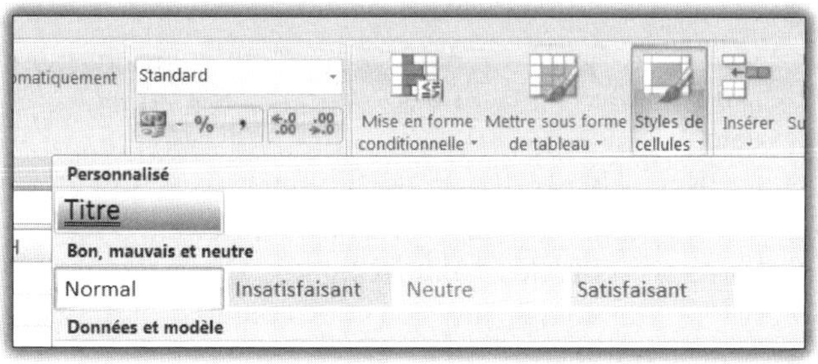

Figure 11.39 : *Le style Titre dans la galerie*

3 Cliquez sur le style voulu.

Modifier ou supprimer un style

1 Sous l'onglet **Accueil**, cliquez sur le bouton **Styles de cellules** du groupe *Style*.

2 Cliquez du bouton droit sur le style à modifier ou à supprimer et sélectionnez la commande correspondante dans le menu contextuel.

11.6. Définir des mises en forme conditionnelles

Excel propose de nombreux outils pour mettre en forme vos feuilles de calcul : police de caractères, couleur, bordure des cellules, etc. Pourtant, les mises en forme que vous pouvez définir avec ces outils sont "statiques" et s'appliquent indépendamment du contenu des cellules. Dans certaines situations, il est souhaitable de mettre en exergue des cellules, en raison de valeurs particulières qu'elles contiennent (valeurs faibles ou fortes par exemple).

Les mises en forme conditionnelles sont utilisées dans ces cas-là. Elles dépendent de conditions sur le contenu de la cellule ou sur le résultat de formules.

Depuis Excel 2007, cette fonctionnalité a pris une nouvelle dimension. En effet, elle est plus conviviale et offre davantage de possibilités d'effets graphiques permettant de mettre en évidence les données importantes ou encore les tendances dans les tableaux. Excel 2010 poursuit dans cette en offrant encore quelques améliorations :

- Jeux d'icônes : les jeux d'icônes permettent d'afficher des icônes pour les différentes catégories de données, en fonction de seuils déterminés par vos soins. Par exemple, vous pouvez utiliser une flèche vers le haut verte pour représenter les valeurs élevées, une flèche latérale jaune pour les valeurs intermédiaires et une flèche vers le bas rouge pour les valeurs basses. Dans Excel 2010, vous avez accès à davantage de jeux d'icônes, notamment à des triangles, des étoiles et des cases. Vous pouvez également combiner et associer des icônes de différents jeux et les masquer plus facilement. Par exemple, affichez des icônes uniquement pour les valeurs de bénéfices élevés et omettez-les pour les valeurs intermédiaires et basses.

- Barres de données : Excel 2010 offre de nouvelles options de mise en forme pour les barres de données. Vous pouvez leur appliquer des bordures ou des remplissages unis ou les aligner à droite dans les cellules. En outre, elles sont désormais plus représentatives des valeurs réelles ; les barres de données des valeurs négatives apparaissent sur le côté opposé d'un axe par rapport aux valeurs positives.
- Autre amélioration : lorsque vous spécifiez des critères pour les règles conditionnelles, vous pouvez désormais faire référence à des valeurs d'autres feuilles de calcul du classeur.

Les mises en forme conditionnelles prédéfinies

Dans un premier temps, nous allons décrire les mises en forme conditionnelles prédéfinies.

Règles de mise en surbrillance des cellules

Cette première catégorie de mises en forme conditionnelles permet de mettre en évidence des cellules en comparant leur contenu à des valeurs particulières.

1 Sélectionnez la plage à laquelle la mise en forme doit s'appliquer.

2 Sous l'onglet **Accueil**, cliquez sur le bouton **Mise en forme conditionnelle** du groupe *Style*.

3 Sélectionnez **Règles de mise en surbrillance des cellules**. Vous avez le choix entre plusieurs possibilités :

- *Supérieur à* permet de mettre en évidence les valeurs numériques supérieures à un seuil.
- *Inférieur à* permet de mettre en évidence les valeurs numériques inférieures à un seuil.
- *Entre* permet de mettre en évidence les valeurs numériques comprises entre deux bornes.
- *Égal à* permet de mettre en évidence les valeurs numériques égales à une valeur particulière.
- *Texte qui contient* permet de mettre en évidence les textes contenant une chaîne de caractères spécifiée.

- *Une date se produisant* permet de mettre en évidence les dates situées dans une période définie.
- *Valeurs en double* permet de mettre en évidence les valeurs présentes plusieurs fois.
- *Autres règles* permet de définir des règles personnalisées.

4 Sélectionnez le type de règle qui vous convient le mieux, dans cet exemple **Entre**.

5 Une boîte de dialogue permet de choisir les valeurs "seuils". Des valeurs sont proposées pour les différents seuils. Elles sont calculées de façon que la règle s'applique à la moitié des cellules de la plage. Si ces valeurs ne vous conviennent pas, saisissez-en d'autres. Il est possible de sélectionner une cellule au lieu de saisir une valeur. La valeur utilisée sera alors le contenu de cette cellule. Vous pouvez également saisir une formule (en la faisant précéder du caractère =).

6 Sélectionnez le type de mise en forme dans la liste de choix. Si aucune des mises en forme proposées ne vous convient, sélectionnez *Format personnalisé*. Vous accédez ainsi à la boîte de dialogue **Format de cellule**.

Figure 11.40 : *Définition de la règle de mise en forme*

À chaque changement dans les paramètres de la règle de mise en forme conditionnelle, vous pouvez visualiser le résultat directement sur la feuille de calcul.

7 Une fois les paramètres définis, cliquez sur OK.

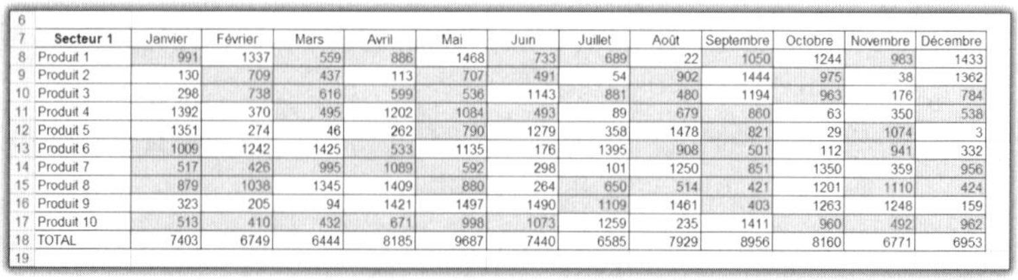

7	Secteur 1	Janvier	Février	Mars	Avril	Mai	Juin	Juillet	Août	Septembre	Octobre	Novembre	Décembre
8	Produit 1	991	1337	559	886	1468	733	689	22	1050	1244	983	1433
9	Produit 2	130	709	437	113	707	491	54	902	1444	975	38	1362
10	Produit 3	298	738	616	599	536	1143	881	480	1194	963	176	784
11	Produit 4	1392	370	495	1202	1084	493	89	679	860	63	350	538
12	Produit 5	1351	274	46	262	790	1279	358	1478	821	29	1074	3
13	Produit 6	1009	1242	1425	533	1135	176	1395	908	501	112	941	332
14	Produit 7	517	426	995	1089	592	298	101	1250	851	1350	359	956
15	Produit 8	879	1038	1345	1409	880	264	650	514	421	1201	1110	424
16	Produit 9	323	205	94	1421	1497	1490	1109	1461	403	1263	1248	159
17	Produit 10	513	410	432	671	998	1073	1259	235	1411	960	492	962
18	TOTAL	7403	6749	6444	8185	9687	7440	6585	7929	8956	8160	6771	6953

Figure 11.41 : *Le résultat de l'opération*

Vous pouvez appliquer plusieurs règles de mise en forme conditionnelle à une même plage de cellules. Par défaut, elles s'appliqueront dans l'ordre dans lequel elles ont été créées. Nous verrons plus loin comment gérer leur ordre d'application.

Règles des valeurs plus/moins élevées

Cette catégorie de mises en forme conditionnelles permet de mettre en évidence des cellules en les situant par rapport à l'ensemble des valeurs de la plage. Ainsi, il est possible de mettre en évidence les cinq plus fortes valeurs, 10 % des valeurs les plus faibles, ainsi que les valeurs supérieures ou inférieures à la moyenne.

1 Sélectionnez la plage à laquelle la mise en forme doit s'appliquer.

2 Sous l'onglet **Accueil**, cliquez sur le bouton **Mise en forme conditionnelle** du groupe *Style*.

3 Sélectionnez **Règles des valeurs plus/moins élevées**. Vous avez le choix entre plusieurs possibilités :

- *10 valeurs les plus élevées*.
- *10 % des valeurs les plus élevées*.
- *10 valeurs les moins élevées*.
- *10 % des valeurs les moins élevées*.
- *Valeurs supérieures à la moyenne*.
- *Valeurs inférieures à la moyenne*.
- *Autres règles* permet de définir des règles personnalisées.

4 Sélectionnez le type de règle qui vous convient le mieux. Dans cet exemple, choisissez **10 % des valeurs les plus élevées**.

Une boîte de dialogue permet de spécifier le pourcentage de la population à mettre en évidence.

5 Sélectionnez le type de mise en forme dans la liste de choix. Si aucune des mises en forme proposées ne vous convient, sélectionnez *Format personnalisé*. Vous accédez à la boîte de dialogue **Format de cellule** (voir Figure 11.42).

À chaque changement dans les paramètres de la règle de mise en forme conditionnelle, vous pouvez visualiser le résultat directement sur la feuille de calcul.

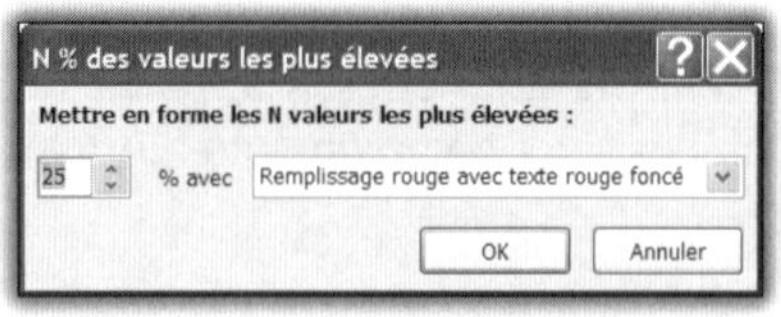

Figure 11.42 :
Définition de la règle de mise en forme

6 Une fois les paramètres définis, cliquez sur OK.

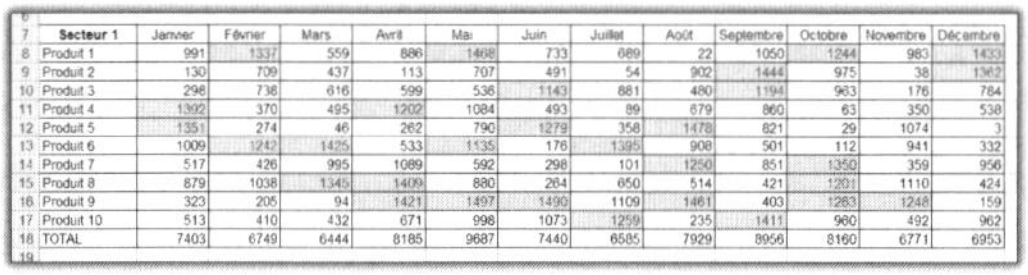

Secteur 1	Janvier	Février	Mars	Avril	Mai	Juin	Juillet	Août	Septembre	Octobre	Novembre	Décembre
Produit 1	991	1337	559	886	1468	733	689	22	1050	1244	983	1433
Produit 2	130	709	437	113	707	491	54	902	1444	975	38	1362
Produit 3	298	738	616	599	536	1143	881	480	1194	983	176	784
Produit 4	1392	370	495	1202	1084	493	89	679	860	63	350	538
Produit 5	1351	274	46	262	790	1279	358	1478	821	29	1074	3
Produit 6	1009	1242	1425	533	1135	176	1395	908	501	112	941	332
Produit 7	517	426	995	1089	592	298	101	1250	851	1350	359	956
Produit 8	879	1038	1345	1409	880	264	650	514	421	1201	1110	424
Produit 9	323	205	94	1421	1497	1490	1109	1461	403	1263	1248	159
Produit 10	513	410	432	671	998	1073	1259	235	1411	960	492	962
TOTAL	7403	6749	6444	8185	9687	7440	6585	7929	8956	8160	6771	6953

Figure 11.43 :
Le résultat de l'opération

Barres de données

Cette catégorie de mises en forme conditionnelles permet d'afficher dans chaque cellule de la plage une barre de couleur proportionnelle à la valeur de la cellule.

1 Sélectionnez la plage à laquelle doit s'appliquer la mise en forme.

2 Sous l'onglet **Accueil**, cliquez sur le bouton **Mise en forme conditionnelle** du groupe *Style*.

3 Sélectionnez **Barres de données**. Vous pouvez alors choisir entre deux types de mises en forme : *Dégradé* et *Remplissage uni*. Pour chacun des deux types de mises en forme, vous avez le choix entre six couleurs différentes. Sélectionnez **Autres règles** pour définir votre propre style de barre de données.

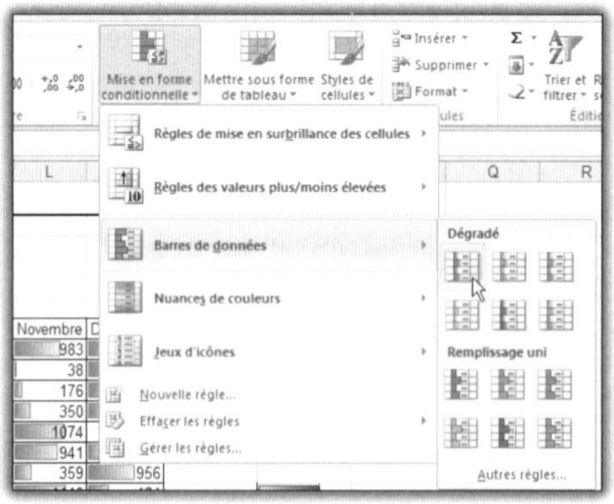

Figure 11.44 :
Choix de la mise en forme

Il suffit de déplacer le pointeur sur l'une des mises en forme pour visualiser instantanément le changement sur le document.

4 Cliquez sur la mise en forme qui vous convient pour l'appliquer.

Les paramètres des barres de données

Cette nouvelle version d'Excel permet une représentation satisfaisante des valeurs négatives via les barres de données.

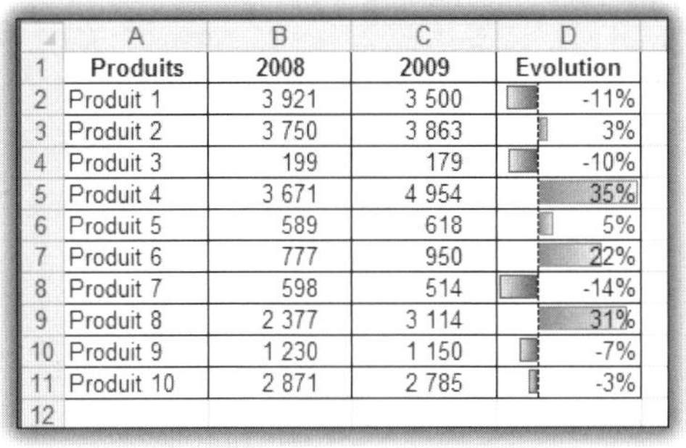

	A	B	C	D
1	Produits	2008	2009	Evolution
2	Produit 1	3 921	3 500	-11%
3	Produit 2	3 750	3 863	3%
4	Produit 3	199	179	-10%
5	Produit 4	3 671	4 954	35%
6	Produit 5	589	618	5%
7	Produit 6	777	950	22%
8	Produit 7	598	514	-14%
9	Produit 8	2 377	3 114	31%
10	Produit 9	1 230	1 150	-7%
11	Produit 10	2 871	2 785	-3%
12				

Figure 11.45 : *Représentation de données négatives*

De plus, vous avez la possibilité de modifier la façon dont cette représentation est gérée.

1 Sélectionnez l'une des cellules à laquelle s'applique la mise en forme conditionnelle.

2 Cliquez sur le bouton **Mise en forme conditionnelle** du groupe *Style* de l'onglet **Accueil**.

3 Choisissez la commande **Gérer les règles**.

4 Sélectionnez la règle concernée, puis cliquez sur **Modifier la règle**.

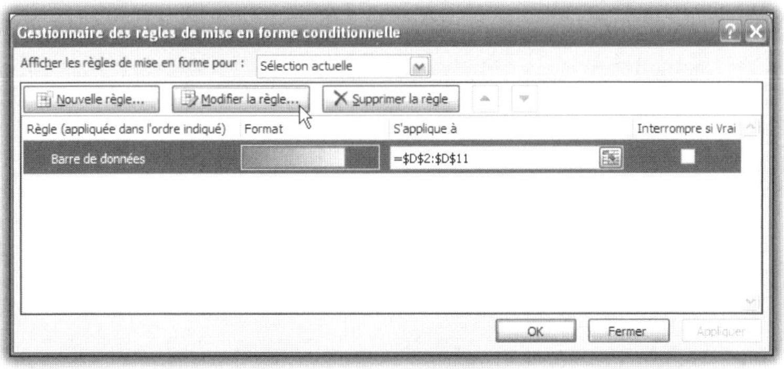

Figure 11.46 : *Choix de la règle à modifier*

5 Dans la boîte de dialogue **Modifier la règle de mise en forme**, vous avez la possibilité de cocher la case *Afficher la barre uniquement* pour masquer l'affichage des valeurs dans la cellule mise en forme.

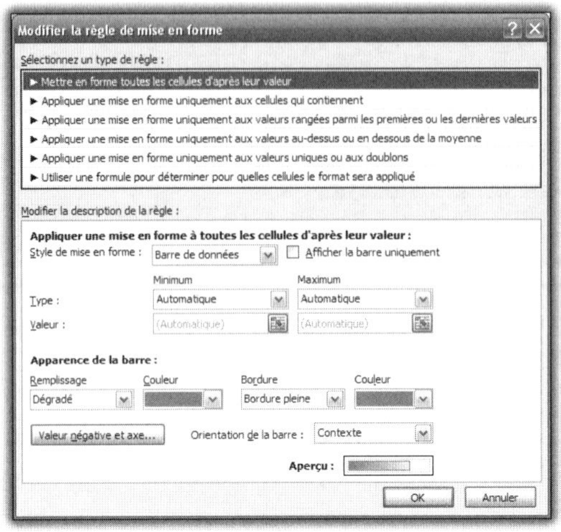

Figure 11.47 : *La boîte de dialogue Modifier la règle de mise en forme*

6 Dans la rubrique *Apparence de la barre*, vous avez la possibilité de sélectionner le type de remplissage (uni ou dégradé) ainsi que la couleur de la barre. Modifiez au besoin l'apparence et la couleur de sa bordure.

7 En cliquant sur le bouton **Valeur négative et axe**, vous accédez à la boîte de dialogue **Valeur négative et paramètres de l'axe**. Spécifiez éventuellement la couleur de remplissage et de bordure des barres négatives.

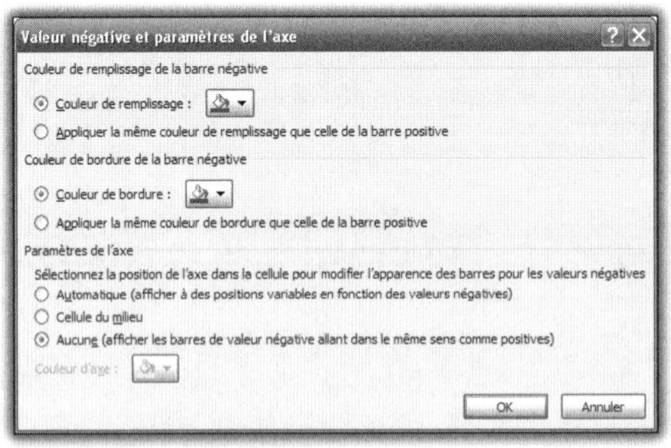

Figure 11.48 : *La boîte de dialogue Valeur négative et paramètres de l'axe*

8 Vous pouvez également choisir la position de l'axe dans la cellule : *Automatique* (ajuste la position de l'axe en fonction des valeurs minimales et maximales), *Cellule du milieu* (au milieu de la cellule, quelles que soient les valeurs extrêmes) et enfin *Aucune* (les valeurs négatives sont affichées dans le même sens que les valeurs positives).

9 Validez par OK.

Nuances de couleurs

Cette catégorie de mises en forme conditionnelles permet de visualiser la distribution des valeurs à l'aide de dégradés de couleurs. Cela s'apparente à certaines cartes météorologiques, où les zones à fortes températures sont affichées en rouge, celles à faibles températures en bleu, et les zones intermédiaires en dégradé de couleurs selon la valeur de la température.

1 Sélectionnez la plage à laquelle la mise en forme doit s'appliquer.

2 Sous l'onglet **Accueil**, cliquez sur le bouton **Mise en forme conditionnelle** du groupe *Style*.

3 Sélectionnez **Nuances de couleurs**. Vous avez le choix entre plusieurs jeux de couleurs (six jeux de trois couleurs et six jeux de deux couleurs). Sélectionnez **Autres règles** pour définir votre propre nuance de couleur.

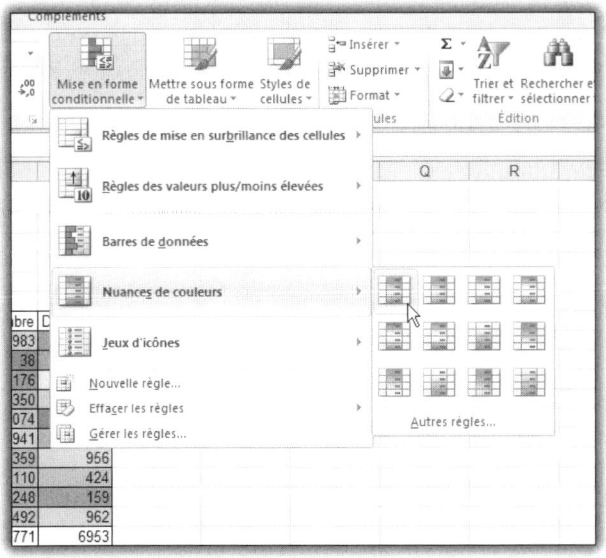

Figure 11.49 : *Choix de la mise en forme*

Il suffit de déplacer le pointeur sur l'une des mises en forme pour visualiser instantanément le changement sur le document.

4 Cliquez sur la mise en forme qui vous convient pour l'appliquer.

Les paramètres des nuances de couleurs

Vous pouvez ajuster les paramètres de ce type de représentation.

1 Sélectionnez l'une des cellules à laquelle s'applique la mise en forme conditionnelle.

2 Cliquez sur le bouton **Mise en forme conditionnelle** du groupe *Style* de l'onglet **Accueil**.

3 Choisissez la commande **Gérer les règles**.

4 Sélectionnez la règle concernée, puis cliquez sur **Modifier la règle**.

5 Dans la boîte de dialogue **Modifier la règle de mise en forme**, vous avez la possibilité de modifier le type de présentation : *Échelle à deux couleurs*, *Échelle à trois couleurs*, etc.

6 Vous avez la possibilité de spécifier les paliers à partir desquels les nuances de couleurs évoluent :

- *Minimum* : spécifiez à quelle valeur s'applique la première couleur. *Valeur inférieure* correspond à la plus petite valeur, *Nombre* permet de spécifier une valeur fixe, *Pourcentage* permet de choisir une valeur de type pourcentage, *Centile* permet de définir un palier représentant un certain pourcentage de l'ensemble des valeurs (10 %, par exemple), et *Formule* permet de calculer la valeur.
- *Milieu* (uniquement pour une échelle à trois couleurs) : spécifiez à quelle valeur s'applique la deuxième couleur. *Nombre* permet de spécifier une valeur fixe, *Pourcentage* permet de choisir une valeur de type pourcentage, *Centile* permet de définir un palier représentant un certain pourcentage de l'ensemble des valeurs, et *Formule* permet de calculer la valeur.
- *Maximum* : spécifiez à quelle valeur s'applique la dernière couleur. *Valeur supérieure* correspond à la plus grande valeur, *Nombre* permet de spécifier une valeur fixe, *Pourcentage* permet de choisir une valeur de type pourcentage, *Centile* permet de définir un palier représentant un certain pourcentage de l'ensemble des valeurs (90 %, par exemple), et *Formule* permet de calculer la valeur.

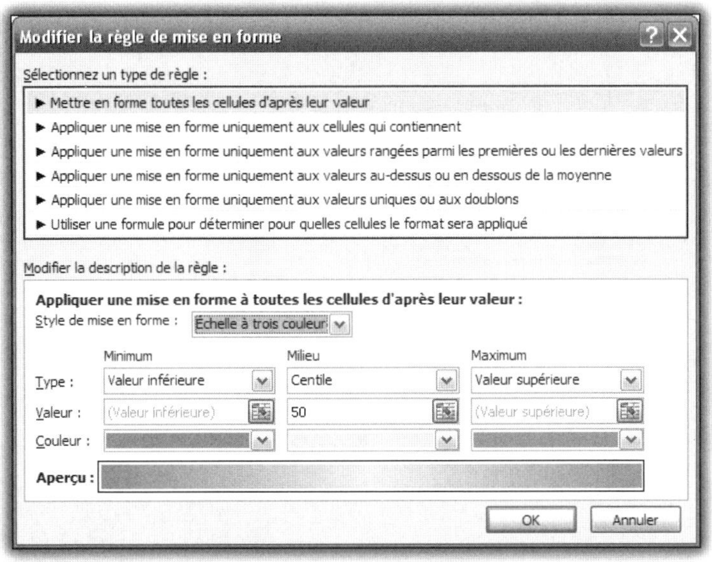

Figure 11.50 : *La boîte de dialogue Modifier la règle de mise en forme*

7 Validez par OK

Jeux d'icônes

Cette dernière catégorie de mises en forme conditionnelles permet d'afficher dans chaque cellule de la plage une icône indiquant comment se situe la valeur de la cellule par rapport aux valeurs de la plage.

1 Sélectionnez la plage à laquelle la mise en forme doit s'appliquer.

2 Sous l'onglet **Accueil**, cliquez sur le bouton **Mise en forme conditionnelle** du groupe *Style*.

3 Sélectionnez **Jeux d'icônes**. Vous avez le choix entre plusieurs jeux d'icônes (de trois à cinq icônes). Sélectionnez **Autres règles** pour définir votre propre jeu d'icônes (voir Figure 11.51).

Il suffit de déplacer le pointeur sur l'une des mises en forme pour visualiser instantanément le changement sur le document.

4 Cliquez sur la mise en forme qui vous convient pour l'appliquer.

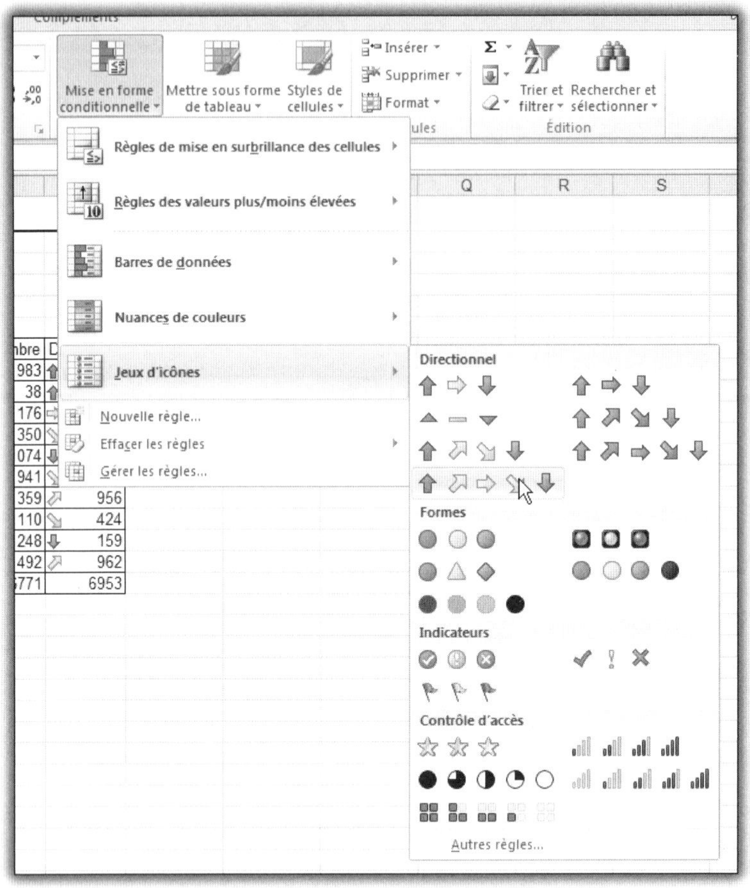

Figure 11.51 : *Choix de la mise en forme*

Les paramètres des jeux d'icônes

Cette nouvelle version d'Excel intègre de nouveaux jeux d'icônes. De plus, vous avez la possibilité de modifier la façon dont cette représentation est gérée.

1 Sélectionnez l'une des cellules à laquelle s'applique la mise en forme conditionnelle.

2 Cliquez sur le bouton **Mise en forme conditionnelle** du groupe *Style* de l'onglet **Accueil**.

3 Choisissez la commande **Gérer les règles**.

4 Sélectionnez la règle concernée, puis cliquez sur **Modifier la règle**.

5 Dans la boîte de dialogue **Modifier la règle de mise en forme**, vous avez la possibilité de modifier l'ordre des icônes en cliquant sur *Ordre inverse des icônes*.

6 Cochez au besoin la case *Afficher la barre uniquement* pour masquer l'affichage des valeurs dans la cellule mise en forme.

7 Si vous le souhaitez, modifiez le jeu d'icônes utilisé, soit globalement, soit pour chaque icône, à l'aide des boutons correspondants. Modifiez si besoin les seuils à partir desquels s'affichent les différentes icônes.

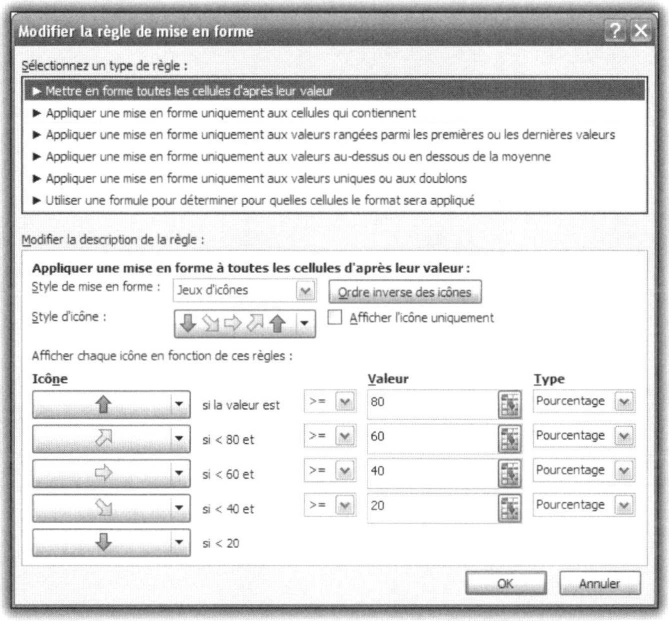

Figure 11.52 : *La boîte de dialogue Modifier la règle de mise en forme*

Les mises en forme conditionnelles personnalisées

Si, malgré la diversité des choix proposés, vous ne trouvez pas de mise en forme conditionnelle prédéfinie satisfaisante, vous avez la possibilité de créer vos propres règles.

1 Sélectionnez la plage à laquelle la mise en forme doit s'appliquer.

2 Sous l'onglet **Accueil**, cliquez sur le bouton **Mise en forme conditionnelle** du groupe *Style*.

3 Sélectionnez **Nouvelle règle**.

4 Dans la boîte de dialogue **Nouvelle règle de mise en forme**, vous avez le choix entre plusieurs thèmes :

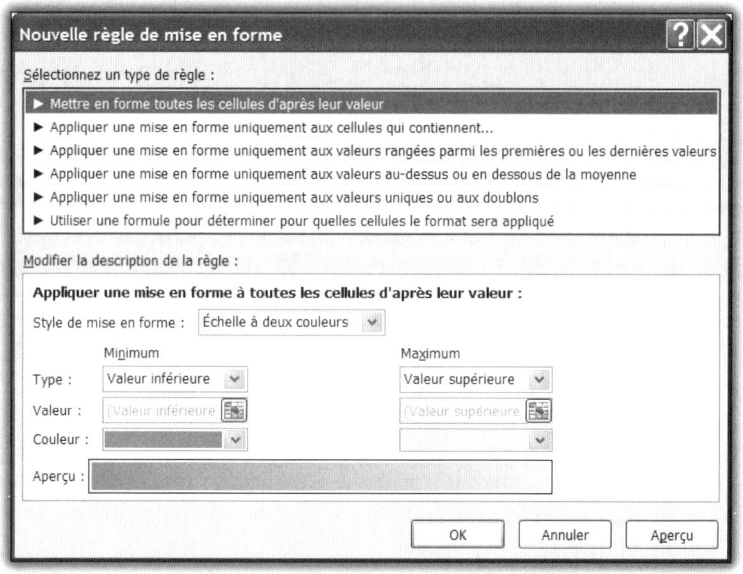

Figure 11.53 : *La boîte de dialogue Nouvelle règle de mise en forme*

- *Mettre en forme toutes les cellules d'après leur valeur* ;
- *Appliquer une mise en forme uniquement aux cellules qui contiennent* ;
- *Appliquer une mise en forme uniquement aux valeurs rangées parmi les premières ou les dernières valeurs* ;
- *Appliquer une mise en forme uniquement aux valeurs au-dessus ou en dessous de la moyenne* ;
- *Appliquer une mise en forme uniquement aux valeurs uniques ou aux doublons* ;
- *Utiliser une formule pour déterminer pour quelles cellules le format sera appliqué.*

5 Cliquez sur un thème, définissez votre règle et validez par OK.

Nous allons à présent décrire en détail les différentes possibilités.

Mettre en forme toutes les cellules d'après leur valeur

Il s'agit ici de règles qui vont attribuer à chaque cellule de la plage sélectionnée une mise en forme qui dépendra de la valeur de ladite cellule. Contrairement aux autres types de mises en forme conditionnelles, quelle que soit la valeur de la cellule, une mise en forme sera appliquée. Elle changera en fonction de cette valeur.

Pour définir une règle de mise en forme :

1 Sélectionnez le style de mise en forme dans la liste déroulante : *Échelle à deux couleurs*, *Échelle à trois couleurs*, *Barre de données*, *Jeux d'icônes*.

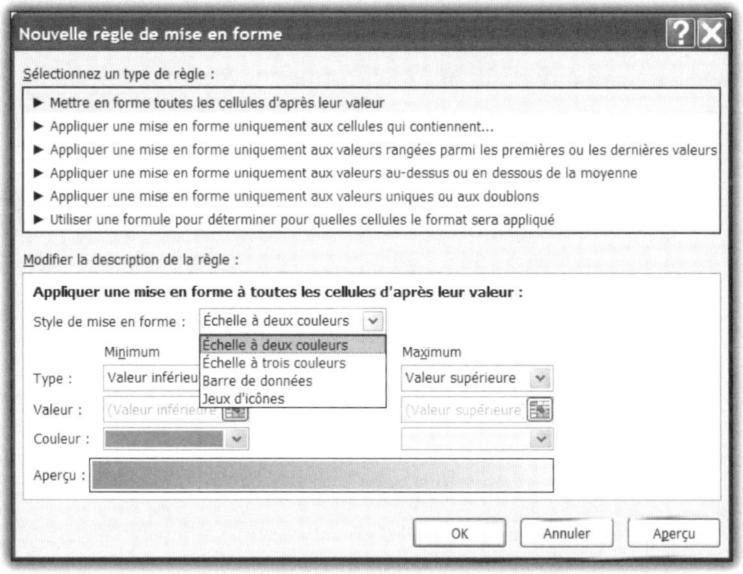

Figure 11.54 : *Définition d'une règle de mise en forme*

2 Définissez les paramètres :

- Pour les échelles de couleurs, il convient de spécifier les couleurs à appliquer aux valeurs extrêmes (et à la valeur intermédiaire dans le cas de trois couleurs).
- Pour les barres de données, il faut spécifier à quelle valeur correspond la barre la plus longue et la plus courte, ainsi que la couleur de la barre. Cochez la case *Afficher la barre uniquement*

si seule la barre doit être affichée dans la cellule (le contenu est alors masqué).

- Pour les jeux d'icônes, il s'agit de sélectionner le jeu d'icônes à appliquer (trois, quatre ou cinq icônes). Ensuite, il faut définir les tranches de valeurs qui correspondent à chaque icône. Cochez la case *Afficher l'icône uniquement* si seule l'icône doit être affichée dans la cellule (le contenu est alors masqué).

Appliquer une mise en forme uniquement aux cellules qui contiennent

Il s'agit ici de règles permettant d'appliquer une mise en forme uniquement aux cellules dont le contenu respecte certains critères.

Pour définir une règle de mise en forme :

1 Sélectionnez le type d'information sur lequel le critère doit porter :

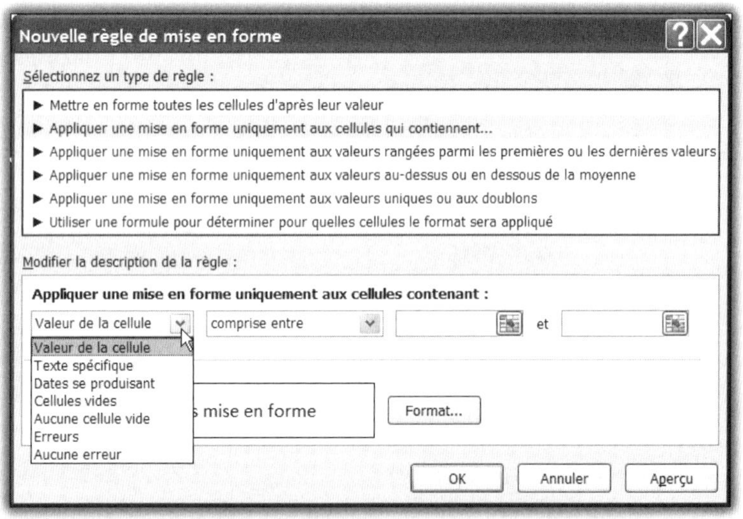

Figure 11.55 : *Définition d'une règle de mise en forme*

- *Valeur de la cellule* permet de spécifier des critères sur les valeurs numériques contenues dans les cellules. Sélectionnez, dans la liste déroulante, l'opérateur à appliquer (*inférieur*, *supérieur*...). Saisissez les valeurs des bornes. Il est possible de sélectionner une cellule au lieu de saisir une valeur. La valeur utilisée pour le test sera alors le contenu de cette cellule.

- *Texte spécifique* permet de spécifier des critères sur les chaînes de caractères contenues dans les cellules. Sélectionnez, dans la liste déroulante, l'opérateur à appliquer (*contenant*, *commençant par*...).
- *Dates se produisant* permet de spécifier des critères sur les dates contenues dans les cellules. Sélectionnez, dans la liste déroulante, le critère à appliquer.
- *Cellules vides* permet d'appliquer la mise en forme uniquement aux cellules vides.
- *Aucune cellule vide* permet d'appliquer la mise en forme uniquement aux cellules non vides.
- *Erreurs* permet d'appliquer la mise en forme uniquement aux cellules contenant une valeur d'erreur.
- *Aucune erreur* permet d'appliquer la mise en forme uniquement aux cellules contenant un résultat valide.

2 Cliquez sur le bouton **Format** afin de définir le format à appliquer si la règle est satisfaite.

3 Cliquez sur le bouton **Aperçu** si vous souhaitez visualiser le résultat sur la feuille de calcul.

4 Cliquez sur OK pour valider.

Appliquer une mise en forme uniquement aux valeurs rangées parmi les premières ou les dernières valeurs

Il s'agit ici de règles permettant d'appliquer une mise en forme uniquement aux cellules qui contiennent des valeurs extrêmes (valeurs plus fortes ou plus faibles).

Pour définir une règle de mise en forme :

1 Sélectionnez *premier* ou *dernier* selon que la mise en forme doit s'appliquer aux plus fortes ou aux plus faibles valeurs (voir Figure 11.56).

2 Saisissez le nombre de valeurs à mettre en évidence. Par exemple, pour mettre en exergue la valeur maximale d'une plage, choisissez *premier* puis saisissez `1`.

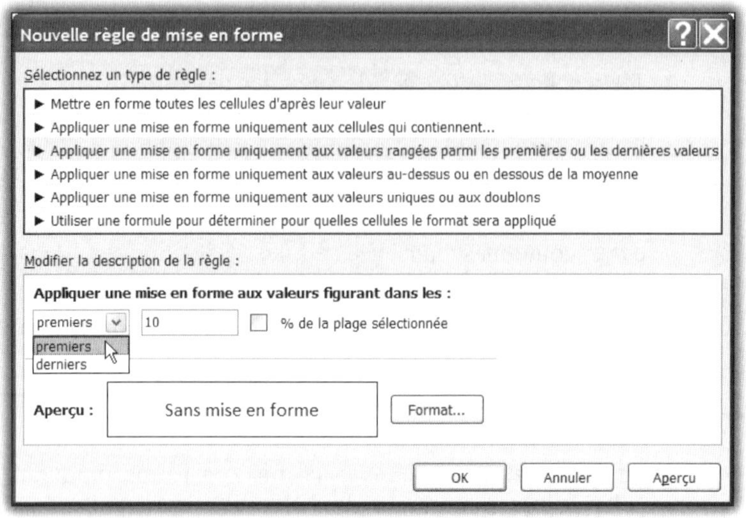

Figure 11.56 : *Définition d'une règle de mise en forme*

3 Cochez la case *% de la plage sélectionnée* si vous souhaitez mettre en évidence, par exemple, 20 % de vos données, et non 20 valeurs.

4 Cliquez sur le bouton **Format** afin de définir le format à appliquer si la règle est satisfaite.

5 Cliquez sur le bouton **Aperçu** si vous souhaitez visualiser le résultat sur la feuille de calcul.

6 Cliquez sur OK pour valider.

Appliquer une mise en forme uniquement aux valeurs au-dessus ou en dessous de la moyenne

Il s'agit ici de règles permettant d'appliquer une mise en forme aux cellules en fonction de leur situation par rapport à la moyenne.

Pour définir une règle de mise en forme :

1 Sélectionnez le critère à appliquer (*au-dessus*, *en dessous*...). Il est possible d'appliquer des critères faisant intervenir l'écart type, grandeur statistique mesurant la dispersion des valeurs par rapport à la moyenne.

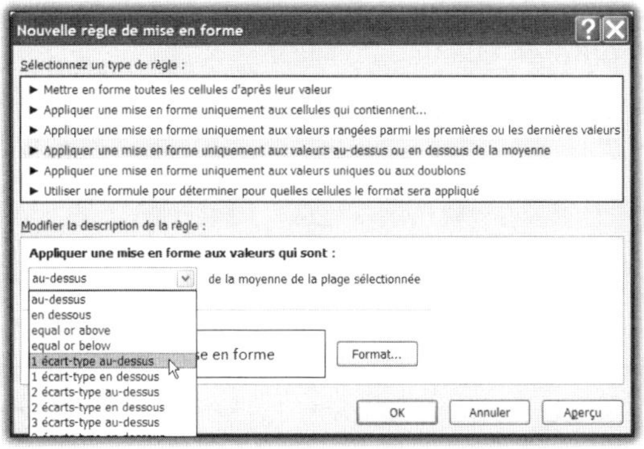

Figure 11.57 : Définition d'une règle de mise en forme

2 Cliquez sur le bouton **Format** afin de définir le format à appliquer si la règle est satisfaite.

3 Cliquez sur le bouton **Aperçu** si vous souhaitez visualiser le résultat sur la feuille de calcul.

4 Cliquez sur OK pour valider.

Appliquer une mise en forme uniquement aux valeurs uniques ou aux doublons

Il s'agit ici de règles permettant d'appliquer une mise en forme aux cellules contenant des doublons ou, au contraire, des valeurs uniques.

Pour définir une règle de mise en forme :

1 Sélectionnez le critère à appliquer : *en double* ou *uniques*.

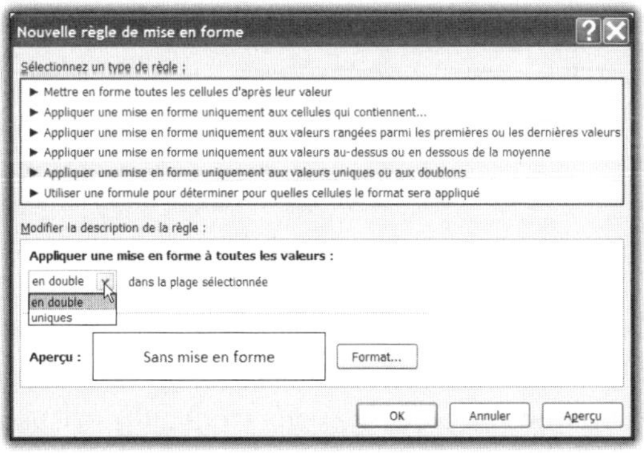

Figure 11.58 : Définition d'une règle de mise en forme

2 Cliquez sur le bouton **Format** afin de définir le format à appliquer si la règle est satisfaite.

3 Cliquez sur le bouton **Aperçu** si vous souhaitez visualiser le résultat sur la feuille de calcul.

4 Cliquez sur OK pour valider.

Utiliser une formule pour déterminer pour quelles cellules le format sera appliqué

Il s'agit ici de règles permettant d'appliquer une mise en forme aux cellules en fonction du résultat d'une formule. Selon que le résultat de la formule est la valeur logique `VRAI` ou `FAUX`, la mise en forme sera appliquée ou non.

Pour définir une règle de mise en forme :

1 Saisissez la formule dans la zone. Il est possible de sélectionner une cellule au lieu de saisir une formule. La cellule sélectionnée doit contenir une formule renvoyant `VRAI` ou `FAUX`.

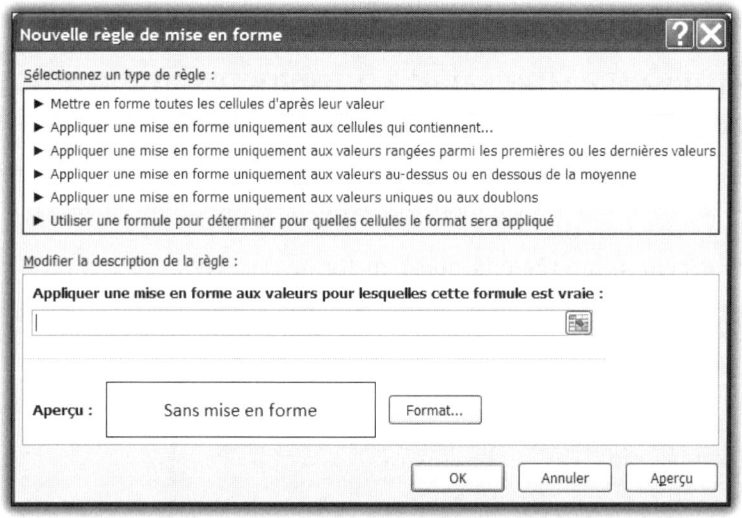

Figure 11.59 : *Définition d'une règle de mise en forme*

2 Cliquez sur le bouton **Format** afin de définir le format à appliquer si la règle est satisfaite.

3 Cliquez sur le bouton **Aperçu** si vous souhaitez visualiser le résultat sur la feuille de calcul.

4 Cliquez sur OK pour valider.

Voici deux exemples classiques de mises en forme conditionnelles utilisant des formules.

Mettre en évidence les nombres pairs

Pour mettre en évidence les nombres pairs dans une plage de cellules, vous devez faire appel à une mise en forme conditionnelle fondée sur une formule. Pour cela, sélectionnez la plage à laquelle cette mise en forme doit être appliquée, par exemple *B2:D10*, puis saisissez la formule `=MOD(B2;2)=0` si *B2* est la cellule active.

La fonction `MOD` renvoie le reste de la division de *B2* par 2. Donc si *B2* est pair, le reste sera 0.

Notez l'utilisation d'une référence relative à la cellule *B2*. En effet, la formule s'applique à la cellule active, ici *B2*. L'utilisation de référence relative permet à la formule de "s'adapter" aux autres cellules de la sélection.

Griser une ligne sur deux

Afin d'améliorer la lisibilité des grands tableaux, il peut s'avérer utile de griser une ligne sur deux. L'intérêt de la mise en forme conditionnelle par rapport à la mise en forme "classique" réside dans la possibilité de trier les lignes sans remettre en cause l'alternance de lignes grisées et non grisées.

Pour mettre en œuvre cette mise en forme, sélectionnez d'abord les cellules auxquelles elle doit s'appliquer, puis saisissez la formule `=MOD(LIGNE();2)=0`.

La fonction `LIGNE` renvoie le numéro de la ligne de la cellule. `MOD` renvoie donc le reste de la division du numéro de la ligne par 2. Si le numéro est pair, le format est appliqué.

Gérer les règles de mise en forme conditionnelle

Lorsque vous combinez plusieurs règles sur une même cellule, le format appliqué correspond par défaut à celui de la dernière règle dont les critères sont satisfaits. De plus, les différentes règles s'appliquent selon l'ordre dans lequel elles ont été créées. Si elles sont incompatibles, cela ne pose pas de problème : par exemple, si vous souhaitez afficher en rouge les valeurs inférieures à 100 et en vert les valeurs supérieures à 500, il n'y aura pas de conflit car une valeur ne peut être à la fois inférieure à 100 et supérieure à 500. En revanche, si vous souhaitez afficher en bleu les valeurs comprises entre 200 et 400 et en vert les valeurs supérieures à 300, que se passera-t-il pour la valeur 350 ? Tout dépendra de l'ordre dans lequel vous aurez défini les conditions. C'est la dernière règle satisfaite qui imposera sa mise en forme.

Pour modifier les priorités ou les paramètres des règles :

1 Sélectionnez une cellule sur laquelle s'applique une mise en forme conditionnelle.

ASTUCE

Sélectionner les cellules sur lesquelles s'applique une mise en forme conditionnelle

Sous l'onglet **Accueil**, cliquez sur le bouton **Rechercher et sélectionner** du groupe *Édition*. Sélectionnez **Mise en forme conditionnelle**.

2 Sous l'onglet **Accueil**, cliquez sur le bouton **Mise en forme conditionnelle** du groupe *Style*.

3 Sélectionnez **Gérer les règles**.

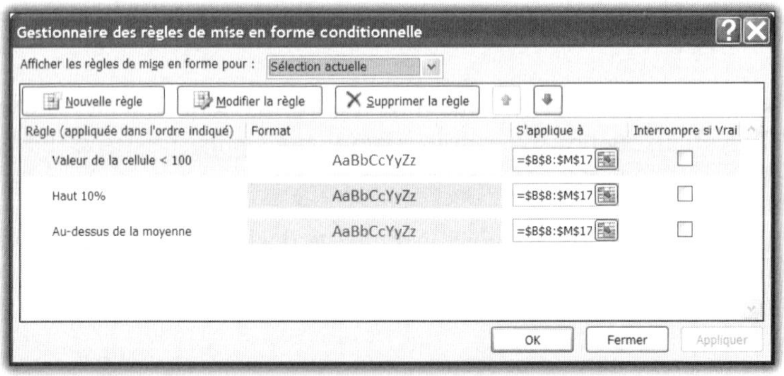

Figure 11.60 : *Le gestionnaire des règles de mise en forme conditionnelle*

– Le **Gestionnaire des règles de mise en forme conditionnelle** permet d'afficher les règles de mise en forme pour la sélection courante, pour l'ensemble de la feuille courante ou pour l'une des feuilles du classeur.

- Le bouton **Nouvelle règle** permet de créer une nouvelle règle en affichant la boîte de dialogue **Nouvelle règle**. Une fois la règle créée, il faut sélectionner la zone à laquelle elle s'applique.
- Le bouton **Modifier la règle** permet de modifier la règle sélectionnée. Un double clic sur la règle sélectionnée permet également de la modifier.
- Le bouton **Supprimer la règle** permet de supprimer la règle sélectionnée.
- Les boutons **Monter** et **Descendre** permettent de gérer la priorité des règles, en déplaçant la règle sélectionnée. Les règles situées en haut de la liste sont prioritaires par rapport à celles situées en bas. En d'autres termes, s'il y a conflit entre deux règles, celle située le plus haut dans la liste imposera la mise en forme qui lui est associée.

Figure 11.61 :
Les boutons Monter et Descendre

Vous pouvez éventuellement arrêter l'évaluation à une règle spécifique. Pour cela, activez la case à cocher *Interrompre si Vrai*.

4 Validez par OK.

Effacer les règles de mise en forme conditionnelle

Pour effacer rapidement l'ensemble des règles :

1 Sous l'onglet **Accueil**, cliquez sur le bouton **Mise en forme conditionnelle** du groupe *Style*.

2 Sélectionnez **Effacer les règles** puis choisissez :

- **Cellules sélectionnées** efface toutes les règles s'appliquant aux cellules sélectionnées.
- **Feuille entière** efface toutes les règles s'appliquant aux cellules de la feuille active.
- **Ce tableau** efface toutes les règles s'appliquant au tableau actif.
- **Ce tableau croisé dynamique** efface toutes les règles s'appliquant au tableau croisé dynamique actif.

11.7. Cas pratique : réaliser le suivi des temps d'une compétition

L'objectif de ce cas pratique est de réaliser un document de suivi des temps des participants à une compétition sportive qui se déroule en plusieurs étapes (course cycliste, course d'enduro en moto…).

Vous enregistrerez, dans un premier temps, la liste des participants, puis leur temps aux différentes étapes. Enfin, il s'agira de déterminer le classement.

Création du classeur

1 Cliquez sur le bouton **Microsoft Office** et sélectionnez la commande **Nouveau**.

2 Cliquez sur le bouton **Créer** dans la boîte de dialogue **Nouveau classeur**.

Vous aurez besoin de trois feuilles : une pour la liste des participants, une pour les temps des étapes et une pour le classement.

1 Renommez la feuille **Feuil1** en **Participants**.

2 Renommez la feuille **Feuil2** en **Etapes**.

3 Renommez la feuille **Feuil3** en **Résultats**.

La feuille Participants

Cette feuille servira à enregistrer les noms et prénoms des différents participants, ainsi que des informations les concernant.

1 En *A1*, saisissez `Liste des participants`.

2 Sélectionnez *A1:E1* et cliquez sur **Fusionner et centrer** (onglet **Accueil**, groupe *Alignement*).

3 Réglez la taille de la police à 16 et mettez le texte en gras.

4 Appliquez un contour épais.

5 En *A3*, saisissez `Dossard`.

6 En *B3*, saisissez `Nom`.

7 En *C3*, saisissez `Prénom`.

8 En *D3*, saisissez `Ville/Club`.

9 En *E3*, saisissez `Dossard/Nom`.

10 Sélectionnez *A3:E3*. Centrez le texte et mettez-le en gras.

11 Sélectionnez *A3:E13*.

12 Appliquez une bordure de type quadrillage.

13 En *E4*, saisissez `=SI(A4<>"";A4&"/"&B4;"")`.

14 Étendez la formule, à l'aide de la poignée de recopie, jusqu'en *E13*.

La dernière colonne affiche le numéro de dossard suivi du nom du participant (à condition que le numéro de dossard ne soit pas vide). Elle servira à mettre en place une liste de choix pour la saisie des temps.

Pour finaliser votre feuille, il suffit de nommer la plage de cellules *E4:E13*. Pour cela, sélectionnez-la et saisissez `Liste_participants` dans la zone *Nom*, puis validez par [↵].

RENVOI

Pour plus de détails sur les noms de plages de cellules, reportez-vous au chapitre Élaborer des formules de calcul.

Il reste à saisir les informations relatives aux participants.

	A	B	C	D	E
1	Liste des participants				
2					
3	**Dossard**	**Nom**	**Prénom**	**Ville / Club**	**Dossard / Nom**
4	10	MARTIN	Paul		10/MARTIN
5	15	DUPOND	Jean		15/DUPOND
6	20	DURAND	Claude		20/DURAND
7	25	ANDRE	Jacques		25/ANDRE
8	30	ARNAUD	Alain		30/ARNAUD
9	35	SIMON	Philippe		35/SIMON
10					
11					
12					
13					
14					

Figure 11.62 : *La liste des participants*

La feuille Etapes

Cette feuille servira à enregistrer les temps de chacun des participants aux différentes étapes.

1 En *A1*, saisissez `Etapes`.

2 En *A3*, saisissez `Etape 1`.

3 Sélectionnez *A3:B3* et cliquez sur **Fusionner et centrer** (onglet **Accueil**, groupe *Alignement*).

4 Mettez le texte en gras.

5 En *A4*, saisissez `Nom`.

6 En *B4*, saisissez `Temps`.

7 Sélectionnez *A4:B4*. Centrez le texte et mettez-le en gras.

8 Sélectionnez *A3:B14*.

9 Appliquez une bordure de type quadrillage.

10 Sélectionnez *A5:A14*.

11 Sous l'onglet **Données**, cliquez sur le bouton **Validation de données** du groupe *Outils de données*.

12 Sous l'onglet **Options** de la boîte de dialogue **Validation des données**, sélectionnez *Liste* dans la rubrique *Autoriser*.

13 Saisissez `=Liste_participants` dans la zone *Source*.

Figure 11.63 : *Mise en place de la validation*

14 Sélectionnez *B5:B14* et appliquez un format de type heures/minutes.

15 Sélectionnez *A3:B14* et étendez le contenu, à l'aide de la poignée de recopie, jusqu'à la colonne *J*. Cela permet de créer rapidement les modèles de saisie des résultats pour les étapes 2 à 5.

16 Sélectionnez *A1:J1* et cliquez sur **Fusionner et centrer** (onglet **Accueil**, groupe *Alignement*).

17 Réglez la taille de la police à 16 et mettez le texte en gras.

18 Appliquez un contour épais.

Vous pouvez, à présent, saisir les temps des participants.

Etapes									
Etape 1		Etape 2		Etape 3		Etape 4		Etape 5	
Nom	Temps	Nom	Temps	Nom	Temps	Nom	Temps	Nom	Temps
30/ARNAUD	4:12	10/MARTIN	3:54	10/MARTIN	6:04	25/ANDRE	5:03	30/ARNAUD	4:45
10/MARTIN	4:33	25/ANDRE	4:02	15/DUPOND	6:12	30/ARNAUD	5:05	10/MARTIN	4:56
25/ANDRE	4:42	30/ARNAUD	4:05	30/ARNAUD	6:25	15/DUPOND	5:12	25/ANDRE	4:59
35/SIMON	4:45	15/DUPOND	4:12	20/DURAND	6:27	20/DURAND	5:20	20/DURAND	5:12
15/DUPOND	4:56	20/DURAND	4:23	25/ANDRE	6:34	35/SIMON	5:25	35/SIMON	5:25
20/DURAND	5:01	35/SIMON	4:43	35/SIMON	6:45	10/MARTIN	5:45	15/DUPOND	5:37

Figure 11.64 : *Les temps des participants*

La feuille Résultats

Cette feuille permettra de déterminer le classement des participants.

1 En *A1*, saisissez `Résultats`.

2 Sélectionnez *A1:C1* et cliquez sur **Fusionner et centrer** (onglet **Accueil**, groupe *Alignement*).

3 Réglez la taille de la police à 16 et mettez le texte en gras.

4 En *A3*, saisissez `Nom`.

5 En *B3*, saisissez `Temps cumulé`.

6 En *C3*, saisissez `Position`.

7 Sélectionnez *A3:C3*. Centrez le texte et mettez-le en gras.

8 Sélectionnez *A3:C14*.

9 Appliquez une bordure de type quadrillage.

Il s'agit à présent de recopier la liste des participants dans la colonne *Nom*. Ce collage sera effectué avec liaison à partir de la feuille

Participants. Vous éviterez ainsi de saisir une nouvelle fois des informations en cas de modification des noms ou d'ajout d'un participant.

1 Sélectionnez la feuille **Participants**.
2 Sélectionnez *E4:E13* et appuyez sur Ctrl+C.
3 Sélectionnez la feuille **Résultats**.
4 Sélectionnez *A4* et cliquez du bouton droit. Dans le menu contextuel, sélectionnez **Coller avec liaison**.

Vous allez à présent faire le cumul des temps des participants sur l'ensemble des étapes. Pour cela, vous utiliserez la fonction `SOMME.SI`, qui effectue des totaux en fonction d'un critère. Pour chaque entrée dans la colonne *Nom* de la feuille **Résultats**, il s'agit d'obtenir le temps réalisé à chaque étape, puis d'ajouter les temps ainsi obtenus. Pensez à attribuer un format "temps écoulé" à la colonne *Temps cumulé* afin d'afficher correctement les temps supérieurs à 24 heures.

1 En *B4*, saisissez :

```
=SI(A4<>"";SOMME.SI(Etapes!$A$5:$A$14;Résultats!
A4;Etapes!$B$5:$B$14)+SOMME.SI(Etapes!$C$5:$C$14;
Résultats!A4;Etapes!$D$5:$D$14)+SOMME.SI(Etapes!
$E$5:$E$14;Résultats!A4;Etapes!$F$5:$F$14)+
SOMME.SI(Etapes!$G$5:$G$14;Résultats!A4;Etapes!
$H$5:$H$14)+SOMME.SI(Etapes!$I$5:$I$14;Résultats!
A4;Etapes!$J$5:$J$14);"")
```

2 Étendez la formule, à l'aide de la poignée de recopie, jusqu'en *B13*.
3 Sélectionnez *B4:B13*, cliquez du bouton droit et choisissez **Format de cellule**.
4 Cliquez sur l'onglet **Nombre** et sélectionnez la catégorie *Personnalisée*.
5 Dans la zone *Type*, saisissez `[hh]:mm`.

Pour terminer, il s'agit de déterminer la position de chaque participant. Pour cela, vous mettrez à profit la fonction `RANG`, qui détermine la position d'un nombre dans un ensemble de valeurs. Cette fonction ne répondra pas tout à fait au problème, puisqu'elle attribuera la position 1 à la plus forte valeur, ce qui n'est pas satisfaisant. Pour remédier à cela, il faut compter le nombre de participants (à l'aide de la fonction `NB.SI`) et soustraire de ce nombre la position fournie par la fonction `RANG`, diminuée de 1. Si, par exemple, il y a 6 participants, la position 6 sera attribuée au premier par la fonction `RANG`. Pour obtenir le classement "réel" (1), il faut soustraire 5 (6 – 1 = 5) du nombre de participants (6).

1 En *C4*, saisissez :

```
=SI(A4<>"";(10-NB.SI($A$4:$A$13;""))-(RANG(B4;
$B$4:$B$13)-1);"")
```

2 Étendez la formule, à l'aide de la poignée de recopie, jusqu'en *C13*.

Pour finaliser cette feuille de calcul, vous allez mettre en place une mise en forme conditionnelle qui mettra le vainqueur en exergue.

1 Sélectionnez *A4:A13*.

2 Sous l'onglet **Accueil**, cliquez sur le bouton **Mise en forme conditionnelle** du groupe *Style*.

3 Sélectionnez **Nouvelle règle**.

4 Dans la boîte de dialogue **Nouvelle règle de mise en forme**, sélectionnez **Utiliser une formule pour déterminer pour quelles cellules le format sera appliqué**.

5 Saisissez `=C4=1`.

6 Cliquez sur **Format** pour définir le format à appliquer si la condition est vérifiée. Choisissez une couleur de fond jaune pâle (onglet **Motifs**).

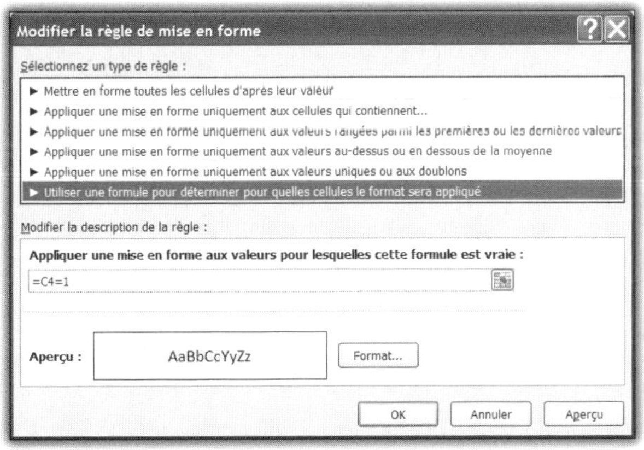

Figure 11.65 : *La règle de mise en forme conditionnelle*

7 Validez par OK.

	A	B	C
1	Résultats		
2			
3	**Nom**	**Temps cumulé**	**Position**
4	10/MARTIN	25:12	2
5	15/DUPOND	26:09	4
6	20/DURAND	26:23	5
7	25/ANDRE	25:20	3
8	30/ARNAUD	24:32	1
9	35/SIMON	27:03	6
10			
11			
12			
13			
14			

Figure 11.66 : *La détermination du classement*

CHAPITRE 12

Créer et mettre en forme des graphiques

Les graphiques constituent des outils efficaces pour l'interprétation des données chiffrées. En effet, ils permettent de mettre rapidement en évidence les proportions ou les tendances qu'il serait beaucoup plus délicat de détecter avec les seuls tableaux de chiffres. Excel propose un grand nombre de types de graphiques. Vous aurez la possibilité d'affiner leur présentation en modifiant l'échelle des axes, la couleur des données, etc.

Nous aborderons dans ce chapitre les courbes de tendance, qui mettent en évidence les tendances et permettent d'effectuer des extrapolations à partir de données.

Enfin, nous traiterons de la principale nouveauté d'Excel 2010 en la matière : les graphiques "sparkline". Il s'agit de petits graphiques insérés dans une cellule, qui permettent de visualiser les tendances des données. Ils constituent une aide précieuse pour la conception de tableaux de bord en entreprise. C'est un pas de plus d'Excel vers l'informatique décisionnelle.

12.1. Créer un graphique

Pour créer un graphique :

1 Sélectionnez la plage de cellules contenant les données à représenter, ainsi que les étiquettes des différents axes. Utilisez la touche [Ctrl] pendant la sélection pour sélectionner des cellules non contiguës.

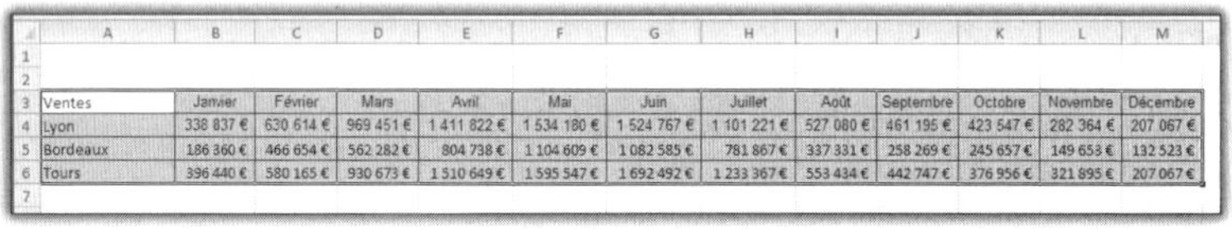

Ventes	Janvier	Février	Mars	Avril	Mai	Juin	Juillet	Août	Septembre	Octobre	Novembre	Décembre
Lyon	338 837 €	630 614 €	969 451 €	1 411 822 €	1 534 180 €	1 524 767 €	1 101 221 €	527 080 €	461 195 €	423 547 €	282 364 €	207 067 €
Bordeaux	186 360 €	466 654 €	562 282 €	804 738 €	1 104 609 €	1 082 585 €	781 867 €	337 331 €	258 269 €	245 657 €	149 653 €	132 523 €
Tours	396 440 €	580 165 €	930 673 €	1 510 649 €	1 595 547 €	1 692 492 €	1 233 367 €	553 434 €	442 747 €	376 956 €	321 895 €	207 067 €

Figure 12.1 : *Sélection des données à représenter*

2 Sous l'onglet **Insertion**, cliquez sur le bouton du groupe *Graphiques* correspondant à la catégorie de graphiques à insérer :

Figure 12.2 : *Choix de la catégorie de graphiques*

- **Colonne** : graphiques de type histogramme, représentant les données par un rectangle proportionnel à la valeur à représenter. Ils peuvent être en 2D, en 3D, de forme conique ou pyramidale.
- **Ligne** : représentations en courbes (2D ou 3D).
- **Secteurs** : célèbres "camemberts".
- **Barres** : ce type de représentation s'apparente à des histogrammes que l'on aurait fait pivoter de 90° vers la droite.
- **Aires** : représentations sous forme de surfaces (2D ou 3D).
- **Nuage de points** : représentations nécessitant deux séries de valeurs, à savoir les abscisses et les ordonnées. Chaque couple abscisse/ordonnée définit un point sur le graphique.
- **Autres graphiques** : graphiques moins courants, tels que les graphiques boursiers, les surfaces, les anneaux, les bulles et les radars.

REMARQUE

Affichage de tous les types de graphiques

Pour afficher tous les types de graphiques en même temps, cliquez sur le lanceur de boîte de dialogue du groupe *Graphiques* de l'onglet **Insertion**.

3 Après avoir cliqué sur le bouton correspondant, sélectionnez le type de graphique à créer.

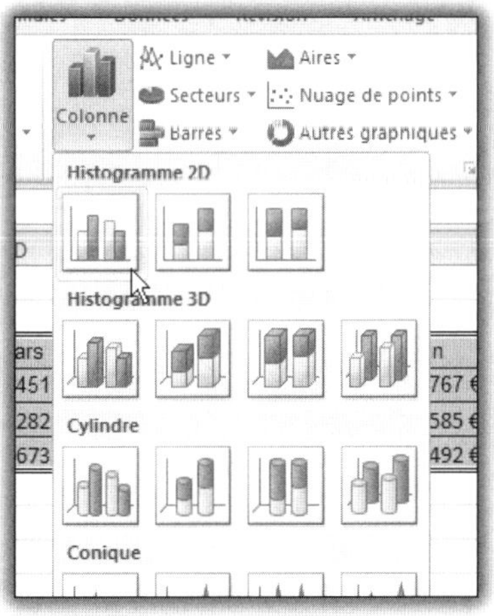

Figure 12.3 :
Choix du type de graphique

Le graphique est automatiquement créé dans la feuille en cours.

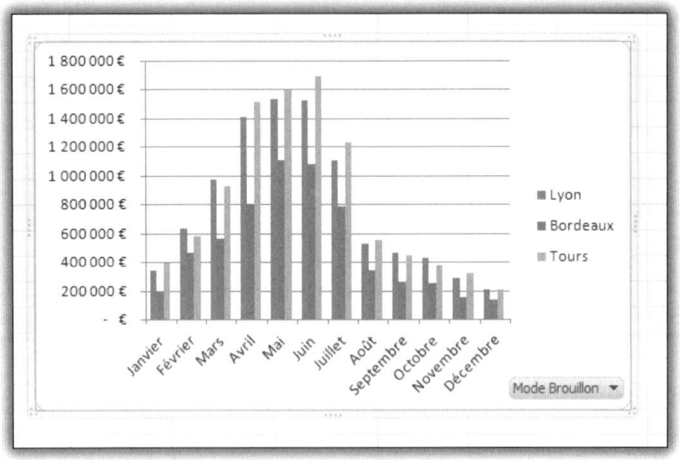

Figure 12.4 : *Le graphique a été créé*

Un graphique n'est pas "monolithique", il est constitué de plusieurs éléments juxtaposés et modifiables indépendamment les uns des autres : les séries de données, les axes, la légende, le titre, etc.

Excel affiche le nom d'un élément de graphique dans une info-bulle lorsque vous placez le pointeur sur l'élément.

Pour sélectionner un élément de graphique à l'aide de la souris, cliquez dessus.

Les onglets contextuels

Lorsqu'un graphique est sélectionné, des onglets supplémentaires apparaissent. Il s'agit des onglets contextuels **Outils de graphique** :

- **Création** : modification des données sources et de l'apparence générale du graphique.
- **Disposition** : modification de la disposition des éléments du graphique.
- **Mise en forme** : modification de la mise en forme des éléments du graphique.

Le mode Brouillon

Par défaut, et c'est une nouveauté d'Excel 2010, un graphique est créé en mode Brouillon. L'indicateur Mode Brouillon dans l'angle inférieur droit le signale.

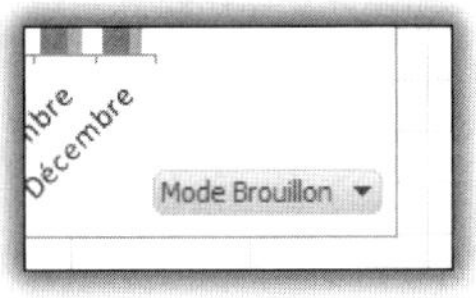

Figure 12.5 : *L'indicateur de mode Brouillon*

Ce mode permet d'optimiser les performances des feuilles de calcul pendant l'élaboration des graphiques. En effet, les éléments de mise en forme tels que les effets de relief ne sont pas affichés dans ce mode. Une fois le graphique finalisé, vous pouvez désactiver le mode Brouillon.

Pour désactiver le mode Brouillon, vous avez deux possibilités :

- Cliquez sur l'indicateur de mode Brouillon du graphique et sélectionnez **Désactiver le mode Brouillon**.
- Sélectionnez le graphique concerné et cliquez sur le bouton **Brouillon** du groupe *Mode* de l'onglet contextuel **Création**. Il agit comme un bouton bascule et permet donc de réactiver le mode Brouillon.

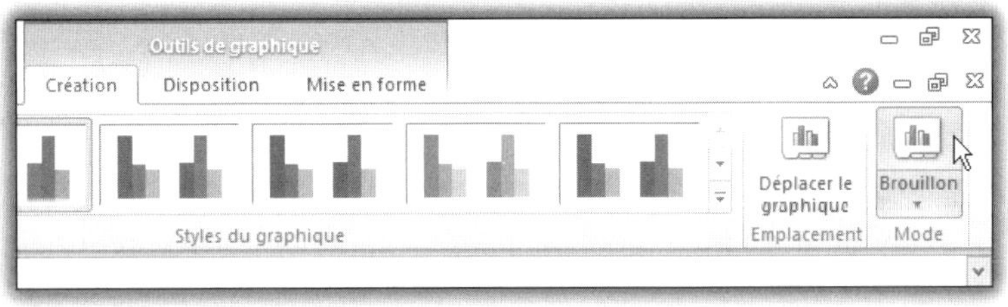

Figure 12.6 : *Le bouton Brouillon*

En cliquant sur le bouton fléché situé sous le bouton **Brouillon** du groupe *Mode* de l'onglet contextuel **Création**, vous accédez à un menu déroulant qui permet d'activer ou de désactiver le mode Brouillon du graphique sélectionné. Vous pouvez également activer ou désactiver le mode Brouillon pour l'ensemble des graphiques du classeur (**Appliquer le mode Brouillon à tous les graphiques** ou **Appliquer le mode Normal à tous les graphiques**).

12.2. Modifier les données sources d'un graphique

Au-delà de la mise en forme, ce qui importe avant tout dans un graphique sont les données représentées, ou données sources. Nous allons à présent nous intéresser aux moyens de modifier et de gérer ces données sources.

Modifier rapidement le périmètre des données représentées

Lorsque vous créez un graphique fondé sur une plage de cellules contiguës, il est possible de modifier facilement et rapidement les données sources.

1 Sélectionnez le graphique à modifier.

2 La plage de cellules contenant les données sources est entourée en bleu sur la feuille de calcul. Lorsque vous approchez le pointeur de cet encadrement bleu, celui-ci devient plus épais.

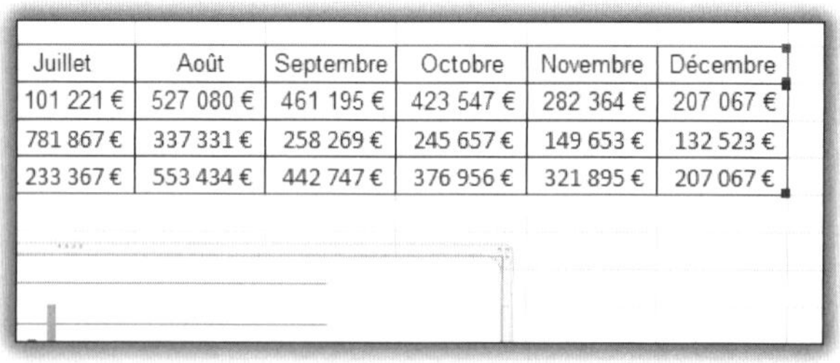

Juillet	Août	Septembre	Octobre	Novembre	Décembre
101 221 €	527 080 €	461 195 €	423 547 €	282 364 €	207 067 €
781 867 €	337 331 €	258 269 €	245 657 €	149 653 €	132 523 €
233 367 €	553 434 €	442 747 €	376 956 €	321 895 €	207 067 €

Figure 12.7 : *Encadrement des données représentées*

3 Positionnez le pointeur sur l'un des angles de la sélection : le pointeur change alors d'apparence. Vous pouvez redimensionner le contour. Seules les données encadrées seront représentées.

Vous pouvez utiliser cette technique pour étendre ou au contraire réduire le "périmètre" des données représentées.

Intervertir lignes et colonnes

Lorsque le graphique est fondé sur une plage de cellules contiguës, vous avez la possibilité d'intervertir les lignes et les colonnes.

1 Sélectionnez le graphique à modifier.

2 Sous l'onglet contextuel **Création**, cliquez sur le bouton **Intervertir les lignes/colonnes** du groupe *Données*.

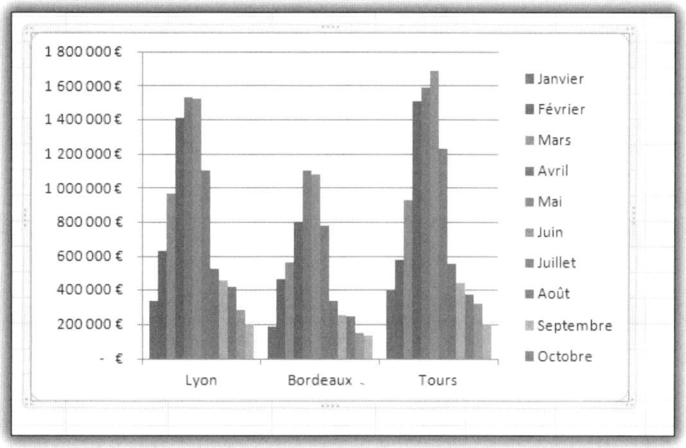

Figure 12.8 : *Le graphique initial inversé*

Cliquez à nouveau sur le même bouton pour rétablir l'ordre initial.

Ajouter une série de données

Un graphique peut être amené à évoluer : nouveau magasin dont il faut représenter les ventes, ajout d'une courbe d'objectifs, etc. Lorsque les données sont situées dans une plage de cellules contiguës, il suffit d'étendre le périmètre des données pour modifier le graphique. Mais si les nouvelles données se trouvent quelques lignes plus bas ou sur une autre feuille, comment faire ?

Voici une première méthode pour ajouter une série de données.

1 Sélectionnez le graphique auquel il faut ajouter une série de données.

2 Sous l'onglet contextuel **Création**, cliquez sur le bouton **Sélectionner des données** du groupe *Données* (ou cliquez du bouton droit sur le graphique et sélectionnez la commande **Sélectionner des données** du menu contextuel).

3 Dans la boîte de dialogue **Sélectionner la source de données**, cliquez sur le bouton **Ajouter**.

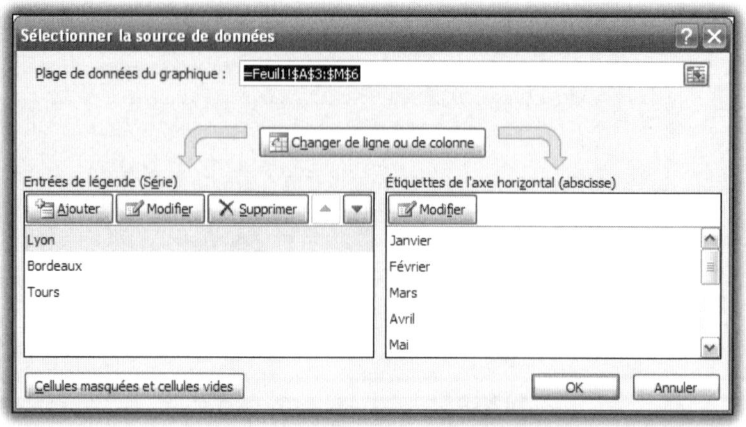

Figure 12.9 : *La boîte de dialogue Sélectionner la source de données*

4 Dans la boîte de dialogue **Modifier la série**, saisissez le nom de la nouvelle série ou sélectionnez la cellule qui contient le nom. Il est préférable d'utiliser une cellule pour définir le nom de la série. En cas de changement dans la cellule, le graphique sera automatiquement mis à jour. Sélectionnez la plage de cellules contenant les données.

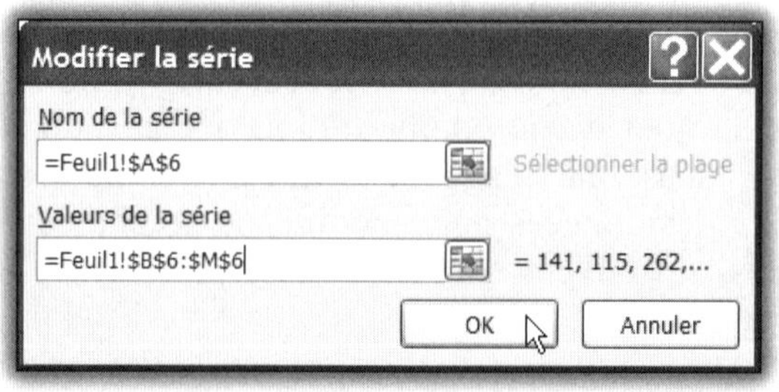

Figure 12.10 : *Définition de la nouvelle série de données*

5 Validez par OK.

6 Utilisez les boutons **Déplacer vers le haut** ou **Déplacer vers la bas** pour modifier l'ordre d'affichage des séries.

Figure 12.11 : *Des boutons pour modifier l'ordre des séries*

7 Validez par OK.

REMARQUE

Gestion des cellules vides et des cellules masquées

Dans la boîte de dialogue **Sélectionner la source de données**, cliquez sur le bouton **Cellules masquées et cellules vides** pour accéder aux

> REMARQUE
> paramètres de gestion de ces cellules. Par défaut, les cellules vides ne sont pas représentées. Le graphique affiche un vide. À votre demande, Excel est capable d'assimiler les cellules vides à des cellules contenant la valeur zéro. Dans ce cas, le graphique ne sera pas discontinu. Dans le cas des courbes, vous pouvez demander à Excel qu'il interpole les valeurs manquantes.
>
> En ce qui concerne les cellules masquées, choisissez si besoin de les représenter en cochant la case *Afficher les données des lignes et colonnes masquées*.

Il est également possible d'utiliser la technique du copier-coller pour ajouter rapidement une série de données.

1 Sélectionnez les cellules contenant les données de la série à ajouter.
2 Copiez la plage de cellules (Ctrl+C par exemple).
3 Sélectionnez le graphique auquel il faut ajouter une série de données.
4 Collez les données (Ctrl+V par exemple).

Supprimer une série de données

Si une série de données s'avère superflue, il convient de la supprimer.

1 Sélectionnez le graphique.
2 Sous l'onglet contextuel **Création**, cliquez sur le bouton **Sélectionner des données** du groupe *Données*.
3 Dans la boîte de dialogue **Sélectionner la source de données**, sélectionnez la série à supprimer.
4 Cliquez sur le bouton **Supprimer**.
5 Validez par OK.

Voici une autre méthode de suppression utilisant le clavier.

1 Sélectionnez le graphique.
2 Sélectionnez sur le graphique la série à supprimer en cliquant sur l'un de ses éléments (point pour les courbes, bâtonnet pour les histogrammes…).
3 Appuyez sur la touche Suppr.

12.3. Affiner la présentation d'un graphique

Une fois le graphique créé, vous pouvez affiner sa présentation afin qu'elle réponde au mieux à vos besoins.

Modifier l'apparence générale d'un graphique

Changer de type de graphique

C'est le changement le plus radical. Il s'agit, par exemple, de passer d'un histogramme à une représentation en courbes. Bien entendu, il faut que les données du graphique soient compatibles avec le nouveau type de représentation choisi.

1 Sélectionnez le graphique à modifier.

2 Sous l'onglet contextuel **Création**, cliquez sur le bouton **Modifier le type de graphique** du groupe *Type* (ou cliquez du bouton droit sur le graphique et sélectionnez la commande **Modifier le type de graphique** du menu contextuel).

3 Dans la boîte de dialogue **Modifier le type de graphique**, sélectionnez le nouveau type de représentation.

4 Validez par OK.

Modifier rapidement la disposition des éléments

Une fois choisi le type de représentation, il convient de se préoccuper de l'agencement des différents éléments du graphique : le titre, les titres des axes, la légende, etc.

1 Sélectionnez le graphique à modifier.

2 Sous l'onglet contextuel **Création**, choisissez l'une des présentations disponibles dans le groupe *Dispositions du graphique*. Cliquez sur les boutons fléchés situés à droite pour faire défiler les propositions. Les choix varient en fonction du type de représentation (courbes, histogrammes, secteurs...).

Figure 12.12 :
Choix de la disposition des éléments pour un histogramme

3 Cliquez sur la disposition qui vous convient.

Modifier dans le détail la disposition des éléments

Pour modifier plus finement la disposition des éléments du graphique, utilisez les boutons des groupes *Étiquettes*, *Axes* et *Arrière-plan* de l'onglet contextuel **Disposition**.

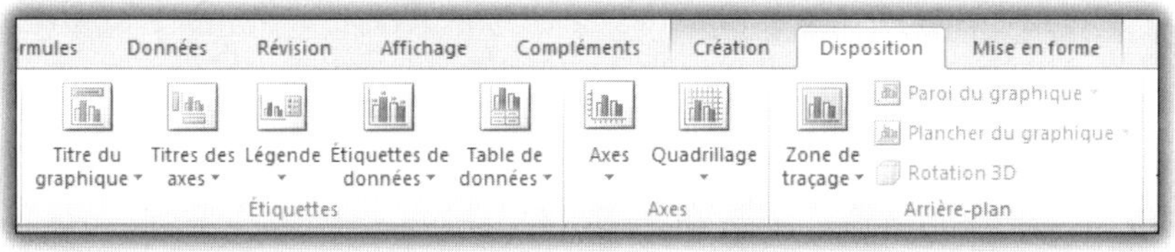

Figure 12.13 : *Des outils pour modifier la disposition des éléments*

Les boutons du groupe Titres

- **Titre du graphique** permet d'afficher le titre au-dessus du graphique ou partiellement superposé au graphique.
- **Titres des axes** permet d'afficher le titre de l'axe horizontal et de l'axe vertical.
- **Légende** permet d'afficher la légende à plusieurs emplacements (à droite, à gauche, au-dessus ou en dessous du graphique).
- **Étiquettes de données** permet d'afficher les étiquettes de données à plusieurs emplacements.
- **Table de données** permet d'afficher la table de données (tableaux des données sources) sur le graphique à plusieurs emplacements.

Tous ces boutons proposent un dernier choix, intitulé **Autres options de**, qui affiche une boîte de dialogue donnant accès à un plus grand nombre de paramètres.

Les boutons du groupe Axes

- **Axes** permet d'afficher l'axe horizontal et l'axe vertical.
- **Quadrillage** permet d'afficher le quadrillage principal et secondaire de chaque axe.

Ces deux boutons proposent un dernier choix, intitulé **Autres options de**, qui affiche une boîte de dialogue donnant accès à un plus grand nombre de paramètres.

Les boutons du groupe Arrière-plan

- **Zone de traçage** permet de matérialiser la zone de traçage.
- **Paroi de graphique** (pour les graphiques en 3D) permet de matérialiser la paroi verticale du graphique.
- **Plancher de graphique** (pour les graphiques en 3D) permet de matérialiser la paroi horizontale du graphique.
- **Vue 3D** (pour les graphiques en 3D) affiche une boîte de dialogue permettant de modifier les paramètres de vue en 3D.

Les trois premiers boutons proposent un dernier choix, intitulé **Autres options de**, qui affiche une boîte de dialogue donnant accès à un plus grand nombre de paramètres.

Modifier le style du graphique

Vous avez la possibilité de modifier rapidement le style du graphique. Il s'agit en fait de changer le jeu de couleurs, le remplissage de la zone de traçage, etc.

1. Sélectionnez le graphique à modifier.
2. Sous l'onglet contextuel **Création**, choisissez l'une des présentations disponibles dans le groupe *Styles du graphique*. Cliquez sur les boutons fléchés situés à droite pour faire défiler les différentes propositions. Les choix proposés varient en fonction du type de représentation (courbes, histogrammes, secteurs…).

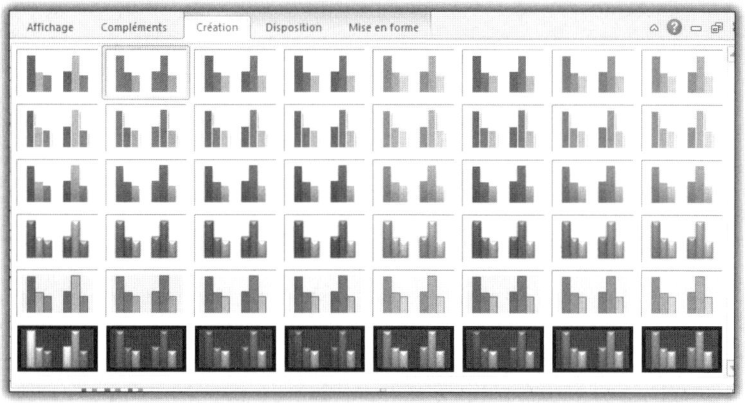

Figure 12.14 : *Choix du style du graphique*

3 Cliquez sur le style qui vous convient.

Modifier l'emplacement du graphique

Lors de la création, le graphique est créé en tant qu'objet sur la feuille active. Toutefois, il est possible de modifier son emplacement.

1 Sélectionnez le graphique à modifier.

2 Sous l'onglet contextuel **Création**, cliquez sur le bouton **Déplacer le graphique** du groupe *Emplacement*.

3 Dans la boîte de dialogue **Déplacer le graphique**, sélectionnez *Nouvelle feuille* pour placer le graphique dans une nouvelle feuille de graphique. Sélectionnez *Objet dans*, puis une feuille de calcul du classeur pour le placer en tant qu'objet dans une feuille de calcul.

4 Validez par OK.

Modifier en détail l'apparence des axes

Les axes ont une importance fondamentale pour la lisibilité d'un graphique. En effet, ils permettent d'indiquer la nature des données représentées, ainsi que les ordres de grandeur des valeurs. Pour modifier l'apparence d'un axe, cliquez du bouton droit dessus puis sélectionnez **Mise en forme de l'axe** dans le menu contextuel.

La boîte de dialogue **Format de l'axe** est organisée en huit catégories :

- **Options d'axes** : en choisissant *Fixe*, vous pouvez spécifier les valeurs minimale et maximale pour l'axe sélectionné, ainsi que l'espacement entre les graduations principales et secondaires, qui conditionneront la finesse des quadrillages associés. Si vous sélectionnez *Automatique* pour chaque valeur, Excel se chargera de calculer les différentes valeurs. Avec la liste de choix *Unités d'affichage*, vous pouvez rendre plus lisibles les grands nombres en les affichant en milliers, millions, etc. Si vous activez la case à cocher *Échelle logarithmique*, Excel tracera le graphique avec une échelle logarithmique, ce qui permettra de prendre en compte des données avec une très forte amplitude. La case à cocher *Valeurs en ordre inverse* permet de tracer le graphique "à l'envers", en positionnant la plus grande valeur en bas. Vous pouvez également spécifier les paramètres des graduations de l'axe, ainsi que la position des étiquettes de graduation. Enfin, libre à vous de spécifier à quel endroit l'axe horizontal doit couper l'axe vertical.
- **Nombre** : indiquez sous cet onglet le format d'affichage des étiquettes de graduation. Si vous cochez la case *Lier à la source*, le format des données du graphique (dans la feuille de calcul) sera appliqué aux étiquettes de graduation.
- **Remplissage** : spécifiez les paramètres de remplissage de l'axe.
- **Couleur du trait** : modifiez le tracé de l'axe (type de trait, couleur).
- **Style de trait** : spécifiez les caractéristiques principales du trait de l'axe (épaisseur, type de pointillés…).
- **Ombre** : définissez les paramètres d'ombrage de l'axe.
- **Éclat et contours adoucis** : appliquez des effets estompés à l'axe.
- **Format 3D** : attribuez des effets 3D à l'axe (forme, matière, éclairage).
- **Alignement** : précisez l'orientation du texte des étiquettes de graduation.

Modifier l'apparence des éléments d'un graphique

Vous pouvez modifier les couleurs, appliquer une texture ou un motif, changer l'épaisseur de trait ou le style de bordure pour les indicateurs de données, la zone de graphique, la zone de traçage, le quadrillage, les axes et les marques de graduation dans les graphiques 2D et 3D, les courbes de tendance et les barres d'erreur dans les graphiques 2D, et les panneaux et planchers dans les graphiques 3D.

1 Sélectionnez l'élément graphique à modifier. Cliquez du bouton droit dessus et sélectionnez la commande **Format de** ou **Mise en forme de** dans le menu contextuel.

2 Dans la boîte de dialogue **Format de**, spécifiez les paramètres souhaités dans les différentes catégories.

REMARQUE

Mise en forme appliquée à un axe

Toute mise en forme appliquée à un axe est également appliquée à ses marques de graduation. La mise en forme du quadrillage est indépendante de celle des axes.

Modifier l'apparence d'une donnée d'un graphique

Il est possible de mettre en évidence une donnée particulière sur un graphique (un bâtonnet dans un histogramme, un segment sur une courbe…), en lui appliquant une mise en forme qui la distingue des autres.

1 Sélectionnez la série de données à laquelle elle appartient en cliquant sur une donnée de la série.

2 Cliquez sur la donnée "remarquable".

La sélection est alors restreinte à cette seule donnée, et non plus à la série.

3 Pour modifier son apparence, cliquez du bouton droit sur la sélection et choisissez **Mettre en forme le point de données** dans le menu contextuel. Il s'agit de **Mettre en forme le point de données**, et non de **Mettre en forme une série de données**, puisque seule la donnée est sélectionnée (voir Figure 12.15).

4 Dans la boîte de dialogue **Mettre en forme le point de données**, choisissez la mise en forme qui vous convient puis validez par OK.

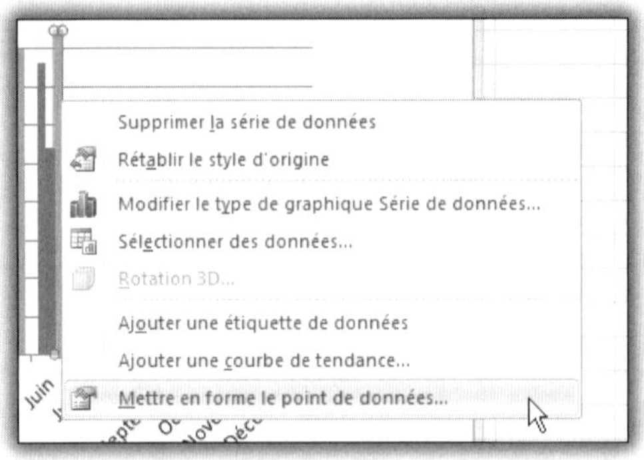

Figure 12.15 : *Modification de l'apparence d'une donnée*

Lisser les angles des graphiques en courbes

Cette procédure, destinée à lisser des angles d'un graphique en courbes, n'a aucune incidence sur les données.

1 Cliquez du bouton droit sur la série de données correspondant à la courbe que vous voulez lisser.

2 Dans le menu contextuel, sélectionnez **Mettre en forme une série de données** puis sélectionnez la catégorie *Style de trait* dans la boîte de dialogue **Mise en forme des séries de données**.

3 Activez la case à cocher *Lissage*.

Excentrer des secteurs dans les graphiques en secteurs ou en anneaux

Pour excentrer tous les secteurs dans un graphique en secteurs :

1 Cliquez du bouton droit sur le graphique en secteurs et sélectionnez **Mettre en forme une série de données**.

2 Dans la boîte de dialogue **Mise en forme des séries de données**, sélectionnez la catégorie *Options des séries*.

3 Déplacez le curseur de la rubrique *Explosion* ou saisissez une valeur dans la zone. Un aperçu instantané vous permet de visualiser les changements directement sur le graphique.

4 Cliquez sur **Fermer**.

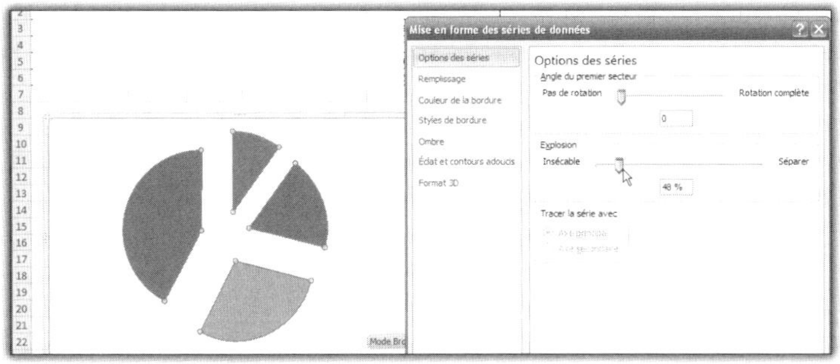

Figure 12.16 : *Éclatement des secteurs*

Pour excentrer un seul secteur, cliquez sur le graphique puis sur le secteur à déplacer, et faites-le glisser vers l'extérieur.

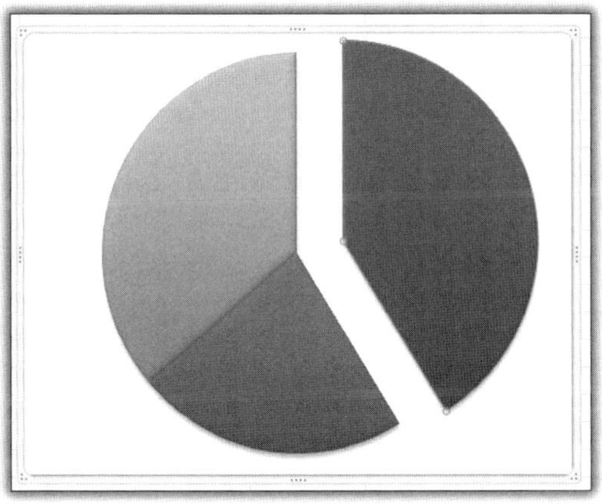

Figure 12.17 : *Mise en évidence d'un secteur*

Procédez de la même manière pour excentrer des secteurs de l'anneau extérieur d'un graphique en anneaux.

Modifier l'affichage d'un graphique 3D

Les graphiques en trois dimensions (3D) sont souvent impressionnants et parfois peu lisibles. Pour remédier à cela, il suffit bien souvent de les orienter convenablement.

Pour accéder aux fonctions qui permettent d'orienter un graphique 3D, cliquez sur le bouton **Rotation 3D** du groupe *Arrière-plan* de l'onglet contextuel **Disposition** (ou cliquez du bouton droit et sélectionnez la commande **Rotation 3D** du menu contextuel). Vous pouvez alors modifier l'orientation du graphique selon différents axes, modifier la perspective, etc.

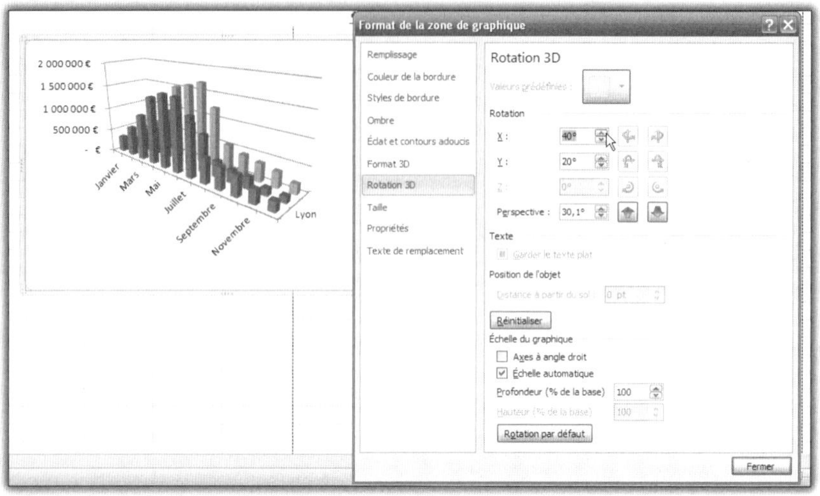

Figure 12.18 : Les paramètres de la vue 3D

Un aperçu instantané vous permet de visualiser les changements directement sur le graphique.

12.4. Aller plus loin avec les graphiques

Vous allez à présent découvrir des fonctionnalités qui vous permettront de valoriser vos données.

Utiliser simultanément deux types de graphiques

Lorsque plusieurs séries de données sont tracées sur un même graphique, il est possible de leur attribuer des modes de représentation différents. Par exemple, vous pouvez faire cohabiter sur un même graphique courbe et histogramme. Bien entendu, il faut que les types soient compatibles : il est impossible de faire cohabiter une courbe avec un graphique en anneaux.

Supposons que vous disposiez d'un graphique représentant deux séries de données sous forme d'histogramme et que vous souhaitiez représenter l'une des deux sous forme de courbe. Pour cela, cliquez du bouton droit sur la série concernée et choisissez **Modifier le type de graphique Série de données** dans le menu contextuel. Dans la boîte de dialogue **Modifier le type de graphique**, choisissez le type de graphique à appliquer à la série sélectionnée.

Si vous aviez cliqué sur la zone de graphique, et non sur une série de données, le changement de représentation aurait été appliqué à toutes les séries de données du graphique.

Ajouter un axe secondaire

Sur un même graphique, vous pouvez représenter deux séries de données dont les ordres de grandeur sont différents. L'exemple le plus courant est sans doute la cohabitation entre une donnée en valeur absolue et une donnée exprimée en pourcentage (un chiffre d'affaires et une marge ou un résultat exprimé en pourcentage de ce chiffre d'affaires). Si vous tracez ces deux séries sans précaution particulière, celle des pourcentages sera vraisemblablement confondue avec l'axe des abscisses et n'apportera pas d'information pertinente.

Afin de remédier à ce problème, il faut activer un deuxième axe des ordonnées dont l'échelle sera plus adaptée à l'ordre de grandeur de la série de données. Pour cela, cliquez du bouton droit sur la série à affecter au deuxième axe et sélectionnez la commande **Mettre en forme une série de données** du menu contextuel.

Dans la boîte de dialogue **Mise en forme des séries de données**, sélectionnez la catégorie *Options des séries* et choisissez *Axe secondaire*. (voir Figure 12.19)

L'axe secondaire, gradué de façon adaptée à la série choisie, apparaît à droite du graphique. Il est possible de le paramétrer de la même manière que l'axe principal.

Afin de faciliter la sélection de la série, il est préférable de créer un graphique en courbes. En effet, dans un histogramme, la série des valeurs "faibles" n'apparaîtra pas et il sera plus difficile d'y accéder pour l'affecter au deuxième axe.

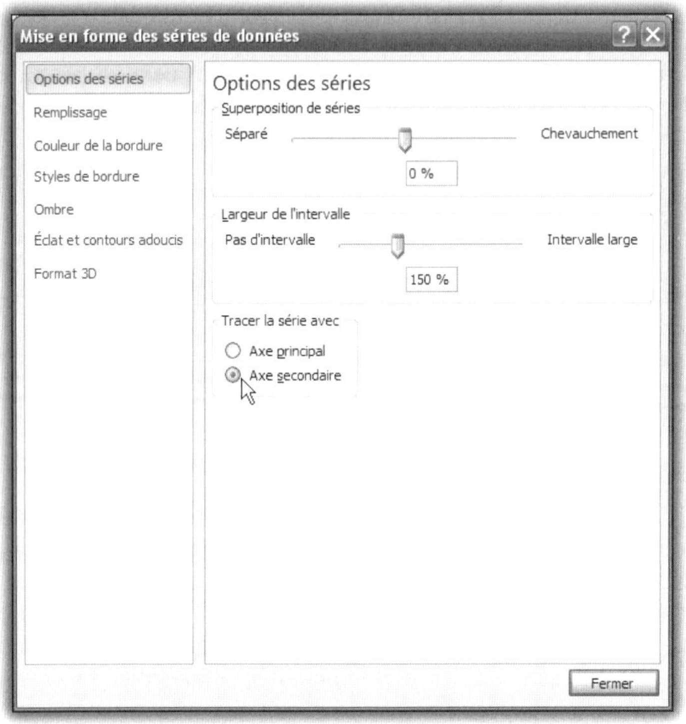

Figure 12.19 : *Ajout d'un axe secondaire*

Ajouter des courbes de tendance

Lorsqu'un graphique représente des données "brutes", il est parfois délicat de distinguer la tendance. Afin d'éliminer le "bruit de fond", il est souvent intéressant de tracer des courbes de tendance. Elles sont issues de calculs statistiques qui, sans être forcément très complexes, peuvent s'avérer fastidieux. Pour vous éviter ces soucis, Excel vous propose de tracer automatiquement des courbes de tendance pour vos séries de données.

Pour ajouter rapidement une courbe de tendance à une série de données :

1 Sélectionnez la série de données.
2 Sous l'onglet contextuel **Disposition**, cliquez sur le bouton **Courbe de tendance** du groupe *Analyse*.

3 Sélectionnez le type de courbe le plus approprié. Si les choix proposés ne vous conviennent pas, sélectionnez **Autres options de la courbe de tendance**. Dans la boîte de dialogue **Format de courbe de tendance**, la catégorie *Options de courbe de tendance* vous permet de choisir le type de courbe à appliquer :

- *Exponentielle* est adaptée aux évolutions dont la croissance s'accélère avec le temps.
- *Linéaire* est l'option la plus simple, puisqu'il s'agit d'une droite (dite "d'ajustement" ou "de régression linéaire"). Elle est adaptée aux évolutions régulières.
- *Logarithmique* est adaptée aux évolutions dont la croissance se réduit avec le temps.
- *Polynomiale* est une équation du type $a_n X^n + a_{n-1} X^{n-1} + ... + a_0$, où n est l'ordre du polynôme.
- *Puissance* est adaptée aux évolutions dont la croissance s'accélère avec le temps.
- *Moyenne mobile* : Excel détermine chaque point de la courbe en calculant la moyenne de plusieurs valeurs brutes successives (dont le nombre est à préciser dans *Période*). Cela permet de lisser les variations.

4 Spécifiez un nombre de périodes dans les zones *Transférer* et *Reculer*. Cela permet de prolonger la tendance dans le futur (*Transférer*) ou dans le passé (*Reculer*). La prolongation dans le futur permet d'établir des objectifs fondés sur la tendance actuelle.

5 En cochant les cases correspondantes, il est possible d'afficher l'équation sur le graphique ou le coefficient de détermination. Ce coefficient reflète la validité de la courbe de tendance. Plus il est proche de 1, plus la courbe reflète correctement les données brutes.

6 À l'aide des autres catégories de paramètres (*Ligne*, *Style de trait* et *Ombre*), vous pouvez modifier le style de tracé de la courbe de tendance, au même titre que les autres séries de données du graphique.

7 Cliquez sur **Fermer** (voir Figure 12.20).

Il est possible de tracer plusieurs courbes de tendance pour une même série de données.

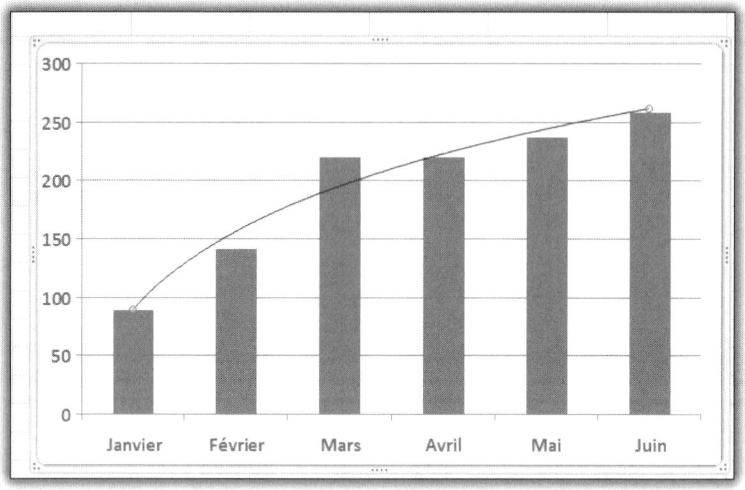

Figure 12.20 : *Ajout d'une courbe de tendance*

Une fois la courbe de tendance tracée, elle fait partie du graphique au même titre que les séries de données. Il est possible de modifier ses paramètres. Pour cela, cliquez du bouton droit puis choisissez **Format de la courbe de tendance** pour afficher à nouveau la boîte de dialogue **Format de courbe de tendance**.

Pour supprimer une courbe de tendance, sélectionnez-la et appuyez sur la touche [Suppr].

Faciliter la lecture des données d'un graphique en ajoutant des barres ou des lignes

Il est possible d'ajouter des lignes de série pour relier les séries de données des graphiques 2D en barres ou en histogrammes empilés. Les lignes de projection sont disponibles dans les graphiques 2D et 3D en aires ou en courbes. Les lignes haut/bas et les barres hausse/baisse sont disponibles dans les graphiques 2D en courbes. Les graphiques boursiers contiennent déjà des lignes haut/bas et des barres hausse/baisse.

Pour ajouter des lignes de projection :

1 Sélectionnez une série de données.

2 Sous l'onglet contextuel **Disposition**, cliquez sur le bouton **Lignes** du groupe *Analyse*.

3 Sélectionnez l'option correspondant au type de ligne souhaité.

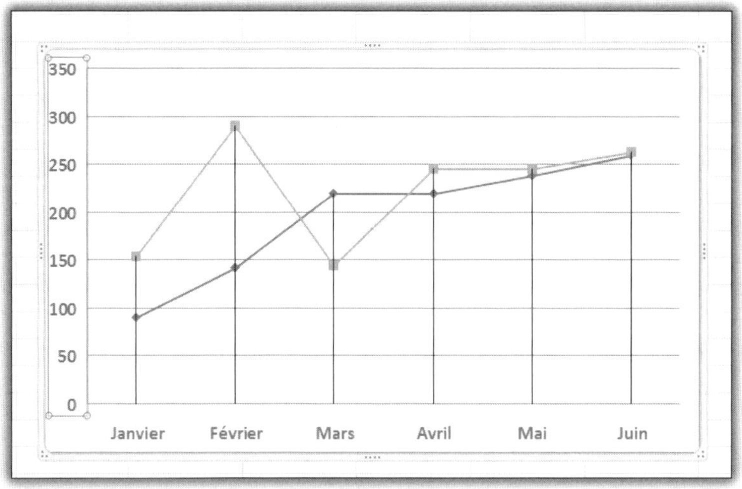

Figure 12.21 : *Les lignes de projection*

Pour ajouter des barres :

1 Sélectionnez une série de données.

2 Sous l'onglet contextuel **Disposition**, cliquez sur le bouton **Barres haut/bas** du groupe *Analyse*.

3 Sélectionnez l'option correspondant au type de barre souhaité.

Ajouter des barres d'erreur

Les barres d'erreur représentent sous forme graphique la marge d'erreur potentielle concernant chaque indicateur de données dans une série. Par exemple, il est possible d'afficher les résultats d'une expérience scientifique avec une marge d'erreur positive et négative de 5 %.

Vous pouvez ajouter des barres d'erreur à des graphiques en aires, en barres, en histogrammes, en courbes, en nuages de points (XY) et en bulles 2D. En ce qui concerne les graphiques en nuages de points (XY) et en bulles, il est possible d'afficher les barres d'erreur pour les valeurs X, les valeurs Y, ou les deux à la fois.

1 Sélectionnez une série de données.

2 Sous l'onglet contextuel **Disposition**, cliquez sur le bouton **Barres d'erreur** du groupe *Analyse*.

3 Sélectionnez le type de barre d'erreur à afficher. Si les choix proposés ne vous conviennent pas, sélectionnez **Autres options de barres d'erreur**. Définissez ensuite les caractéristiques des barres d'erreur à afficher.

Copier un graphique comme une image

Lorsque vous copiez puis collez un graphique, vous collez toute la définition du graphique (et notamment la référence aux séries de données), et pas seulement sa représentation. Dans certains cas (réalisation d'un rapport, d'un document de présentation...), il est souhaitable de transformer le graphique en image afin qu'il soit "figé".

1 Sélectionnez le graphique. Cliquez sur le bouton fléché situé sous le bouton **Coller** de l'onglet **Accueil** et sélectionnez **Copier comme image**. La boîte de dialogue **Copier une image** apparaît.

Figure 12.22 :
Copier comme une image

2 Spécifiez les paramètres en fonction de l'usage souhaité de l'image (impression ou visualisation à l'écran) puis validez par OK.

3 Positionnez-vous sur l'emplacement de destination et cliquez sur le bouton **Coller** de l'onglet **Accueil** et sélectionnez **Coller comme image**. Une copie "statique" du graphique est collée.

12.5. Créer des graphiques sparkline

Les graphiques sparkline, nouveautés d'Excel 2010, sont des petits graphiques que vous pouvez insérer à l'arrière-plan dans une cellule de la feuille de calcul. Ils permettent de représenter visuellement les données et ainsi de mettre en évidence les tendances d'une série de valeurs, comme les variations saisonnières, les valeurs maximale et minimale, les cycles économiques, etc. Pour en optimiser l'impact, placez un graphique sparkline près des données qu'il représente.

Insérer un graphique sparkline

Supposons que vous disposiez du tableau des ventes mensuelles de trois succursales d'une entreprise.

Ventes	Janvier	Février	Mars	Avril	Mai	Juin	Juillet	Août	Septembre	Octobre	Novembre	Décembre
Lyon	338 837 €	630 614 €	969 451 €	1 411 822 €	1 534 180 €	1 524 767 €	1 101 221 €	527 080 €	461 195 €	423 547 €	282 364 €	207 067 €
Bordeaux	186 360 €	466 654 €	562 282 €	804 738 €	1 104 609 €	1 082 585 €	781 867 €	337 331 €	258 269 €	245 657 €	149 653 €	132 523 €
Tours	396 440 €	580 165 €	930 673 €	1 510 649 €	1 595 547 €	1 692 492 €	1 233 367 €	553 434 €	442 747 €	376 956 €	321 895 €	207 067 €

Figure 12.23 : *Le tableau des ventes*

Insérez une colonne afin d'y intégrer des graphiques sparkline.

Ventes	Tendance	Janvier
Lyon		338 837
Bordeaux		186 360
Tours		396 440

Figure 12.24 : *Insertion d'une colonne*

Il s'agit à présent d'insérer un premier graphique sparkline.

1. Sélectionnez les données à représenter. Dans cet exemple, elles correspondent à la première succursale.
2. Sélectionnez ensuite le type de graphique à l'aide des boutons du groupe *Graphiques sparkline* de l'onglet **Insertion** :
   - **Courbe** ;
   - **Colonne** ;
   - **Conclusions/Pertes**.

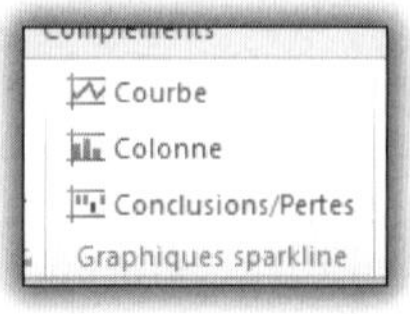

Figure 12.25 : *Les différents types de graphiques sparkline*

3 Une fois le type de graphique sélectionné, la boîte de dialogue **Créer des graphiques sparkline** apparaît. Vous pouvez alors modifier la plage de données et choisir l'emplacement de destination (*Plage d'emplacement*).

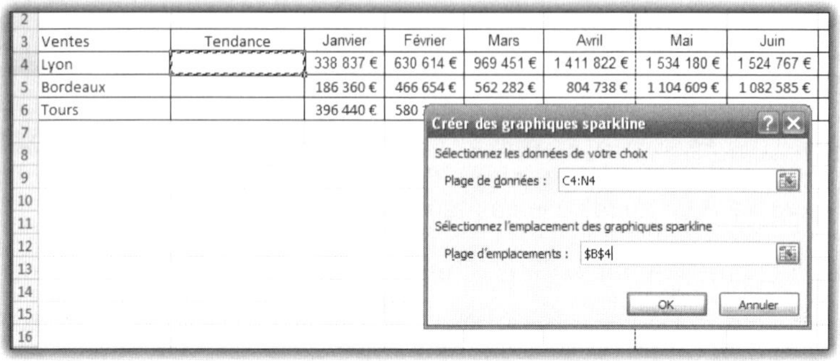

Figure 12.26 : *Création d'un graphique sparkline*

4 Validez par OK.

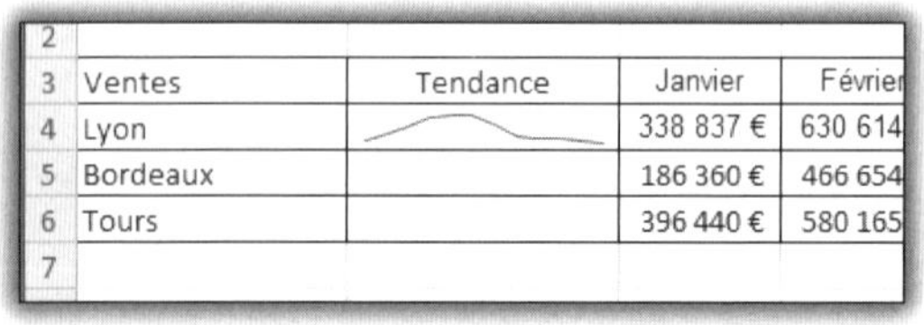

Figure 12.27 : *Le graphique est créé*

Le graphique sparkline est inséré en arrière-plan de la cellule. Vous pouvez donc saisir du texte dans la cellule, modifier sa couleur de fond, etc.

Insérer plusieurs graphiques sparkline

Vous avez également la possibilité de créer plusieurs graphiques sparkline en une seule opération. Par exemple, vous allez créer en une seule fois les graphiques correspondant aux trois succursales.

1 Sélectionnez les données à représenter. Dans cet exemple, elles correspondent à la première succursale.

2 Sélectionnez ensuite le type de graphique à l'aide des boutons du groupe *Graphiques sparkline* de l'onglet **Insertion**.

3 Dans la boîte de dialogue **Créer des graphiques sparkline**, sélectionnez la plage de cellules de destination des graphiques. Les dimensions des plages de données et de destination doivent être cohérentes. Ainsi, si vous avez sélectionné trois séries de données, vous devez sélectionner une plage de destination composée de trois cellules.

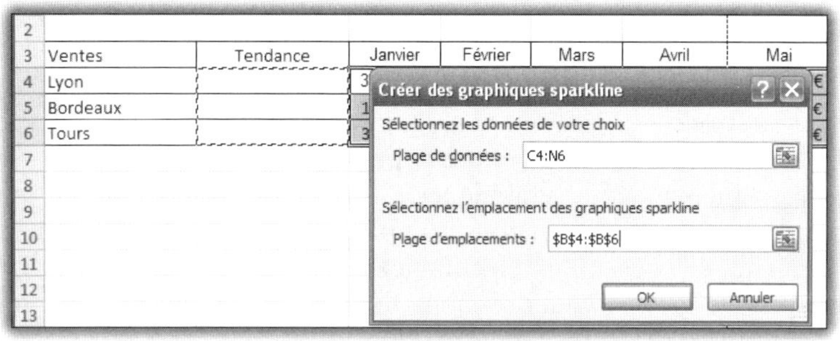

Figure 12.28 : *Création de plusieurs graphiques*

Les graphiques ainsi créés forment un groupe : toute action de mise en forme appliquée à l'un d'entre eux se répercutera sur tous les autres.

REMARQUE

Utilisation de la poignée de recopie

Vous avez la possibilité d'utiliser la poignée de recopie pour créer des graphiques sparkline à partir d'un graphique existant. Il suffit de sélectionner la cellule contenant le graphique, puis d'étendre la sélection à l'aide de la poignée de recopie. Les graphiques ainsi créés forment un groupe.

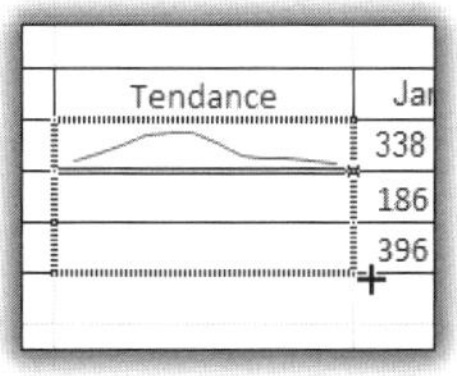

Figure 12.29 : *Utilisation de la poignée de recopie*

Modifier les graphiques sparkline

Lorsque vous sélectionnez une cellule ou une plage de cellules contenant un graphique sparkline, l'onglet contextuel **Création** fait son apparition sur le Ruban. Il permet de modifier l'apparence des graphiques.

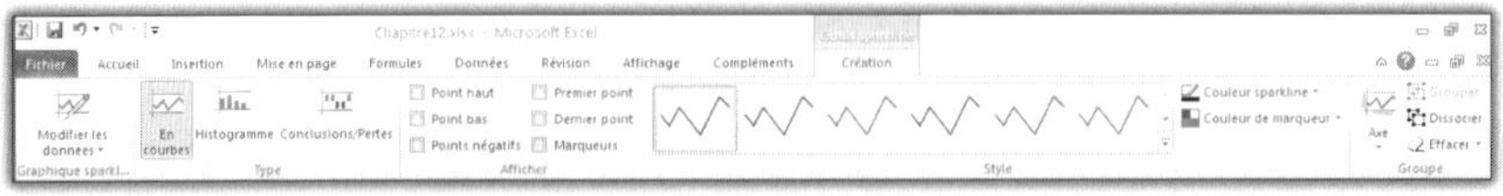

Figure 12.30 : *L'onglet contextuel Création*

Modifier les données

À l'aide du bouton **Modifier les données** du groupe *Graphiques sparkline*, vous accédez à la boîte de dialogue **Modifier les graphiques sparkline**. Elle permet de modifier les plages de cellules, ainsi que les emplacements des graphiques. Si vous sélectionnez plusieurs graphiques, les modifications s'appliqueront à chacun d'entre eux. En revanche, si vous n'en sélectionnez qu'un, vous avez la possibilité de modifier le groupe auquel il appartient ou le graphique uniquement.

Figure 12.31 : *Modification d'un seul graphique*

Vous pouvez déterminer la façon dont un graphique sparkline gère les cellules vides d'une plage dans la boîte de dialogue **Paramètres des cellules masquées et vides**, accessible grâce à la commande **Cellules masquées et vides** du bouton **Modifier les données** du groupe *Graphiques sparkline.*

Modifier le type de graphique

Vous pouvez modifier le type du graphique ou du groupe de graphiques sélectionné à l'aide des boutons du groupe *Type* de l'onglet **Création**.

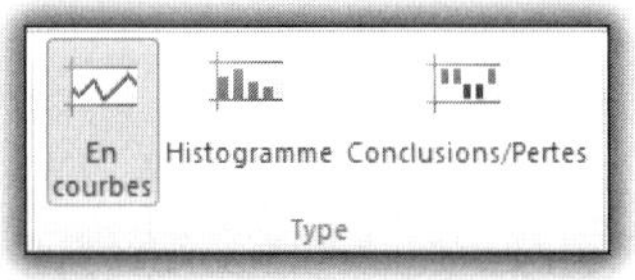

Figure 12.32 : *Le groupe Type*

Afficher des points particuliers

Vous pouvez mettre en surbrillance des marqueurs de données du graphique ou du groupe de graphiques sélectionné, en affichant tous les marqueurs ou uniquement certains. Pour cela, il faut utiliser les cases à cocher du groupe *Afficher* de l'onglet contextuel **Création**.

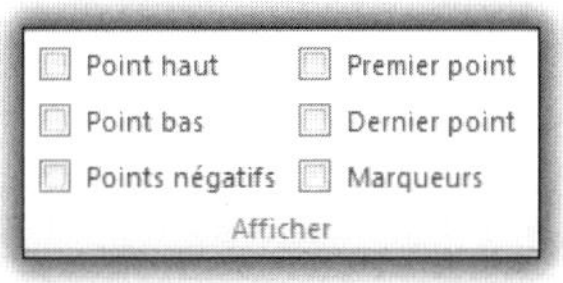

Figure 12.33 : *Le groupe Afficher*

- Activez la case à cocher *Marqueurs* pour mettre en évidence tous les marqueurs de données.
- Activez la case à cocher *Points négatifs* pour mettre en évidence les valeurs négatives.
- Activez la case à cocher *Point haut* ou *Point bas* pour mettre en évidence les valeurs les plus élevées ou les plus faibles.
- Activez la case à cocher *Premier point* ou *Dernier point* pour mettre en évidence les premières ou dernières valeurs.

Modifier la mise en forme

À l'aide des outils du groupe *Style*, vous pouvez modifier l'apparence du graphique et ses couleurs (bouton **Couleur sparkline**) ou les couleurs de chaque type de marqueur (bouton **Couleur de marqueur**).

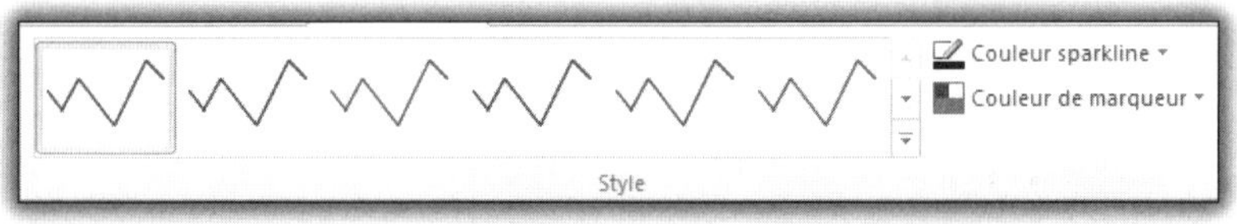

Figure 12.34 : *Le groupe Afficher*

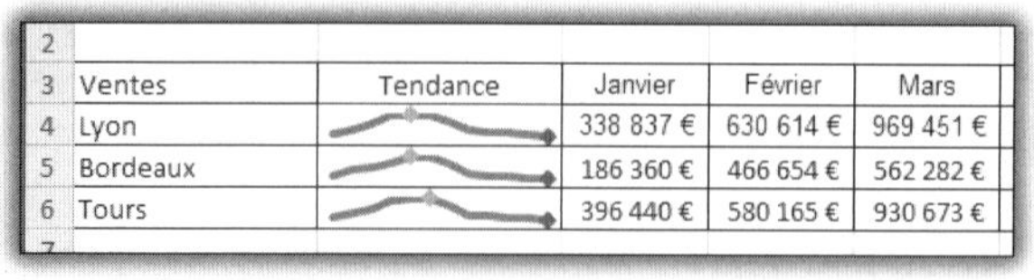

Ventes	Tendance	Janvier	Février	Mars
Lyon		338 837 €	630 614 €	969 451 €
Bordeaux		186 360 €	466 654 €	562 282 €
Tours		396 440 €	580 165 €	930 673 €

Figure 12.35 : *Le groupe de graphiques mis en forme*

Autres fonctionnalités

Si votre plage de données contient des dates, vous pouvez sélectionner la commande **Type de l'axe de date** dans les options d'axe (onglet contextuel **Création**, groupe *Groupe*, bouton **Axe**) pour organiser les points de données dans le graphique sparkline afin d'identifier les périodes irrégulières. Par exemple, si les trois premiers points de données viennent à une semaine d'intervalle exactement et que le quatrième apparaît un mois plus tard, Excel augmente l'espace entre les troisième et quatrième points en proportion pour refléter une période plus longue.

Les options d'axe vous permettent également de définir les valeurs minimale et maximale de l'axe vertical d'un graphique sparkline ou d'un groupe de graphiques sparkline. En définissant ces valeurs de façon explicite, vous contrôlez mieux l'échelle de sorte que la relation entre les valeurs est présentée plus clairement. Vous pouvez utiliser l'option *Tracer les données de droite à gauche* pour modifier la direction de traçage des données dans un graphique sparkline ou un groupe de graphiques sparkline.

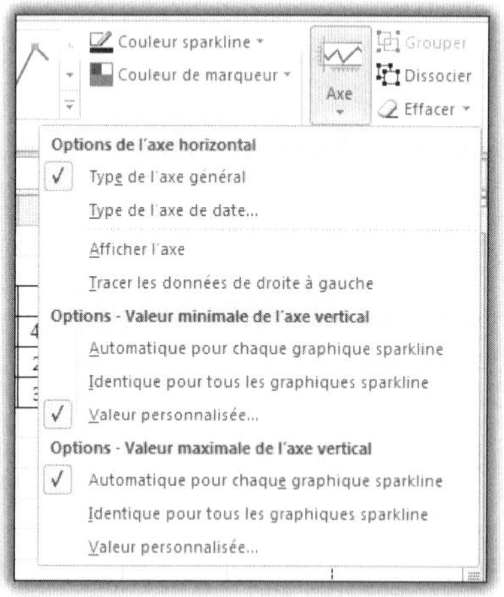

Figure 12.36 : *Le groupe de graphiques mis en forme*

À l'aide des boutons **Grouper** et **Dissocier** du groupe *Groupe* de l'onglet contextuel **Création**, vous avez la possibilité de grouper des graphiques, ou de dissocier des groupes de graphique.

Pour effacer un graphique sparkline, cliquez sur le bouton **Effacer** du groupe *Groupe* de l'onglet contextuel **Création**. Les commandes du bouton **Effacer** permettent de choisir entre la suppression du graphique sélectionné (**Supprimer les graphiques sparkline sélectionnés**) ou du groupe de graphique auquel il appartient (**Supprimer les groupes de graphiques sparkline sélectionnés**).

12.6. Cas pratique : visualiser des cours boursiers

Ce cas pratique va vous permettre de créer un graphique de suivi de cours boursiers. Aujourd'hui, iI est facile et rapide d'obtenir l'historique des cotations d'une valeur sur Internet. Excel, quant à lui, propose un type de graphique dénommé *Boursier*, qui prend en compte les particularités des données boursières. En effet, un graphique boursier doit représenter les cours d'ouverture, de clôture ainsi que les valeurs minimale et maximale sur la période.

Il est donc facile de réaliser un graphique de suivi de cours boursiers. Mais comment le mettre à jour ? En d'autres termes, comment prendre en compte quotidiennement les nouvelles données ? Pour cela, vous pouvez soit intégrer suffisamment de cellules vides dans vos données sources, soit modifier ces dernières à chaque ajout d'une valeur. Dans le premier cas, le graphique sera en partie vide. Quant à la seconde méthode, elle est un peu fastidieuse. Une solution consiste à définir des plages nommées "variables" pour représenter les données sources.

Dans cet exemple, les données s'organisent de la façon suivante :

- colonne *A* : date ;
- colonne *B* : cours d'ouverture ;
- colonne *C* : plus haut ;
- colonne *D* : plus bas ;
- colonne *E* : cours de clôture.

	A	B	C	D	E
1	03/10/2009	71,9	72,4	71,6	72,35
2	04/10/2009	72,6	72,75	70,25	71,2
3	05/10/2009	71	71,25	68,9	69,7
4	06/10/2009	68,8	69,2	68,35	68,5
5	07/10/2009	68,5	69,85	68,5	69,25
6	10/10/2009	69,7	70	69	69,2
7	11/10/2009	68,85	69,45	68,8	69,15
8	12/10/2009	68,7	69	67,8	68,2
9	13/10/2009	67,9	68,2	65,8	66,15
10	14/10/2009	66,5	66,95	64,8	66,25
11	17/10/2009	66,75	66,95	65,8	66,05
12	18/10/2009	66,1	66,15	65,1	65,15
13	19/10/2009	64,9	64,9	63,1	63,85
14	20/10/2009	65,15	65,2	63,7	63,95
15	21/10/2009	63,45	64,4	63,3	63,85
16	24/10/2009	63,85	65,15	63,75	65,05

Figure 12.37 : *Les données à représenter*

1 Créez le nom *Ouverture* via le gestionnaire de noms (onglet **Formules**, groupe *Cellules nommées*).

RENVOI

Pour plus de renseignements sur les noms de plages de cellules, reportez-vous au chapitre Élaborer des formules de calcul.

2 Dans la zone *Fait référence à*, saisissez `=DECALER($B$1;0;0;NBVAL($B:$B);1)` puis validez.

Le nom *Ouverture* est à présent créé. Pour l'instant, il fait référence à la plage *B1:B16*, car seulement six valeurs ont été saisies. La fonction `DECALER` permet ici de créer une plage débutant en *B1* et comprenant autant de lignes qu'il y a de valeurs saisies dans la colonne *B* (`NBVAL($B:$B)`). Les deux derniers arguments de la fonction `DECALER` permettent en effet de spécifier la taille de la plage de cellules résultante en fixant le nombre de lignes et de colonnes.

3 Ensuite, répétez l'opération en créant les noms suivants :

- *Dates* doit faire référence à `=DECALER($A$1;0;0;NBVAL($A:$A);1)`.
- *PlusHaut* doit faire référence à `=DECALER($C$1;0;0;NBVAL($C:$C);1)`.
- *PlusBas* doit faire référence à `=DECALER($D$1;0;0;NBVAL($D:$D);1)`.

- *Clôture* doit faire référence à `=DECALER($E$1;0;0;NBVAL($E:$E);1)`.

À présent, vous devez créer le graphique.

4 Sélectionnez la plage de cellules contenant les données initiales.

5 Sous l'onglet **Insertion**, cliquez sur le bouton **Autres graphiques** du groupe *Graphiques*, puis sélectionnez un graphique boursier.

6 Sélectionnez le graphique nouvellement créé.

7 Sous l'onglet contextuel **Création**, cliquez sur le bouton **Sélectionner des données** du groupe *Données*.

8 Dans la boîte de dialogue **Modifier la source de données**, sélectionnez la série *Série1*, puis cliquez sur le bouton **Modifier**.

9 Dans la zone *Valeurs*, faites référence au nom *Ouverture*. Pour cela, saisissez `=Graph_Boursier.xlsx!Ouverture`, où *Graph_Boursier.xlsx* est le nom du classeur actif.

10 Répétez l'opération en créant successivement les séries 2, 3 et 4, qui doivent faire référence respectivement à *PlusHaut*, *PlusBas* et *Cloture*.

11 Cliquez sur le bouton **Modifier** pour modifier les étiquettes de l'axe horizontal. Saisissez `=Graph_Boursier.xlsx!Dates`.

12 Validez par OK.

Grâce à cette méthode, les nouvelles valeurs saisies dans les différentes colonnes viendront instantanément mettre à jour le graphique.

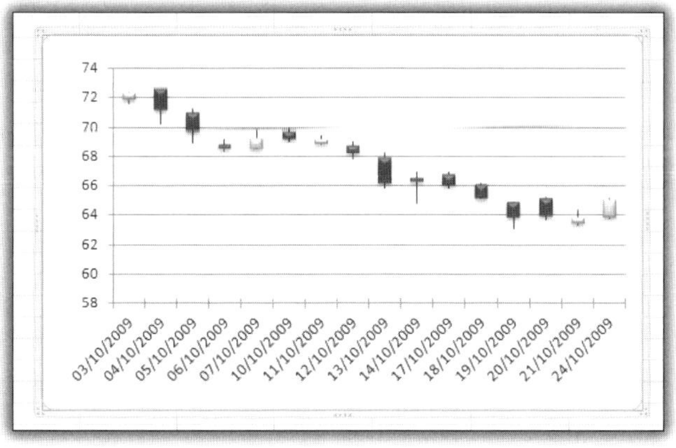

Figure 12.38 : *Le graphique terminé*

CHAPITRE 13

Insérer des dessins et des objets graphiques

Dans ce chapitre, nous allons aborder la création d'objets graphiques tels que des lignes, des rectangles, etc. Ces objets ne sont pas propres à Excel et vous pourrez les retrouver dans tous les autres outils de la suite Microsoft Office (Word, PowerPoint...). Dans Excel, ils sont "posés" sur les cellules et rendent vos feuilles plus visuelles et plus attrayantes.

Nous aborderons également l'utilisation des objets WordArt, qui permettent de mettre en valeur des textes, ainsi que l'insertion et la manipulation d'images et de cliparts.

Nous traiterons aussi de l'insertion de diagrammes. Ces derniers permettent de visualiser des processus, des organigrammes de façon claire et attrayante.

Un cas pratique conclura ce chapitre. Vous testerez les différents outils et techniques en réalisant un arbre généalogique.

13.1. Sélectionner des objets

Les poignées de dimensionnement indiquent que l'objet ou le groupe d'objets a été sélectionné.

Sélectionner un objet

Pour sélectionner un objet, il suffit de cliquer dessus. Lors du survol d'un objet, le pointeur change d'apparence : il se transforme en flèche.

Pour sélectionner un objet appartenant à un groupe :

1 Sélectionnez le groupe.
2 Sélectionnez l'objet souhaité.

Sélectionner plusieurs objets

Maintenez la touche [Maj] enfoncée en cliquant sur chaque objet que vous souhaitez sélectionner.

Pour sélectionner plusieurs objets proches les uns des autres :

1 Sous l'onglet **Édition**, cliquez sur le bouton **Rechercher et sélectionner** du groupe *Édition*, puis choisissez **Sélectionner les objets**.

2 Cliquez, et tout en maintenant le bouton de la souris enfoncé, faites glisser un cadre translucide sur les objets.

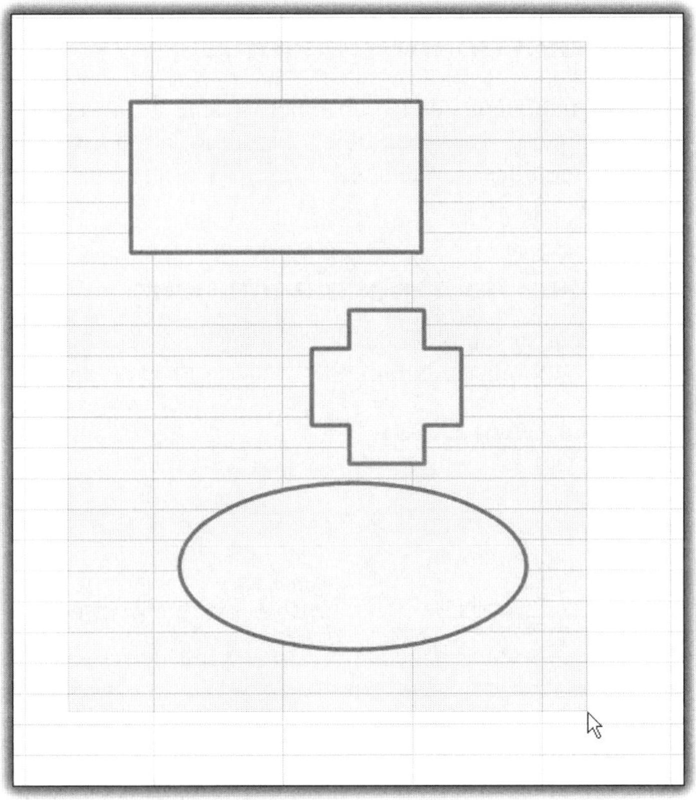

Figure 13.1 : *Sélection de plusieurs objets*

Pour revenir à la sélection de cellules :

1 Sous l'onglet **Édition**, cliquez sur le bouton **Rechercher et sélectionner** du groupe *Édition*.

2 Choisissez à nouveau **Sélectionner les objets**.

Pour sélectionner plusieurs objets faisant partie d'un groupe :

1 Sélectionnez le groupe.

2 Maintenez la touche Maj enfoncée tout en cliquant sur les objets souhaités.

Cliquez à l'extérieur des objets pour les désélectionner.

Pour les désélectionner un par un, maintenez la touche Maj enfoncée et cliquez sur chaque objet.

Manipuler des objets dessinés

Des symboles indiquent l'état d'un objet dessiné et la manière dont il peut être manipulé. Tous les objets dessinés ne pouvant pas être manipulés ou modifiés de la même façon, ils n'utilisent pas tous des symboles.

Les poignées de dimensionnement

Elles apparaissent sur un objet dessiné dès qu'il est sélectionné. Si vous faites glisser ces poignées, la taille de l'objet est réduite ou augmentée.

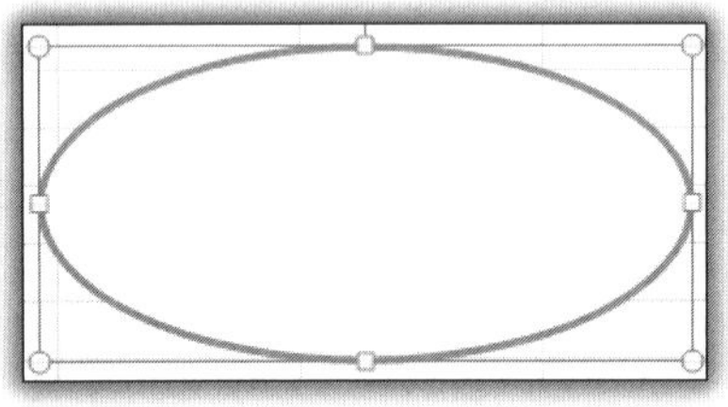

Figure 13.2 :
Un objet avec une poignée de dimensionnement

La poignée de rotation

Une poignée de rotation de couleur verte apparaît lorsque vous sélectionnez un objet. Vous pouvez alors faire pivoter ce dernier en faisant glisser la poignée.

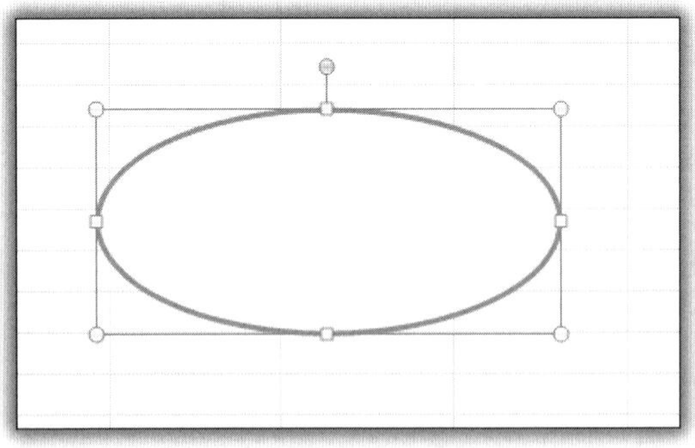

Figure 13.3 :
Un objet avec une poignée de rotation

Les poignées d'ajustement

Une poignée d'ajustement de couleur jaune apparaissant sur les formes automatiques permet d'ajuster leur apparence.

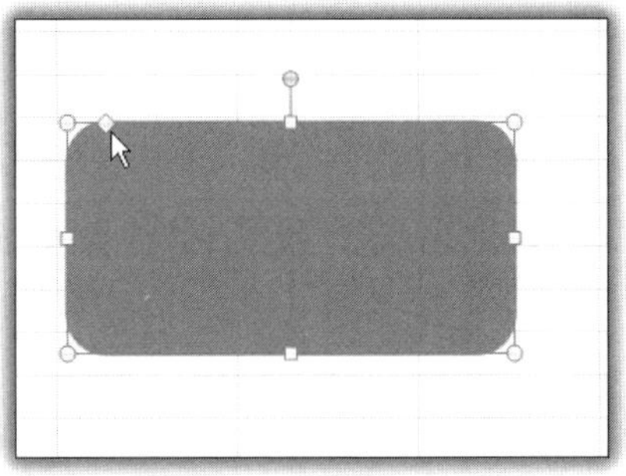

Figure 13.4 :
Des objets avec des poignées d'ajustement

Les sommets

Des ronds noirs apparaissent aux extrémités et intersections des lignes ou courbes dans des objets dessinés de type courbe et forme libre, lorsque vous cliquez du bouton droit sur une forme et que vous sélectionnez **Modifier les points** dans le menu contextuel. Vous pouvez déplacer ces sommets pour modifier la forme de l'objet.

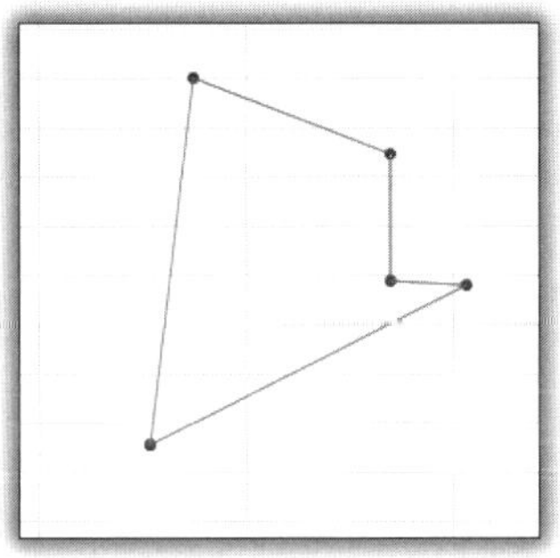

Figure 13.5 :
Un objet avec des sommets

La bordure en pointillés

Lorsqu'une zone de texte est entourée d'une bordure en pointillés, vous pouvez la mettre en forme, modifier son contenu, etc. Pour faire apparaître la bordure en pointillés, cliquez sur la zone de texte.

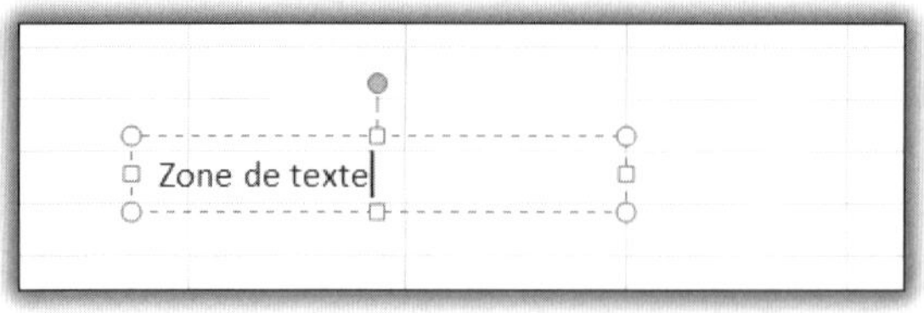

Figure 13.6 :
Une zone de texte avec une bordure en pointillés

13.2. Utiliser les formes automatiques

Vous pouvez redimensionner, faire pivoter, retourner, colorier et combiner des formes pour en créer de plus complexes. De nombreuses formes possèdent une poignée d'ajustement.

Créer des formes automatiques

Pour créer des formes, vous disposez du bouton **Formes** du groupe *Illustrations* de l'onglet **Insertion**.

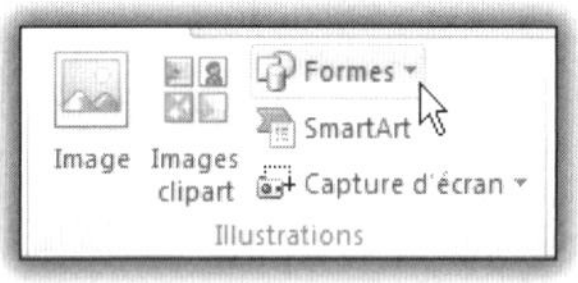

Figure 13.7 :
Le bouton Formes

Cliquez sur ce bouton pour afficher l'intégralité des formes disponibles. (voir Figure 13.8)

Les boutons sont organisés en plusieurs catégories, incluant des formes de base telles que les rectangles et les cercles, mais aussi nombre de lignes et de connecteurs, des flèches pleines, des symboles d'organigramme, des étoiles, des bannières et des légendes :

- **Formes récemment utilisées** ;
- **Lignes** ;
- **Formes de base** ;
- **Flèches pleines** ;
- **Formes d'équation** ;
- **Organigramme** ;

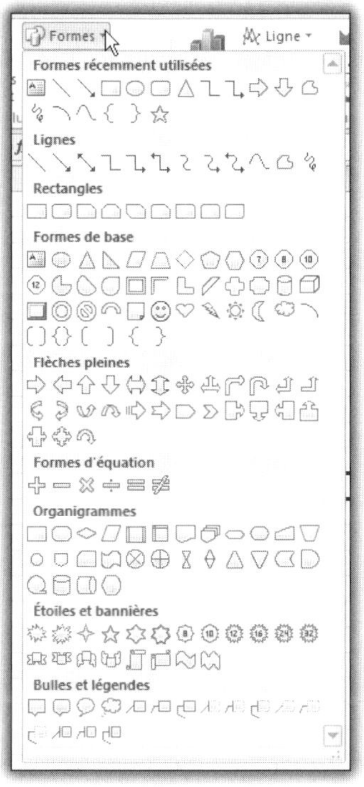

Figure 13.8 :
Toutes les formes

- **Étoiles et bannières** ;
- **Bulles et légendes**.

Pour créer une forme automatique :

1 Cliquez sur la forme souhaitée.

2 Cliquez à l'endroit où vous voulez insérer la forme automatique.

3 Tout en maintenant le bouton de la souris enfoncé, déplacez le pointeur de façon à donner à la forme la taille désirée.

4 Relâchez le bouton de la souris lorsque la taille vous paraît correcte.

Remplacer une forme par une autre

Vous avez la possibilité de remplacer une forme par une autre. Vous conservez ainsi l'emplacement exact de la forme précédente, tout en changeant son apparence.

1 Sélectionnez la forme à modifier.
2 Sous l'onglet contextuel **Format**, cliquez sur le bouton **Modifier la forme** du groupe *Insérer des formes*.
3 Sélectionnez **Modifier la forme**.
4 Cliquez sur la forme souhaitée.

Il est en revanche impossible de modifier de la sorte une forme libre.

Dessiner une forme libre

Pour dessiner une forme libre, vous avez deux possibilités.

Forme libre

1 Sous l'onglet **Insertion**, cliquez sur le bouton **Formes** du groupe *Illustrations*, puis sélectionnez **Forme libre**.

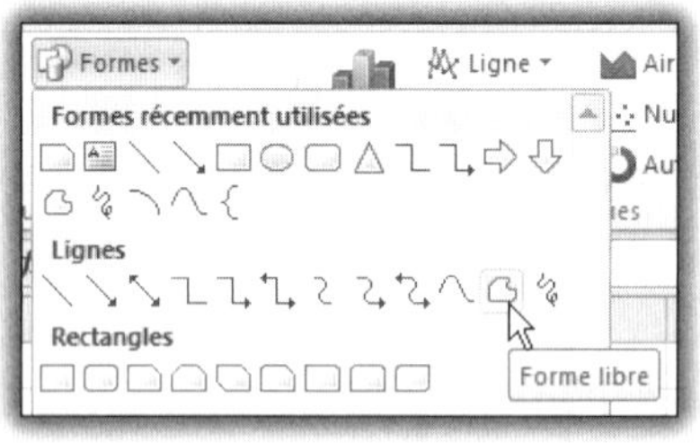

Figure 13.9 :
Créer une forme libre

2 Faites glisser la souris pour dessiner des formes à main levée, ou cliquez et déplacez la souris pour dessiner des lignes droites.

Pour terminer une forme et la laisser ouverte, double-cliquez à tout moment.

Pour fermer une forme, cliquez près de son point de départ.

Dessin à main levée

1 Sous l'onglet **Insertion**, cliquez sur le bouton **Formes** du groupe *Illustrations*, puis sélectionnez **Dessin à main levée**.

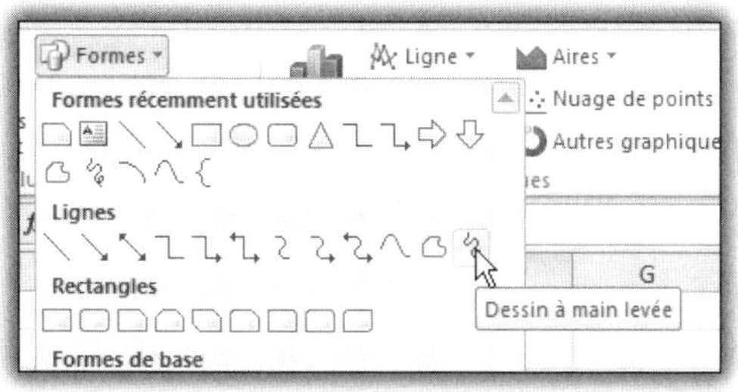

Figure 13.10 : *Créer un dessin à main levée*

2 Tout en maintenant le bouton de la souris enfoncé, déplacez le pointeur pour dessiner une forme qui donne l'impression d'avoir été tracée avec un crayon.

Dessiner une courbe

1 Sous l'onglet **Insertion**, cliquez sur le bouton **Formes** du groupe *Illustrations*, puis sélectionnez **Courbe**.

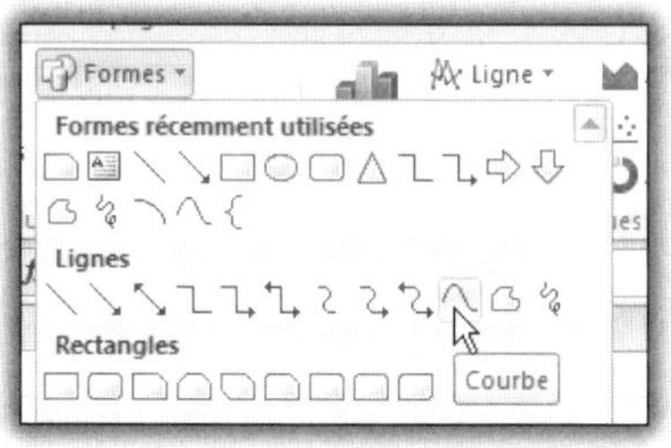

Figure 13.11 : *Créer une courbe*

2 Cliquez à l'endroit où vous souhaitez commencer la courbe, puis déplacez la souris et cliquez aux endroits où vous souhaitez placer des points d'ancrage.

3 Pour terminer la courbe, double-cliquez à n'importe quel moment.

Pour fermer la courbe et créer une forme, cliquez près de son point de départ.

Modifier une forme libre ou une courbe

1 Sélectionnez la forme libre ou la courbe à modifier.

2 Sous l'onglet contextuel **Format**, cliquez sur le bouton **Modifier la forme** du groupe *Insérer des formes* et sélectionnez la commande

Modifier les points (ou cliquez du bouton droit sur la courbe et sélectionnez la commande **Modifier les points** du menu contextuel).

Pour modifier la forme libre, cliquez et déplacez l'un des sommets qui forment son contour.

Pour ajouter un sommet à la forme libre, cliquez à l'endroit où vous voulez l'ajouter puis déplacez la souris.

Pour supprimer un sommet, appuyez sur [Ctrl] et cliquez sur le sommet à supprimer.

ASTUCE

Affiner la forme de la courbe

Pour un meilleur contrôle de la forme d'une courbe, après avoir cliqué sur **Modifier les points**, cliquez du bouton droit sur un sommet. Utilisez le menu contextuel pour ajouter d'autres types de sommets afin d'affiner la forme de la courbe.

Dessiner une ligne

1 Sous l'onglet **Insertion**, cliquez sur le bouton **Formes** du groupe *Illustrations*, puis sélectionnez le type de ligne qui vous convient parmi les choix proposés.

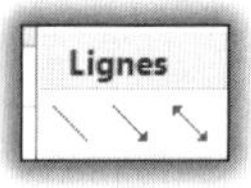

Figure 13.12 : *Les options de ligne*

2 Cliquez à l'endroit où vous voulez débuter la ligne.

3 Tout en maintenant le bouton de la souris enfoncé, déplacez le pointeur de façon à donner à la ligne la taille désirée.

4 Relâchez le bouton de la souris lorsque la taille vous paraît correcte.

Pour contraindre la ligne à prendre une inclinaison par rapport à l'horizontale qui soit un multiple de 15 degrés, maintenez la touche [Maj] enfoncée lorsque vous déplacez la souris.

Pour allonger la ligne dans des directions opposées depuis le premier sommet, maintenez la touche [Ctrl] enfoncée lorsque vous déplacez la souris.

Dessiner un connecteur

Dès que vous déplacez un objet relié à un autre à l'aide d'une ligne (organigramme, diagramme de processus…), vous devez modifier le tracé de la ligne afin qu'elle relie à nouveau les deux objets. Pour éviter cela, utilisez un connecteur.

1 Sous l'onglet **Insertion**, cliquez sur le bouton **Formes** du groupe *Illustrations*, puis sélectionnez le type de connecteur qui vous convient.

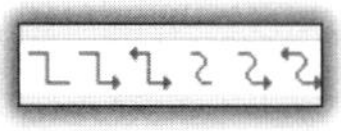

Figure 13.13 :
Les différents types de connecteurs

2 Pointez sur l'endroit où vous voulez attacher le connecteur.

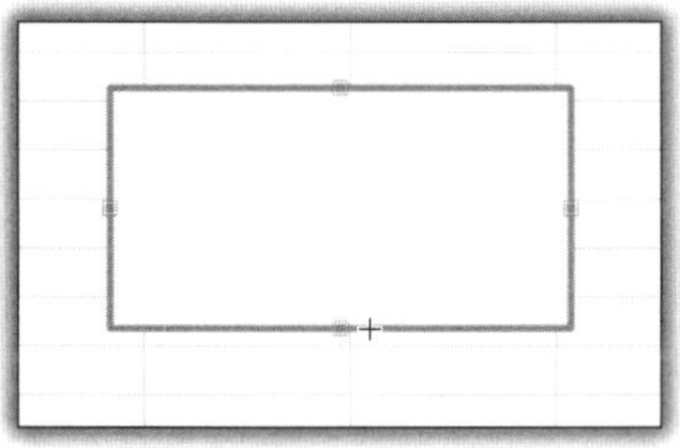

Figure 13.14 :
Les points de connexion apparaissent sous forme de carrés rouges lorsque vous passez le pointeur sur une forme

3 Cliquez sur le premier point de connexion souhaité. Pointez sur un autre objet puis cliquez sur le deuxième point de connexion.

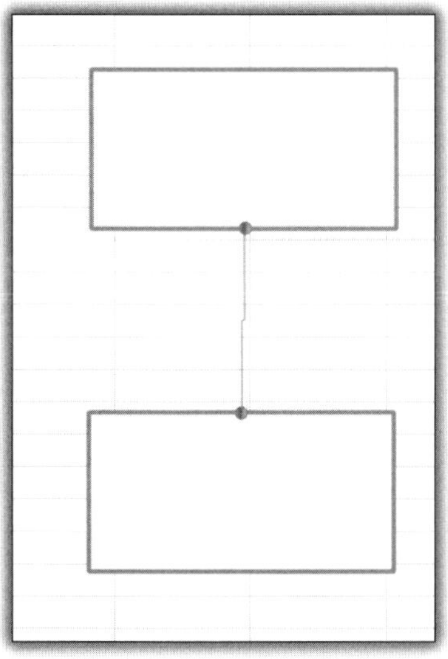

Figure 13.15 :
Les connecteurs verrouillés ou attachés apparaissent sous forme de cercles rouges

Ajouter ou supprimer des pointes de flèche

Au lieu de coller ou de supprimer des pointes de flèche sur des lignes, modifiez le style de ligne afin de refléter la mise en forme souhaitée. Pour cela, sélectionnez la ligne à modifier.

Vous pouvez ajouter une pointe de flèche à une ligne ou à un filet de liaison uniquement.

Pour ajouter une ou deux pointes de flèche :

1 Sélectionnez la ligne à modifier.

2 Sous l'onglet contextuel **Format**, cliquez sur le bouton **Contour de forme** du groupe *Styles de forme*, puis sélectionnez **Flèches**.

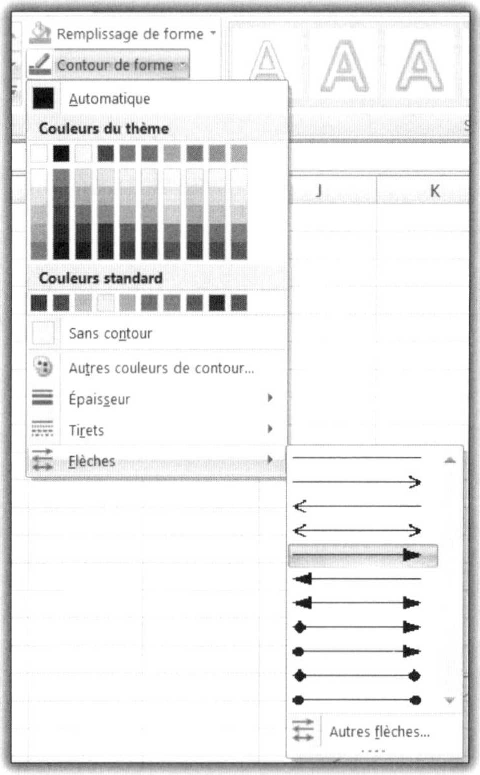

Figure 13.16 : *Les différents types de flèches*

3 Cliquez sur le style souhaité.

En sélectionnant **Autres flèches**, vous accédez à la boîte de dialogue **Format de la forme**. Elle permet, entre d'autres, d'ajuster plus finement les caractéristiques de la flèche.

Pour supprimer toutes les pointes de flèche :

1. Sous l'onglet contextuel **Format**, cliquez sur le bouton **Contour de forme** du groupe *Styles de forme*, puis sélectionnez **Flèches**.
2. Sélectionnez **Flèche 1** (pas de pointe de flèche).

13.3. Ajouter du texte

Vous pouvez ajouter du texte aux formes. Celui-ci devient alors partie intégrante de la forme (si vous retournez ou faites pivoter la forme, le texte subit le même traitement).

Les zones de texte peuvent être considérées comme des formes. Elles sont mises en forme de la même façon (ajout de couleurs, remplissages et bordures).

Ajouter du texte à une forme ou à une zone de texte

Pour ajouter du texte à une zone de texte qui se déplace avec la forme, sélectionnez une forme automatique (à l'exception des lignes et des connecteurs) et commencez à saisir votre texte. Le nouveau texte s'insère dans la forme.

Pour ajouter un texte indépendant :

1. 

Sous l'onglet **Insertion**, cliquez sur le bouton **Zone de texte** du groupe *Texte*.
2. Cliquez à l'endroit où vous voulez ajouter le texte puis commencez à le saisir.
3. Redimensionnez éventuellement la zone de texte en déplaçant les poignées de dimensionnement.
4. Cliquez à l'extérieur de la zone de texte pour valider.

ASTUCE

Transformer la forme d'une zone de texte

Pour transformer la forme d'une zone de texte en une forme automatique, sélectionnez la zone de texte, cliquez sur **Modifier la forme** sous l'onglet contextuel **Format**, puis sélectionnez la forme souhaitée.

Redimensionner une forme ou une zone de texte pour l'ajuster au texte

1 Cliquez sur la bordure de la forme automatique ou de la zone de texte que vous souhaitez redimensionner.

2 Cliquez du bouton droit et sélectionnez **Format de la forme** dans le menu contextuel.

3 Cliquez sur **Zone de texte**.

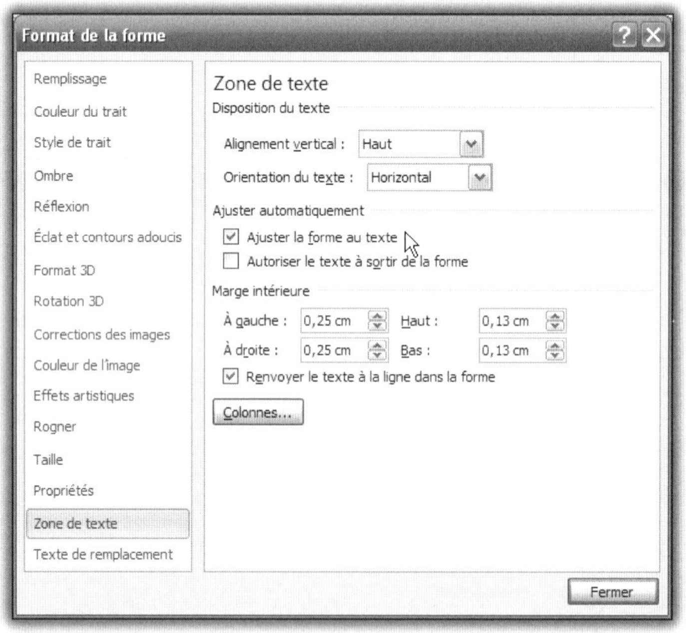

Figure 13.17 : *La boîte de dialogue Format de la forme*

4 Activez la case à cocher *Ajuster la forme au texte*.

Modifier la mise en forme d'une forme ou d'une zone de texte

1 Sélectionnez la forme ou la zone de texte dont vous souhaitez modifier la mise en forme.

2 Cliquez du bouton droit et sélectionnez **Format de la forme** dans le menu contextuel.

3 Sélectionnez les options souhaitées en cliquant sur **Remplissage**, **Couleur du trait**, **Style de trait**, **Ombre**, **Réflexion**, **Éclat et contours adoucis**, **Format 3D** et **Rotation 3D**.

Vous avez la possibilité d'accéder rapidement à certaines fonctionnalités grâce aux boutons du groupe *Styles de forme* de l'onglet contextuel **Format**. Pour cela, sélectionnez une forme ou une zone de texte et utilisez l'un des boutons de la galerie de thèmes de remplissage prédéfinis.

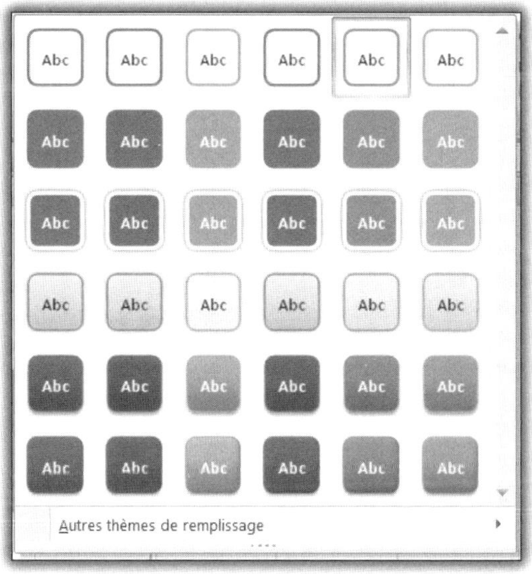

Figure 13.18 : *Autres thèmes de remplissage*

- 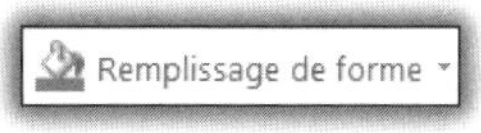

Remplissage de forme ;
- 

Contour de forme ;

- 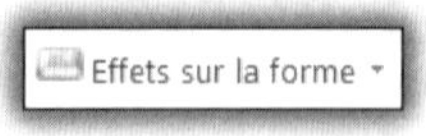

Effets sur la forme.

> **Redéfinir les options de mise en forme standard**
> Pour que les nouvelles formes automatiques reprennent les options de mise en forme d'une forme déjà créée, cliquez du bouton droit sur la forme voulue et utilisez la commande **Définir comme forme par défaut** du menu contextuel.

Modifier la police dans une forme ou une zone de texte

1 Dans la forme automatique ou la zone de texte, sélectionnez le texte affecté de la police que vous souhaitez modifier.

2 Utilisez la mini-barre d'outils qui fait son apparition au-dessus du texte ou les boutons des groupes *Police* et *Alignement* de l'onglet **Accueil**.

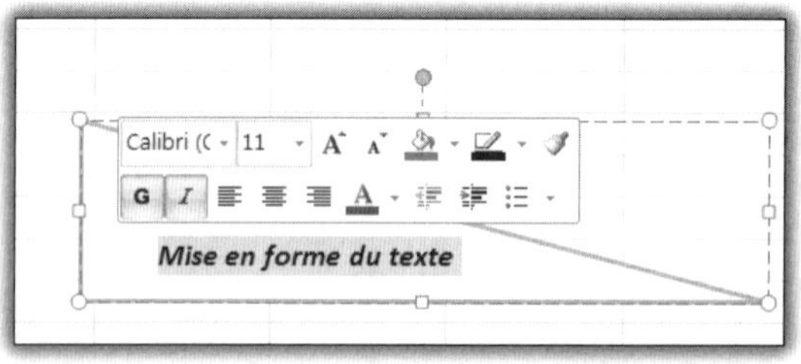

Figure 13.19 : *La mini-barre d'outils*

13.4. Travailler avec WordArt

WordArt est un outil de création de zones de texte présentant des effets particuliers de mise en forme.

1 

Sous l'onglet **Insertion**, cliquez sur le bouton **WordArt** du groupe *Texte*.

2 Cliquez sur l'effet WordArt souhaité puis sur OK.

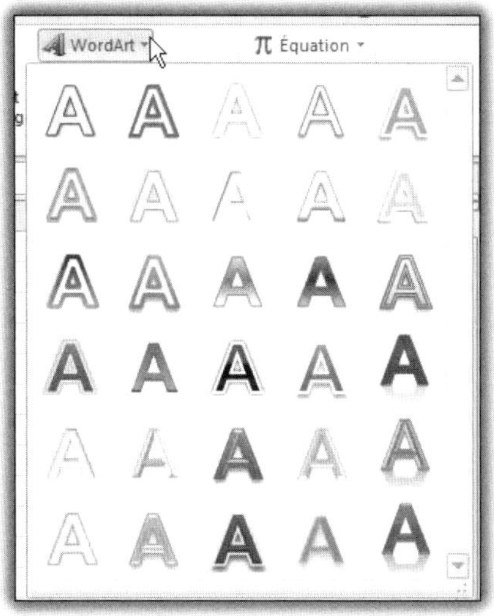

Figure 13.20 : *La galerie WordArt*

3 Saisissez le texte souhaité.

Figure 13.21 : *Modifier le texte WordArt*

4 Utilisez les boutons du groupe *Styles WordArt* de l'onglet contextuel **Format** pour modifier l'objet WordArt ainsi créé.

5 Utilisez la galerie de styles prédéfinis pour modifier l'apparence générale de l'objet.

Figure 13.22 : *La galerie des styles prédéfinis*

– 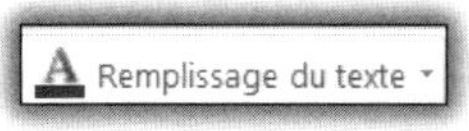

Remplissage du texte permet de choisir la couleur du texte, d'appliquer des dégradés, des textures, etc.

– 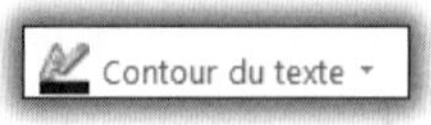

Contour du texte permet de modifier le contour des lettres.

– 

Effets du texte permet d'appliquer des effets de réflexion, de lumière, des rotations 3D, etc.

– **Transformer** permet de modifier le profil d'affichage du texte.

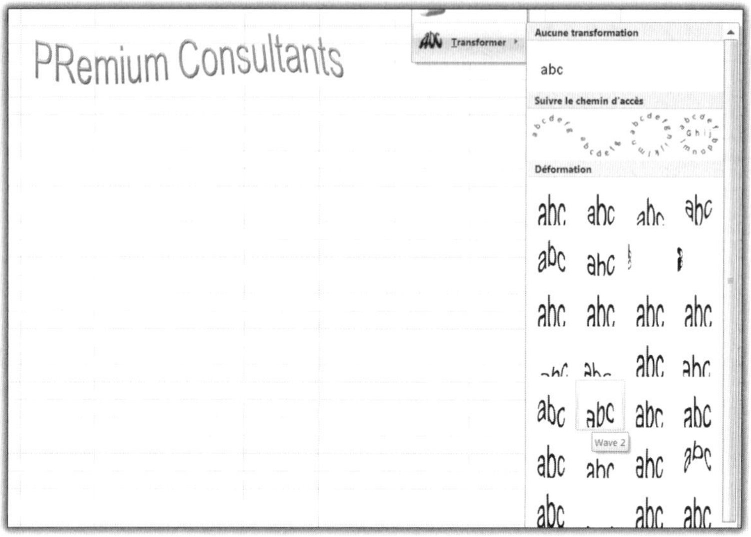

Figure 13.23 : *Transformation du texte*

13.5. Insérer des diagrammes

Les diagrammes permettent de visualiser des processus, des hiérarchies, etc. Ils compléteront efficacement vos présentations.

Vous pouvez ajouter une variété de diagrammes à l'aide de l'outil de création de diagrammes SmartArt de l'onglet **Insertion**. Les types de diagrammes sont les suivants : *Liste*, *Processus*, *Cycle*, *Hiérarchie*, *Relation*, *Matrice*, *Pyramide*. Utilisez-les pour illustrer et rendre plus attrayants vos documents (les diagrammes ne s'appuient pas sur des données numériques).

Lorsque vous ajoutez ou modifiez un diagramme, celui-ci est encadré d'un espace de dessin dont le contour est une bordure non imprimable accompagnée de poignées de dimensionnement. Vous pouvez le redimensionner à l'aide des commandes de dimensionnement.

Mettez en forme, avec des styles prédéfinis, l'ensemble du diagramme ou des parties de celui-ci, comme vous le feriez avec des formes (ajouter des couleurs et du texte, modifier le style et l'épaisseur des lignes, ajouter des remplissages, des textures et des arrière-plans).

Ajouter un diagramme

1 

Sous l'onglet **Insertion**, cliquez sur le bouton **SmartArt** du groupe *Illustrations*.

2 Cliquez sur l'un des types de diagrammes.

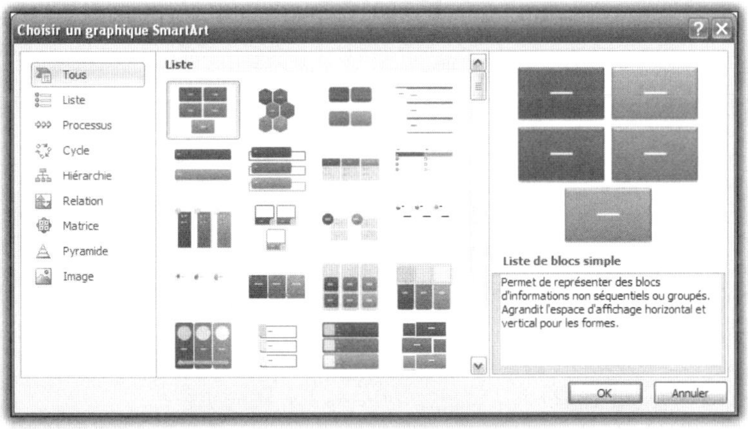

Figure 13.24 : *Choisissez le type de diagramme*

- **Tous** permet d'accéder à tous les types de diagrammes.
- **Liste** permet de créer et d'organiser des listes d'éléments.
- **Processus** permet de visualiser le déroulement des étapes d'un processus.
- **Cycle** permet de visualiser des processus cycliques.
- **Hiérarchie** permet de créer des organigrammes hiérarchiques.
- **Relation** permet de visualiser des relations de cause à effet.
- **Matrice** permet de créer des matrices.

- **Pyramide** permet de visualiser des hiérarchies sous forme de pyramide.
- **Image** permet d'insérer des images et du texte dans des formes prédéfinies (nouveauté Excel 2010).

3 Cliquez sur OK.

Pour ajouter du texte à un élément dans le diagramme :

1 Sélectionnez le diagramme.
2 Saisissez le texte dans la zone réservée à l'élément dans le volet *Texte* associé au diagramme.

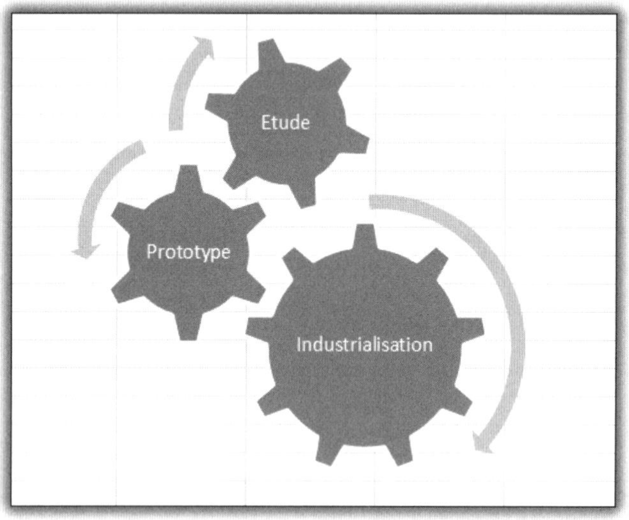

Figure 13.25 : *Le diagramme et son volet Texte*

Pour ajouter un élément, cliquez sur le bouton **Ajouter une forme** du groupe *Créer un graphique* de l'onglet contextuel **Création**.

Pour mettre en forme rapidement un diagramme, utilisez les galeries des groupes *Dispositions* et *Styles SmartArt*.

Ajouter un organigramme hiérarchique

1 Sous l'onglet **Insertion**, cliquez sur le bouton **SmartArt** du groupe *Illustrations*.
2 Cliquez sur la catégorie **Hiérarchie**.

3 Sélectionnez le type d'organigramme à insérer.

Pour ajouter du texte à une forme :

1 Sélectionnez l'organigramme.
2 Saisissez le texte dans la zone réservée à l'élément dans le volet *Texte* associé à l'organigramme.

Vous ne pouvez ajouter du texte à des lignes ou à des connecteurs dans un organigramme hiérarchique.

Pour ajouter un élément à l'organigramme :

1 Sélectionnez la forme sous ou à côté de laquelle vous voulez l'ajouter.
2 Sous l'onglet contextuel **Création**, cliquez sur le bouton **Ajouter une forme** du groupe *Créer un graphique*.
3 Cliquez sur l'une des options proposées.

Pour mettre en forme rapidement un organigramme, utilisez les galeries des groupes *Dispositions* et *Styles SmartArt*.

13.6. Insérer des images

Il est possible d'insérer des images sur une feuille de calcul, puis de les retravailler, même si ce n'est pas la vocation première d'Excel.

Insérer une image clipart

Pour rechercher l'image à insérer :

1 Sous l'onglet **Insertion**, cliquez sur le bouton **Images clipart** du groupe *Illustrations*.
2 Dans le volet Office **Insérer une image clipart**, plus précisément dans la zone *Rechercher le texte*, saisissez tout ou partie du nom de fichier du clipart souhaité.
3 Pour affiner votre recherche, effectuez l'une ou les deux actions suivantes :
   - Pour limiter les résultats de la recherche à une collection spécifique de cliparts, cliquez sur la flèche dans la zone

Rechercher dans et sélectionnez la collection dans laquelle effectuer la recherche.

– Pour limiter les résultats de la recherche à un type de fichier multimédia, cliquez sur la flèche dans la zone *Les résultats devraient être* et activez la case à cocher en regard des types de cliparts que vous voulez rechercher.

4 Cliquez sur OK.

> ASTUCE
>
> **Caractères génériques**
>
> Si vous ne connaissez pas le nom exact du fichier, remplacez certains caractères par des caractères génériques. L'astérisque (*) remplace zéro ou plusieurs caractères, et le point d'interrogation (?) un seul.

5 Dans la zone *Résultats*, cliquez sur le clipart à insérer.

Insérer une image à partir d'un fichier

Vous pouvez insérer une image de n'importe quelle provenance (scanner, appareil photo numérique, Internet…).

1 Sous l'onglet **Insertion**, cliquez sur le bouton **Image** du groupe *Illustrations*.

2 Dans la boîte de dialogue **Insérer une image**, recherchez le fichier voulu.

3 Cliquez sur OK.

Modifier l'apparence d'une image insérée

Pour modifier l'apparence d'une image insérée :

1 Sélectionnez l'image.

2 Sous l'onglet contextuel **Format**, cliquez sur l'un des boutons du groupe *Ajuster* :

– **Supprimer l'arrière-plan** ;

– **Corrections** ;

– **Couleur** ;

– **Effets artistiques**, qui permet d'appliquer des effets de dégradé, de noir et blanc, de sépia, etc.

3 Toujours dans l'onglet contextuel **Format**, utilisez la galerie du groupe *Styles d'images* pour modifier la forme de l'image.

Figure 13.26 : *Les styles d'images*

Insérer une image à partir d'une capture d'écran

Vous avez la possibilité d'insérer une image à partir d'une capture d'écran.

1 Cliquez sur le bouton **Capture d'écran** du groupe *Illustrations* de l'onglet **Insertion**.

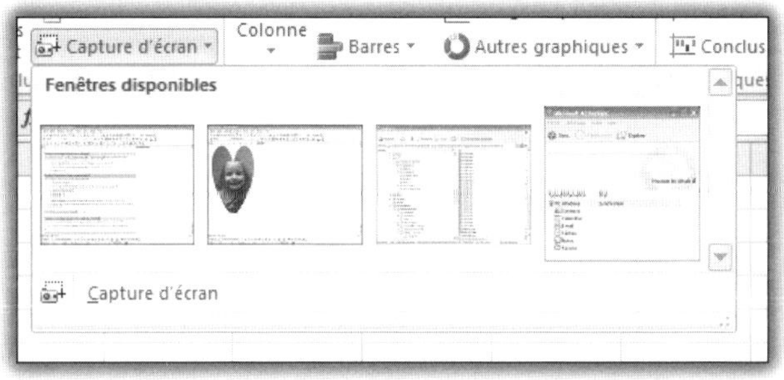

Figure 13.27 : *Insertion d'une capture d'écran*

2 Vous pouvez choisir parmi les captures d'écran de chaque application ouverte ou sélectionner **Capture d'écran**.

3 Dans ce cas, vous pouvez définir la capture d'écran à insérer dans votre feuille.

Redimensionner ou rogner une image

Il existe deux façons de modifier la taille d'une image : le redimensionnement et le rognage.

Figure 13.28 :
L'image originale

Le redimensionnement modifie les dimensions d'une image en l'étirant ou en la réduisant.

Figure 13.29 :
L'image réduite

Le rognage réduit la taille de l'image en supprimant les contours verticaux ou horizontaux. Utilisez cette technique pour masquer ou réduire une partie de l'image, pour mettre en exergue les parties intéressantes ou supprimer des portions indésirables.

Figure 13.30 :
L'image rognée

Redimensionner une image ou une forme

Cliquez sur l'image ou la forme que vous souhaitez redimmensionner.

Redimensionner à l'aide de la souris

1 Placez le pointeur sur l'une des poignées de dimensionnement de l'objet, après l'avoir sélectionné.

2 Effectuez l'une des actions suivantes :

- Pour augmenter ou diminuer la taille dans une ou plusieurs directions, faites glisser la souris vers le centre ou loin du centre.
- Pour conserver le centre de l'objet à la même place, maintenez la touche Ctrl enfoncée lorsque vous faites glisser la souris.
- Pour conserver les proportions de l'objet, maintenez la touche Maj enfoncée lorsque vous faites glisser la souris.
- Pour conserver les proportions et le centre à la même place, maintenez les touches Ctrl et Maj enfoncées lorsque vous faites glisser la souris.

Redimensionner en saisissant des mesures

1 Sous l'onglet contextuel **Format**, utilisez les zones *Hauteur de la forme* et *Largeur de la forme* du groupe *Taille*.

2 Saisissez des mesures pour la hauteur et la largeur de l'objet ou appuyez sur [↑] et [↓] pour régler ces paramètres.

Pour accéder à un plus grand nombre d'options, cliquez sur le lanceur de boîte de dialogue du groupe *Taille* et utilisez la rubrique *Taille* de la boîte de dialogue **Format de l'image**. Vous pouvez notamment rétablir la taille d'origine en cliquant sur le bouton **Rétablir**. Utilisez la case à cocher *Proportionnelle* pour conserver les proportions initiales de l'image.

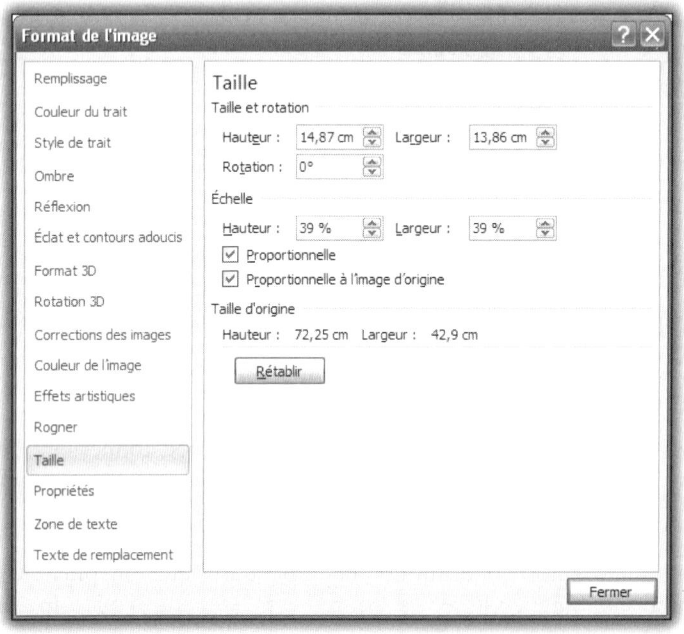

Figure 13.31 : *La boîte de dialogue Format de l'image*

Rogner une image

Vous pouvez rogner n'importe quelle image, à l'exception d'une image GIF animée, à l'aide de la commande **Rogner**. Pour rogner une image GIF animée, réduisez-la dans un programme d'édition d'image animée GIF, puis insérez-la de nouveau dans la feuille de calcul.

1 Sélectionnez l'image à rogner.

2 

Sous l'onglet contextuel **Format**, cliquez sur le bouton **Rogner** du groupe *Taille*.

3 Placez l'outil de rognage sur la poignée de rognage puis effectuez l'une des actions suivantes :

- Pour rogner un côté, faites glisser la poignée centrale de ce côté vers l'intérieur.
- Pour rogner simultanément deux côtés de façon identique, maintenez la touche [Ctrl] enfoncée tout en faisant glisser la poignée centrale des deux côtés vers l'intérieur.
- Pour rogner simultanément les quatre côtés de façon identique, maintenez la touche [Ctrl] enfoncée en faisant glisser une poignée d'angle vers l'intérieur.

4 Cliquez à nouveau sur **Rogner** pour désélectionner la commande.

Vous pouvez annuler un rognage à tout moment avant d'enregistrer l'image.

Dans cette version, le bouton **Rogner** s'enrichit de nouvelles fonctionnalités, accessibles via le bouton fléché situé en dessous.

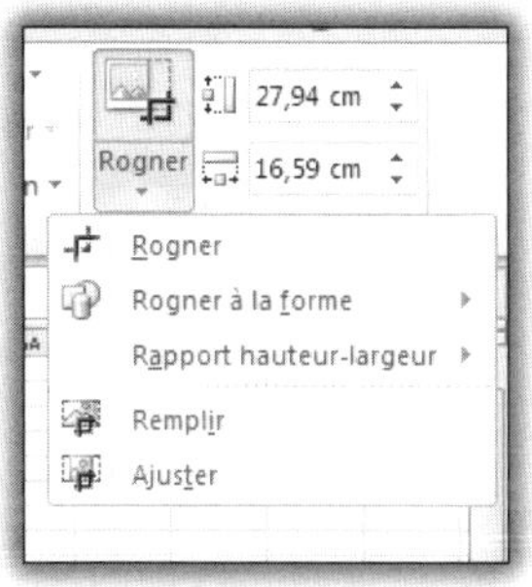

Figure 13.32 :
Les nouvelles fonctionnalités de rognage

- **Rogner à la forme** permet d'ajuster l'image à une forme automatique.
- **Rapport hauteur-largeur** permet de rogner en fonction d'un cadre dont il est possible de sélectionner le rapport hauteur-largeur (2:3, 4:5…).

13.7. Manipuler les objets graphiques

Une fois les objets graphiques créés, il est souvent nécessaire de les organiser afin de donner la touche finale au document.

Utiliser le volet de sélection

Un nouveau dispositif a fait son apparition dans cette version d'Excel : le volet de sélection. Il affiche une liste des formes ou images insérées dans la feuille. Il permet de sélectionner les objets, de les masquer et de les réorganiser.

Pour le faire apparaître :

- Sous l'onglet **Mise en page**, cliquez sur le bouton **Volet de sélection** du groupe *Organiser*.
- Si un objet est sélectionné, cliquez sur le bouton **Volet de sélection** du groupe *Organiser* de l'onglet contextuel **Format**.

Figure 13.33 :
Le volet de sélection

Pour masquer un objet, cliquez sur l'icône représentant un œil en regard de l'objet. Cliquez à nouveau sur l'icône pour afficher l'objet.

Pour masquer le volet de sélection, cliquez à nouveau sur l'un des boutons **Volet de sélection**.

Aligner des objets

Aligner des objets les uns par rapport aux autres

L'alignement d'objets peut provoquer leur empilement les uns sur les autres. Assurez-vous qu'ils sont positionnés convenablement avant d'exécuter la commande.

1 Sélectionnez les objets que vous souhaitez aligner. Pour sélectionner plusieurs objets, maintenez la touche [Maj] enfoncée en cliquant sur chacun d'entre eux.

2 Sous l'onglet contextuel **Format**, cliquez sur le bouton **Aligner** du groupe *Organiser*. Choisissez ensuite le type d'alignement qui vous convient.

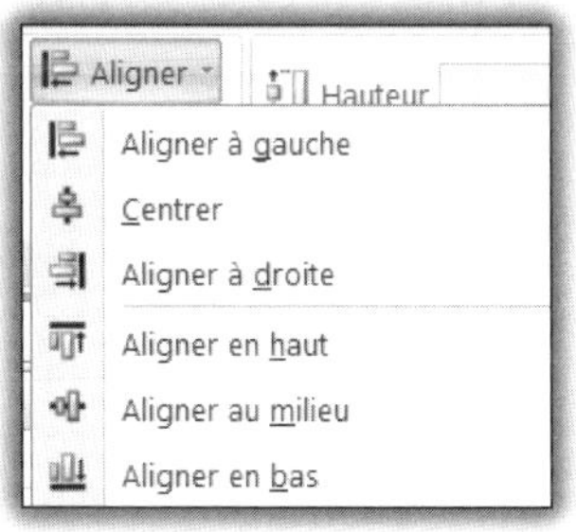

Figure 13.34 :
Les options d'alignement

Aligner des objets sur le quadrillage des cellules

1 Sous l'onglet contextuel **Format**, cliquez sur le bouton **Aligner** du groupe *Organiser*.

2 Pour aligner automatiquement des objets sur le quadrillage des cellules lorsque vous les déplacez ou vous les dessinez, cliquez sur **Aligner sur la grille**.

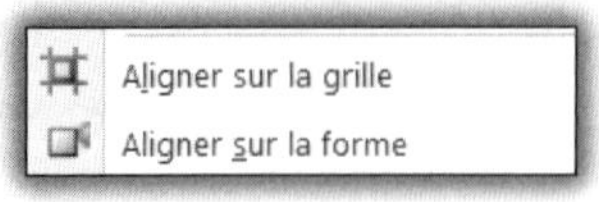

Figure 13.35 :
Alignement sur les cellules

3 Pour aligner automatiquement des objets sur les bords verticaux ou horizontaux d'autres formes lorsque vous les déplacez ou que vous les dessinez, cliquez sur **Aligner sur la forme**.

ASTUCE

Alignement de l'objet

Vous pouvez également aligner l'objet sur le quadrillage des cellules en appuyant sur la touche Alt lorsque vous déplacez, dessinez ou redimensionnez l'objet.

Disposer les objets à égale distance les uns des autres

1 Sélectionnez au moins trois objets.

2 Sous l'onglet contextuel **Format**, cliquez sur le bouton **Aligner** du groupe *Organiser*.

3 Cliquez sur :
Distribuer horizontalement ou **Distribuer verticalement**.

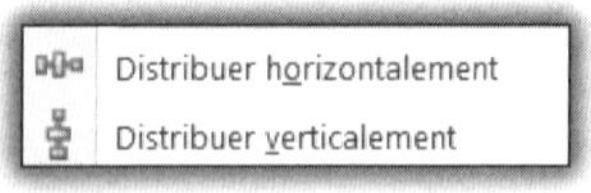

Figure 13.36 :
Espacement des objets

Faire pivoter et retourner un objet

Vous disposez de plusieurs outils pour modifier l'orientation d'un objet graphique.

Le premier d'entre eux est la poignée de rotation. Elle apparaît en vert lorsque vous sélectionnez l'objet. Cliquez dessus, et tout en maintenant le bouton de la souris enfoncé, faites tourner l'objet autour de son centre.

Vous pouvez également utiliser l'onglet contextuel **Format**.

1 Sélectionnez l'objet à modifier.

2 Sous l'onglet contextuel **Format**, cliquez sur le bouton **Rotation** du groupe *Organiser*.

3 Sélectionnez l'une des commandes suivantes :

- **Faire pivoter à gauche de 90** effectue un quart de tour vers la gauche.
- **Faire pivoter à droite de 90** effectue un quart de tour vers la droite.
- **Retourner horizontalement** déplace l'objet symétriquement par rapport à son axe horizontal.
- **Retourner verticalement** déplace l'objet symétriquement par rapport à son axe vertical.

Avancer ou reculer un objet

Il est possible d'organiser les objets en "couches" ou plans afin de gérer les chevauchements et les superpositions.

Sélectionnez tout d'abord l'objet à modifier. S'il est masqué par d'autres objets, sélectionnez l'un d'entre eux et appuyez sur [Tab] ou [Maj]+[Tab] jusqu'à ce qu'il soit sélectionné.

Pour mettre un objet au premier plan, sous l'onglet contextuel **Format**, cliquez sur le bouton **Mettre au premier plan** du groupe *Organiser*.

Pour avancer un objet d'un plan :

1 Sous l'onglet contextuel **Format**, cliquez sur le bouton fléché situé à côté du bouton **Mettre au premier plan** du groupe *Organiser*.

2 Sélectionnez **Avancer**.

Pour envoyer un objet à l'arrière-plan, sous l'onglet contextuel **Format**, cliquez sur le bouton **Mettre en arrière-plan** du groupe *Organiser*.

Pour faire reculer un objet d'un plan :

1 Sous l'onglet contextuel **Format**, cliquez sur le bouton fléché situé à côté du bouton **Mettre en arrière-plan** du groupe *Organiser*.

2 Sélectionnez **Reculer**.

Grouper, dissocier ou regrouper des objets

Pour grouper plusieurs objets :

1 Sélectionnez les objets à grouper.
2 Sous l'onglet contextuel **Format**, cliquez sur le bouton **Grouper** du groupe *Organiser*.
3 Sélectionnez **Grouper**.

Pour dissocier des objets :

1 Sélectionnez le groupe d'objets à dissocier.
2 Sous l'onglet contextuel **Format**, cliquez sur le bouton **Grouper** du groupe *Organiser*.
3 Sélectionnez **Dissocier**.

Pour modifier un objet individuel, continuez à sélectionner et à dissocier les objets du groupe jusqu'à ce que l'objet en question soit disponible.

Pour regrouper des objets qui ont été dissociés :

1 Sélectionnez l'un des objets précédemment groupés.
2 Sous l'onglet contextuel **Format**, cliquez sur le bouton **Regrouper** du groupe *Organiser*.

Après avoir groupé des objets, vous pouvez toujours sélectionner l'un d'entre eux en sélectionnant le groupe, puis en cliquant sur l'objet en question.

13.8. Cas pratique : réaliser un arbre généalogique

Lorsqu'il s'agit de représenter la généalogie d'une personne, l'arbre apparaît comme la solution la plus simple et la plus visuelle.

Dans ce cas pratique, vous allez utiliser les objets graphiques pour construire un tel arbre. Les individus seront représentés par des rectangles, puis reliés entre eux. Vous allez donc, dans un premier temps, créer un individu "modèle", qui vous servira à créer tous les autres.

1 Sous l'onglet **Insertion**, cliquez sur le bouton **Formes** du groupe *Illustrations*, puis sélectionnez **Rectangle à coins arrondis**.
2 Tracez le rectangle aux dimensions voulues.
3 Une fois le rectangle tracé, sélectionnez-le et saisissez `NOM Prénom`.
4 Sélectionnez le texte et mettez-le en gras.
5 Appuyez sur la touche [↵] puis saisissez `Naissance : jj/mm/aaaa`.
6 Appuyez sur la touche [↵] puis saisissez `Mariage : jj/mm/aaaa`.
7 Appuyez sur la touche [↵] puis saisissez `Décès : jj/mm/aaaa`.
8 Appuyez sur la touche [↵] puis saisissez `Profession`.

Vous allez ajouter la photo de l'individu "modèle".

1 Sous l'onglet **Insertion**, cliquez sur le bouton **Image** du groupe *Illustrations*.
2 Dans la boîte de dialogue **Insérer une image**, recherchez le fichier voulu.
3 Cliquez sur OK.
4 Redimensionnez l'image de façon qu'elle tienne dans le rectangle.
5 Sélectionnez le rectangle et l'image et groupez l'ensemble.

Figure 13.37 : *Le "motif" de l'arbre généalogique*

Il reste à copier-coller le motif autant de fois que nécessaire, pour réaliser l'arbre généalogique, et à saisir les informations relatives aux différents individus.

Pour modifier la photo de l'individu :

1 Insérez la nouvelle photo.
2 Redimensionnez-la.
3 Placez-la sur la photo du modèle.

4 Groupez l'ensemble.

Vous pouvez à présent organiser les individus en arbre généalogique, en alignant et en répartissant les objets à l'aide des fonctions décrites dans ce chapitre.

1 Positionnez tous les individus selon leur niveau dans l'ascendance.
2 Sélectionnez successivement l'ensemble des individus à chaque niveau, utilisez la commande **Aligner au milieu**, puis la commande **Distribuer horizontalement** du bouton **Aligner** de l'onglet contextuel **Format**.
3 Utilisez des connecteurs pour finaliser votre arbre généalogique.

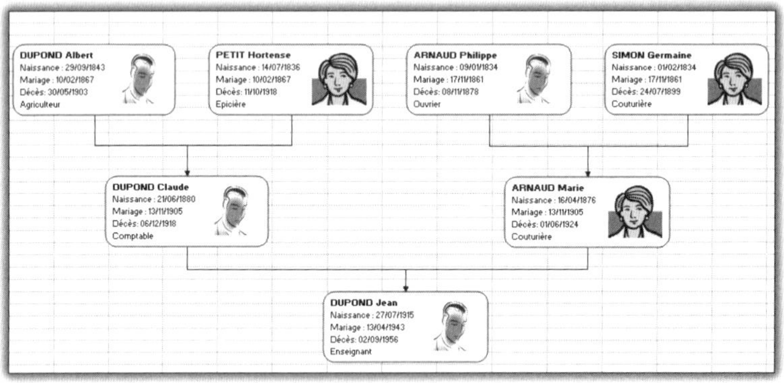

Figure 13.38 : *L'arbre généalogique*

CHAPITRE 14

Gérer et exploiter des données

Ce chapitre est dédié aux fonctionnalités d'Excel relatives à la gestion des bases de données, ou plutôt des tableaux de données ("tables" dans le vocabulaire des bases de données). En effet, Excel n'est pas un outil de gestion de bases de données, comme Access. Pour autant, il offre de réelles possibilités de traitement et d'analyse. Il trouve ses limites dans la gestion des éventuelles relations existant entre les tableaux, ainsi que dans le nombre de lignes (ou "enregistrements" dans le vocabulaire des bases de données), soit désormais 1 048 576.

Dans ce chapitre, nous aborderons d'abord la création des tableaux de données. Pour exploiter pleinement les capacités d'Excel en matière de gestion de données, il convient de respecter des principes simples mais fondamentaux. Nous étudierons ensuite les fonctions permettant de trier, d'organiser et de hiérarchiser les données.

14.1. Utiliser les tableaux de données

Excel n'est pas un outil de gestion de bases de données, mais rien ne vous empêche de saisir, dans une feuille de calcul, la liste des noms, prénoms et numéros de téléphone de vos amis. En agissant ainsi, vous réalisez un tableau de données, que vous pouvez trier et enrichir, en d'autres termes gérer. Excel vous propose pour cela des fonctionnalités ad hoc. Avant de passer ces dernières en revue, voyons comment créer un tableau.

Créer un tableau

Introduites à partir de la version 2003 d'Excel, les listes de données sont devenues les tableaux de données dans Excel 2007. Auparavant c'étaient des plages de cellules "comme les autres". Désormais, ils s'apparentent à de réelles tables de données telles que celles présentes dans les systèmes de gestion de bases de données. Lorsque vous définissez un tableau, vous pouvez manipuler son contenu sans tenir compte des données se trouvant à l'extérieur. Cette séparation est matérialisée par un encadré bleu autour du tableau.

Vous pouvez définir plusieurs tableaux sur une même feuille.

Vous avez la possibilité de créer un tableau à partir d'une plage de cellules contenant déjà des données, à condition qu'elles soient convenablement structurées en colonnes. Il est préférable (mais pas obligatoire) de nommer chaque colonne de la liste de façon explicite. La première ligne doit donc contenir les titres (ou étiquettes) des colonnes.

REMARQUE

Saisie des étiquettes de colonnes

Afin de permettre une utilisation optimale des fonctions de tri et d'analyse, il est préférable de saisir chaque étiquette de colonne dans une seule cellule et au besoin de renvoyer le texte à la ligne.

Il est également utile de leur appliquer une mise en forme différente de celle des données (en gras, avec un fond d'une autre couleur...).

Créer un tableau

Il est possible de créer un tableau vide en sélectionnant uniquement les cellules contenant les étiquettes de colonnes.

1 Sélectionnez la plage de cellules voulue.

2 Sous l'onglet **Insertion**, cliquez sur le bouton **Tableau** du groupe *Tableaux*.

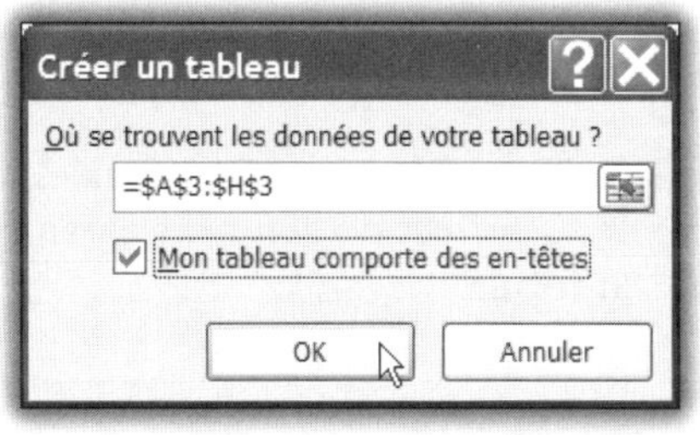

Figure 14.1 : *La boîte de dialogue Créer un tableau*

Par défaut, la zone *Où se trouvent les données de votre tableau* reprend la plage sélectionnée. Vous pouvez la modifier en sélectionnant d'autres cellules.

Pour qu'Excel interprète la première ligne de la sélection, non comme une ligne de données, mais comme une ligne contenant les titres de chaque colonne, cochez la case *Mon tableau comporte des en-têtes*. Si vous désélectionnez cette case, Excel ajoute des titres par défaut (*Colonne 1*, *Colonne 2*...) que vous pourrez modifier par la suite.

3 Validez par OK.

Vous avez créé votre tableau.

Figure 14.2 : *Le tableau nouvellement créé*

Notez les détails suivants :

- Le tableau est mis automatiquement en forme.
- L'en-tête de chaque colonne est associé à une liste déroulante permettant de trier et de filtrer facilement ses éléments.
- Une poignée de dimensionnement est apparue en bas à droite du tableau ; elle permet de le redimensionner facilement à l'aide de la souris.

Figure 14.3 : *La poignée de dimensionnement*

- Lorsqu'au moins une cellule du tableau est sélectionnée, l'onglet contextuel **Création** apparaît. Il permet de gérer les paramètres du tableau ainsi que sa mise en forme.

REMARQUE

Ajout de données à un tableau par extension automatique

Si vous saisissez des données dans une ligne ou une colonne vide adjacente à la liste, celle-ci est automatiquement étendue pour intégrer la nouvelle ligne ou colonne.

Lorsque la ligne des totaux est affichée, la liste ne s'étend pas automatiquement quand vous saisissez des données sur la ligne située juste en dessous.

Lors de la saisie, les lignes insérées contiennent les formules et les validations identiques à celles de la première ligne, sans que vous ayez à effectuer une quelconque manipulation.

Créer et mettre en forme un tableau

Il est possible de créer un tableau en le mettant en forme.

1 Sélectionnez la plage de cellules à convertir en tableau.
2 Sous l'onglet **Accueil**, cliquez sur le bouton **Mettre sous forme de tableau** du groupe *Style*.
3 Sélectionnez la mise en forme qui vous convient.

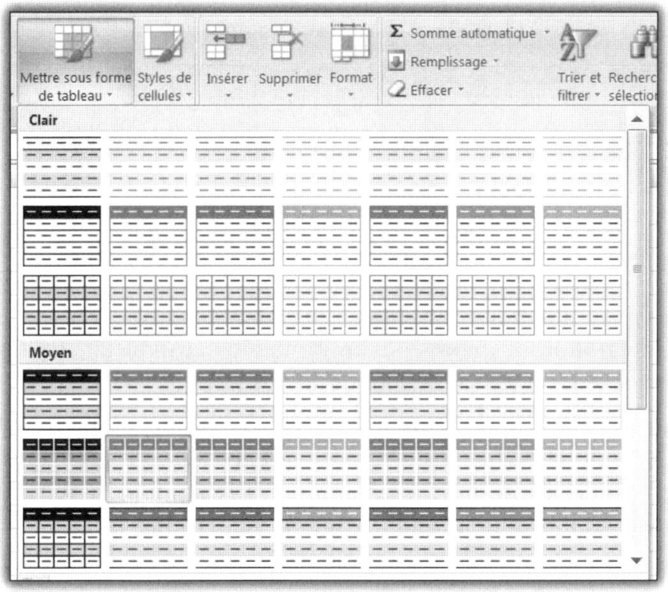

Figure 14.4 : *Choix de la mise en forme*

La boîte de dialogue **Mettre sous forme de tableau** fait son apparition. Elle est en tous points semblable à la boîte de dialogue **Créer un tableau** vue précédemment.

4 Modifiez éventuellement la sélection et validez par OK.

Le tableau est créé et mis en forme selon vos souhaits.

Ajouter des données à un tableau

Pour ajouter des données, il suffit de se positionner sur la première ligne vide située en dessous de l'en-tête (ou sur la première colonne vide adjacente au tableau, si vous souhaitez ajouter de nouvelles colonnes), puis de débuter la saisie des informations.

Dès que vous avez validé le contenu de la première cellule de la deuxième ligne de données (ou de la nouvelle colonne), le bouton d'options de correction automatique fait son apparition. Cliquez dessus pour afficher les choix qu'il propose.

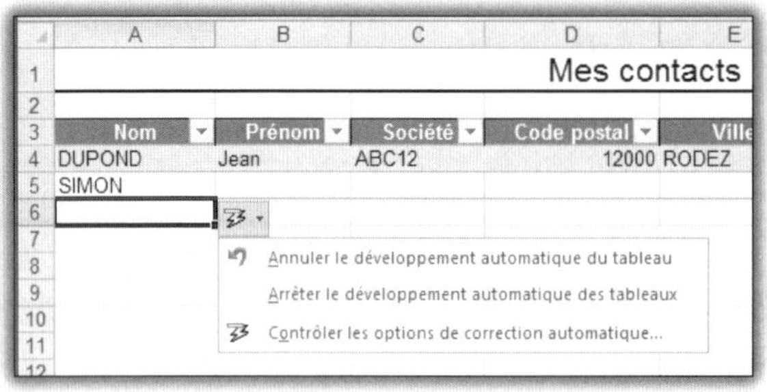

Figure 14.5 : *Ajout d'une ligne à un tableau*

- **Annuler le développement automatique de tableau** annule l'intégration des nouvelles informations au tableau. La ligne (ou la colonne) reste en dehors du tableau.
- **Arrêter le développement automatique de tableau** empêche l'intégration dans le tableau des nouvelles informations saisies.
- **Contrôler les options de correction automatique** affiche l'onglet **Mise en forme automatique au cours de la frappe** de la boîte de dialogue **Correction automatique**. Vous pouvez ainsi spécifier les paramètres d'intégration des données au tableau.

REMARQUE

Affichage des en-têtes de colonnes

Désormais, en cas de défilement vers le bas, les en-têtes du tableau remplaceront les en-têtes de colonnes de feuille de calcul. Les boutons de filtre automatique restent donc toujours visibles, ce qui permet de trier et de filtrer les données sans avoir à revenir au début du tableau.

Figure 14.6 : *Les en-têtes du tableau toujours visibles*

Accéder aux fonctions des tableaux par l'onglet contextuel

Vous pouvez accéder à ces fonctions, à condition de sélectionner une cellule du tableau. Le tableau est alors dit "actif".

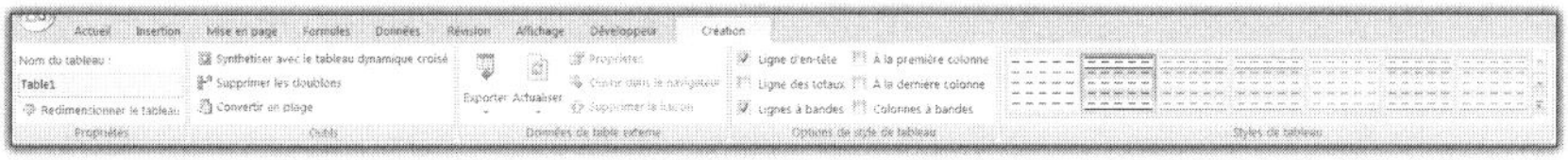

Figure 14.7 : *L'onglet contextuel Création*

Groupe Propriétés

- La zone *Nom du tableau* permet de modifier le nom attribué par défaut au tableau.
- Le bouton **Redimensionner le tableau** permet de spécifier une autre plage pour le tableau en cours. Il est également possible de redimensionner un tableau à l'aide de la poignée de dimensionnement située à l'angle inférieur droit.

Groupe Outils

- **Synthétiser avec un tableau croisé dynamique** permet de créer un tableau croisé dynamique fondé sur les données du tableau.

RENVOI

Pour plus de renseignements sur les tableaux croisés dynamiques, reportez-vous au chapitre ***Utiliser les tableaux croisés dynamiques.***

- **Supprimer les doublons** permet de supprimer les lignes contenant des données en double. Il est possible de spécifier la ou les colonnes sur laquelle la recherche des doublons doit porter.

REMARQUE

Supprimer les doublons

Vous pouvez également accéder à cette fonctionnalité à l'aide du bouton **Supprimer les doublons** du groupe *Outils de données* de l'onglet **Données**.

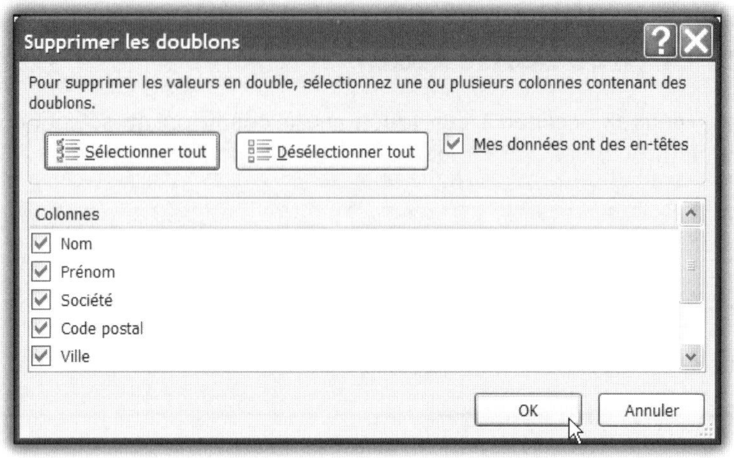

Figure 14.8 : *Supprimer les doublons*

- **Convertir en plage** permet de transformer un tableau Excel en une plage "standard". Le contour et la ligne d'insertion disparaissent. En revanche, la ligne de totaux demeure, mais elle est "figée" (les listes déroulantes ne sont plus accessibles).

Groupe Données de tableau externe

- Le bouton **Exporter** publie le tableau actif sur un serveur équipé de Microsoft Windows SharePoint Team Services. Pour cela, saisissez l'adresse URL du serveur. Pour que la liste soit liée à sa copie située sur le serveur SharePoint, cochez la case *Créer une connexion en lecture seule à la nouvelle liste SharePoint*.
- Le bouton **Actualiser** synchronise le tableau actif avec le tableau du site SharePoint auquel il est lié.
- Le bouton **Propriétés** permet de spécifier les propriétés de mise à jour des cellules du tableau connecté à SharePoint.
- Le bouton **Ouvrir dans le navigateur** donne accès, dans le navigateur Internet, à la version du tableau sur le serveur SharePoint.
- Le bouton **Supprimer la liaison** rompt la liaison avec le tableau SharePoint, instaurée à l'aide de la commande **Exporter**. La suppression de la liaison est irréversible.

Groupe Options de style de tableau

Ce groupe offre six cases à cocher :

- *Ligne d'en-tête* permet d'attribuer une mise en forme spécifique à la première ligne du tableau qui, d'ordinaire, contient les en-têtes des colonnes.
- *Ligne des totaux* affiche la ligne des totaux en bas du tableau. Par défaut, cette ligne indique le terme *Total* dans la colonne située à l'extrémité gauche et la somme des valeurs dans la colonne la plus à droite. Vous pouvez toutefois modifier ce contenu. En cliquant sur une cellule de la ligne des totaux, vous affichez un bouton fléché qui donne accès à une liste des fonctions de regroupement. Lorsque vous sélectionnez l'une d'entre elles, Excel insère une formule de sous-total. En revanche, vous ne pouvez pas modifier manuellement le contenu de ces cellules.
- *À la première colonne* permet d'attribuer une mise en forme spécifique à la première colonne du tableau qui, d'ordinaire, contient les en-têtes des lignes.
- *Lignes à bandes* permet de bien délimiter les lignes en leur appliquant une mise en forme qui alterne les couleurs de remplissage.
- *Colonnes à bandes* permet de bien délimiter les colonnes en leur appliquant une mise en forme qui alterne les couleurs de remplissage.

Groupe Styles de tableau

Il s'agit d'une galerie de styles prédéfinis de mise en forme globale des tableaux. Vous pouvez faire défiler les différents styles à l'aide des boutons situés à droite de la galerie.

Lorsque vous déplacez le pointeur sur l'un des styles, un aperçu instantané vous permet de visualiser directement les changements sur le tableau. Cliquez sur un style pour l'appliquer.

Vous pouvez également afficher l'intégralité des styles à l'aide du bouton situé dans l'angle inférieur droit de la galerie. En plus des styles prédéfinis, vous pouvez accéder aux deux commandes suivantes :

- **Nouveau style rapide de tableau** permet de créer des nouveaux styles en spécifiant les formats à appliquer aux différents éléments du tableau.

- **Effacer** permet d'effacer la mise en forme du tableau actif.

Sélectionner les lignes ou les colonnes d'un tableau

Pour sélectionner rapidement une colonne d'un tableau, déplacez le pointeur sur son en-tête, comme vous le feriez pour sélectionner une colonne d'une feuille de calcul. Le pointeur se transforme en une flèche noire dirigée vers le bas. Il suffit alors de cliquer. Le principe est le même pour les lignes.

Cela confirme qu'un tableau est une "feuille de calcul dans la feuille de calcul".

14.2. Trier les données

La saisie des informations dans un tableau peut s'effectuer dans n'importe quel ordre. Mais il peut être nécessaire de les réorganiser pour répondre à un besoin du moment. C'est pour cela qu'Excel dispose d'une fonctionnalité de tri de données. Elle permet de les classer en fonction d'une ou de plusieurs clés (ou critères), dans le sens croissant ou décroissant.

Depuis Excel 2007, la fonctionnalité de tri s'est considérablement améliorée dans la mesure où il est maintenant possible de trier selon un maximum de soixante-quatre critères (contre trois dans les précédentes versions). Il est même possible de trier selon la couleur.

Connaître l'ordre de tri

Pour trier dans l'ordre croissant, Excel utilise les règles suivantes :

- Les nombres sont triés du plus petit nombre négatif au plus grand nombre positif.
- S'il s'agit de texte alphanumérique, Excel trie de gauche à droite, caractère par caractère. Ainsi, la cellule contenant le texte *ABC500* sera placée après la cellule contenant l'entrée *ABC5* et avant la cellule contenant l'entrée *ABC51*.

L'ordre respectif des caractères les plus courants est le suivant : *0 1 2 3 4 5 6 7 8 9* (espace) *! " # $ % & ( ) * , . / : ; ? @ [\ ] ^ _ ' { | } ~ + < = > A B C D E F G H I J K L M N O P Q R S T U V W X Y Z.*

Les apostrophes (') et les traits d'union (-) sont ignorés, avec une exception toutefois : lorsque deux chaînes de texte ne se différencient que par la présence d'un trait d'union, la chaîne qui renferme celui-ci est classée en dernier.

- La valeur logique `FAUX` est placée avant `VRAI`.
- Les valeurs d'erreurs sont équivalentes.

Lors d'un tri dans l'ordre décroissant, l'ordre est inversé, sauf pour les cellules vides, toujours placées en dernier.

Trier rapidement un tableau

La mise en œuvre du tri selon une seule clé est relativement simple et rapide. Si vous travaillez avec un tableau de données, utilisez les boutons fléchés situés à côté des étiquettes de colonnes. Si vous travaillez avec une plage de cellules "traditionnelle", utilisez les boutons de tri rapide de l'onglet **Accueil** ou de l'onglet **Données**.

Examinons le cas d'une liste de données.

1 Cliquez sur le bouton fléché à côté de l'en-tête de colonne constituant la clé de tri.

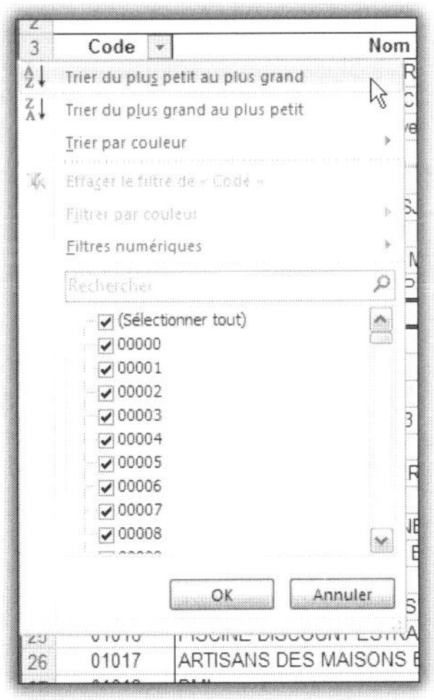

Figure 14.9 : *Les options de tri et de filtre*

2 Sélectionnez la commande **Trier du plus petit au plus grand** ou **Trier du plus grand au plus petit** dans le menu qui apparaît.

> REMARQUE
>
> **Tri et type de données**
>
> Si la colonne sur laquelle le tri est fondé contient des données alphanumériques, les commandes **Trier du plus petit au plus grand** ou **Trier du plus grand au plus petit** sont remplacées respectivement par **Trier de A à Z** ou **Trier de Z à A**. Dans le cas de dates, les commandes deviennent **Trier du plus ancien au plus récent** et **Trier du plus récent au plus ancien**.

	A	B	
1	Clients		
2			
3	Code	Nom Client	
4	00000	NE PAS UTILISER ERREUR	
5	00001	LEROY MERLIN FRANCE CHASSENEUIL	051 POITIERS
6	00002	ACACIAS SARL	4 R DES PER
7	00003	SEM ANGLES RODEZ SA 12	BP 3302
8	00004	COTE BAIN COTE JARDIN	RN193
9	00005	ESPACE LEONARD DE VINCI	AVENUE DES
10	00006	SOFROITEC	ZI DE MELOU
11	00007	RODOLAUSSE	RN20
12	00008	JD TECHNOLOGIE SAE	RN113
13	00009	CARRETON PIERRE	ARTISAN MA
14	00010	MATERIAUX MODERNE Nvelle(b)	111 ROUTE D
15	00011	DALLABETTA MULTISERV.	428 RTE DE R
16	00012	NOUVELLE VAGUE DESJOYAUX 123	ROUTE DE M
17	00013	AQUA SUD OUEST	4 CLOS DU V
18	00014	ATB	227 AV FRAN
19	00015	WIEPRECHT	R DES CHAR
20	00016	BOURRIERES MICHEL	CREMPS
21	00017	LAGON PISCINES SA	ZA DE RIBAU
22	00018	SNTE	3 RUE DES C
23	00019	MONTILLIER BERNARD SARL	3 R LUCE DE S

Figure 14.10 : *Le tableau trié par ordre croissant des codes clients*

Examinons à présent le cas d'une plage de cellules "traditionnelle".

1 Cliquez sur n'importe quelle cellule de la colonne constituant la clé de tri.

2 

Sous l'onglet **Accueil**, cliquez sur le bouton **Trier et filtrer** du groupe *Édition*.

3 Sélectionnez **Trier du plus petit au plus grand** ou **Trier du plus grand au plus petit** (ou **Trier de A à Z** ou **Trier de Z à A** si les données à trier sont alphanumériques, ou encore **Trier du plus ancien au plus récent** ou **Trier du plus récent au plus ancien** si les données sont des dates).

Vous pouvez également utiliser les boutons **Trier du plus petit au plus grand** ou **Trier du plus grand au plus petit** (ou **Trier de A à Z** ou **Trier de Z à A** ou encore **Trier du plus ancien au plus récent** ou **Trier du plus récent au plus ancien**) du groupe *Trier et filtrer* de l'onglet **Données**.

Vous pouvez aussi utiliser la commande **Trier** du menu contextuel qui apparaît lorsque vous cliquez du bouton droit sur une cellule.

Excel a automatiquement sélectionné l'intégralité de la plage de cellules et appliqué la fonction de tri correspondante. Il a également identifié la première ligne de la liste comme étant la ligne des étiquettes de colonnes et ne l'a pas incluse dans le tri. Autrement, elle aurait été placée en dernier.

ATTENTION

Sélection de la plage de cellules avant le tri

Si vous travaillez avec une plage de cellules "traditionnelle" (et non un tableau) qui contient une colonne vide, il faut sélectionner la plage dans son intégralité avant d'appliquer un tri. En effet, si vous ne sélectionnez qu'une cellule, Excel va étendre la sélection jusqu'à la première ligne vide et jusqu'à la première colonne vide. Ainsi, l'intégralité de la plage de cellules ne sera pas sélectionnée, si bien que le tri ne s'appliquera qu'à une partie de la plage, provoquant la désorganisation totale des données.

ATTENTION

Impact du tri sur les formules

Lorsque vous effectuez un tri, il faut au préalable vous préoccuper des éventuelles formules se trouvant dans la plage de données. En effet, si des formules font référence (relative ou mixte) à des cellules ne se trouvant pas sur la même ligne (en cas de tri par ligne), le tri va les rendre erronées puisque les lignes ne seront plus positionnées de la même façon les unes par rapport aux autres.

Cette façon de procéder est certes rapide, mais elle permet de prendre en compte une seule clé de tri. Voyons maintenant comment utiliser plusieurs clés de tri.

Trier les lignes selon les valeurs

Vous aurez, tôt ou tard, besoin de trier vos données selon plusieurs critères (ou clés). Supposons par exemple que vous souhaitiez trier la liste de vos contacts professionnels par ville et par nom.

1 Cliquez sur n'importe quelle cellule du tableau.

2 Sous l'onglet **Données**, cliquez sur le bouton **Trier** du groupe *Trier et filtrer*. Vous pouvez aussi utiliser le bouton **Trier et filtrer** du groupe *Édition* de l'onglet **Accueil**, puis sélectionner **Tri personnalisé**.

3 Sélectionnez l'option *Pays* dans la liste déroulante de la zone *Trier par*.

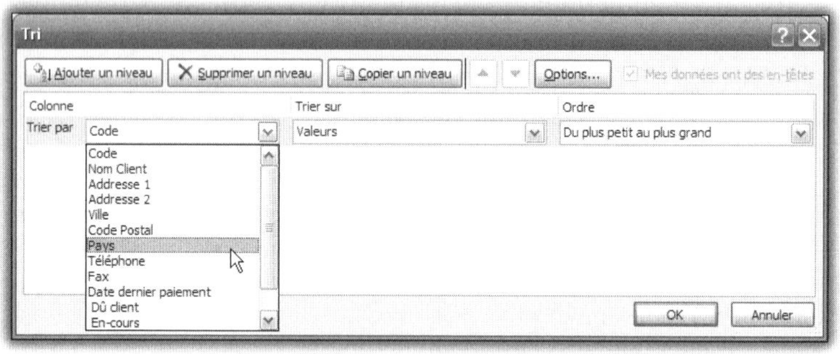

Figure 14.11 : *Choix de la première clé*

Excel a activé par défaut la case *Mes données ont des en-têtes*. Il peut s'avérer nécessaire de désélectionner cette option lorsque l'interprétation d'Excel est erronée et que la première ligne de la liste est bien une ligne de données.

REMARQUE

Étiquettes

Il est important de définir correctement les étiquettes de colonnes. En effet, ces dernières constituent les options de la liste déroulante de la zone *Trier par*.

4 Sélectionnez *De A à Z*.

5 Cliquez sur **Ajouter un niveau** puis sélectionnez l'option *Ville* dans la liste déroulante de la zone *Puis par*.

6 Sélectionnez *De A à Z*.

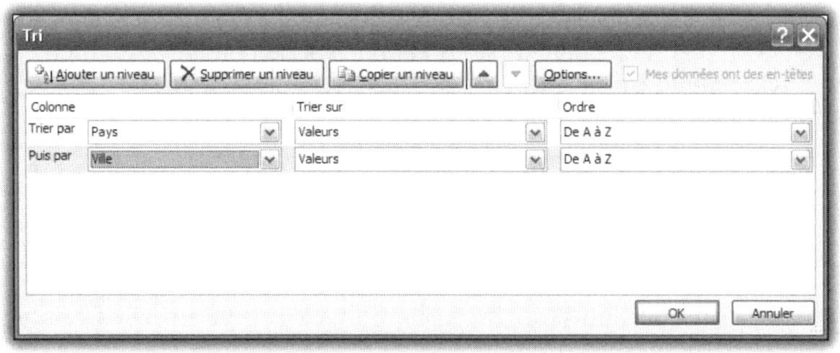

Figure 14.12 : *Choix de la deuxième clé*

7 Validez par OK.

	Ville	Code Postal	Pays	Téléphone	Fax
	VILLERS LE BOUILLET	04530	BELGIQUE	003242754121	0
	VILLERS-STGHISLAIN	B7031	BELGIQUE		
	WAASMUNSTER	B9250	BELGIQUE	003252463382	
	WATERLOO	01410	BELGIQUE	003223514759	0
	WAUTHIER-BRAINE-BELGIQUE	01440	BELGIQUE	3223671611	
	WAVRE	01300	BELGIQUE	003210243929	0
GLE	WAYS	01474	BELGIQUE	003267794422	0
	ZEDELGEM	08210	BELGIQUE	003250209308	0
	COTONOU		BENIN	0022921336205	00
	COTONOU		BENIN	01.47.64.90.20	0
			BURK. FASO	0022650335308	00
			BURK. FASO	05.56.36.13.94	0
	01BP6732 OUAGADOUGOU 01		BURK. FASO	0022650386257	00
	DOUALA		CAMEROUN	002373425517	0
	CY PAPHOS	08134	CHYPRE	0035726951851	00
	POREC	52440	CROATIE	0038552451314	00
	POREC - CROATIE	52440	CROATIE	0038552451314	00
	ABIDJAN	00026	CTE IVOIRE	0022521244604	00
	ABIDJAN	00225	CTE IVOIRE	00225.21.25.12.62	002
JX	ABIDJAN	00006	CTE IVOIRE	0022522410968	00
St El-Saray	ALEXANDRIA		EGYPTE	002033587610	0
	ALEXENDRIA		EGYPTE	002033591758	0
	581 CALDAS DE VIZELA	04815	ESPAGNE		
S N/10	CALDAS RA RAINHA	02500	ESPAGNE	00351262834709	
	DENIA	03700	ESPAGNE	0034966432872	00
RES NORTE A19	DENIA (ALICANTE)	03700	ESPAGNE	0034966432872	00
	EMPURIABRAVA	17487	ESPAGNE	0034.972.45.50.16	
	EMPURIABRAVA	17487	ESPAGNE	0034.972.45.50.16	
	FUENLABRADA	28946	ESPAGNE	0034916421220	00
	FUENLABRADA (MADRID)	28946	ESPAGNE		
	GAVA	08850	ESPAGNE	0034669427761	00
	GRANOLLERS	08400	ESPAGNE	0034938465336	00

Figure 14.13 : *Le tableau trié*

REMARQUE

Détection des lignes de titres

Lorsque vous travaillez sur une plage de cellules et non un tableau, veillez à ne pas insérer de ligne vide entre la première ligne de données et la ligne contenant les étiquettes de colonnes, pour qu'Excel puisse "reconnaître" les étiquettes.

REMARQUE

Si Excel ne reconnaît pas les étiquettes de colonnes, il affiche *Colonne A*, *Colonne B*, etc. dans les listes déroulantes des zones *Trier par* et *Puis par*.

Organiser les critères de tri

Dans la boîte de dialogue **Tri**, vous pouvez réorganiser les critères de tri à l'aide des boutons suivants :

- **Copier un niveau** duplique le critère sélectionné.
- **Supprimer un niveau** supprime le critère sélectionné.
- **Déplacer vers le haut** augmente l'importance du critère sélectionné.
- **Déplacer vers le bas** diminue l'importance du critère sélectionné.

Trier les lignes selon les couleurs ou les icônes

Cette fonctionnalité fait partie des nouveautés introduites par la version 2007. Il est donc désormais possible de trier des tableaux, non seulement en fonction des valeurs, mais aussi en fonction de la couleur de cellule ou de police, ou de l'icône associée à la cellule.

RENVOI

Pour plus d'informations sur les icônes de cellules, reportez-vous à la section ***Définir des mises en forme conditionnelles*** *du chapitre* ***Créer des feuilles de calcul plus élaborées****.*

1. Cliquez sur n'importe quelle cellule du tableau.
2. Sous l'onglet **Données**, cliquez sur le bouton **Trier** du groupe *Trier et filtrer*. Vous pouvez aussi utiliser le bouton **Trier et filtrer** du groupe *Édition* de l'onglet **Accueil**, puis sélectionner **Tri personnalisé**.
3. Sélectionnez le critère de tri dans la zone *Trier par*.
4. Sélectionnez *Couleur de cellule*, *Couleur de police* ou *Icône de cellule* dans la zone *Trier sur*.
5. Sélectionnez la couleur ou l'icône dans la zone *Ordre*.

6 Sélectionnez *En haut* ou *En bas* pour définir où doivent être positionnées les cellules correspondantes.

7 Ajoutez autant de niveaux que nécessaire pour ordonner les différentes couleurs ou icônes.

8 Validez par OK.

Figure 14.14 : *Un tri en fonction de la couleur*

Accès rapide au tri par couleur ou icône

Si vous travaillez sur un tableau de données :

1 Cliquez sur le bouton fléché à côté de l'en-tête de l'une des colonnes.

2 Sélectionnez la commande **Trier par couleur**, puis choisissez la couleur ou l'icône à placer en début de tableau. La commande **Tri personnalisé** permet d'accéder à la boîte de dialogue **Tri**.

Si vous travaillez sur un tableau de données ou une plage de cellules "traditionnelle" :

1 Cliquez du bouton droit sur une cellule du tableau.

2 Sélectionnez l'une des commandes suivantes dans le menu contextuel :

- **Placer la couleur de cellule sélectionnée sur le dessus**.
- **Placer la couleur de police sélectionnée sur le dessus**.
- **Placer l'icône de cellule sélectionnée sur le dessus**.
- **Tri personnalisé** ouvre la boîte de dialogue **Tri**.

14.3. Utiliser les filtres

Une liste de données a tendance à accumuler les lignes, au fil du temps, ce qui rend son exploitation de plus en plus délicate. Il faut pouvoir extraire des données pour répondre à des questions précises. Dans le langage des bases de données, on parle de requêtes. Une requête est une question, plus ou moins formalisée, que l'on pose à une base de données. Avec les filtres, Excel vous propose de mettre en œuvre ce type de fonctionnalité sur les listes de données.

Dans Excel, on distingue le filtre automatique et le filtre élaboré. Le premier est facile et rapide à utiliser. Il offre de réelles possibilités d'exploitation des données. Le second permet de réaliser des opérations plus complexes, mais au prix d'une mise en œuvre un peu plus délicate.

Le filtre automatique

Filtrer rapidement des données

Lorsque vous travaillez sur un tableau de données, le filtre automatique est activé… automatiquement. En revanche, si vous travaillez sur une plage de cellules "traditionnelle", vous devez l'activer vous-même.

Pour activer le filtre automatique :

1. Cliquez sur une cellule de la plage contenant les données à filtrer.
2. Sous l'onglet **Données**, cliquez sur le bouton **Filtrer** du groupe *Trier et filtrer*. Vous pouvez aussi utiliser le bouton **Trier et filtrer** du groupe *Édition* de l'onglet **Accueil** puis sélectionner **Filtrer**.

L'en-tête de chaque colonne est alors transformé en zone de liste déroulante, dont les options sont accessibles par un bouton représentant une flèche orientée vers le bas.

Figure 14.15 : *Les en-têtes de colonnes*

Si vous cliquez sur le bouton associé à une colonne, la liste de choix propose plusieurs commandes et options. Certaines sont communes à toutes les colonnes :

- **Filtrer par couleur** ;
- **Filtres textuels**, **Filtres numériques, Filtres chronologiques**, selon le type de données présentes dans la colonne ;
- une zone de recherche (nouveauté d'Excel 2010) ;
- *(Sélectionner tout)*.

REMARQUE

Autres options générales

Les trois premiers choix concernent les commandes de tri rapide. Ces notions ont été abordées précédemment. Si la colonne contient des cellules vides, une option supplémentaire apparaît : *(Vide)*.

Les autres sont les options propres à la colonne considérée : elles représentent les différentes valeurs possibles de cette colonne.

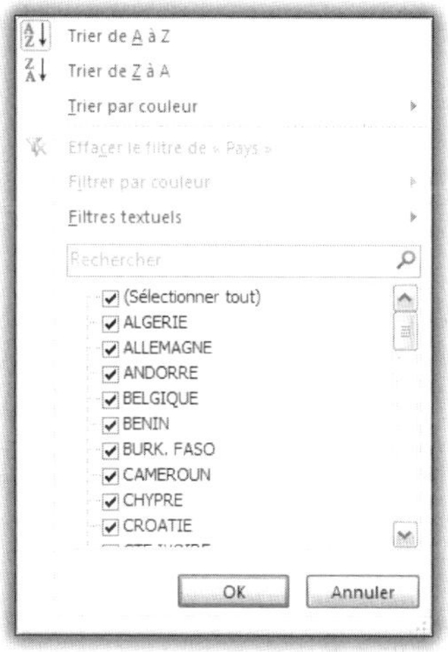

Figure 14.16 : *La liste de choix*

Désélectionnez les cases à cocher correspondant aux valeurs du tableau que vous souhaitez masquer. Seules les lignes dont le contenu (dans la colonne en question) correspond aux cases cochées sont alors affichées.

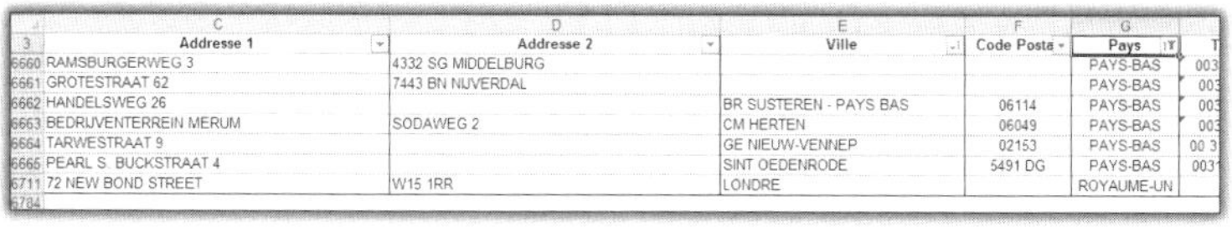

	C	D	E	F	G	
3	Addresse 1	Addresse 2	Ville	Code Posta	Pays	T
6660	RAMSBURGERWEG 3	4332 SG MIDDELBURG			PAYS-BAS	003
6661	GROTESTRAAT 62	7443 BN NIJVERDAL			PAYS-BAS	003
6662	HANDELSWEG 26		BR SUSTEREN - PAYS BAS	06114	PAYS-BAS	003
6663	BEDRIJVENTERREIN MERUM	SODAWEG 2	CM HERTEN	06049	PAYS-BAS	003
6664	TARWESTRAAT 9		GE NIEUW-VENNEP	02153	PAYS-BAS	00 3
6665	PEARL S. BUCKSTRAAT 4		SINT OEDENRODE	5491 DG	PAYS-BAS	003
6711	72 NEW BOND STREET	W15 1RR	LONDRE		ROYAUME-UN	
6784						

Figure 14.17 : *La liste filtrée*

Notez les détails suivants :

- Un petit symbole représentant le filtre apparaît sur le bouton de la colonne servant de base au filtre. Cela indique qu'un filtre a été appliqué sur cette colonne. Lors du survol par le pointeur, une info-bulle apparaît, indiquant les critères du filtre.

Figure 14.18 : *Une info-bulle rappelle les critères du filtre*

- Les numéros de lignes apparaissent en bleu. Cela signifie qu'un filtre a été appliqué sur la liste.
- Les lignes contenant les autres données sont masquées, mais non supprimées.

REMARQUE

Impact du filtre sur les autres listes déroulantes

Lorsque vous filtrez selon une colonne, les listes déroulantes des autres colonnes sont restreintes aux valeurs des lignes affichées.

Vous pouvez combiner des filtres sur plusieurs colonnes à la fois. Seules les lignes répondant à l'ensemble des critères sont affichées (les critères se combinent avec un opérateur `ET` logique). Cela permet d'être de plus en plus sélectif et précis dans la recherche de données.

ASTUCE

Longues listes déroulantes

Lorsqu'une liste déroulante contient de nombreuses valeurs, vous pouvez accélérer la recherche en saisissant la première lettre de l'occurrence recherchée.

Rechercher une valeur

Le filtre automatique propose une liste de choix permettant de cocher les valeurs à afficher. Pourtant, si la colonne à filtrer contient un grand nombre de valeurs différentes, il peut être fastidieux de parcourir l'ensemble de la liste de valeurs à la recherche d'entrées pertinentes ! La zone *Rechercher* (nouveauté d'Excel 2010) facilite grandement cette tâche en permettant de restreindre les valeurs affichées.

Pour cela, il suffit de saisir du texte dans la zone *Rechercher*. Les valeurs affichées sont alors restreintes à celles qui contiennent ce texte.

Figure 14.19 :
Utilisation de la zone Rechercher

Vous avez ensuite la possibilité de sélectionner uniquement certaines des valeurs affichées ou la totalité en cochant la case *(Sélectionner tous les résultats de la recherche)*.

Si un filtre est déjà appliqué à la colonne, vous pouvez ajouter les valeurs sélectionnées aux critères du filtre en cochant la case *Ajouter la sélection actuelle au filtre*.

Travailler sur les données filtrées

Il est possible d'effectuer les opérations suivantes sur les données filtrées :

- trier (le tri ne s'applique qu'aux données affichées) ;
- copier puis coller (seules les lignes affichées sont concernées par ces opérations) ;

- créer un graphique ;
- créer des sous-totaux.

REMARQUE

Filtrer des sous-totaux

Il est possible de créer des sous-totaux à partir de données filtrées. Par ailleurs, vous pouvez filtrer des données faisant l'objet de sous-totaux, qui s'adaptent alors aux valeurs affichées.

Annuler les filtres

Pour annuler un ou plusieurs filtres, il existe trois possibilités, de la plus sélective à la plus radicale.

Pour annuler le filtre sur une seule colonne :

1 Cliquez sur le bouton de la colonne voulue.

2 Dans la liste déroulante, sélectionnez **Effacer le filtre de** ou cochez la case *(Sélectionner tout)*.

Dans ce cas, les éventuels filtres sur d'autres colonnes sont maintenus.

Pour afficher à nouveau toutes les données, cliquez sur le bouton **Effacer** du groupe *Trier et filtrer* de l'onglet **Données** (ou sur la commande **Effacer** du bouton **Trier et filtrer** du groupe *Édition* de l'onglet **Accueil**). Tous les filtres sont supprimés, mais les boutons associés aux en-têtes de colonnes sont toujours affichés.

Pour sortir du mode Filtre automatique, cliquez sur le bouton **Filtrer** du groupe *Trier et filtrer* de l'onglet **Données**. Les boutons associés aux en-têtes de colonnes disparaissent.

Mettre en œuvre des fonctions plus élaborées

Afficher un nombre déterminé d'éléments

Nous avons vu comment obtenir une réponse à des questions du type : quelles sont les lignes de la liste dont les colonnes contiennent telle et telle valeur ? Il peut s'avérer utile de répondre à d'autres genres de questions, par exemple :

- Quels sont les cinq clients les moins rentables ?
- Que représentent, en chiffre d'affaires, les dix premiers clients ?

Pour obtenir une réponse à la première question :

1 Cliquez sur le bouton de la colonne voulue (dans cet exemple, *Taux de marge*).

2 Dans la liste déroulante, choisissez **Filtres numériques** puis **10 premiers**.

3 Dans la première zone, sélectionnez *Bas* (vous voulez afficher les clients les moins rentables).

4 Sélectionnez *5* dans la deuxième zone.

5 Laissez la dernière zone inchangée.

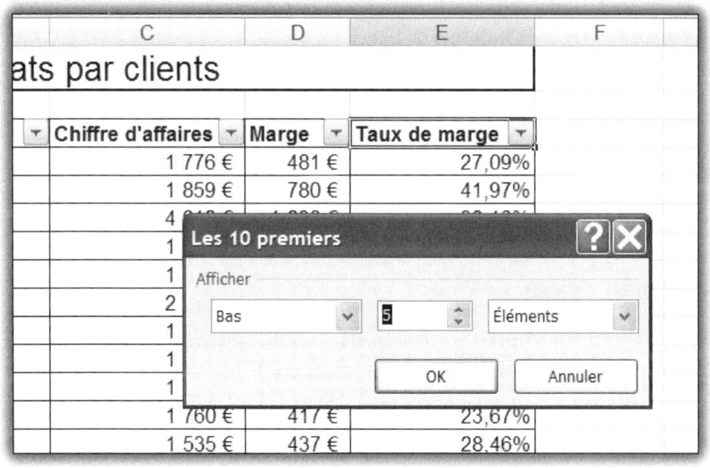

Figure 14.20 : *Les cinq clients les moins rentables*

6 Validez par OK.

Pour obtenir une réponse à la deuxième question :

1 Annulez le filtre précédent (bouton **Effacer** du groupe *Trier et filtrer* de l'onglet **Données**).

2 Cliquez sur le bouton de la colonne voulue (dans cet exemple, *Chiffre d'affaires*).

3 Dans la liste déroulante, choisissez **Filtres numériques** puis **10 premiers**.

4 Dans la première zone, sélectionnez *Haut* (vous voulez afficher les clients les plus importants).

5 Sélectionnez *10* dans la deuxième zone.

6 Choisissez *Pourcentage* dans la troisième zone.

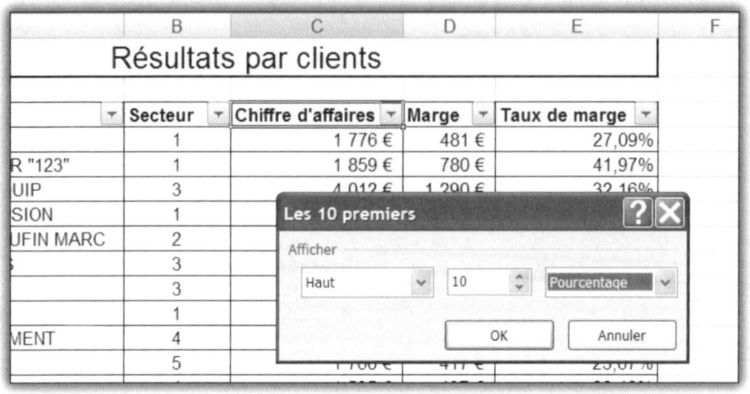

Figure 14.21 : *10 % des clients les plus importants*

7 Validez par OK.

Afficher des éléments répondant à des critères plus complexes

Il est souvent primordial d'afficher des valeurs correspondant à des paliers ou à des intervalles, en d'autres termes de répondre à des questions du type :

- Quels sont les clients ayant acheté pour plus de 5 000 euros ?
- Quels sont les clients dont la marge est comprise entre 2 000 et 3 000 euros ?

Pour obtenir une réponse à la première question :

1 Cliquez sur le bouton de la colonne voulue (dans cet exemple, *Chiffre d'affaires*).

2 Dans la liste déroulante, choisissez **Filtres numériques** puis **Supérieur ou égal à**.

3 Choisissez le critère *est supérieur ou égal à*.

4 Saisissez `5000` comme paramètre.

REMARQUE

Choix des paramètres

Si vous cliquez sur le bouton de la liste déroulante de la zone de paramètre du critère, toutes les valeurs prises dans la colonne sont listées et classées par ordre croissant. Cela peut être utile si vous n'avez pas d'idée précise du seuil à choisir.

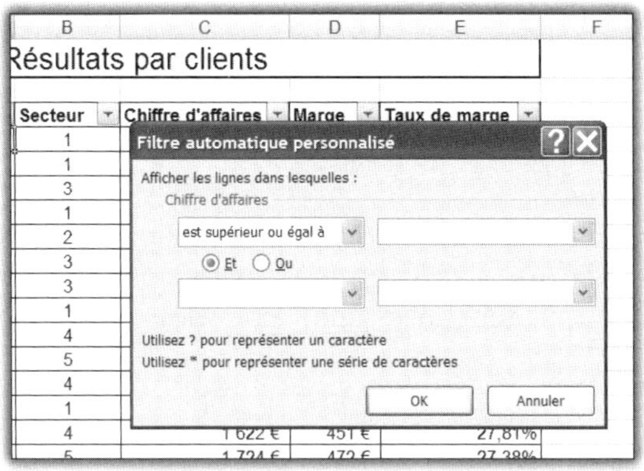

Figure 14.22 : *Définition du filtre personnalisé*

5 Validez par OK.

Pour obtenir une réponse à la seconde question :

1 Cliquez sur le bouton de la colonne voulue (dans cet exemple, *Marge*).

2 Dans la liste déroulante, choisissez **Filtres numériques** puis **Entre**.

3 Saisissez `2000` comme premier paramètre puis `3000` comme second paramètre.

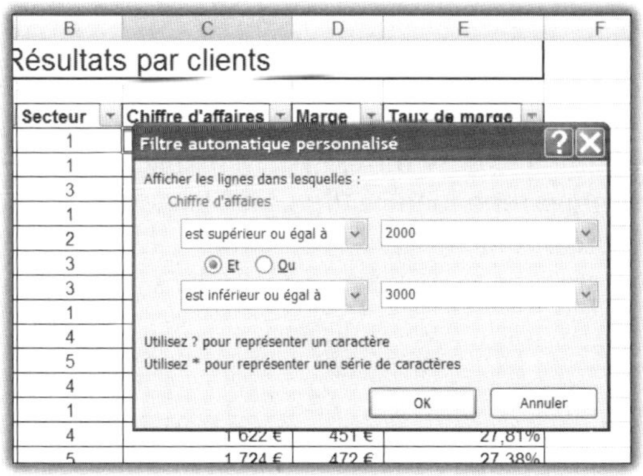

Figure 14.23 : *Définition du filtre personnalisé*

4 Validez par OK.

Les filtres numériques

Les filtres numériques sont *Est égal à*, *Est différent de*, *Supérieur à*, *Supérieur ou égal à*, *Inférieur à*, *Inférieur ou égal à*, *Entre*, *10 premiers*, *Au-dessus de la moyenne*, *En dessous de la moyenne*.

Les filtres textuels

Les filtres textuels sont *Est égal à*, *Est différent de*, *Commence par*, *Se termine par*, *Contient*, *Ne contient pas*.

Les critères *Commence par*, *Se termine par* et *Contient* s'appliquent à des champs de type texte. Dans ce cas, les caractères génériques (?, qui remplace un caractère, et *, qui remplace une série de caractères) peuvent être utilisés.

Les filtres chronologiques

Les filtres chronologiques sont *Est égal à*, *Avant*, *Après*, *Entre*, *Demain*, *Aujourd'hui*, *Hier*, *La semaine prochaine*, *Cette semaine*, *La semaine dernière*, *Le mois prochain*, *Ce mois*, *Le mois dernier*, *Le trimestre prochain*, *Ce trimestre*, *Le trimestre dernier*, *L'année prochaine*, *Cette année*, *L'année dernière*, *Année à ce jour* (depuis le début de l'année), *Toutes les dates de cette période* (trimestre, mois).

Les filtres personnalisés

Sélectionnez la commande **Filtre personnalisé** dans la liste déroulante des filtres numériques ou textuels pour faire apparaître la boîte de dialogue **Filtre automatique personnalisé**, dans laquelle vous définirez vous-même des critères plus élaborés.

Il est possible de combiner des filtres personnalisés sur plusieurs colonnes. Seules les lignes répondant à l'ensemble des critères seront affichées (les critères se combinent avec un opérateur `ET` logique). Cela permet d'être de plus en plus sélectif et précis dans la recherche de données.

Filtrer selon la couleur ou l'icône

Il est désormais possible de combiner les critères de filtres "classiques" sur le contenu des cellules avec des critères sur la couleur de cellule ou de police, ou sur l'icône de cellule.

1 Cliquez sur le bouton de la colonne voulue (dans cet exemple, *Chiffre d'affaires*).

2 Dans la liste déroulante, choisissez **Filtrer par couleur**.

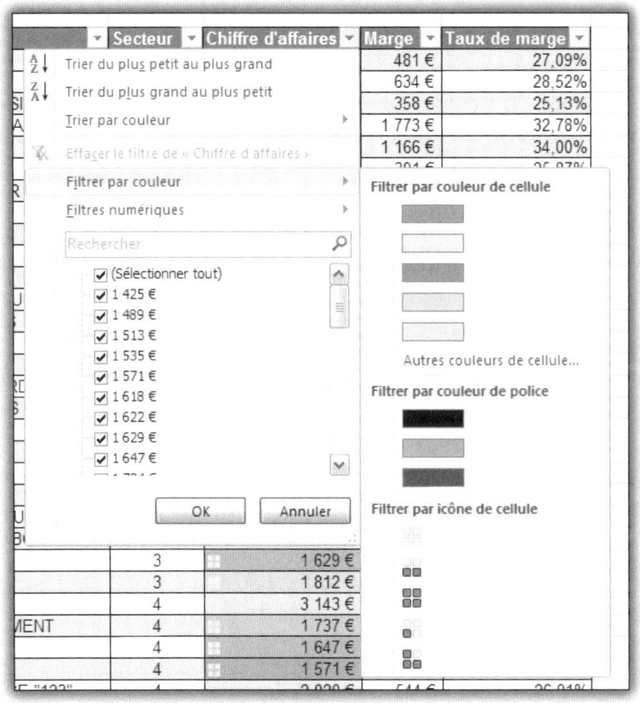

Figure 14.24 : *Définir un filtre par couleur*

3 Sélectionnez le critère voulu.

Le filtre élaboré

Le filtre automatique permet de définir des critères assez complexes, mais il reste par exemple impossible de créer la requête suivante : afficher à la fois tous les clients d'un secteur donné qui dépassent 10 000 euros et tous les clients d'un autre secteur. En effet, avec les outils dont vous disposez, vous pouvez afficher tous les clients des deux secteurs (avec un filtre sur la colonne *Secteur*) ; mais si vous ajoutez un filtre sur le chiffre d'affaires (supérieur à 10 000 euros), il s'appliquera aux clients des deux secteurs. Pour traiter cette requête (et bien d'autres), il est nécessaire d'avoir recours au filtre avancé.

Définir un filtre avancé

La zone de critères

La première manipulation à réaliser pour créer un filtre avancé consiste à définir une zone de critères. Il s'agit d'une plage de cellules dont la première ligne doit contenir les noms des champs de la liste. Les lignes suivantes contiennent les critères relatifs à chaque champ.

Hormis ces points précis, il n'existe aucune contrainte explicite quant à la structuration de la zone de critères. En revanche, la pratique conduit à formuler d'autres règles :

- La zone de critères doit se trouver de préférence sur une autre feuille que la liste à laquelle elle se rapporte. En effet, des modifications apportées à la liste ne doivent pas risquer d'endommager la zone de critères.
- Si, malgré tout, l'une et l'autre se retrouvent sur la même feuille, veillez à ce que la zone de critères soit au-dessus de la liste de données. Autrement, en s'étendant (forcément vers le bas), la liste risque de détruire la zone de critères. L'idéal est que la zone de critères ne possède pas de colonnes en commun avec la liste. Vous éviterez ainsi les problèmes en cas d'insertion de colonnes dans la liste. Pour concilier ces deux contraintes, positionnez la zone de critères en haut et à droite de la liste.

Il n'est pas nécessaire que la zone de critères contienne tous les noms des champs, si vous ne souhaitez pas définir de critères sur tel ou tel champ par exemple. Mais dans le doute, mieux vaut dans un premier temps reprendre tous les noms de champs.

Il reste à utiliser cette zone de critères. Les règles à appliquer sont relativement simples, encore faut-il les connaître.

- Pour afficher les lignes contenant un champ avec une valeur précise, saisissez cette valeur dans le champ considéré de la zone de critères.

Tableau 14.1 : *Exemple de critère simple*

Nom	Secteur	Chiffre d'affaires	Marge	Taux de marge
	1			

- Il est possible d'utiliser les symboles de comparaison classiques (>, <, >=, <=, <>).

Tableau 14.2 : *Exemple de critère de comparaison*

Nom	Secteur	Chiffre d'affaires	Marge	Taux de marge
		>=10000		

- Les caractères génériques (?, qui remplace un caractère, et *, qui remplace une série de caractères) peuvent être utilisés.

Tableau 14.3 : *Exemple d'emploi d'un caractère générique*

Nom	Secteur	Chiffre d'affaires	Marge	Taux de marge
DUPON?				

- Pour combiner plusieurs critères avec l'opérateur `ET`, positionnez-les sur la même ligne.

Tableau 14.4 : *Exemple de combinaison avec ET*

Nom	Secteur	Chiffre d'affaires	Marge	Taux de marge
	1			>25%

- Pour combiner plusieurs critères avec l'opérateur `OU`, positionnez-les sur des lignes différentes.

Tableau 14.5 : *Exemple de combinaison avec OU*

Nom	Secteur	Chiffre d'affaires	Marge	Taux de marge
	1			
	5	>=10000		

- Pour positionner un critère spécifiant que le filtre doit afficher les enregistrements dont la valeur d'un champ est comprise entre deux bornes, dupliquez la colonne correspondant au champ et considérez qu'il s'agit d'une combinaison avec un opérateur `ET`.

Tableau 14.6 : *Exemple de critère de type intervalle*

Nom	Secteur	Chiffre d'affaires	Chiffre d'affaires	Marge	Taux de marge
		`>=2000`	`<=3000`		

- Il est possible de définir des critères calculés. Il faut alors leur attribuer un nom différent de celui des autres champs de la liste de données. De plus, ces critères calculés doivent donner des résultats booléens (`VRAI` ou `FAUX`). Enfin, la formule doit faire référence (de façon relative) à la première ligne de la liste ou à un nom de champ.

Mettre en œuvre le filtre avancé

Une fois la zone de critères définie, il convient d'utiliser le bouton **Avancé** du groupe *Trier et filtrer* de l'onglet **Données**.

Une fois la boîte de dialogue **Filtre avancé** affichée :

1 Vérifiez que la zone *Plages* fait référence à la liste de données.

2 Cliquez sur *Zone de critères* et sélectionnez la plage de cellules correspondante.

Figure 14.25 : *Définition du filtre avancé*

3 Validez par OK.

4 Pour afficher à nouveau toutes les données, cliquez sur le bouton **Effacer** du groupe *Trier et filtrer* de l'onglet **Données**.

Extraire des données

Jusqu'à présent, vous avez filtré la liste de données "sur place", c'est-à-dire que le filtre a simplement masqué les lignes qui ne correspondaient pas aux critères. Vous allez maintenant aborder une fonctionnalité du filtre avancé qui permet d'effectuer une copie des résultats dans une autre plage de cellules, se trouvant dans la même feuille ou dans une autre.

1 Sélectionnez l'option *Copier vers un autre emplacement* de la boîte de dialogue **Filtre avancé**.

2 Cliquez sur *Copier dans* et sélectionnez la cellule qui constituera l'angle supérieur gauche de la plage de résultats.

Figure 14.26 : *Afficher le résultat à un autre emplacement*

Vous ne pouvez annuler cette opération qu'en supprimant les lignes ainsi créées.

Il est également possible d'utiliser cette fonctionnalité pour choisir les colonnes à afficher dans le résultat du filtre avancé. Pour cela, indiquez les en-têtes de colonnes voulues dans les cellules choisies via *Copier dans*.

Extraire sans doublon

La case à cocher *Extraction sans doublon* permet de supprimer les doublons. Si deux ou plusieurs lignes filtrées sont identiques, le filtre n'affichera qu'une de ces lignes.

14.4. Utiliser les plans

Dans les listes de données que vous avez utilisées, les informations sont du même "niveau". Or, pour analyser des données, il est souvent appréciable de prendre du recul de façon à avoir une vision synthétique. Il importe de voir les détails uniquement lorsque le besoin s'en fait sentir. En d'autres termes, il est nécessaire de hiérarchiser les données.

Par exemple, pour analyser les ventes de votre entreprise, vous essaierez d'abord de détecter les tendances au niveau national, puis éventuellement au niveau du secteur, voire au niveau de chaque client. Intuitivement, vous chercherez à classer les données selon une arborescence dans laquelle vous pourrez naviguer en fonction de vos besoins.

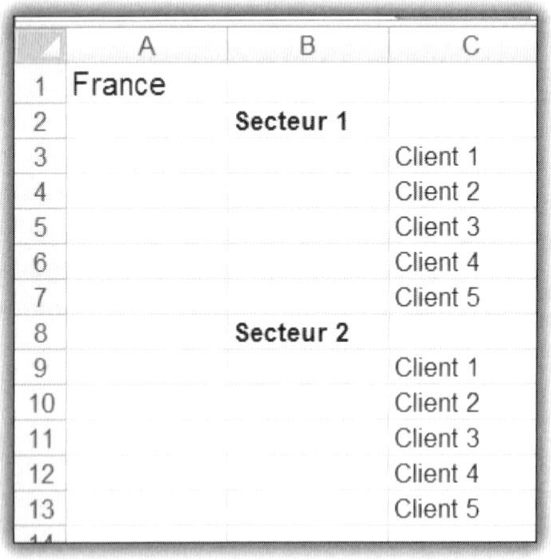

Figure 14.27 :
L'arborescence d'analyse

Excel propose de créer ce type d'arborescence à l'aide des boutons du groupe *Plan* de l'onglet **Données**. Il s'agit effectivement de grouper des lignes (ou des colonnes) et de les lier à une ligne (ou à une colonne) de synthèse. Il est possible de définir ainsi jusqu'à huit niveaux de regroupement. Les données de détail peuvent être masquées ou affichées rapidement.

Les plans permettent la création de feuilles de calcul très utiles en matière d'aide à la décision. Ainsi, vous disposez d'une vue d'ensemble et, en un ou plusieurs clics, des données détaillées nécessaires à l'analyse.

Créer un plan

Tout d'abord, il s'agit de sélectionner les lignes qui deviendront les lignes de détail, pour qu'elles "s'attachent" à la ligne de synthèse dès que vous aurez cliqué sur **Grouper**.

1 Sélectionnez les premières lignes à grouper (lignes 3 à 7 dans cet exemple).

2 Sous l'onglet **Données**, cliquez sur le bouton **Grouper** du groupe *Plan*.

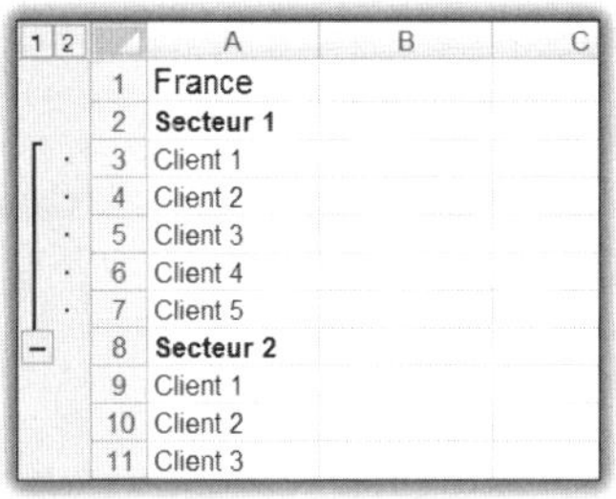

Figure 14.28 :
Le début du plan

3 Répétez l'opération pour les autres groupes de lignes.

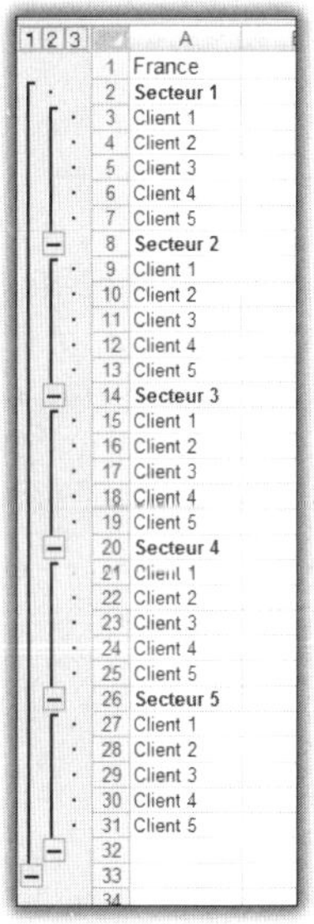

Figure 14.29 :
Le plan finalisé

Pour créer un niveau supplémentaire de plan, sélectionnez des lignes qui sont déjà des lignes de synthèse.

Les symboles de plan

Dans la partie supérieure gauche de l'écran sont apparus des symboles de plan.

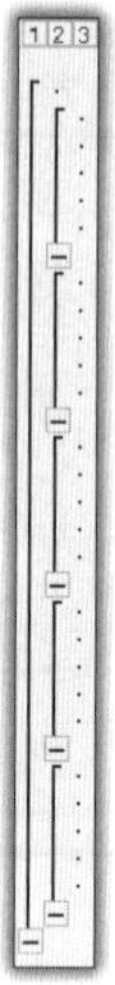

Figure 14.30 : *Les symboles de plan*

ASTUCE

Afficher ou masquer les symboles de plan

Si les symboles de plan n'apparaissent pas à l'écran, cliquez sur le bouton **Microsoft Office** puis sur **Options Excel**. Sélectionnez la catégorie **Options avancées** et cochez la case *Afficher les symboles du plan si un plan est appliqué* de la rubrique *Afficher les options pour cette feuille de calcul* (décochez la case pour les masquer).

Il existe deux sortes de symboles de plan. Ceux situés en face des lignes permettent d'afficher ou de masquer les lignes en question. Si, par exemple, vous cliquez sur le symbole de plan situé à côté d'une ligne de synthèse, les lignes "de détail" sont immédiatement masquées et le bouton change d'apparence. Il représente maintenant un **+**. En cliquant dessus, vous faites réapparaître les lignes masquées.

Tableau 14.7 : *Symboles de plan*

Symbole de plan	Signification
	Masquer les détails
	Afficher les détails

Vous obtiendrez le même résultat à l'aide des boutons **Masquer les détails** et **Afficher les détails** du groupe *Plan* de l'onglet **Données**. Il suffit d'avoir au préalable sélectionné une cellule de la ligne de synthèse à laquelle la commande doit s'appliquer.

Dans la partie supérieure gauche de l'écran, d'autres symboles de plan sont présents. Ce sont des petits boutons numérotés, chaque numéro correspondant à un niveau de plan. Dans notre cas, il y a trois niveaux (il peut exister au maximum huit niveaux de plan), donc trois boutons. Si vous cliquez sur le bouton **1**, seul le niveau de synthèse le plus élevé apparaît. Si vous cliquez sur le bouton **2**, ce sont les lignes "intermédiaires". Enfin, si vous cliquez sur le bouton **3**, toutes les lignes sont affichées.

Tri et plan

Plan et fonction de tri ne font pas bon ménage. En effet, les lignes sont triées, mais le plan ne suit pas la réorganisation des lignes. En d'autres termes, il reste "figé" et n'a donc plus de signification.

Les autres fonctionnalités relatives aux plans

Plan en colonnes

Jusqu'à présent, nous avons raisonné sur des lignes. Mais il est possible de créer des plans sur les colonnes et de les combiner avec les plans en lignes.

Les opérations sont identiques qu'il s'agisse de lignes ou de colonnes.

Dissocier des lignes ou des colonnes

Pour dissocier des lignes (ou des colonnes) préalablement groupées :

1. Sélectionnez les lignes (ou les colonnes) de détail.
2. Sous l'onglet **Données**, cliquez sur le bouton **Dissocier** du groupe *Plan*.

Plan automatique

Si vous avez synthétisé des données à l'aide de formules qui contiennent des fonctions, par exemple `SOMME` ou `MOYENNE`, Excel peut créer automatiquement un plan.

1 Sélectionnez une cellule de la liste.

2 Sous l'onglet **Données**, cliquez sur le bouton fléché associé au bouton **Grouper** du groupe *Plan*.

3 Sélectionnez la commande **Plan automatique**.

Supprimer un plan

1 Sélectionnez une cellule de la liste dont il faut supprimer le plan.

2 Sous l'onglet **Données**, cliquez sur le bouton fléché associé au bouton **Dissocier** du groupe *Plan*.

3 Sélectionnez la commande **Effacer le plan**.

ATTENTION

Impossible de revenir en arrière

Cette manipulation ne peut être annulée.

14.5. Utiliser les sous-totaux

Le terme "sous-total" est très restrictif par rapport aux potentialités de cette fonction. Il serait préférable de parler de fonctions de synthèse.

Pour illustrer les problématiques auxquelles peuvent répondre les sous-totaux, supposons que vous souhaitiez répondre aux questions suivantes à partir d'une feuille de calcul contenant le détail des chiffres d'affaires par client :

- Quel est le nombre de clients par secteur ?
- Quel est le chiffre d'affaires moyen par client dans chaque secteur ?
- Quel est le total du chiffre d'affaires et de la marge par secteur ?

Évidemment, ces calculs peuvent être réalisés manuellement. Mais puisque Excel vous propose de les automatiser, pourquoi vous en priver ?

	A	B	C	D	E
1	Résultats par clients				
2					
3	**Nom**	**Secteur**	**Chiffre d'affaires**	**Marge**	**Taux de marge**
4	ALBUGUES BERNARD	3	3 341 €	978 €	29,26%
5	ATLANTIDE SA	4	3 143 €	703 €	22,38%
6	BOURDEAU STORES	3	2 680 €	922 €	34,39%
7	BUTCHER TE SARL	5	2 568 €	838 €	32,64%
8	CABROL BERNARD	5	3 428 €	948 €	27,66%
9	CASTEL PISCINES	1	1 776 €	481 €	27,09%
10	CHATAIN	3	2 152 €	650 €	30,20%
11	CHAUSSON MATERIAUX	5	3 567 €	1 265 €	35,47%
12	COBATRI	1	2 223 €	634 €	28,52%
13	CORDAISE DE BATIMENT	4	1 737 €	413 €	23,78%
14	DECOCER - MARROUFIN MARC	2	1 489 €	542 €	36,42%
15	DOS SANTOS	4	1 647 €	537 €	32,64%
16	FONTANIE JEAN	3	1 647 €	570 €	34,62%
17	FOUILLADE SARL	4	1 571 €	524 €	33,33%
18	GERARD J. YVES	3	1 967 €	619 €	31,47%
19	GILLES J-L	5	1 724 €	472 €	27,38%
20	GUERRERO LOISIRS	2	1 963 €	715 €	36,43%
21	INTER LOISIR 123	5	1 760 €	417 €	23,67%
22	JM PISCINES DIFFUSION	1	1 425 €	358 €	25,13%
23	LOZERIENNE DE CHAUFFAGE	1	5 408 €	1 773 €	32,78%
24	MACIA JACKY	3	1 893 €	632 €	33,37%
25	MAX MARTIN	1	3 430 €	1 166 €	34,00%
26	MFP ETS ROUX	1	1 513 €	391 €	25,87%
27	MIDI PREFIL LEADER "123"	1	1 859 €	780 €	41,97%
28	MIDI THERMIQUE SCE "123"	4	2 020 €	544 €	26,91%
29	PISCINES AQUIT EQUIP	3	4 012 €	1 290 €	32,16%

Figure 14.31 : *Les données*

Créer des sous-totaux

Voyons comment obtenir une réponse à la première question : quel est le nombre de clients par secteur ?

ATTENTION

Tableaux et sous-totaux

Les sous-totaux sont incompatibles avec les tableaux d'Excel 2010. Avant d'effectuer les manipulations suivantes, il convient de convertir la liste en plage de cellules (bouton **Convertir en plage** du groupe *Outils* de l'onglet contextuel **Création**). Au préalable, il est préférable de masquer la ligne des totaux (case à cocher *Ligne total* du groupe *Options de style de tableau* de l'onglet contextuel **Création**).

Avant d'appliquer la commande **Sous-total**, il faut trier les données selon le critère auquel le sous-total doit s'appliquer. Dans cet exemple, vous devez d'abord trier les données selon la colonne *Secteur*.

1 Triez les données selon la colonne *Secteur*.

2 Cliquez sur n'importe quelle cellule de la plage.

3 Sous l'onglet **Données**, cliquez sur le bouton **Sous-total** du groupe *Plan*.

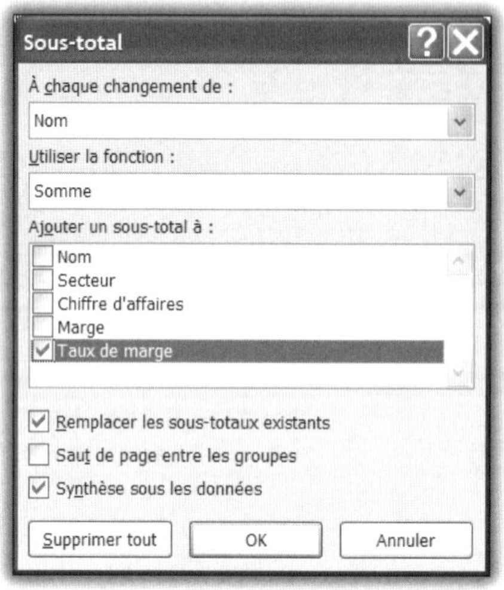

Figure 14.32 : *La boîte de dialogue Sous-total*

4 La première liste permet de choisir la colonne qui sera le critère de synthèse des données. Excel a automatiquement reconnu que la première ligne de la liste contient les noms des colonnes. Le but étant de compter le nombre de clients par secteur, choisissez le champ *Secteur*. La fonction à appliquer est `NOMBRE` (qui compte le nombre de lignes, donc le nombre de clients).

5 Le champ sur lequel appliquer la fonction `NOMBRE` est peu important, puisqu'il s'agit seulement ici de compter les lignes. Vous pouvez conserver *Taux de marge*, sélectionné par défaut. Par défaut, c'est la colonne la plus à droite qui est sélectionnée.

6 Vous disposez d'autres options :

- La case *Remplacer les sous-totaux existants* est cochée par défaut. Cela signifie que d'éventuels sous-totaux présents sur la liste (ce n'est pas le cas ici) seront supprimés.
- La case *Saut de page entre les groupes* permet, lorsqu'elle est cochée, d'insérer un saut de page entre les sous-totaux.
- La case à cocher *Synthèse sous les données* permet d'indiquer si les lignes de synthèse doivent être positionnées au-dessus ou en dessous des lignes de détail. Laissez-la telle quelle.

Figure 14.33 : *Les paramètres de la fonction Sous-total*

7 Validez par OK.

Excel insère des lignes de synthèse et une ligne de total général, puis crée un plan de façon automatique.

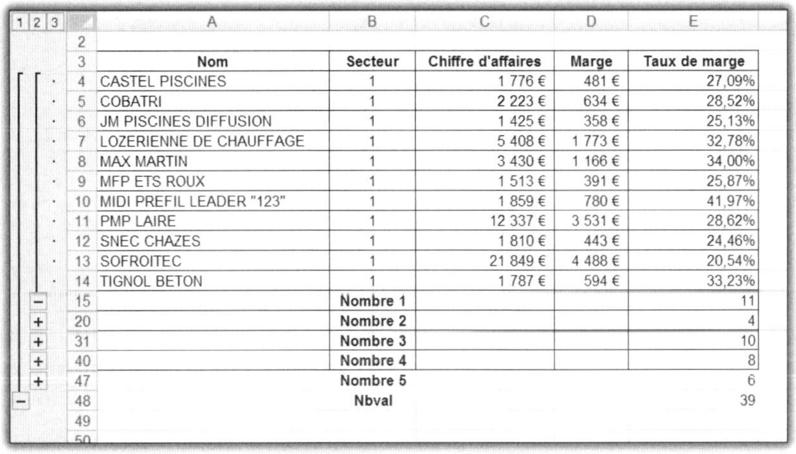

	A	B	C	D	E
2					
3	Nom	Secteur	Chiffre d'affaires	Marge	Taux de marge
4	CASTEL PISCINES	1	1 776 €	481 €	27,09%
5	COBATRI	1	2 223 €	634 €	28,52%
6	JM PISCINES DIFFUSION	1	1 425 €	358 €	25,13%
7	LOZERIENNE DE CHAUFFAGE	1	5 408 €	1 773 €	32,78%
8	MAX MARTIN	1	3 430 €	1 166 €	34,00%
9	MFP ETS ROUX	1	1 513 €	391 €	25,87%
10	MIDI PREFIL LEADER "123"	1	1 859 €	780 €	41,97%
11	PMP LAIRE	1	12 337 €	3 531 €	28,62%
12	SNEC CHAZES	1	1 810 €	443 €	24,46%
13	SOFROITEC	1	21 849 €	4 488 €	20,54%
14	TIGNOL BETON	1	1 787 €	594 €	33,23%
15		Nombre 1			11
20		Nombre 2			4
31		Nombre 3			10
40		Nombre 4			8
47		Nombre 5			6
48		Nbval			39
49					
50					

Figure 14.34 : *Les données synthétisées*

Dans la colonne du champ utilisé comme critère de regroupement, les lignes de synthèse contiennent l'indication de la fonction appliquée, ici NOMBRE, et la valeur du champ auquel s'applique la fonction de synthèse.

Vous avez la réponse à la première question. Passons à la suivante : quel est le chiffre d'affaires moyen par client dans chaque secteur ?

1 Triez les données selon le champ *Secteur*.
2 Cliquez sur n'importe quelle cellule de la liste.
3 Sous l'onglet **Données**, cliquez sur le bouton **Sous-total** du groupe *Plan*.
4 Dans la première zone, choisissez le champ *Secteur*.
5 Appliquez la fonction `MOYENNE` sur le champ *Chiffre d'affaires*. Désélectionnez *Taux de marge*, resté sélectionné depuis le dernier traitement.

Figure 14.35 : *Les paramètres de la fonction Sous-total*

6 Validez par OK.

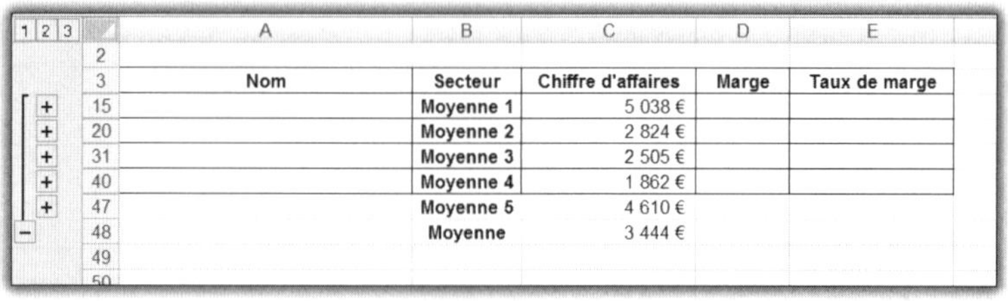

	A	B	C	D	E
2					
3	Nom	Secteur	Chiffre d'affaires	Marge	Taux de marge
15		Moyenne 1	5 038 €		
20		Moyenne 2	2 824 €		
31		Moyenne 3	2 505 €		
40		Moyenne 4	1 862 €		
47		Moyenne 5	4 610 €		
48		Moyenne	3 444 €		
49					
50					

Figure 14.36 : *Les données synthétisées*

Enfin, vous allez traiter la dernière question : quel est le total du chiffre d'affaires et de la marge par secteur ? Pour cela, additionnez les chiffres d'affaires et les marges des clients de chaque secteur.

1 Triez les données selon le champ *Secteur*.

2 Cliquez sur n'importe quelle cellule de la liste.

3 Sous l'onglet **Données**, cliquez sur le bouton **Sous-total** du groupe *Plan*.

4 Dans la première zone, choisissez le champ *Secteur*. La fonction à appliquer est `SOMME` (puisque vous voulez additionner des chiffres d'affaires et des marges).

5 Les champs sur lesquels appliquer la fonction `SOMME` sont *Chiffres d'affaires* et *Marge*.

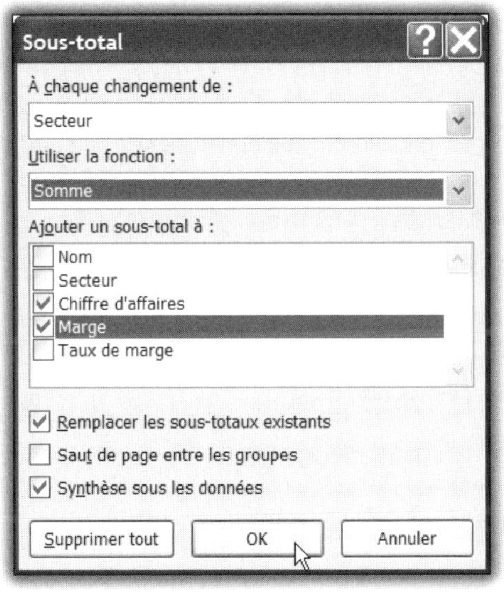

Figure 14.37 : *Les paramètres de la fonction Sous-total*

6 Validez par OK.

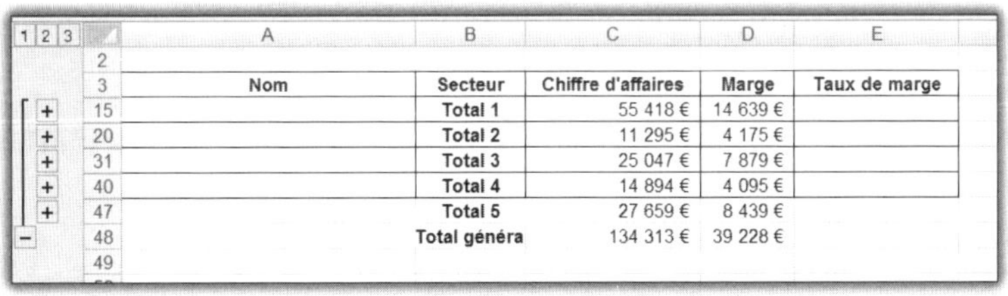

	A	B	C	D	E
2					
3	Nom	Secteur	Chiffre d'affaires	Marge	Taux de marge
15		Total 1	55 418 €	14 639 €	
20		Total 2	11 295 €	4 175 €	
31		Total 3	25 047 €	7 879 €	
40		Total 4	14 894 €	4 095 €	
47		Total 5	27 659 €	8 439 €	
48		Total généra	134 313 €	39 228 €	
49					

Figure 14.38 : *Les données synthétisées*

La liste des fonctions de synthèse

Tableau 14.8 : *Fonctions de synthèse*

Fonction	Description
SOMME	Somme des valeurs
NOMBRE	Nombre de données
MOYENNE	Moyenne des valeurs
MAX	Plus grande valeur
MIN	Plus petite valeur
PRODUIT	Produit de toutes les valeurs
NB	Nombre de données numériques (à la différence de NOMBRE, qui compte tous les types de valeurs)
ECARTYPE	Écart type des données, considérées comme un échantillon de population
ECARTYPEP	Écart type des données
VAR	Variance des données, considérées comme un échantillon de population
VARP	Variance des données

Supprimer des sous-totaux

1 Sélectionnez une cellule de la plage qui contient les sous-totaux.

2 Sous l'onglet **Données**, cliquez sur le bouton **Sous-total** du groupe *Plan*.

3 Cliquez sur le bouton **Supprimer tout**.

Créer des sous-totaux à plusieurs niveaux

Jusqu'à présent, vous avez créé des sous-totaux selon un seul regroupement : par secteur, dans notre exemple. Dans certaines situations, il est intéressant, pour affiner l'analyse, d'avoir un niveau supplémentaire de synthèse.

1 Créez le premier niveau de sous-totaux comme précédemment.

2 Une fois qu'il est mis en place, utilisez à nouveau le bouton **Sous-total**.

3 Une fois le paramétrage effectué, désélectionnez la case *Remplacer les sous-totaux existants* avant de valider par OK.

Trier des listes contenant des sous-totaux

Excel permet de trier des listes contenant des sous-totaux selon deux modalités.

Vous pouvez trier les données en masquant les lignes de détail. Les restrictions sont alors de deux ordres : il ne doit y avoir qu'un niveau de regroupement et le tri doit porter sur le champ de regroupement ou sur le champ auquel s'applique la fonction de synthèse. Si ces deux conditions sont remplies, les blocs de données sont triés selon le critère spécifié, les lignes de détail étant déplacées avec les lignes de synthèse correspondantes.

En revanche, si ces deux conditions ne sont pas remplies ou si le tri est effectué alors que les lignes de détail sont affichées, Excel demande la suppression des sous-totaux avant de continuer le tri.

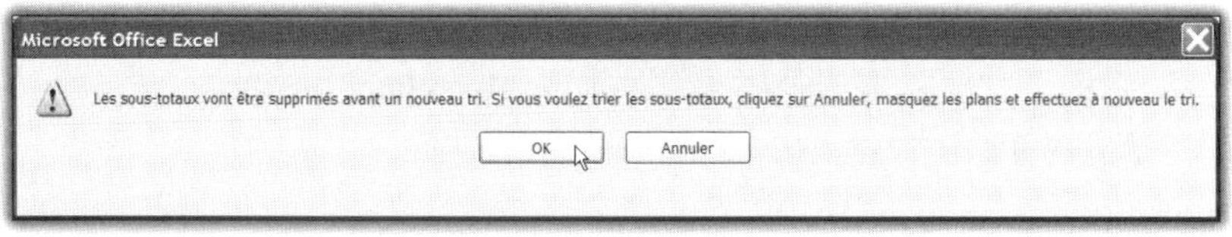

Figure 14.39 : *Demande de confirmation*

14.6. Cas pratique : gérer une cave à vins

Dans ce cas pratique, vous allez utiliser les diverses fonctionnalités de gestion et d'analyse dans un but fort agréable : la gestion d'une cave à vins. En effet, dès qu'une cave prend de l'importance, il convient de la gérer au plus près en surveillant son homogénéité (proportion rouge/blanc, âge moyen…).

La gestion se limitera aux données essentielles :

- couleur ;
- vignoble ;
- appellation ;
- nom ;
- année ;
- âge (calculé à partir de l'année) ;
- quantité ;
- emplacement.

Gestion d'une cave à vins

	Couleur	Vignoble	Appellation	Nom	Année	Age	Quantité	Emplacement
4	Blanc	Champagne	Champagne	Bolllinger Grande Année	1997	9,00	6	G
5	Blanc	Champagne	Champagne	Dom Pérignon	1996	10,00	6	G
6	Blanc	Champagne	Champagne	R de Ruinart	1999	7,00	6	G
7	Blanc	Vallée du Rhône	Châteauneuf du Pape	Château de Beaucastel	2001	5,00	6	E
8	Rouge	Vallée du Rhône	Châteauneuf du Pape	Château de Beaucastel	1998	8,00	6	E
9	Rouge	Languedoc-Roussillon	Corbières	La Pompadour (Castelmaure)	2000	6,00	12	F
10	Rouge	Languedoc-Roussillon	Corbières	N°3 (Castelmaure)	1998	8,00	12	F
11	Rouge	Vallée du Rhône	Côte Rôtie	Domaine Ogier	2002	4,00	12	E
12	Rouge	Languedoc-Roussillon	Côtes du Roussillon	Domaine Gauby Muntada	2001	5,00	6	F
13	Blanc	Alsace	Gewürtztraminer	Sporen	2000	6,00	6	G
14	Rouge	Bordeaux	Margaux	Château Boyd Cantenac	1995	11,00	3	A
15	Rouge	Bordeaux	Margaux	Château Prieuré-Lichine	1998	8,00	6	A
16	Rouge	Bordeaux	Pauillac	Château Lafite-Rothschild	1995	11,00	6	A
17	Rouge	Bordeaux	Pauillac	Château Latour	1996	10,00	3	A
18	Rouge	Bordeaux	Pauillac	Château Mouton Rothschild	1986	20,00	3	A
19	Rouge	Bordeaux	Pauillac	Château Pontet Canet	2001	5,00	6	A
20	Blanc	Bordeaux	Pessac Léognan	Château de Fieuzal	1998	8,00	3	B
21	Blanc	Bordeaux	Pessac Léognan	Château La Louvière	1995	11,00	3	B
22	Rouge	Bordeaux	Pessac Léognan	Château Larrivet Haut-Brion	1998	8,00	6	B
23	Rouge	Bordeaux	Pessac Léognan	Château Latour Martillac	1995	11,00	6	B
24	Blanc	Bordeaux	Pessac Léognan	Château Smith Haut-Lafitte	1999	7,00	6	B
25	Rouge	Bordeaux	Pomerol	Château La Conseillante	1989	17,00	3	C
26	Rouge	Bordeaux	Pomerol	Château Petrus	1997	9,00	3	C
27	Blanc	Alsace	Riesling	Schoenenbourg	2001	5,00	6	G
28	Rouge	Bordeaux	Saint Estéphe	Château Cos d'Estournel	1998	8,00	6	B
29	Blanc	Bordeaux	Sauternes	Château d'Yquem	1999	7,00	6	D
30	Blanc	Bordeaux	Sauternes	Château Guiraud	1990	16,00	3	D

Figure 14.40 : *Les données*

La colonne *Age* est calculée à partir de la formule `=ANNEE(AUJOURDHUI())-E4` en *F4*. La fonction `ANNEE` fournit l'année de la date du jour renvoyée par la fonction `AUJOURDHUI`. Il suffit alors de soustraire l'année du vin pour obtenir son âge. L'avantage de cette formule est bien sûr d'avoir l'âge à jour en temps réel.

RENVOI *Les calculs sur les dates sont expliqués au chapitre **Créer des feuilles de calcul plus élaborées**.*

Au fur et à mesure que vous ajoutez des lignes, Excel étend automatiquement la formule sans que vous ayez à intervenir.

Il reste maintenant à exploiter ces données.

Pour trier la cave par vignoble :

1 Cliquez sur une cellule de la colonne *Vignoble*.
2 Sous l'onglet **Données**, cliquez sur le bouton **Trier de A à Z** du groupe *Trier et filtrer*.

Pour trier la cave par vignoble, puis par couleur et enfin par âge décroissant :

1 Cliquez sur une cellule de la liste de données.
2 Sous l'onglet **Données**, cliquez sur le bouton **Trier** du groupe *Trier et filtrer*.
3 Dans la boîte de dialogue **Trier**, sélectionnez *Vignoble* dans la liste *Trier par*.
4 Cliquez sur **Ajouter un niveau**, puis sélectionnez *Couleur* dans la première liste *Puis par*.
5 Cliquez sur **Ajouter un niveau**, puis sélectionnez *Age* dans la seconde liste *Puis par* et activez l'option *Du plus grand au plus petit*.

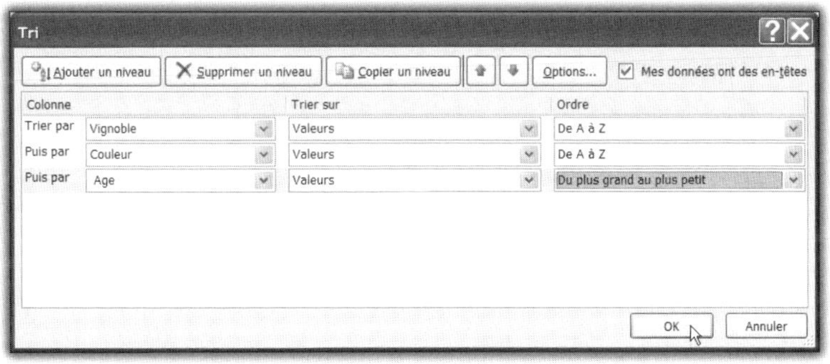

Figure 14.41 : *Les paramètres de tri*

6 Validez par OK.

Pour afficher tous les vins blancs d'au moins 7 ans d'âge :

1 Cliquez sur une cellule de la liste de données.
2 Sous l'onglet **Données**, cliquez sur le bouton **Filtrer** du groupe *Trier et filtrer*.
3 Cliquez sur le bouton fléché associé à la colonne *Couleur*.
4 Dans la liste déroulante, désélectionnez **Rouge**.
5 Cliquez sur le bouton fléché associé à la colonne *Age*.

6 Dans la liste déroulante, sélectionnez **Filtre numériques**, puis **Supérieur à**.

7 Dans la boîte de dialogue **Filtre automatique personnalisé**, spécifiez la valeur `7`.

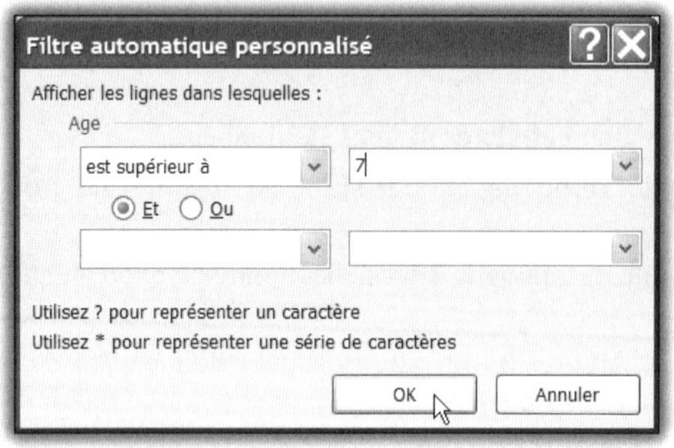

Figure 14.42 : *Le filtre personnalisé*

8 Validez par OK.

Gestion d'une cave à vins

	Couleur	Vignoble	Appellation	Nom	Anné	Age	Quan	Emplacement
6	Blanc	Bordeaux	Sauternes	Château Guiraud	1990	16,00	3	D
7	Blanc	Bordeaux	Pessac Léognan	Château La Louvière	1995	11,00	3	B
8	Blanc	Bordeaux	Pessac Léognan	Château de Fieuzal	1998	8,00	3	B
22	Blanc	Champagne	Champagne	Dom Pérignon	1996	10,00	6	G
23	Blanc	Champagne	Champagne	Bolllinger Grande Année	1997	9,00	6	G

Figure 14.43 : *Le résultat*

Pour calculer le nombre de bouteilles par vignoble :

1 Cliquez sur une cellule de la liste de données.

2 Annulez les filtres précédents en cliquant sur le bouton **Effacer** du groupe *Trier et filtrer* de l'onglet **Données**.

3 Triez à nouveau la liste selon la colonne *Vignoble*.

4 Sous l'onglet **Données**, cliquez sur le bouton **Sous-total** du groupe *Plan*.

5 Dans la première zone, choisissez le champ *Vignoble*.

6 Appliquez la fonction `SOMME` au champ *Quantité*. Désélectionnez *Emplacement*, la colonne sélectionnée par défaut, car la plus à droite de la sélection.

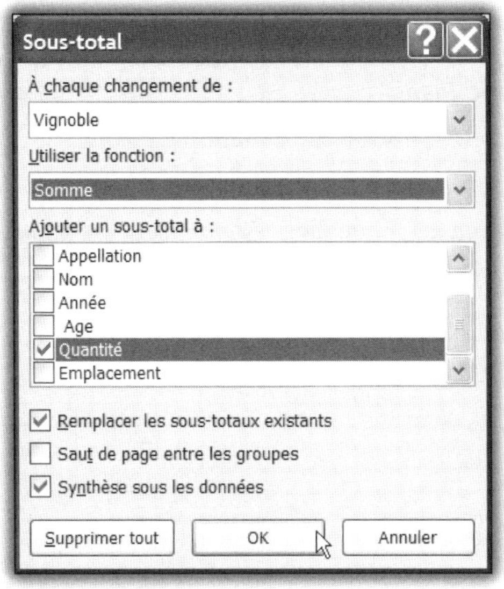

Figure 14.44 : *Les paramètres de sous-total*

7 Validez par OK.

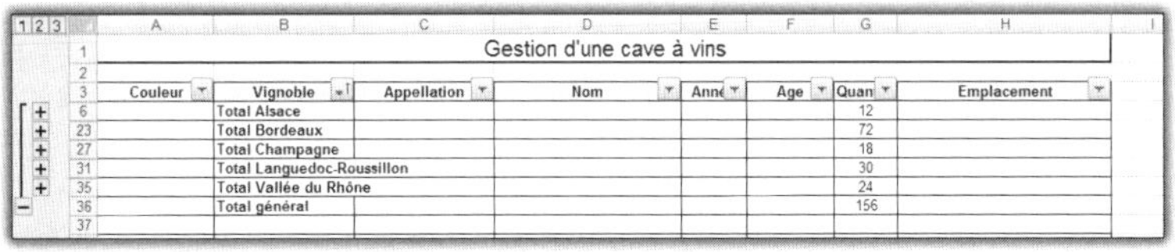

Gestion d'une cave à vins

	Couleur	Vignoble	Appellation	Nom	Anné	Age	Quan	Emplacement
6		Total Alsace					12	
23		Total Bordeaux					72	
27		Total Champagne					18	
31		Total Languedoc-Roussillon					30	
35		Total Vallée du Rhône					24	
36		Total général					156	

Figure 14.45 : *Le résultat*

Pour calculer l'âge moyen par vignoble et par couleur :

1 Cliquez sur une cellule de la liste de données.

2 Annulez les sous-totaux précédents en cliquant sur le bouton **Sous-total** du groupe *Plan* de l'onglet **Données**. Cliquez sur le bouton **Supprimer tout** de la boîte de dialogue **Sous-total** et validez par OK.

3 Triez la liste par vignoble, puis par couleur.

4 Sous l'onglet **Données**, cliquez sur le bouton **Sous-total** du groupe *Plan*.

5 Dans la première zone, choisissez le champ *Vignoble*.

6 Appliquez la fonction `MOYENNE` au champ *Age*. Désélectionnez *Quantité*, la colonne restée sélectionnée depuis le dernier traitement.

7 Validez par OK.

8 Sous l'onglet **Données**, cliquez à nouveau sur le bouton **Sous-total** du groupe *Plan*.

9 Dans la première zone, choisissez le champ *Couleur*.

10 Appliquez la fonction `MOYENNE` au champ *Age*.

11 Désélectionnez la case à cocher *Remplacer les sous-totaux existants*.

12 Validez par OK.

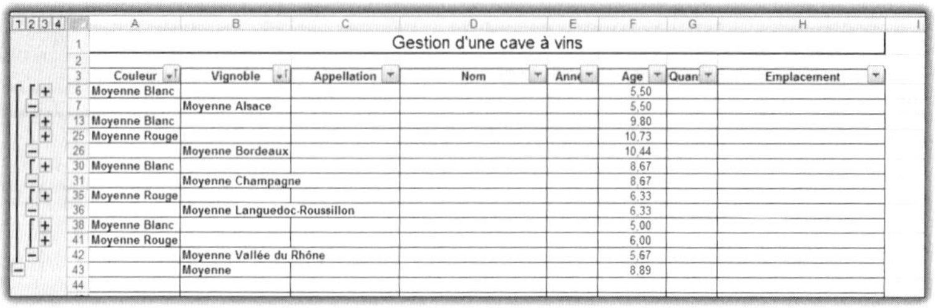

	A	B	C	D	E	F	G	H
1	Gestion d'une cave à vins							
2								
3	Couleur	Vignoble	Appellation	Nom	Anné	Age	Quan	Emplacement
6	Moyenne Blanc					5,50		
7		Moyenne Alsace				5,50		
13	Moyenne Blanc					9,80		
25	Moyenne Rouge					10,73		
26		Moyenne Bordeaux				10,44		
30	Moyenne Blanc					8,67		
31		Moyenne Champagne				8,67		
35	Moyenne Rouge					6,33		
36		Moyenne Languedoc-Roussillon				6,33		
38	Moyenne Blanc					5,00		
41	Moyenne Rouge					6,00		
42		Moyenne Vallée du Rhône				5,67		
43		Moyenne				8,89		
44								

Figure 14.46 : *Le résultat*

CHAPITRE 15

Analyser et réaliser des simulations

Prendre des décisions, que ce soit pour un motif personnel (achat d'une maison, d'une voiture...) ou professionnel (choix d'investissement, analyse des résultats...), nécessite de centraliser et d'analyser des données. Pour enrichir sa réflexion, il est important d'envisager plusieurs hypothèses, donc d'effectuer des simulations. Excel peut vous aider à mener à bien cette tâche. En effet, le logiciel dispose de fonctionnalités d'analyse et de simulation, telles que les tables de données et les scénarios.

Ce type de problématique est complexe car tributaire de nombreux paramètres, souvent inconciliables, ayant même parfois des effets opposés. Excel n'a pas la prétention de solutionner tous vos problèmes, mais il vous propose, pour vous aider, la fonction **Valeur cible**. Elle permet de déterminer le paramètre d'entrée nécessaire à une formule pour atteindre une valeur que vous avez fixée (valeur cible). Auparavant, il faudra modéliser votre problème sous forme d'équations, ce qui n'est pas toujours facile.

15.1. Utiliser la fonction Valeur cible

La fonction **Valeur cible** donne une réponse à des questions simples, en évitant des calculs qui peuvent s'avérer fastidieux. Voyons comment la mettre en œuvre à partir d'un exemple.

Supposons que vous organisiez une soirée dansante. Il faudra louer la salle, le matériel, la sonorisation, etc. Autant de coûts qui constitueront des frais fixes. En effet, quel que soit le nombre de participants, il faudra que vous déboursiez cet argent. En revanche, les frais de repas ou de boissons varieront en fonction du nombre de participants.

Résumons les données du problème :

- frais fixes (location, matériel...) : 5 000 euros ;
- frais variables (repas, boissons...) : 30 euros par personne ;
- tarif pour les participants : 45 euros par personne.

La question est simple : à partir de combien de participants la soirée est-elle "rentable" ?

La fonction **Valeur cible** va nous permettre de déterminer ce nombre minimum de participants.

1 Ouvrez un nouveau classeur.

2 En *A1*, saisissez `Nombre de participants`.

3 En *A2*, saisissez `Tarif`.

4 En *A3*, saisissez `Recettes`.

5 En *A4*, saisissez `Frais variables`.

6 En *A5*, saisissez `Total frais variables`.

7 En *A6*, saisissez `Total frais fixes`.

8 En *A7*, saisissez `Bénéfice`.

9 En *B2*, saisissez `45`.

10 En *B3*, saisissez `=B1*B2`.

11 En *B4*, saisissez `30`.

12 En *B5*, saisissez `=B1*B4`.

13 En *B6*, saisissez `5000`.

14 En *B7*, saisissez `=B3-B5-B6`.

15 Sélectionnez *A1:B7* et appliquez une bordure de type quadrillage.

16 Sélectionnez *B2:B7* et appliquez le format *Monétaire*.

Vous avez modélisé le problème.

	A	B
1	Nombre de participants	
2	Tarif	45,00 €
3	Recettes	- €
4	Frais variables	30,00 €
5	Total frais variables	- €
6	Total frais fixes	5 000,00 €
7	Bénéfice	- 5 000,00 €
8		

Figure 15.1 : *Le calcul du résultat*

17 Sous l'onglet **Données**, cliquez sur le bouton **Analyse de scénarios** du groupe *Outils de données*, puis sélectionnez la commande **Valeur cible**.

18 Cliquez dans la zone *Cellule à définir*. Sélectionnez *B7*.

19 Cliquez dans la zone *Valeur à atteindre*. Saisissez `0`.

20 Cliquez dans la zone *Cellule à modifier*. Sélectionnez *B1*.

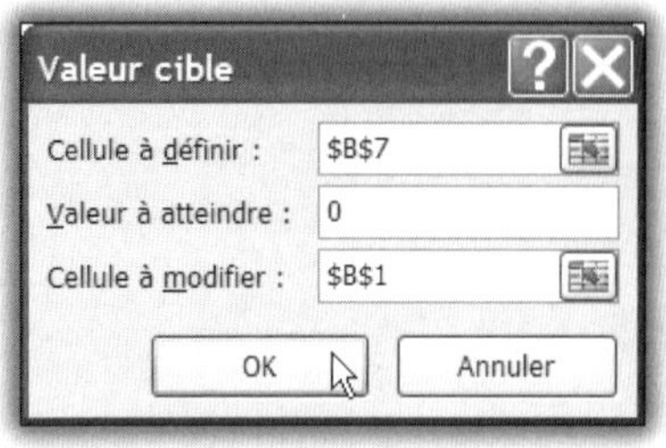

Figure 15.2 : *L'outil Valeur cible*

21 Cliquez sur OK. Le processus d'optimisation débute. Il aboutit presque immédiatement.

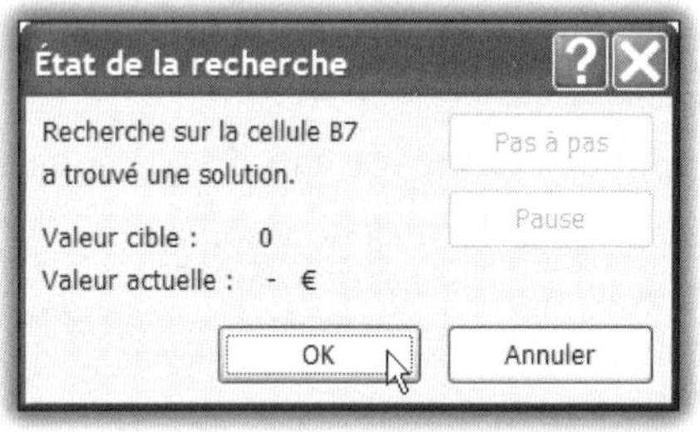

Figure 15.3 : *L'état de la recherche*

En cliquant sur OK, vous affectez la valeur trouvée à la cellule. Autrement, son contenu est laissé en l'état.

	A	B
1	Nombre de participants	333,3333333
2	Tarif	45,00 €
3	Recettes	15 000,00 €
4	Frais variables	30,00 €
5	Total frais variables	10 000,00 €
6	Total frais fixes	5 000,00 €
7	Bénéfice	- €

Figure 15.4 : *Calcul du nombre minimum de participants*

Dans notre exemple, le nombre de participants doit évidemment être arrondi à 334. L'intérêt d'avoir "modélisé" le problème, à l'aide de formules de calcul, réside dans la possibilité de réaliser des simulations en changeant le tarif, les coûts fixes ou variables.

ATTENTION

Cellule à définir et cellule à modifier

La cellule à modifier ne doit pas contenir de formule, seulement une valeur. En revanche, la cellule à définir doit impérativement contenir une formule dont le résultat dépend directement ou indirectement de la cellule à modifier.

15.2. Utiliser des tables de données

Les tables de données sont des outils de simulation qui permettent de faire varier un (tables de données à une entrée) ou deux (tables de données à deux entrées) paramètres d'une formule et d'afficher tous les résultats correspondants.

Les tables de données à une entrée

Les tables de données à une entrée permettent d'utiliser plusieurs formules dans une même table, contrairement aux tables de données à deux entrées.

Une table de données à une entrée peut être présentée en lignes ou en colonnes.

1 Saisissez la liste des valeurs que doit prendre le paramètre d'entrée. Cette saisie peut être effectuée dans une colonne ou sur une ligne.

2 Si vous avez effectué la saisie dans une colonne, entrez les formules sur la ligne située au-dessus de la première valeur et à partir de la cellule située à droite de la colonne de valeurs. Autrement, entrez les formules dans la colonne située à gauche de la première valeur et à partir de la cellule située sous la ligne de valeurs.

3 Sélectionnez la plage de cellules incluant les formules et les valeurs.

4 Sous l'onglet **Données**, cliquez sur le bouton **Analyse de scénarios** du groupe *Outils de données*, puis sélectionnez la commande **Table de données**.

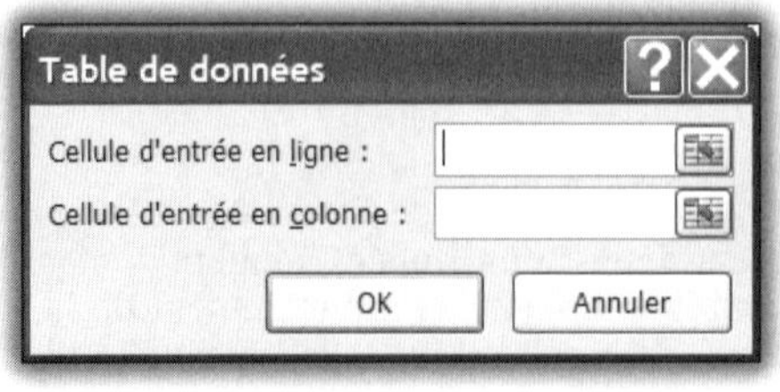

Figure 15.5 :
La boîte de dialogue Table

5 Si vous avez effectué la saisie dans une colonne à l'étape 1, indiquez la référence de la cellule d'entrée dans la zone *Cellule d'entrée en colonne*. Autrement, saisissez-la dans la zone *Cellule d'entrée en ligne*.

Dans la cellule d'entrée viendront "défiler" les valeurs du paramètre d'entrée (celles que vous avez saisies à l'étape 1).

Ajouter des formules

1 S'il s'agit d'une table de données en colonnes, entrez la nouvelle formule dans une cellule vide à droite d'une formule existante, dans la ligne supérieure de la table. En revanche, s'il s'agit d'une table de données en lignes, entrez la nouvelle formule dans une cellule vide sous la formule existante, dans la première colonne de la table.

2 Sélectionnez la table de données, y compris la colonne ou la ligne contenant la nouvelle formule.

3 Sous l'onglet **Données**, cliquez sur le bouton **Analyse de scénarios** du groupe *Outils de données*, puis sélectionnez la commande **Table de données**.

4 S'il s'agit d'une table de données en colonnes, saisissez la référence de la cellule d'entrée dans la zone *Cellule d'entrée en colonne*. Autrement, indiquez-la dans la zone *Cellule d'entrée en ligne*.

Les tables de données à deux entrées

Les tables de données à deux entrées permettent de faire varier deux paramètres d'une formule.

1 Saisissez la formule faisant référence aux deux cellules d'entrée. C'est dans ces cellules que viendront "défiler" les valeurs des paramètres d'entrée (celles que vous allez saisir aux étapes 2 et 3).
2 Saisissez une liste de valeurs d'entrée dans la même colonne, sous la formule.
3 Saisissez la seconde liste dans la même ligne, à droite de la formule.
4 Sélectionnez la plage de cellules contenant la formule, ainsi que la ligne et la colonne contenant les valeurs.
5 Sous l'onglet **Données**, cliquez sur le bouton **Analyse de scénarios** du groupe *Outils de données*, puis sélectionnez la commande **Table de données**.
6 Dans la zone *Cellule d'entrée en ligne*, saisissez la référence de la cellule d'entrée pour les valeurs d'entrée en ligne.
7 Dans la zone *Cellule d'entrée en colonne*, saisissez la référence de la cellule d'entrée pour les valeurs d'entrée en colonne.

15.3. Créer et gérer des scénarios

Les tables de données permettent de réaliser des simulations, en faisant varier au mieux deux paramètres. Dans certaines situations, cela s'avère nettement insuffisant.

Que diriez-vous de pouvoir réaliser des simulations en jouant sur un maximum de trente-deux paramètres ? Le gestionnaire de scénarios d'Excel vous y autorise. Son principe est simple et efficace puisqu'il permet de garder en mémoire des jeux de valeurs pour des cellules identifiées et de les afficher à la demande.

Détaillons maintenant chacune des fonctionnalités du gestionnaire de scénarios.

Créer un scénario

La première fonctionnalité est évidemment la création de scénarios.

1 Sous l'onglet **Données**, cliquez sur le bouton **Analyse de scénarios** du groupe *Outils de données*, puis sélectionnez la commande **Gestionnaire de scénarios**.

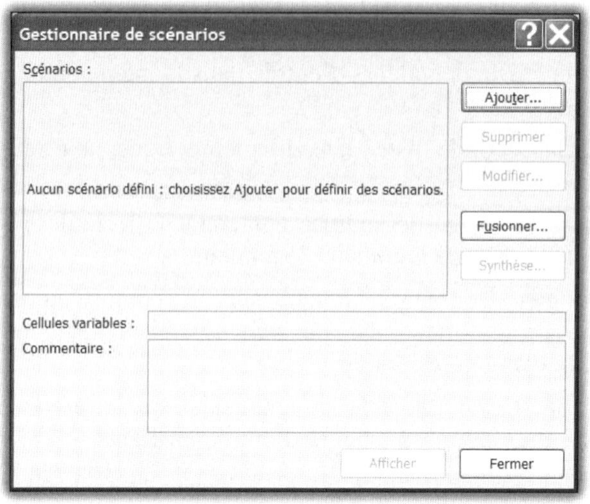

Figure 15.6 : *La boîte de dialogue Gestionnaire de scénarios*

2 Cliquez sur **Ajouter**.

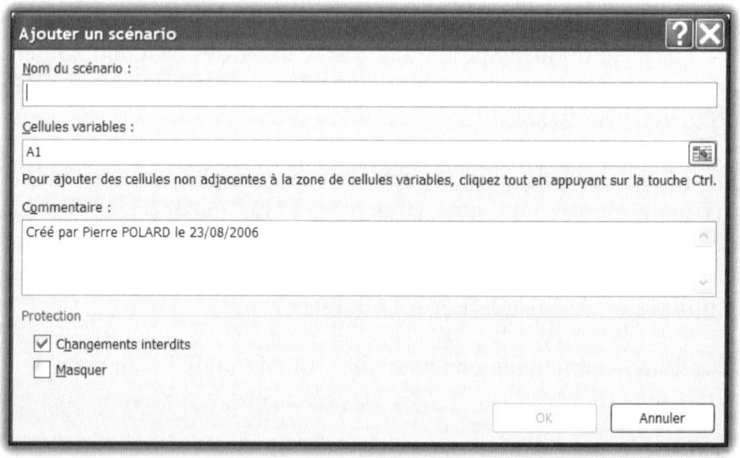

Figure 15.7 : *La boîte de dialogue Ajouter un scénario*

3 Dans la zone *Nom du scénario*, saisissez un nom pour le scénario.

4 Dans la zone *Cellules variables*, saisissez les références des cellules que vous voulez modifier.

5 Modifiez éventuellement le contenu de la zone *Commentaire*.

6 Cochez *Changements interdits* si vous ne souhaitez pas qu'un autre utilisateur puisse modifier votre scénario. Pour que cette option soit active, il faut que la feuille soit protégée.

7 Cochez *Masquer* si vous ne souhaitez pas que votre scénario apparaisse dans la boîte de dialogue **Gestionnaire de scénarios**. Pour que cette option soit active, il faut que la feuille soit protégée.

8 Cliquez sur OK.

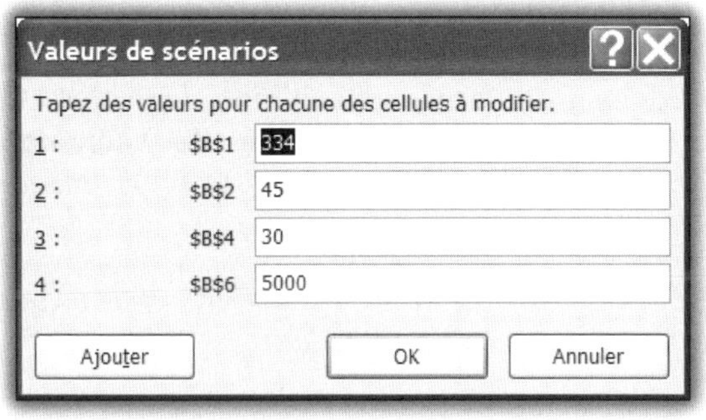

Figure 15.8 : *La boîte de dialogue Valeurs de scénarios*

9 Dans la boîte de dialogue **Valeurs de scénarios**, entrez les valeurs souhaitées pour les cellules à modifier.

10 Une fois la définition du scénario terminée, vous pouvez soit cliquer sur OK pour créer le scénario et revenir à la boîte de dialogue **Gestionnaire de scénarios**, soit cliquer sur **Ajouter** pour créer le scénario et accéder directement à la boîte de dialogue **Ajouter un scénario** afin de créer le scénario suivant.

ASTUCE

Réutiliser les cellules variables d'un scénario existant

Pour créer un scénario qui utilise les mêmes cellules variables qu'un scénario donné, sélectionnez-le dans la boîte de dialogue **Gestionnaire de scénarios** et cliquez sur **Ajouter**. Les cellules variables du scénario sélectionné sont automatiquement reprises.

ASTUCE

Conserver les valeurs d'origine des paramètres de la simulation
Pour conserver les valeurs d'origine des cellules modifiées, créez un scénario qui utilise les valeurs d'origine des cellules avant de créer les scénarios qui les modifient.

Identification des cellules variables

Les cellules variables qui représentent les paramètres de la simulation sont, par défaut, identifiées par leur adresse dans la boîte de dialogue **Valeurs de scénarios**. Cela peut vite s'avérer gênant si le nombre de paramètres est important. En effet, comment se souvenir que la cellule *A45* représente la superficie de l'usine, et la cellule *B35* l'effectif de production ?

La solution est de donner un nom aux cellules variables. Ce nom apparaîtra dans la boîte de dialogue **Valeurs de scénarios** (plus exactement ses seize premières lettres, ce qui laisse de la marge).

RENVOI

Pour plus de détails sur les noms de cellules, référez-vous au chapitre ***Élaborer des formules de calcul.***

Afficher un scénario

Lorsque plusieurs scénarios ont été créés, il convient de les afficher à la demande.

1 Sous l'onglet **Données**, cliquez sur le bouton **Analyse de scénarios** du groupe *Outils de données*, puis sélectionnez la commande **Gestionnaire de scénarios**.
2 Cliquez sur le nom du scénario que vous voulez afficher.
3 Cliquez sur le bouton **Afficher**.

Modifier un scénario

Une erreur étant envisageable, il est possible de modifier un scénario existant.

1 Sous l'onglet **Données**, cliquez sur le bouton **Analyse de scénarios** du groupe *Outils de données*, puis sélectionnez la commande **Gestionnaire de scénarios**.

2 Cliquez sur le nom du scénario que vous souhaitez modifier, puis sur le bouton **Modifier**.

3 Effectuez les modifications souhaitées sur les données générales du scénario (nom, cellules variables, commentaires...).

4 Dans la boîte de dialogue **Valeurs de scénarios**, entrez les valeurs souhaitées pour les cellules à modifier.

REMARQUE

Traçabilité des modifications

À chaque modification d'un scénario, la zone *Commentaire* est mise à jour avec le nom de l'utilisateur et la date de la modification.

Supprimer un scénario

La suppression d'un scénario est également prévue.

1 Sous l'onglet **Données**, cliquez sur le bouton **Analyse de scénarios** du groupe *Outils de données*, puis sélectionnez la commande **Gestionnaire de scénarios**.

2 Cliquez sur le nom du scénario à supprimer puis sur le bouton **Supprimer**.

REMARQUE

Vigilance lors de la suppression

La plus grande prudence est requise lors de la suppression de scénarios. En effet, Excel ne demande pas confirmation lors de la suppression. De plus, cette opération est irréversible.

Fusionner des scénarios

Lorsque plusieurs personnes travaillent en collaboration sur un projet, il peut être intéressant pour le responsable du projet de regrouper tous les scénarios jugés pertinents dans un classeur. Il existe une fonction permettant de les fusionner. Dans ce cas, Excel copie tous les scénarios des feuilles sources dans la feuille de calcul active.

ATTENTION

S'assurer de l'homogénéité des documents

Pour que la fusion donne de bons résultats, il faut que toutes les feuilles de calcul dont les scénarios sont issus soient construites sur le même modèle.

1 Ouvrez tous les classeurs contenant les scénarios que vous voulez fusionner.
2 Sélectionnez la feuille de calcul dans laquelle vous souhaitez fusionner les scénarios.
3 Sous l'onglet **Données**, cliquez sur le bouton **Analyse de scénarios** du groupe *Outils de données*, puis sélectionnez la commande **Gestionnaire de scénarios**.
4 Cliquez sur le bouton **Fusionner**.
5 Dans la zone *Classeur*, cliquez sur un nom de classeur.
6 Dans la zone *Feuille*, cliquez sur le nom d'une feuille de calcul contenant les scénarios à fusionner, puis sur OK.
7 Répétez cette procédure si vous voulez fusionner des scénarios à partir d'autres feuilles de calcul.

Rapport de synthèse

Il est certes confortable de pouvoir afficher à volonté les différents scénarios que vous avez conçus, mais ne serait-il pas préférable de pouvoir comparer d'un seul coup d'œil les différentes options et les résultats principaux ? Les rapports de synthèse permettent de satisfaire ce besoin. Cette fonction crée une nouvelle feuille de calcul (positionnée avant la feuille active) contenant soit les valeurs des cellules variables de chacun des scénarios ainsi que des résultats choisis, soit un tableau croisé dynamique synthétisant toutes ces données.

1 Sous l'onglet **Données**, cliquez sur le bouton **Analyse de scénarios** du groupe *Outils de données*, puis sélectionnez la commande **Gestionnaire de scénarios**.
2 Cliquez sur le bouton **Synthèse**.

Figure 15.9 : *Le rapport de synthèse*

3 Sélectionnez *Synthèse de scénarios* ou *Scénario du rapport de tableau croisé dynamique*.

4 Dans la zone *Cellules résultantes*, entrez les références des cellules dont les valeurs sont modifiées par les scénarios. Séparez les références par un point-virgule.

Si vous choisissez l'option *Synthèse de scénarios*, Excel crée une feuille **Synthèse de scénarios**. Si vous choisissez l'option *Scénario du rapport de tableau croisé dynamique*, Excel crée une feuille **Tableau croisé dynamique**.

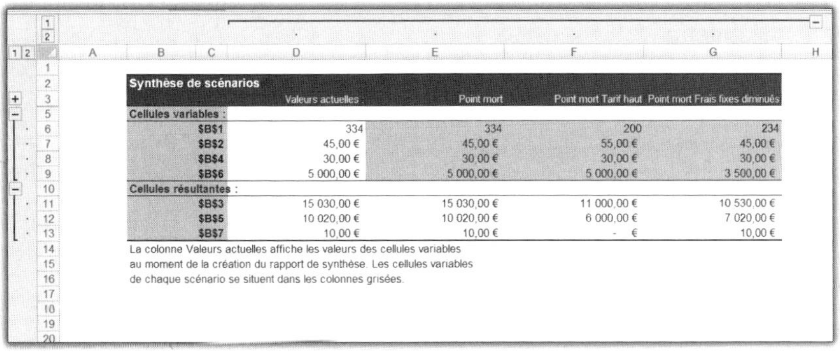

Synthèse de scénarios	Valeurs actuelles :	Point mort	Point mort Tarif haut	Point mort Frais fixes diminués
Cellules variables :				
$B$1	334	334	200	234
$B$2	45,00 €	45,00 €	55,00 €	45,00 €
$B$4	30,00 €	30,00 €	30,00 €	30,00 €
$B$6	5 000,00 €	5 000,00 €	5 000,00 €	3 500,00 €
Cellules résultantes :				
$B$3	15 030,00 €	15 030,00 €	11 000,00 €	10 530,00 €
$B$5	10 020,00 €	10 020,00 €	6 000,00 €	7 020,00 €
$B$7	10,00 €	10,00 €	- €	10,00 €

La colonne Valeurs actuelles affiche les valeurs des cellules variables au moment de la création du rapport de synthèse. Les cellules variables de chaque scénario se situent dans les colonnes grisées.

Figure 15.10 : *La feuille Synthèse de scénarios*

Le choix de cellules résultantes n'est pas obligatoire dans le cas de la création d'une feuille de synthèse, alors qu'il l'est dans le cas de la création d'un tableau croisé dynamique. Si vous ne choisissez aucune cellule résultante, seules les cellules variables seront affichées dans la feuille de synthèse.

Il est intéressant de nommer au préalable les cellules variables et résultantes car le nom apparaîtra à la place de la référence de cellules dans le rapport de synthèse. Il en sera d'autant plus lisible.

15.4. Cas pratique : Effectuer des simulations d'emprunt

Emprunter, à titre personnel ou professionnel, n'est jamais une décision facile à prendre. Il s'agit parfois d'un engagement à long terme destiné à financer des projets dont la rentabilité n'est pas assurée. Il n'en demeure pas moins que la banque vous demandera de toute façon de rembourser l'emprunt. Il convient donc de ne pas prendre cette décision trop vite. Mais les paramètres à considérer, bien que peu nombreux (montant, taux, durée), autorisent un grand nombre de combinaisons. Que se passerait-il si vous augmentiez la durée d'un an, de deux ans ? Et si le taux augmentait d'un demi-point ? Un tableau vaut mieux qu'un long discours. Ce sera l'objet de ce cas pratique.

Création du classeur

1 Cliquez sur le menu **Fichier** et sélectionnez la commande **Nouveau**.

2 Cliquez sur le bouton **Créer**.

Vous aurez besoin de deux feuilles de calcul : une pour réaliser une simulation en fonction de la durée, l'autre pour réaliser une simulation en fonction du taux et de la durée.

1 Renommez la feuille **Feuil1** en **Durée**.

2 Renommez la feuille **Feuil1** en **Durée – Taux**.

La feuille Durée

1 En *B1*, saisissez `Calcul des mensualités d'un emprunt en fonction de la durée.`

2 En *B3*, saisissez `Taux annuel :.`

3 En *B4*, saisissez `Montant :.`

4 En *B5*, saisissez `Durée :.`

5 En *B6*, saisissez `Mensualité :.`

6 En *B7*, saisissez `Coût :`.

7 Sélectionnez *B1:F1*.

8 Cliquez sur **Fusionner et centrer** (onglet **Accueil**, groupe *Alignement*).

9 Appliquez un contour épais.

10 Sélectionnez *B3:C7*.

11 Appliquez une bordure de type quadrillage.

12 Sélectionnez *C3* et appliquez le format *Pourcentage*.

13 Sélectionnez *C4* et appliquez le format *Euro*.

14 Sélectionnez la plage *C3:C5* et choisissez le blanc comme couleur de fond.

Pour effectuer les calculs, vous allez saisir une valeur pour le taux, le montant et la durée.

1 En *C3*, saisissez `6,5 %`.

2 En *C4*, saisissez `30000`.

3 En *C5*, saisissez `2`.

Il s'agit maintenant de saisir les formules de calcul.

1 En *C6*, saisissez `=-VPM(C3/12;C5*12;C4)`.

2 En *C7*, saisissez `=+C6*C5*12-C4`.

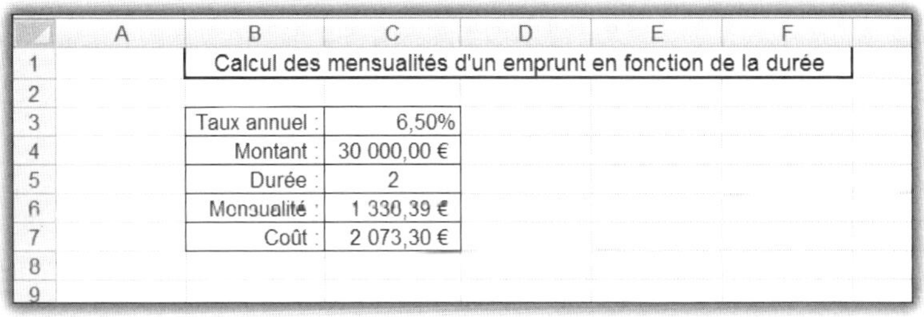

	A	B	C	D	E	F
1		Calcul des mensualités d'un emprunt en fonction de la durée				
2						
3		Taux annuel :	6,50%			
4		Montant :	30 000,00 €			
5		Durée :	2			
6		Mensualité :	1 330,39 €			
7		Coût :	2 073,30 €			
8						
9						

Figure 15.11 : *La feuille Durée*

Vous allez à présent faire varier la durée de l'emprunt et mesurer l'impact sur la mensualité et le coût de l'emprunt.

1 En *D5*, saisissez `3`.

2 En *E5*, saisissez `4`.

3 En *F5*, saisissez `5`.

4 Sélectionnez *C5:F7*.

5 Sous l'onglet **Données**, cliquez sur le bouton **Analyse de scénarios** du groupe *Outils de données*, puis sélectionnez la commande **Table de données**.

6 Cliquez dans la zone *Cellule d'entrée en ligne* et sélectionnez la cellule *C5*.

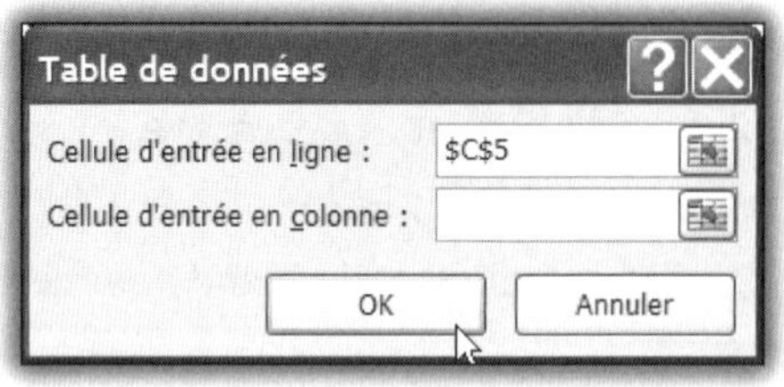

Figure 15.12 : *La boîte de dialogue Table*

7 Sélectionnez *D6:F7* et appliquez le format *Euro*.

8 Sélectionnez *D5:F7* et appliquez un contour de type quadrillage.

	A	B	C	D	E	F
1		Calcul des mensualités d'un emprunt en fonction de la durée				
2						
3		Taux annuel :	6,50%			
4		Montant :	30 000,00 €			
5		Durée :	2	3	4	5
6		Mensualité :	1 336,39 €	919,47 €	711,45 €	586,98 €
7		Coût :	2 073,30 €	3 100,92 €	4 149,53 €	5 219,07 €
8						

Figure 15.13 : *La feuille Durée*

Il est possible de modifier les valeurs des cellules *D5* à *F5* pour effectuer une autre série de simulations.

La feuille Durée – Taux

1 En *A1*, saisissez `Calcul des mensualités d'un emprunt en fonction de la durée et du taux`.

2 En *B3*, saisissez `Taux annuel :`.

3 En *B4*, saisissez `Montant :`.

4 En *B5*, saisissez `Durée :`.

5 En *B6*, saisissez `Mensualité :`.

6 Sélectionnez *B1:F1*.

7 Cliquez sur **Fusionner et centrer** (onglet **Accueil**, groupe *Alignement*).

8 Appliquez un contour épais.

9 Sélectionnez *B3:C7*.

10 Appliquez une bordure de type quadrillage.

11 Sélectionnez *C3* et appliquez le format *Pourcentage*.

12 Sélectionnez *C4* et appliquez le format *Euro*.

13 Sélectionnez la plage *C3:C5* et choisissez le blanc comme couleur de fond.

Pour effectuer les calculs, vous allez saisir une valeur pour le taux, le montant et la durée.

1 En *C3*, saisissez `6,5 %`.

2 En *C4*, saisissez `30000`.

3 En *C5*, saisissez `2`.

4 En *C6*, saisissez `=-VPM(C3/12;C5*12;C4)`.

Vous allez faire varier la durée de l'emprunt ainsi que son taux, puis mesurer l'impact sur la mensualité.

1 En *D5*, saisissez `2`.

2 En *E5*, saisissez `3`.

3 En *F5*, saisissez `4`.

4 En *C7*, saisissez `5 %`.

5 En *C8*, saisissez `5,5 %`.

6 Sélectionnez *C7:C8*.

7 Étendez, à l'aide de la poignée de recopie, le contenu jusqu'en *C11*.

8 Sélectionnez *C6:F11*.

9 Sous l'onglet **Données**, cliquez sur le bouton **Analyse de scénarios** du groupe *Outils de données*, puis sélectionnez la commande **Table de données**.

10 Cliquez dans la zone *Cellule d'entrée en ligne* et sélectionnez la cellule *C5*.

11 Cliquez dans la zone *Cellule d'entrée en colonne* et sélectionnez la cellule *C3*.

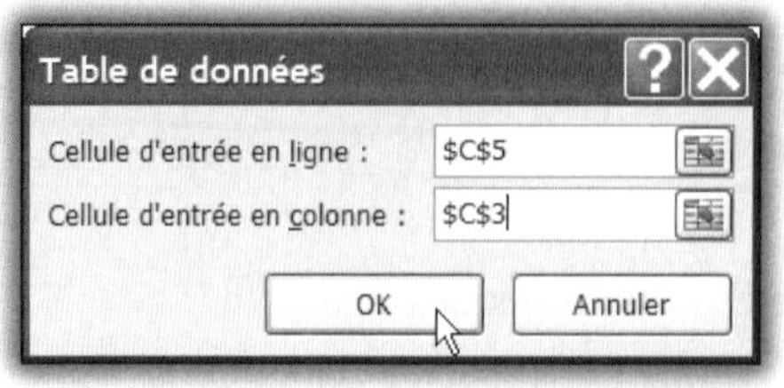

Figure 15.14 : *La boîte de dialogue Table*

12 Sélectionnez *D7:F11* et appliquez le format *Euro*.

13 Sélectionnez *C6:F11* et appliquez un contour de type quadrillage.

	A	B	C	D	E	F	G
1		Calcul des mensualités d'un emprunt en fonction de la durée et du taux					
2							
3		Taux annuel :	6,50%				
4		Montant :	30 000,00 €				
5		Durée :	2				
6		Mensualité :	1 336,39 €	2	3	4	
7			5,00%	1 316,14 €	899,13 €	690,88 €	
8			5,50%	1 322,87 €	905,88 €	697,69 €	
9			6,00%	1 329,62 €	912,66 €	704,55 €	
10			6,50%	1 336,39 €	919,47 €	711,45 €	
11			7,00%	1 343,18 €	926,31 €	718,39 €	
12							
13							

Figure 15.15 : *La feuille Durée – Taux*

Il est possible de modifier les valeurs des cellules *D6* à *F6* et *C7* à *C11* pour effectuer une autre série de simulations.

CHAPITRE 16

Utiliser les tableaux croisés dynamiques

Depuis quelques années, de nombreuses entreprises se sont converties à l'informatique décisionnelle, voire à la "business intelligence". Des outils ont fait leur apparition, dédiés à ces traitements destinés à fournir aux décideurs de l'entreprise des données analysées, synthétisées, bref dotées d'une forte valeur ajoutée. Sans concurrencer ces outils, Excel offre une fonctionnalité qui permet d'obtenir des résultats intéressants : les tableaux croisés dynamiques. Ils autorisent des analyses multidimensionnelles très élaborées. Avec cette version 2010, l'arsenal des outils d'analyse s'enrichit des slicers, petits composants qui permettent de filtrer facilement et visuellement à partir de boutons.

En outre, Excel propose les graphiques croisés dynamiques, qui permettent de représenter graphiquement les données issues de tableaux croisés dynamiques.

16.1. Analyser des données avec des tableaux croisés dynamiques

Avec les sous-totaux et les filtres, nous avons abordé de façon très efficace l'analyse d'une base de données. Les tableaux croisés dynamiques nous permettront de franchir une nouvelle étape : celle de l'interactivité. Vous constaterez la facilité avec laquelle il est possible de définir de nouveaux "angles de vision" par rapport à un ensemble de données.

Organiser les données

Le respect d'un certain formalisme dans l'organisation des données est essentiel pour définir correctement un tableau croisé dynamique :

- Les données doivent être présentées en colonnes.
- La première ligne de chaque colonne doit contenir les étiquettes de colonnes.
- Les éléments d'une même colonne doivent être de même type (nombre, texte…).
- Il ne doit pas exister de sous-totaux. Avant de créer un tableau croisé dynamique, il est préférable de supprimer tous les sous-totaux.

- Il ne doit pas exister de filtres. Avant de créer un tableau croisé dynamique, il est préférable de supprimer tous les filtres.

Créer un tableau croisé dynamique

1 Sélectionnez une cellule du tableau ou de la plage de cellules qui contient les données à analyser.

2 

Sous l'onglet **Insertion**, cliquez sur le bouton **Insérer un tableau croisé dynamique** du groupe *Tableaux*.

3 Dans la boîte de dialogue **Créer un tableau croisé dynamique**, définissez l'emplacement des données à analyser, ainsi que l'emplacement du tableau croisé dynamique.

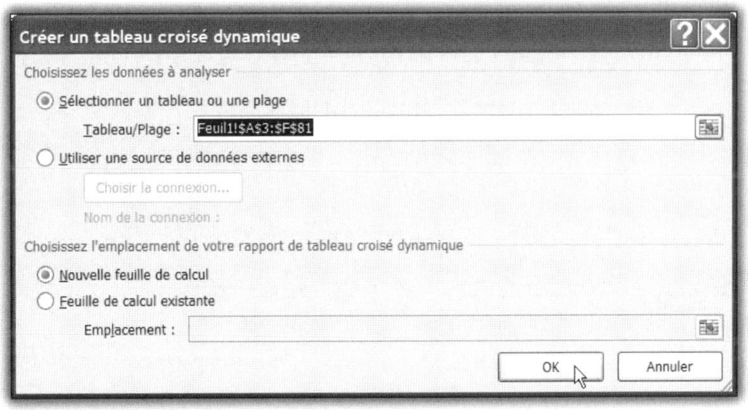

Figure 16.1 : *La boîte de dialogue Créer un tableau croisé dynamique*

- *Sélectionner un tableau ou une plage* est la source de données sélectionnée par défaut. De plus, Excel vous propose une plage de cellules par défaut. Vous pouvez modifier cette proposition.
- *Utiliser une source de données externes* permet d'utiliser des fichiers de base de données, des fichiers texte, des données figurant sur Internet, etc. Cliquez sur le bouton **Choisir la connexion** pour rechercher la source de données.
- *Nouvelle feuille de calcul* crée le tableau croisé dynamique sur une nouvelle feuille.

- *Feuille de calcul existante* crée le tableau croisé dynamique sur une feuille existante. Vous pouvez choisir l'emplacement précis sur la feuille voulue.

4 Validez par OK.

Utiliser un tableau croisé dynamique

Description de l'environnement

Une nouvelle feuille de calcul a été créée. Elle est vierge, mais un emplacement est réservé au tableau croisé dynamique. De plus, le volet **Liste de champs de tableau croisé dynamique** est affiché à droite de la feuille de calcul. Enfin, deux onglets contextuels ont fait leur apparition : **Options** et **Création**. Ils permettent de modifier le contenu et l'apparence du tableau croisé dynamique.

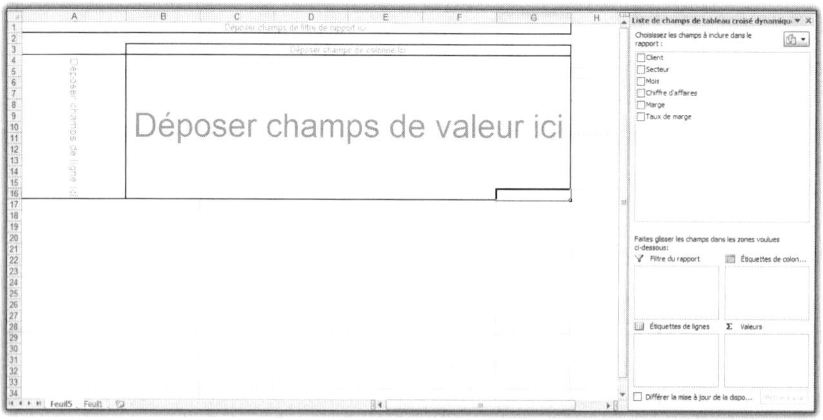

Figure 16.2 : *La nouvelle feuille de calcul*

Nous allons à présent décrire le volet **Liste de champs de tableau croisé dynamique**. Un champ est un ensemble de données de même type. Les champs sont créés à partir des colonnes de la plage de données spécifiée lors de la création. Dans notre cas, nous avons six champs (*Client*, *Secteur*, *Mois*, *Chiffre d'affaires*, *Marge*, *Taux de marge*) correspondant aux colonnes de la plage de données.

Figure 16.3 :
La liste des champs

Le volet **Liste de champs de tableau croisé dynamique** comprend également quatre "zones de dépôt".

Figure 16.4 :
Les zones de dépôt

Vous pouvez modifier l'organisation du volet **Liste de champs de tableau croisé dynamique** à l'aide du bouton situé dans le coin supérieur droit. Il donne accès à plusieurs possibilités d'organisation de la liste des champs et des zones de dépôt.

Figure 16.5 :
Organiser l'affichage du volet

Vous pouvez constater que les zones de dépôts figurent aussi bien sur le volet **Liste de champs de tableau croisé dynamique** que sur la feuille de calcul. Vous pourrez utiliser indifféremment les unes ou les autres pour créer votre tableau croisé dynamique.

Figure 16.6 : *Les zones de dépôt sur la feuille de calcul*

Les premières données

Pour déposer un champ dans l'une des zones de dépôt (sur le volet **Liste de champs de tableau croisé dynamique** ou sur la feuille de calcul), sélectionnez-le dans la liste des champs puis faites-le glisser dans la zone souhaitée.

Vous allez déposer le champ *Secteur* dans la zone *Étiquettes de lignes*. *Secteur* sera le champ de ligne.

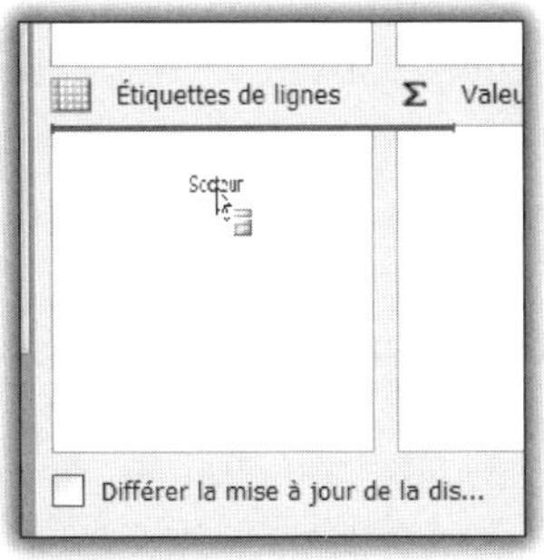

Figure 16.7 : *Ajout du champ Secteur*

Aussitôt, les valeurs du champ *Secteur* apparaissent sur le tableau croisé dynamique.

Vous allez maintenant déposer le champ *Mois* dans la zone *Étiquettes de colonnes*. *Mois* sera le champ de colonne.

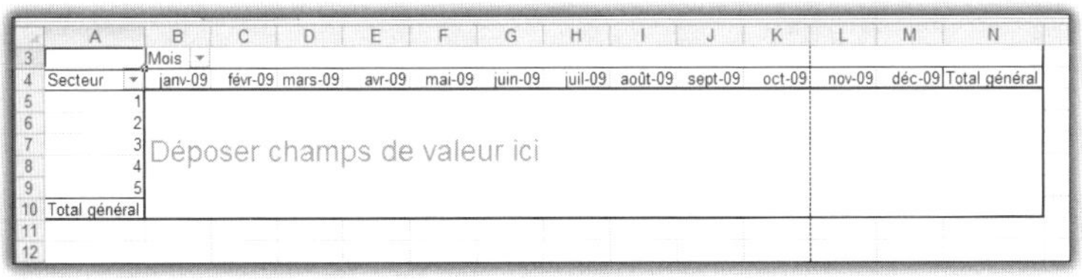

	A	B	C	D	E	F	G	H	I	J	K	L	M	N
3		Mois												
4	Secteur	janv-09	févr-09	mars-09	avr-09	mai-09	juin-09	juil-09	août-09	sept-09	oct-09	nov-09	déc-09	Total général
5	1	Déposer champs de valeur ici												
6	2													
7	3													
8	4													
9	5													
10	Total général													
11														
12														

Figure 16.8 : *Ajout du champ Mois*

Il reste maintenant à ajouter un champ de données. Vous allez donc déposer le champ *Chiffre d'affaires* dans la zone *Valeurs*. *Chiffre d'affaires* sera le champ de données.

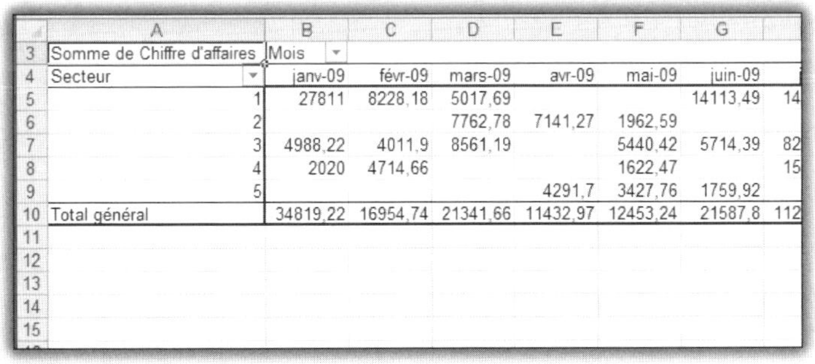

	A	B	C	D	E	F	G	
3	Somme de Chiffre d'affaires	Mois						
4	Secteur	janv-09	févr-09	mars-09	avr-09	mai-09	juin-09	
5	1	27811	8228,18	5017,69			14113,49	14
6	2			7762,78	7141,27	1962,59		
7	3	4988,22	4011,9	8561,19		5440,42	5714,39	82
8	4	2020	4714,66			1622,47		15
9	5				4291,7	3427,76	1759,92	
10	Total général	34819,22	16954,74	21341,66	11432,97	12453,24	21587,8	112
11								
12								
13								
14								
15								

Figure 16.9 : *Ajout du champ Chiffre d'affaires*

Dans chaque cellule du tableau croisé dynamique, on trouve maintenant la somme des valeurs du champ *Chiffre d'affaires* correspondant à la valeur de *Secteur* et de *Mois*. La fonction de synthèse `Somme` est attribuée par défaut aux champs de données numériques. Si vous souhaitez obtenir (par exemple) la valeur moyenne, vous devez modifier le tableau croisé dynamique.

1 Cliquez sur **Somme de Chiffre d'affaires** dans la zone *Valeurs* du volet **Liste de champs de tableau croisé dynamique**.

2 Sélectionnez **Paramètres des champs de valeurs**.

3 Une boîte de dialogue apparaît (**Paramètres des champs de valeurs**) dans laquelle il est possible de choisir la fonction de synthèse désirée.

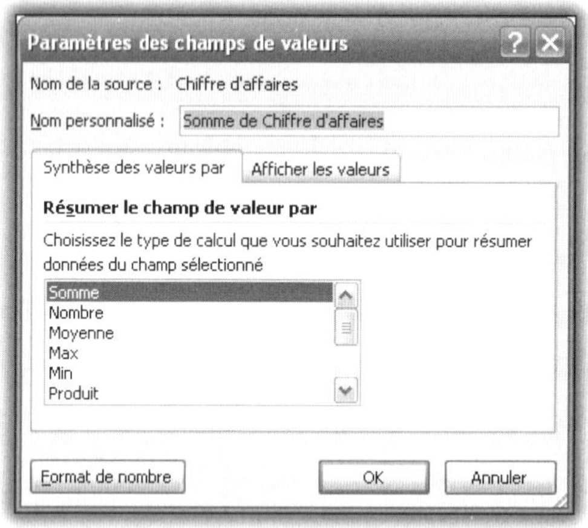

Figure 16.10 : *Choix de la fonction de synthèse*

4 Choisissez *Moyenne*.

5 Dans la zone *Nom*, il est possible de saisir le nom du champ (qui s'affichera à la place de *Moyenne de Chiffre d'affaires* sur le tableau croisé dynamique). Entrez ici `C.A. moyen`.

6 Validez par OK.

REMARQUE

Accès aux paramètres d'un champ

Pour accéder aux paramètres d'un champ, il est possible d'utiliser le volet **Liste de champs de tableau croisé dynamique**. Vous pouvez également cliquer du bouton droit sur le nom ou sur une valeur du champ directement dans le tableau et sélectionner **Paramètres des champs de valeurs** dans le menu contextuel.

Pour modifier la fonction de synthèse d'un champ de valeur, vous pouvez utiliser l'onglet contextuel **Options**.

1 Dans le tableau croisé dynamique, sélectionnez une cellule contenant une valeur du champ de valeurs à modifier.
2 Cliquez sur le bouton **Résumer les valeurs par** du groupe *Calculs* de l'onglet contextuel **Options**.
3 Sélectionnez la fonction de synthèse voulue.

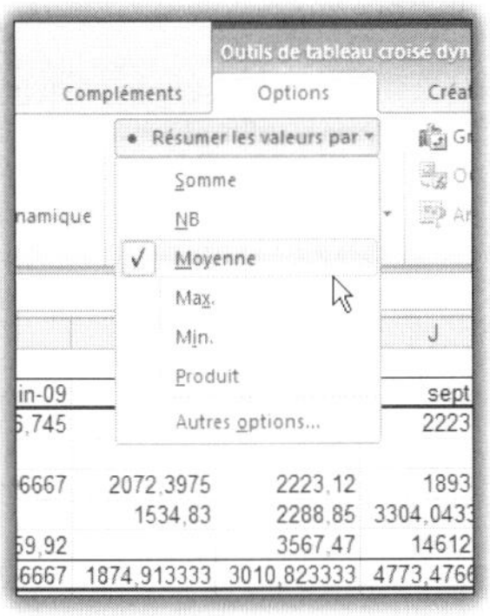

Figure 16.11 :
Choix de la fonction de synthèse

Le tableau croisé dynamique affiche maintenant la moyenne des chiffres d'affaires par secteur et par mois.

Le format des nombres ne permet pas une bonne lisibilité des résultats (trop de décimales). Deux solutions sont possibles :

- appliquer un format de nombre de façon classique ;
- afficher à nouveau la boîte de dialogue **Paramètres des champs de valeurs** et cliquer sur le bouton **Format de nombre**.

Vous afficherez les résultats au format *Euro*.

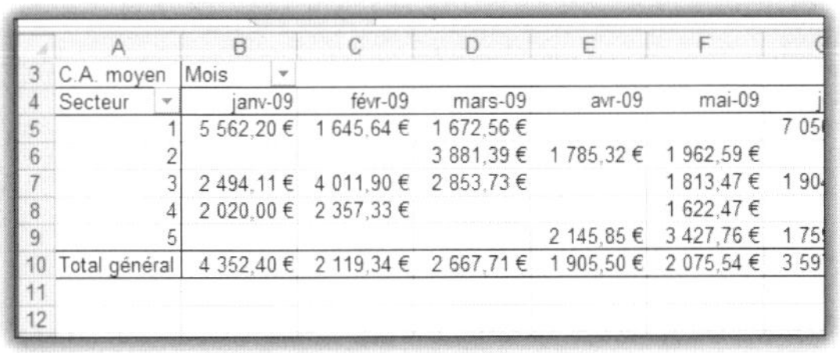

	A	B	C	D	E	F	G
3	C.A. moyen	Mois					
4	Secteur	janv-09	févr-09	mars-09	avr-09	mai-09	j
5	1	5 562,20 €	1 645,64 €	1 672,56 €			7 05
6	2			3 881,39 €	1 785,32 €	1 962,59 €	
7	3	2 494,11 €	4 011,90 €	2 853,73 €		1 813,47 €	1 90
8	4	2 020,00 €	2 357,33 €			1 622,47 €	
9	5				2 145,85 €	3 427,76 €	1 75
10	Total général	4 352,40 €	2 119,34 €	2 667,71 €	1 905,50 €	2 075,54 €	3 59
11							
12							

Figure 16.12 :
La moyenne des chiffres d'affaires

Votre premier tableau croisé dynamique est maintenant achevé.

Masquer des données

Supposons que vous vouliez voir uniquement les données relatives aux secteurs 1 et 2.

1 Cliquez sur le bouton fléché situé à côté d'*Étiquettes de lignes.*

2 Une fenêtre apparaît. Choisissez les valeurs à afficher.

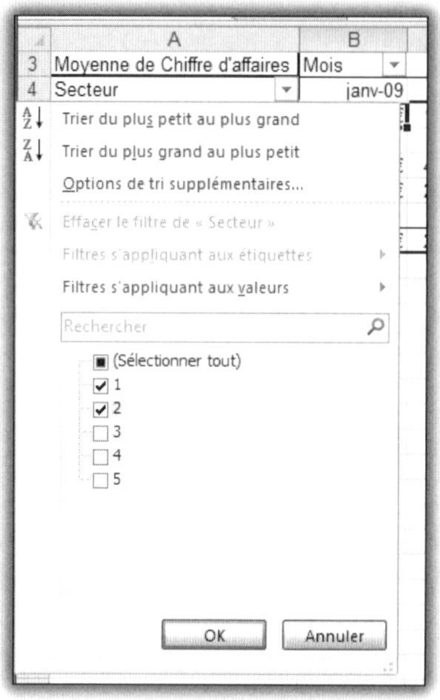

Figure 16.13 :
Choix des valeurs à afficher

3 Validez par OK.

Le tableau croisé dynamique est immédiatement réactualisé.

Pour rétablir l'affichage de toutes les données, répétez l'opération en choisissant *Sélectionner tout* ou **Effacer le filtre de Secteur** à l'étape 2.

Il est possible de combiner le masquage de données pour les champs de lignes et de colonnes.

Ajouter un champ de données

Vous avez déterminé le chiffre d'affaires moyen par secteur et par mois, mais quelle part du chiffre d'affaires total représente chaque chiffre mensuel ? Il faut d'abord rétablir l'affichage initial. En ce sens, choisissez *Sélectionner tout* ou **Effacer le filtre de Secteur** pour le champ *Secteur*.

Ajoutez un nouveau champ de données, *Chiffre d'affaires*. Faites-le glisser depuis la liste de champs vers la zone *Valeurs* du volet **Liste de champs de tableau croisé dynamique**.

Dans la zone *Étiquettes de colonnes*, le champ *Valeurs* a fait son apparition en dessous du champ *Mois* initialement présent. Cela correspond au fait que les deux champs de données sont présentés en colonnes. Pour chaque mois est affiché :

- *C.A. moyen* ;
- *Somme de Chiffres d'affaires*.

Cette organisation ne donne pas un résultat très lisible.

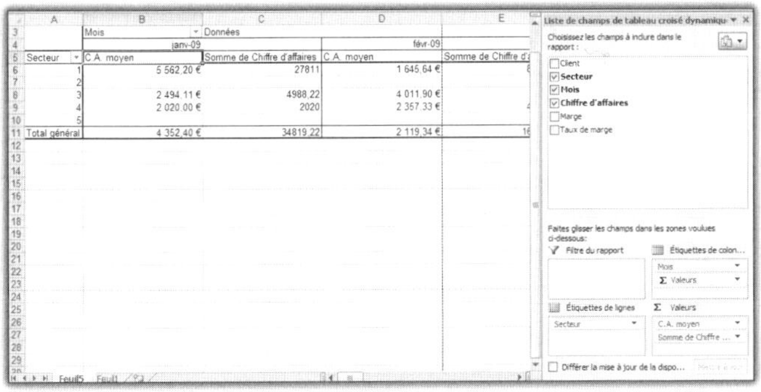

Figure 16.14 : *La nouvelle organisation du tableau*

Pour l'améliorer :

1 Déplacez le champ *Valeurs* de la zone *Étiquettes de colonnes* vers la zone *Étiquettes de lignes*.

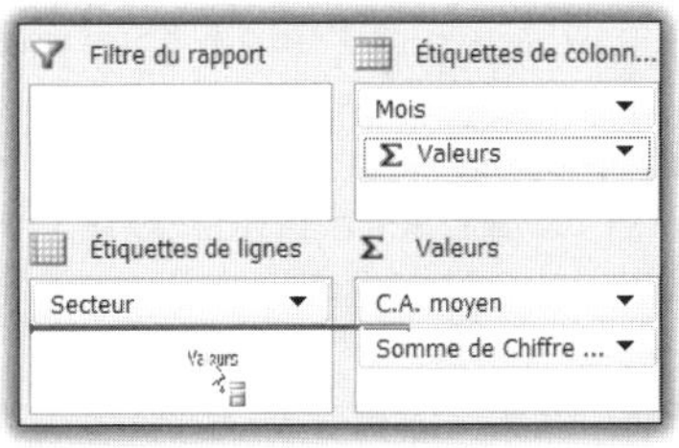

Figure 16.15 : *Réorganisation du tableau*

Le résultat est plus agréable à lire.

	A		B	C	D	E	F	G	H	
3				Mois						
4	Secteur		Données	janv-09	févr-09	mars-09	avr-09	mai-09	juin-09	
5		1	C.A. moyen	5 562,20 €	1 645,64 €	1 672,56 €			7 056,75 €	1 4
6			Somme de Chiffre d'affaires	27811	8228,18	5017,69			14113,49	
7		2	C.A. moyen			3 881,39 €	1 785,32 €	1 962,59 €		
8			Somme de Chiffre d'affaires			7762,78	7141,27	1962,59		
9		3	C.A. moyen	2 494,11 €	4 011,90 €	2 853,73 €		1 813,47 €	1 904,80 €	2 0
10			Somme de Chiffre d'affaires	4988,22	4011,9	8561,19		5440,42	5714,39	
11		4	C.A. moyen	2 020,00 €	2 357,33 €			1 622,47 €		1 5
12			Somme de Chiffre d'affaires	2020	4714,66			1622,47		
13		5	C.A. moyen				2 145,85 €	3 427,76 €	1 759,92 €	
14			Somme de Chiffre d'affaires				4291,7	3427,76	1759,92	
15	Total C.A. moyen			4 352,40 €	2 119,34 €	2 667,71 €	1 905,50 €	2 075,54 €	3 597,97 €	1 8
16	Total Somme de Chiffre d'affaires			34819,22	16954,74	21341,66	11432,97	12453,24	21587,8	1
17										

Figure 16.16 : *La nouvelle organisation du tableau*

2 Cliquez sur **Somme de Chiffre d'affaires** dans la zone *Valeurs* et sélectionnez **Paramètres des champs de valeurs**. La boîte de dialogue **Paramètres des champs de valeurs** apparaît.

3 Cliquez sur l'onglet **Afficher les valeurs**. La zone *Afficher les valeurs* permet de préciser le type d'affichage :

- *% du total général* affiche les données sous forme de pourcentage du total général de toutes les données ou du rapport.
- *% du total de la colonne* affiche toutes les données de chaque colonne sous forme de pourcentage du total de la colonne.
- *% du total de la ligne* affiche les données de chaque ligne sous forme de pourcentage du total de la ligne.
- *% de* affiche les données sous forme de pourcentage de la valeur de l'*Élément de base* (valeur de référence) dans le *Champ de base*.
- *% du total de la ligne parente* permet, dans le cas d'un tableau croisé contenant plusieurs champs de lignes, d'afficher les valeurs du champ "fils" en pourcentage de la valeur du champ "père". Par exemple, si vous disposez d'un tableau présentant le chiffre d'affaires par mois (champs de colonnes) et par secteur (champs de lignes), puis au sein de chaque secteur par client, ce type d'affichage vous permet d'afficher, pour chaque mois, le chiffre d'affaires de chaque client en pourcentage du total du secteur auquel il appartient.

	A		B	C	D	E
1						Déposer
2						
3	Somme de Cl			Mois		
4	Secteur		Client	janv	févr	mars
5		1	CASTEL PISCINES	5,12%	0,00%	0,00%
6			COBATRI	5,35%	0,00%	0,00%
7			JM PISCINES DIFFUSION	5,44%	0,00%	0,00%
8			LOZERIENNE DE CHAUFFAGE	5,52%	0,00%	0,00%
9			MAX MARTIN	0,00%	19,10%	0,00%
10			MFP ETS ROUX	0,00%	19,67%	0,00%
11			MIDI PREFIL LEADER "123"	0,00%	19,72%	0,00%
12			PMP LAIRE	0,00%	19,79%	0,00%
13			SNEC CHAZES	0,00%	0,00%	32,82%
14			SOFROITEC	78,56%	0,00%	32,82%
15			TIGNOL BETON	0,00%	21,72%	34,36%
16	Total 1			79,87%	48,53%	23,51%
17		2	DECOCER - MARROUFIN MARC			22,37%
18			GUERRERO LOISIRS			0,00%
19			PISCINES PLUS			0,00%
20			YACCO			77,63%
21	Total 2			0,00%	0,00%	36,37%
22		3	ALBUGUES BERNARD	66,98%	0,00%	0,00%

Figure 16.17 : *Affichage en % du total de la ligne parente*

– *% du total de la colonne parente* permet, dans le cas d'un tableau croisé contenant plusieurs champs de lignes, d'afficher les valeurs du champ "fils" en pourcentage de la valeur du champ "père". Par exemple, si vous disposez d'un tableau présentant le chiffre d'affaires par secteur (champs de lignes) et par trimestre (champs de colonnes), puis au sein de chaque trimestre par mois, ce type d'affichage vous permettra d'afficher, pour chaque mois, le chiffre d'affaires de chaque secteur en pourcentage du total du trimestre auquel il appartient.

	A	B	C	D
1				
2				
3	Somme de Chiffre d'affaires	Trimestres	Mois	
4		Trimestre1		
5	Secteur	janv	févr	mars
6	1	67,74%	20,04%	12,22%
7	2	0,00%	0,00%	100,00%
8	3	28,40%	22,85%	48,75%
9	4	29,99%	70,01%	0,00%
10	5			
11	Total général	47,62%	23,19%	29,19%
12				

Figure 16.18 : *Affichage en % du total de la colonne parente*

— *% du total du parent* permet de combiner les deux options précédentes.

— *Différence par rapport* affiche la différence entre chaque valeur et la valeur de l'*Élément de base* (valeur de référence) dans le *Champ de base*.

— *Différence en % par rapport* affiche la différence en pourcentage entre chaque valeur et la valeur de l'*Élément de base* dans le *Champ de base*.

— *Résultat cumulé par* affiche les données sous forme de cumul pour des éléments successifs dans le *Champ de base*.

— *Rang – Du plus petit au plus grand* affiche les données sous forme de classement (1 correspond à la plus petite valeur, et ainsi de suite par ordre croissant).

— *Rang – Du plus grand au plus petit* affiche les données sous forme de classement (1 correspond à la plus grande valeur, et ainsi de suite par ordre décroissant).

— *Index* calcule les données de la façon suivante : `((Valeur dans la cellule) × (Total général)) / ((Total général de la ligne) × (Total général de la colonne))`.

4 Sélectionnez *% du total général*. Le résultat est le suivant :

	A	B	C	D	E	F
1						Dé
2						
3			Mois			
4	Secteur	Données	janv	févr	mars	avr
5	1	C.A. moyen	5 562,20 €	1 645,64 €	1 672,56 €	
6		Somme de Chiffre d'affaires2	10,35%	3,06%	1,87%	0
7	2	C.A. moyen			3 881,39 €	1 785
8		Somme de Chiffre d'affaires2	0,00%	0,00%	2,89%	2
9	3	C.A. moyen	2 494,11 €	4 011,90 €	2 853,73 €	
10		Somme de Chiffre d'affaires2	1,86%	1,49%	3,19%	0
11	4	C.A. moyen	2 020,00 €	2 357,33 €		
12		Somme de Chiffre d'affaires2	0,75%	1,76%	0,00%	0
13	5	C.A. moyen				2 145
14		Somme de Chiffre d'affaires2	0,00%	0,00%	0,00%	1
15	Total C.A. moyen		4 352,40 €	2 119,34 €	2 667,71 €	1 905
16	Total Somme de Chiffre d'affaires2		12,96%	6,31%	7,94%	4
17						
18						
19						
20						

Figure 16.19 : *L'importance de chaque valeur dans le total*

REMARQUE

Autre possibilité pour modifier l'affichage des valeurs

Dans le tableau croisé dynamique, sélectionnez une cellule contenant une valeur du champ de valeurs à modifier. Cliquez sur le bouton **Afficher les valeurs par** du groupe *Calculs* de l'onglet contextuel **Options**, puis sélectionnez le type d'affichage souhaité.

Ajouter un champ de ligne

Vous allez maintenant intégrer un détail par client. Pour cela, vous ajouterez un champ de ligne.

1 Sélectionnez *Client* dans la liste des champs du volet **Liste de champs de tableau croisé dynamique**.

2 Faites-le glisser en dessous de *Secteur* dans la zone *Étiquettes de lignes*.

Figure 16.20 :
Ajout d'un champ de ligne

Voici une autre méthode :

1 Sélectionnez l'une des valeurs du champ *Secteur* dans le tableau croisé dynamique.

2 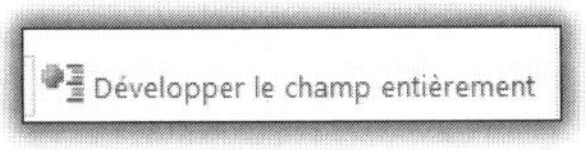

Cliquez sur le bouton **Développer le champ entièrement** du groupe *Champ actif* de l'onglet contextuel **Options**.

3 Sélectionnez le champ de détail souhaité dans la fenêtre qui s'affiche.

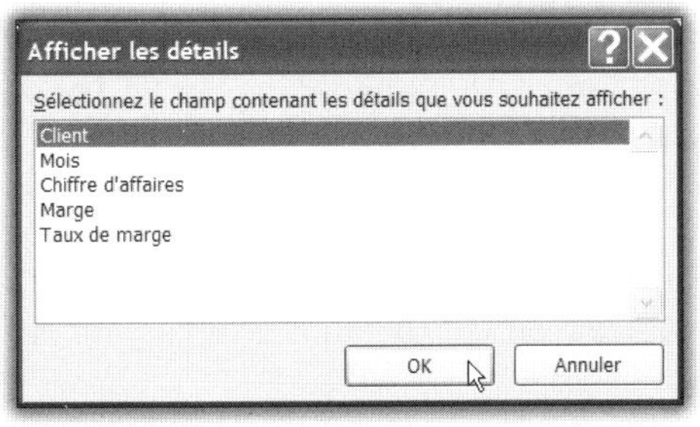

Figure 16.21 :
Choix du champ de détail

Dans les deux cas, le résultat est immédiat.

	A	B	C	D	E	F	G
1						Déposer champs	
2							
3				Mois			
4	Secteur	Client	Données	janv	févr	mars	avr
5	1	CASTEL PISCINES	C.A. moyen	1 425,06 €			
6			Somme de Chiffre d'affaires2	0,53%	0,00%	0,00%	
7		COBATRI	C.A. moyen	1 488,82 €			
8			Somme de Chiffre d'affaires2	0,55%	0,00%	0,00%	
9		JM PISCINES DIFFUSION	C.A. moyen	1 513,13 €			
10			Somme de Chiffre d'affaires2	0,56%	0,00%	0,00%	
11		LOZERIENNE DE CHAUFFA	C.A. moyen	1 534,83 €			
12			Somme de Chiffre d'affaires2	0,57%	0,00%	0,00%	
13		MAX MARTIN	C.A. moyen		1 571,49 €		
14			Somme de Chiffre d'affaires2	0,00%	0,59%	0,00%	
15		MFP ETS ROUX	C.A. moyen		1 618,49 €		
16			Somme de Chiffre d'affaires2	0,00%	0,60%	0,00%	
17		MIDI PREFIL LEADER "123"	C.A. moyen		1 622,47 €		
18			Somme de Chiffre d'affaires2	0,00%	0,60%	0,00%	
19		PMP LAIRE	C.A. moyen		1 628,72 €		
20			Somme de Chiffre d'affaires2	0,00%	0,61%	0,00%	
21		SNEC CHAZES	C.A. moyen			1 646,57 €	
22			Somme de Chiffre d'affaires2	0,00%	0,00%	0,61%	
23		SOFROITEC	C.A. moyen	21 849,16 €		1 647,02 €	
24			Somme de Chiffre d'affaires2	8,13%	0,00%	0,61%	
25		TIGNOL BETON	C.A. moyen		1 787,01 €	1 724,10 €	
26			Somme de Chiffre d'affaires2	0,00%	0,67%	0,64%	
27	C.A. moyen 1			5 562,20 €	1 645,64 €	1 672,56 €	
28	Somme de Chiffre d'affaires2 1			10,35%	3,06%	1,87%	
29	2	DECOCER - MARROUFIN M	C.A. moyen			1 736,92 €	
30			Somme de Chiffre d'affaires2	0,00%	0,00%	0,65%	
31		GUERRERO LOISIRS	C.A. moyen				1 75

Figure 16.22 : *Le résultat après l'ajout*

Un tel niveau de détail sera utile pour des analyses pointues, mais il semble opportun, pour l'instant, de masquer le détail par client.

Lorsque l'on introduit, comme vous venez de le faire, plusieurs champs de lignes (ou de colonnes), une hiérarchie s'instaure entre eux : les champs situés le plus haut dans la zone *Étiquettes de lignes* (ou *Étiquettes de colonnes*) sont de niveaux supérieurs (le champ situé en début de liste est nommé "champ externe"). Ainsi le champ *Secteur* est d'un niveau supérieur à *Client*. À chaque valeur de *Secteur* apparaissent des subdivisions correspondant aux valeurs de *Client*. Vous pouvez modifier la hiérarchie des champs en les déplaçant les uns par rapport aux autres à l'aide de la souris dans les zones *Étiquettes de lignes* et *Étiquettes de colonnes* ou directement sur le tableau croisé dynamique.

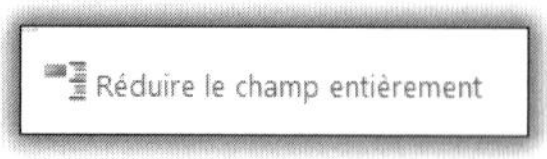

Pour masquer les subdivisions, cliquez sur l'une des valeurs du champ *Secteur* dans le tableau croisé dynamique, puis sur le bouton

Réduire le champ entièrement du groupe *Champ actif* de l'onglet contextuel **Options**.

Le tableau croisé dynamique est aussitôt remis à jour.

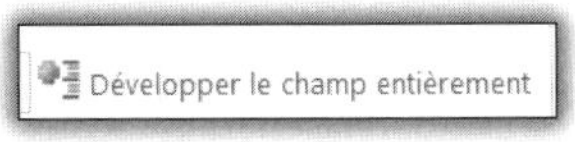

Pour rétablir le niveau de détail, sélectionnez *Secteur* à nouveau et cliquez sur le bouton **Développer le champ entièrement**.

Pour afficher ou masquer le détail associé à une valeur particulière du champ *Secteur*, utilisez les boutons **+** ou **–** situés à côté de la valeur.

Supprimer un champ

Vous allez supprimer le champ *Client* du tableau croisé dynamique.

1 Sélectionnez *Client* dans la zone *Étiquettes de lignes* (ou directement sur le tableau croisé dynamique).

2 Faites-le glisser hors de la zone.

Afficher le détail des données

Vous voulez à présent connaître le détail des données qui ont permis de calculer une moyenne de 5562,20 pour le chiffre d'affaires moyen du secteur 1 au mois de janvier.

Cette moyenne est le résultat d'un calcul fondé sur un certain nombre de chiffres d'affaires par client. Quels sont ces clients ?

Pour obtenir la réponse, double-cliquez sur la cellule contenant la moyenne de 5 562,20 (*B6*). Une feuille de calcul est automatiquement créée et affichée. Elle contient le détail des chiffres d'affaires par client.

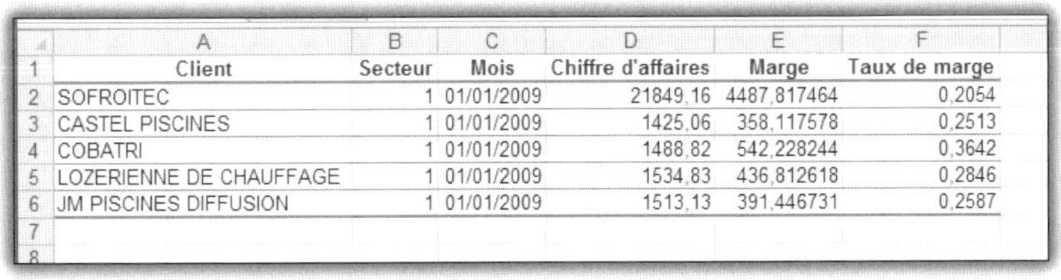

	A	B	C	D	E	F
1	Client	Secteur	Mois	Chiffre d'affaires	Marge	Taux de marge
2	SOFROITEC	1	01/01/2009	21849,16	4487,817464	0,2054
3	CASTEL PISCINES	1	01/01/2009	1425,06	358,117578	0,2513
4	COBATRI	1	01/01/2009	1488,82	542,228244	0,3642
5	LOZERIENNE DE CHAUFFAGE	1	01/01/2009	1534,83	436,812618	0,2846
6	JM PISCINES DIFFUSION	1	01/01/2009	1513,13	391,446731	0,2587
7						
8						

Figure 16.23 : *Le détail des données*

Trier un tableau croisé dynamique

Il est possible de trier un tableau croisé dynamique de façon automatique, en fonction d'un ou de plusieurs champs. À chaque modification des valeurs, le tri sera réactualisé.

Pour tester cette possibilité, triez le tableau de façon à présenter les divers secteurs en fonction des moyennes de chiffres d'affaires décroissantes.

1 Sélectionnez l'une des valeurs du champ *Secteur* dans le tableau croisé dynamique.
2 Cliquez du bouton droit et sélectionnez la commande **Trier** du menu contextuel, puis choisissez **Options de tri supplémentaires** (ou cliquez sur le bouton **Trier** du groupe *Trier et filtrer* de l'onglet contextuel **Création**).
3 Sélectionnez *Descendant*.
4 Sélectionnez *C.A. moyen*.

Figure 16.24 : *Définition d'un tri automatique*

5 Validez par OK.

REMARQUE

Autre accès possible à cette fonctionnalité

Il est également possible d'accéder à cette fonctionnalité en cliquant sur le bouton **Trier** du groupe *Trier* de l'onglet contextuel **Options**.

Ajouter un champ de filtre

Supposons que vous disposiez d'un tableau croisé dynamique totalisant le chiffre d'affaires par mois et par client. Si vous souhaitez effectuer une analyse spécifique sur tel ou tel secteur, vous pouvez ajouter une dimension à votre tableau croisé dynamique : un champ de filtre.

Un champ de filtre permet de restreindre les données utilisées par tableau croisé dynamique sans modifier son organisation.

1 Sélectionnez le champ *Secteur* dans la liste des champs du volet **Liste de champs de tableau croisé dynamique**.
2 Faites-le glisser dans la zone *Filtre du rapport*.

Figure 16.25 :
Ajout d'un champ de filtre

Pour l'instant, le tableau croisé dynamique est inchangé puisque tous les secteurs sont sélectionnés. Pour afficher les données du secteur 2 :

1 Cliquez sur le bouton fléché du champ *Secteur*.
2 Sélectionnez uniquement *2*.

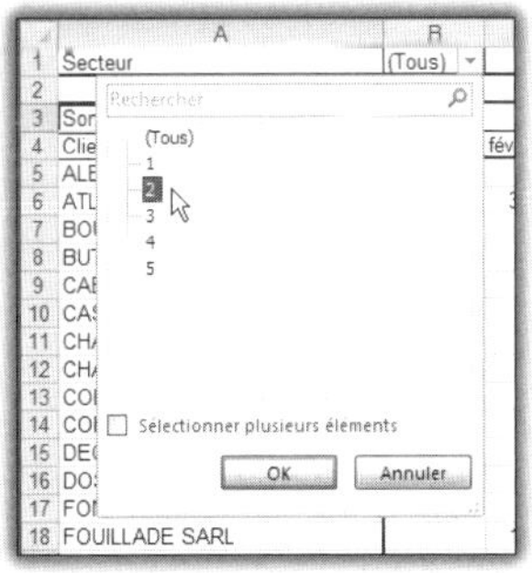

Figure 16.26 :
Sélection du secteur 2

3 Validez par OK.

Le tableau croisé dynamique est instantanément mis à jour et seuls les clients du secteur 2 sont affichés.

La case à cocher *Sélectionner plusieurs éléments* permet d'effectuer une sélection multiple dans les valeurs à afficher.

Pour revenir à l'affichage des données de tous les secteurs, suivez la même procédure, mais en sélectionnant *Tous* au lieu de *2*.

Actualiser les données

Pour actualiser le tableau croisé dynamique en cas de changement dans les données sources, cliquez sur le bouton **Actualiser** du groupe *Données* de l'onglet contextuel **Options**.

16.2. Utiliser les slicers

Les slicers sont des nouveaux outils de filtrage associés aux tableaux croisés dynamiques. Ils permettent de filtrer les données de façon conviviale et visuelle.

Ajouter des slicers

Il est très simple d'ajouter des slicers à un tableau croisé dynamique.

1 Sélectionnez une cellule du tableau croisé dynamique.

2 

Cliquez sur le bouton **Insérer un slicer** du groupe *Trier et filtrer* de l'onglet contextuel **Création**.

3 Dans la boîte de dialogue **Insérer des slicers**, sélectionnez les champs à partir desquels vous souhaitez créer des slicers (voir Figure 16.27).

4 Validez par OK.

Les slicers font leur apparition sur la feuille de calcul. Vous pouvez les sélectionner, les déplacer et les redimensionner (voir Figure 16.28).

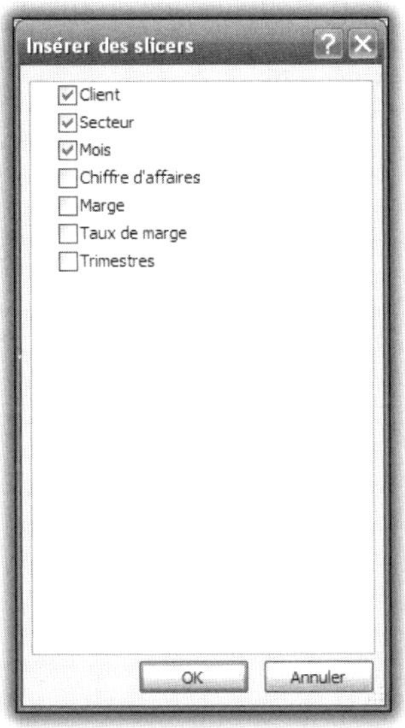

Figure 16.27 :
La boîte de dialogue Insérer des slicers

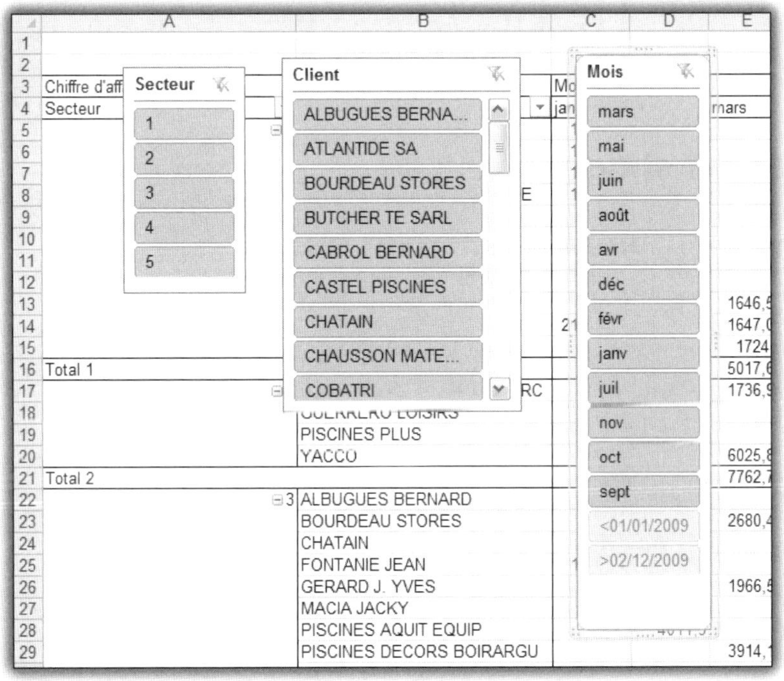

Figure 16.28 : *Les slicers sur la feuille de calcul*

Pour les utiliser, il suffit de cliquer sur une ou plusieurs valeurs afin de filtrer le tableau croisé dynamique. Pour sélectionner plusieurs valeurs sur un même slicer, maintenez la touche Ctrl enfoncée pendant la sélection.

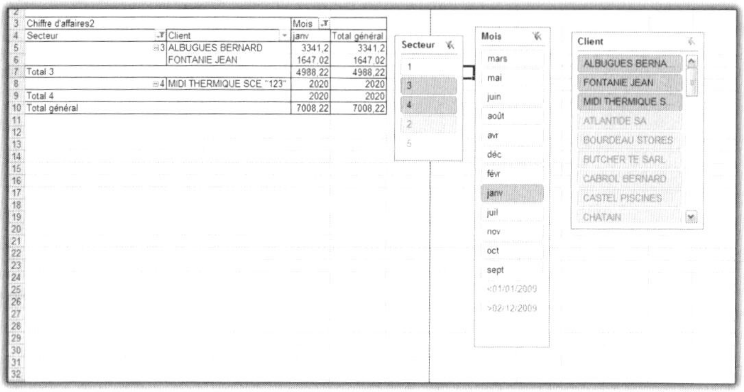

Figure 16.29 : *Utilisation des slicers*

Pour annuler un filtre, cliquez sur le petit bouton dans le coin supérieur droit du slicer.

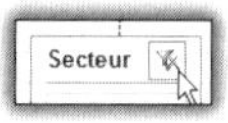

Figure 16.30 : *Annulation du filtre*

Gérer les slicers

Modifier l'apparence d'un slicer

Lorsque vous sélectionnez un slicer, l'onglet contextuel **Options** fait son apparition.

À l'aide des choix proposés dans le groupe *Styles de slicer*, vous pouvez modifier rapidement l'apparence du slicer sélectionné.

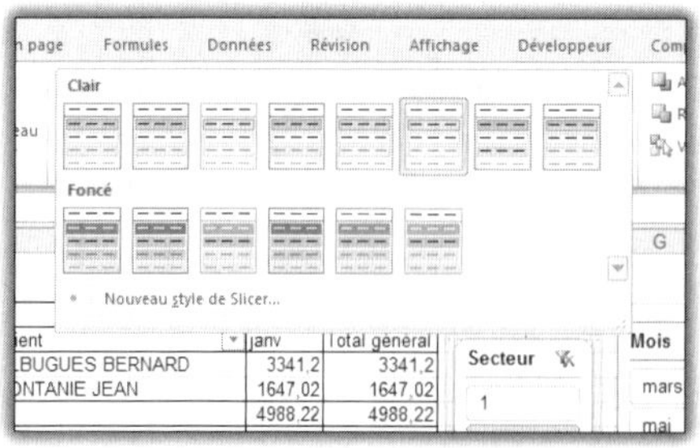

Figure 16.31 : *Les styles de slicer*

Vous pouvez également modifier le nombre de colonnes via la zone *Colonnes* du groupe *Boutons* de l'onglet contextuel **Options**.

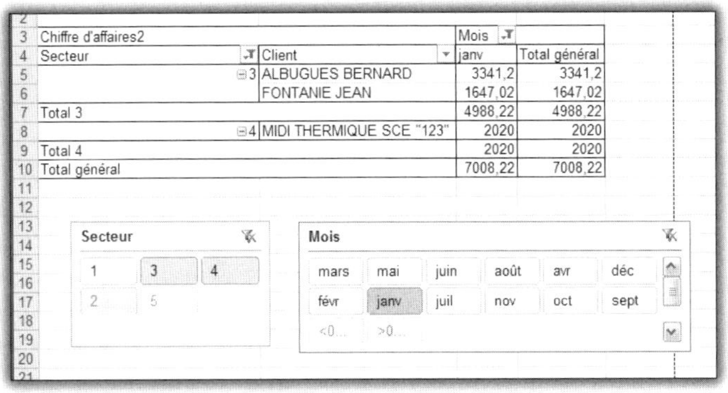

Figure 16.32 : *Modification du nombre de colonnes*

Vous pouvez aussi modifier le titre du slicer, qui correspond au contenu de la zone *Légende du slicer* du groupe *Slicer* de l'onglet contextuel **Options**.

Associer un slicer à un autre tableau croisé dynamique

Vous avez la possibilité d'associer un slicer à plusieurs tableaux croisés dynamiques.

1. Sélectionnez le slicer concerné.
2. Cliquez sur le bouton **Connexions de tableau croisé dynamique** du groupe *Slicer* de l'onglet contextuel **Options**.
3. Dans la boîte de dialogue **Connexions de tableau croisé dynamique**, sélectionnez le ou les tableaux croisés dynamiques à associer au slicer.

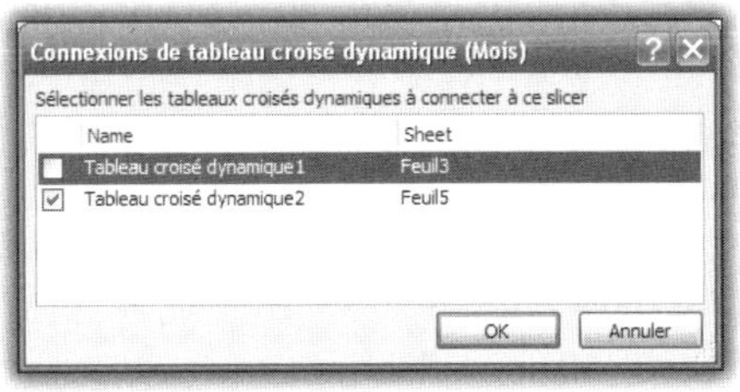

Figure 16.33 : *Connexion d'un slicer à plusieurs tableaux*

4. Validez par OK.

Désormais, le slicer agira sur l'ensemble des tableaux croisés dynamiques sélectionnés.

Supprimer un slicer

Pour supprimer un slicer, sélectionnez-le et appuyez sur la touche Suppr.

16.3. Compléter l'analyse avec les graphiques croisés dynamiques

Les graphiques croisés dynamiques sont le reflet en "image" des tableaux croisés dynamiques. L'avantage par rapport à des graphiques classiques réside dans la possibilité de modifier et de réorganiser rapidement les données intégrées.

Créer un graphique croisé dynamique

Le déroulement des opérations est identique qu'il s'agisse de créer un tableau ou un graphique croisé dynamique.

1 Sélectionnez une cellule du tableau ou de la plage de cellules qui contient les données à analyser.

2 Sous l'onglet **Insertion**, cliquez sur le bouton fléché qui se trouve sous le bouton **Insérer un tableau croisé dynamique** du groupe *Tableaux*. Sélectionnez **Graphique croisé dynamique**.

3 Dans la boîte de dialogue **Créer un tableau croisé dynamique avec un graphique croisé dynamique**, définissez l'emplacement des données à analyser, ainsi que l'emplacement du tableau croisé dynamique et du graphique.

- *Sélectionner un tableau ou une plage* est la source de données sélectionnée par défaut. De plus, Excel vous propose une plage de cellules par défaut. Vous pouvez modifier cette proposition.
- *Utiliser une source de données externe* permet d'utiliser des fichiers de base de données, des fichiers texte, des données figurant sur Internet, etc. Cliquez sur le bouton **Choisir la connexion** pour rechercher la source de données.
- *Nouvelle feuille de calcul* crée le tableau croisé dynamique et le graphique sur une nouvelle feuille.

- *Feuille de calcul existante* crée le tableau croisé dynamique et le graphique sur une feuille existante. Vous pouvez choisir l'emplacement précis sur la feuille voulue.

4 Validez par OK.

Utiliser un graphique croisé dynamique

Description de l'environnement

Lors de la création d'un tableau ou d'un graphique croisé dynamique, l'environnement est identique. La seule différence réside dans la présence d'un graphique, avec des onglets contextuels associés (**Création**, **Disposition**, **Mise en forme**, qui sont les onglets habituellement associés aux graphiques, plus l'onglet **Analyse**, propre aux graphiques croisés dynamiques).

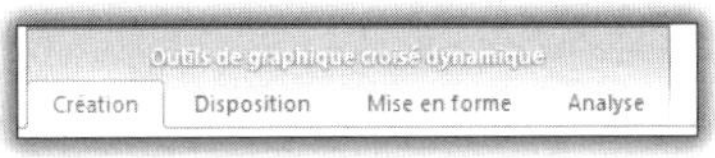

Figure 16.34 : *Les onglets contextuels*

RENVOI

Pour plus d'informations sur les fonctionnalités liées aux graphiques, reportez-vous au chapitre Créer et mettre en forme des graphiques.

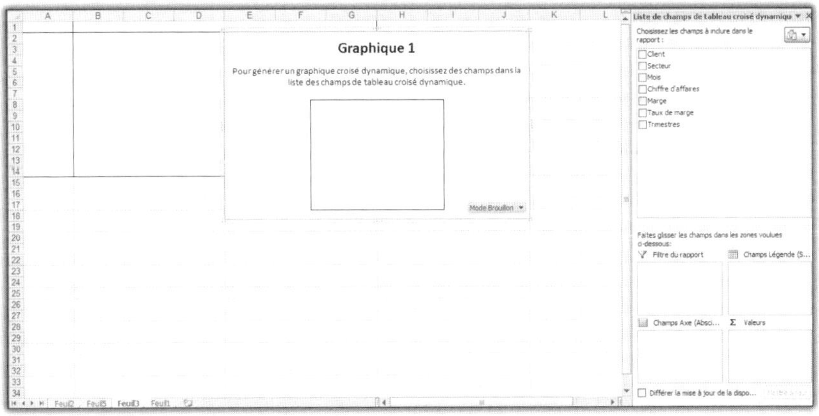

Figure 16.35 : *La nouvelle feuille de calcul*

Les premières données

La construction d'un graphique croisé dynamique est en tous points identiques à la construction d'un tableau croisé dynamique. Utilisez le volet **Liste de champs de tableau croisé dynamique** pour déposer un champ dans l'une des zones *Filtre du rapport*, *Champs Légende*, *Champs Axe* et *Valeurs*.

Construisez maintenant le graphique croisé dynamique.

1. Déposez le champ *Mois* dans la zone *Champs Axe*.
2. Déposez le champ *Secteur* dans la zone *Champs Légende*.
3. Déposez le champ *Chiffre d'affaires* dans la zone *Valeurs*.

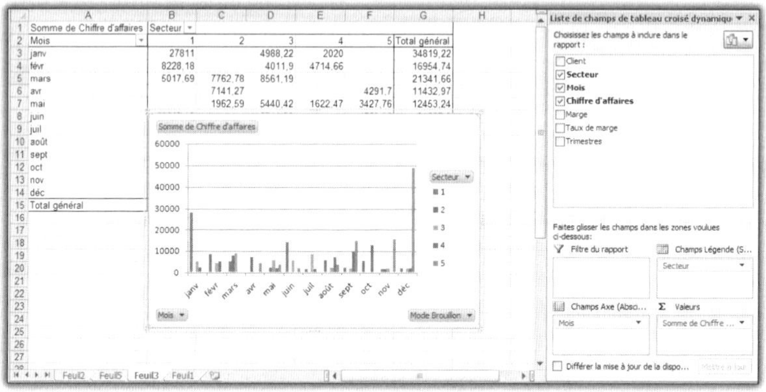

Figure 16.36 : *Le graphique croisé dynamique*

Sur le graphique, les intitulés des champs sont associés à des boutons fléchés qui permettent d'accéder aux fonctionnalités de tri et de filtre.

Toutes les fonctionnalités liées aux graphiques sont disponibles pour les graphiques croisés dynamiques (mise en forme, changement de type de graphique…).

Les autres fonctionnalités

Les fonctionnalités des tableaux croisés dynamiques sont applicables aux graphiques croisés dynamiques et les modes opératoires sont en tous points semblables. Vous pouvez :

- masquer des données ;
- ajouter un champ de données ;

- ajouter un champ de filtre.

En revanche, il n'est pas possible d'avoir le détail des valeurs qui ont permis d'obtenir une valeur synthétisée. Pour cela, il faut revenir au tableau croisé dynamique associé au graphique. Ce tableau a été créé, en même temps que le graphique, sur la même feuille de calcul.

16.4. Cas pratique : réaliser une pyramide des âges

Dans ce cas pratique, vous allez mettre à profit les graphiques croisés dynamiques pour réaliser une pyramide des âges. Une pyramide des âges permet de représenter la répartition par tranche d'âge d'une population (personnel d'une entreprise, membres d'une association…) en faisant habituellement la distinction entre hommes et femmes.

Vous allez vous fonder sur une liste de données très simple, limitée au strict nécessaire : nom, sexe, âge.

	A	B	C
1	Nom	Sexe	Age
2	XXXXXX	H	24
3	XXXXXX	H	51
4	XXXXXX	H	23
5	XXXXXX	H	52
6	XXXXXX	H	62
7	XXXXXX	H	49
8	XXXXXX	H	52
9	XXXXXX	H	54
10	XXXXXX	H	25
11	XXXXXX	H	61
12	XXXXXX	H	40
13	XXXXXX	H	63
14	XXXXXX	H	20
15	XXXXXX	H	50
16	XXXXXX	H	53
17	XXXXXX	H	26
18	XXXXXX	H	34
19	XXXXXX	H	55
20	XXXXXX	H	52

Figure 16.37 :
La liste de données

Pour créer la pyramide des âges :

1 Sélectionnez une cellule de la liste.

2 Sous l'onglet **Insertion**, cliquez sur le bouton fléché qui se trouve sous le bouton **Insérer un tableau croisé dynamique** du groupe *Tableaux*. Sélectionnez **Graphique croisé dynamique**.

3 Dans la boîte de dialogue **Créer un tableau croisé dynamique avec un graphique croisé dynamique**, définissez l'emplacement des données à analyser, ainsi que l'emplacement du tableau croisé dynamique et du graphique.
4 Cliquez sur OK.

Vous pouvez construire le graphique croisé dynamique.

1 Déposez le champ *Age* dans la zone *Champs Axe*.
2 Déposez le champ *Sexe* dans la zone *Champs Légende*.
3 Déposez le champ *Nom* dans la zone de *Valeurs*.

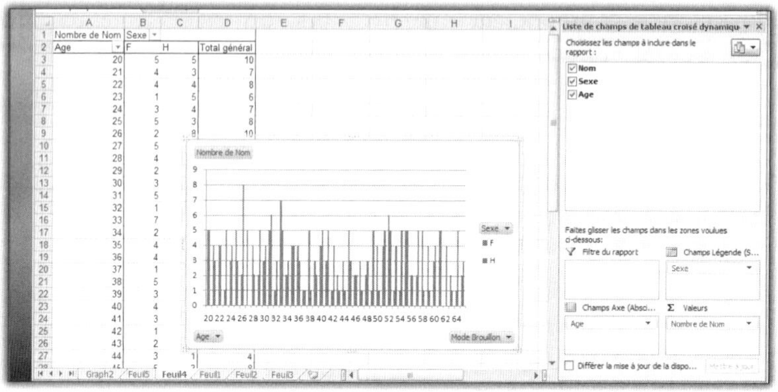

Figure 16.38 : *Le graphique croisé dynamique*

Par défaut, la fonction de synthèse `Nombre` a été attribuée au champ de données *Nom*. En effet, ce champ n'étant pas numérique, les autres fonctions (`Somme`, `Moyenne`...) ne sont pas pertinentes. Cela convient parfaitement puisque vous voulez compter les effectifs par tranche d'âge.

En revanche, le résultat n'est pas tout à fait satisfaisant dans la mesure où l'histogramme ainsi tracé présente un bâtonnet par âge, et non par tranche d'âge, comme c'est la règle pour une pyramide des âges. Il s'agit donc, à présent, de définir et de mettre en place les regroupements par tranche d'âge.

1 Dans le tableau croisé dynamique associé au graphique, sélectionnez une valeur du champ *Age*.
2 Cliquez sur le bouton **Groupe** de l'onglet contextuel **Options**, puis sélectionnez **Grouper les champs**.

3 La boîte de dialogue **Grouper** vous permet de spécifier des regroupements des valeurs du champ. L'amplitude du regroupement est définie par la zone *Par*. Vous pouvez également fixer la borne inférieure du regroupement grâce à la zone *Début*, et la borne supérieure grâce à la zone *Fin*. Par défaut, la zone *Début* contient la plus petite valeur prise par le champ, et la zone *Fin*, la plus élevée.

Figure 16.39 : *La boîte de dialogue Grouper*

4 Dans la zone *Par*, saisissez 5.

5 Validez par OK.

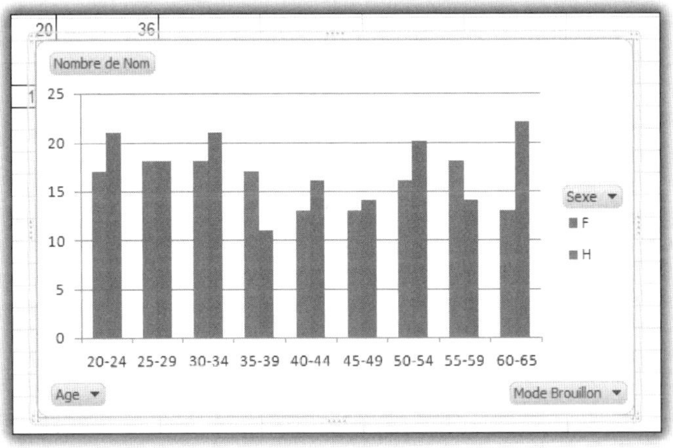

Figure 16.40 : *Le graphique croisé dynamique*

REMARQUE

Regroupement d'un champ de type date

Lorsque vous utilisez le regroupement sur un champ qui contient des dates, vous avez la possibilité de regrouper les dates par année, trimestre, mois, jour, etc.

Il reste à modifier le type de graphique.

1 Sélectionnez le graphique.
2 Sous l'onglet contextuel **Création**, cliquez sur le bouton **Modifier le type de graphique** du groupe *Type*.
3 Sélectionnez la catégorie **Barres** puis le type *Barres groupées*.

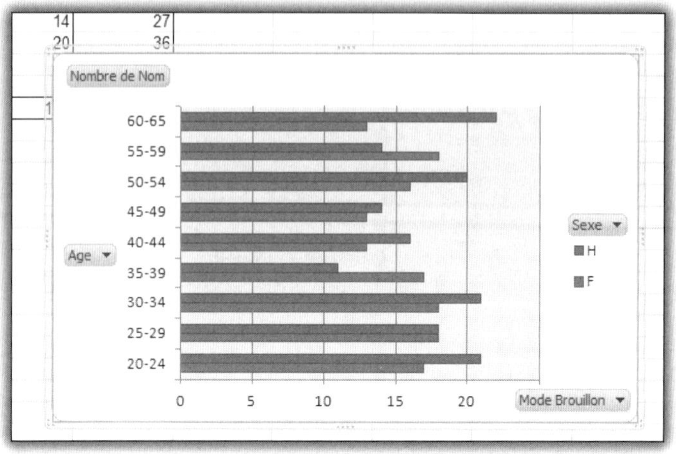

Figure 16.41 : *La pyramide des âges finalisée*

CHAPITRE 17

Exploiter les possibilités d'Internet et de la messagerie

Il est de plus en plus fréquent de travailler avec des collaborateurs basés sur les différents sites d'une même entreprise, parfois même avec des personnes d'autres entreprises (clients, sous-traitants...). Ce mode de fonctionnement, très utilisé lors de la conduite d'un projet, suppose la possibilité d'échanger des documents. Mais il peut être préférable de travailler en commun sur un même document, afin que chacun puisse apporter sa pierre à l'édifice. Les réseaux internes, les réseaux intranet ou Internet facilitent cette collaboration à distance et Excel dispose de fonctionnalités permettant d'exploiter ces nouvelles méthodes de travail.

Dans ce chapitre, nous évoquerons tout d'abord les fonctions liées au partage de fichiers, puis celles liées à la diffusion de documents par messagerie.

Puis nous aborderons les fonctionnalités d'Excel relatives à l'enregistrement au format HTML, destinées à produire des données accessibles depuis un site Internet, via un navigateur. L'avantage du format HTML est sa quasi-universalité : il permet de toucher un large public.

Nous verrons ensuite comment créer des liens hypertextes pour naviguer dans un classeur Excel et au-delà.

Pour terminer, un cas pratique vous donnera l'occasion de mettre en œuvre la publication de données sur Internet depuis un classeur Excel.

17.1. Partager un classeur

Partager un classeur consiste à mettre ce dernier à disposition sur un répertoire partagé, un réseau intranet ou Internet, de sorte que plusieurs utilisateurs puissent y accéder, parfois de façon simultanée. Chaque collaborateur est ainsi en mesure de travailler sur le classeur et de le modifier.

Activer le partage d'un classeur

1 Ouvrez le classeur à partager.
2 Sous l'onglet **Révision**, cliquez sur le bouton **Partager le classeur** du groupe *Modifications*.

3 Cochez la case *Permettre une modification multi-utilisateur* sous l'onglet **Modification**.

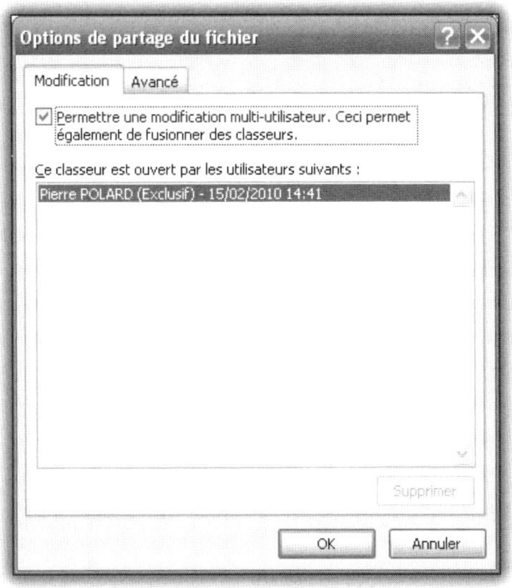

Figure 17.1 :
La boîte de dialogue Options de partage du fichier

L'onglet **Avancé** permet de régler la durée de conservation de l'historique des modifications, ainsi que la fréquence de prise en compte des modifications, lors de l'enregistrement du fichier ou selon une périodicité fixe à déterminer. Si vous choisissez la deuxième possibilité, vous donnerez éventuellement la priorité à vos modifications sur celles des autres. Vous pouvez enfin déterminer la procédure à retenir en cas de modifications contradictoires sur une même cellule.

4 Validez par OK.

Excel indique que le fichier doit être enregistré et demande confirmation de la poursuite de l'opération. Une fois l'opération terminée, le mot *Partagé* apparaît entre crochets dans la barre de titre, accolé au nom du classeur.

Figure 17.2 :
L'indicateur de partage

Le classeur est maintenant partagé et plusieurs utilisateurs peuvent y accéder afin d'y apporter des modifications. Pour obtenir la liste des personnes "connectées" au fichier, utilisez le bouton **Partager le classeur** de l'onglet **Révision**.

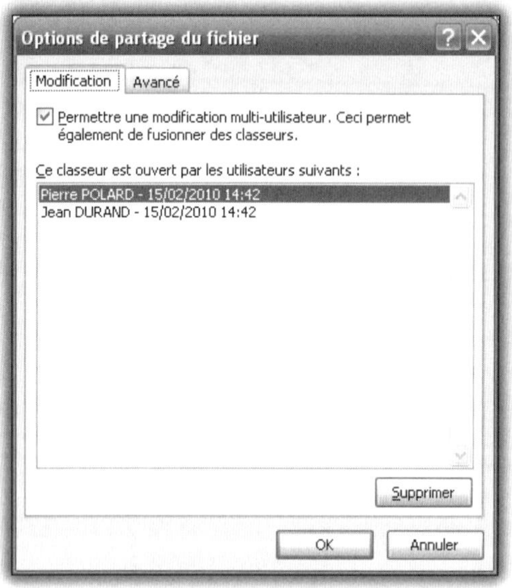

Figure 17.3 : *La liste des utilisateurs accédant au classeur*

REMARQUE

Restrictions liées au partage d'un classeur

Une fois le classeur partagé, vous ne pouvez plus fusionner des cellules, appliquer des mises en forme conditionnelles, créer des validations ou des plans, insérer des sous-totaux, créer des scénarios, insérer des graphiques, créer des liens hypertextes, attribuer des mots de passe, créer des tableaux croisés dynamiques, insérer des feuilles de calcul ou modifier les macros.

Suivre et réviser les modifications

Afin d'éviter les conflits ou les discussions pour connaître les auteurs de chaque modification, vous disposez d'une fonctionnalité très performante d'affichage et de gestion (révision) des modifications.

Afficher les modifications

Supposons qu'un certain nombre de modifications aient été apportées à un classeur partagé par des utilisateurs. Vous allez afficher ces modifications.

1 Sous l'onglet **Révision**, cliquez sur le bouton **Suivi des modifications** du groupe *Modifications*, puis sélectionnez **Afficher les modifications**.

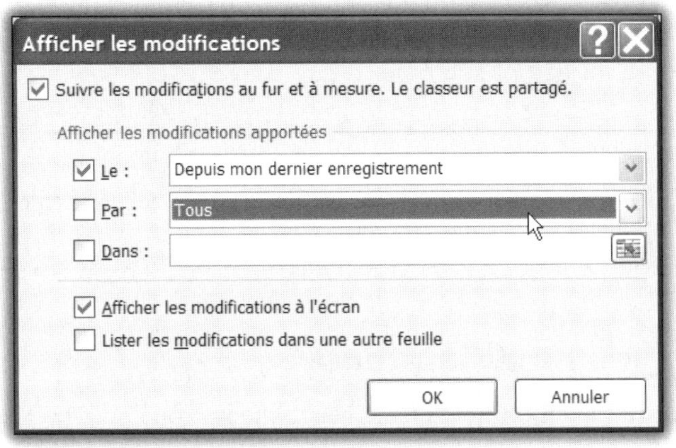

Figure 17.4 : *La boîte de dialogue Afficher les modifications*

2 La boîte de dialogue **Afficher les modifications** apparaît. La première case à cocher indique que le fichier est partagé. Si vous la désélectionnez, cela supprime le partage du fichier ainsi que l'historique des modifications.

3 Les autres options permettent de définir des critères sur l'auteur et la période des modifications. La zone *Dans* permet de spécifier une plage de cellules particulière. Si elle est vierge, cela signifie que vous vous intéressez à l'ensemble du classeur. La case à cocher *Afficher les modifications à l'écran* indique que les modifications seront mises en évidence sur les feuilles de calcul correspondantes. La case à cocher *Lister les modifications dans une autre feuille* conduit à la création automatique d'une feuille de calcul **Historique**, qui recense la liste des modifications. Sélectionnez cette option.

4 Validez par OK.

REMARQUE

Suivi des modifications

Les modifications relatives à la mise en forme ne sont pas répertoriées dans la feuille **Historique**.

Dans les feuilles de calcul, les cellules modifiées sont marquées par un petit triangle, situé dans l'angle supérieur gauche. Tous ces triangles ne sont pas de la même couleur, chaque utilisateur ayant la sienne. Si vous placez le curseur sur une telle cellule, un commentaire s'affiche, indiquant la personne qui a modifié ladite cellule, le moment où cette modification a eu lieu et son objet.

REMARQUE

Plusieurs modifications sur une cellule

Si plusieurs modifications ont été apportées à une cellule, seule la dernière est affichée sous cette forme.

Réviser les modifications

Maintenant que les modifications sont affichées, vous pouvez les passer en revue pour les accepter ou les refuser.

1 Sous l'onglet **Révision**, cliquez sur le bouton **Suivi des modifications** du groupe *Modifications*, puis sélectionnez **Accepter ou refuser les modifications**.
2 Les différentes options vous permettent de définir des critères sur le statut (*Pas encore révisé* par exemple) des modifications, leur auteur ou la plage de cellules concernée.
3 Validez par OK.

La première série de modifications non révisées apparaît.

Vous avez plusieurs possibilités :

- Sélectionnez la modification que vous souhaitez accepter et cliquez sur **Accepter**.
- Cliquez sur **Refuser** pour refuser la modification.
- Cliquez sur **Accepter tout** pour accepter toutes les modifications relatives au classeur (ou à la plage de cellules sélectionnée).
- Cliquez sur **Refuser tout** pour refuser toutes les modifications relatives au classeur (ou à la plage de cellules sélectionnée).
- Cliquez sur **Fermer** pour suspendre le processus de révision.

Protéger un classeur partagé

Protéger le contenu d'un classeur partagé

Une fois le classeur partagé, il n'est plus possible de définir une protection du contenu. En effet, les boutons **Protéger la feuille** et **Protéger le classeur** du groupe *Modifications* de l'onglet **Révision** sont désactivés.

Il faut donc se préoccuper de ces protections avant de partager un classeur.

Protéger l'historique des modifications

Il est possible de mettre en place une protection de l'historique des modifications via le bouton **Partager et protéger le classeur** du groupe *Modifications* de l'onglet **Révision**.

Cochez *Partage avec suivi des modifications* et spécifiez éventuellement un mot de passe. Ainsi, aucun utilisateur du fichier ne pourra (sans connaître le mot de passe) désactiver le suivi des modifications du classeur partagé.

Annuler le partage d'un classeur

Annuler le partage de façon globale

Pour désactiver le partage d'un classeur, utilisez le bouton **Partager le classeur** du groupe *Modifications* de l'onglet **Révision**. Si le partage du classeur n'est pas protégé, désélectionnez la case *Permettre une modification multi-utilisateur*.

L'historique des modifications est perdu. Les utilisateurs en cours de travail sur le fichier ne pourront pas sauvegarder leurs modifications (le fichier est en lecture seule).

Déconnecter un ou plusieurs utilisateurs

Pour déconnecter un ou plusieurs utilisateurs du classeur partagé, sans supprimer le partage du classeur :

1 Sous l'onglet **Révision**, cliquez sur le bouton **Partager le classeur** du groupe *Modifications*.
2 Dans la zone *Ce classeur est ouvert par les utilisateurs suivants*, sélectionnez le premier utilisateur à déconnecter.
3 Cliquez sur **Supprimer**.
4 Répétez l'opération pour les autres utilisateurs à déconnecter.

17.2. Envoyer un classeur par messagerie

Une autre possibilité de travail collaboratif avec Excel consiste à diffuser un classeur par messagerie. Pour exploiter ces fonctionnalités, il est nécessaire qu'un logiciel de messagerie (tel que Microsoft Outlook) soit présent sur votre ordinateur.

Pour envoyer un classeur :

1 Cliquez sur le menu **Fichier**, choisissez la commande **Partager**, puis **Envoyer en tant que pièce jointe**.

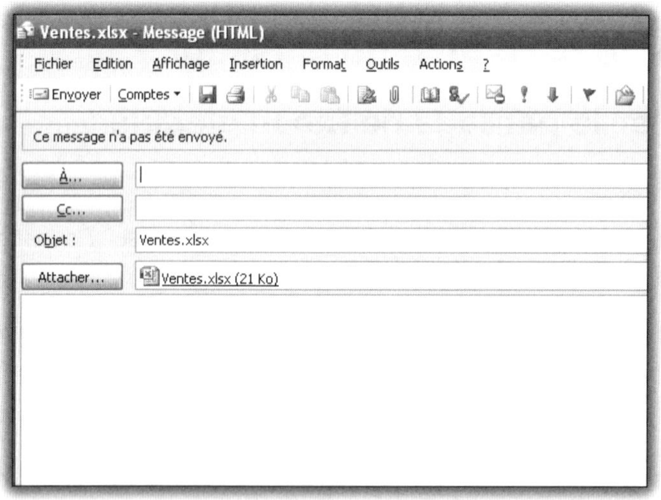

Figure 17.5 : *Le message électronique*

Un message électronique est automatiquement créé. Son objet reprend le nom du classeur intégré en tant que pièce jointe.

2 Vous pouvez indiquer les destinataires principaux (zone *À*) et les destinataires en copie (zone *Cc*). Au besoin, insérez d'autres pièces jointes, comme vous le feriez dans n'importe quel autre message.

3 Saisissez le corps du message et cliquez sur **Envoyer**.

Les autres possibilités d'envoyer un classeur

Avec la commande **Partager** du menu **Fichier**, vous avez également la possibilité d'envoyer une copie du fichier au format PDF ou XPS en cliquant sur **Envoyer en tant que PDF** ou **Envoyer en tant que XPS**.

Avec **Envoyer un lien**, vous envoyez uniquement un lien hypertexte vers le classeur aux destinataires du message. Cela permet à tout le monde de travailler sur le même fichier. Vous évitez ainsi de diffuser autant de copies que de destinataires. Pour cela, le classeur doit être stocké dans un emplacement partagé.

17.3. Enregistrer un classeur dans un espace partagé

À l'aide de la commande **Partager** du menu **Fichier**, vous avez la possibilité d'enregistrer vos classeurs dans des espaces partagés spécifiques grâce aux commandes suivantes :

- **Enregistrer dans SkyDrive** : SkyDrive fait partie de la suite de services en ligne Windows Live de Microsoft. Il permet, au moyen d'un navigateur web, de télécharger des fichiers sur un serveur réseau, de les récupérer sur son ordinateur au besoin, et de les partager avec des amis ou tous les internautes.
- **Enregistrer dans SharePoint** : SharePoint est une suite logicielle développée par Microsoft, destinée aux clients professionnels. Elle est dédiée à la gestion de contenu, à la gestion électronique de documents, à la création et à la gestion de forums, à la création de formulaires et au calcul de statistiques décisionnelles.
- **Publier dans Excel Services** : cette commande permet d'enregistrer le classeur sur un serveur SharePoint en autorisant sa modification directement dans le navigateur.

Enregistrer dans SkyDrive

SkyDrive est un espace de stockage en ligne gratuit. Il est nécessaire de créer un compte pour y accéder et disposer de 25 Go d'espace de stockage. Si vous disposez déjà d'un identifiant Windows Live, vous pouvez l'utiliser pour vous connecter via le site **http://skydrive.live.com/**.

Libre à vous ensuite de gérer vos dossiers et de télécharger des fichiers.

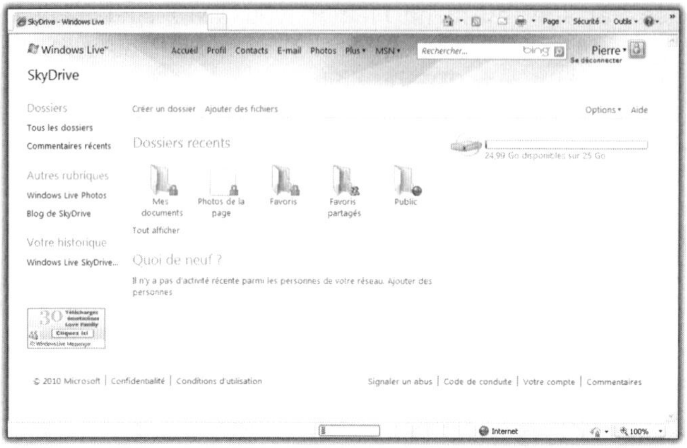

Figure 17.6 : *L'espace de stockage SkyDrive*

Pour enregistrer le classeur actif dans SkyDrive :

1 Cliquez sur le bouton **Enregistrer dans SkyDrive** de la commande **Partager** du menu **Fichier**.

2 Cliquez sur **Connexion**.

3 Saisissez ensuite votre identifiant Windows Live, ainsi que votre mot de passe. Cochez éventuellement la case *Ouvrir ma session automatiquement* pour éviter de ressaisir ces informations à chaque fois.

Vous accédez à votre environnement SkyDrive.

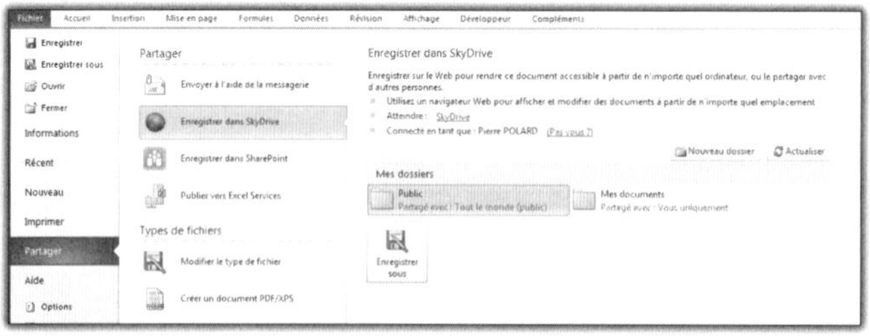

Figure 17.7 : *Accès à l'environnement SkyDrive dans Excel*

4 Sélectionnez un dossier et enregistrez votre classeur selon la procédure classique.

Pour accéder à ce classeur, connectez-vous à SkyDrive, puis recherchez le fichier dans l'arborescence. Vous avez alors deux possibilités :

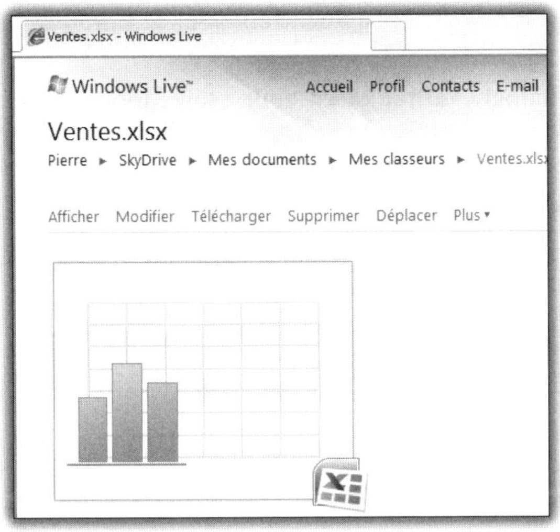

Figure 17.8 : *Accès au classeur dans SkyDrive*

- Cliquez sur **Modifier** pour le modifier directement dans le navigateur. Les fonctionnalités sont toutefois relativement limitées.

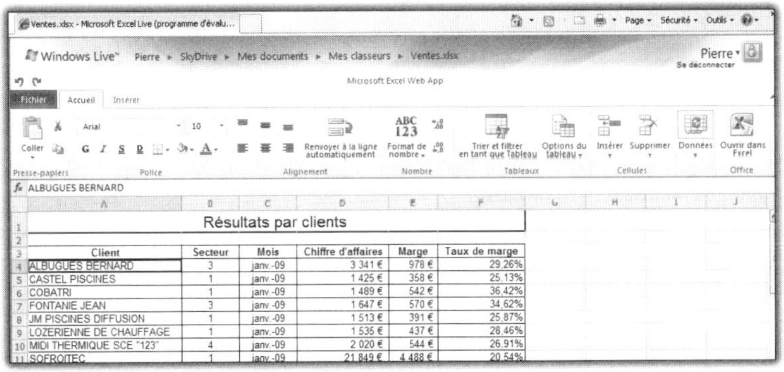

Figure 17.9 : *Modification dans le navigateur*

- Cliquez sur **Télécharger** pour l'ouvrir dans Excel sur votre ordinateur.

17.4. Enregistrer un classeur au format HTML

La première possibilité offerte pour diffuser des documents au format HTML est l'enregistrement sans interactivité.

1 Cliquez sur le menu **Fichier** et choisissez la commande **Enregistrer sous**.

2 Dans la boîte de dialogue **Enregistrer sous**, sélectionnez *Page Web* dans la zone *Type de fichier*, puis choisissez l'emplacement où enregistrer le document.

3 Sélectionnez *Classeur entier*.

4 Modifiez éventuellement le nom du fichier. Par défaut, il s'agit du nom du classeur avec l'extension *.htm*.

Figure 17.10 : *La boîte de dialogue Enregistrer sous*

5 Cliquez sur le bouton **Modifier le titre**. Dans la boîte de dialogue qui apparaît, saisissez le texte qui figurera dans la barre de titre du navigateur.

Figure 17.11 : *Définir le titre de la page*

6 Cliquez sur **Enregistrer**.

Vous pouvez visualiser le document créé à l'aide de votre navigateur Internet.

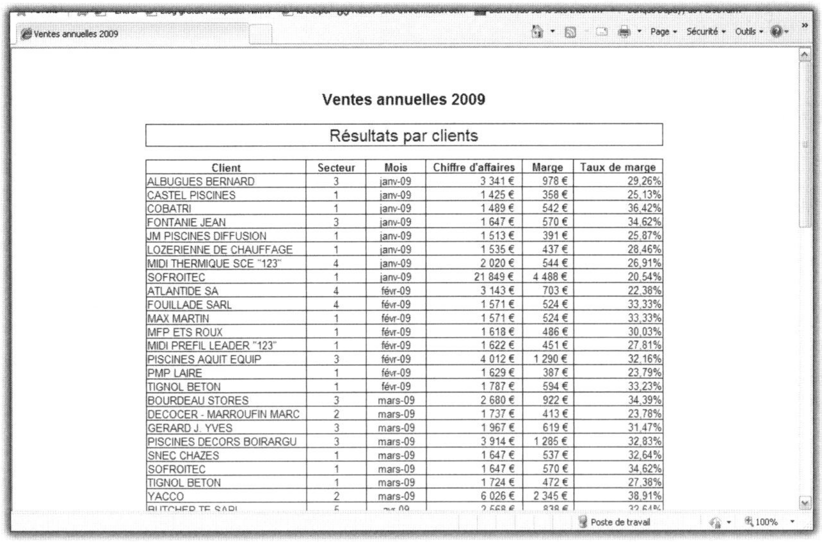

Ventes annuelles 2009

Résultats par clients

Client	Secteur	Mois	Chiffre d'affaires	Marge	Taux de marge
ALBUGUES BERNARD	3	janv-09	3 341 €	978 €	29,26%
CASTEL PISCINES	1	janv-09	1 425 €	358 €	25,13%
COBATRI	1	janv-09	1 489 €	542 €	36,42%
FONTANIE JEAN	3	janv-09	1 647 €	570 €	34,62%
JM PISCINES DIFFUSION	1	janv-09	1 513 €	391 €	25,87%
LOZERIENNE DE CHAUFFAGE	1	janv-09	1 535 €	437 €	28,46%
MIDI THERMIQUE SCE "123"	4	janv-09	2 020 €	544 €	26,91%
SOFROITEC	1	janv-09	21 849 €	4 488 €	20,54%
ATLANTIDE SA	4	févr-09	3 143 €	703 €	22,38%
FOUILLADE SARL	4	févr-09	1 571 €	524 €	33,33%
MAX MARTIN	1	févr-09	1 571 €	524 €	33,33%
MFP ETS ROUX	1	févr-09	1 618 €	486 €	30,03%
MIDI PREFIL LEADER "123"	1	févr-09	1 622 €	451 €	27,81%
PISCINES AQUIT EQUIP	3	févr-09	4 012 €	1 290 €	32,16%
PMP LAIRE	1	févr-09	1 629 €	387 €	23,79%
TIGNOL BETON	1	févr-09	1 787 €	594 €	33,23%
BOURDEAU STORES	3	mars-09	2 680 €	922 €	34,39%
DECOCER - MARROUFIN MARC	2	mars-09	1 737 €	413 €	23,78%
GERARD J. YVES	3	mars-09	1 967 €	619 €	31,47%
PISCINES DECORS BOIRARGU	3	mars-09	3 914 €	1 285 €	32,83%
SNEC CHAZES	1	mars-09	1 647 €	537 €	32,64%
SOFROITEC	1	mars-09	1 647 €	570 €	34,62%
TIGNOL BETON	1	mars-09	1 724 €	472 €	27,38%
YACCO	2	mars-09	6 026 €	2 345 €	38,91%

Figure 17.12 : *La page dans le navigateur*

> REMARQUE
>
> **Limitations inhérentes au format HTML**
>
> Certaines options de mise en forme, telles que les textes obliques dans les en-têtes de colonnes ou les cellules fusionnées, ne sont pas conservées lors de l'enregistrement au format HTML.

Enregistrer une feuille ou une sélection

Il est possible d'enregistrer uniquement la feuille active en sélectionnant l'option *Sélection : Feuille* dans la boîte de dialogue **Enregistrer sous** vue précédemment.

Si, de plus, avant d'enregistrer, vous sélectionnez une plage de cellules, l'option *Sélection* affiche la plage sélectionnée et vous permet de l'enregistrer.

17.5. Utiliser des liens hypertextes

Les liens hypertextes sont des outils largement répandus sur le Web. Ils permettent de naviguer entre les documents ou les sites Internet et peuvent également faciliter la navigation au sein d'un document volumineux.

Créer un lien hypertexte

Pour mettre en place un lien hypertexte :

1 Sélectionnez la cellule qui doit contenir le lien.

2 Sous l'onglet **Insertion**, cliquez sur le bouton **Lien hypertexte** du groupe *Liens*.

REMARQUE

Autres possibilités

Il existe deux autres façons de créer un lien hypertexte : cliquez du bouton droit et choisir **Lien hypertexte** dans le menu contextuel ou utilisez la combinaison de touches Ctrl+K.

3 Dans la boîte de dialogue **Insérer un lien hypertexte**, sélectionnez d'abord le type de lien à créer.

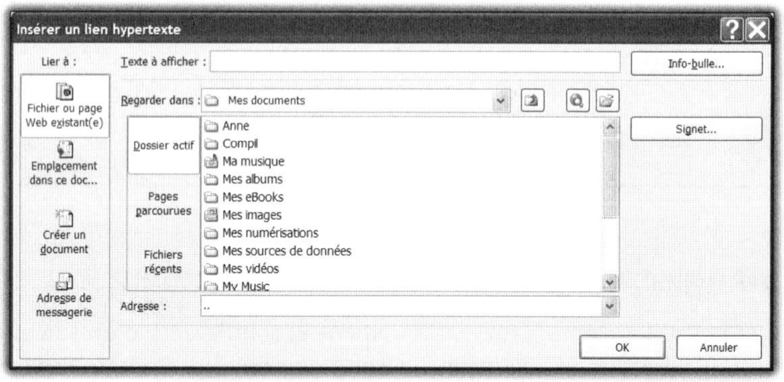

Figure 17.13 : *La boîte de dialogue Insérer un lien hypertexte*

– *Fichier ou page Web existant(e)* permet de créer un lien vers un fichier existant, en le recherchant dans l'arborescence des dossiers, ou vers un site web, en saisissant son adresse dans la zone *Adresse*. Le bouton **Signet** permet d'accéder aux éventuels signets du document pour faire en sorte que le lien soit "dirigé" vers l'un d'entre eux.

- *Emplacement dans ce document* permet de choisir la feuille de calcul cible (dans le classeur en cours) du lien hypertexte dans la liste *Référence de cellule*. Puis saisissez la référence de la cellule dans la zone *Entrez la référence de la cellule*. Vous pouvez également cliquer sur le nom représentant les cellules cibles dans la liste *Noms définis*.
- *Créer un nouveau document* permet de créer un lien vers un nouveau document avec un nom spécifié et d'ouvrir ce nouveau document en modification (selon la valeur prise par l'option *Quand modifier*).
- *Adresse de messagerie* permet de créer un nouveau message vers une adresse de messagerie.

4 Dans la zone *Texte à afficher* apparaît le contenu de la cellule, qu'il est possible de modifier.

5 Cliquez sur **Info-bulle** et saisissez un texte qui s'affichera lorsque le pointeur de la souris survolera la cellule.

6 Validez par OK.

Le lien apparaît en bleu et souligné. Pour "suivre" le lien, cliquez et maintenez le bouton de la souris enfoncé. Lorsque le pointeur se transforme en main, relâchez le bouton de la souris. Pour sélectionner uniquement la cellule qui contient le lien, cliquez sur cette dernière.

Figure 17.14 : *Un lien hypertexte vers une adresse de messagerie*

Modifier un lien hypertexte

Cliquez du bouton droit sur le lien hypertexte, puis sélectionnez la commande **Modifier le lien hypertexte** dans le menu contextuel.

Cela a pour effet d'afficher la boîte de dialogue **Modifier un lien hypertexte**, qui permet de modifier les paramètres du lien.

Supprimer un lien hypertexte

Cliquez du bouton droit sur le lien hypertexte, puis sélectionnez la commande **Supprimer le lien hypertexte** dans le menu contextuel.

Vous pouvez aussi utiliser la touche Suppr. Dans ce cas, le contenu de la cellule disparaîtra également.

Modifier la mise en forme des liens hypertextes

Pour modifier la mise en forme par défaut des liens hypertextes, utilisez le bouton **Styles de cellules** du groupe *Style* de l'onglet **Accueil**. Dans la galerie des styles prédéfinis, cliquez du bouton droit sur *Lien hypertexte* ou *Lien hypertexte visité* et sélectionnez la commande **Modifier**.

17.6. Cas pratique : publier un planning sur Internet

Dans ce cas pratique, vous allez publier un classeur Excel, en l'occurrence le planning d'une équipe travaillant sur plusieurs projets. Un tel document est susceptible d'évoluer, en fonction de l'avancement des divers projets. Pour assurer la cohérence entre le document initial et le document mis à disposition sur le réseau, il est préférable d'utiliser la fonction de publication d'Excel, au lieu de l'enregistrement au format HTML vu précédemment dans ce chapitre.

Pour publier le planning :

1. Cliquez sur le menu **Fichier** et choisissez la commande **Enregistrer sous**.
2. Dans la boîte de dialogue **Enregistrer sous**, sélectionnez *Page Web* dans la zone *Type de fichier*, puis choisissez l'emplacement où enregistrer le document (site web ou réseau intranet, par exemple).
3. Saisissez le nom de fichier `Planning_Equipe.htm`.

4 Cliquez sur le bouton **Modifier le titre**. Dans la boîte de dialogue qui apparaît, saisissez le texte qui figurera dans la barre de titre du navigateur, ici `Planning Equipe Projet`.

5 Cliquez sur **Publier**.

Dans la zone *Éléments à publier*, vous pouvez sélectionner l'intégralité du classeur ou chacune des feuilles.

6 Sélectionnez *Éléments sur Feuil1*, ce qui correspond à la feuille **Feuil1** du classeur (celle qui contient le planning). Sélectionnez *Feuille* dans la liste.

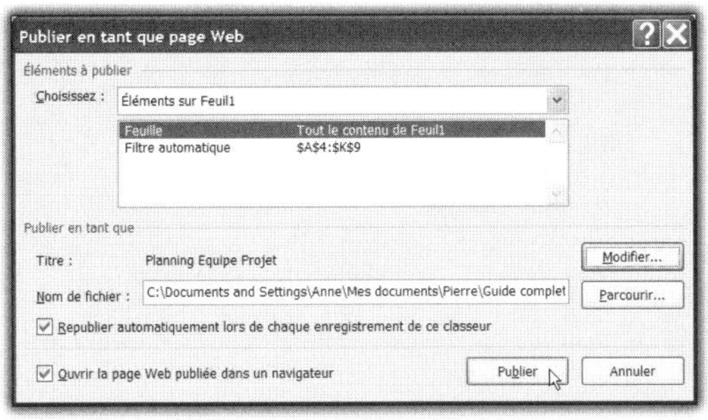

Figure 17.15 : *La liste des éléments de la feuille Feuil1*

7 Modifiez éventuellement le titre de la page en cliquant sur **Modifier**.

8 Modifiez le nom et l'emplacement de stockage du document dans la zone *Nom de fichier*.

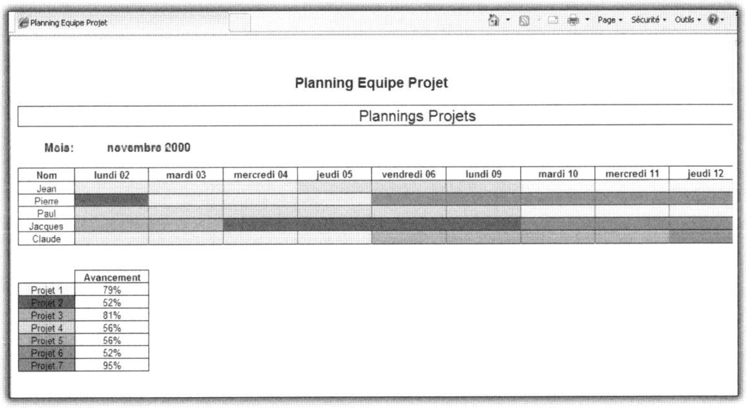

Figure 17.16 : *Le planning publié*

9 Sélectionnez *Republier automatiquement à chaque enregistrement de ce classeur* afin que le document HTML soit mis à jour à chaque enregistrement du classeur.

10 Sélectionnez *Ouvrir la page publiée dans un navigateur* pour voir immédiatement le résultat de votre publication.

11 Cliquez sur **Publier**.

Le classeur et les données publiées sont deux entités distinctes. Le classeur reste au format *.xlsx*, mais dorénavant, chaque fois que vous enregistrerez le classeur, les données publiées seront remises à jour (puisque vous avez coché *Republier automatiquement à chaque enregistrement de ce classeur*).

CHAPITRE 18

Automatiser les traitements avec les macros et VBA

Lors de vos séances de travail avec Excel, il vous arrivera certainement d'effectuer des manipulations répétitives. Excel peut vous simplifier la vie car il est capable de les prendre en charge, de façon autonome. Il peut en effet stocker des macro-commandes (familièrement appelées "macros") et les exécuter à la demande.

Une macro est un ensemble d'instructions qui s'enchaînent pour réaliser une tâche déterminée. Elles sont formulées dans un langage de programmation évolué : Visual Basic pour Applications (VBA). VBA est exploité par les applications bureautiques de Microsoft. Si vous n'êtes pas amateur de programmation, rassurez-vous ! Il est en effet possible de créer des macros sans connaître un mot de VBA. Comment ? En demandant à Excel de vous "filmer" lorsque vous effectuez des manipulations. Excel les traduira en VBA et stockera leur déroulement dans une macro, que vous pourrez par la suite exécuter. Elle reproduira fidèlement vos manipulations.

Mais les possibilités de VBA vont bien au-delà. Il permet non seulement d'automatiser des tâches répétitives mais également de concevoir de véritables applications "professionnelles" à partir d'Excel. Bien entendu, nous ne pourrons pas aller aussi loin dans le cadre de cet ouvrage. En revanche, nous passerons en revue quelques points clés que vous pourrez ensuite mettre à profit pour développer vos propres applications.

18.1. Enregistrer une macro

La façon la plus simple et la plus rapide de créer une macro avec Excel consiste à utiliser l'Enregistreur de macros. Le principe est simple : après avoir activé cet Enregistreur, il suffit de réaliser les différentes manipulations avec Excel (mise en forme, tri...). L'Enregistreur "traduit" alors ces opérations en code VBA dans une macro. Bien entendu, cette façon de procéder ne permet de créer que des macros "linéaires", sans boucle ni test logique. Une des utilisations principales de ce type de macro est la mise en forme de documents "bruts". Il faut, bien sûr, que le document sur lequel vous appliquerez la macro préalablement enregistrée soit de structure strictement identique à celui qui a servi à enregistrer la macro.

Pour lancer l'enregistrement d'une macro :

1  Dans la barre d'état, cliquez sur le bouton d'enregistrement de macro.

2 Dans la boîte de dialogue **Enregistrer une macro**, saisissez le nom de la macro dans la zone *Nom de la macro*. Par défaut, Excel propose des noms du type *Macro1*.

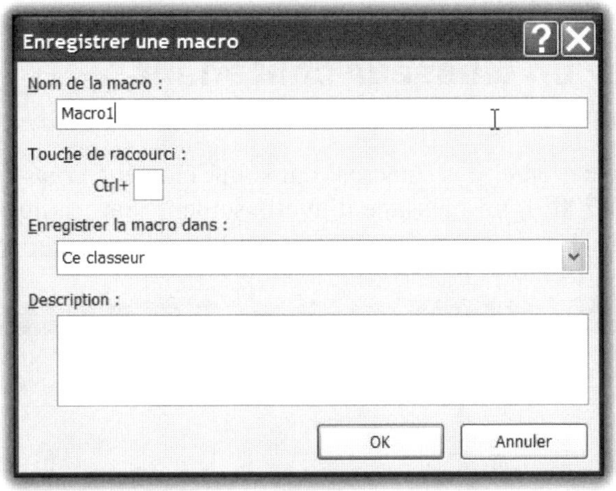

Figure 18.1 : *La boîte de dialogue Enregistrer un macro*

Un nom de macro peut contenir des lettres et des chiffres, mais le premier caractère doit être une lettre. Si le nom est composé de plusieurs mots, ces derniers doivent être séparés par le caractère de soulignement (pas d'espace).

3 Attribuez un raccourci clavier à la macro en saisissant un caractère dans la zone *Touche de raccourci*.

4 La zone *Enregistrer la macro dans* permet de définir l'endroit où sera stockée la macro. Vous avez plusieurs choix possibles :

- *Classeur de macros personnelles* enregistre la macro dans le classeur *PERSONAL.XLSB*, masqué par défaut. Ce classeur est créé automatiquement dans le répertoire *XLStart*, qui contient tous les fichiers ouverts au lancement d'Excel. Cela permet ainsi de créer des macros utilisables dans tous les classeurs.
- *Nouveau classeur* crée un nouveau classeur et y enregistre la macro.
- *Ce classeur* enregistre la macro dans le classeur en cours.

5 Vous pouvez saisir des commentaires dans la zone *Description*.

6 Validez par OK.

7  Effectuez "normalement" vos différentes manipulations dans Excel. Une fois que vous avez terminé, cliquez sur le bouton **Arrêter l'enregistrement** de la barre d'état. Toutes les opérations effectuées entre le moment où vous cliquez sur le bouton OK de la boîte de dialogue **Enregistrer une macro** et celui où vous cliquez sur ce bouton viendront s'ajouter à la macro.

Enregistrer un classeur contenant des macros

Lorsque vous avez créé des macros dans un classeur *.xlsx* (format standard d'Excel 2007), un message d'avertissement vous indique qu'il n'est pas possible d'enregistrer les macros dans un classeur en *.xlsx*.

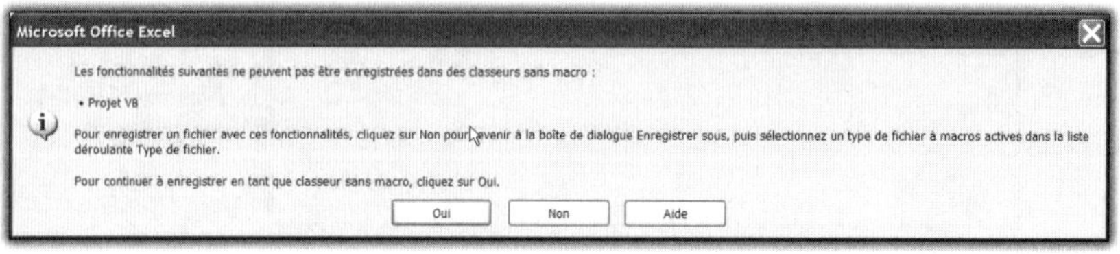

Figure 18.2 : *Le message d'avertissement*

Si vous cliquez sur **Oui**, vos macros enregistrées seront détruites. Pour conserver vos macros, cliquez sur **Non** et enregistrez votre classeur au format *.xlsm* qui, lui, gère les macros.

18.2. Affecter une macro à un bouton

Lors de l'enregistrement, il est possible d'attribuer un raccourci clavier à une macro afin de lancer son exécution. Mais il y a plus pratique : associer une macro à un bouton et ajouter ce dernier au Ruban (dans un groupe personnalisé) ou à la barre d'outils *Accès rapide*.

RENVOI *Pour plus de détails sur la création de groupes et d'onglets personnalisés, référez-vous au chapitre* ***Personnaliser Excel.***

1 Cliquez sur le menu **Fichier** puis sur **Options**. Sélectionnez la catégorie *Personnaliser le Ruban* ou *Barre d'outils Accès rapide*.
2 Sélectionnez *Macros* dans la liste de choix des commandes.
3 Sélectionnez la macro à ajouter au Ruban ou à la barre d'outils *Accès rapide*, et cliquez sur **Ajouter**.

4 Sélectionnez la macro dans la zone de droite et cliquez sur **Modifier**. Sélectionnez une nouvelle icône pour le bouton de la macro.

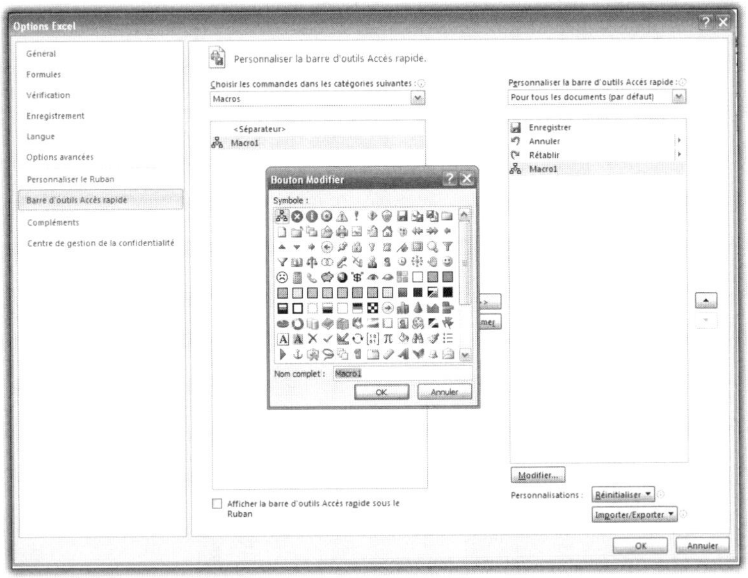

Figure 18.3 : *La boîte de dialogue Options Excel*

5 Validez par OK.

Le nouveau bouton est opérationnel.

ATTENTION

Affectation de macros à des boutons

Lorsque vous ajoutez un bouton à la barre d'outils, il y demeure jusqu'à ce que vous le supprimiez. Lorsque vous affectez à un bouton une macro d'un classeur autre que *PERSONAL.XLSB* et que le classeur contenant la macro n'est pas ouvert au moment du clic sur ledit bouton, Excel tente de le charger. S'il y parvient, il exécute la macro. Dans le cas contraire, un message d'erreur s'affiche.

Lors de la personnalisation de la barre d'outils *Accès rapide*, vous avez la possibilité d'indiquer qu'elle ne doit s'appliquer qu'au classeur en cours. Le bouton d'accès à la macro sera donc présent uniquement dans ce classeur, ce qui limite les risques d'erreur.

18.3. Afficher l'onglet Développeur

Pour bénéficier pleinement des possibilités de VBA dans Excel 2010, vous devez afficher dans le Ruban un onglet supplémentaire : **Développeur**.

1 Cliquez sur le menu **Fichier** puis sur **Options**. Sélectionnez la catégorie **Personnaliser le Ruban**.

2 Cochez la case en regard de *Développeur* dans la liste des onglets à afficher.

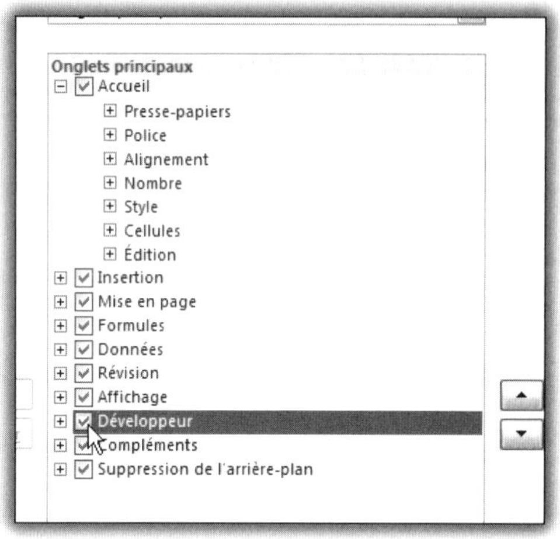

Figure 18.4 : *Sélection de l'onglet Développeur*

3 Cliquez sur OK.

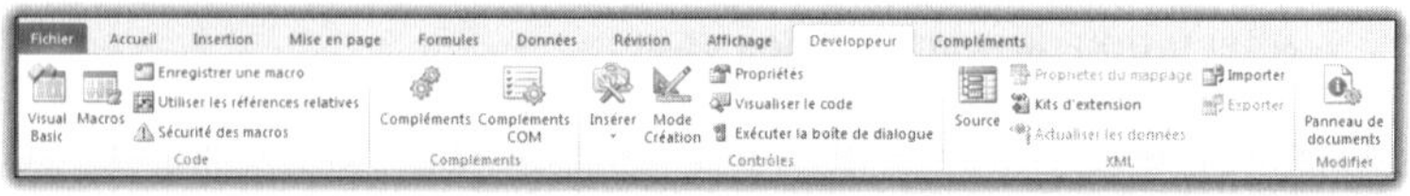

Figure 18.5 : *L'onglet Développeur*

L'onglet **Développeur** est composé des groupes suivants :

- *Code* permet d'accéder à l'éditeur VBA, à l'enregistrement et au lancement des macros.
- *Compléments* permet d'accéder à la gestion des modules complémentaires.
- *Contrôles* permet de créer et de modifier des contrôles actifs (boutons, listes de choix…).
- *XML* permet d'accéder aux fonctionnalités liées à XML.

18.4. Gérer les niveaux de sécurité

Quand vous recevez des classeurs Excel dont vous ne connaissez pas l'émetteur et qui contiennent des macros, soyez prudent. Ne les ouvrez pas précipitamment. En effet, une macro est un programme, susceptible d'abriter un virus créé par un utilisateur malveillant. Elle peut s'exécuter automatiquement à l'ouverture d'un classeur. Il est parfois trop tard pour réagir. Excel est capable de vous prévenir lorsqu'un classeur contient une macro.

Pour cela, vous devez spécifier un niveau de sécurité.

1 Sous l'onglet **Développeur**, cliquez sur le bouton **Sécurité des macros** du groupe *Code*.

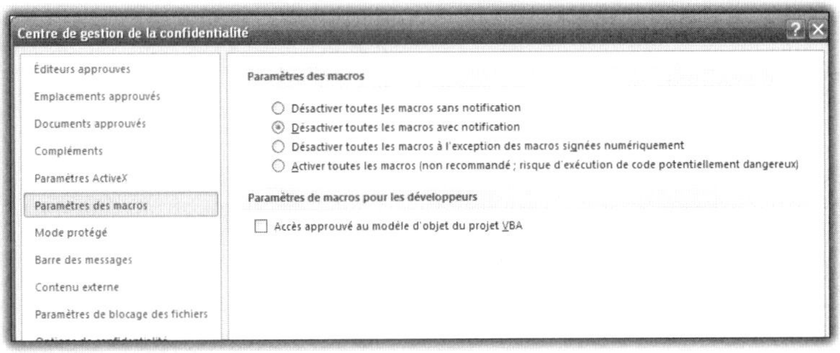

Figure 18.6 : *La boîte de dialogue Centre de gestion de la confidentialité*

2 Dans la rubrique *Paramètres des macros*, choisissez parmi quatre niveaux de sécurité :

- *Désactiver toutes les macros sans notification* assure un niveau de sécurité maximal, puisque les macros sont tout simplement ignorées.
- *Désactiver toutes les macros avec notification* affiche un message pour vous informer que le classeur contient des macros, mais elles ne seront pas exécutées.
- *Désactiver toutes les macros à l'exception des macros signées numériquement* exécute des macros qui ont été signées par des sources fiables (définies dans la catégorie **Éditeurs approuvés**). Si les macros sont signées par une source inconnue, une boîte de dialogue s'affiche avec des informations sur le certificat. Vous pouvez alors décider de

l'ajouter ou non aux sources fiables. Dans tous les autres cas, les macros sont désactivées.

– *Activer toutes les macros* exécute toutes les macros, sans avertissement.

Pour signer les macros d'un classeur :

1 Ouvrez le classeur contenant les macros à signer.
2 Sous l'onglet **Développeur**, cliquez sur le bouton **Visual Basic** du groupe *Code*.
3 Sélectionnez le menu **Outils** puis **Signature électronique**.
4 Cliquez sur **Choisir** et sélectionnez le certificat.
5 Validez par OK.

DEFINITION

Certificat

Un certificat est un "label" d'intégrité obtenu auprès d'un organisme indépendant tel que Verisign, appelé "autorité de certification commerciale". Il permet de signer numériquement un document. Le certificat utilisé confirme que la macro ou le document proviennent du signataire ; la signature confirme que la macro ou le document n'ont pas été modifiés.

18.5. Les notions de base de la programmation en VBA

Nous allons passer rapidement en revue les notions de base liées à la programmation en VBA.

Les objets

Les objets constituent le cœur de la programmation sous VBA. Il convient donc de maîtriser leur manipulation.

Définition

VBA est un langage orienté objet. Pour VBA, un classeur, une feuille de calcul, une cellule, un bouton ou un graphique, par exemple, sont des objets. Il existe une hiérarchie entre les objets. En effet, un objet "classeur" est composé d'objets "feuilles de calcul", eux-mêmes composés d'objets "cellules".

VBA peut ainsi identifier précisément chaque objet et lui appliquer des traitements.

On parle de collection d'objets pour identifier plusieurs objets du même type (l'ensemble des classeurs ouverts par exemple ou l'ensemble des feuilles de calcul d'un classeur).

Les propriétés

Un être humain est défini par son poids, sa taille, la couleur de ses cheveux, de ses yeux, etc. VBA considérerait ces caractéristiques comme les propriétés de l'objet "homme". Il s'agit en fait des caractéristiques définissant l'apparence et la position de l'objet. Une feuille de calcul possède, par exemple, une propriété qui définit son nom. Une cellule possède des propriétés permettant de définir son contenu, la couleur du fond, la police, la hauteur, etc.

La syntaxe est `objet.propriété`.

Tableau 18.1 : *Quelques exemples de propriétés*

Exemple	Signification
`ActiveWorkbook.ActiveSheet`	Nom de la feuille active du classeur actif
`Worksheets(1).Name`	Nom de la première feuille du classeur actif
`Range("C17").Value`	Valeur de la cellule *C17*

Les méthodes

Un être humain peut marcher, courir, manger, dormir, etc. Pour VBA, ces facultés seraient les méthodes de l'objet "homme". Il s'agit de l'ensemble des actions pouvant s'appliquer à l'objet. Ainsi, une feuille de calcul dispose d'une méthode qui calcule les formules qu'elle contient.

La syntaxe est `objet.méthode`.

Tableau 18.2 : *Quelques exemples de méthodes*

Exemple	Signification
`Workbooks.Close`	Ferme tous les classeurs actifs.
`Worksheets(1).Calculate`	Calcule les formules de la première feuille du classeur actif.
`Range("C17").ClearContents`	Efface le contenu de la cellule *C17*.

Les procédures

Une procédure est un ensemble d'instructions réunies en une seule unité.

Il existe deux types de procédures :

- les routines ;
- les fonctions.

Les routines

Une routine est une procédure conçue dans le but de réaliser une tâche spécifique. Lorsque vous enregistrez une macro, une routine est automatiquement créée par l'Enregistreur de macros.

Une routine respecte la syntaxe suivante :

```
Sub Nom_Routine (Arguments)
Instruction
Instruction
...
End Sub
```

Les arguments sont des paramètres éventuellement transmis à la routine pour qu'elle puisse les traiter. Une routine débute par l'instruction `Sub`, suivie du nom de la routine.

REMARQUE

Règles d'appellation des routines

Le nom d'une routine peut comprendre des lettres et des chiffres, mais le premier caractère doit être une lettre. Si le nom est composé de plusieurs mots, ces derniers doivent être séparés par le caractère de soulignement (pas d'espace ni de point).

La routine se termine par l'instruction `End Sub`, mais il est possible de prévoir une sortie anticipée, dans certaines situations, grâce à l'instruction `Exit Sub`.

Vous pouvez appeler une routine à partir d'une autre routine grâce à l'instruction `Call`, suivie du nom de la routine appelée.

Une routine est publique lorsqu'elle peut être appelée depuis d'autres modules de code. Une routine privée est, quant à elle, uniquement accessible depuis son propre module. Pour créer une routine publique, utilisez `Public Sub`. Pour créer une routine privée, utilisez l'instruction `Private Sub`. Seules les routines publiques apparaissent dans la boîte de dialogue **Macro**.

Les fonctions

Les fonctions sont également constituées d'un ensemble d'instructions. Mais à la différence des routines, elles renvoient un résultat obtenu grâce à un calcul.

Une fonction respecte la syntaxe suivante :

```
Function Nom_Fonction (Arguments)
Instruction
Instruction
...
Nom_Fonction=Expression
End Function
```

Les arguments sont des paramètres éventuellement transmis à la fonction pour qu'elle puisse les traiter. Une fonction débute par l'instruction `Function`, suivie du nom de la fonction.

La fonction se termine par l'instruction `End Function` mais il est possible de prévoir une sortie anticipée, dans certaines situations, grâce à l'instruction `Exit Function`.

Il est impératif que la dernière ligne de la fonction renvoie le résultat du calcul. Voici par exemple une fonction simplifiée de conversion des francs en euros :

```
Function Conv_Euro (Montant)
   Conv_Euro=Montant/6.55957
End Function
```

Comme pour les routines, il existe des fonctions publiques (`Public Function`) et privées (`Private Function`).

Les variables

Les variables sont utilisées dans les routines et les fonctions pour stocker des données. Elles peuvent être de plusieurs types :

- objets ;
- numériques ;
- chaînes de caractères ;
- booléennes (`True` ou `False`) ;
- dates.

Objets

Une telle variable peut contenir une cellule, une feuille de calcul, etc.

Numériques

Il existe plusieurs types de variables numériques. Elles dépendent de la précision et de l'étendue de la plage de valeurs :

- `Byte` : 0 à 255.
- `Integer` : -32 768 à 32 767.
- `Long` : -2 147 483 648 à 2 147 483 647.
- `Single` : -3,402823E38 à -,401298E-45 pour les valeurs négatives, et 1,401298E-45 à 3,402823E38 pour les valeurs positives.
- `Double` : -1,79769313486231E308 à -4,94065645841247E-324 pour les valeurs négatives, et 4,94065645841247E-324 à 1,79769313486232E308 pour les valeurs positives.
- `Currency` : 922 337 203 685 477,5808 à 922 337 203 685 477,5807. Ce type de données est utilisé dans les calculs monétaires ou dans les calculs à virgule fixe pour lesquels une grande précision est requise.
- `Decimal` : pour les nombres qui n'ont pas de décimales, la plage de valeurs est +/-79 228 162 514 264 337 593 543 950 335. Pour les nombres à 28 décimales, la plage est +/-7,9228162514264337593543950335.

Le séparateur décimal est systématiquement le point.

Chaînes de caractères

Il existe deux types de chaînes de caractères :

- les chaînes de caractères à longueur fixe, qui peuvent contenir jusqu'à 65 400 caractères ;
- les chaînes de caractères à longueur variable, qui peuvent contenir jusqu'à 2 milliards de caractères.

Booléennes

Elles peuvent prendre seulement deux valeurs :

- `True` : vrai ;
- `False` : faux.

Dates

VBA accepte les dates jusqu'au 31 décembre 9999.

Déclarer les variables

Il est préférable de déclarer les variables au début d'une procédure. La déclaration consiste à donner le nom de la variable et à spécifier le type de données qu'elle peut recevoir. Cela permet de visualiser rapidement les données utilisées par votre procédure et évite d'éventuelles erreurs. En effet, si vous déclarez une variable comme numérique, vous ne pourrez y affecter du texte.

L'instruction utilisée est `Dim`. Sa syntaxe est la suivante :

```
Dim Nom_Variable As Type_de_Donnée
```

Dans la syntaxe, `Type_de_Donnée` peut prendre les valeurs suivantes :

- `Object` ;
- `Byte` ;
- `Integer` ;
- `Long` ;

- `Single` ;
- `Double` ;
- `Currency` ;
- `String` : chaîne de caractères de longueur variable ;
- `String * Nb_Caractères` : chaîne de caractères de longueur égale à `Nb_Caractères` ;
- `Boolean` ;
- `Date` ;
- `Variant`.

Le dernier type de variable peut contenir tout type de valeur (numérique, caractère…). Utilisez-le lorsque vous ne connaissez pas le type des données susceptibles d'être affectées à une variable. Lorsque vous ne déclarez pas vos variables, VBA les considère automatiquement comme des `Variant`. Ce type est gourmand en mémoire car il prévoit de l'espace pour accepter des valeurs de tout type.

REMARQUE

Affectation de valeurs aux variables

Exemple d'affectation d'une valeur numérique à une variable :

```
Variable_Num=10
```

Exemple d'affectation d'une chaîne de caractères à une variable :

```
Variable_Chaine="Texte"
```

Exemple d'affectation d'une date à une variable :

```
Variable_Date=#16/10/71#
```

Exemple d'affectation d'une valeur booléenne à une variable :

```
Variable_Booleen=True
```

Dans certaines situations, il est nécessaire de stocker une liste de valeurs (des noms par exemple). Le nom de la variable est unique, mais chaque valeur est repérée par un numéro.

Par exemple :

```
Dim Noms(10) As String
Nom(0)="Pierre"
Nom(1)="Paul"
Nom(2)="Jacques"
…
```

La numérotation débute par l'indice 0. Ainsi dans l'exemple précédent, il est possible de stocker onze noms dans la liste.

Il est également possible de déclarer un tableau à plusieurs dimensions. Par exemple :

```
Dim Chiffre_Affaires(5,4) As Long
```

Le tableau `Chiffre_Affaires` peut contenir 6 × 5 = 30 valeurs. Par exemple, la première dimension peut correspondre aux commerciaux (6 commerciaux) et la deuxième aux produits (5 produits). `Chiffre_Affaires(1,3)` correspond au chiffre d'affaires du commercial 1 pour le produit 3.

La portée et la durée de vie des variables

La portée d'une variable est l'"espace", c'est-à-dire l'ensemble des procédures, dans lesquelles elle est accessible. Lorsqu'une variable est déclarée à l'intérieur d'une procédure, elle est uniquement accessible dans cette procédure. Une telle variable est dite "privée". Pour qu'une variable soit accessible dans toutes les procédures d'un module, il faut la déclarer dans la section `Declarations` du module. Pour qu'une variable soit accessible dans tous les modules, il faut la déclarer dans la section `Declarations` du module à l'aide de `Public` (au lieu de `Dim`).

Une variable privée conserve sa valeur durant l'exécution de la procédure dans laquelle elle a été déclarée. Pour qu'elle conserve sa valeur après la fin de la procédure, il faut la déclarer avec l'instruction `Static` (au lieu de `Dim`).

Les instructions fondamentales de VBA

Nous allons maintenant décrire quelques instructions de base de VBA. Évidemment, cette liste n'est pas exhaustive. Elle constitue simplement une boîte à outils pour les débutants.

Call

Exécute une routine.

Syntaxe :	Call routine
routine	Nom de la routine à exécuter.

If... Then... Else... End If

Permet d'exécuter conditionnellement des instructions en fonction du résultat d'une expression. Si l'expression est vraie, les instructions situées après le mot-clé `Then` sont exécutées. Il est possible d'imbriquer plusieurs niveaux de tests.

Syntaxe :

```
If expression Then
   Instruction
   Instruction
…
Else
   Instruction
   Instruction
…
End If
```

Select Case... End Select

Exécute un des blocs d'instructions indiqués, selon la valeur d'une expression.

Syntaxe :

```
Select Case expression
Case valeur1
   Instruction
   Instruction
…
Case valeur2
   Instruction
   Instruction
…
Case Else
   Instruction
  Instruction
…
End Select
```

Do... Loop

Répète un bloc d'instructions aussi longtemps qu'une condition est vraie (`True`) ou jusqu'à ce qu'une condition devienne vraie (`True`).

Syntaxe 1 :

```
Do While condition
   Instruction
   Instruction
...
Loop
```

Les instructions sont exécutées tant que la condition est vraie. Si la condition n'est pas réalisée avant l'entrée dans la boucle, les instructions ne sont pas modifiées.

Syntaxe 2 :

```
Do Until condition
   Instruction
   Instruction
...
Loop
```

Les instructions sont exécutées jusqu'à ce que la condition devienne vraie. Si la condition est réalisée avant l'entrée dans la boucle, les instructions ne sont pas modifiées.

Syntaxe 3 :

```
Do
   Instruction
   Instruction
...
Loop While condition
```

Les instructions sont exécutées tant que la condition est vraie. Même si la condition n'est pas réalisée avant l'entrée dans la boucle, les instructions sont exécutées au moins une fois puisque le test est en fin de boucle.

Syntaxe 4 :

```
Do
   Instruction
   Instruction
...
Loop Until condition
```

Les instructions sont exécutées jusqu'à ce que la condition devienne vraie. Même si la condition est réalisée avant l'entrée dans la boucle, les instructions sont exécutées au moins une fois puisque le test est en fin de boucle.

For... Next

Répète un groupe d'instructions le nombre de fois indiqué.

Syntaxe :

```
For compteur = début To fin Step pas
   Instruction
   Instruction
...
Next compteur
```

La variable `compteur` prend successivement les valeurs de `début` à `fin`, VBA lui ajoutant `pas` à chaque passage. `pas` peut être positif ou négatif, entier ou décimal.

On Error Goto

Valide une routine de gestion d'erreurs et définit son emplacement au sein d'une procédure.

Syntaxe :	On Error GoTo étiquette
étiquette	Indique l'emplacement de la routine de gestion des erreurs.

Exemple :

```
Sub Test
On Error GoTo Erreur
...
Exit Sub
Erreur:
...Instructions de traitement des erreurs
End Sub
```

Il est souhaitable de positionner l'instruction `Exit Sub` avant le début de la routine de traitement des erreurs. Elle permet en effet de quitter la procédure sans exécuter les instructions de traitement quand tout se passe bien.

18.6. L'éditeur VBA

L'éditeur Visual Basic propose des fonctionnalités intéressantes permettant de concevoir et de mettre au point du code.

L'environnement

Pour ouvrir l'éditeur VBA, vous avez deux solutions :

- Sous l'onglet **Développeur**, cliquez sur le bouton **Visual Basic** du groupe *Code*.
- Appuyez sur Alt+F11.

Une fois l'éditeur ouvert, vous pouvez y accéder en cliquant sur son bouton dans la barre des tâches.

L'environnement présente deux fenêtres principales :

- l'Explorateur de projets ;
- la fenêtre des modules.

L'Explorateur de projets

Il présente, de manière hiérarchique, les éléments des projets en cours. À chaque classeur est associé un projet contenant :

- les feuilles de calcul et les graphiques ;
- les modules ;
- les boîtes de dialogues personnalisées.

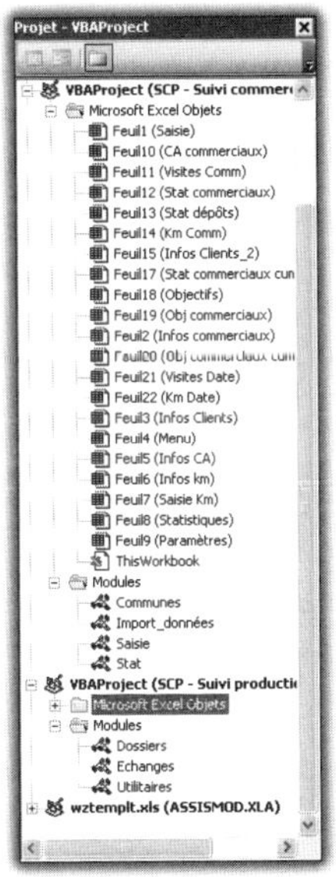

Figure 18.7 :
L'Explorateur de projets

Pour accéder à un des éléments de l'arborescence, double-cliquez dessus.

Pour ouvrir l'Explorateur de projets (si celui-ci n'est pas affiché), vous avez deux solutions :

- Dans le menu **Affichage**, choisissez **Explorateur de projets**.
- Appuyez sur Ctrl+R.

Les modules

Pour accéder au code d'un module, double-cliquez sur son nom dans l'Explorateur de projets. Le module actif est alors indiqué en grisé dans l'Explorateur.

Un projet peut réunir plusieurs modules et regrouper, par là même, de façon cohérente les diverses procédures.

Pour créer un nouveau module :

1. Sélectionnez le projet dans lequel ce module doit se trouver.
2. Choisissez la commande **Module** du menu **Insertion**.

Pour supprimer un module :

1. Sélectionnez ce module.
2. Cliquez du bouton droit, et dans le menu contextuel qui s'affiche, choisissez la commande **Supprimer**.

Une boîte de dialogue vous demande si le module doit être exporté (sous forme de fichier texte) avant la suppression.

La fenêtre des modules affiche toutes les procédures du module. Elle présente deux listes déroulantes au sommet :

- La première affiche les objets référencés dans le module (par exemple, les boutons sur une feuille de calcul).
- La seconde donne accès à une zone de déclaration (pour les variables publiques) ainsi qu'à chacune des procédures du module.

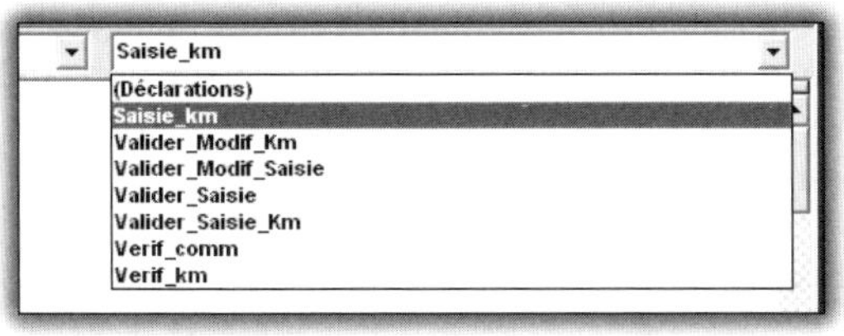

Figure 18.8 : *La liste déroulante Procédures*

La fenêtre des modules affiche soit toutes les procédures séparées par un trait horizontal, soit une procédure à la fois. Le basculement entre ces deux modes d'affichage s'effectue à l'aide des deux boutons situés dans l'angle inférieur gauche de la fenêtre.

Le code

Pour commencer une nouvelle procédure :

1. Dans la fenêtre de module, saisissez l'instruction `Sub` ou `Function` suivie du nom de la procédure.
2. Saisissez le code. Vous disposez des fonctionnalités classiques **Copier/Coller** et **Rechercher/Remplacer**.

Lors de la saisie, il est souhaitable de décaler les lignes de code (touche [Tab]) pour respecter la structure des blocs. Cela améliore la lisibilité.

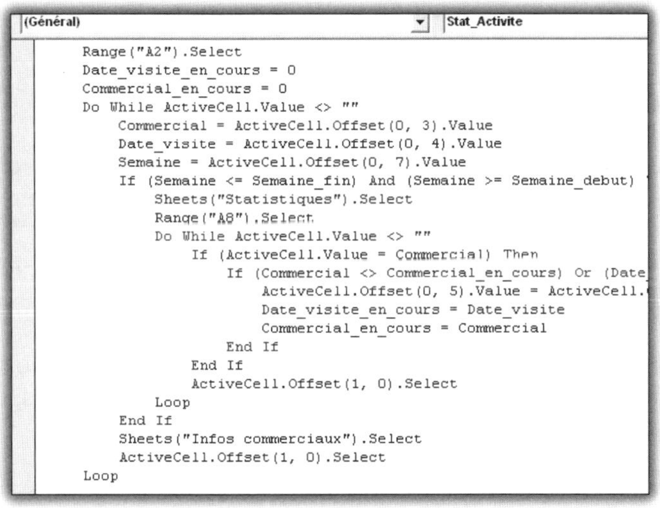

Figure 18.9 : *Utilisation des tabulations dans le code*

Au fur et à mesure de la saisie, l'éditeur analyse vos instructions. Dès qu'il reconnaît le nom d'un objet, il propose une liste déroulante des propriétés et méthodes disponibles pour cet objet. Sélectionnez ce qui vous convient et appuyez sur [↵].

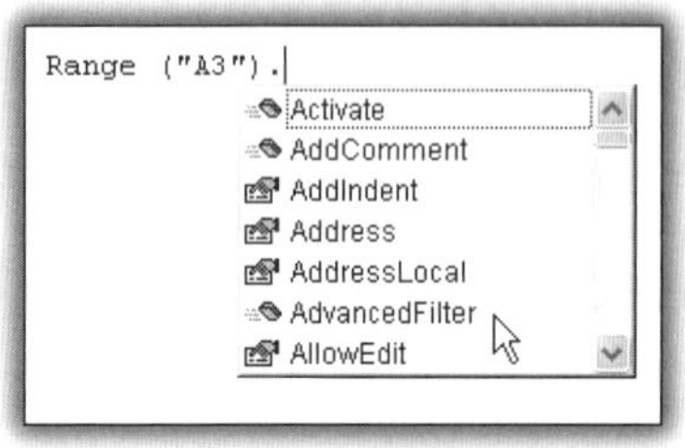

Figure 18.10 :
Choix des méthodes et propriétés

Lors de la saisie d'une fonction, l'éditeur affiche une info-bulle précisant la syntaxe de cette fonction.

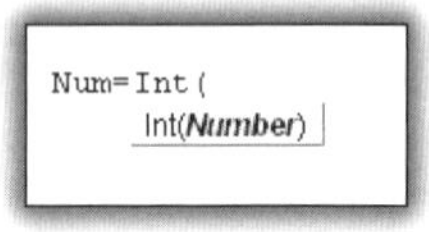

Figure 18.11 :
Une info-bulle

Il est possible de forcer l'affichage de cette info-bulle.

1 Cliquez du bouton droit après la fonction souhaitée.

2 Dans le menu contextuel, sélectionnez **Info express**.

Maîtriser le débogage

Le débogage consiste à détecter et à corriger les inévitables erreurs de saisie (voire de logique) du code. Pour cela, l'éditeur offre un arsenal d'outils efficaces.

La compilation

Avant d'exécuter une procédure, Visual Basic procède à sa compilation, c'est-à-dire qu'il traduit le code Visual Basic (écrit dans un langage élaboré), en langage machine exécutable par le système.

Au cours de cette "traduction", plusieurs points sont vérifiés :

- le respect de la syntaxe ;

- la définition des variables ;
- l'utilisation correcte des propriétés et méthodes des objets.

La compilation s'effectue toujours avant l'exécution, mais il est possible de compiler à tout moment (pour détecter les problèmes). Pour cela, dans le menu **Débogage**, choisissez **Compiler VBA Project**.

L'exécution

Il est possible de demander l'exécution d'une procédure spécifique.

1. Placez le curseur dans la fenêtre des modules, à l'intérieur de la procédure souhaitée.
2. Dans le menu **Exécution**, choisissez **Exécuter Sub/UserForm** ou appuyez sur F5.

Pour arrêter l'exécution d'une procédure, il est possible d'utiliser :

- la commande **Arrêt** du menu **Exécution** ;
- la combinaison Ctrl+Attn.

L'exécution pas à pas

En cas d'erreur lors de l'exécution, l'éditeur affiche une boîte de dialogue indiquant le type d'erreur et proposant quatre d'actions :

- **Continuer** poursuit l'exécution sans tenir compte de l'erreur. Ce n'est pas toujours possible.
- **Fin** arrête l'exécution.
- **Débogage** active l'Éditeur. La ligne où l'erreur s'est produite est surlignée en jaune.
- **Aide** affiche une description détaillée de l'erreur.

Débogage est le bouton le plus intéressant. Si vous cliquez dessus, l'exécution de la procédure est suspendue, et non arrêtée. Une fois l'erreur corrigée, vous pouvez :

-  reprendre l'exécution avec **Exécution/Continuer** (ou le bouton **Exécuter Sub/UserForm**) ;
-  arrêter la procédure avec **Exécution/Réinitialiser** (ou le bouton **Réinitialiser**).

L'outil de base du débogage est l'exécution pas à pas, qui permet de suivre l'enchaînement des instructions. Pour cela, vous avez deux solutions :

- Cliquez sur **Débogage/Pas à pas**.
- Utilisez la touche F8.

La ligne active (surlignée en jaune) se déplace au fil de l'exécution. Elle représente la prochaine ligne exécutée, et non celle qui vient de l'être.

Vous n'avez pas à attendre qu'une erreur survienne pour passer en exécution pas à pas. Vous pouvez vous positionner à l'intérieur d'une procédure et cliquer sur **Débogage/Pas à pas**.

Il est possible que l'instruction d'une procédure fasse appel à une autre procédure. Si vous êtes sûr du bon fonctionnement de cette dernière, il est fastidieux de passer en revue ses instructions. Pour éviter cela, vous avez deux solutions :

- Cliquez sur **Débogage/Pas à pas principal**.
- Utilisez la combinaison Maj+F8.

La procédure appelée est alors considérée comme une "boîte noire".

Si l'exécution pas à pas vous a aiguillé vers une procédure dont vous ne voulez pas détailler l'exécution, il est possible de la quitter rapidement. Deux solutions s'offrent à vous :

- Cliquez sur **Débogage/Pas à pas sortant**.
- Utiliser la combinaison Ctrl+Maj+F8.

De cette façon, vous sortez de la procédure et rejoignez l'instruction ad hoc dans la procédure appelante.

Enfin, l'exécution jusqu'au curseur constitue une dernière variante de l'exécution pas à pas. En mode Pas à pas, positionnez le curseur à l'endroit souhaité, puis choisissez l'une de ces solutions :

- Cliquez sur **Débogage/Exécuter jusqu'au curseur**.
- Utilisez la combinaison Ctrl+F8.

Cela permet, par exemple, de passer rapidement "par-dessus" une boucle `For… To… Next`.

18.7. Cas pratique : quelques macros utiles

Dans ce cas pratique, nous détaillerons quelques macros simples qui pourront vous inspirer des développements plus complexes car elles mettent en œuvre des mécanismes fondamentaux.

Afficher la liste des feuilles de calcul d'un classeur

Vous allez créer une macro qui permet d'écrire dans la feuille active (affichée au moment du lancement de la macro) la liste des feuilles du classeur actif.

```
Sub Liste_feuilles()
    For i = 1 To Sheets.Count
        Range("A1").Offset(i, 0).Value = Sheets(i).Name
    Next i
End Sub
```

- La variable `i` varie de 1 jusqu'au nombre de feuilles du classeur.
- Le nom (`Name`) de la feuille correspondant au numéro `i` est écrit dans la cellule décalée de `i` lignes vers le bas et de 0 colonne (utilisation de la propriété `Offset`) par rapport à la cellule *A1*. Ainsi, à chaque passage dans la boucle, on se décale d'une ligne vers le bas.
- Valeur suivante de `i`.

Insérer une feuille de calcul par mois

Dans certains cas (suivi de dépenses, planning...), il s'avère utile de créer, à partir d'un modèle, une feuille pour chaque mois de l'année. Voici une macro qui automatise cette tâche fastidieuse.

```
Sub Feuilles_Mois()
    For Mois = 12 To 1 Step -1
        Sheets("Modèle").Copy Before:=Sheets(1)
        ActiveSheet.Name = Format(DateSerial(2005, Mois,
        ✂ 1), "mmmm")
    Next Mois
End Sub
```

- La variable `Mois` varie de 12 à 1 (on retranche 1 à chaque passage).
- On crée une copie de la feuille **Modèle**, que l'on insère avant (à gauche) la première feuille du classeur, c'est-à-dire au début de celui-ci. C'est la raison pour laquelle `Mois` débute à 12, pour terminer à 1 : on va insérer la feuille correspondant au mois de décembre, puis à sa gauche, celle du mois de novembre, et ainsi de suite jusqu'à celle de janvier. De cette façon, les mois seront dans l'ordre chronologique.
- Il s'agit à présent de modifier le nom de la feuille nouvellement insérée. L'objet `Activesheet` représente la feuille active (affichée), qui dans ce cas est justement la feuille nouvellement insérée. Il suffit donc de modifier sa propriété `Name`. Pour obtenir facilement le nom du mois, on utilise la fonction `DateSerial`, qui renvoie une date à partir d'une année, d'un mois (ici la variable `Mois`) et d'un jour. Une fois la date obtenue, on utilise la fonction `Format`, qui renvoie une chaîne de caractères correspondant à une valeur numérique ou à une date à laquelle a été appliqué un format (ici `mmmm`, c'est-à-dire le mois en toutes lettres).
- Valeur suivante de `Mois`.

Protéger toutes les feuilles de calcul d'un classeur

Protéger une feuille de calcul est une opération relativement simple. Il suffit de sélectionner la commande **Protéger la feuille** du menu **Outils/Protection**. Dans la boîte de dialogue **Protéger la feuille**, vous pouvez spécifier un mot de passe, puis valider pour activer la protection.

Si votre classeur contient un grand nombre de feuilles, vous devez répéter cette opération pour chacune d'entre elles, ce qui est pénible ! La macro suivante va vous simplifier la tâche : elle permet de protéger en une fois toutes les feuilles du classeur.

```
Sub Protection()
    For Each Feuille In Sheets
        Feuille.Protect Password:="toto"
    Next Feuille
End Sub
```

- La variable `Feuille` représente tour à tour chacune des feuilles de calcul du classeur.
- Il s'agit d'activer la protection de la feuille en utilisant la méthode `Protect`. Si vous ne précisez pas le paramètre `Password`, la protection sera effective mais pourra être supprimée facilement à l'aide de la commande **Ôter la protection** du menu **Outils/Protection**.
- Feuille suivante.

Pour créer une macro qui enlève la protection de toutes les feuilles du classeur, remplacez `Protect` par `Unprotect` dans le code.

Additionner le contenu des cellules en fonction de la couleur

La fonction `SOMME` est sans conteste l'une des fonctions d'Excel les plus utilisées. Simple d'usage, elle permet d'additionner tous les nombres contenus dans une plage de cellules. Dans certains cas, il peut s'avérer souhaitable d'être plus sélectif et de ne totaliser que certaines cellules d'une plage, caractérisées par exemple par une couleur spécifique.

Vous allez créer une fonction nommée `SOMME_COULEUR`, qui totalisera les contenus des cellules de la plage dont la couleur est identique à une cellule "étalon" (en l'occurrence *A1*).

```
Function SOMME_COULEUR(Plage As Range)
    SOMME_COULEUR = 0
    For Each Cellule In Plage
        If (Cellule.Interior.ColorIndex=Range("A1")
        ✂ .Interior.ColorIndex) And _
            IsNumeric(Cellule.Value) _
                Then SOMME_COULEUR = SOMME_COULEUR +
                ✂ Cellule.Value
    Next Cellule
End Function
```

- La fonction `SOMME_COULEUR` a besoin d'un argument de type `Range` (plage de cellules).
- Initialisation de la valeur de `SOMME_COULEUR` à 0.
- Pour chaque cellule de la plage fournie en argument…
- … si la couleur de fond de la cellule (`Interior.ColorIndex`) est identique à celle de la cellule "étalon" (*A1*) et si le contenu

(Value) est numérique, on ajoute la valeur de la cellule à SOMME_COULEUR.

- Cellule suivante.

Si vous changez la couleur de la cellule étalon, il faudra mettre à jour les cellules contenant des formules utilisant la fonction SOMME_COULEUR en appuyant sur la touche F9 (calcul de la feuille active).

La fonction SOMME_COULEUR n'accepte pas les plages de cellules multiples, contrairement à la fonction SOMME.

CHAPITRE 19

Index

A

B

C

D

E

F

G

H

I

J

L

M

N

O

P

R

S

T

V

W

X

Z

Composé en France par Jouve
11, bd de Sébastopol - 75001 Paris

Achevé d'imprimer en ALLEMAGNE
Par l'imprimerie CPI – Clausen & Bosse
25917 Leck, Avril 2010